JN128852

新典社研究叢書313

新撰類聚往来　影印と研究

高橋忠彦・高橋久子　編著

新典社刊行

目　次

はじめに…… 5
本文編
内閣文庫蔵慶安元年版本影印…… 9
内閣文庫蔵慶安元年版本翻字…… 75
索引編
名彙索引…… 199
書翰本文自立語索引…… 323
研究編
訓　読…… 465
現代語訳…… 547
校　注…… 589
新撰類聚往来の特質と意義…… 717
付　録
東京大学文学部国語研究室蔵天正四年写本影印…… 743
日本教科書大系正誤一覧…… 773
おわりに…… 781

はじめに

伝未詳の僧侶丹峰が著した『新撰類聚往来』は、質量共に室町時代最大の往来物である。その構成は、『庭訓往来』を模した、十二月往来の一種であるが、本書の極めて個性的な点は、往来、すなわち架空の往復書翰のそれぞれの途中に、充実した規模の語彙集団を挿入している点、往来物と辞書のハイブリッドになっていることである。

一般論として言えば、中世の諸種の古往来は、未だテキストの整理が充分に行われておらず、学術的使途に耐える底本が有ることが少ない。その理由は、質の良い古写本が少なく、江戸期以降に整理された刊本や活字本に頼らざるを得ないという現状にあるのであろう。また、往来物は本来草書で記されていたため、古写本の誤読が起こりやすく、結果としてそのような刊本や活字本に誤りが生じやすいという状況もある。昨今、影印本の出版が充実しているのは喜ばしいが、やはり、広い分野の研究者・読者にとって、容易に使用できるテキストは必要である。

たとえば、『喫茶往来』は、茶文化史の重要な資料でありながら、従来『群書類従』によることが多く、研究上に弊害が生じていた。この場合は、謙堂文庫本を良質な古写本として校合しなければならない。『新撰類聚往来』にしても、『日本教科書大系』や『続群書類従』の翻字（これは、慶安元年の版本に基づく）のみ利用され、東京大学文学部国語研究室蔵の良質な古写本が顧みられない憾みがあった。

幸い、『『新撰遊覚往来』ならびに『新撰類聚往来』の日本語学的研究」の課題で、科学研究費補助金をいただいたこともあり、『新撰類聚往来』の、より精確なテキストや索引の作成に従事することができた。本書はその成果である。全体の構成としては、内閣文庫蔵の慶安版本の影印と、その翻字を「本文編」とした。次に、本書の特殊な構成に鑑み、「名彙索引」と「書翰本文自立語索引」を別に作成し、「索引編」として掲載した。前者は、語彙集団の索引であり、後者は、書翰部分の索引である。以下は「研究編」として、訓読、現代語訳、校注を付すことで、テキストの校訂や解釈に関する著者の見解を示した。また、論文「新撰類聚往来の特質と意義」は、文献学的、辞書史的な分析を行ったものである。東京大学文学部国語研究室蔵天正四年写本の影印と「日本教科書大系正誤一覧」を、参考として付した。

本書の刊行によって、古往来、古辞書の研究が進むだけでなく、広く室町時代の文化、言語研究の基礎的資料を提供できれば幸いである。

二〇一八年一〇月

高橋忠彦
高橋久子

本文編

内閣文庫蔵慶安元年版本影印

■上巻

上
内閣文庫
和 26063
3(1)
204 210

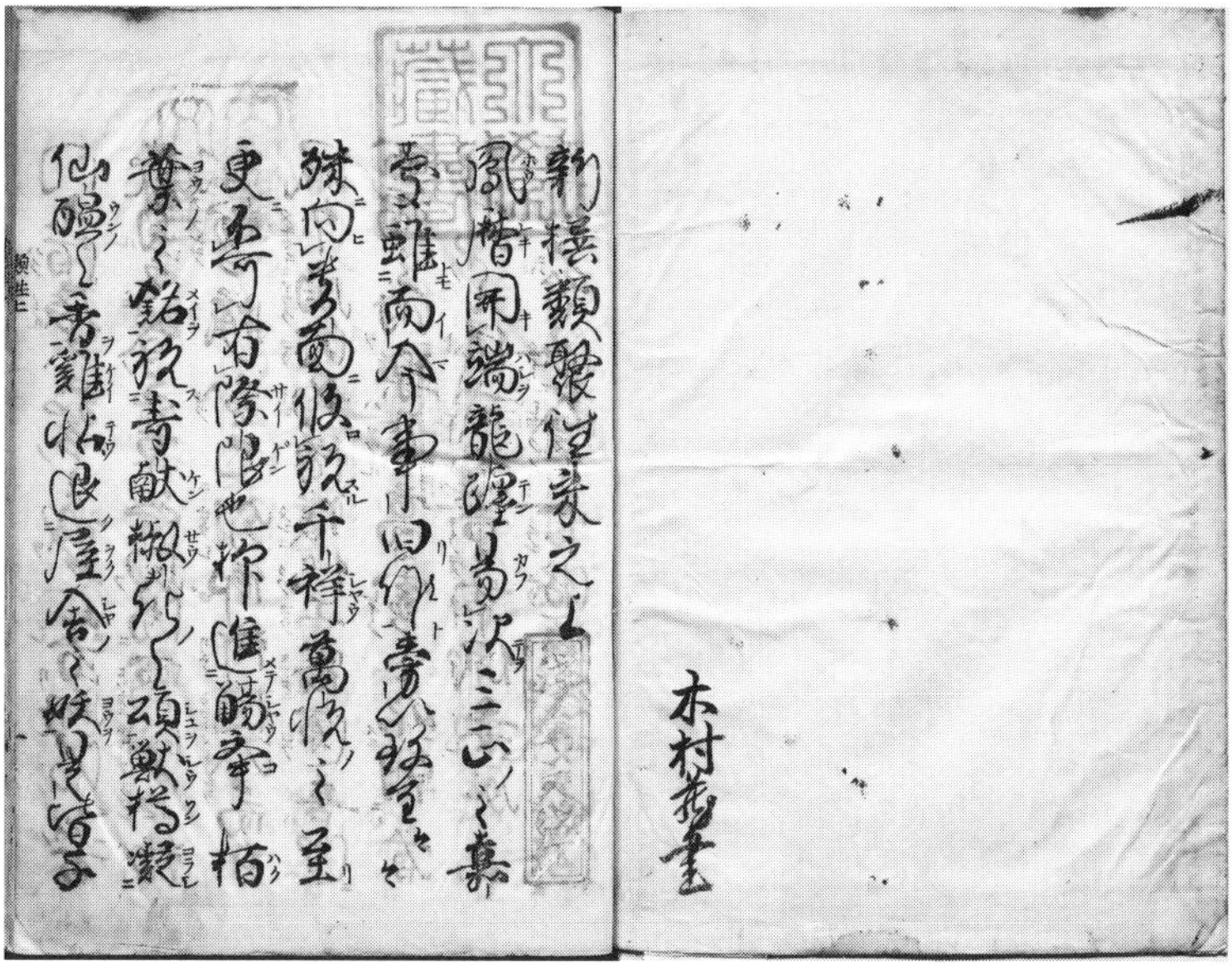

（1オ）

開九陌展寸歩之誠也如右御陽臺百
花貌之春于草昏向陽鶴閣官梅
飄粉于臘雪已銷御柳揺金而東
風乍扇鴻鈞播暖化工密運喜迎
百福之時楽集萬寿之始朝者
列卿之儀式厳重常佩垂庭上
草之者退食之官将遊盤衣裳沾

（1ウ）

鳳池波誠時哉請政務則列上位
陪野莫遺賢各求聖主之恩官仕
勤学者厭數卷野多于茲来月朔日
比可有看花行幸之由風聞然者
補家之高位登階之官爵以下其
外尊賤上下可被拘花出立候也
其位次者

（2オ）

正一位　大尉
従一位　開府議
正二位　特進
従二位　光禄大夫
正三位　金紫光禄
従三位　銀紫光禄大夫
正四位上　正議大夫
正四位下　通議大夫
従四位上　大中大夫
従四位下　中大夫
正五位上　中散大夫
正五位下　朝議大夫
従五位上　朝請大夫
従五位下　朝散大夫

（2ウ）

正六位上　朝議大夫
正六位下　朝議郎
神祇伯　大常卿
太政大臣　大相国
左大臣　左府丞相
右大臣　右府丞相
内大臣　内府内丞相
大納言　亜相
中納言　黄門
少納言　給事
宰相　参議
左大将　幕下
右大将　幕府
中将　羽林

（3オ）

（3ウ）

少将　郎将
中弁　南臺
大外記　外史
中記　同上
刑部　刑部
民部　戸部
大蔵　大府

大輔　大鄭
少弁　同上
大内記　柱下
治部　礼部
兵部　兵部
式部　吏部
宮内　司農

（4オ）

右京　京兆
大膳　光禄
監物　城門
図書　秘書
縫殿　尚衣
漏刻　挈壺
大学　祭酒

左京　同上
修理　将作
大舎人　富閤
内蔵　小府
天文　霊臺
翰林　文臺
明経　助教

（4ウ）

明法　律学
摂政　執柄
春宮　詹事
大夫　二千石
侍従　拾遺
法王
按察　護布

直講　直学
関白　博陸
中宮　長秋
大進　大属
親王
斎院
判事　理正

（5オ）

判官代　司直
権守　別駕
掃部　洒掃
主殿　金吾
主税　倉部
木工　工部
別当

目録　主客
玄番
諸陵　廟陵
大炊　道官
主計　度支
典薬　大医
大史

囚獄　比丁多
内膳　尚衣
造酒　浪醢
中務　中書
左衛門　金吾
隼人　布護
采女　采令
正親町　宗正
織部　織染
市令　市令
蔵人　侍中
判官　廷尉
水主　膳アタ
勘解由　白司

（5ウ）

掃部　掃護
左近　近衛
兵衛　武衛
帯刀　佩帯
兵庫　武庫
内匠　中匠
検非違使　大理
防鴨　河使
将監　親衛
左馬　典厩
雅楽　大楽
大蔵　都督
弾正　霜台別当
進士　貢士

（6オ）

酒殿　造アタ
北面
随身
居士
御臺盤所
雑仕所
鎮守府将軍　鎮使
瀧口
衛士
夜巡
御厨子所

此外粗令記之者也就中不肖者以次第
行列之儀窮于路傍可令見物候者御
同心者可為本望也拾遺小補風情預之者
所用意致委曲具難尽紙面恐々謹
言

大簇廿五日　紀某

謹上　勘解由次官殿

（6ウ）

（7オ）

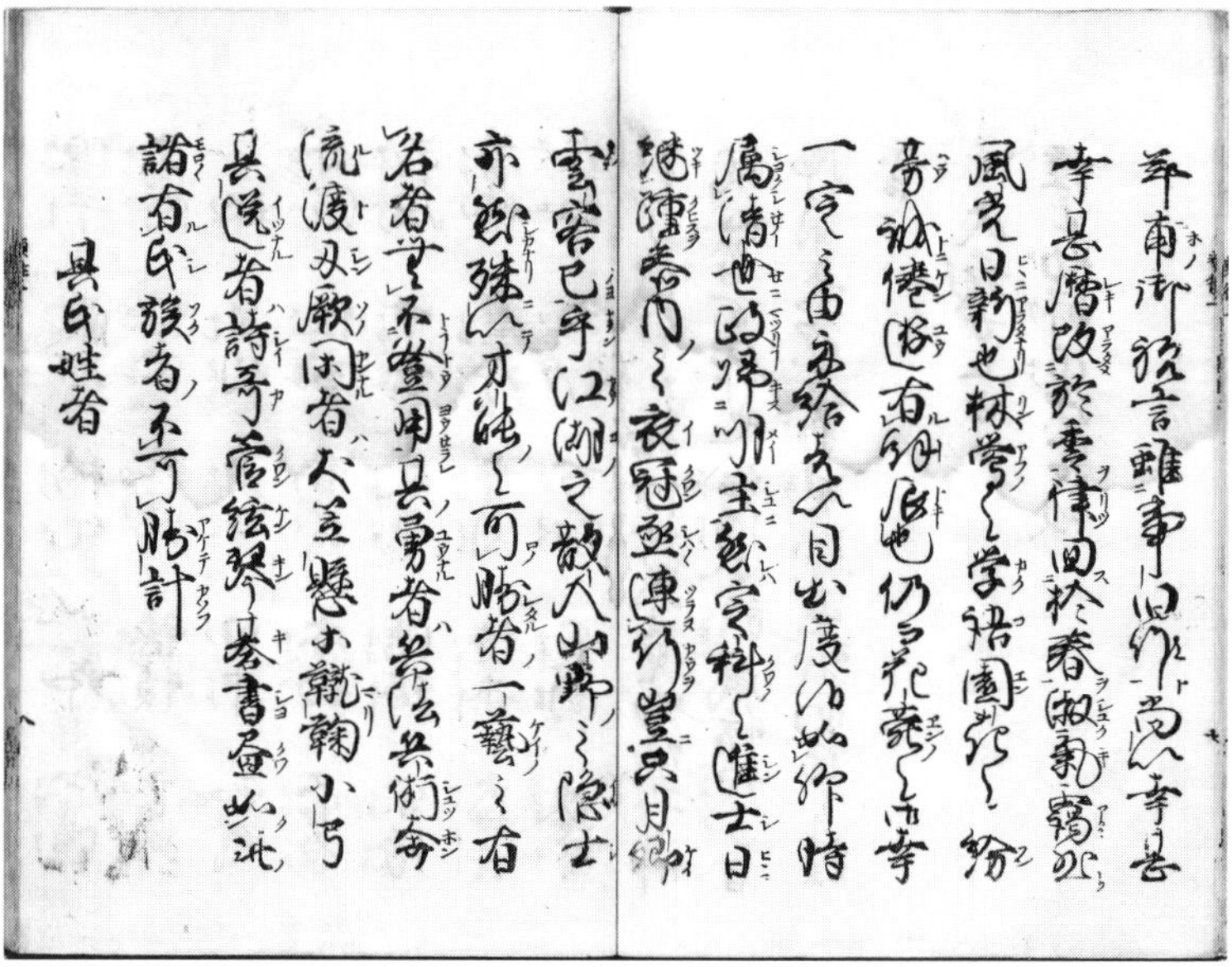
然而御返言雖事旧例尚以幸甚
幸甚暦改於青律回於春微気竊以
風光日新也林鶯之学語園花之紛
芳誠倦遊者翫賞也仍花発之砌幸
一室之宴会友人目出度如卿時
属清世致帰洛主君宮仕之進士日
継陣参内之衣冠並連行豈只月卿

（7ウ）

雲客已乎江湖之散人山野之隠士
亦貧賤之才能之可勝者一藝之者
若者乎不登用其勇者並兵術奇
流渡及厩閑者大並懸於蹴鞠小弓
其遊者詩哥管絃琴碁書画如此
諸有氏族者不可勝計
其氏姓者

（8オ）

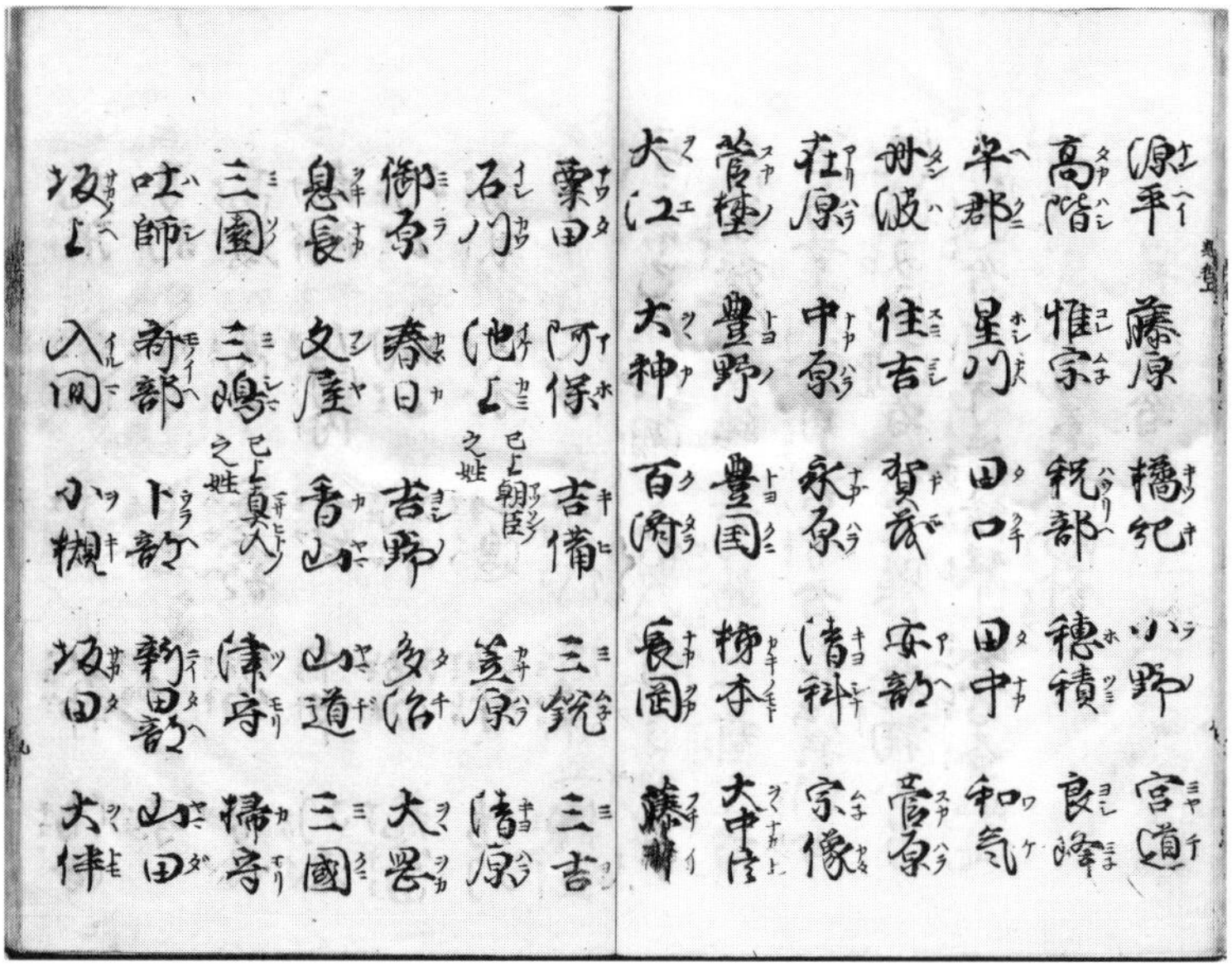
源平　藤原　橘紀　小野　宮道
高階　惟宗　税部　穂積　良峰
平群　星川　田口　田中　和気
丹波　住吉　賀茂　安部　菅原
在原　中原　永原　清科　宗像
菅野　豊野　豊国　榎本　大中臣
大江　大神　百済　長岡　藤井

（8ウ）

粟田　阿保　吉備　三統　三吉
石川　池上　已上朝臣之姓　笠原　清原
御原　春日　吉野　多治　大宅
息長　文屋　香山　山道　三國
三園　三嶋　已上真人之姓　津守　掃守
吐師　物部　卜部　新田部　山田
坂上　入間　加槻　坂田　大伴

（9オ）

尾張(ヲハリ)　宇治(ウチ)　宇多(ウタ)　眞神(マミヤ)　清海(キヨミ)
弓削(ユケ)　宮原(ミヤハラ)　日置(ヒオキ)　已上宿禰之姓　秦(ハタ)
高麗(カウマ)　高市(タカチ)　長谷部(ハセヘ)　佐伯(サヘキ)　曾祢(ソネ)
南淵(ナフチ)　凡河内(ヲヽカフチ)　壬生(ミフ)　十市(トヲチ)　川合(カハイ)
川上(カハカミ)　城上(キカミ)　風早(カセハヤ)　鳴田(ナルタ)　荒木田(アラキタ)
葛木(カツラキ)　久米(クメ)　山邊(ヤマノヘ)　山背(ヤマシロ)　清門
都　水海　御手代(ミテシロ)　御浦(ミウラ)　御立(ミタチ)

（9ウ）

志賀　廣原　物部　新羅　各務
已上雜之姓

次名乘

重(シゲ)廿二　滋繁成為董茲蕃殷包乘林苾惠維
稠臣紫楊繁茂成
高(タカ)二十　恭崇貴隆尭喬卓楚陟標天崇及尊
教位好廷々
傳(スケ)廿三　相扶輔祐亮右助資佐方副翊弐
介翼如毗左典藝維
實(サネ)十　誠信核真守
成積讃字

（10オ）

安(ヤス)廿五　保康愷寧息泰懐毗仮便穏慰文賢
方預休徳秘逸愛易慶揚
正(マサ)廿五　昌政理當雅尹順方允將蔵賢聖蔚
斎應暢靈幹督備和祇術
明(アキ)十八　著卿秋顯彰言晶照朗詮在飽章成
聡察覺
延(ノブ)卅三　信宣舒順書陳修述推演言仲暢亭
肆之正常恒經敍取到照誕敦敷誠
庸業
展命
忠(タダ)十三　斉直理陟忠正政尹公廷但唯紀只
壹渡妙均矯格雅品内寛任董孝傳
叢

（10ウ）

成(ナリ)十七　済為業登作平生晴
就性諧得形也就造
光(ミツ)十二　満充盈三水明照溉足溢
圓弥題實填架参仞行
房(フサ)五　總種
絃宣
枝(エダ)三　兄
族
依(ヨリ)廿一　賴資縁因寄仍由憑藉妹
幹元職拠從随自循階倚
本(モト)十八　元躬基幹基資舊意始
源太索雅許故下也
茂(モチ)九　用望以任
蔚持須式
人(ヒト)四　仁云
者
兼(カヌ)七　包懐該
周易摂

（11オ）

（11ウ）

是 十二 惟伊維時之斯此茲之寔矗
則 廿七 範章運憲規法儀典度徳尋刑令矩似猷軌湯則載周里矧識悟数納智了彝伯象義藝秉幾
澄 六 處住隅清純
木 十一 材樹規興城起亘来束幾
任 五 堪能勝當
近 十四 親愛隣庶迩昵睦比這後及知昏
平 七 衡位救枚均夷
國 六 邦州邑都葉
連 四 綿陣番
弘 六 廣博淵寛

十一

（12オ）

貞 六 定完慨自正
行 十八 之如由于往致至幸詣礼恭敬絜以適千介
諸 四 衆師修
久 三 舊古
利 九 俊敏聡年載歳疾験
友 十九 奉倫共類大俣与朝具伴偕流輩儕朋等侶
武 三 健長
時 十 節説辞辰辭候晨刻勅
員 六 算量数種運
名 三 字號
遠 十一 遐通遙懸迴遼途
継 八 亭續胤族次嗣紹

十二

（12ウ）

直 三 尚猶
見 廿二 相躬鑒皆子視観審鑑身覩體質呂瞻方固堅良形像
吉 卅五 能義理淑令嘉善懿愛若栄好穀可儀資由宜佳賢賀特意祥悦富福幸介寂快替綿義
門 三 廉綾
末 四 季梢標
永 八 仲中遊彌寿遐遥
種 三 胤殖
宗 九 統致棟胸概台綿
享 十二 敦篤豊渥適淳仍訒重充春

（13オ）

守 十二 護盛衛杜諸庶衆鑄命名声信
道 十四 通陸康徑途路度盈廷猷逐墜

凡称名字者不出其代以内想因百余未代々
群族称可須合顕氏姓也但不事君者
誕而号百姓等際故也如此同地同
官為宰力像者不知哉書従今出
立不可有此様者也比図所めす精莅

十三

撿断之為見物且又食立者之為用心也
在京之就張篇雖爾以見苦候
御腰物并帯副人風情者恩借者一両
多分端野翁鍋腐毫併諂對偶
恐誠恐敬白

卯月念五日　孝果

謹上　花山帯刀殿

(13ウ)

下著以後是可習楽内翫纐纈
私之急劇手本令匠殆諫器之乱夫
面目候新剥日奇特似者附不捨箭絶
於仏像則有云紙面章家亭之綾
為之新地随而自亭落之間画工一両
華君具候間先横屏風襖障子掛
續扇面之類物之数色寸鳥絵蕎

(14オ)

端画之絵明日取向八間九間致揮毫
瀟湘之八景五湖之三浦起求勝墨
可掃之由申候一日被狂高驚可有
御覧者也書殿様由申候者依有
者可准欲於画具積者之新渡去
持仕也

(14ウ)

畫具者

朱砂　光明　辰　黄　黄土　胡粉　艶紫　寶紫
燕脂　白緑　紺青　緑青　白青
緑皂　雌黄　丹後　露草　雲母
唐泥　丹　紫泥　金薄　錫泥
陶砂　花臈　藐伍　銀薄　貝粉
真粉　紺瑠　心太　粉糊　朱砂具
臺半粉

(15オ)

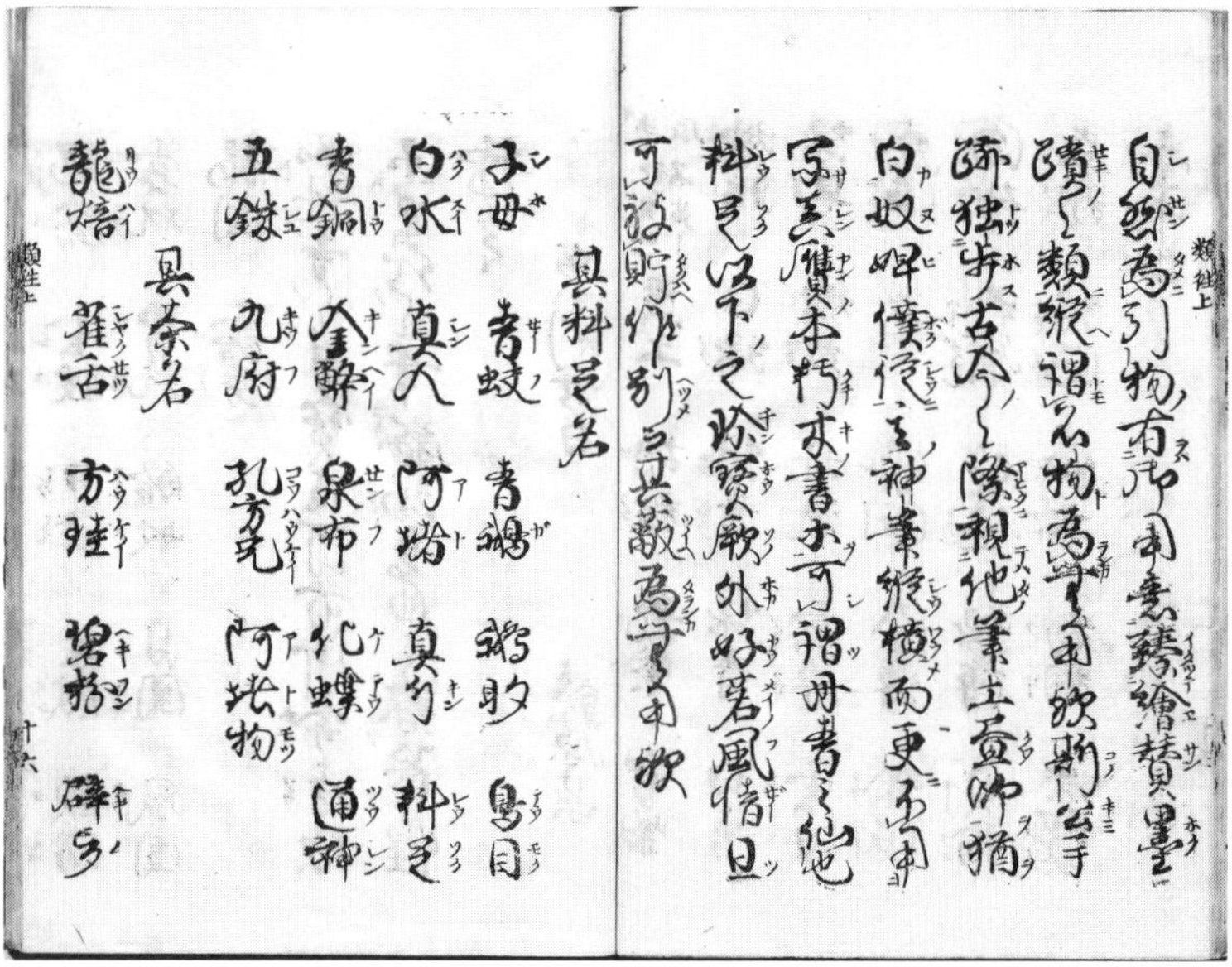

自然為引物有御用意鑄繪讃墨
蹟之類縦謂之物為物之用欤斯以手
跡独歩古今之際視他筆工畫師猶
白奴婢僕従之神筆縦横而更不用
家器傳之本朽朶書不可謂毋書之他
料足以下之珍寳歟外好茗風情且
可被貯作別之其數為其用欤

其料足名

子母　青蚨　青鳧　鵝眼　鳥目
白水　真人　阿堵　真刀　料足
青銅　金幹　泉布　化蝶　通神
五銖　九府　孔方兄　阿堵物

其茶名

龍焙　雀舌　方垤　碧粉　碎乳

（15ウ）（16オ）

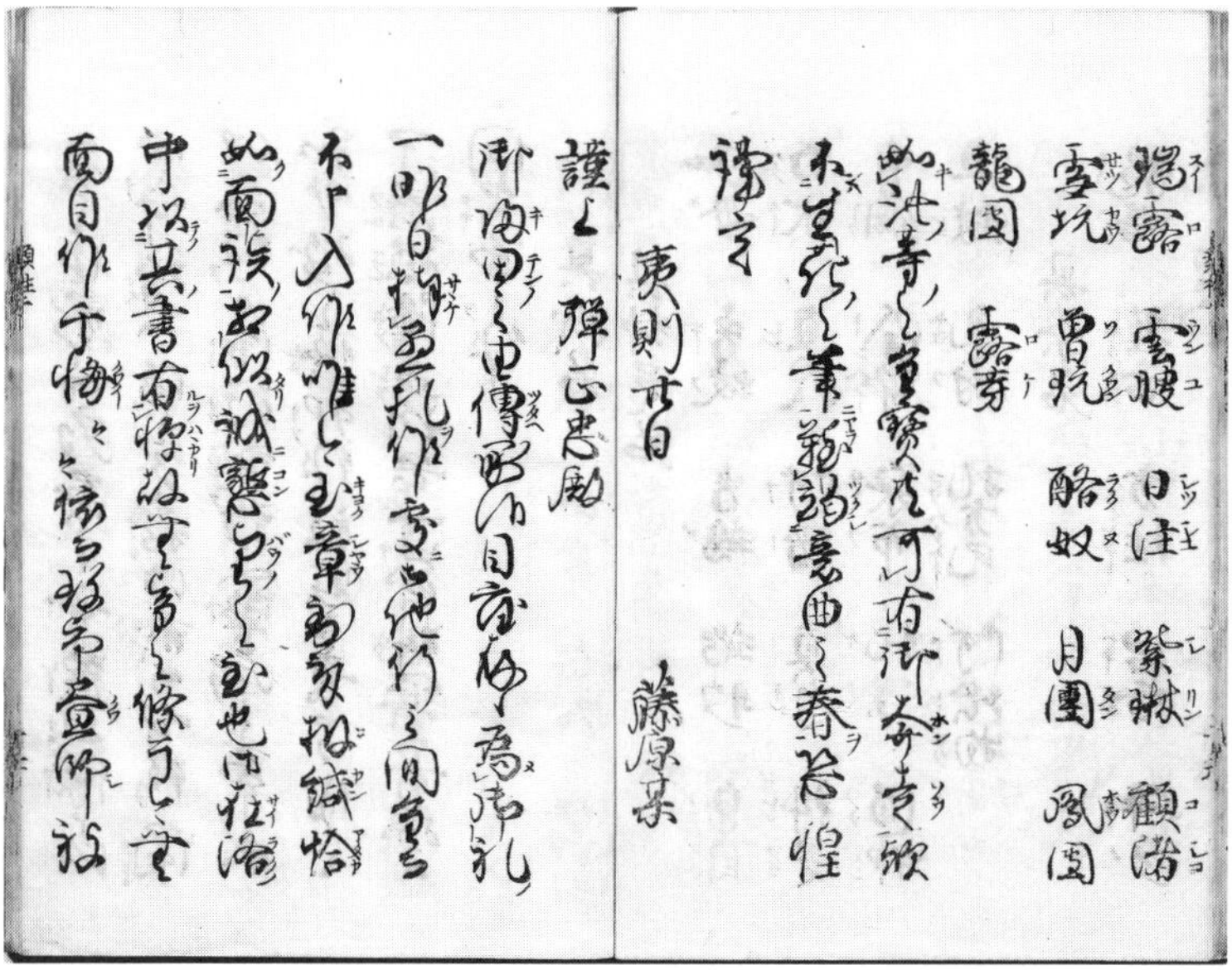

瑞露　雲腴　日注　紫珠　顧渚
雪坑　曽坑　酪奴　月團　鳳團
龍團　露芽
如此等之珍寳尤可有御奔走欤
不具之条筆難謂意曲之春容惶
謹言
更則廿日　藤原某

謹上　弾正忠殿
御悔之由傳承候目前候為御礼
一昨日指遣札候處他行之間
不申入候唯今玉章委細披閲恰
如面談相似誠聲咳之至也殊在洛
中以其書有様被得意之條可然候
面目候千悔々々猶期後信畫師殿

（16ウ）（17オ）

（17ウ）

条々宜敷所存候、奇麗起像尤
宜可増一段之光彩而感得可有御賞
以条々住一家之遠壮観将又繁居之事未
知其様之修理被致懸意有間敷
于縷被障子料等可然料紙不可有
悶次第候

具紙名

（18オ）

陟釐　白麻　黄麻　鴉青　拾弐　好時僊
楮先生　烏孫　赫蹏　馬糞　金銭
剡溪藤　玉版　楷皮　魚網　打曇
鳥子　唐紙

和様之紙等一二帖預可為千萬候
快作料之外物用意候而非一紙
貯之様寶人無多且託之

（18ウ）

具珍宝名

珠玉　金銀　鉛　鐵　水銀
白鑞　鍮石　錫銅　古銅　磁石
温石　燕石　紫石　菊石　瑠璃
頗梨　車渠　馬脳　珊瑚　琥珀
真珠　瑠璧　赤玉　黄　王玉　馬角
犀角　蛾玉　蚌玉　青貝玉　鰍腹玉

（19オ）

玳瑁　亀甲　犀皮　虎皮　豹皮
彪皮　堆溪　堆烏　紅花　緑葉
剔紅　九連絲　堆朱　堆紅　金絲
沈金　犀障　輪室　鐵炮　紙炮

此外呉賛之類、若葉公之龍、韓幹之驥
骨董破芥南子梅李之人王右軍張芝
伯英墨蹟等無其物之今後可有之

（19ウ）

不可令斟酌之紙短辞長任駈筆
如公而具謹言
仲春今日　　橘某
謹上　中務丞殿　回礼
然者一行作物所館営之所以家
去月日出作完新地臾鑿堅築地
屏塗不可以入之事作欲不遑候居

（20オ）

家作之無為其得有法度覚随
匪躬可勤一方之事作之如御存知
作事之事作聊踈略不微細職
之各有其優可之物之加桁檻時之
致下知材木以下之事可令下知
具足不差之者有用意候
其屋具　附　屋躰并堂塔

（20ウ）

棟　桷　欂　桁　梁　梲　客櫓
樋　扠　椽　棧　楔　栱　肘木
雲肘木　天井ノ縁　鴨居　長押
高欄　冠木　円木　飛檐　組入
扠首　押襲　宇立　短柱　歩板
円板　小簷　破風　角木　木鼻
鼠走　正桁　草桁　臺輪　角扉

（21オ）

桁首　轄　扠首　軌　甍　瓦
日隠　雑舎　懸魚　釘　蟇俣
蝙羽　腕壁　葺萱　桐子　相板
桙槫　五六　方六　押板　床
檻柱　唐居敷　敷居　決入
板敷　足堅　簀子　透子　礎
履脱　鑰鍵　狗防　根　衝机

（21ウ）

車寄　馬繋　遣戸　妻戸　樞戸
狐戸　開戸　隔戸　蔀　明障子
衝障子　檐　廣局　窓牖　家
亭　大炊殿　寝殿　亘廊　渡殿
政所　膳所　公文所　学文所　會所
囲炉裏間　廂　厨子　書棚
違棚　土蔵　舟倉　文庫　車宿

（22オ）

二階　臺所　四阿　局　屋棧敷
閨部　櫓　貫木　庵室　長對
帳内　部屋　宅　前栽　後苑
築地　壁垣
好文屋諸四ヶ之碩学五山之法道以為
御成檀那可被請現當之二世善増悪
減之由思召以為其構可建立佛寺

（22ウ）

僧房欲大方丈者之如新曽利曲尺
極彌丈尺寸法之高低大工棟梁心得
之者可及作細
佛殿　法堂　僧堂　講堂　護堂
侍堂　楼閣　龕観　塔婆　輪蔵
鐘楼　山門　総門　庫司　茶堂
食堂　浴室　方丈　客殿　衣鉢寮

（23オ）

書院　眠蔵　礼間　室間　院房
寮　精舎　東司　後架
番匠之具　同鍛冶具
鉋　鑿　撥　鎚　鋸　錐　鐫
斧　鉞　竹　鎌　鋏　杷　墨壷
曲金　目打　指鑿　計曳
木割　釜鑿　墨忍　大鋸

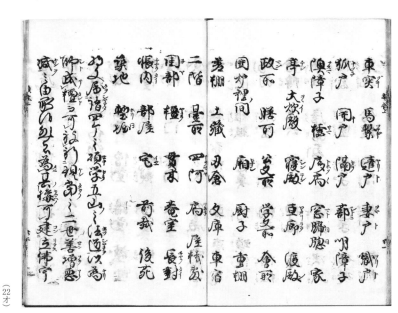

鋏　鑪　鑢　鎚　鉸　鶴嘴
筒突　轆轤　持籠
如此之物共被調置候者於所々抽取荒
削者以細工之縁計可致料棟者番匠人
鍔鼻端之面運手輿風而不傷鼻於
如此之可被手可為筆也其属小工眼可附
酒盃作料者為接待之合力欲以其旨

(23ウ)

可蒙御相談候也恐々敬白
沽洗廿日　　小野某
謹上　右近将監殿
歎入候貴申状者殊宝要条
真実思顧之由其間就作事者以
之来入之御主見心中以承持之造作
備之香積之日之連續作同定候之事

(24オ)

可然之今懸之事候手殊外可被申候
隙之上柱立棟上普請地等之営既被遂
手始之後者造作之唐戸遣戸障子等
棚者彫物鑿物之儀共更以開心被見之
絹草花并色數之類鶉之度候
草花并雑木者
曼殊沙花　摩訶曼殊沙花　曼陀羅華

(24ウ)

摩訶曼陀羅華　勝曼花　佛勝花
宝幢花　鬘花　勝花華　鳳仙花
瓔珞花　雞頭花　赤白蓮華　凌霄花
金仙花　水仙花　芍薬　牡丹
薔薇　長春　芙蓉　款冬花
仙翁花　岩菲　桔梗　萱花
百合草　味哘　女郎花　紫蘭

(25オ)

紫苑　龍膽　萼甲　金常
石竹　瞿麦　萱草　吉祥草
一夏草　菊花　麒麟草　金芝草
半夏草　蓼花　仙蓼草　茉莉花
玉簪花　紫薇　玉藥含笑花
辛夷花　迎春　牽牛花　金鳳花
木槿花　櫻花　蒸萄花　荊藤

海棠花　梅花　槐花　桂花
樗花　梨花　柳榴　杏花
桃花　玉椿　杜若
其之獣者
獅子　麒麟　象虎　兕　犀　熊
猊猪　豕　鹿　麞　狼　狐
兎　狸　猪　猫　猿　狐

䑕　鼴　鼫　鼠
鼯　鼬　鼪　猫　水豹
川獺　麞　龍羊馬、騂　騮
駃　騠　騊　駼　騎騮
駱　驛　驪驟　騎　驥
騂　騄　栗毛　駙　騑驂
駝　駑　鴾　騘　驄
駒　赤佐目　糟筋　通　額白

青　黒　黄　鴾毛　蛟犬
白澤　猜狸　天狗　野犴　牛
特牛　古牝　羯犢　野牛　水牛
彊弓　風子　紙子　犛牛
於若干之異類擇蔽形勢如此者可
令圖彫摸作工藝之勝絶也非公親續

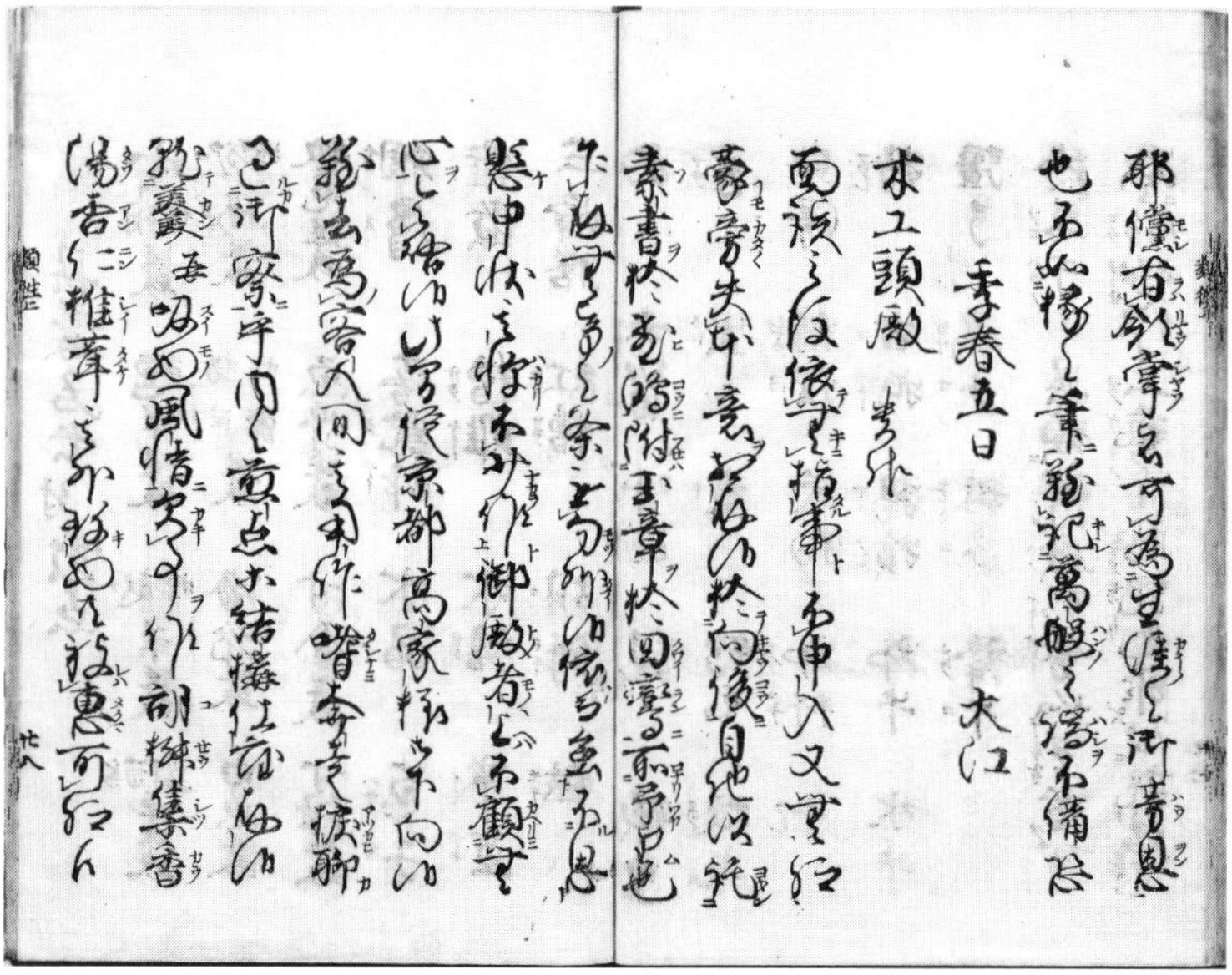

（27ウ）（28オ）

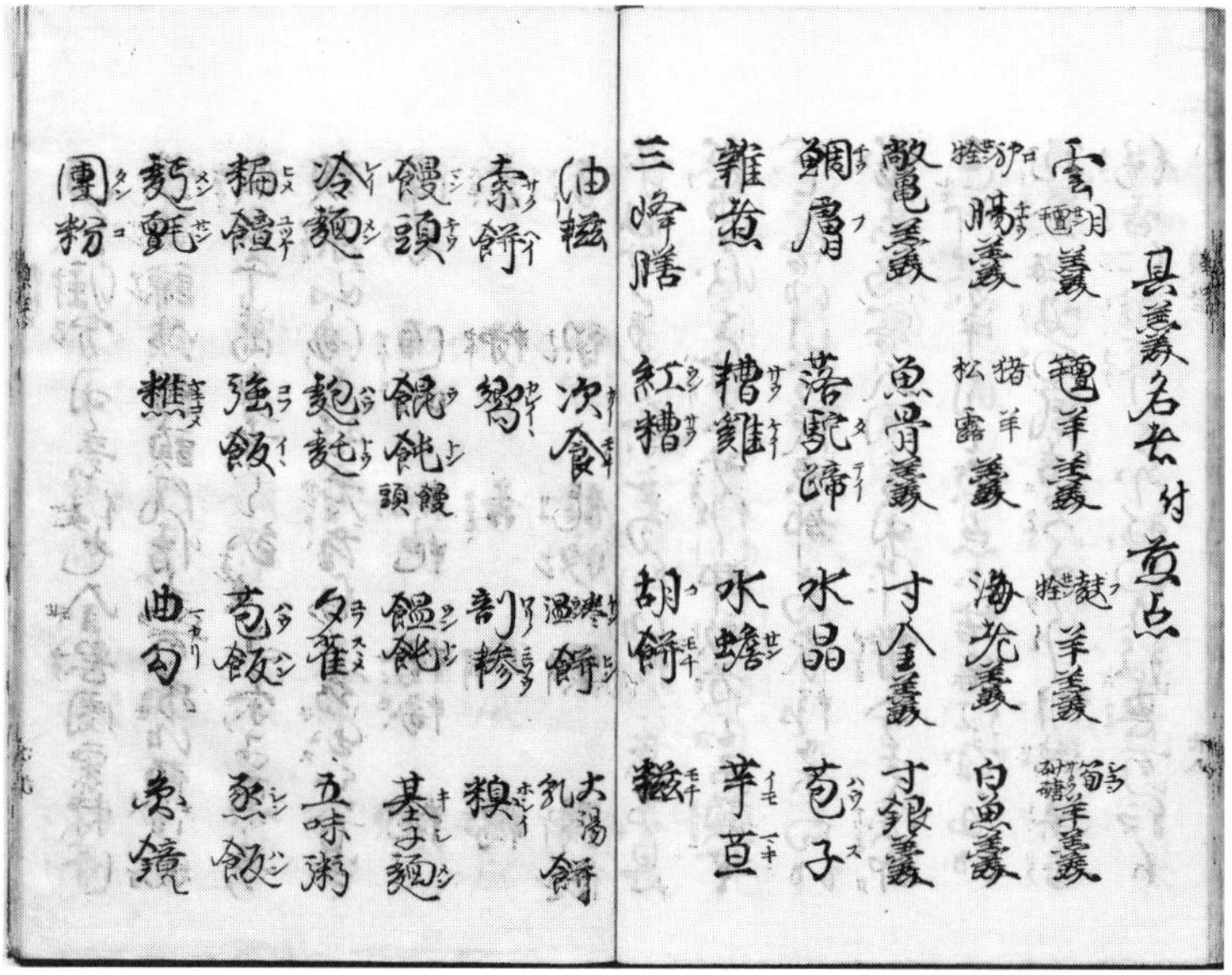

（28ウ）（29オ）

涯分用意仕也。金柑・園栗・棘等迄
鐵酸餤・餅・饅頭風情ハ未可致調顔助
然ニ千萬多キ事ニ候。又菓子ノ菓子ハ
類聚山海ノ珍産ヲ而出サ令ム
蒲萄　通山　枇杷　楊梅　桃
李　柿　杏　瓜　藕
菱　梨　龍眼　栗　茘枝

棗　石榴　銀杏　橡　柑
薢　荷蘂　蓴　胡瓜　諸瓜
熟瓜　唐瓜　細地　梵天　白瓠　冬瓜　榎子瓜
松茸　平茸　細茸　椎茸　皮茸　蕨茸
猪茸　鴉茸　鐵茸　疣茸　湯茸
握茸　橋茸　鶏茸　瘤茸　芝茸
爵作　風手　鹿舌　滑薺　卜治

牛悪　布魚　雨誇　猪頭　捨物
麩付　苔薮　煎餅　柏餅　粉
鵠脚　乱糸　締昆布　蒲全　梧桐子
松子　杏仁　蒻根　筍干　串干
湯桜　唐餳　串柿　野老　暑預
胡桃　蛸蛸　麩鼓　海苔　柏子
榾栗　椎　風子指

果等也、可持仕候。此外珍物如僕誠
然ニ意得可申也。如様ニ可付一ヶ
以結構ニ菓内ニ致入置調食キ之式可
有由候ヘ毛筆難掃辞場所首不宜
中呂七日　某
拝稟　正法院　御衣鉢御師
就夫ノ旨謹テ承閲了然者意須着

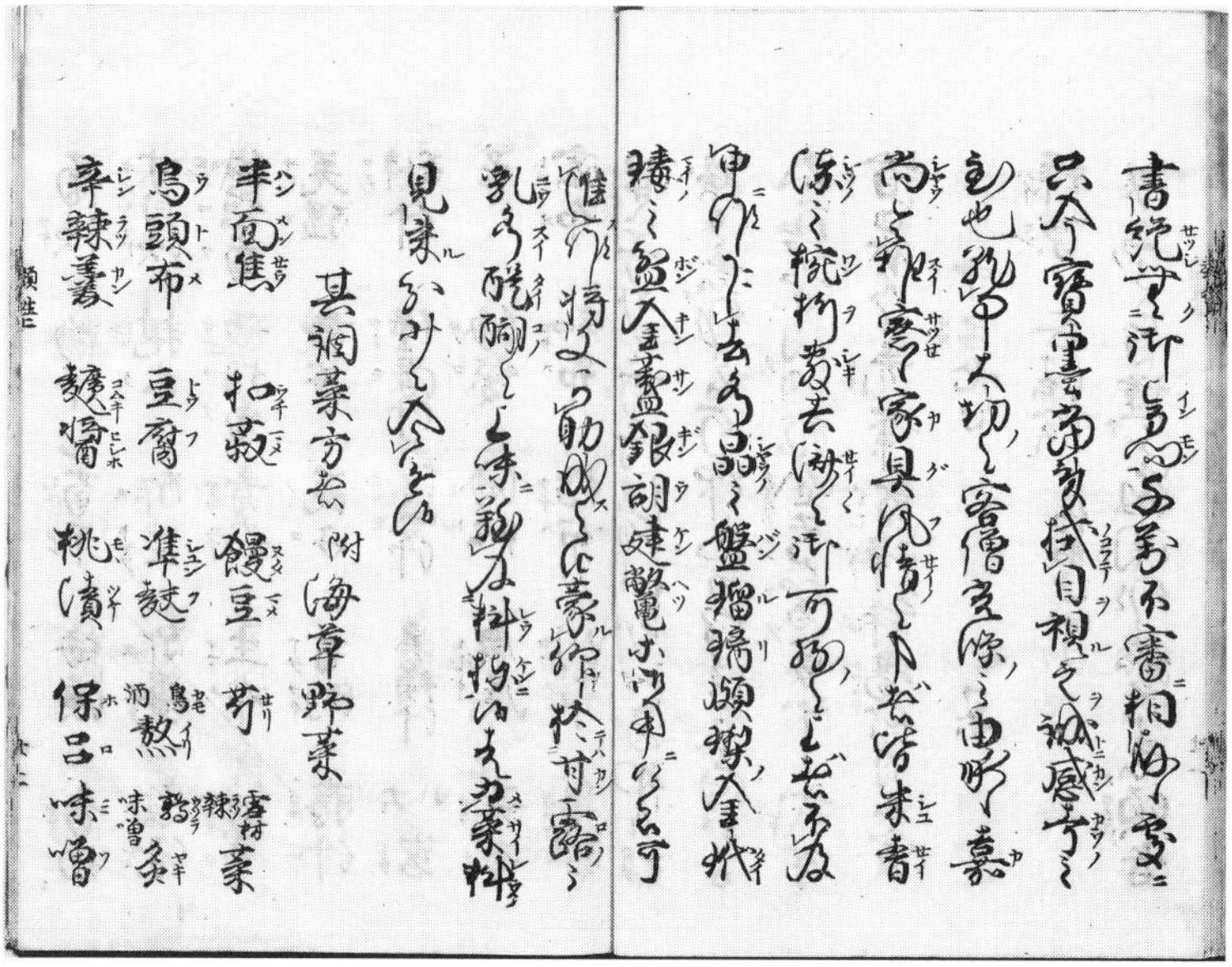

(31ウ)

書[illegible]之御[illegible]者[illegible]
[illegible]
[illegible]
[illegible]
[illegible]
[illegible]
[illegible]

(32オ)

[illegible]
[illegible]
[illegible]

其調菜方云　附海草野菜

半平　扣豆　饅豆　芹　[illegible]菜
烏頭布　豆腐　準鼓　酒熬　[illegible]
辛辣羹　[illegible]　桃漬　保呂味噌

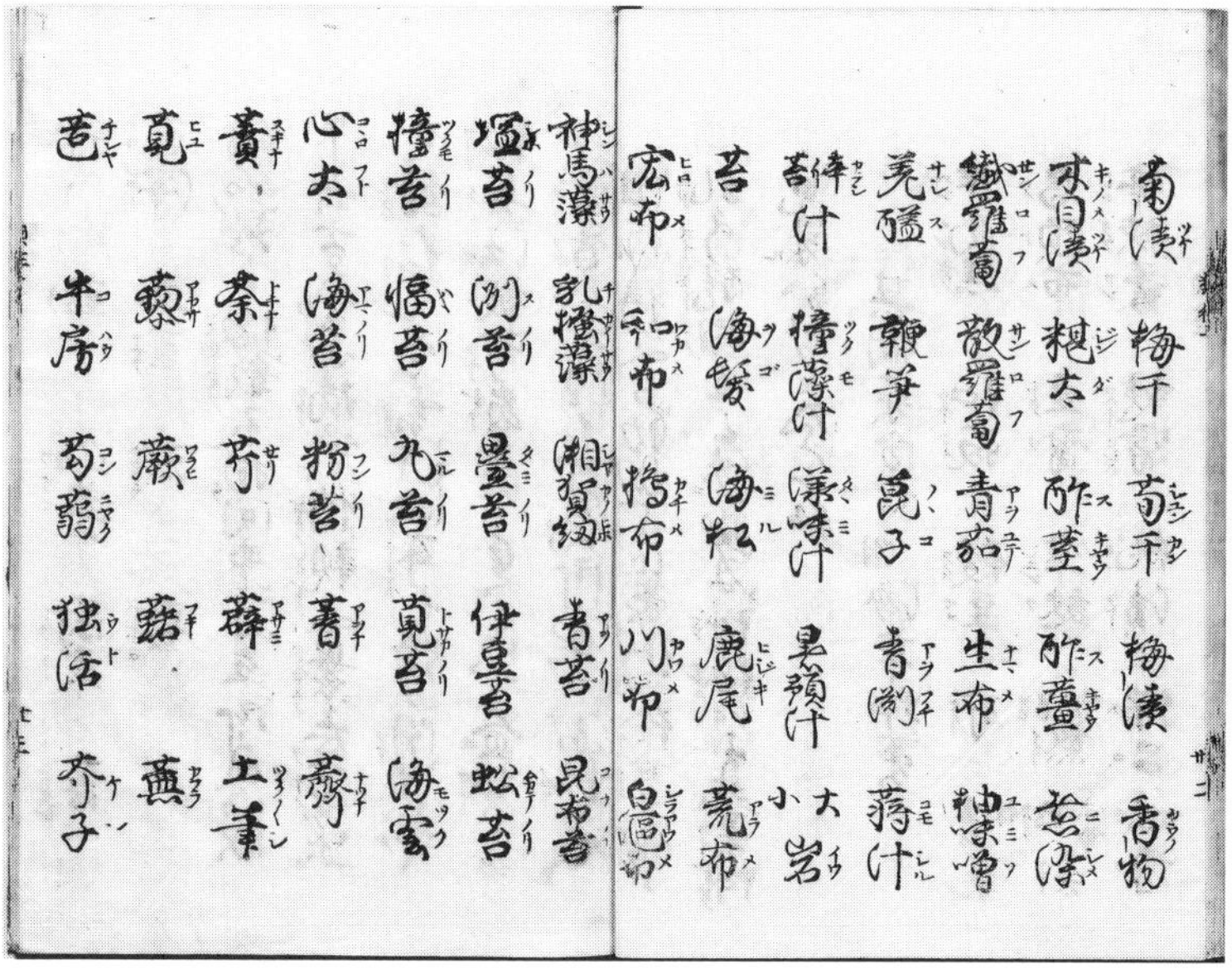

(32ウ)

菜漬　梅干　[illegible]干　梅漬　香物
茸漬　糂汰　酢茎　酢薑　煮染
繊蘿蔔　散蘿蔔　青茄　生布　柚味噌
羹膾　[illegible]　[illegible]子　青[illegible]　[illegible]汁
[illegible]汁　搗藻汁　[illegible]汁　[illegible]汁　大岩
苔　海髪　海松　鹿尾　小　荒布
宏布　和布　搗布　川布　白[illegible]布

(33オ)

神馬藻　乳[illegible]藻　[illegible]　青苔　昆布苔
塩苔　[illegible]苔　畳苔　伊[illegible]苔　松苔
[illegible]苔　[illegible]苔　丸苔　[illegible]苔　海雲
心太　海苔　粉苔　[illegible]　薺
[illegible]　茶　芹　[illegible]　土筆
莧　藜　蕨　[illegible]　蕪
苣　牛房　蒟蒻　独活　芥子

蒜　韮　山葵　蘭草　葱
苣　澤　五韮　蓼　薑
雖然、傚數不拘、同弗可立御用候歟
古人云、小摘識情親、以置農者芽葉
之謹、於是荷者、此其年也、将又附申薬
種之類、盆香合等、急不可失御事、仍
而不能委細候者、可有後日御返事、仍待貴報而已
無多忌事、追而拝顔之時、可申述候、恐
惶謹言

正陽七日　禅林院

拝覆　　光僧録御

數日屬不結、當閑于今天吾熱、起居動止如
何、情其事、以後者為音信、故以稽古良久

(34オ)

(33ウ)

兼絶楽座、主調曲失拍子、誠可謂無縁
琴瑟乳母絶、却為日疎、閒而朋友時
遊却不可有之、憂鬱憤之餘、歓娯後悔
要結句須者、持病無数、意不豫也、若然
卒後必途、宴楽一日之次、猶業内候
引物者多事

其楽器名者　付十二律并楽名

琴	篳篥	鈸子	羯鼓	調拍子	袖下	扇笠
琵琶	和琴	大鼓	摺鼓	龍笛	張楽	撃杖
箏	方磬	鉦鼓	振鼓	紫笛	刀玉	毛頭
笙	鐃	三鼓	大鼓	鷓胡笛	編攞	鳥甲
笛	銅	腰鼓	尺八	半笛	高脚	龍尾

(35オ)

(34ウ)

天冠　月額　星額　霞鬘　造髻
鬼面　女容　尤顔　師子首　面鎔
裏頭　乳隠　絆切　指貫　尉首
毛狩羽　倶舎　乱舞　垂通舞　十字拍
開口　當辯　中門口　式三番　父尉
小冠者　入猿楽　延田楽　傀儡　曲舞
早歌者理者楽現合也散楽小枝堂後院義

（35ウ）

十二律者　一越　断金　平調　勝絶　下無　双調
鳧鐘　黄鐘　鸞鏡　盤渉　神仙　上無
呉楽名者
延枠　安摩　二舞　一曲　春鶯囀
賀殿鳥　散乱旋　回杯楽　北庭楽　武徳楽
菩薩楽　韶応楽　万歳楽　胡飲酒　酒胡子
酒醒子　渋河鳥　弘仁竜王　新羅陵王　陵王三曲

（36オ）

塩三臺　塩皇麞　想夫恋　回骨　倍臚
甘州　扶南　師子　老君子　長慶子
小娘子　喜徳楽　散手　青雲楽　[illegible]楽
聖明楽　打毬楽　喜春楽　海青楽　長生楽
五常楽　宗明楽　萬秋楽　林風楽　千秋楽
鳥向楽　[illegible]手　白柱楽　竹林楽　感秋楽
鶏鳴楽　仁和楽　武昌楽　延喜楽　長保楽

（36ウ）

地久楽　白濱楽　登天楽　放鷹楽　太平楽
還城楽　飲酒楽　鶏徳楽　勇勝楽　春楊柳
輪臺　輪鼓　褌脱　廉人　三賀
王恩　秦王　破陣　王昭君　柳花園
赤白　桃花　赤蓮花　抜頭　干闐王
蘇合香　蘇莫者　采桑老　青海波　駒桙
高麗曲　新鳥蘇　古鳥蘇　皇仁庭　綾切

（37オ）

崑崙　新靺鞨　胡蝶　納曽利　林哥
蘇志摩　鳥急　越殿楽　燎　蚕
韓神　宮人　木綿帛　階香　薦枕
磯　唐崎　漣　賤屋　小菅
葦原田　湊田　総角　大宮　早歌
朝倉　其駒　明星　木綿作　昼目
弓立　風俗　足柄　小柳　今様

催馬楽　鎌　美濃山　石川　安尊
梅枝　桜人　葦垣　葛木　山背
真金吹　本滋　藤生野　婦我　鈴鹿川
奥山　鏡山　御馬草　浅緑　席田
竹河　貫河　沢田川　此殿　倉垣
田中井　老沢　高嶋　高砂　夏引
婦門　我門　飛鳥　東屋　走井

(38オ)　(37ウ)

青柳　伊勢海　難波海　衣替　鶏鳴
闘鶏　毬打　大飼　[illegible]
是等之楽者一局之調曲節也猶古之方
様有同不可枚挙只為宇尓小来一
叢之切也詞繁不能書云以為生涯之
恩沢併期于斯賛嘆醫王神農鶴鶴於
也恐惶具匹並紙面啓之不具
　　雑賓十日　　　　宮道某
謹上　中村丹波守殿
一日之対面会飯楊南胡越何若手模爵千
里只経三旬今夕見即[illegible]柱
屏帷紙縁面焼誠恩同之至矣執筆
維之厳生可有無興之心無賜也可
難作同志猶有日思念立目出度高

(39オ)　(38ウ)

（39ウ）

黎丈唐新羅大和之舞楽并不及申
唯是青雲天之曲人間也焉可謂和者
之外到落月於風花落之梅亦柳等ノ
別曲大鼓独之双之也ニ習當仁
不譲神楽之儀厳有也舞袖飄颻也
如仙人遊歎拝和雅似頻鳥鳴兆調子ヲ
琴音地祇垂頭向以之拍子敲者ノ野干

（40オ）

必須年鳴呼未際其席中暢幽情者也歟
御発病之比叢師驚入於節自愛
東医師之名人教也於合薬之法利
術方之計明鏡見療病之備也又灸治
神変知五蔵六府之診脈探四百四病之根
元順方治之文於持従和合搗抹吹咀之
道不憚者也可然自之風得可

験生上　四十

（40ウ）

参先為試一両最合之作
其薬種名
人参　甘草　肉桂　桂枝　肉豆蔲
肉蓯蓉　胡椒　白檀　陳皮　青皮
丁子　丁香皮　莪朮　良香　木香
藿香　麝香　茴香　呉茱萸　拳充
三稜　黄耆　黄連　麻黄　地黄

（41オ）

牽牛子　兎糸子　香附子　続随子　随風子
龍骨　龍脳　樟脳　虎肉　虎爪
穿山甲　亀甲　鼈甲　大戟　蓮肉
巴豆　川芎　宿砂　蛇骨皮　硫黄
麒麟血　檳榔子　辰砂　烏頭　大腹皮
伏龍肝　天門冬　麦門冬　天南星　白殭蚕
訶梨勒　五味子　車前子　馬鞭草　旋覆花

（41ウ）

類往上　平一

白朮（蒼）　茯苓（茯神）　防風（防已）　知母（貝母）　細辛
生薑（乾）　乾漆　附子　山薬　當歸
厚朴　紫蘇　薏苡　桃仁　枳殻
枳實　白芷　白礬　牡蠣　紫苑
柴胡　荊芥　欝金　芎藭　石斛
阿膠　牛膝　藁本　羌活　前胡
葛根

（42オ）

雖某方如常以加減爲術是故每某[illegible]
如前之也何況此一裹撰良藥之叙而
勝於汝敢令守煎撰如法禁好物大概
別紙諸之有信服之立有其癒者即
長生不死之藥退齡延年之方也寧
時之間不[illegible]毫味併延[illegible]福云々
梅天十一日　請科某
類往上　四十二終

（42ウ）

啓上　雅樂助殿　某名章

新撰類聚往来巻上　終

■中巻

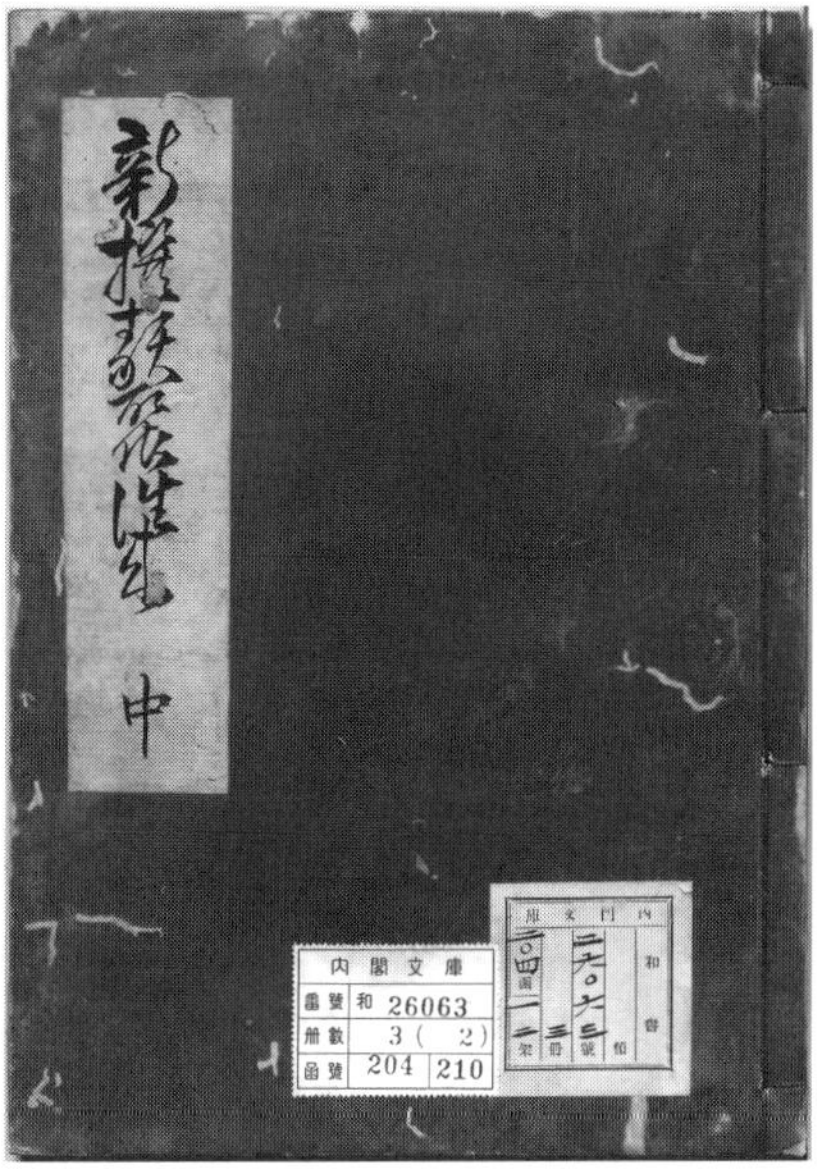
新撰類聚往来　中
内閣文庫
圖書　和　26063
冊數　3（2）
函號　204　210

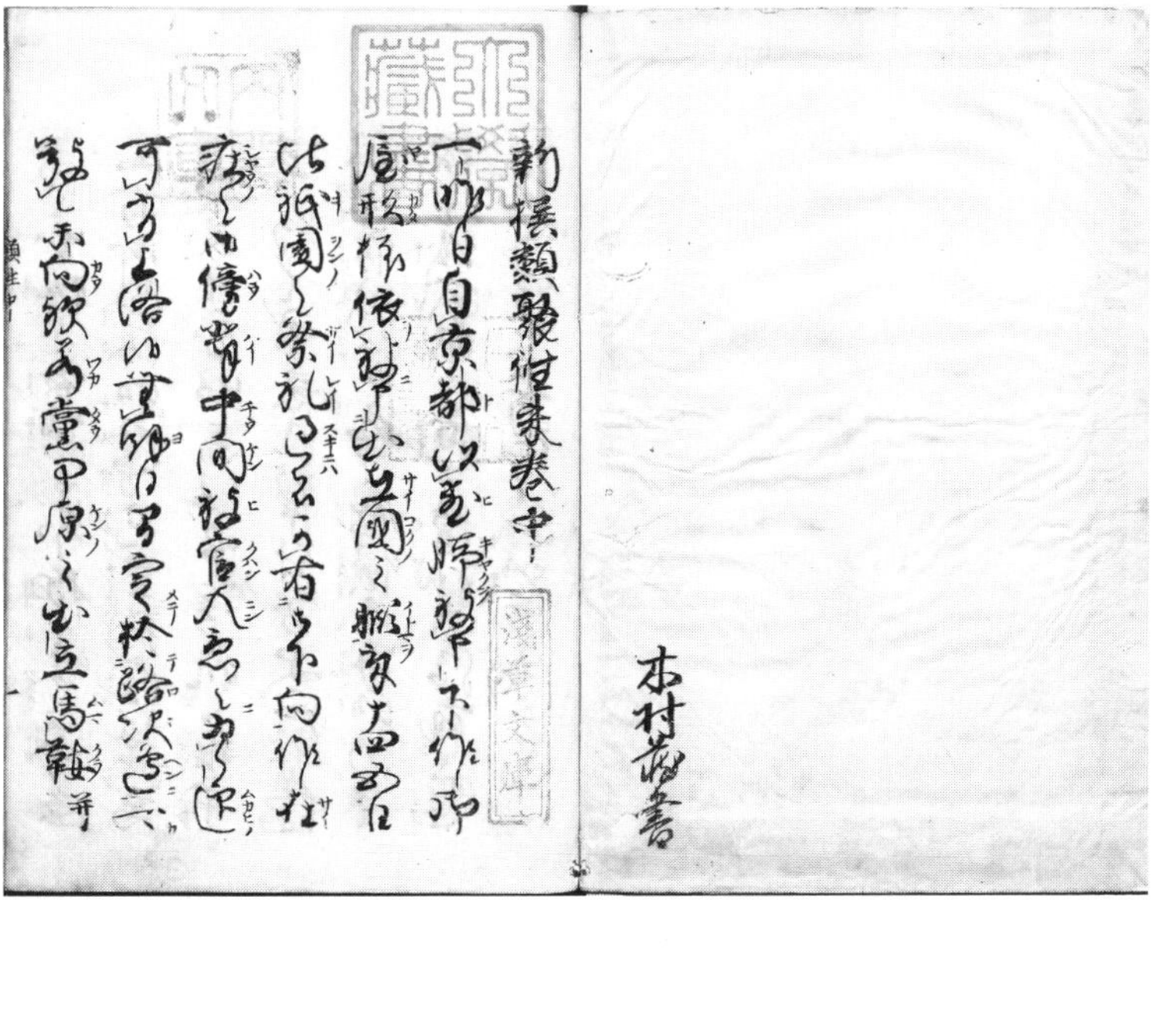
新撰類聚往来巻中
木村蔵書
浅草文庫

（1オ）

(1ウ)

昆布栖わくし衰髪をも...（略）

(2オ)

具料雑方ミ名、并魚名

潮煮　鯛香籠　鯛直
大真蘊　釣醤　鯛鱸
風呂焼　海蕷　包柏
煎熬　炮熱　潤味　鑊釺
叩切
皮煎　腸熱　腰堅
卯花熬　五参　熬音
剥物　刺身　饋繪
摺物　漬肴　炙
盛
種盛　棗炙　尻挾　子挾　檐挾

(2ウ)

穂屋鯨

鮨　丸挾　炮串　袁皮
扣　臨　鯉鮪腸
寶熱　蒸煮　海蕷腸
生兎　引足　馬生　青汁　多臨
七炮事　引撮　鰭　刺上　多臨
煤鼈　澤波　御菜頭
蝙飛　裡蟹鼈

(3オ)

魚類者

鱸　鮫　鯛　鯵　鱧　鯨
鯉　鰆　鱝　鯛　鰹　鱈
蚫　鯖　鯉　鯛　鮱　鯒
鱶　鱲　蛇　鯉　鰯　蜆
鰶　鮫　蝦　鯛　鱵　蛤
鮪　鯰　蛸　鮞　鱝　蝦
鱧　辛螺　帆立貝　螺　海馬　石陰　鳥貝

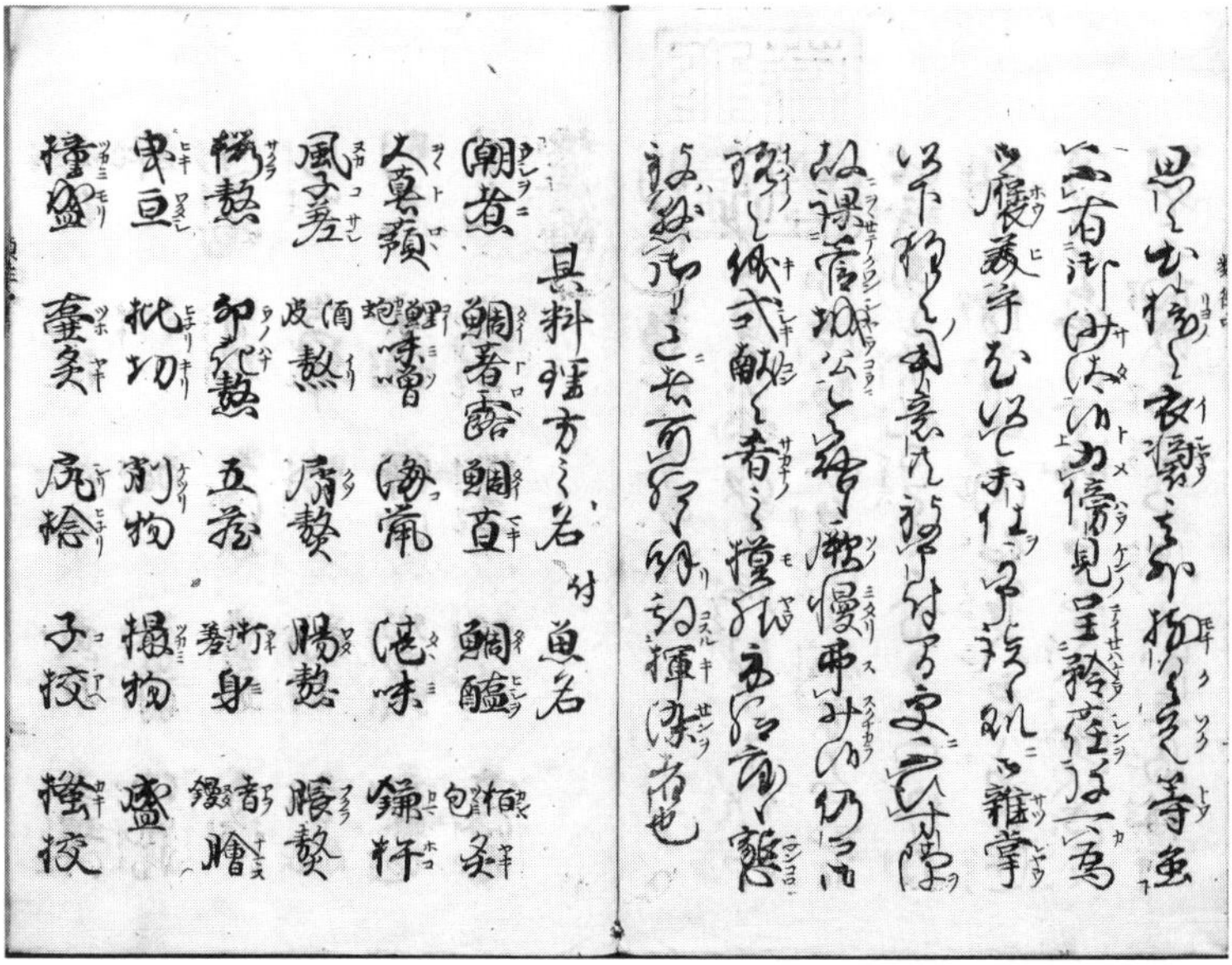

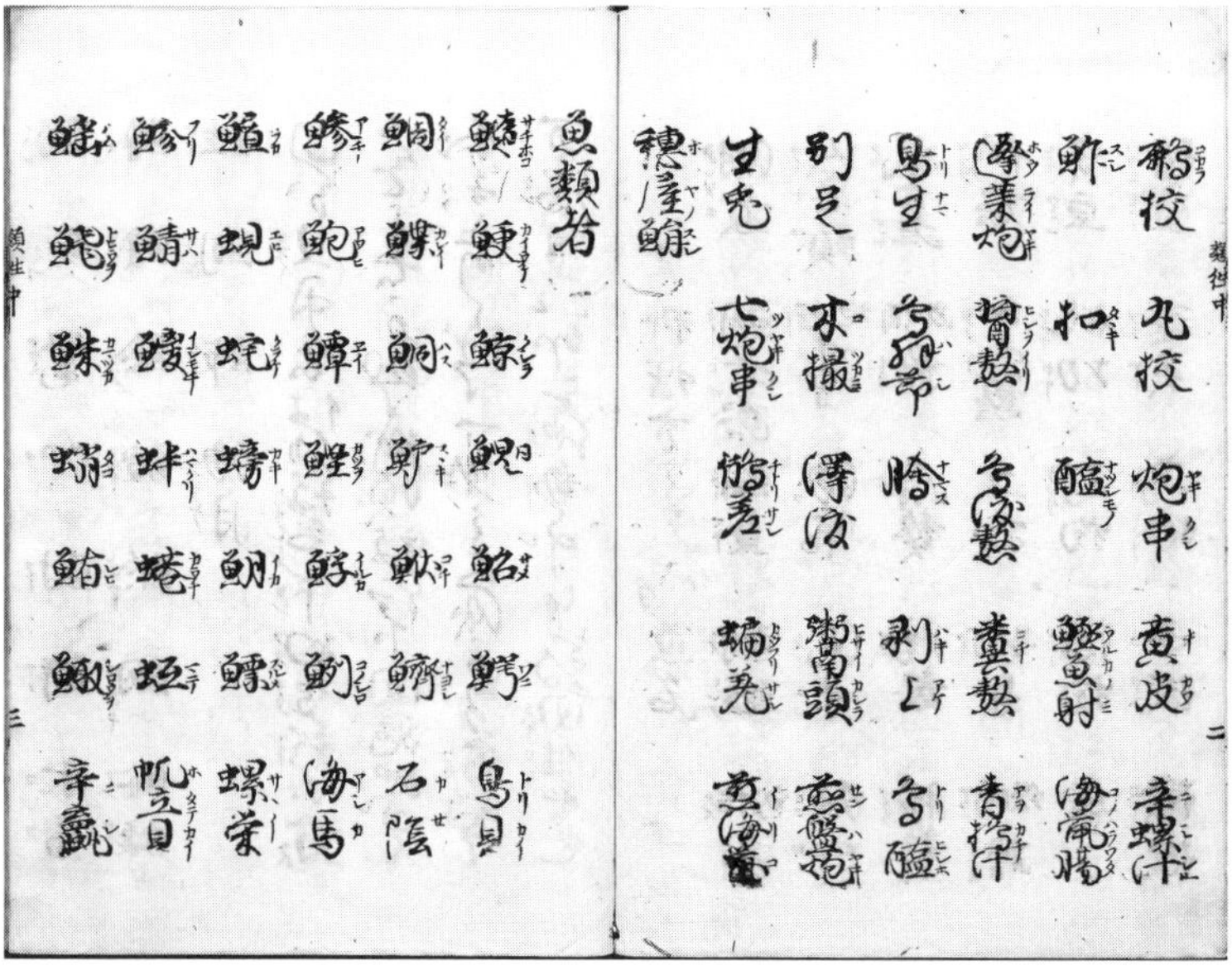

（3ウ）

鰯　鮫　鼈　鯉　鮒　鰤　水馬

鱒　鰻　鯰　[illegible]　[illegible]　[illegible]　鮟鱇

鮭　鰶　[illegible]　海月

此外[illegible]

[illegible]

[illegible]

[illegible]

（4オ）

[illegible]

林鐘十二日　清原某

謹上　治部大輔殿

御下向一定之由[illegible]

則[illegible]日限

[illegible]

[illegible]小馬二三疋借

（4ウ）

[illegible]

[illegible]

[illegible]

[illegible]

[illegible]

[illegible]

（5オ）

[illegible]

[illegible]

[illegible]

[illegible]鳥類者

鸑　鷲　鳳凰　鸞　金鶏

迦陵頻伽　工命　舎利鳥　[illegible]

孔雀　[illegible]　[illegible]　火喰　青[illegible]

（5ウ）

青鷺　白鷴　大鵬　鸚鵡　雁

鵯　鵲　鷓　百舌　鵝

鳩　鴿　鷃　烏　雀

鴨　鷗　鷽鸒　翡翠　焦尾

鷺　鳶　梟　鶚　鶉

鸙　鶯　木兎　鵜　鵆

鶺　鶸　鸐　鶲　鶴

（6オ）

鸂　雉　鷸　鷂　鴒

鶴　鶉　鵇　鵧　鴉

鵤　鸒　鷲　雕　鷹

隼　鶹　鵣　鷹　鴫

鷭　鷦子　鵺　啄木　水鷄

大鷹　兄鷹　指羽　兄鷂　雀鷂

雀鷂

（6ウ）

於テ此ノ鳥之図ニ名ヲ見ル形チ者ハ以テ看ニ

事ノ未ダ識ラ者ナリ然則料理包丁之大

事ノ上ノ機ニ茲ヲ致シ是則前代未聞ノ古今

無双之経営ニシテ鳥ノ跡二遑毛挙ニ恐惶

謹言

臘月十二日　安部ノ某

謹上　左馬頭殿

（7オ）

夫以ル事ノ始メ計ル者ハ鏡ノ如シ

童子之遊戯自ラ益ス盆ニ経営大念仏

之幡ハ紙ヲ揚テ為ニ飾ル前ニ紙ノ帛打テ拍子ヲ

吹テ竹ノ筒ヲ以テ待ツ一興ヲ而モ為テ乞盃ニ勝

風流ノ太鼓鉦鼓笛鞨鼓ニ至ル殷ト而

盃耳ニ満テ滴丁々滴丁々或ハ狂乱ノ吉ニ山

幡ノ傘為ニ桙或ハ一露ノ飽腹鼓ニ胸骨ヲ撃

蟷螂舞頸筋〻、音骨有骨独相撲独
双六等之秘曲之大事、容止発而皆時
一曲之時白拍子、和之義、風流
擬人躰、舞、令玉假為金輿玉輦
御幸慣例式、見物人、驚目耳生
如此可愁神具非一者也

神具沓

御殿　社壇　大牀　御廊　透廊
拝殿　冷殿　休所　借所
神宮寺　千本　鰹木　斤殺　水瑞籬
楔　犠　祓　桓　祠
祭礼　鈸　鏡　正体　戸帳
御輿　鉄輪　荒和祓　榊　鈴
千早振　袖庭火　天逆鉾

于茲別当社人祢宜神主捧幣帛於庭
上致礼奠祈前一鼓鞨調拍子等連
舞行之跳神楽之掛気為一旦之狂
言片時之戯場観者各深神感思誠非
賜之所知也又於造物塗地清冊孕所
傍山大道多車小路充馬笠桙傘桙
如星似露灯籠行灯如映以媚也見者
皆心驚耳目作言飾如之〻蔵
幾千万

具俗服

直垂　袍　冠　水干　浄衣
布衣　表衣　指貫　富尾　繳袴
襠　襷　薄縮　日裳　佩
襯　襲　守袋　冕　簪

（9ウ）

笏　扇　履　沓　烏帽子
端塗　風折　[illegible]　小袖　袖
浮線　綾練貫　袙　[illegible]織　綾[illegible]
素襖　紕羅　[illegible]目　紅梅　懸[illegible]
深付　地白　[illegible]背　筋格子　綿子
段子　繻子　村紺　縑　蝉羽
梅花　細美　黄雑布　太布　[illegible]

（10オ）

帯　紋紗　[illegible]紗　[illegible]　唐紗
紗[illegible]　大口　袈裟　烏帽[illegible]　紗帽
章甫冠　帳[illegible]　綿衣　織物　薄紅
[illegible]　楊裏　[illegible]黄
[illegible]外到王[illegible]鶴[illegible]衣子夏[illegible]衣[illegible]
[illegible]雲[illegible]麻衣葛衣布衲[illegible]
[illegible]交色替[illegible]羅[illegible]天金銀[illegible]

（10ウ）

道俗男女老若貴賤上下萬室如[illegible]集
于時観之[illegible]景[illegible]鮮[illegible]一[illegible]代之
壮観[illegible]今之大義之勝負云云　[illegible]
[illegible]一両日中ニ[illegible]風情一[illegible]
[illegible]可有[illegible]
敬白
夷則　中原某

（11オ）

謹上　荒河[illegible]入道殿
[illegible]
[illegible]
祇園[illegible]
[illegible]
[illegible]
[illegible]風情[illegible]

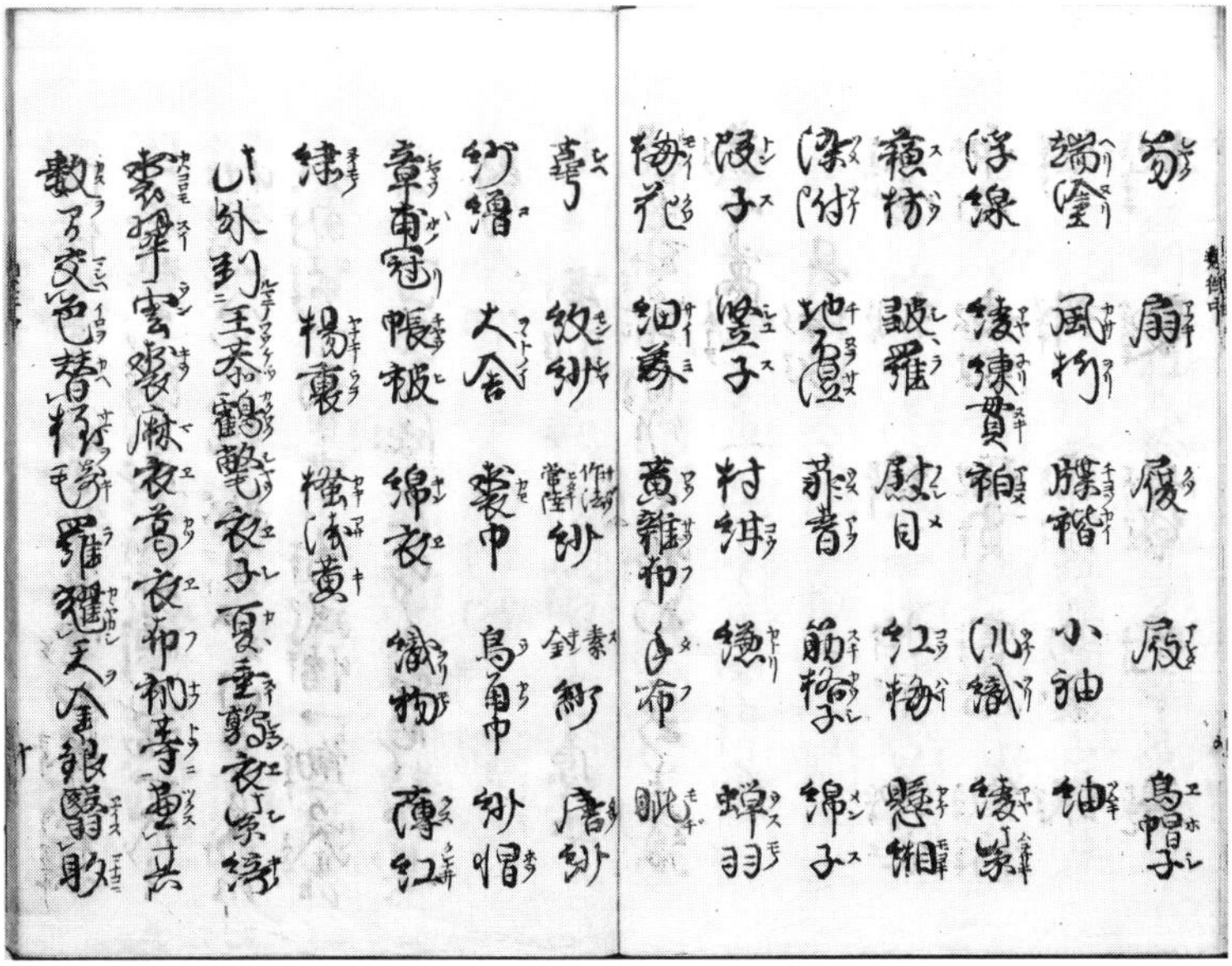

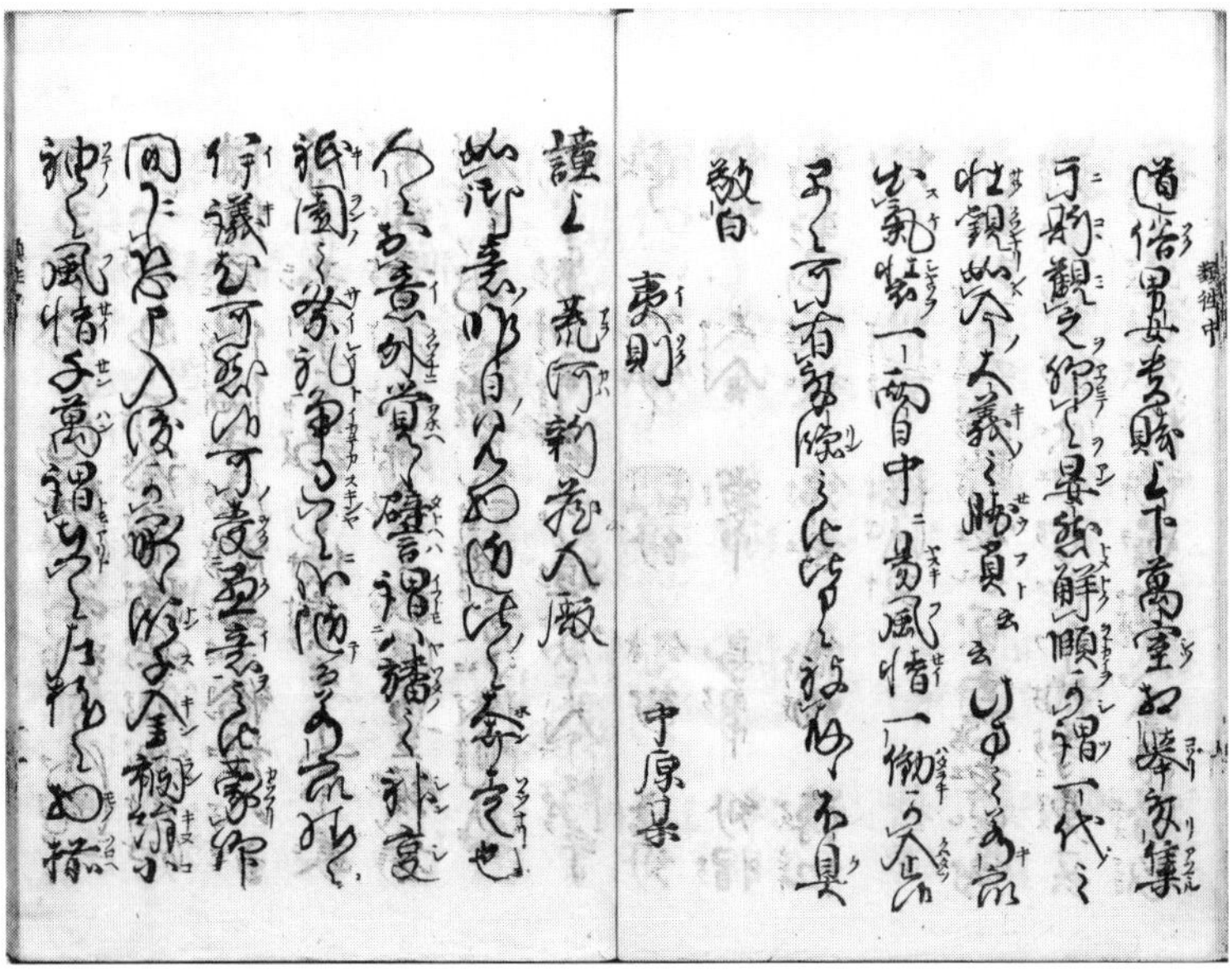

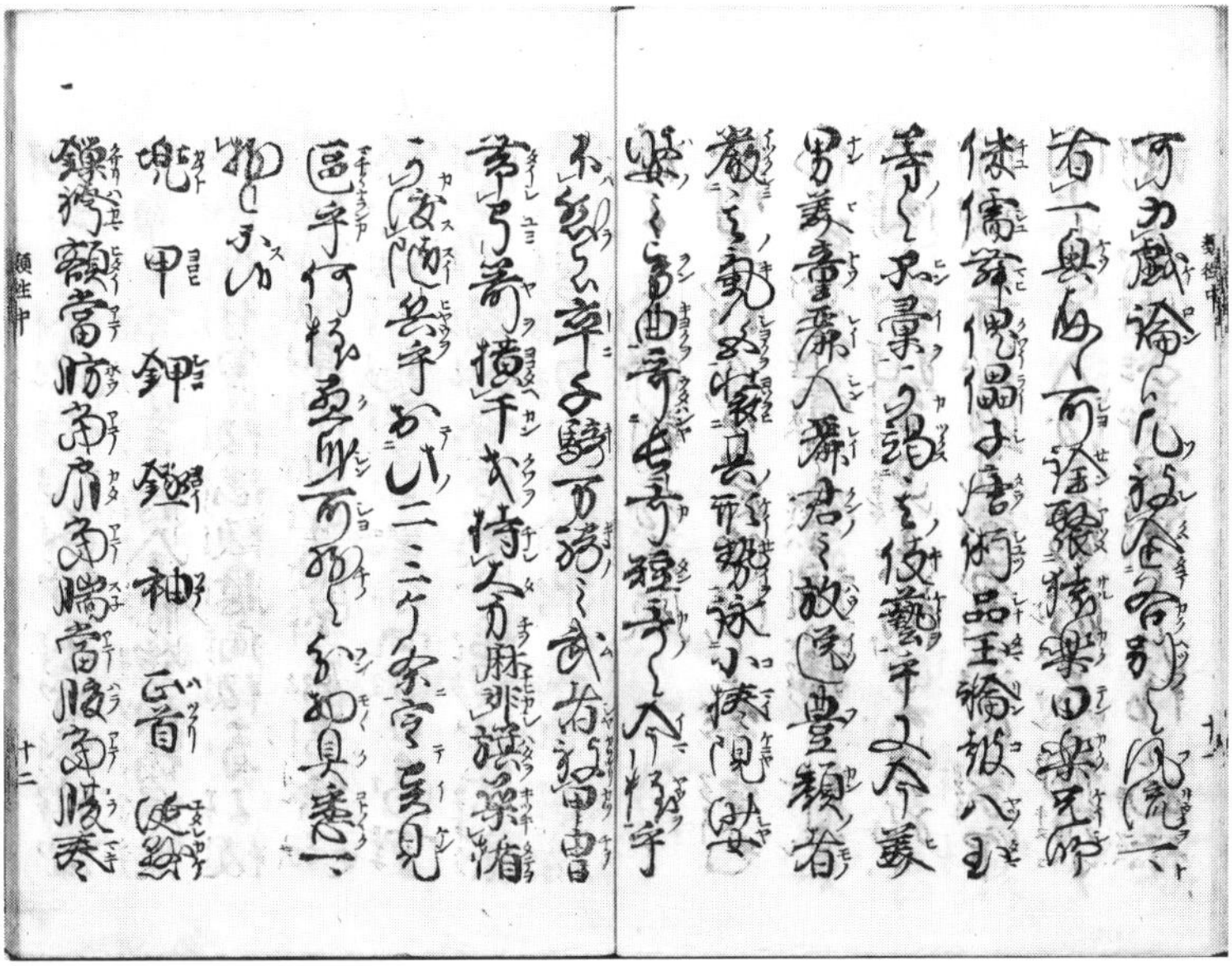

（12オ）　（11ウ）

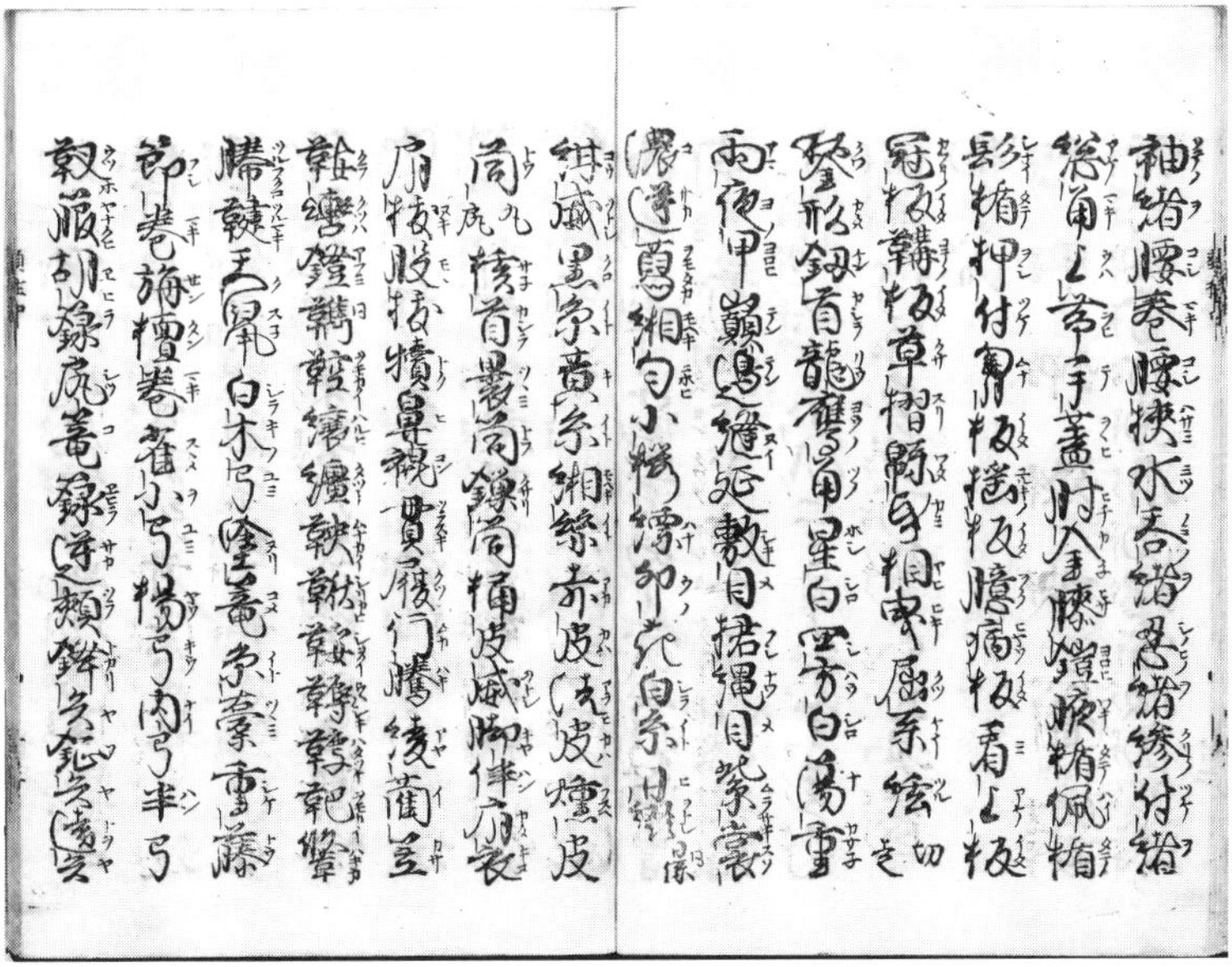

（13オ）　（12ウ）

（13ウ）

劔尻綿修蝿尾剣羽歯切鷹侯鞭口
蟇目尻前首末割弭笴箆節景鏝
鏑平鏑平題射栗翔弓鞢求鋒摞首
弭張弛彎柔苔弭皮握皮影絃御絃
如此太刀打刀薙刀薙鎌楯鉾手鉾鎗
鐵鐔鞘鞢韜鞘鞆鮫尻鞘瑠韈甲金
錔目股寄柴鬼鞘結鞬鍔口鐺櫨

（14オ）

葦草鞦雍鞆鞢繧手金稽金鞘尺寸
並油草雨皮鎌地庄障切付鍔棒母衣
此外金剛播幢般若鋒殺人刀活人劔
不在當機右一句子侍觀面提相活
商量之附言多則品寡狂主管城公
恐々不具
孟秋十八日　香山某

（14ウ）

謹上　隼人佑殿　御返答
態札一行令新来出候因為祝一鉢
今年之耕農依旱天
除力不熟二為暴葉投時之田地并
園圃等陌地之乾熟今具肥或肉堰
埋或修畔畷前田ち農人整鋤鍬
等之もるん今耕擾所自東作

（15オ）

収實五穀成熟稼穡豊饒之祝
更当早魃洪水蝗虫之不熟
其五穀者
菌稲籾穗穤粳穤早米稗穫秕穭
稗来耗来糯穣䆋黍稗穫粟麥
麰黍稍麻菽豆蕎高麦粟大豆小豆
角豆荒豆芋穀

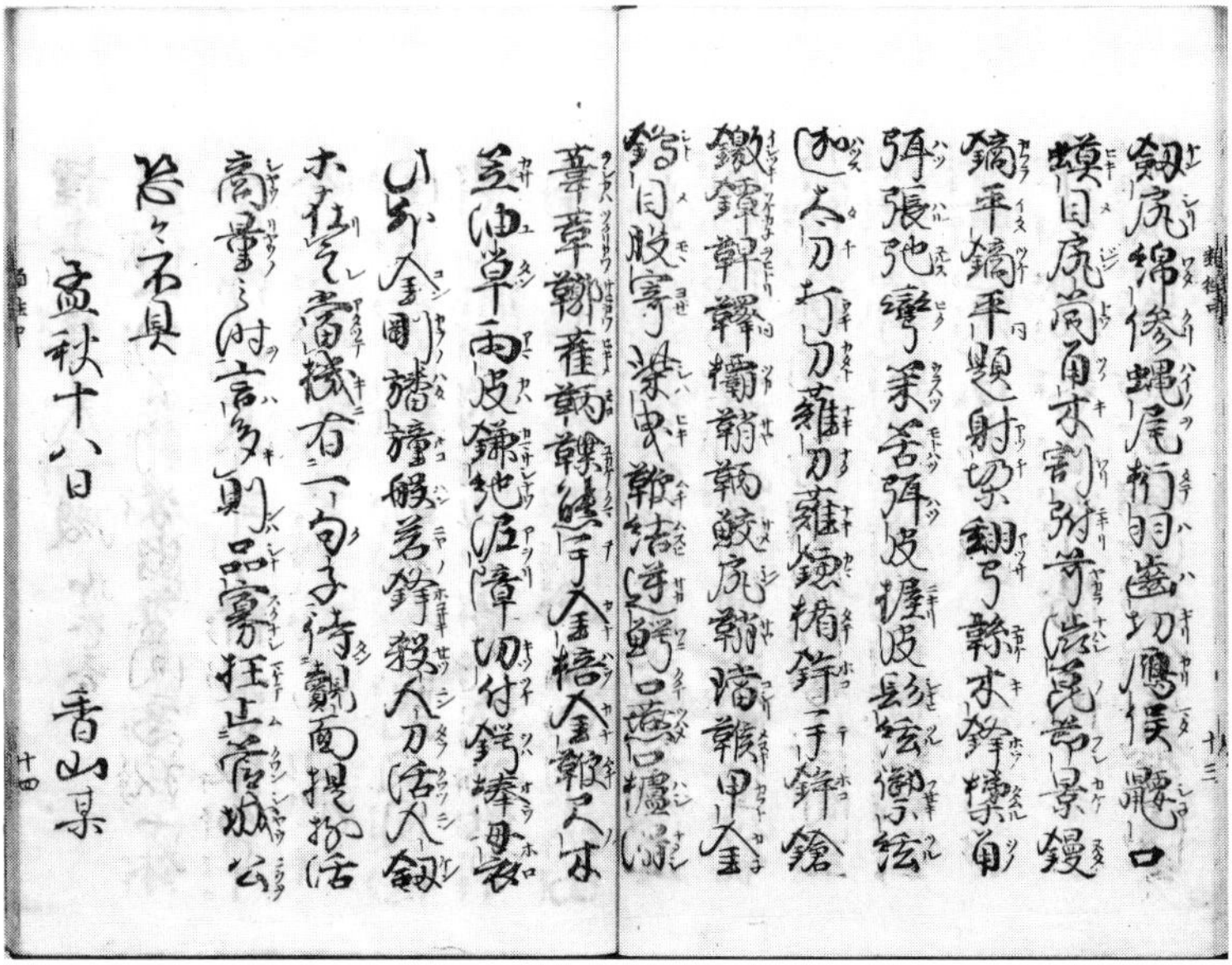

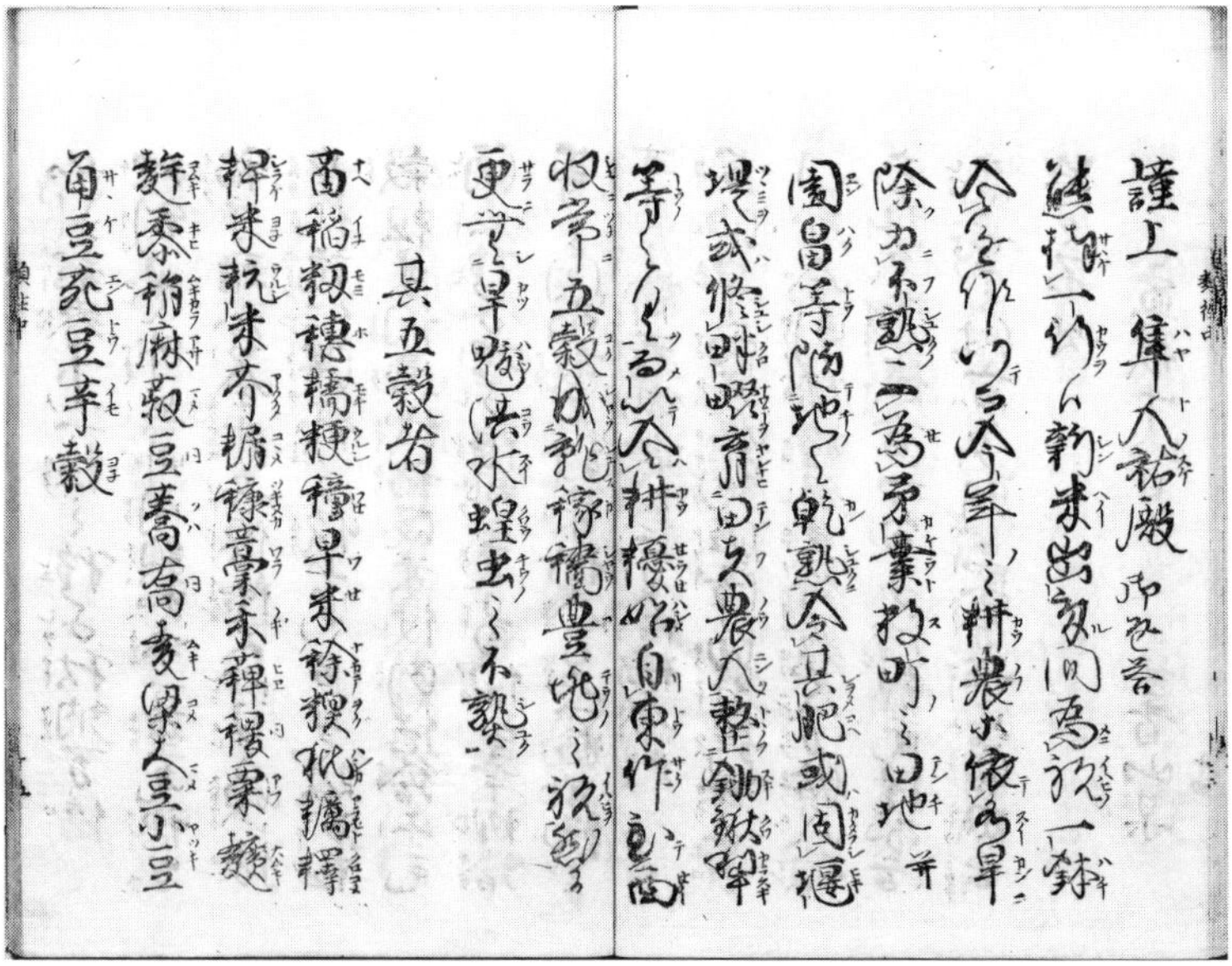

（15ウ）

如此春下一粒之種子秋納万倍之
地利是非異也同額於禾一茎九穂生
稲苗雖然全非吾徳猶天心是須依
皇化施仁澤誠乃歛无忌是故於粗
穀粗米観庸代稲限米使断借給土毛
酒直種子地子粮料交易佃者率班給
等之間而敢不致東把合夕之粒粟也

（16オ）

未全鋤之頃天降仁澤永豊潤守
其下々支農業可御田麦小豆熟
耶収納之多非只可租税揮涤不
宣
南呂十二日
掃部助殿

（16ウ）

御示作之新米浅々可致上司
事也仍秋収之倍増他年之
由所存也而浦山家令収作者如
雁門太守家田三町某刈禾乎論者
可謂至益更減当可熟乎弟示不
之耕耘可領右田耕畠小摂謂皐雖
地利耒耜之然同買徳作入之由田

（17オ）

乾地等之以耕鋤鍬钁搔等之営並
同他人所納春法之利減却子球
今年春比之旱魃下種澤可差
雨敷草繁茂剰枯萎浸山
墳畠田頭却以可枯白也故可枯
納十九八窪之処嘆乎天而無如之而也
於今世計何之送乎待之者禰

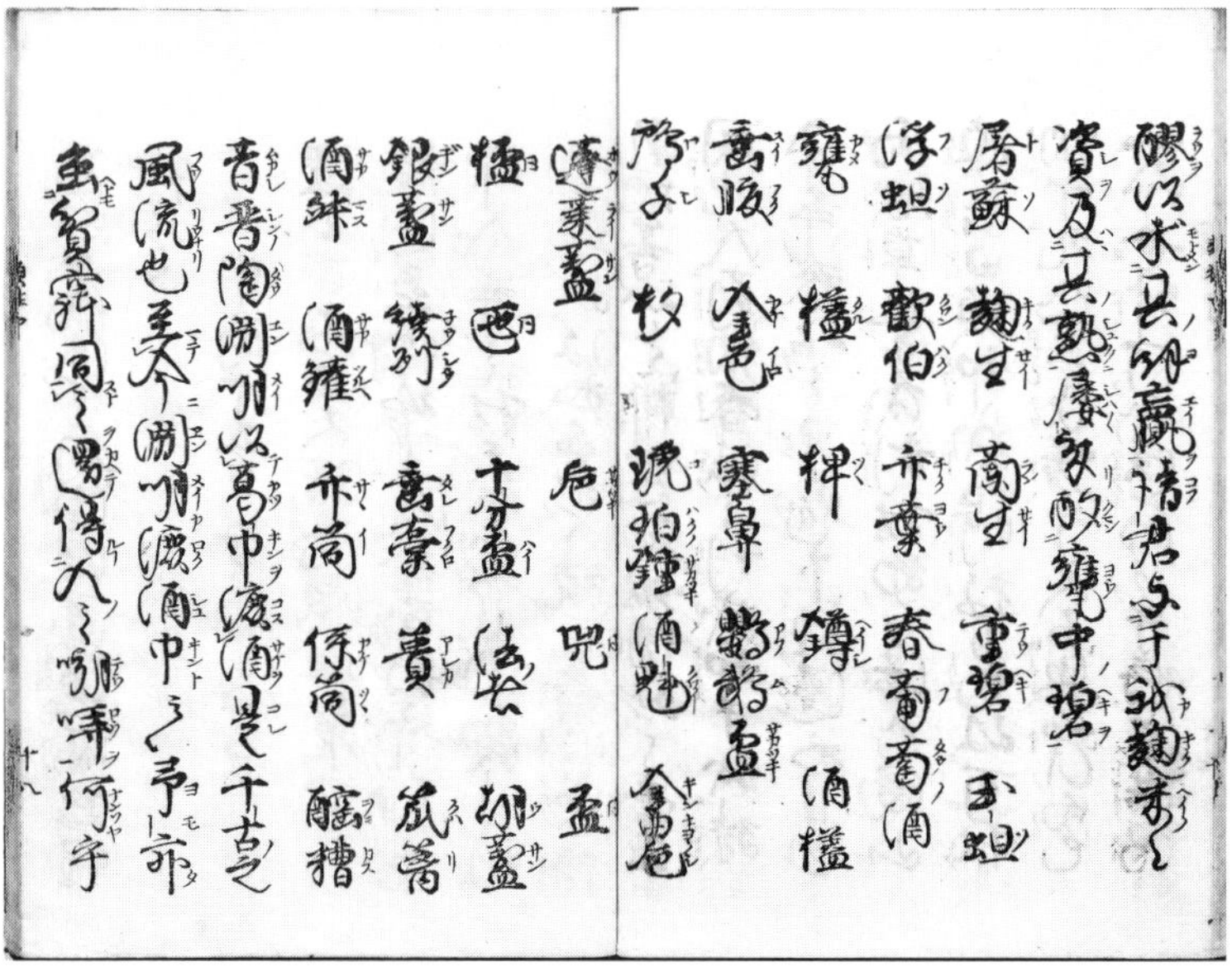

醪以米其[illegible]清君子於麹蘗乎
資及其熟醸多酌醸中碧
屠蘇　麹生　歯生　雪碧　玉蛆
浮蛆　歡伯　竹葉　春葡萄酒
甕　檻　拌　罇　酒檻
醽醁　金邑　寒鼻　鸚鵡盃
醇子　杖　琥珀鍾　酒魁　金屈卮

（17ウ）

蓬莱盞　危　兕　盃
櫑　匜　十分盃　[illegible]　胡盞
銀盞　[illegible]　[illegible]　黄　[illegible]
酒鉢　酒罐　竹筒　係筒　醡槽
昔晋陶淵明以葛巾漉酒是千古之
風流也至今淵明漉酒中之趣予亦
[illegible]同之[illegible]得人之[illegible]何字

（18オ）

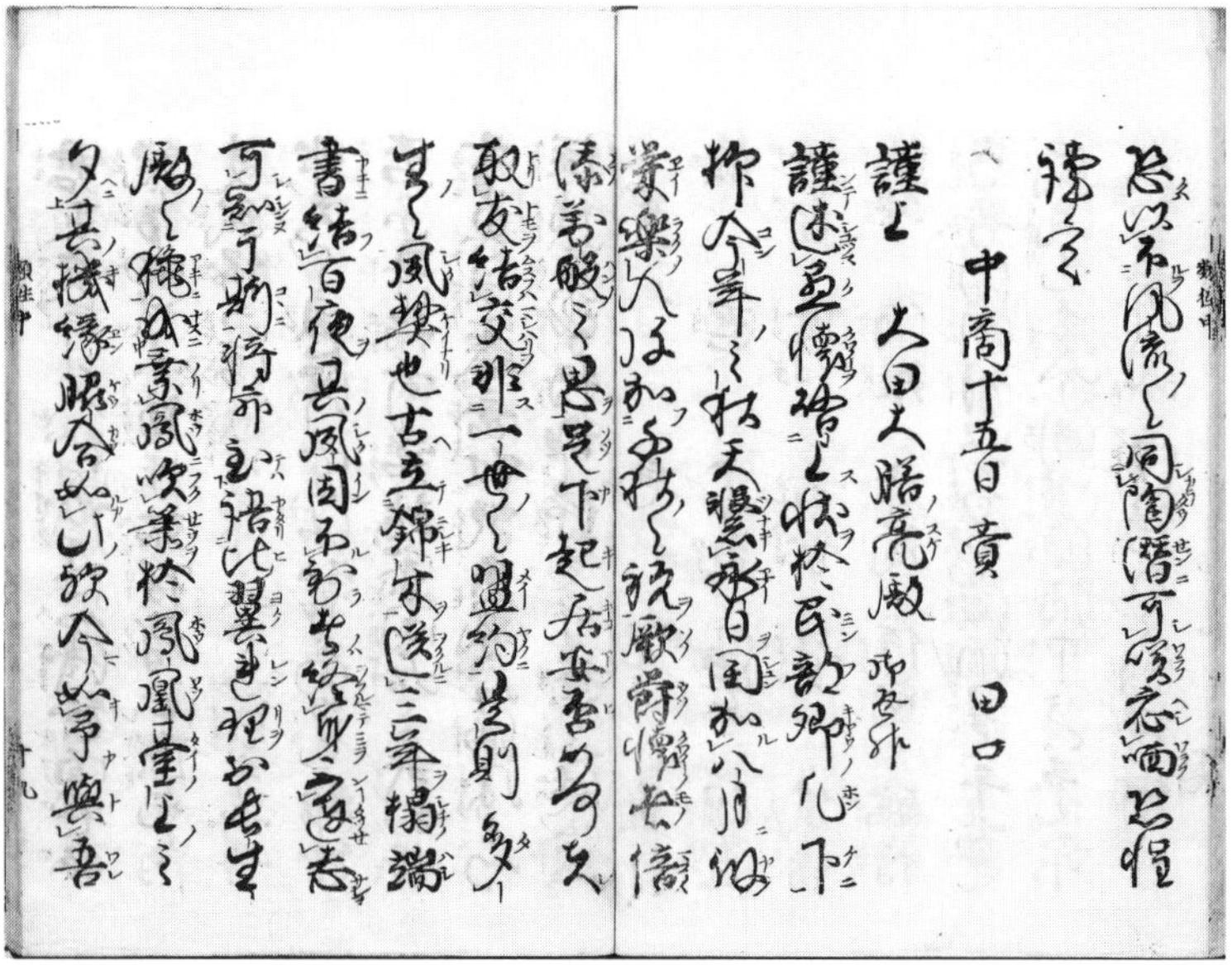

[illegible]風流之同陶潜可忘酒[illegible]
[illegible]
中商十五日　貴　田口
謹上　大田大膳亮殿　御返報
謹[illegible]
[illegible]

（18ウ）

[illegible]
[illegible]
[illegible]
書結百[illegible]
[illegible]
[illegible]
夕[illegible]

（19オ）

君取文手一人紛誠之一諸縱須臾良
絶之者況未訪乎殆撲栽二模也莫乙
支風緑刃漾飄乎拂之勃未朶乎嗚呼
非天之恩澤空沾知我而已雖然
君不辭指者諸諸察閑居之式願恨
音思送春秀枯純魚風塵滿床之内
任積塵哉将迎掃之乎棗々庭從

離々離草只有群虫潜發幽聲及終
夜閑之亦勝愁嘆之者也

只虫名

蚖 虵 蝮 蝎 蜈 蚣 蚰 蜒 蠐 螬 蜣 蜋 蟯 蛕 蛟 蝪
蠣 蛭 蛆 蟬 蚸 螗 蜩 蜊 蚕 蛋 螢 蠅 蚊 虻
螻 蟻 蚕 駒 蜂 蚰 蛛 蠆 蜍 蟆 蛙 蝦 蝸 蝗
蠲 蝨 蚯 蚓 蟻 促 織 蝙 蝠 蟷 蜻 蜓 螢

丹鳥　宵燭　蟷蜋　螽蟖　虫　松虫　鈴虫　玉虫
其聲或咽々似恨或喧々如歎幽微只
動人耳有恨者激而歎之也予亦此
到深更不堪感激空沾戀慕之袂
此外可任丹誠告直之趣旨可呈上之状
前途耳之言若遂清聴欲依芳契陳
所懷伏希令遂以閑併且泉御事之
他凶巳細記回章乞子萬可卿之答
謹言

壬八月初吉日　某

謹上　霞不動院　民部卿御房
須臾人之面謁消息偏窮不拘執筆章
作角多寳欽仰之至也再三反覆
書曲抑察足下之丹心乎尤無一下

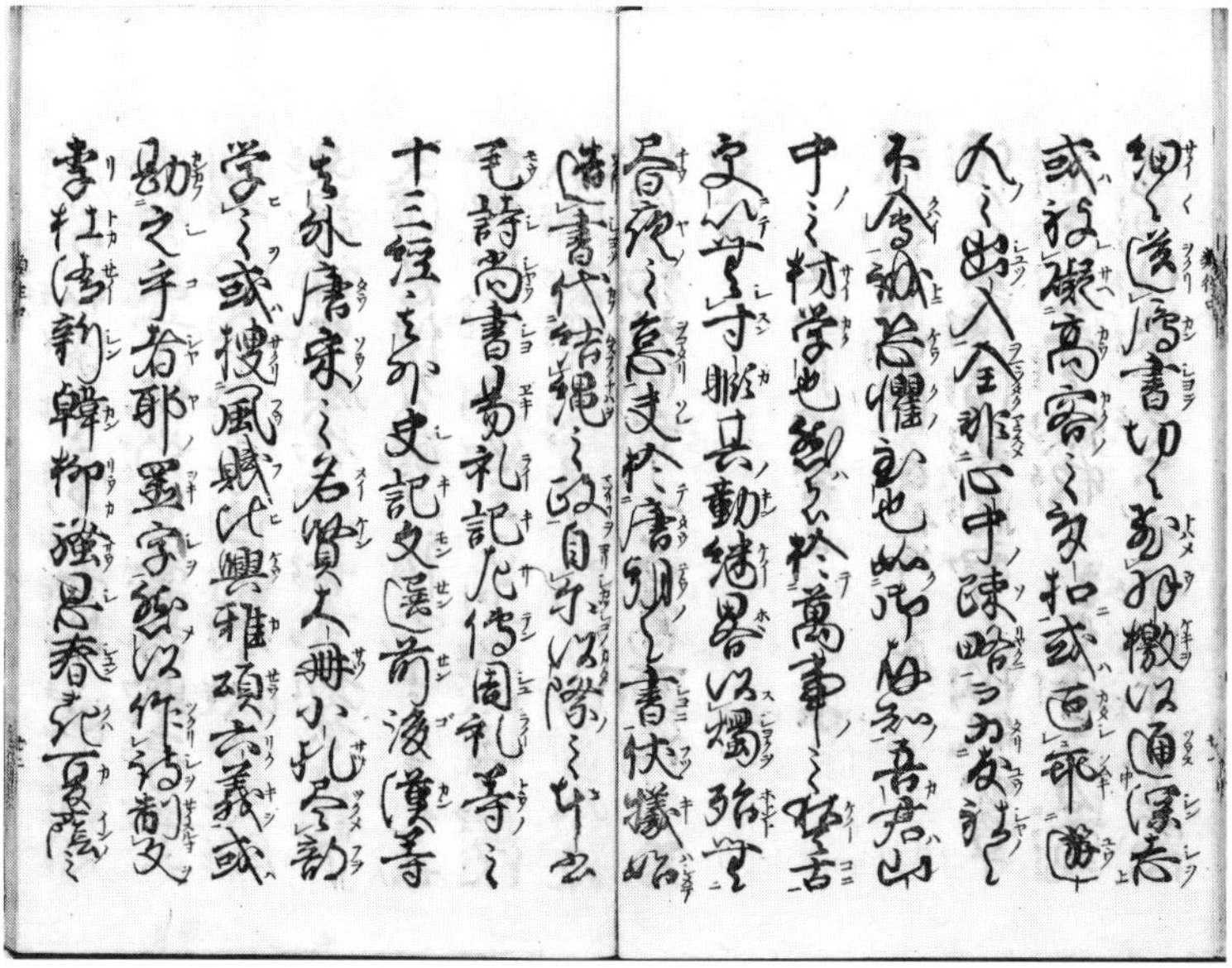

（21ウ）

（22オ）

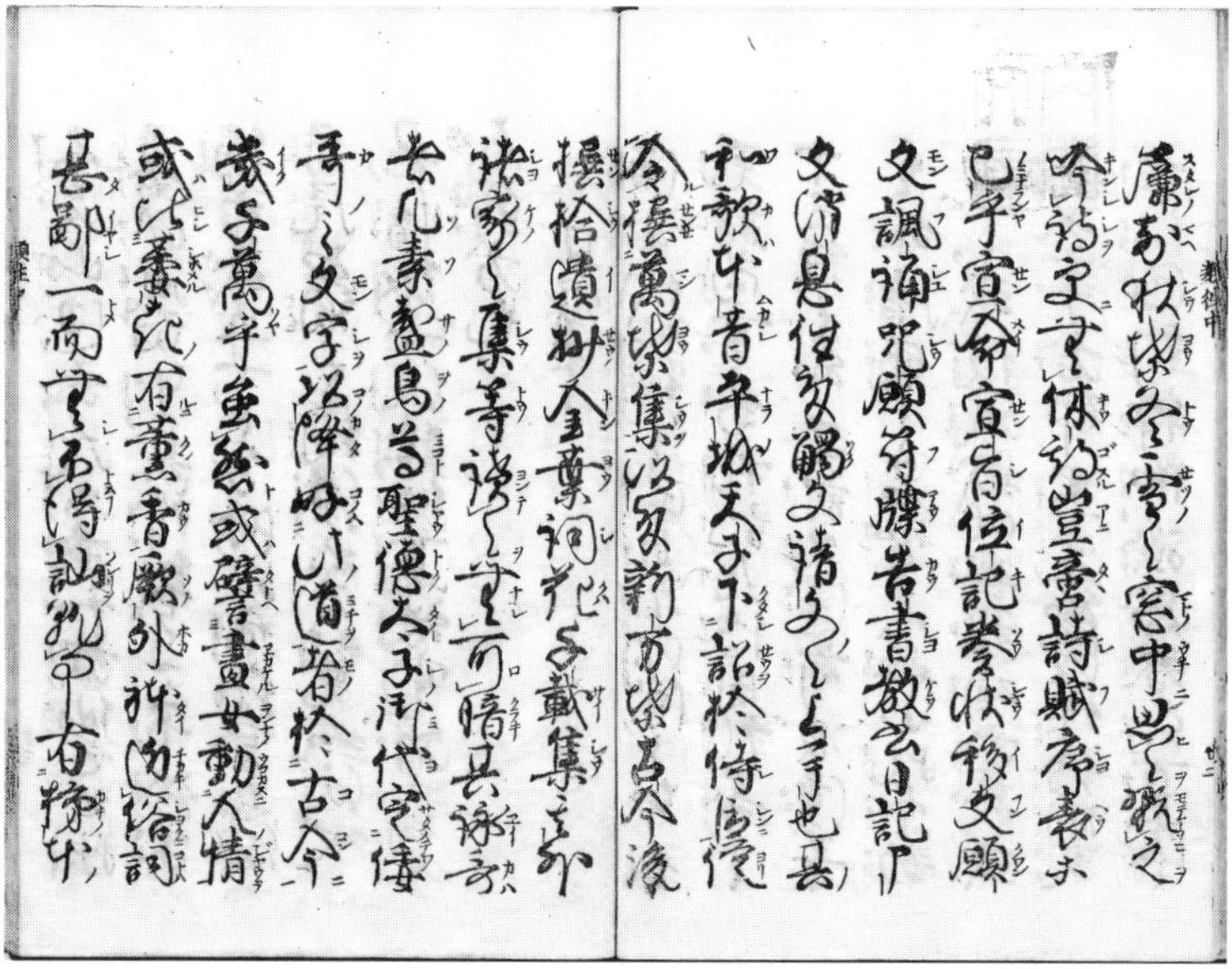

（22ウ）

（23オ）

大友山辺赤人云並和歌仙也公独
慕山風而其外猶以三十餘字
備六義五七之句遊于八病之憂欲
首尾相調之詞滑如尺蠖如流水
其情艶二流被似貫珠寔踏三玄
妙跡者也

其能書
蒼頡視鳥跡作文字以来古文篆隷
信行草真字仮字是也手本或張芝
草聖義之俗賞或道風之貫花
文和尚之筆之跡是外至於理
一墨不少不学之難八術八法之云
正書露懸針之点是姿如舞鳳
翔鸞其跡似春蚓秋蛇今時於玉

堂有拝右者就中此序之雅楽
者宮商角徴羽之五音金石絲竹
匏土革木之八品是外六律六呂
十二律而一而足不推叢於百二十
調平調離鸞別鶴之操子期知
之曲陶潜識趣之弾其得之去於
琴也根由在百歩穿楊養由唐蘗之貴

三矢究天山之流是弓家之秘伝
弁不識之双三之九之爽八的等
之事手也其蹴鞠者黄帝所造刻向
録之自尓以来昔日域難波飛鳥井
継之両家之流公文業之曲尽千條槐也
向各同拋持三下自随所随脚像
旋身高低屈角是雨々三々情謂之堂

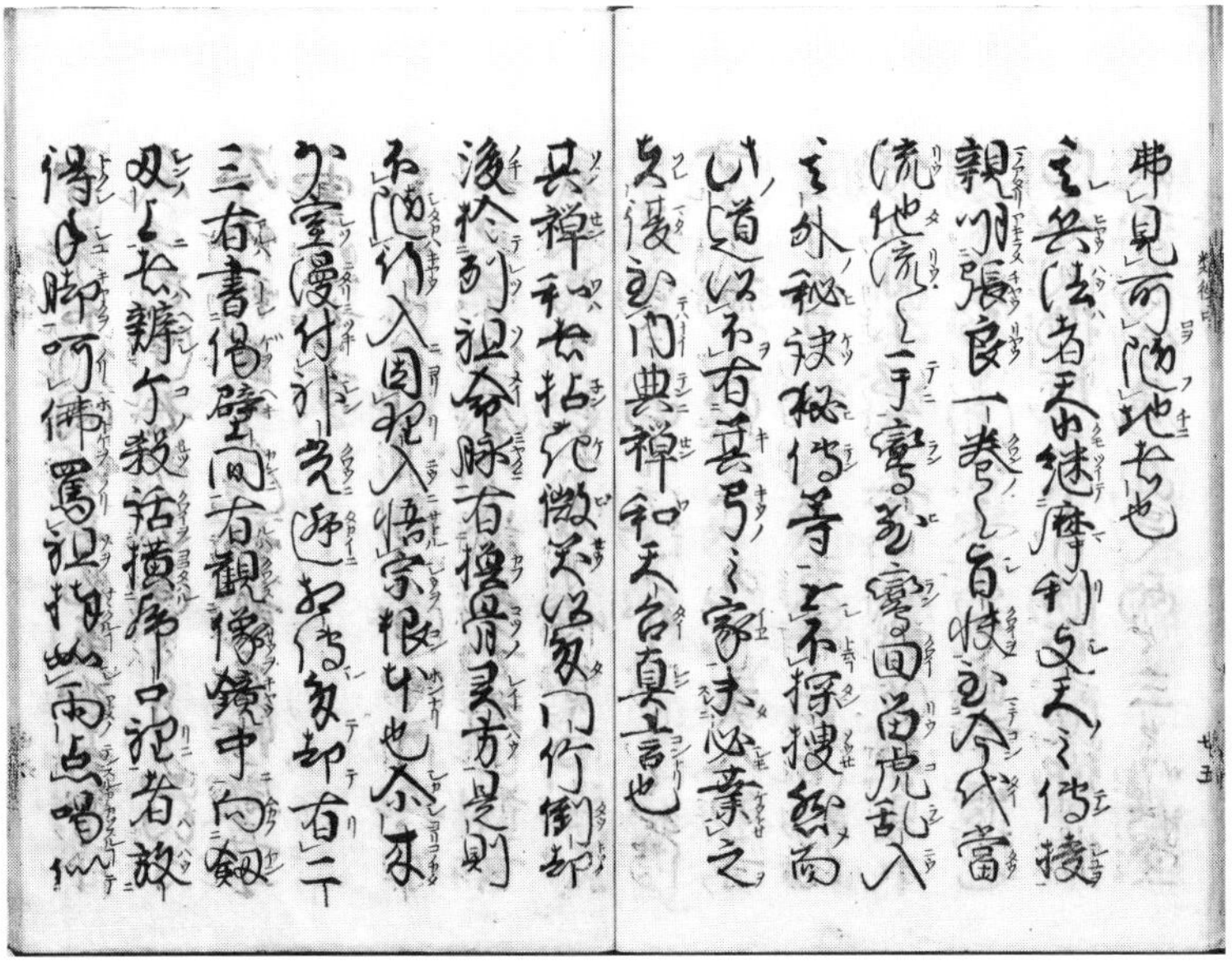

（25ウ）

（26オ）

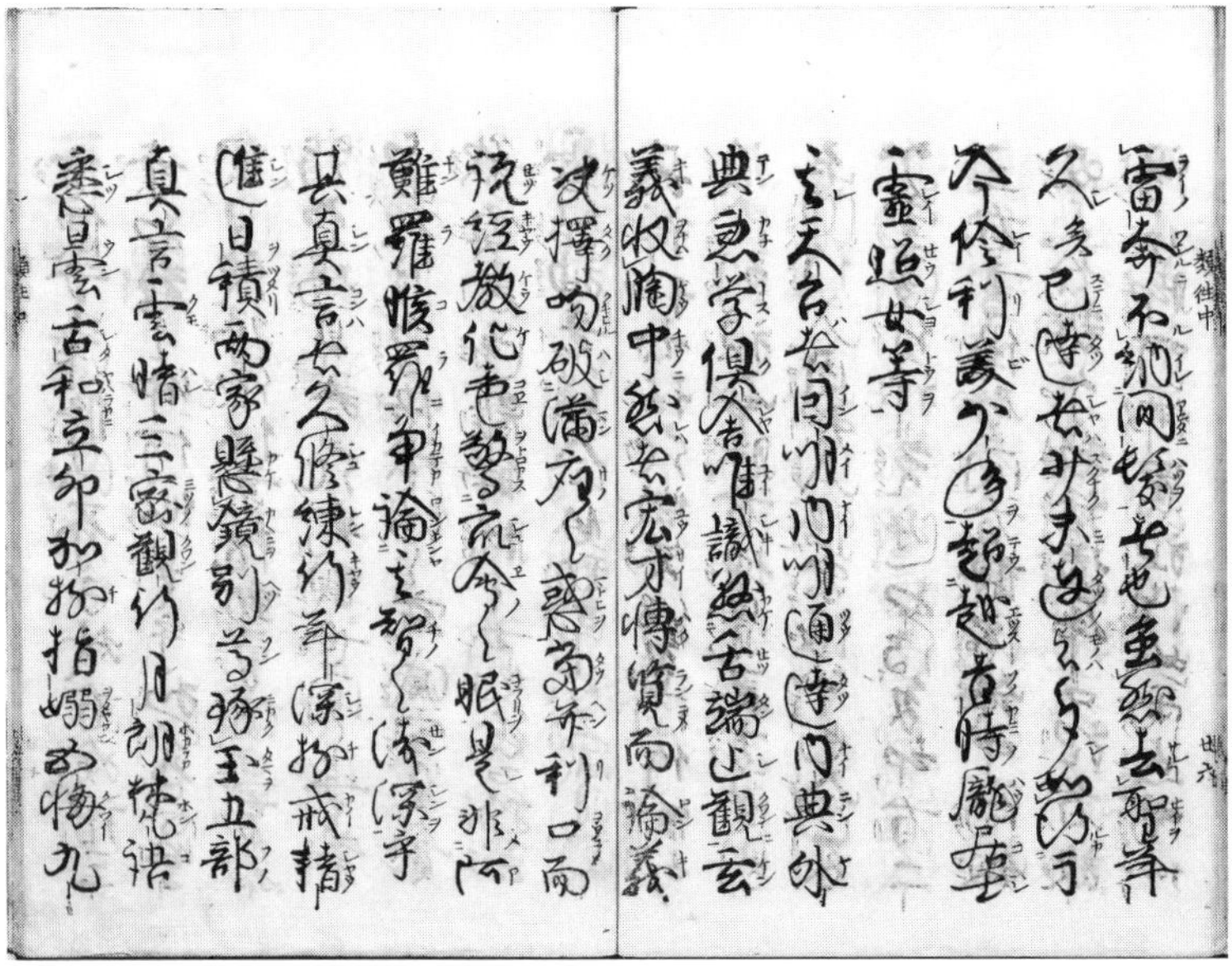

（26ウ）

（27オ）

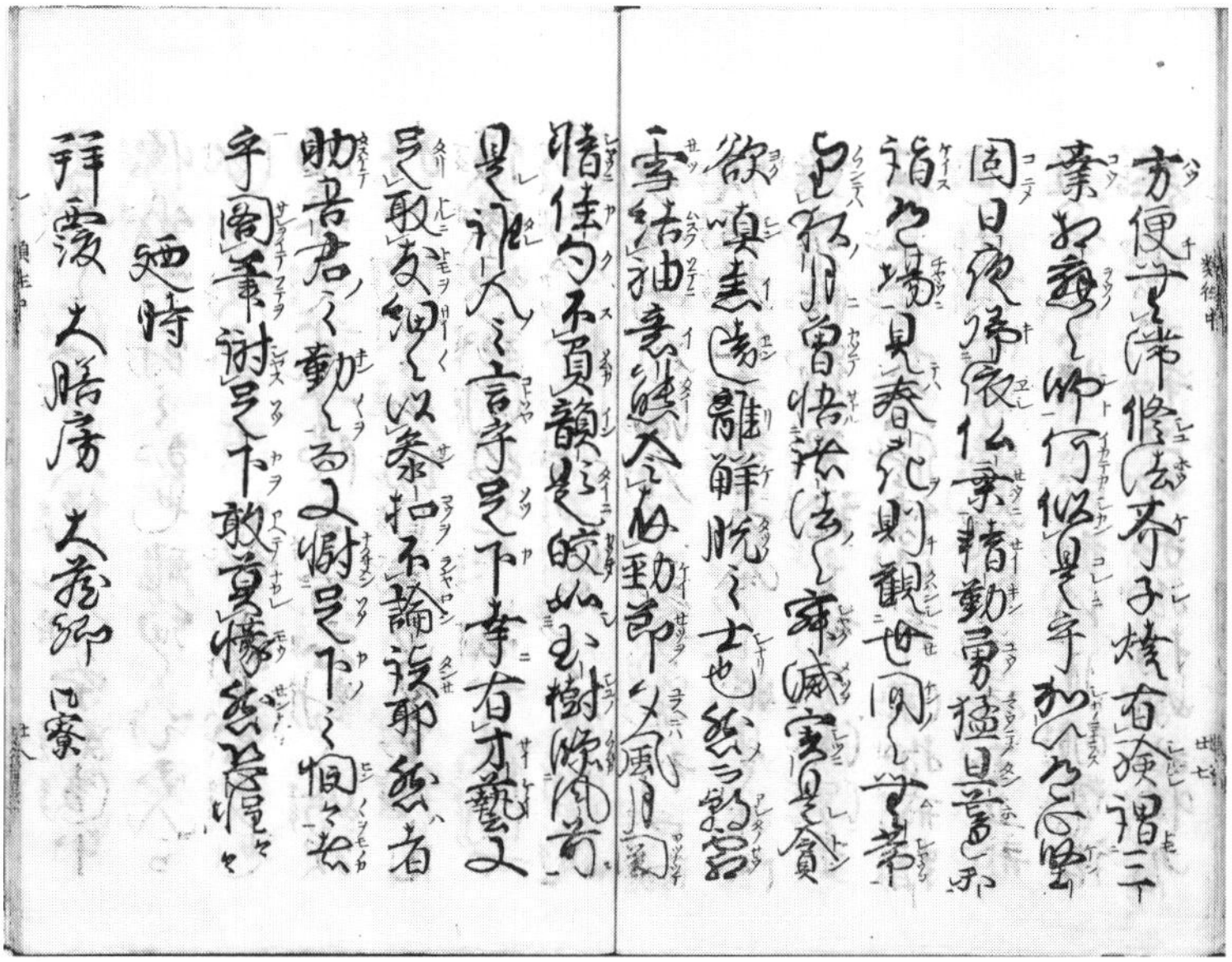

（27ウ）

（28オ）

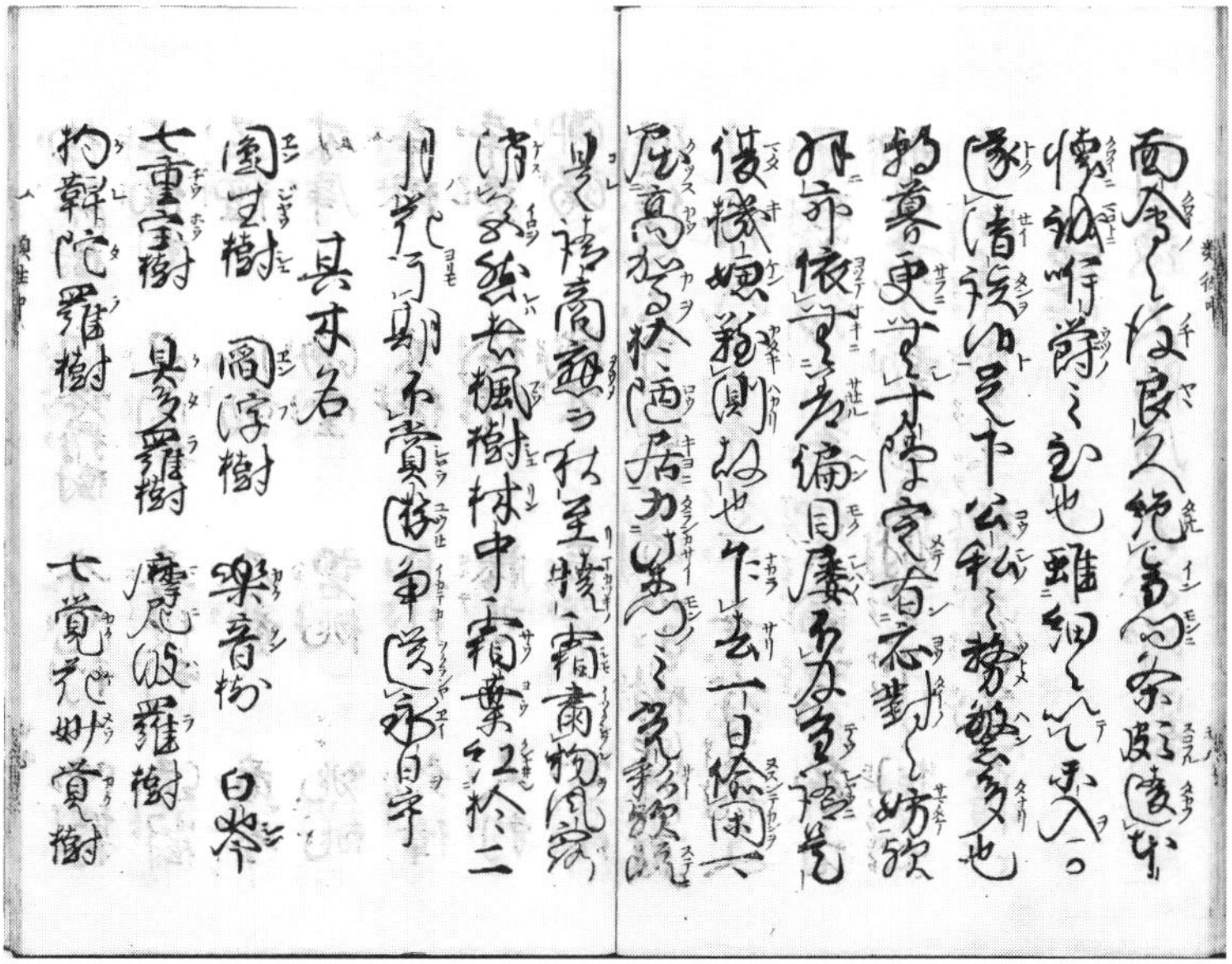

（28ウ）

（29オ）

(30オ)

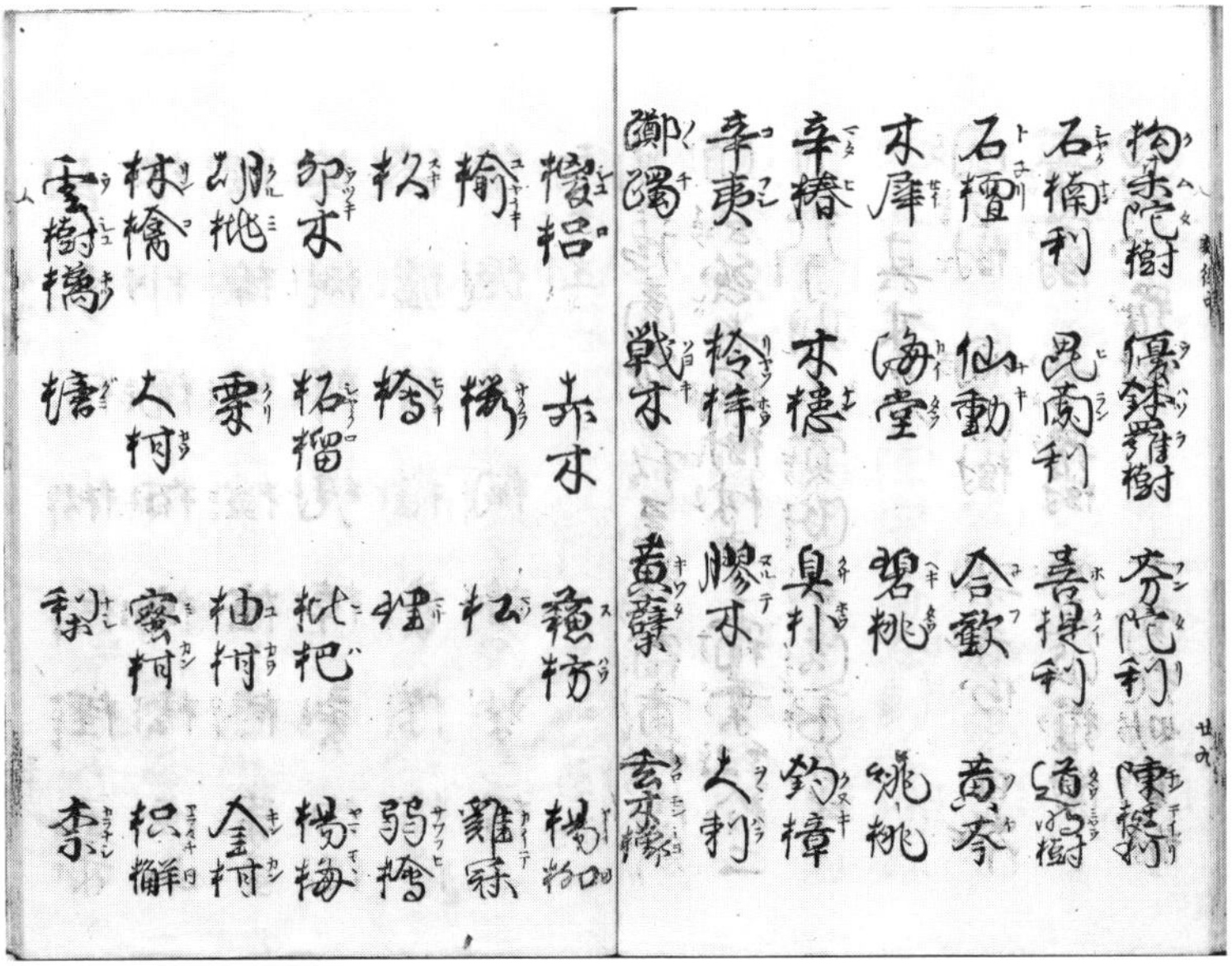

(29ウ)

(31オ)

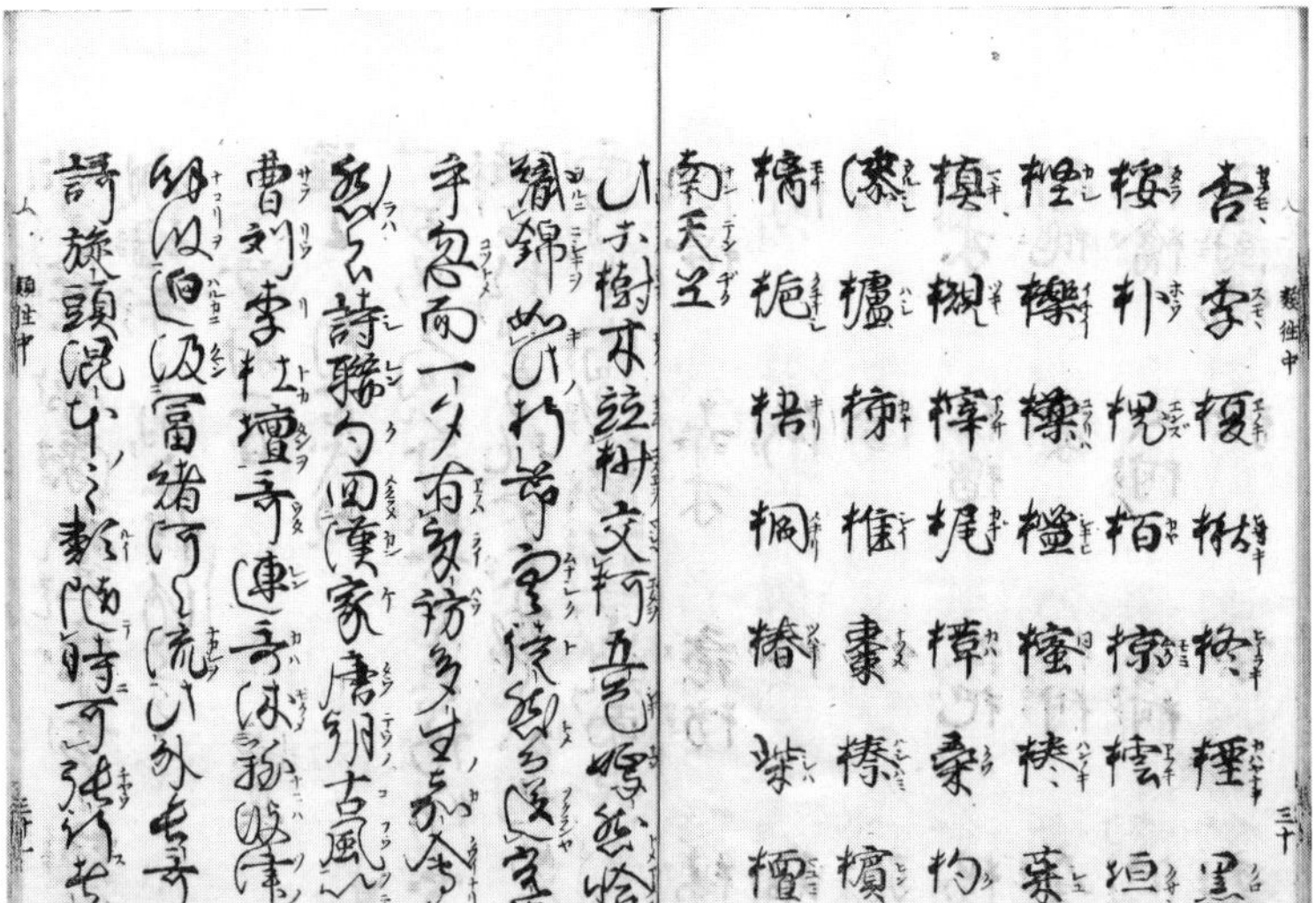

(30ウ)

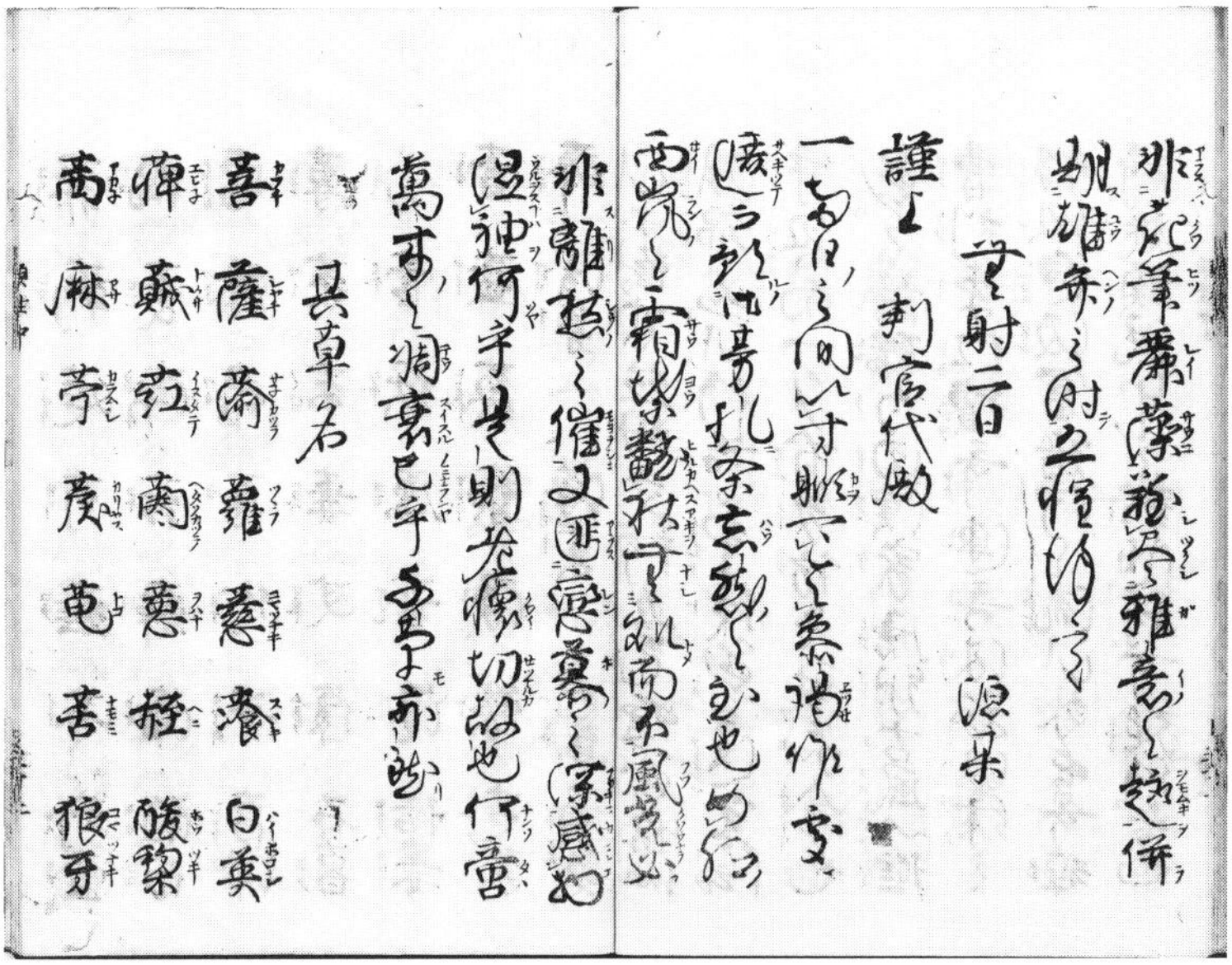

（31ウ）
（32オ）

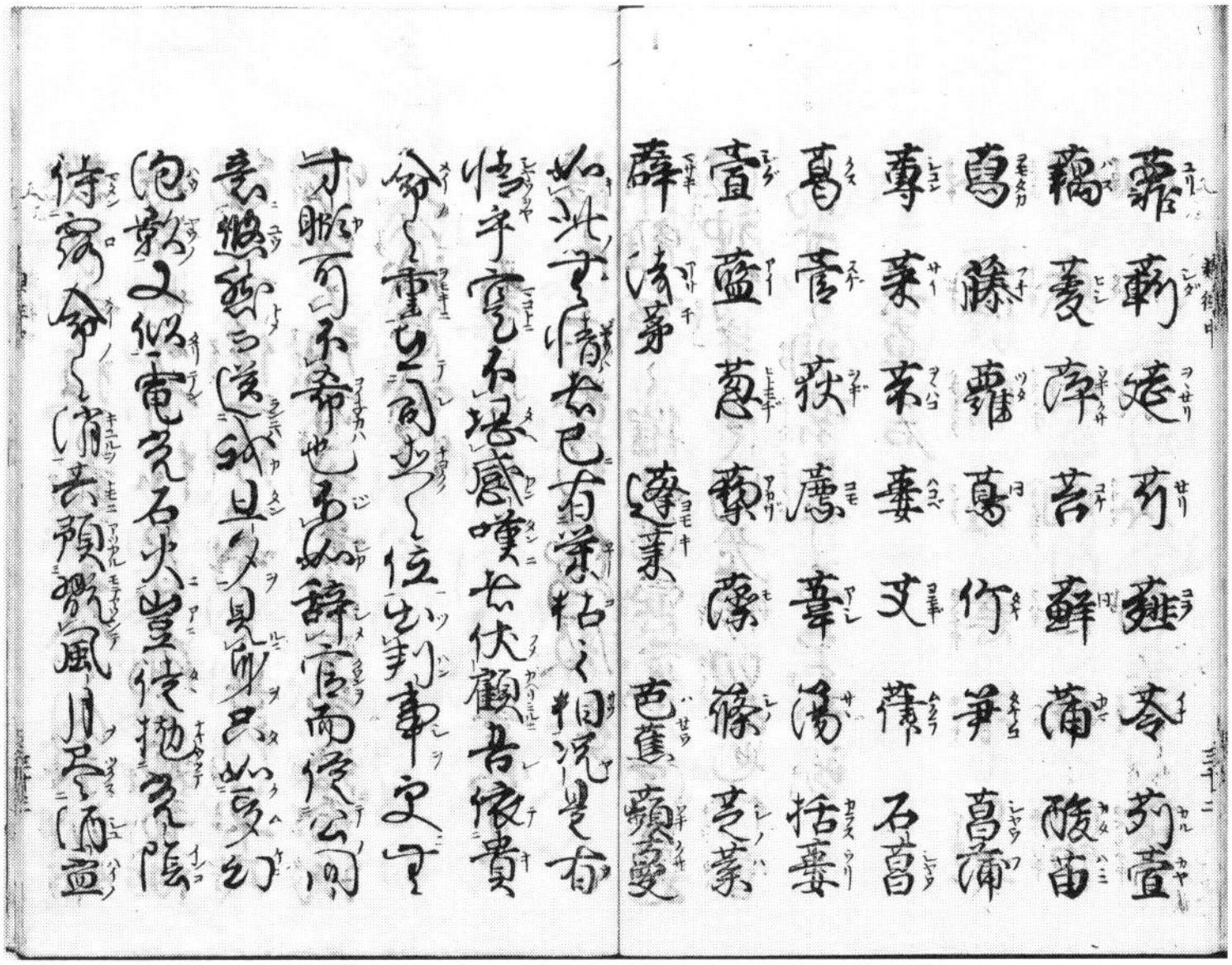

（32ウ）
（33オ）

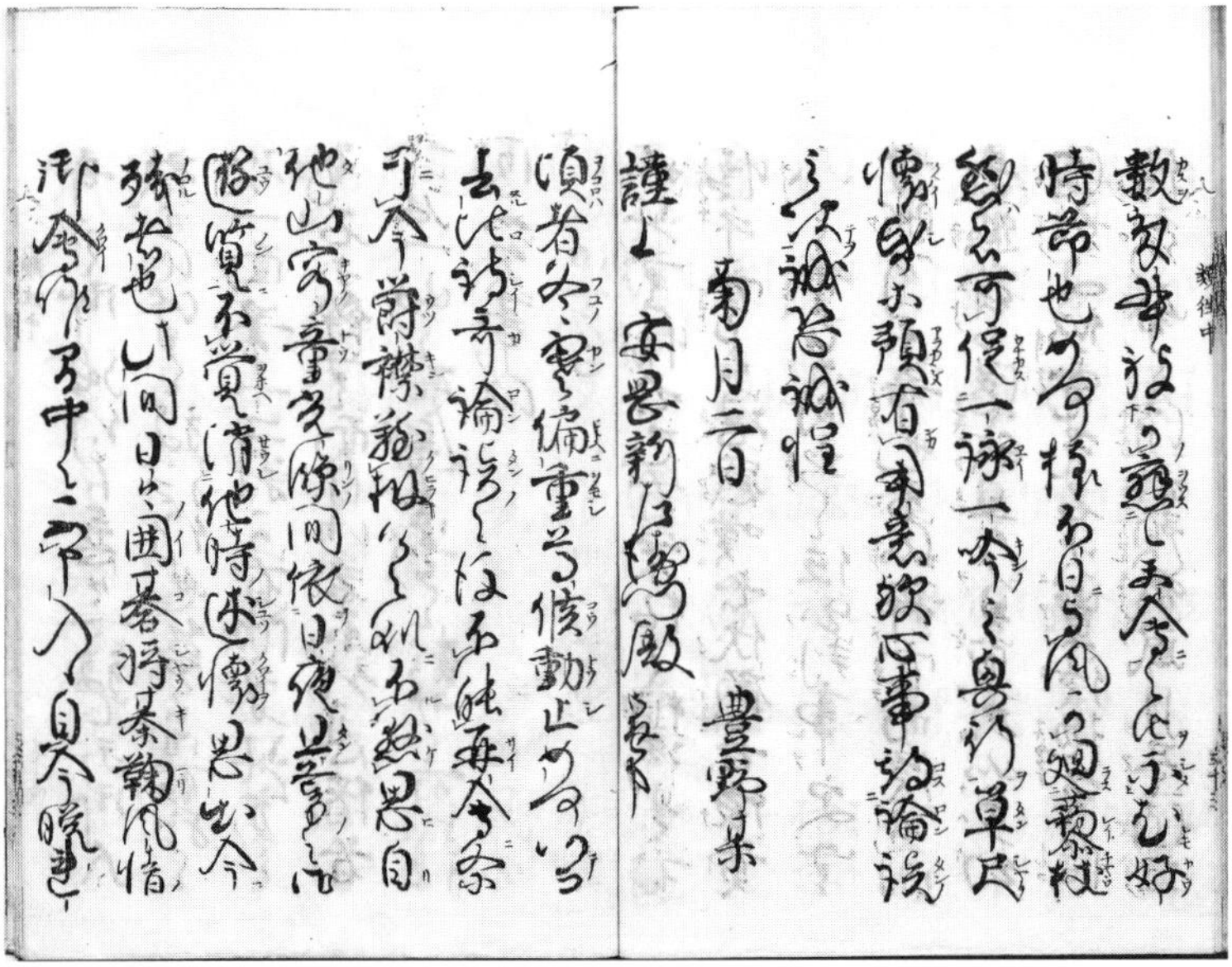

（33ウ）

（34オ）

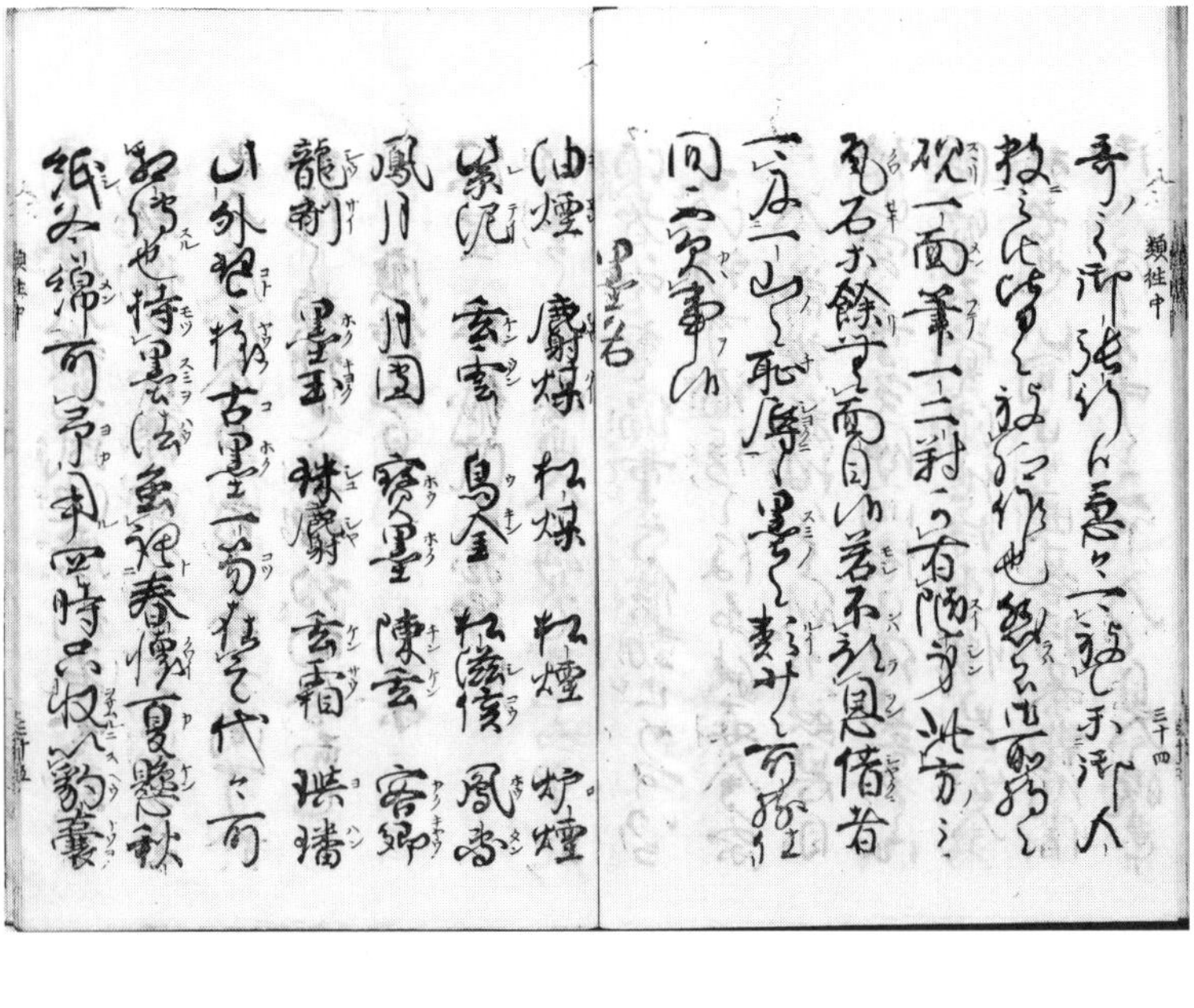

（34ウ）

（35オ）

（35ウ）

是磨人類也風池磨則若雲頭宜
玉散揮之如漆暈光是以墨之用
也今度御含力一家之希言可於
秘積之類候也委曲期面拝候也

応鐘　日　某

拝呈　華蔵院大納言卿　御房

珍墨之旨委曲令拝見早如所記

（36オ）

下之御含已自楓林斎画譜
合様如此唯仁雁章影之間作
数閲之棒宗以誠悦目之至也
仍為執義章書之儀奇聲
拝目之快下凡山帝賞以将文
語結之奇之御入数之此為賞於
御召之色也不尽心情不堪之謹

（36ウ）

拙者之憚不少候於賦物者下之
才覚之仕宗匠免一巡之面如意
句限句之趣或表覚之幽玄六十韻
或者声調通韻言外奇言妙句
両座一興定而可侍其作意
動片題落句釋嫌切於句体去之
摘余留耳一句之一字以旁点首尾

（37オ）

預之儀償連歌議之旨御意欲何様
雖被時刻之也硯筆之
事蒙御心可得之外不一以懐御
好之相也手也

異硯名

筆海	龍淵	龍璧	鳳咮	鴝鵒
馬肝	結隣	馬蹄	陶泓	紫石

即墨侯　此外端渓之金線文青州之
紅絲石一代傳名硯也銅雀臺之
碧瓦可謂秘蔵也

具筆名

栗尾　鼠尾　兎翅　兎毫　毛錐
毛穎　翰林　鼠鬚　管城子　禿筆
尖頭奴　中書　君象　管城侯　握月

（37ウ）

凌雲龍公　紫毫　銀管　兎尖
握毛
此外江淹所授於夢筆李白夢之
生花之筆王羲之古可為獲也又蒙
恬所造毛筆武帝所之筆頭是
亦難留之今此他於洛陽可求之
筆者十二對之名相分雖無[illegible]曲

（38オ）

以事有賣面紙首諸事
陽月[illegible]日　某
拝報　法華院　中納言殿
如抑之申状雖憚一旁所貽書
公務之節身忌之人之申之方忠
擬書日良以令香御殿遣等之
[illegible]

（38ウ）

數内無言地之所形影四角自如意
是則大富貴之也南面之法樹
在其長生者之大河在之至重
合好之地形也理好日多擇白尾
頭以為立柱之說日出所於
家具等之可有[illegible]
具家具者　附器財

（39オ）

（39ウ）

椀皿厨子楪杓菱追膳菓子盆切立
提青磁砂鑼茶碗鉢摺鉢擂盆煎盤
麺盤條盤麺棒歩桃唐匱櫃破籠
釜鍋盥楾高坏曳入合子鐵輪臼杵
碓礑箕飯銅湯桶飯東長持瓶甑
盞油筒表燭紙燭端燭脊釘燭臺
挑燈灯籠燎臺長檠短檠炷灯心

（40オ）

香匙火箸脇息及脚榻踏床屏風
幔翠簾簀箔帷幔幕端帳床枕
扎子義蓋傘舟代舳艫舫艇梶櫓櫂
槁棹纜碇鐺綱鈎差縄釣弓箭矢
旗鐃鐸剪刀箱筵究木計数櫂杁
鍬杁鎌杷鋤鍬柯薦俵箕竹砧臼
籰桛輌紡招経串桛[illegible]鐴舡

（40ウ）

槽曲彔座地爐炭斗機外針鑷子銅
鍉手取茶水桶茶杓茶筅茶巾茶磨
柄杓鑵櫃茶焙炉炮烙火箸真壷
肩衝鶴頸東[illegible]西[illegible]蝋燭百切又一切
隠架盆轄鞄湯盞建盞湯瓶天目
胡盞油滴
兼ゝ可入事記之大度小数並薫

（41オ）

一為後類同心子孫繁昌之営也且
然者厳寒之可謂有要者世人是執
不義守心旨之於御扱露作者也
敬白
暢月十四日　文屋某
啓上　権頭殿
不思寄作事ニ合沙汰給之条歓悦

（41ウ）

不如真字之至乎寺閑之中露顕耳
端手筆不知可謂以拙紙之筆画
且又依之依世之名計今之人之所以
定也外見哉謂而目覚以如作者
人孤独老謂慳富者貧賤寡之助

長人倫

祖父　祖母　曾祖　姉　妹　兄　弟

（42オ）

伯叔　従兄弟　姪　姑　壻　舅

娌　壻　嚢　嬰　嫡　乳　嫠

孀　嬬　禿　首　頭　髪　鬢

髻　髭　脳　顋　咽　額　肪

眉　眼　睫　瞳　眸　瞼　睛

眥　耳　鼻　口　鼻　舌　唇

腮　歯　牙　胸　腹　腸　脊

（42ウ）

腕　肩　腕　手　肱　足　指

爪　拳　掌　臍　腰　股　膝

脛　腓　腨　皺　踝　骨　髄

膚　皮　筋　肉　膚　姿　形

肶　宮　勢　閇　婬　容　尿

屎　糞　膀　瘡　皺　涕　唾

唾　涎　垢　汗　皃　顔　頬

（43オ）

面　踵　跟　虎　侯　肝　魂

氣　息　蹲　血　疣　瘤　痤

贅　心　情　胞　胎　頸　脖

癭　躄　腫

如此人倫多則幸報如楽幸哉敬白
見紙可領乎敢取田園計何字
来無不修福今生亦如吾君既趣 [illegible]

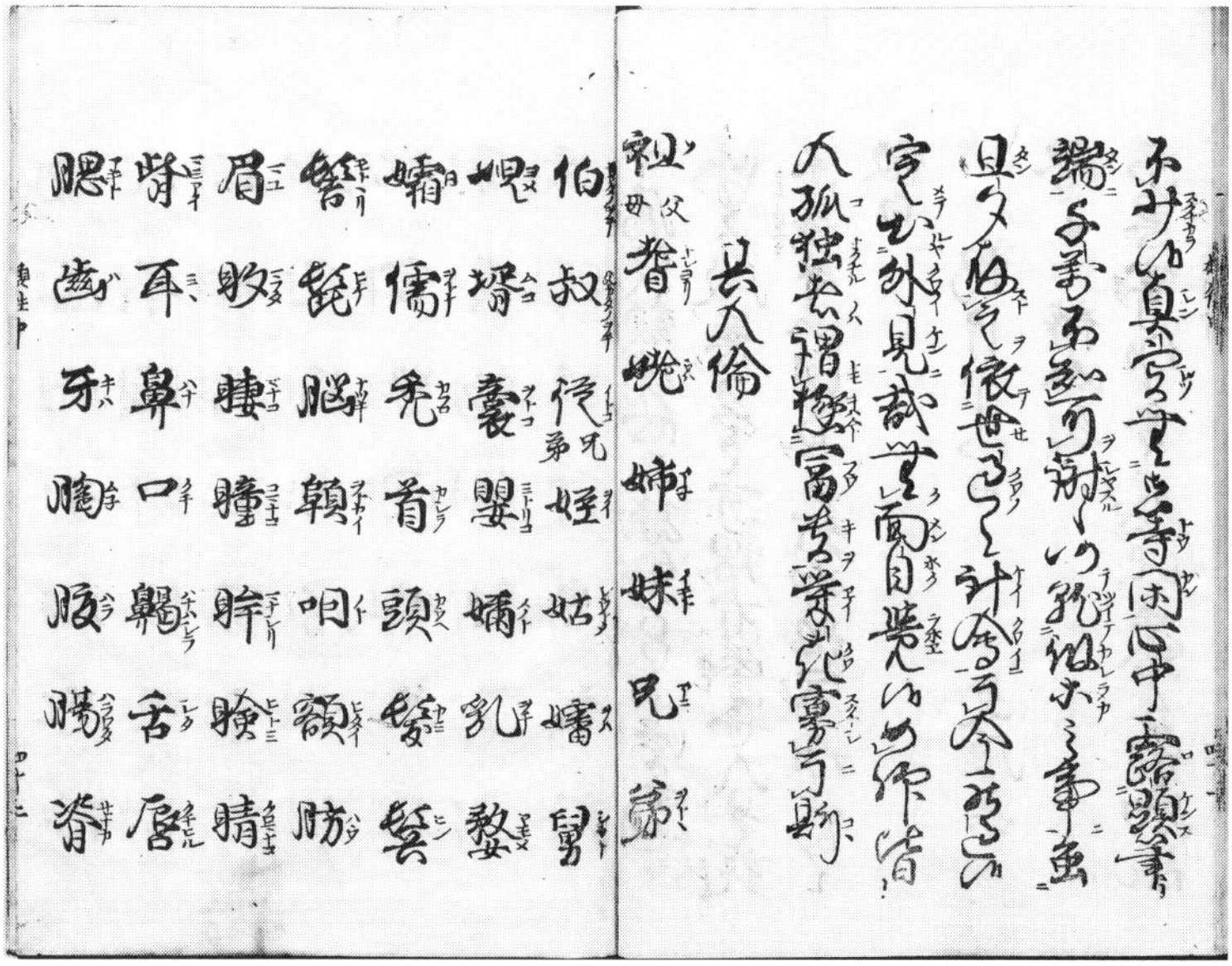

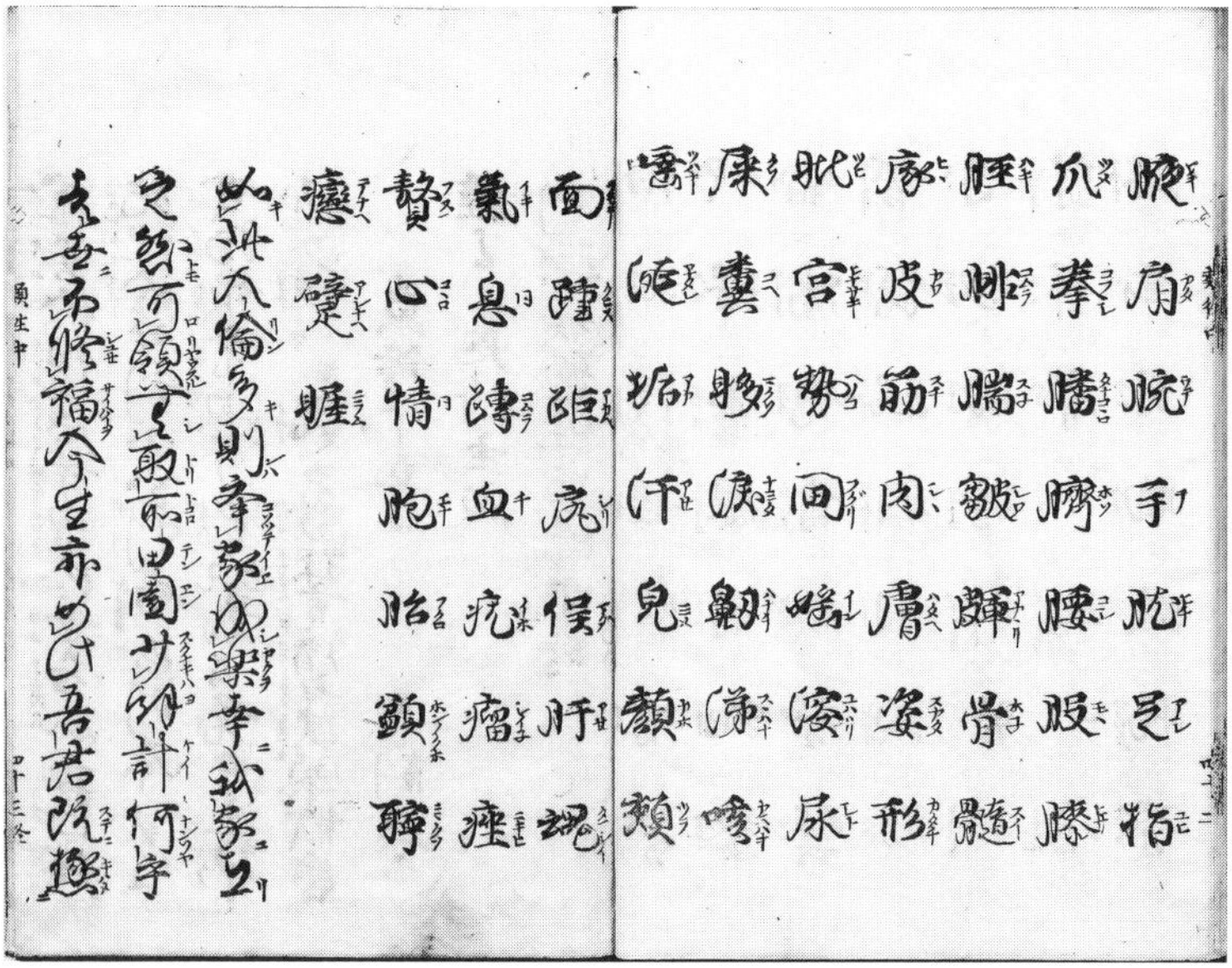

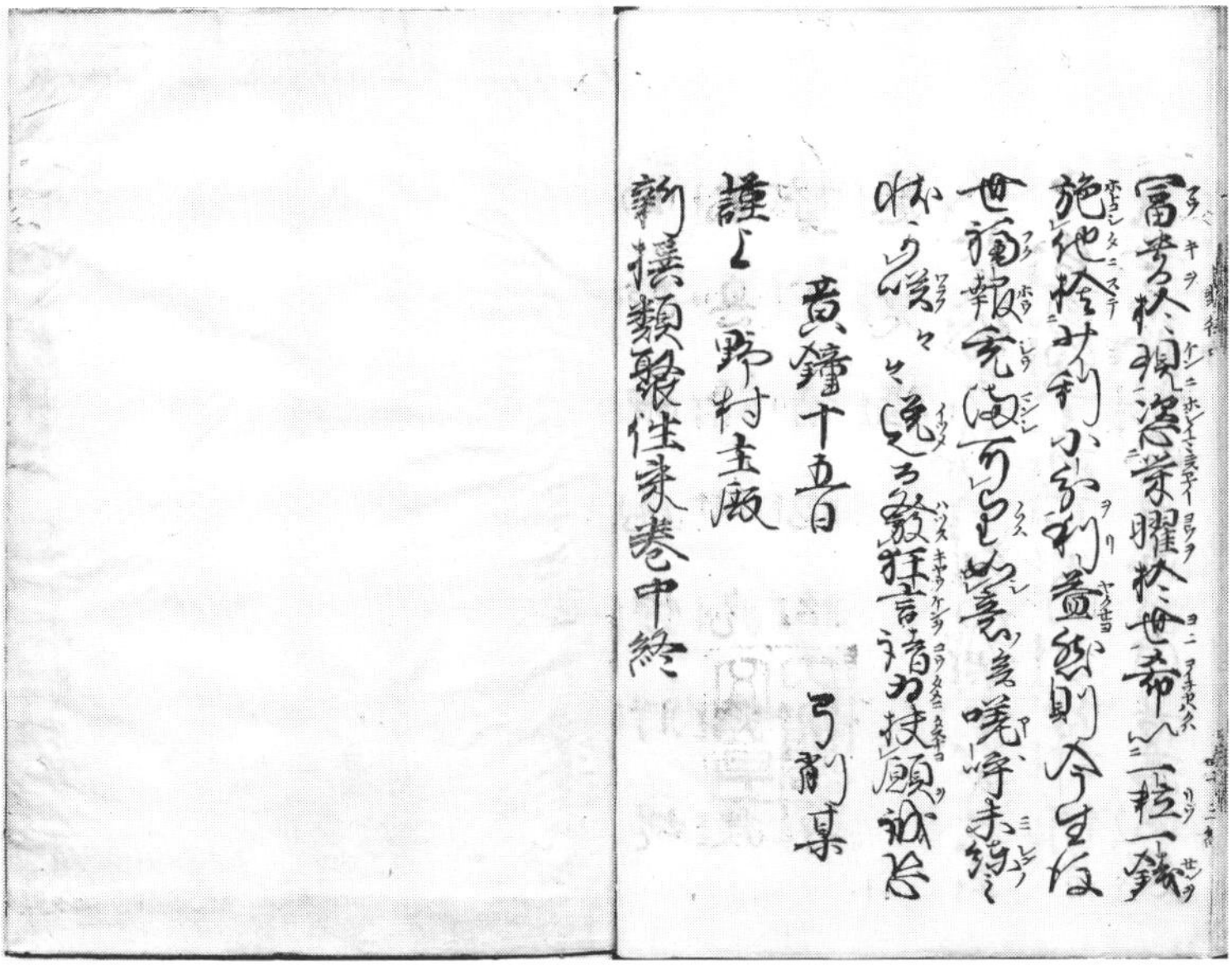

富貴之人現欲栄耀於世希一粒一銭
施他捨利小利益然則今生後
世福報充満可至也嗟乎未練
淋之徒々之侃之数狂言綺語技願誠若

黄鐘十五日　弓削某

謹書　野村主殿

新撰類聚往来巻中終

（43ウ）

■ 下巻

新撰類聚往来　下
内閣文庫
番號　和　26063
冊數　3（3）
函號　204　210

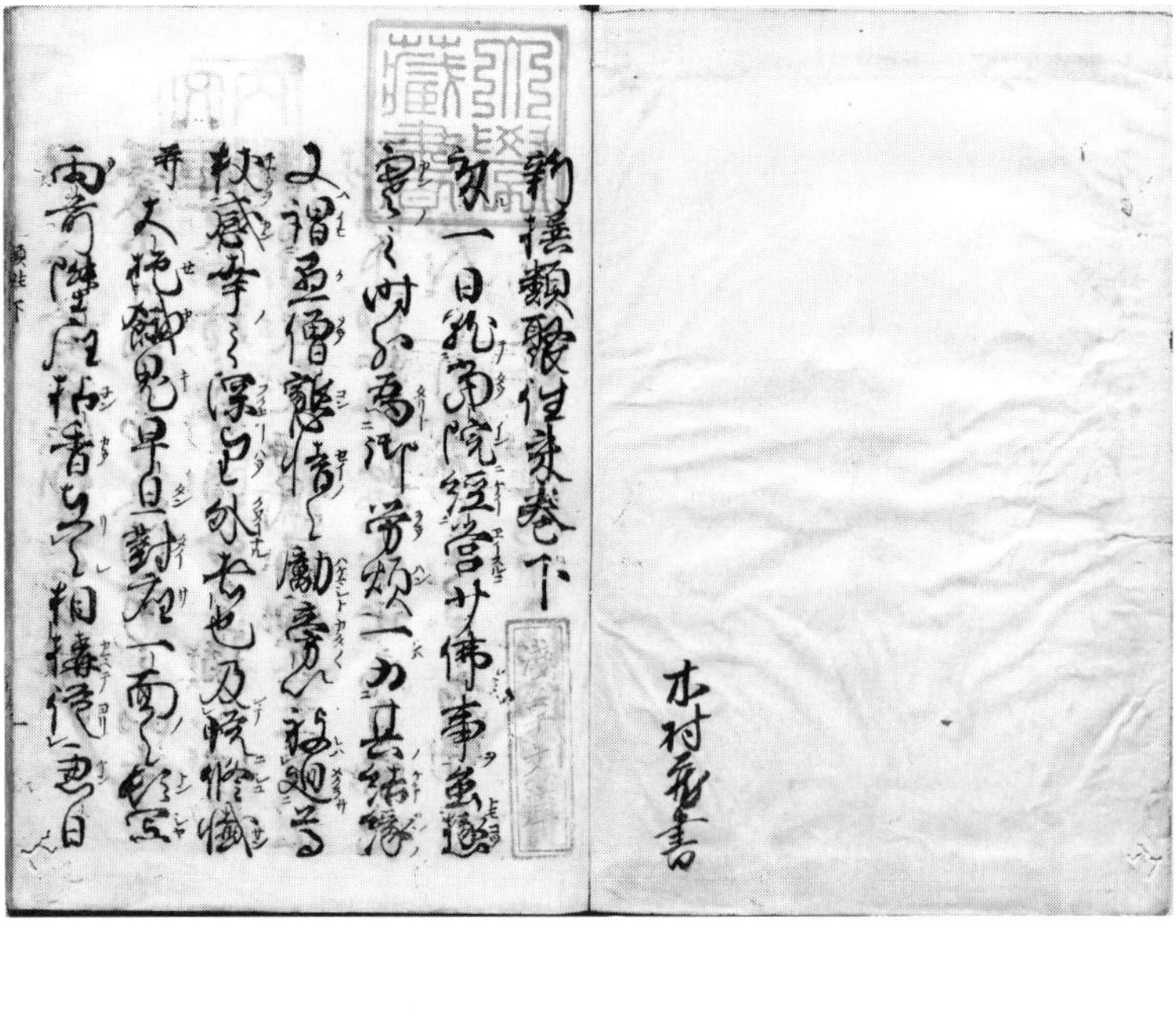
新撰類聚往来巻下
木村氏書

（1オ）

早可有御沙汰候歟、非時并斎
蓋義未了之事書之、又自何之山寺、
宿徒名坊之聖道皆令請之、法華
講讃唄散花并諷誦願文等可行如
形法事歟、此談義寺談席自宗他
宗題会合之間、位次之座卑相譬之高
下、更以難定乎。一紙之指南候也

然則飾之内中入候時、諸眼御意者、
可為御行也

具飾具 并仏具

法被　倚子　椅子　曲彔　茵倚
曲倚　縄床　胡床　拝席　打敷
水引　木甲　表褙　表紙　袖附
風帯　高座　鈴磬　独鈷　三鈷

五鈷　麁器　油器　飯盛　花瓶
塗香器　筐　灑水器　如意　香爐箱
嗽口器　案器　羯磨橛　鋪炉　華瓶
金對盤　燭臺　花皿　香合　焼香
抹香　檀木　乳木　法螺　白拂
花鬘　花筥　香臺　亦毘　瓔珞
幢幡　繒蓋　火舎　鹿箒　前机

散杖　塗盤　火鉢　鐃鈸　錫杖
大鐘　喚鐘　火鈴　風鈴　雲版
打版　木魚　鉦鼓　払子　方丈木
鐃木　戒筆　警策　礼盤　縄盤
高器　磬臺　本尊　脇繪　座頭
屏風　供具　供備采
此條々面借用之、一向為悦候、仍依仰

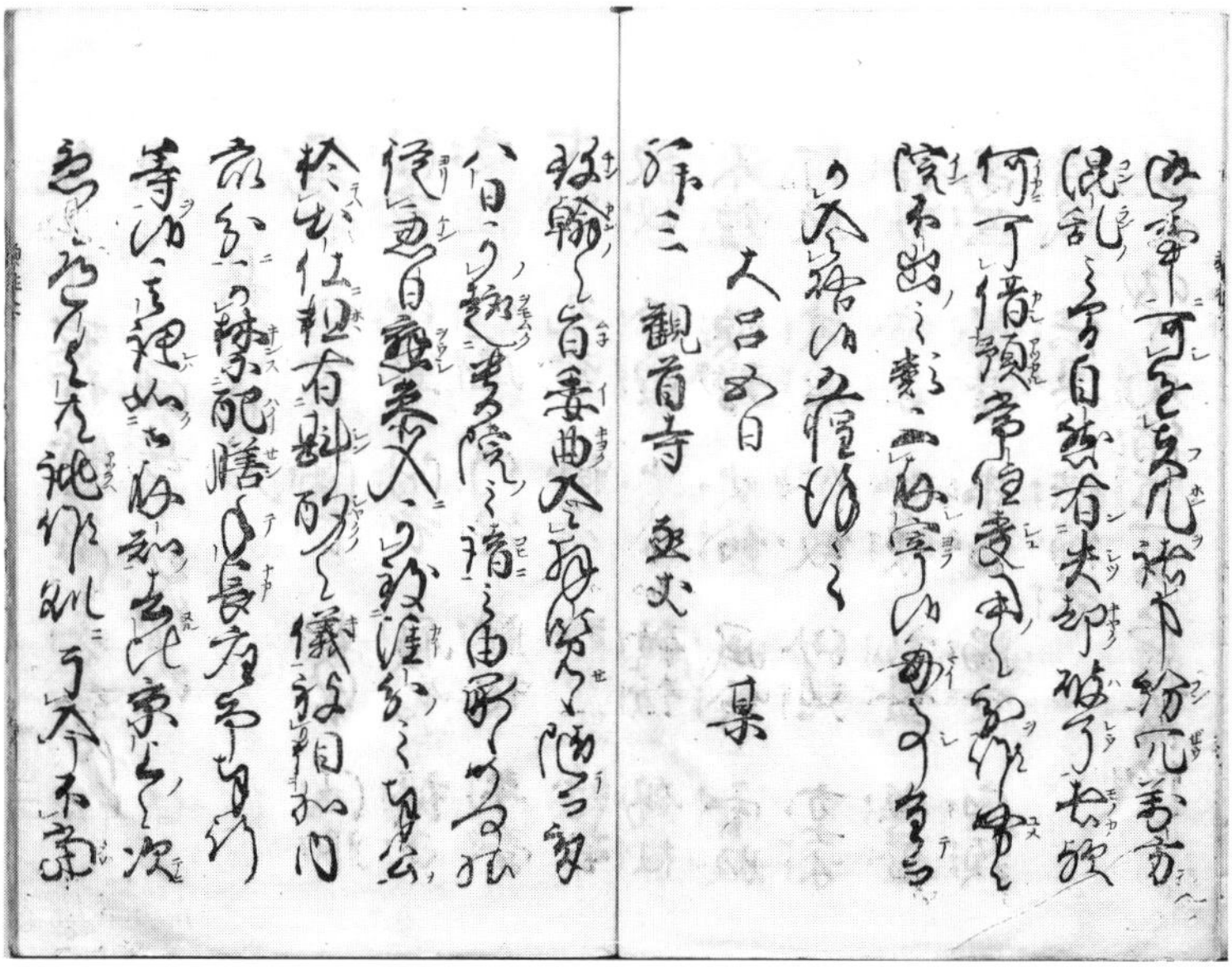
第三
観音寺
大呂五日

（3ウ）

（4オ）

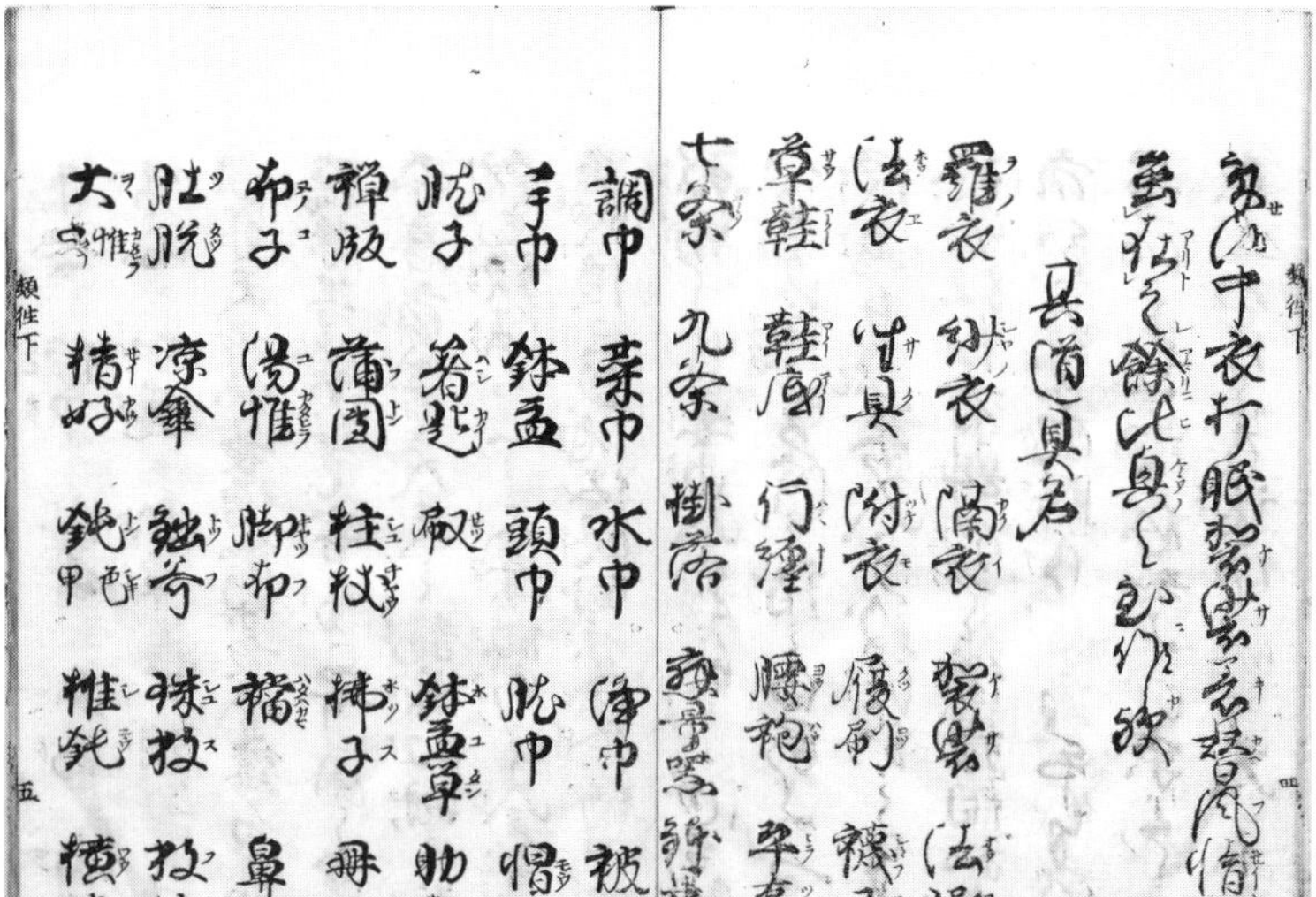
其道具名
羅衣　紗衣　闕腋衣　袈裟　法服
法衣　七条　九条　掛落
調巾　茶巾　水巾　浄巾　被巾
手巾　鉢盂　頭巾　帽子
禪版　蒲團　拄杖　拂子
布子　湯帷　脚布　鼻巾
肚脱　涼傘
大帷　精好　横皮

（4ウ）

（5オ）

（5ウ）

下襲　半臂　裳　鼻高　扇子

香合　印籠　瓢簞　下鞘

此外天衣佛衣僧伽梨衣金襴布衲

羅縠等類雖多容易不可用者也

今度之会者人天之龍象江湖之衲

[illegible]説法不二之大[illegible]之金言矣

然後三教[illegible]醍醐味捃拾可有漏

（6オ）

[illegible]可謂霊山一会儼然未散矣然

者於此会之中群集之威儀之式惣

[illegible]之至也[illegible]可之[illegible]者也[illegible]下一

[illegible]将又[illegible]之什物如借[illegible]即

今度[illegible]此外於客殿之本尊[illegible]牧渓

和尚之真蹟[illegible]等呉道士

[illegible]之観音[illegible]筆[illegible]放

（6ウ）

者也[illegible]

意可[illegible]詞場翰墨筆勢[illegible]

惶敬白

窮月　日　某

拝答　地蔵院　衣鉢閣下

為[illegible]一見[illegible]白[illegible]

思[illegible]

（7オ）

[illegible]

[illegible]

[illegible]

中[illegible]留[illegible]

[illegible]

[illegible]詩曰[illegible]三千里

一日思君十二時[illegible]山川[illegible]

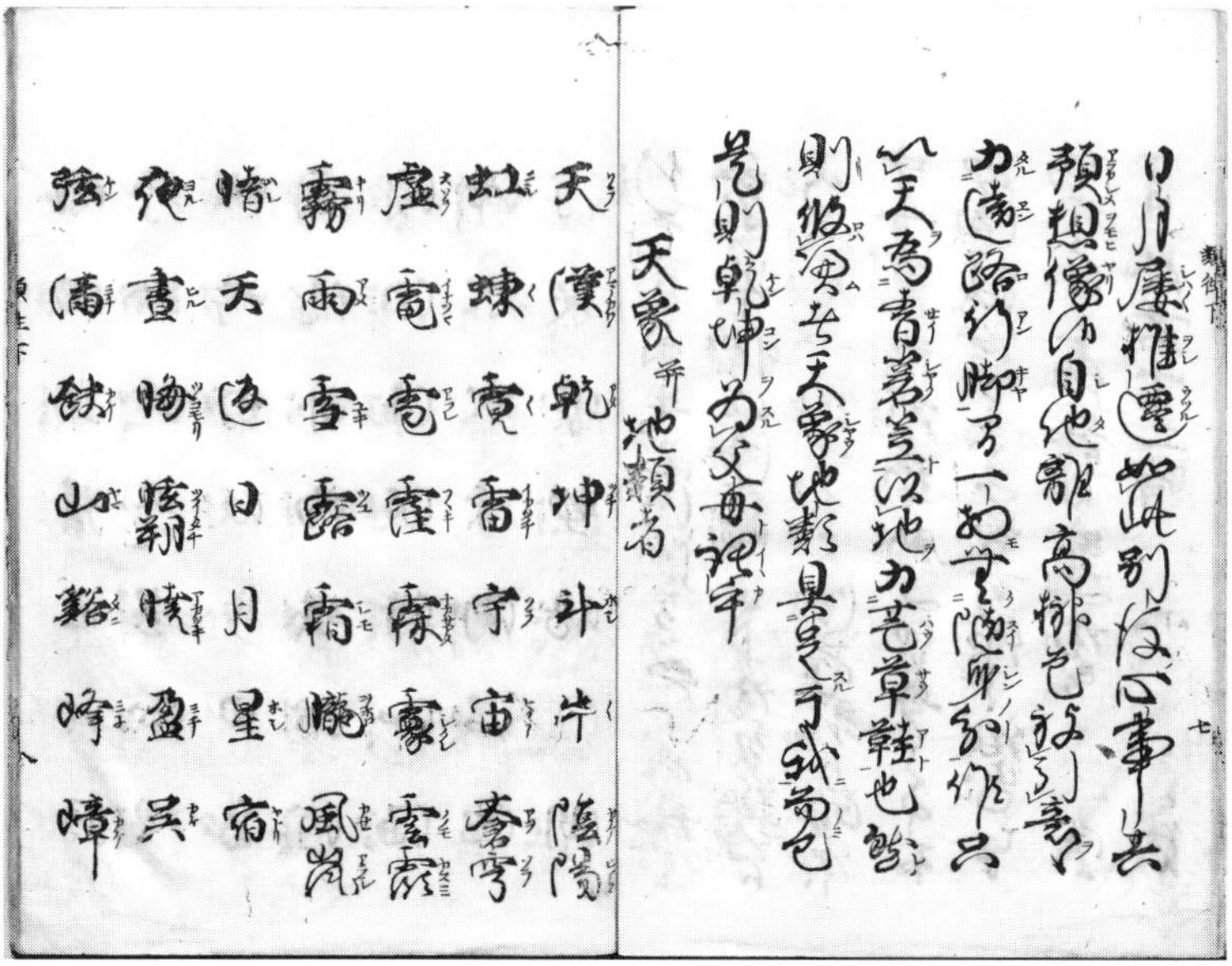

（7ウ）　（8オ）

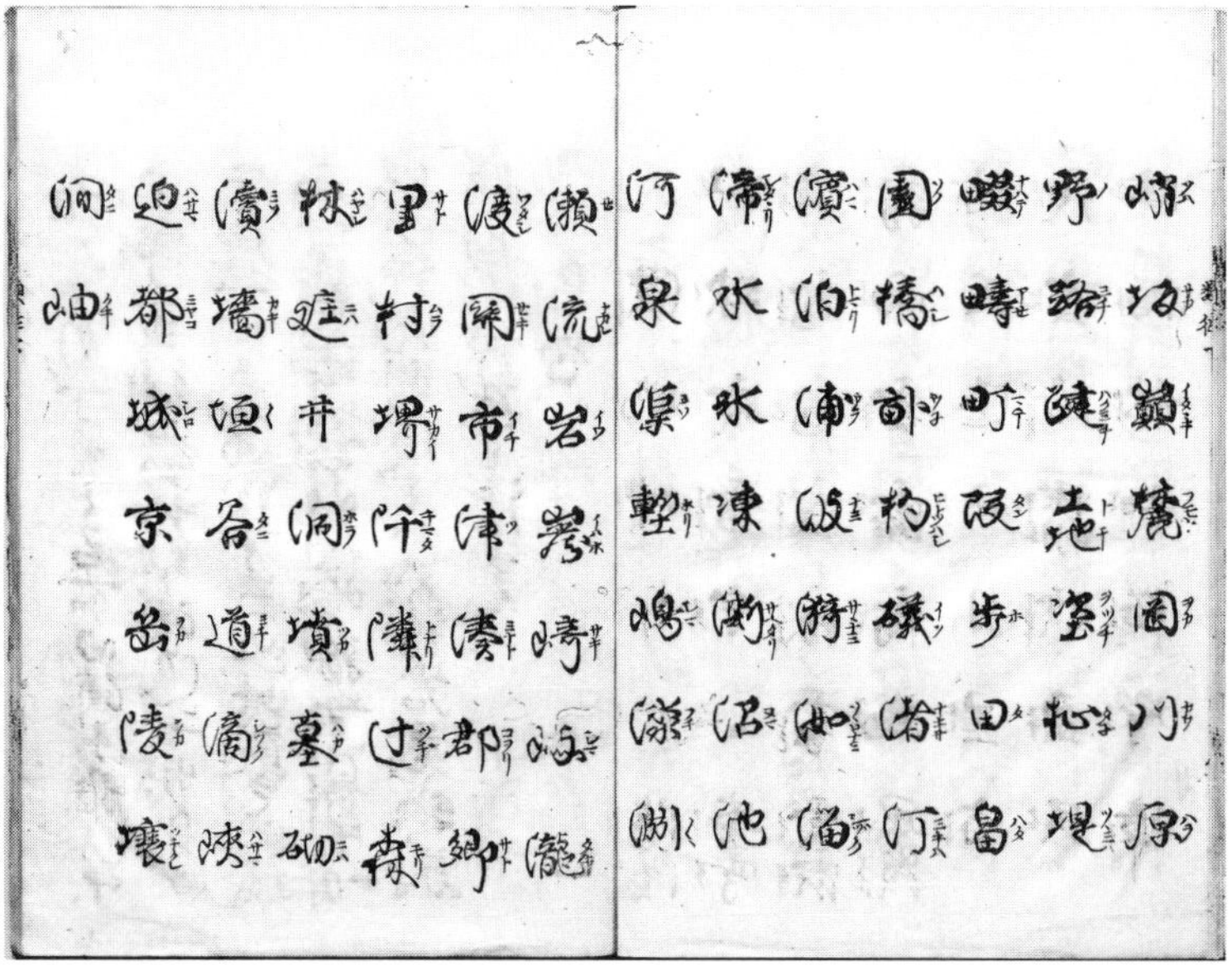

（8ウ）　（9オ）

【7ウ】
日月慶椎運\
此則伎心事也\
預想儘の自也\
乃濤路幻脚方\
ハ天為青蒼以地力苦草鞋也\
則收束七天象具々戎萬包\
乾則乾坤為父母詞卒

【8オ】
天象并地頼者

天 濱 乾坤 斗 牛 陰陽\
虹 蜺 霓 霄 宇 宙 李 雯\
虚 竈 雹 霆 霖 露 雲 霞\
霧 雨 雪 露 霜 朧 風\
暗 天 涯 日 月 星 宿\
地 壹 嶋 岐 韜 盈 昊\
彊 澷 缺 山 鎧 峰 嶂

【8ウ】
峠 坂 嶺 嶢 園 門 原\
野 路 陛 土 地 邃 批 堤\
畷 畦 町 阪 歩 畠\
園 橋 前 坡 磯 田 昌\
濱 泊 浦 波 渚 汀 岸 漁\
湍 水 氷 凍 鳴 瀧 潟 淵\
汀 泉 澳 聟 島\

【9オ】
峙 流 岩 礒 峙\
里 村 闢 市 津 洞 濘 郡 鄉\
渡 開 堺 阡 溪\
濱 牆 垣 井 洞 道 滴 塞 陝\
迎 都 城 京 邑 道 陵 壞\
洞 岫

唯今可一見之名所旧跡不離寸中、
霊佛霊社不出郭外、路之進一歩身於
天地一心与萬物等二、此観則風
雨冥晦等、鉄山岡嶮難、亦異乎叨
収心禅究、別後之一契、諸君為我示
従行之禅旨禅之

鳥兎　某

九

（9ウ）

西禅寺　元僧禅師

為法國一覧之者御出行之此郷
浦山前賞之也、雖可結伴侶遊杖
夥之附依者、以之已之遂之居乎今
已衰老、者当之發機難堪遂公馬蹄
寺今之計也、想非歴覧六十餘州
可知之勝地霊蹟等乎、商遊尚

（10オ）

有眼始可義殺也、己是越遣之行一
文之閑、歳月難路余之經己勞莫
早辛歌山店之人而為己野館莫体
息一村之別立遣落之夕暮者之可
歩有廻路負重艱過危橋下不可
欲険路随遊好是乃世行之後
行也恨負忘却室國之深思之為
業門欲海孤大陸記之者也

（10ウ）

国名

扶桑國六十八州大略　并　授領

五畿内五ケ國　田数一万七千七百五町

山城　雍州　八管

乙訓　葛野　愛宕　紀伊　宇治

久世　綴喜　相楽　行程南北一日勝跡多シ　有楽方種生百倍殊味

（11オ）

甘大ゝ国也
大和　和州　十五郡　添上　添下　平郡
廣瀬　葛上　葛下　忍海　宇智
吉野　宇陀　城上　城下　高市
十市　山邊　田數一万七千九十八町南北二日余里山里饒而種生十倍
出国差口故名跡繁大ゝ国也
河内　河州　十五郡　錦織　石川　古市

（11ウ）

安宿　大縣　高安　河内　讃良
茨田　交野　若江　澁河　志紀
丹比　丹南　田數一万二千五百十二町四方二日余里井堤陂池多種生五
倍市塵許多也大中国也
和泉　泉州　三郡　大鳥　和泉　日根
田數一万五百六十九町南北一日余里負海抱山故五
穀薄淡渋之味国廣濱富塩魚故亀多大下国也
摂津　摂州　十三郡　住吉　百済　東成

（12オ）

西成　嶋下　嶋上　豊嶋　河邊
武庫　菟原　八部　有馬　能勢
田數三万三千三百十四町也四方二日半書皇城而
抱山面海南暖北寒故五穀熟魚塩繁大ゝ国也
東海道十五ケ国
伊賀　伊州　四郡　阿拜　山田　伊賀
名張　田數四千五十五町四方一日山川多依生
暖氣草木亦蕩多之
伊勢　勢州　十三郡　鈴鹿　奄芸　員弁

（12ウ）

朝明　三重　河曲　奄藝　安濃
壹志　飯高　飯野　多氣　度會
田數一万八千百廿町南北三日余山海平内勝余州之
仍為上国親名勝貢多之時一倍百倍大ゝ国也
志摩　摩州　二郡　答志　英虞
田數百廿四町四方半日一效
摩哉合為一国海中多之下国也
尾張　尾州　八郡　海部　中嶋　葉栗
丹羽　春日部　愛智　知多　山田

（13オ）

參河（ミカハ）　三民　八郡
田數一万一千九百町南北三日地厚ニシテ肥
種生半倍多ク勝日本国也大上国也
寶飫（ホウヰ）　碧海（アヲミ）　賀茂（カモ）　額田（ヌカタ）
幡豆（ハツ）　八名（ヤナ）　渥美（アツミ）　設樂（シタラ）

遠江（トヲタフミ）　遠州　十三郡
田數七千五十四町東西一日半山海多ク
流一天故ニ五穀不熟口之下ミ小国也
豊田（トヨタ）　磐田（イハタ）　濱名（ハマナ）
長上（ナカヘミ）　長下（ナカシモ）　敷智（フチ）　引佐（イナサ）　麁玉（アリタマ）
山名（ヤマナ）　周智（スチ）　佐野（サノ）　城飼（キカウ）　蓁原（ハイラ）

駿河（スルカ）　駿州　七郡
田數一万九千六十町東西二日半山河郷里
相交地七尺種生半倍ツ又万倍也大上国也
安部（アヘ）　廬原（イホハラ）　富士（フジ）　志太（シタ）　益頭（マスツ）　有度（ウト）　駿河（スルガ）

伊豆（イツ）　豆州　三郡
田數九千七百六十町東西二日半山多
里澄皆内寺也抱海帶山ヲ土肥多キ產ナリ
田方（タカタ）　那賀（ナカ）　賀茂（カモ）

甲斐（カヒ）　甲州　四郡
田數五千八百四十町東西一日
畠多田少山高海廣魚多シ
山梨（ヤマナシ）　八代（ヤツシロ）　巨麻（コマ）

都留（ツル）

相模（サカミ）　相州　八郡
田數一万一千四十三町南北二日也田深畠深
四方寒無漏氣草木茂リ牛馬多也
足上（アシノカミ）　足下（アシノシモ）　餘綾（ユルキ）
大住（オホスミ）　愛甲（アイカウ）　高座（タカクラ）　鎌倉（カマクラ）　三浦（ミウラ）

武藏（ムサシ）　武州　廿一郡
田數一万一千四百八十六町四方三日地厚ニ一丈生產
肥山流無林木海遠ク東西敷地多大上国也
久良岐（クラキ）　都筑（ツヽキ）　多磨（タマ）
橘樹（タチハナ）　豊嶋（トシマ）　足立（アダチ）　新羅（シラギ）　入間（イルマ）
高麗（コマ）　比企（ヒキ）　橫見（ヨコミ）　埼玉（サイタマ）　大里（オホサト）
男衾（ヲフスマ）　幡羅（ハラ）　榛澤（ハンザハ）　那賀（ナカ）　兒玉（コダマ）
賀美（カミ）　秩父（チヽブ）　荏原（エハラ）
田數三万六千百九十町四方五日半路廣山野長遠
田畠豊草木繁多ミ大上国也

安房（アハ）　房州　四郡
平郡（ヘクリ）　安房（アハ）　朝夷（アサイナ）
長狹（ナカサ）
田數四千三百卅三町南北一日半山河淳野田
里平内東西多以田之畠中国也

上總（カヅサ）　総州　十一郡
市原（イチハラ）　海上（ウナカミ）　畔蒜（アヒル）
望陀（マウダ）　周准（スタ）　天羽（アマハ）　夷灊（イシミ）　埴生（ハニフ）

長柄　山邊　武射
田数二万一千八百七十町南北三日海岸
弘望広多絹布鐘鮑等在り

下総　総州　十一郡　葛飾　千葉　印旛
匝瑳　海上　香取　埴生　相馬
猿嶋　結城　豊田　田数二万六千百卅町南北
三日山海俱多魚獣文綾
上食味

常陸　常州　十一郡　新治　真壁　筑波
河内　茨城　行方　鹿嶋　信太
那賀　久慈　多珂　田数四万二千卅八町
四方四日也田宅市廛

（15ウ）

遂日盛半馬飛社
蠶糸綿繡大ミ中国

東山道八ケ国

近江　江州　十二郡　志賀　栗本　甲賀
蒲生　神崎　犬上　坂田　浅井
伊香　野洲　善積　高嶋

（16オ）

田数二万一千百卅町四方三日半山河田畠俱饒国
澤也種得千倍隣京春農早日本四番国上ミ国也

美濃　濃州　十八郡　多藝　石津　不破
安八　池田　大野　本巣　席田
方縣　厚見　各務　山縣　武藝
郡上　賀茂　可児　土岐　恵奈
田数四万四千八百卅三町南北三日山原田畠多氏布帛
豊也五穀万倍生大上国也

飛弾　飛州　三郡　大野　益田　荒城
田数千六百五十町大ミ小国也

（16ウ）

信濃　信州　十郡　伊那　諏防　筑摩
安曇　更級　水内　高井　埴科
小縣　佐久　田数三万一千四百卅町南北五
日嶺氣深草木不生海迫塙
味希地深丁丈桑麻
多布中錦多大ミ下国

上野　上州　十四郡　碓氷　片岡　甘樂
多胡　緑野　那波　郡馬　吾妻

（17オ）

利根　勢多　佐井　新田　山田
邑楽
田数二万七千四百六十町南北五日陰気深草木不長滝垣壇味希地深一丈桑麻綿
多大ニ下国也

下野　同召　九郡　足利　梁田　安蘇
都賀　河内　塩屋　寒川　芳賀
奈須
田数二万七千四百六十町東西三日山多野深土厚草木多穂生百倍

陸奥　奥召　五十四郡　白河　磐瀬　高野

（17ウ）

石川　會津　耶麻　安積　安達
伊達　信夫　大沼　稲我　名取
稗縫　般前　刈田　柴田　標葉
行方　宇多　伊具　曰理　宮城
黒川　賀美　色麻　玉造　志太
遠田　桃生　牡鹿　登米　栗原
磐井　江刺　膽澤　斯波　本吉

（18オ）

氣仙　長岡　新田　小田　金原
揩羽　閇伊　津軽　北鹿　菊多
田数五十万三千百六十町東西六十日背ニ出羽並
一国市城宮室至遊猟仙居異類怪獣毛帛純地也

出羽　羽召　十一郡　最上　村山　置賜
雄勝　平鹿　山本　飽海　河邊
田川　出羽　秋田
田数五万二百九十町穢気早耕耕厚大ニ上国

（18ウ）

北陸道七ケ国

若狭　若召　三郡　遠敷　大飯　三方
田数三千七十町南北一日半海辺有塩気魚鰐竜

越前　越召　六郡　敦賀　丹生　今立
利多
足羽　大野　坂井
田数四万七千五十町南北三日半山當南帯ニ北海ニ
穀数不熟桑麻多大ニ下国也

加賀　加州　四郡　江沼　能美　加賀

（19オ）

（19ウ）

能登　石川　能登　四郡　羽咋　能登　鳳至
田数一万二千七百六十町　東西二日　寸地冷瘠　醸酒漿求久澄　五穀桑綿絹多中上国

越中　越后　四郡　礪波　射水　婦負
田数八千弐百五十町　東西二日　寸土豁　五穀遅利　鐵多　饒大寒　桑多　衣厚

越後　越后　七郡　新川
田数二万千三百七十町　東西二日　寸土険　五穀遅利　鐵多　饒大寒　桑多　衣厚

魚沼　蒲原　頸城　古志　三嶋
沼垂　磐船　伊夫　伊保

（20オ）

田数四万四千九百九十町　四方六日　陸山常南　常北　海五穀不熟　桑少　後之

佐渡　佐后　三郡　羽茂　雑太　賀茂
田数三千八百七十町　四方三日半　草木勝地　牛馬希　気之数　中国也

山陰道八ケ国

丹波　丹后　六郡　桑田　船井　多記
氷上　天田　何鹿
田数一万八千五十町　南北一日　寸　東散竜桑麻綾也　以精好為国　産中上国也

（20ウ）

丹後　丹州　五郡　加佐　與佐　丹波
竹野　熊野
田数四千七百五十町　四方一日　寸　穀　果　草　薪多之

但馬　但后　八郡　朝来　養父　出石
気多　城崎　美含　二方　七美
田数八千八百四十町　南北二日　田畝厚　広　粟稗饒之　草木饒也　中上国也

因幡　因后　七郡　巨濃　法美　八上
智頭　邑美　高草　気多
田数八千百廿町　南北二日　寸　北河辺山深　樹木多　野草綿布多　中上也

（21オ）

出雲　雲州　九郡　意宇　能義　嶋根
秋鹿　楯縫　出雲　神門　飯石
仁多　大原
田数九千百六十町　東西二日　寸　樹木　風孤松交　野草土産多　利鐵農　絹布多　大上国也

石見　石后　六郡　安濃　邇摩　那賀
邑知　美濃　鹿足

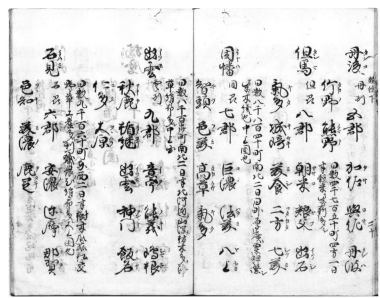

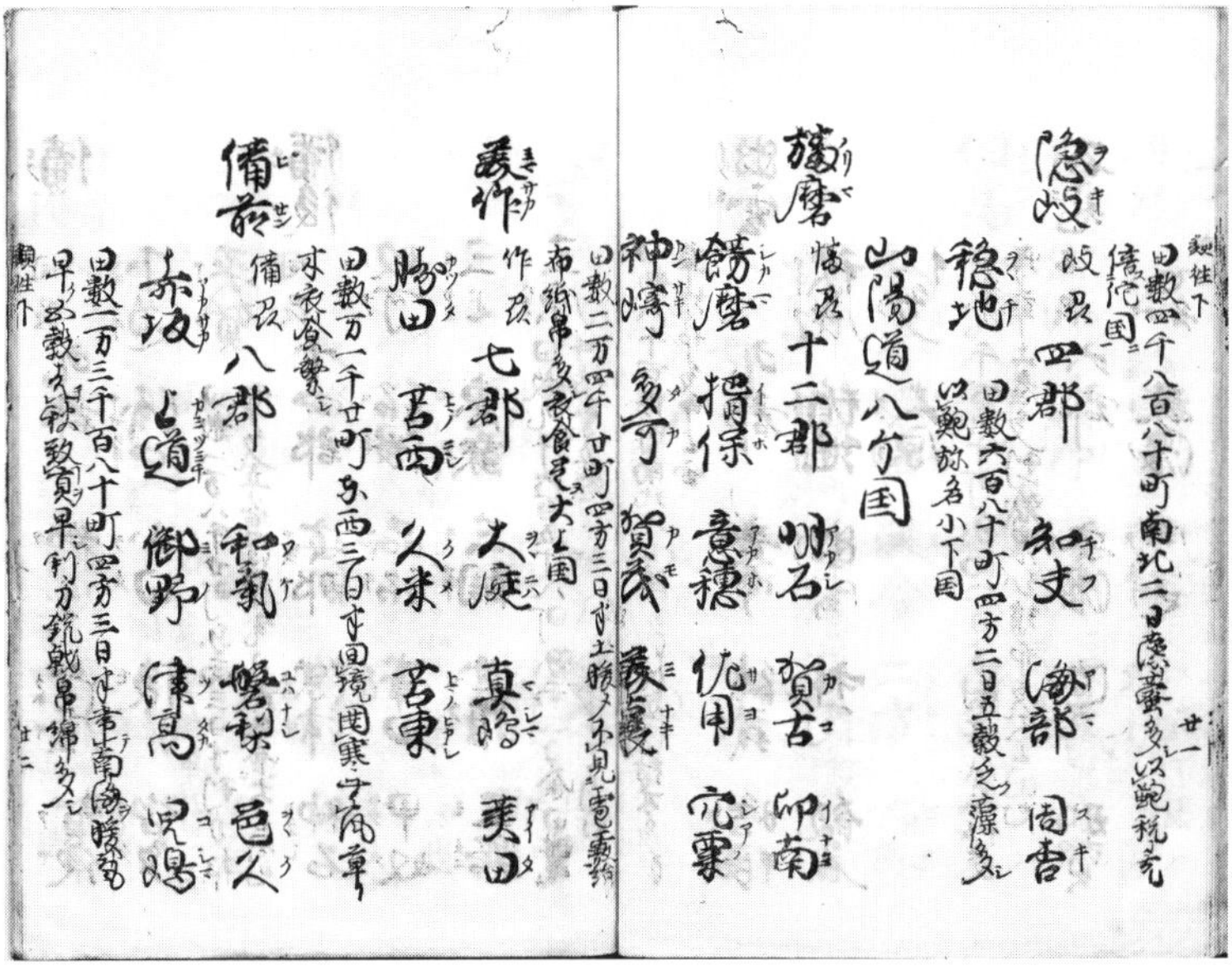

廿一

隠岐　田数四千八百八十町南北二日隠岐多以鮑税充倭陀国

岐郡　四郡　知夫　海部　周吉

穏地　田数六百八十町四方二日五穀乏藻多以鮑称名小下国

山陽道八ケ国

播磨　播郡　十二郡　明石　賀古　印南

餝磨　揖保　意穂　佐用　宍粟

神埼　多可　賀茂　美嚢　田数二万四千廿町四方三日才土暁不見毛要絵布紙帛多衣食足大上国

美作　作郡　七郡　大庭　真嶋　英田

勝田　苫西　久米　苫東

田数万一千廿町東西三日才回境国寒少風草衣食繁

備前　備郡　八郡　和気　磐梨　邑久

赤坂　上道　御野　津高　児嶋

田数一万三千百八十町四方三日才東南海暖気早穀大秋致貢早利方銃戟帛綿多之

廿二

(21ウ)
(22オ)

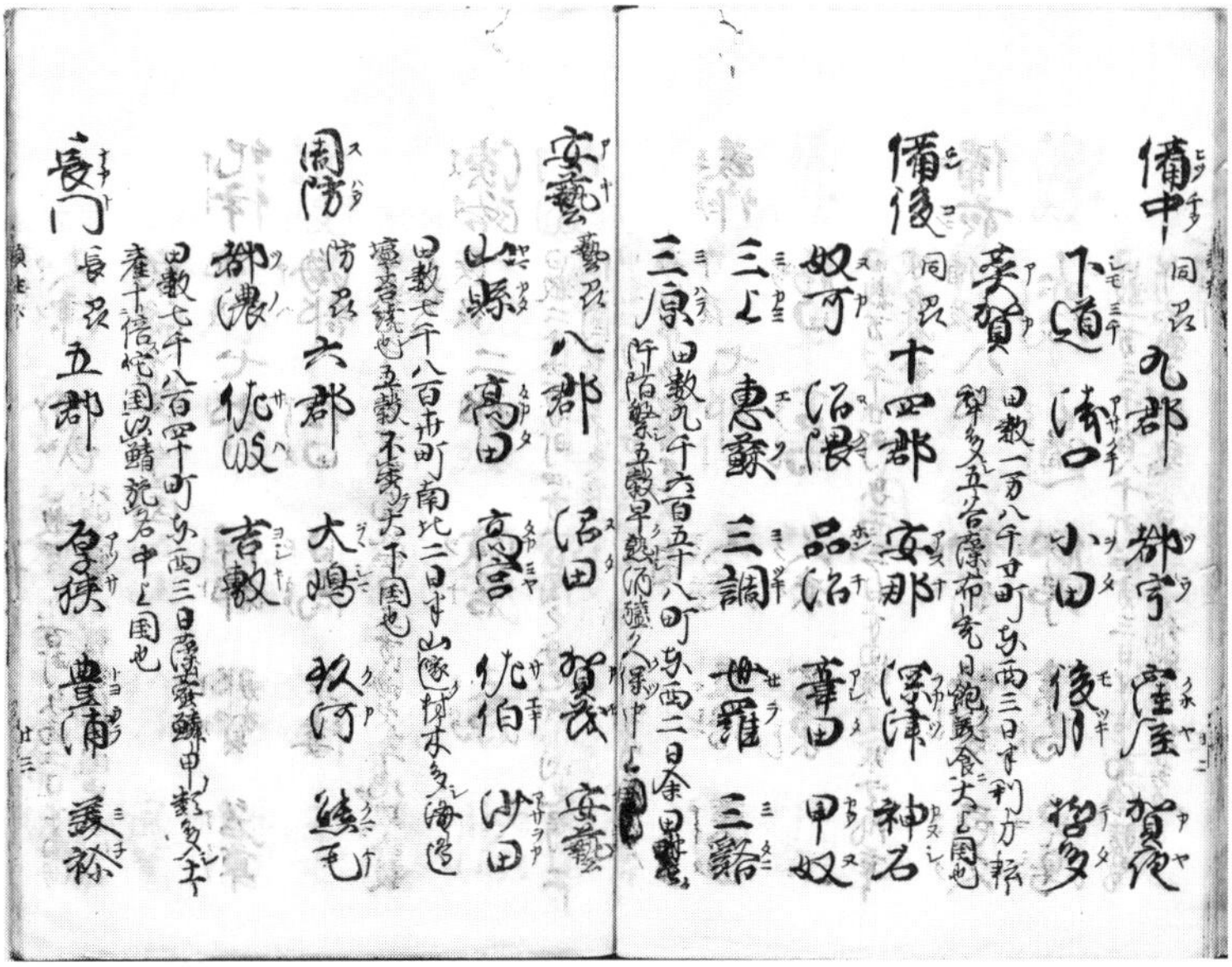

備中　同郡　九郡　都宇　窪屋　賀夜

下道　浅口　小田　後月　哲多

英賀　田数一万八千廿町東西三日才利方耘耕多五谷漂布充日飽飲食大上国也

備後　同郡　十四郡　安那　深津　神石

奴可　沼隈　品治　葦田　甲奴

三上　恵蘇　三調　世羅　三谿

三原　田数九千六百五十八町東西二日余田野所陌繁五穀早熟酒塩久保中上国

安芸　芸郡　八郡　沼田　賀茂　安芸

山県　高田　高宮　佐伯　沙田

田数七千八百五町南北二日才山透材木多海辺塩焼也五穀不実大下国也

周防　防郡　六郡　大嶋　玖河　熊毛

都濃　佐波　吉敷

田数七千八百四十町東西三日才海辺鱗甲多夫十倍他国以鯖称名中上国也

長門　長郡　五郡　厚狭　豊浦　美祢

廿三

(22ウ)
(23オ)

（23ウ）

類往下

大津　阿武　田数四千九百町東西二日半南海北山東驚荒耕穀倍他国中上国也

南海道六ケ国

紀伊　紀州　七郡　伊都　那賀　名草　海部　在田　日高　牟婁

田数七千二百廿町南北四日三方海欠耕地故五穀不熟也

淡路　淡州　二郡　津名　三原

田数二千四百廿町四方一日国之母也雖小国也衣食不多良材多也　二丁

（24オ）

阿波　阿州　九郡　板野　阿波　美馬　三好　麻殖　名東　名西　勝浦　那賀

田数五千四百四十町四方二日太守穆稲豊饒山海深果鮮禽獣之数多中上国也

讃岐　讃州　十三郡　大内　讃川　三木　香川　阿野　鵜足　那賀　多度　三野　豊田　山田　刈田　風羊

田数一万七千九百三十町四方三日路山川田畠均等五穀豊也魚貝之類多名人多自昔出大中国也

（24ウ）

類往下　廿四

伊豫　予州　十四郡　宇麻　新井　周敷　桑村　越智　野間　風早　和氣　温泉　久米　浮穴　伊予　喜多　宇和

田数一万五千百卅町四方二日原野田畝多少之塩沢豊也大中国

土佐　土州　七郡　安藝　香美　長岡　高岡　幡多　土佐　吾川

田数八千三百廿町東西二日半五穀絲綿良材多也

（25オ）

西海道九ケ國

筑前　筑州　十五郡　怡土　早良　那賀　遠賀　糟屋　宗像　鞍手　嘉麻　穂浪　夜須　下座　上座　御笠　席田

田数一万九千七百六十町南北四日来寒稼宝器備中上国也

筑後　筑州　十郡　御原　生葉　竹野　山本　御井　三猪　上妻　下妻

類往下　廿五

山門　三毛　田數二万三千八百廿町南北五日
穀果豐饒不[illegible]宝実饒多也

豐前　豐州　八郡　田河　企救　京都
仲津　築城　上毛　下毛　宇佐
田數一万一千二百廿町南北四日陸唐菓種多足也
以常絹致貢

豐後　豐州　八郡　日田　玖珠　直入
大野　海部　大分　速見　國埼
田數一万千二百七十町四方三日菓[illegible]多[illegible]
穀唐物多中上国也

肥前　肥州　十一郡　基肄　養父　三根
神埼　佐嘉　小城　松浦　杵嶋
藤津　彼杵　高来
田數一万三千四百六十町南北五日土宇種百倍菓柘
豐衣食東島備食

肥後　肥州　十四郡　玉名　山鹿　菊池
阿蘇　合志　山本　飽田　詫麻
益城　宇土　八代　天草　葦北

球麻　田數二万三千四百六十町四方五日村木業
薪饒五穀魚貝[illegible]綿多也大中国

日向　日州　五郡　臼杵　兒湯　那賀
宮埼　諸縣　田數八千二百九十八町也四方三日
菓[illegible]穀平均之飢寒[illegible]

大隅　大州　八郡　菱刈　桑原　贈於
大隅　姶羅　始良　肝屬　馭謨
田數四千七百七十町東西二日魚鳥不闕食類豐
且穀之類多紙綿[illegible]續也中上国也

薩摩　薩州　十三郡　出水　高城　薩摩

甑嶋　日置　伊作　阿多　河辺
揖宿　給黎　谿山　鹿兒嶋　頴娃
智覧　田數五千五百廿町四方二日魚[illegible]国隣唐故
備[illegible]用之具[illegible]之[illegible]眼中上[illegible]也

壹岐　壹州　二郡　壹岐　石田
田數六百廿町四方一日路此[illegible]與對[illegible]爲二嶋而
戎[illegible]多[illegible]故[illegible]守[illegible]宮備貢物[illegible]皆[illegible]也

對馬　對州　二郡　上縣　下縣
田數一千町四方一日[illegible]日本之地故[illegible]嶋[illegible]
類[illegible]神[illegible]唐故[illegible]

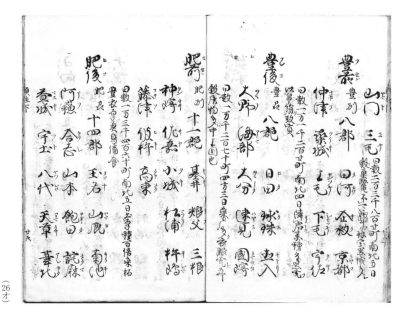

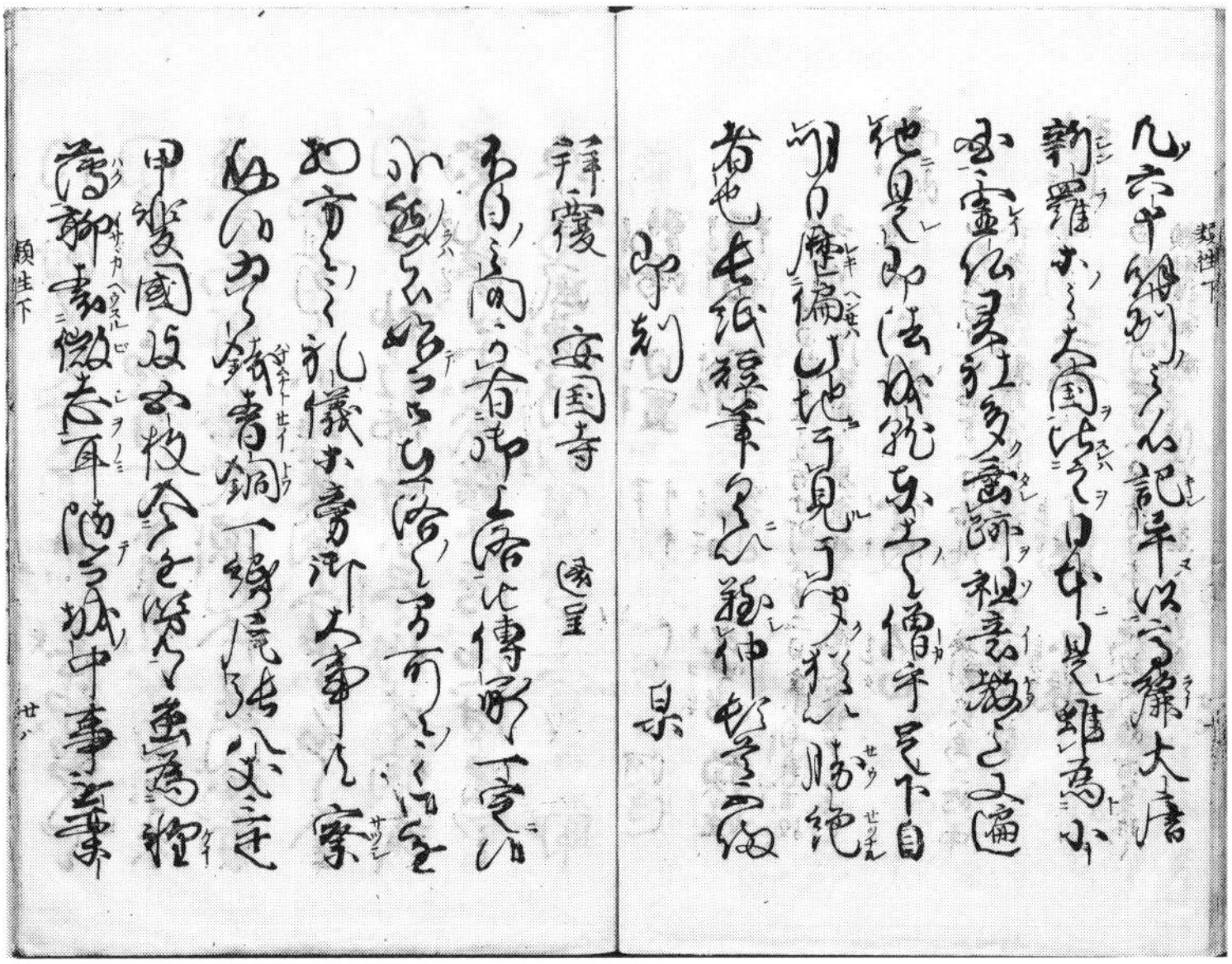

(28オ)　(27ウ)

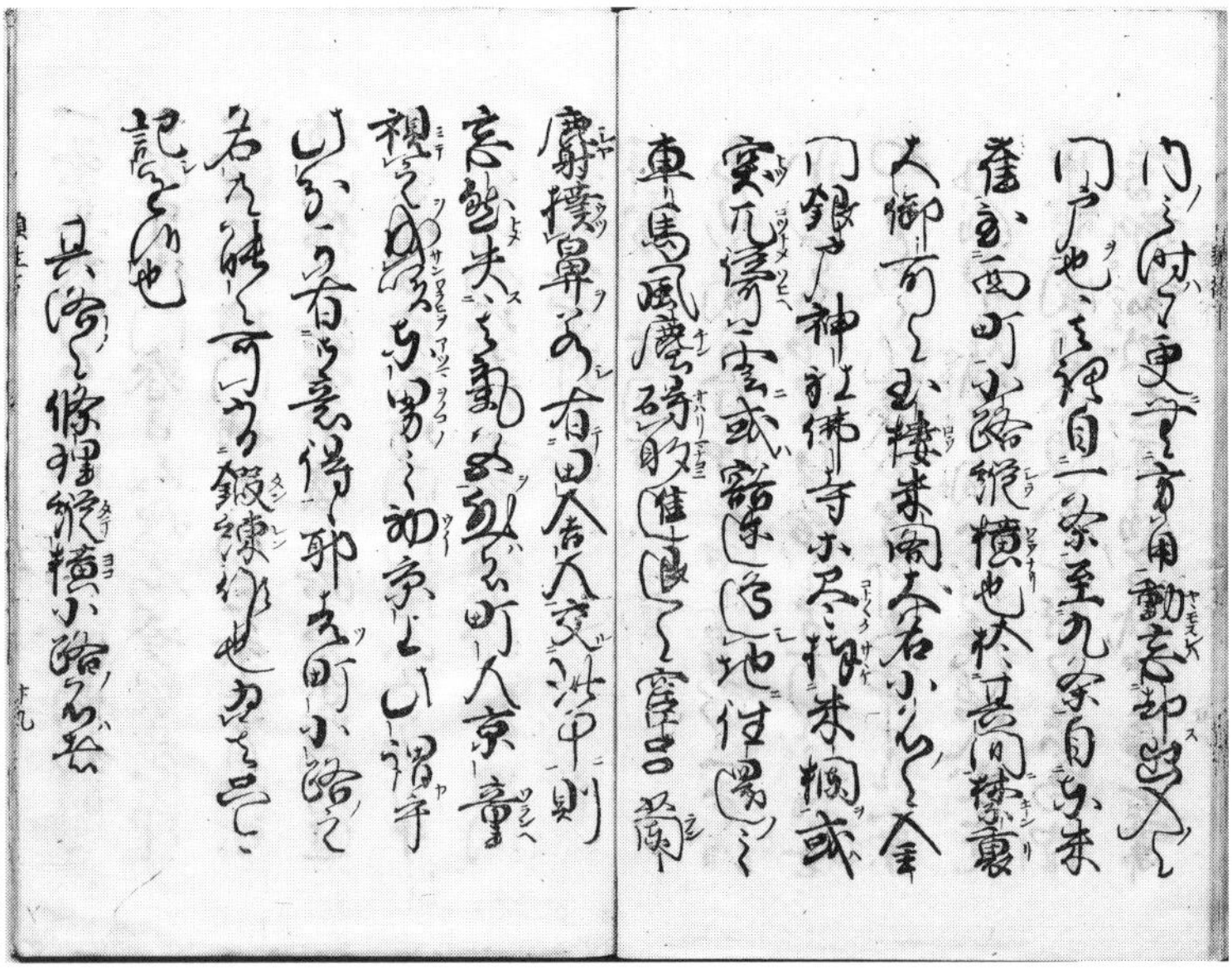

(29オ)　(28ウ)

（29ウ）

一条正親町土御門鷹司近衛勘解由
小路中御門春日大炊御門冷泉二条押
小路三条坊門姉小路三条六角四条
坊門錦小路四条綾小路五条坊門高辻
五条樋口六条坊門楊梅六条佐女牛
七条坊門北小路七条塩小路八条坊門
梅小路八条針小路信濃小路九条

（30オ）

西朱雀坊城壬生櫛笥大宮猪熊堀
川油小路西洞院町室町烏丸東洞
院高倉萬里小路京極東朱雀
将又以此次雖可令申入次第之趣
然依此事可申之也纂集種々
類書文附之處未被済恩詞之趣
冥加之術識之以可撰要綴給候者

（30ウ）

已矣定可有文字之紕繆文章之顛
倒諸君一読之内必加斧鑿莫令
観覧之人但是塞耳之責
偏可仰御意者也恐惶
　居諸　　　　　　　　某
拝呈　一乗院　右御門
自是先年以来受廣昌新御内宴

（31オ）

同作之条無御伝之事以無雙之優
者之中之路之徒之事者未定之日
限之御京之萬之事業内之
敵合之不賜之可謝之賞
衛之経若之事之事之番
諸賜之大物此事之等時之
心得之都鄙之立柵之事

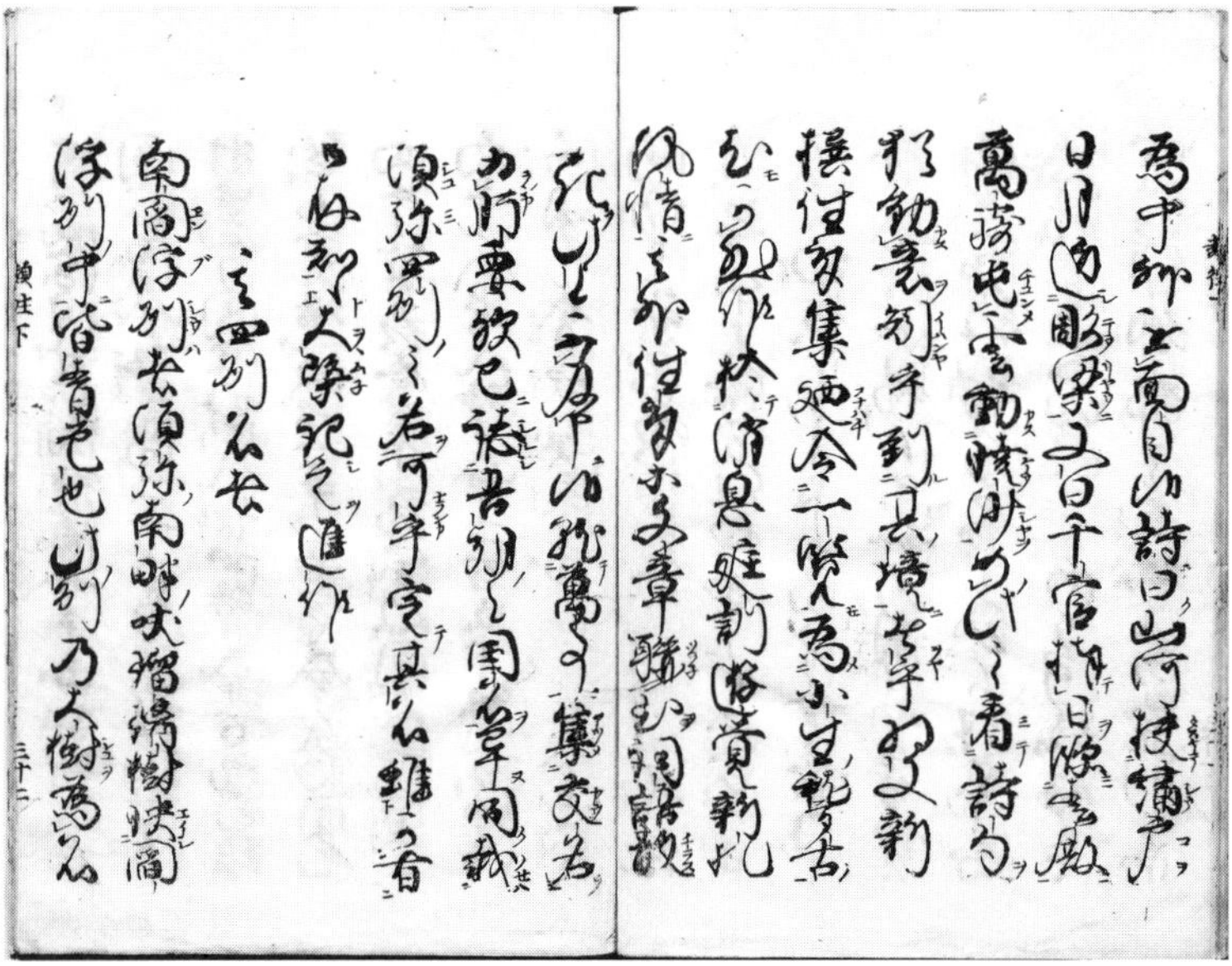

（31ウ）

（32オ）

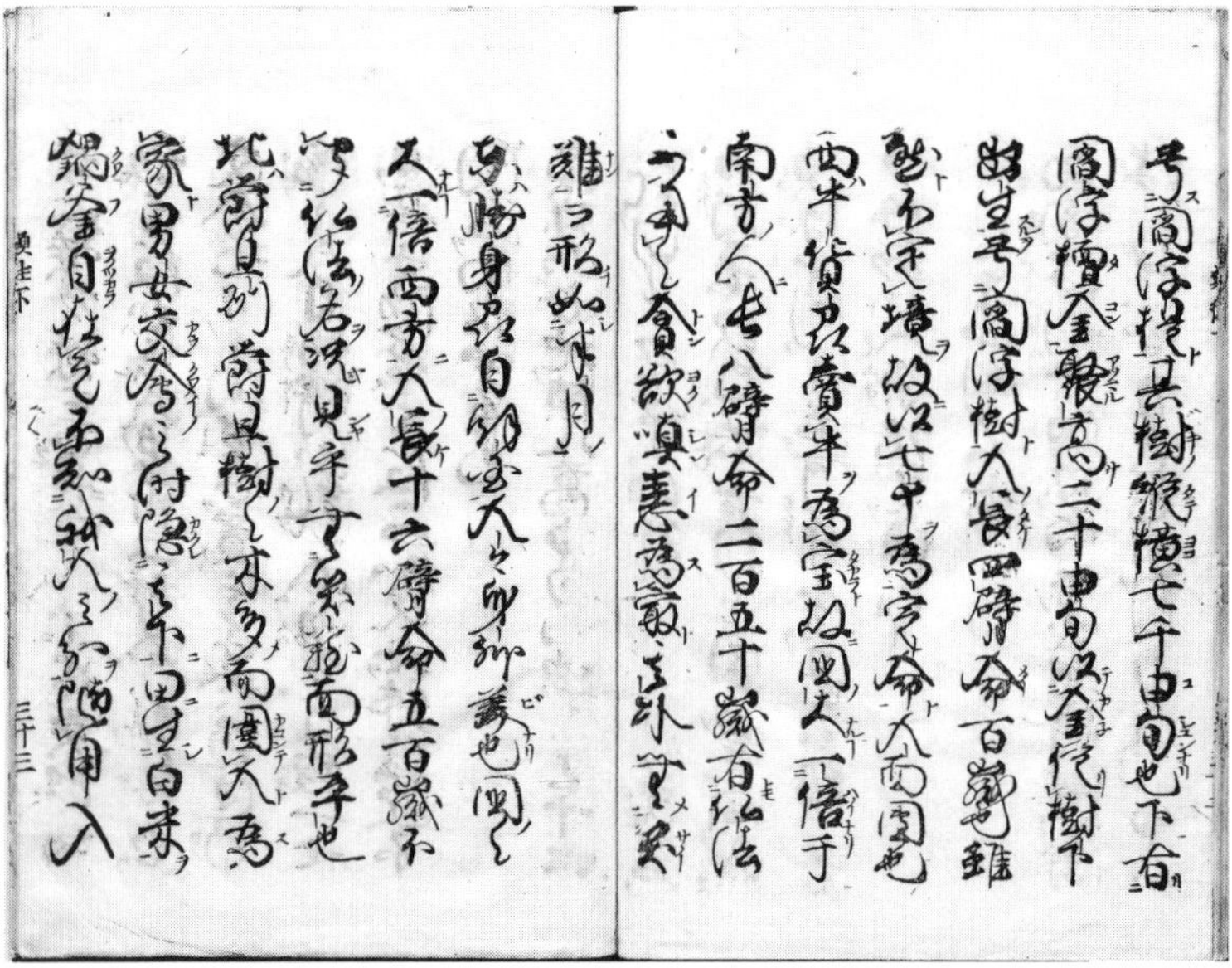

（32ウ）

（33オ）

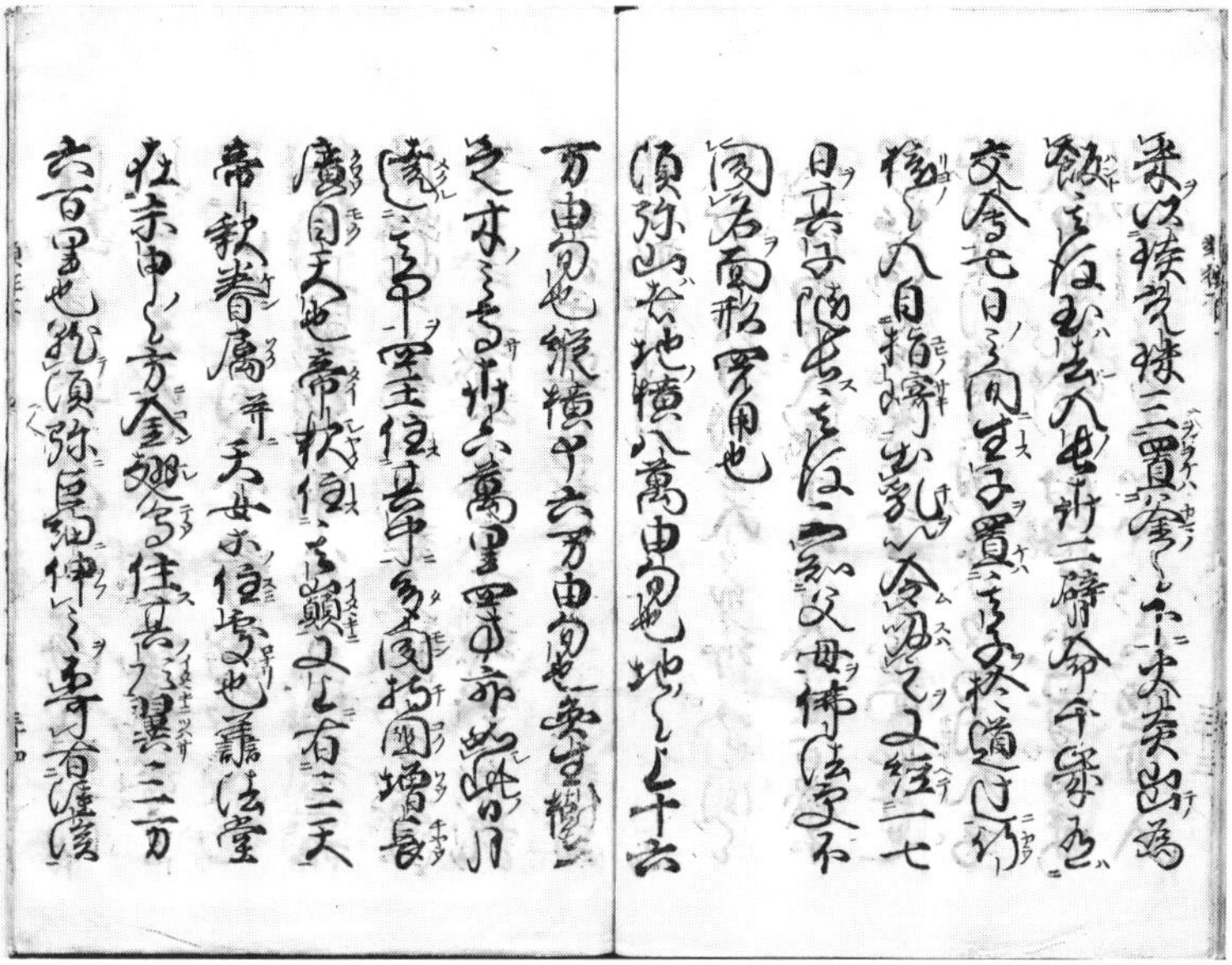

（33ウ）（34オ）

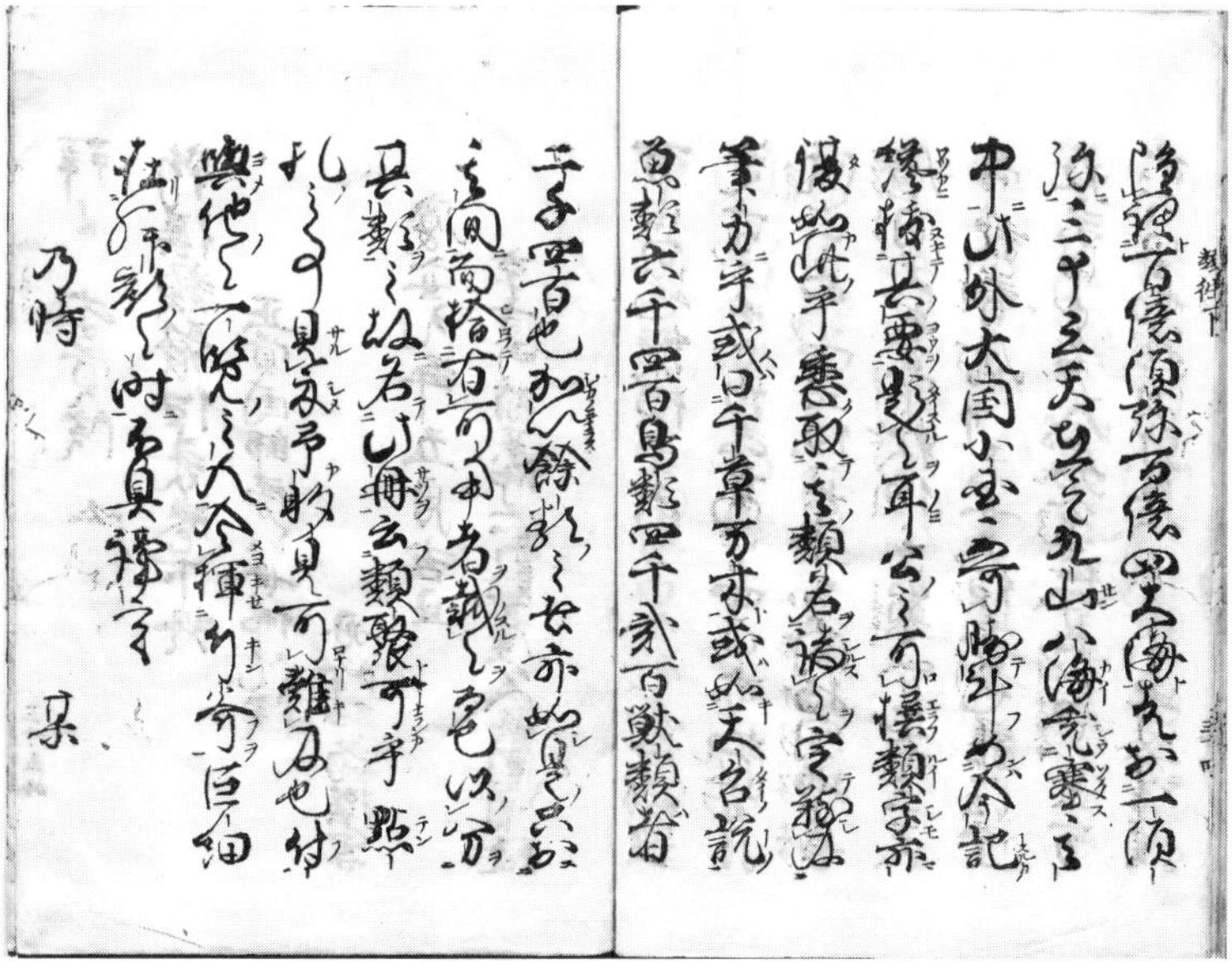

（34ウ）（35オ）

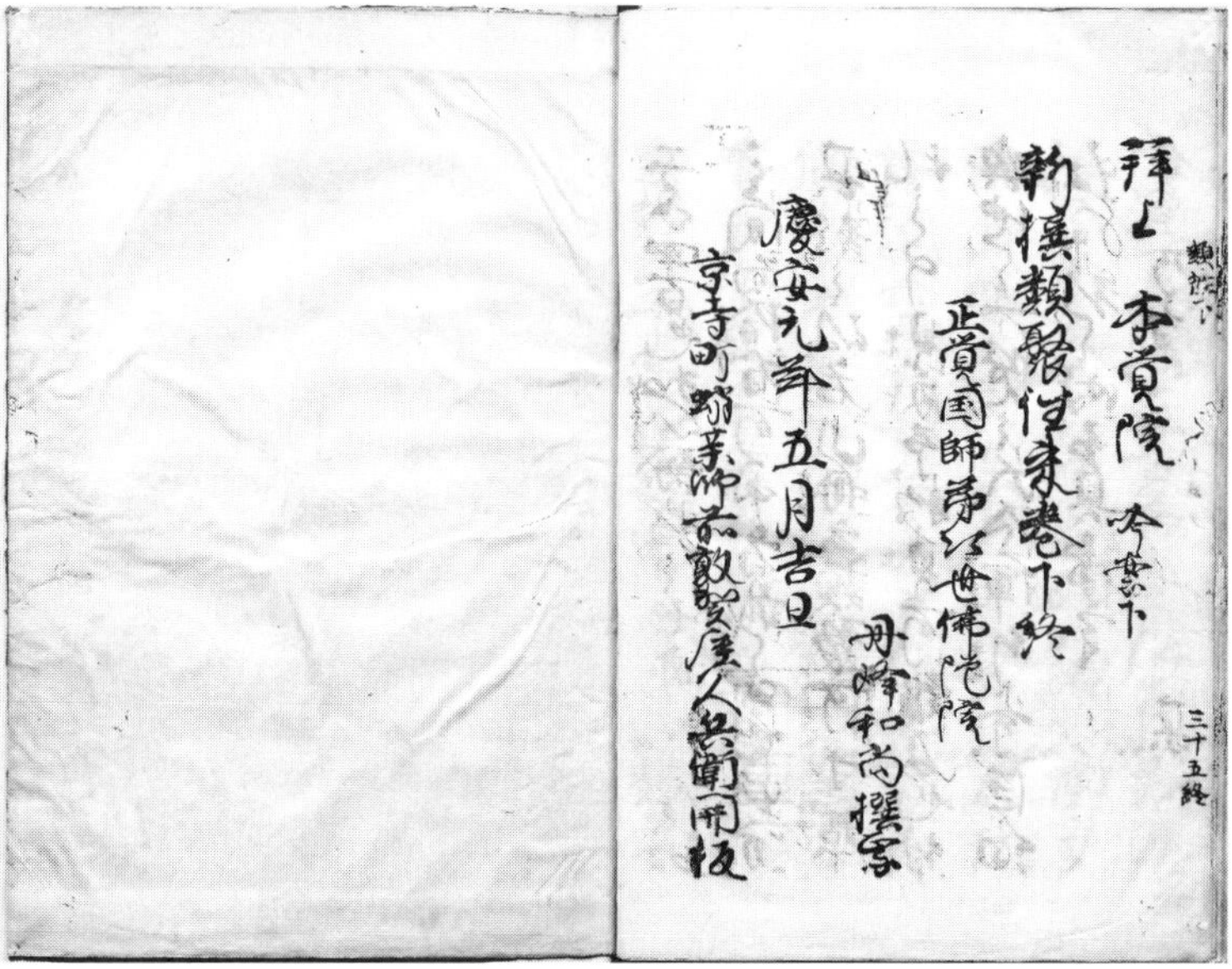

類聚下

拜上　本覺院　吟案下

新撰類聚往来巻下終

正覺國師弟子住世佛陀院

丹峯和尚撰集

慶安元年五月吉旦

京寺町蛸薬師前敦賀屋久兵衛開板

三十五終

（35ウ）

内閣文庫蔵慶安元年版本翻字

凡　例

一、内閣文庫蔵慶安元年版新撰類聚往来を底本とした。
一、行款は、底本通りとした。
一、漢字の字体は、原則として、康熙字典体にあらためた。
一、傍訓・返り点は、原本通りに施した。但し、合符は省略した。
一、異体の片仮名は、今日通行の字体にあらためた。
一、底本の誤字・脱字等は、原則としてその儘とした。
一、原本には句読点が無いが、文意に基づいて適宜補った。傍訓・返り点は原本通りなので、一見すると句読点と訓点が齟齬する場合がある。
一、意味分類体の語彙部分においては、版面のスペースの関係で語の区切りが明確でないケースも多いが、意味上区切れる場合は一字分の空きを入れた。
一、原本の虫損により難読の文字は□で示した。

［1オ］新撰類聚往來之上
鳳暦(ホウレキ)開(キ)レ端(ハシヲ)、龍躔(テン)易(カフ)レ次(テヲ)、三正之(ノ)嘉
慶、雖(トモ)二而今(イマ)事舊(リ)候(ト)一、旁以珍重々々、
殊(ニ)向(ヒ)レ貴面(ニ)攸(ロ)レ祝(スル)、千祥(シヤウ)萬悦之(ノ)至(リ)、
更(ニ)不レ可レ有レ際限(サイゲン)也、抑進(メテ)二觴(シヤウ)擧(コ)栢(ハク)
葉(ヨウ)之(ノ)銘(メイヲ)一、祝(ス)二壽獻(ケン)椒(セウ)花之(ノ)頌(シユヲ)一、獸(シウ)樽(ソン)凝(コラシ)二
仙醞(ウン)之(ノ)香(ヲ)一、雞(ケイ)帖(テウ)退(ク)二屋(ヲク)舍(シヤ)之(ノ)妖(ヨウヲ)一、是皆千

［1ウ］門九陌(ハク)、展(ノフル)二慶賀之(ノ)誠(ヲ)一也、如(シ)二有(リ)レ腳(アシ)陽春(ノ)一、百
花自(ル)レ之(ニ)春(ノ)、千草各向(フ)レ陽(ニ)、竊闚(ヒソカニウカヽフ)、官梅(クワンハイ)
飄(ヒルカヘシテ)レ粉(フンヲ)、而臘雪(ラウセツ)已銷(ニセウシ)、御柳(ゴリウ)搖(ウコカシテ)レ金(キンヲ)、而東
風乍(タチマチニアフク)扇、鴻鈞(コウキン)播レ暖(タンニ)、化工(クワコウ)密(ミソカニ)運(ハコフ)、喜迎(ハヘ)二
百福之時(ヲ)一、樂(ハ)集(アツマル)二萬靈(レイノ)之始(メニ)一、朝(ニハ)者
朝拜之(ノ)儀(キ)式(シキ)嚴(ケン)重(テウニシテ)、帶(タイ)佩(ハイ)委(イシ)二庭上(ノ)
草(ニ)一、夕(ニハ)者退食(タイシヨクノ)之官(クワン)遊悠然(ユウユウセントシテ)、衣裳(イシヤウヲ)沾(ウルヲス)二

［2オ］鳳池波一、誠時哉、請政被レ行則、朝無レ佞臣、野莫レ遺賢、各沐二聖主之恩一、官仕勤厚者、厥數尤夥矣、于レ茲來月廿日比、可レ有二看花行幸一之由風聞、然者補袞之高位、登階之官爵以下、其外貴賤上下、可レ被二折レ花出立一候也、

其位次者

［2ウ］

正一位	大尉	從一位	開府議
正二位	特進	從二位	光祿大夫
正三位	金紫光祿	從三位	銀紫光祿大夫
正四位上	正議大夫	正四位下	通議大夫
從四位上	大中大夫	從四位下	中大夫
正五位上	中散大夫	正五位下	朝議大夫
從五位上	朝請大夫	從五位下	朝散大夫

〔3オ〕

正六位上　朝議(テウキ)大夫
神祇伯(シンキハク)　大常卿(シヤウケイ)
左大臣　左府丞相(フシヨウシヤウ)
內大臣　內府內丞相
中納言　黄門
宰相(サイシヤウ)　參議(サンキ)
右大相　幕府(ハクフ)

正六位下　朝議郎(ラウ)
大政(ジヤウ)大臣(ジン)　大相國
右大臣　右府丞相
大納言　亞相(アシヤウ)
少納言　給事(キウジ)
左大相　幕下(ハクカ)
中將　羽林(ウリン)

〔3ウ〕

少將　郎將(ラウシヤウ)
中辨　蘭臺(ランタイ)
大外記(ケキ)　外史(クワイシ)
中記　同上
形部(キヤウフ)　刑部(ケイホウ)
民部(ミンフ)　戸部(コホウ)
大藏(ヲホクラ)　大府(フ)

大辯(ヘン)　大丞(シヨウ)
少辨　同上
大內記(ナイキ)　柱下(チウカ)
治部(ヂブ)　禮部(レイホウ)
兵部　兵部(ヘイホウ)
式部(シキフ)　李部(リホウ)
宮內(クナイ)　司農(シノフ)

［4オ］

左京　京兆（ケイテウ）
大膳（セン）　光禄（ロク）
監物（ケンモツ）　城門（セイモン）
圖書（ツシヨ）　祕書（ヒ）
縫殿（ヌイ）　尙衣（シヤウイ）
漏剋（ロウコク）　挈壺（ケツコ）
大學　祭酒（サイシユ）

右京　同上
修理（シユリ）　匠作（シヤウサク）
大舍人（ヲヽトネリ）　宮圍（キウイ）
内藏（クラノカミ）　小府（シヨウフ）
天文（モン）　靈臺（レイタイ）
翰林（カンリン）　文臺（ブンタイ）
明經（ミヤウキヤウ）　助教（シヨカウ）

［4ウ］

明法（ミヤウボウ）　律學（リツカク）
攝政（セツシヤウ）　執柄（シツヘイ）
春宮（トウクウ）　詹事（エンシ）
大夫　二千石（ジセンセキ）
侍從（ジシウ）　拾遺（シウイ）
法王（ホウ）
按實（アンシツ）　護布（コフ）

直講（チヨクカウ）　直學
關白（クワンハク）　博陸（ハクリク）
中宮　長秋（シウ）
大進（シン）　大屬（シヨク）
親王（シンワウ）
齊院（サイイン）
判事（ハンシ）　理正（リセイ）

［5オ］

判官代（ハンクワンタイ）　司直（シチヨク）
権介（コンノスケ）　別駕（ヘツカ）
掃部（カモン）　洒掃（シヤサウ）
主殿（トノモ）　全部（センホウ）
主税（チカラ）　倉部（サウフ）
木工（ムク）　工部（コウホウ）
別当（ヘツタウ）

目（サクワン）　録
玄番（ケンハン）　主客（シユカク）
諸陵（ミサヽキ）　廟陵（ヘウレウ）
大炊（ヲヽイ）　道官（タウクワン）
主計（カスエ）　度支（タクシ）
典薬（テンヤク）　大醫（イ）
大史（シ）

［5ウ］

囚獄（ヒトヤ）　比部（ヒホウ）
内膳（ナイセン）　尚衣（シヤウイ）
造酒（サケノ）　浪醞（リヤウカイ）
中務（ナカツカサ）　中書
左右衛門　金吾（キンコ）
隼人（ハヤト）　布護（フコ）
采女（ウネメ）　采令（サイレイ）

正親町（ヲヽキマチ）　宗正（ソウセイ）
織部（ヲリヘ）　織染（シヨクセン）
市令（イチノ）　市令（シレイ）
蔵人（クラント）　侍中（シチウ）
判官（ハンクワン）　廷尉（テイイ）
水主（モント）　膳部（センホウ）
勘解由（カケユ）　勾勘（コウカン）

［6オ］

按察(アンサイ)　都護(トコ)　防鴨(ハウカウ)　阿便(アヘン)

左右近　近衛(キンエイ)　將監(シヤウケン)　親衛(シンエイ)

兵衛　武衛(フエイ)　左右馬(サマ)　典廏(テンキウ)

帶刀(タテワキ)　佩帶(ハイタイ)　雅樂(ウタ)　大樂(ガク)

兵庫(ヒヤウコ)　武庫(フコ)　大膩(ダイニ)　都督(トトク)

内匠(タクミ)　中匠(シヤウ)　彈正(タンシヤウ)　霜臺(サウタイ)別當

檢非違使(ケンヒイシ)　大理(リ)　進士(シンジ)　貢士(コウジ)

［6ウ］

酒殿(サケトノ)　造部(サウホウ)　鎭守府將軍(チンシユフノ)　監使(カンシ)

北面(ホクメン)　瀧口(タキクチ)

隨人(ズイシン)　衞士(エシ)

房士(ハウシ)　夜巡(ヨマワリ)

御臺盤所(ミタワトコロ)　御廚子所(ミツシトコロ)

雑仕所(サウシトコロ)

如レ此粗(ホヽ)令(ル)レ記(セ)レ之(ヲ)者也、至(テハ)ニ我等不肖(セウノ)者(ニ)一、以(テ)ニ歩(ホ)

〔7オ〕行(カウノ)之儀(ヲ)一、竊(ヒソカニ)於(テ)レ路傍(ロハウニ)可レ令二見物一候、有二御
同心一者所レ仰也、拾得(シツトク)小袴(コハカマ)風情、預(アラカシメ)可レ有二
御用意一歟、委曲(イキヨク)具(ツフサニ)難(シ)レ盡(シ)レ紙面(ニ)、恐々謹
言、

大簇(ソウ)廿五日　紀某

謹上　勘解由(カケユノ)次官殿

〔7ウ〕年甫(ホノ)御祝言、雖二事舊候(ト)一、尚以幸甚
幸甚、曆(レキ)改(アラタメ)二於年(ヲ)一、律(リツ)回(ス)二於春(ヲ)一、淑氣(シユクキ)靄然(アイトシテ)、
風光日(ヒ、ニ)新(アラタナリ)也、林鶯(リンアフノ)之學語(カクコ)、園(エン)花之紛(フン)
芳(ハウ)、誠倦遊(トニケンユウ)有(ル)レ餘辰(トキ)也、仍而花苑(エンノ)之御幸
一定之由示給、先以目出度候、如レ仰、時
屬(シヨクシ)レ清世(セイセニ)、政(マツリコトキス)歸二明主(メイシユニ)一、然(レハ)定科(クワノ)之進士(シンシ)日(ヒ、ニ)
繼(ツキ)レ踵(クヒスヲ)、參內之(ノ)衣冠(イクワンシ)亟(ハシハツ)連(ラヌ)レ行(カウヲ)、豈(ニ)二只月卿(ケイ)

［8オ］雲客已一乎、江湖之散人、山野之隱士亦然、殊以才能之所レ勝者、一藝之有レ名者、無レ不二登用一、其勇者、兵法兵術、奔流渡刃、厥閑者、犬笠懸等、蹴鞠小弓、其逸者、詩哥管絃、琴碁書畫、如レ此諸有レ氏族者、不レ可レ勝計、

其氏姓者

［8ウ］

源　平　藤原　橘　紀　小野　宮道
高階　惟宗　祝部　穗積　良峰
平郡　星川　田口　田中　和氣
丹波　住吉　賀茂　安部　菅原
在原　中原　永原　清科　宗像
菅野　豐野　豐國　柿本　大中臣
大江　大神　百濟　長岡　藤井

〔9オ〕

粟田（アワタ）
阿保（アホ）
吉備（キヒ）
三鋭（ミムネ）
三吉（ミヨシ）

石川（イシカワ）
池上（イケカミ）
已上朝臣（アツソンノ）之姓
笠原（カサハラ）
清原（キヨハラ）

御原（ミ□ラ）
春日（カスカ）
吉野（ヨシノ）
多治（タチ）
大岡（ヲ、ヲカ）

息長（ヲキナカ）
文屋（フンヤ）
香山（カヤマ）
山道（ヤマヂ）
三國（ミクニ）

三園（ミソノ）
三島（ミシマ）
已上眞人（マサヒトノ）之姓
津守（ツモリ）
掃守（カモリ）

吐師（ハシ）
齊部（モノイヘ）
卜部（ウラヘ）
新田部（ニイタヘ）
山田（ヤマダ）

坂上（サカノヘ）
入間（イルマ）
小槻（ヲキ）
坂田（サカタ）
大伴（ヲ、トモ）

〔9ウ〕

尾張（ヲハリ）
宇治（ウチ）
宇多（ウタ）
眞神（マミヤ）
清海（キヨミ）

弓削（ユケ）
宮原（ミヤハラ）
日置（ヒヲキ）
已上宿禰（シユクネノ）之姓
秦（ハタ）

高麗（カウマ）
高市（タカチ）
長谷部（ハセヘ）
佐伯（サワキ）
曾禰（ソネ）

南淵（ナフチ）
凡河内（ヲシカウチ）
壬生（ミフ）
十市（トウチ）
川合（カワイ）

川上（カワカミ）
城上（キノカミ）
風早（カセハヤ）
島田（シマタ）
荒木田（アラキタ）

葛木（カツラキ）
久米（クメ）
山邊（ヤマノヘ）
山背（ヤマシロ）
清川

都
水海
御手代（ミテシロ）
御浦（ミウラ）
御立（ミタチ）

〔10オ〕

志賀　巳上雑之姓
廣原
物部
新羅
各務

次名乗者

重（シケ）　二廿
滋繁成爲薫茲蕃殷包奕林芝惠維
稠臣紫檮絜茂咸

高（タカ）　十二
孝擧貴隆堯喬卓楚陟標天崇及尊
敎位好廷上

傳（スケ）　三廿
相扶輔祐亮右助資佐方副弼狻貳
介翼如毗左典藝維

實（サネ）　十
誠信核眞守
咸積護字

〔10ウ〕

安（ヤス）　五廿
保康愷寧息泰懷毗快庾穩慰文賢
方預休德祕逸愛易慶楊

正（マサ）　五廿
昌政理當雅尹順方允將箴賢聖蔚
齊應暢黨幹督備和祗濟

明（アキ）　八十
著鄕秋顯著言晶照朗詮在飽章成
聽察覺

延（ノフ）　三卅
信宣舒順書陳修述堆演言伸暢序
肆之正常恆經敍所列照諶敦敷誠
庸葉
展命

忠（タヽ）　十三
齊直理陟恩正政尹公廷但唯紀只
啻渡妙均矯格雅品內覽任董考傳
薫

〔11オ〕

成ナリ 七十
濟爲業登作平生晴
霽性諧得形也就造

光ミツ 十二
滿充盈三水明照漲足溢
圓彌題實塡架恭仭衍

房フサ 五
總種
紘宣

枝エタ 三
兄
族

依ヨリ 一廿
賴資緣因寄仍由憑絲株
幹无職據從隨自猶階倚

本モト 八十
元體臺幹基資舊意始
源太索雅許故下尤

茂モチ 九
用望以住
蔚持須式

人ヒト 四
仁云
者

兼カネ 七
包懷該
周易攝

〔11ウ〕

是コレ 二十
惟伊維時之斯
此茲云寔矗

則ノリ 七卅
範章暹憲規法儀典度德尋刑令矩
似猷軌湯剩載周里鄕識悟敎納智
了彝伯象義藝乘幾

澄スミ 六
處住隅
淸純

木キ 一十
材樹規興城
起宜來束幾

任タフ 五
堪能
勝當

近チカ 四十
親愛鄰庶邇昵睦
比這後及知尋

平ヒラ 七
衡位救
枚均夷

國クニ 六
邦州邑
都業

連ツラ 四
縣陣
番

弘ヒロ 六
廣博熙
寬泛

〔12オ〕

貞サタ　六
定完恆
自正

行ユキ　八十
之如由于往致至雪詣
禮恭敬潔以適千介

諸モロ　四
衆師
修

久ヒサ　三
舊
古

利トシ　九
俊敏聰年
載歳疾駿

友トモ　九十
奉倫共類大倶與朝具
伴偕流輩僚朋等徒侶

武タケ　三
健
長

時トキ　十
節說稽辰
候晨剋敕解

員カス　六
算量數
種運

名ナ　三
字
號

遠トヲ　十
遐通遙十玄
懸迴遼途

繼ツキ　八
序續
嗣紹胤族次

〔12ウ〕

直ナヲ　三
尚
猶

見ミ　二廿
相躬鑒皆子視觀察鑑身覩
體質昌瞻方固堅良形像

吉ヨシ　五卅
能美理淑令嘉善懿愛若榮好穀可
儀資由宜佳賢賀特憙祥悅富福幸
介最快
督絑義

門カト　三
廉
稜

末スエ　四
季梢
標

厚アツ　二十
敦篤豐渥適淳
仍訒重充春

永ナカ　八
仲中遊祥
壽遐濫

種タネ　三
胤
殖

宗ムネ　九
統致棟胸極
概旨繞

〔13オ〕

守二十 護盛衞杜諸庶衆軇命名聲
道四十 通陸康徑途路信度盈逕猷迋塗

凡稱レ名字者、不レ出レ此內、總餘レ百條、末代之群族、稱レ所領、各顯レ氏姓也、但不レ事レ君者氓而號レ百姓、無レ涯際故也、如レ此同地同官、爲レ宰爲レ僚者、不レ知二幾番一、從二今度出立一、不レ可レ有二花麗者一之由聞候、如何樣莅

〔13ウ〕

レ厥期、爲レ見物思食立者、可レ爲レ同心候、乍レ去就レ諸篇、餘異體之儀、見苦敷候、御腰物等、帶副風情、有レ恩借者所レ仰候、雖二萬端夥、難レ竭レ腐毫、併期二對偶之次一、誠恐敬白、

魁月念五日　平某

進上　花山帶刀殿　御返事

［14オ］下著以後、従レ是可レ啓二案内一存候処、依二
私之怱劇一、于レ今延引、殆疎略之至、失
レ面目候、剰日前預レ使者時分、折節他
行仕候際、則刻不レ能レ回章條、旁以緩
怠之至也、随而自レ京洛上手畫工一両
輩召具候間、先攢二屏風、襖障子、掛
續、扇面之類、種々彩色色鳥繪、盡二筆
［14ウ］端畫レ之、従レ明日取二向八間九間牀押板之
際一、瀟湘之八景、五湖三浦趣等、以レ談墨
可レ掃之由申候、一日被レ枉二高駕一、可レ有
レ御覧、若又貴殿様御用候者、依二御左
右一可レ進歟、於二畫具一、碩善之新渡共所
持仕候、

畫具者

〔15オ〕

朱砂（辰砂 光明 黄丨）　黄土　胡粉（ゴフン）　艶紫（エンジ）　實紫（ミムラサキ）
煙脂（エンシ）　白緑（ロク）　紺青（コンシヤウ）　緑青　白青
緑皁（サウ）　雌黄（シワウ）　丹後（コ）　露草（ツユクサ）　雲母（キラヽ）
莨泥（カヤニ）　丹　紫泥（シテイ）　金薄　鍮泥（チウテイ）
淘砂（タウサ）　花腐（ハナグタシ）　花返（カヘシ）　銀薄　貝粉（カイフン）
眞粉（マフン）　紺漚（コウノアワ）　心太（ロフト）　粉糊（フノリ）　朱砂具（ノク）
臺牛粉（タイコフン）

〔15ウ〕

自然爲レ引物有二御用意一、臻二繪賛墨蹟之類一、縦謂レ名物爲レ無用歟、斯公手跡、獨二歩古今之際一、視二他筆工畫師一、猶白二奴婢僕從一、其神筆縦横、而更不レ用二寫眞贋本朽木書等一、可レ謂丹青之仙也、料足以下之珍寶、厥外好茗風情、且可レ被レ貯候、別而其蔽爲レ無用歟、

［16オ］

其料足名

子母（シホ）　青蚨（セイフ）　青鵝（ガ）　鵝眼　鳥目（テウモク）
白水（ハクスイ）　眞人（シン）　阿堵（アト）　眞斤（キン）　料足（レウソク）
青銅（トウ）　金弊（キンヘイ）　泉布（センフ）　化蝶（ケテウ）　通神（ツウシン）
五銖（シユ）　九府（キウフ）　孔方兄（コウハウケイ）　阿堵物（アトモツ）

其茶名

龍焙（リウハイ）　雀舌（シヤクセツ）　方珪（ハウケイ）　碧粉（ヘキフン）　辟夢（ヘキム）

［16ウ］

瑞露（スイロ）　雲腴（ウンユ）　日注（シツシユ）　紫琳（シリン）　顧渚（コシヨ）
雪坑（セツカウ）　曾玩（ソクワン）　酪奴（ラクヌ）　月團（タン）　鳳團（ホウ）
龍團　露芽（ロケ）

如（キ）レ此（ノ）等之（ノ）重寶共、可レ有ニ御奔走（ホンソウ）一歟、不（ンハ）ニ生花之（ノ）筆（ニアラ）一、難レ竭（ツクシ）ニ意曲之春（ヲ）一、恐惶謹言、

夷則廿日　　藤原某

〔17オ〕謹上　彈正忠殿
御歸田之由傳承候、目度存候、爲レ御禮
一昨日捧レ愚札候處、御他行之間、重而
不申入候、唯今玉章到來、披緘恰
如二面談一相似、誠懇望之至也、御在洛
中以二其書有レ憚故、無音之條、于今無
面目候、千悔々々、依而珍敷畫師被
〔17ウ〕參之由承候、御座敷之奇麗想像申候、
定可レ增二一段之光彩一候哉、如何樣不レ閣
以レ參仕、可レ遂レ壯觀、將又弊居之事、未
レ加二少破之修理一候、被懸御意間、內々
可レ綴二破障子一、折節可レ然料紙不所持候
間、缺レ事候、
其紙名

［18オ］

陟釐　麻（黄白）　鵶青　拾式　好時侯

楮先生　鳥孫　赫蹄　馬糞　金花牋

剡溪藤　玉版　楮皮　魚網　打曇

鳥子　唐紙

加樣之紙等、一二帖預レ芳志者、千萬恐悦候、將又爲ニ引物ノ、用意仕候者非レ一、所ノ貯之珍寶雖レ多、且記レ之、

［18ウ］

其珍寶名

珠玉　金銀　鈆　鐵　水銀

白鑞　鍮石　錫銅　古銅　磁石

温石　燕石　紫石　菊石　瑠璃

頗梨　車渠　馬腦　珊瑚　虎⿰白虎

眞珠　珪璧　赤玉（黄牛）　王玉　馬角

犀角　蟹玉　蚌玉　青貝玉　蛾腹玉

〔19オ〕玳瑁　龜甲　犀皮　虎皮　豹皮
彪皮　堆漆　堆烏　紅花　綠葉
剔紅　九連絲　堆朱　堆紅　金紫
沈金　珪璋　輪室　鐵炮　紙炮
此外畫賛之類者、葉公畫龍、韓幹駿
骨、東坡竹、甫子梅、李夫人、王右軍、張芝
伯英墨蹟等雖レ在レ之、念比被二示上一者、
〔19ウ〕不レ可レ令レ斟酌候、紙短而辭長、枉駐二管
城公一、不具謹言、

仲春念日　　　橘某

謹上　中務丞殿　回札

態捧レ一行候、抑御館營之由承候條、
先以目出候、定就二地曳、塹鑿、築地、
屏塗等一、可レ入レ人足候歟、不レ殘レ心底可

［20オ］レ蒙レ仰候、雖レ爲二生得無調法一才覺、隨レ涯分、可レ勤二一方之奉行一候、如二御存知一、作事者、奉行聊疎略而不レ微細、職者各有レ怠慢、可レ令三折々加レ折檻時々致二下知一、材木以下之事不レ及申、厥外之具足等、悉可レ有二用意一候、

　其屋具附屋體幷堂塔

［20ウ］

棟　桷　欐　桁　梁　梪　客櫓

樎　杈（同）　椽　棧　桀（同）　栱　胠木

雲肱木　天井緣　鴨居　長押

高欄　冠木　閼木　飛檐　組入

杈首　押襲　宇立　短柱　歩板

關板　小簷　破風　角木　木舞

鼠走　正桁　草桁　臺輪　角蓋

〔21オ〕

狖首(サルカシラ)　轄(クサヒ)　豕杈首(イノコサス)　軜(ツメ)　甍(イラカ)　瓦(カワラ)

日隱(ヒカクシ)　雉股(キジモヽ)　懸魚　釘(クキ)　蟆俣(カヘルマタ)

蝎羽(ケラハ)　腋壁(ワキカヘ)　葺萱(フキカヤ)　欄干(ランカン)　相板(マサイタ)

檜榑(ヒクレ)　五六　方六　押板(ヲシイタ)　牀

楹(ハシラ)　柱同　唐居敷(カラヰシキ)　敷居(シキヰ)　決入(ハミイリ)

板敷(イタシキ)　足堅(アシカタメ)　簀子(スノコ)　透子　礩(イシスヘ)　礎同

履脱(クツヌキ)　鑰　鍵　狗防(イヌフセキ)　棖(サルツナキ)　衝杌(ツイクイ)

〔21ウ〕

車突(ヅキ)　馬繋(ツナギ)　遣戶(ヤリト)　妻戶(ツマト)　織戶(ヲリト)

狐戶(キツネ)　開戶(キ)　隔戶(カラ)　蔀(シトミ)　明障子

隩障子(フスマ)　檽(サマ)　㢋(トホソ)　扁同　窗(マト)　牖同　牕同　家

亭(チン)　大炊殿(ヲヽイ)　寢殿(シンテン)　瓦廊(ワタリラウ)　渡殿(ン)

政所(マン)　膳所　公文所　學文所　會所

圍爐裏(ノ)間　廂(ヒサシ)　廚子　重棚

差棚　土藏　叉倉　文庫　車宿

［22オ］二階　臺所　四阿(アツマヤ)　局(ツホネ)　屋棧敷
閨部(ネヤ)　櫓(ヤクラ)　貫木　庵室　長對(チヤウタイ)
帳內(チヤウタイ)　部屋　宅(イヱ)　前栽　後苑
築地　塹(ホリ)　堀同
將又屈(クツ)二請(シヤウシテ)四个之碩學(セキカク)、五山之(ノ)法匠(ホツシヤウヲ)一、以爲(ナリ)
レ師(シト)、成(テ)レ檀(タント)而可レ被レ祈二現當(ケンタウノ)之二世善增惡(センソウアク)
減(ケンヲ)一之由承候、然者爲(メニ)レ其構(ノカマヘノ)、可レ建(コン)二立(リウス)佛宇
［22ウ］僧房(ヲ)一歟、大方差圖(サシヅノ)之分如(シ)レ斯、曾利曲直(ソリキヨクチヨクノ)之
樣體、丈尺寸法之(ノ)充抗(アテクラヘ)等、大工棟梁(トウリヤウ)心得(ル)
上者(ハ)、不レ及レ巨細(ニ)候、
佛殿(フツテン)　法堂(ハツタウ)　僧堂(ソウタウ)　講堂(カウタウ)　護摩堂(コマ)
侍佛堂　樓閣(ロウカク)　龕觀(カンクワン)　塔婆(タウハ)　輪藏(リンサウ)
鐘樓(シユロウ)　山門　總門(ソウ)　庫司(コシ)　茶堂
食堂(シキ)　浴室(ヨク)　方丈　客殿　衣鉢閣

〔23オ〕

書院(ショヱン)　眠藏(メンサウ)　禮間(レイノマ)　室間　院房

寮(リヤウ)　精舎(シヤウシヤ)　東司　後架

番匠之具　同鍛冶具

鉋(カンナ)　鑿(ノミ)　楔(サイツチ)　鎚(カナツチ)　鋸(ノコキリ)　錐(キリ)　鑴(ミツメキリ)

斧(ヲノ)　鉞(マサカリ)　斤(ヲノ)　鎌(カマ)　鉉(モチリ)　挑(クジリ)　墨壷(スミツホ)

曲金(マカリ)　目扣(メウチ)　指鏨(サスノミ)　計曳(ケヒテ)

木剖(キワリ)　壷鏨(ツホノミ)　墨笣(スミサシ)　大鋸(ヲヽカ)

〔23ウ〕

鉗(ハサミ)　錧(タヽラ)　銼(ヤスリ)　鑷(ケヌキ)　鉸(ハサミ)　鶴觜(ツルノハシ)

筒突(トウツキ)　轆轤(ロクロ)　持籠(モツコ)

加様之物共、被二調置一候者、於二少々杣取荒(ソマトリアラ)削(ケツリ)等一、以(テ)二細工之(ノ)謀計(ホウケイヲ)一、可レ致レ料揀(レウケン)候、昔郢人(シエイ)斲(ケツル)二鼻端(ヒタンノ)之泥(テイヲ)一、運(フルツテ)レ斤(ヲノヲ)成(ナシテ)レ風(ヲ)而不(トヲ)レ傷(イタマ)レ鼻(モ)、至(ヲ)二如(キ)レ此(ノ)手段(ニ)一、所(ロナリ)レ難(キ)レ覃(ヲヨヒ)也、只屬(ツイテ)二小工脇手附酒直作料等(ニ)一、爲(タランカ)二拔群之(ハツクンノ)合力(カウリヨク)一歟、以(テ)二此旨(コノムネヲ)

［24オ］可レ預二御披露一候、恐々敬白、

沽洗(コセイ)五日　　小野某

謹上　左近將監殿

欲レ令二從レ是申一候處、遮而(テ)預レ寶墨(ホウホクニ)條、眞實(シンシツ)恩顧(ヲンコ)之(ノ)至候、此間就二作事(ニ)一、尤以レ參入可(ヲ)レ仰二御異見(ヲ)一、心中(ニ)候處(ニ)、折々造做(リナシ)、依々普請(ヨリヨリフシン)共、日々連續(ニレンソクシ)候間、更以(ニ)弗レ得二

［24ウ］寸暇(ヲ)一候、只今懇(ロニ)示給間、其恐不レ少(カラ)候、此際者(タハ)、且(カツカツ)柱立(ハシラタテ)、棟上(ムネ)、葺地(フキチ)等之營(イトナミ)、既成(ニ)謐(ヒツシ)畢(ヌ)、樣々及二內(ウチ)造作(ニ)一、唐戶、透戶、連子、差(チカヒ)棚(タナ)等彫物(エリモノ)鑿物(ホリモノ)大儀此事候、內々存(スル)旨(ハ)者、竭(ツクシテ)二草花幷走獸(ソウシウノ)之類(ヲ)一鐫(エリ)レ之(ヲ)度候、

草花幷美木者

曼殊沙花(マンシュシャケ)　摩訶沙花(マカシャケ)　曼陀羅華(マンタラケ)

〔25オ〕

摩訶曼陀羅華（マカマンタラケ）　勝曼花（セウマンケ）　佛勝花（フツセウケ）
寶幢花（ホウトウケ）　鬘花（マンケ）　勝花華　鳳仙花（ホウセン）
纓洛花（エイラク）　雞頭花（ケイトウ）　白赤蓮華　凌宵花（レウセウ）
金仙華　水仙花　芍藥　牡丹
薔薇（シヤウヒ）　長春　芙蓉（フヨウ）　款冬花（クワントウ）
仙翁花（ヲウ）　岩菲（カンヒ）　桔梗（キキヤウ）　葵花（キ）
百合草（ユリ）　味哎（アチサイ）　女郎花　芝蘭（シラン）

〔25ウ〕

紫苑（シヲン）　龍膽（リンタウ）　予甲（ワレモカウ）　金帶
石竹（セキチク）　藋麥（ナテシコ）　萱草（セン）　吉祥草
一夏草　菊花　騏麟草　金芝草
半夏草　蓼花（レウ）　往來草　茉利花（マツ）
玉簪花（シン）　紫薇　玉蘂含笑花（スイカンセウ）
辛夷花（シンイ）　麗春（レイ）　牽牛花（アサカホ）　金鳳花
朱槿花　櫻花　菡萏花　葥〓

［26オ］海棠花　梅草　槐花（エンシュ）　桂花
樗花（アフチ）　梨花　柳　榴　杏花（カラモヽ）
桃花　玉椿　杜若
其走獣者
獅子（シヽ）　麒麟（キリン）　象（サウ）　虎（トラ）　兕（メトラ）　犀（サイ）　熊（クマ）
⿰犭完豬（カモシヽ）　豕（イノコ）　鹿（シカ）　麑（カノコ）　狼（ヲヽカミ）　狐（キツネ）
兔（ウサキ）　狸（タヌキ）　狢（ムシナ）　猯（マミ）　猿（サル）　狖（同）

［26ウ］魅（木タマ）　魍（イシノタマ）　鼷（ウクロモチ）　⿰鼠里（タヽケ）　鼠（ネスミ）
鼯（ムサヽヒ）　鼬（イタチ）　鼪（テン）　猫（ネコ）　水豹（アサラシ）
川魘（カワヲソ）　麞（アシカ）　龍　羊　馬　驊（クワ）　騮（リウ）
駃（クワイ）　騠（テイ）　騊（タウ）　駼（ヨ）　⿰馬師（トケ）　騮（同）
駱（カワラケ）　⿰馬里（ツキケ）　驪（アヲクロ）　騥（同）　⿰馬肖（アヲ）　⿰馬眞（ノセカミ）
驒（レンセン）　騟（ヨツシロ）　栗毛　駙（サメ）　騑（ソヘムマ）　驂（同）
駄（ヲヒムマ）　駑（ヲタムマ）　騵（ヒハリ）　驄（カスケ）　驘（ウサキムマ）

〔27オ〕駒(コマ)　赤佐目(アカサメ)　背筋(セスチ)　通(トヲリ)　額白(ヒタイシロ)

青(アヲ)　黑(クロ)　黄(キ)　鴾毛　蛟(ミツチ)　犬(イヌ)

白澤　猜(シヤウ)狸(同)　天狗　野杵(ノツチ)　牛(ウシ)

特(コウシ)　古牴(コテイ)　犆犢(アメウシ)　野牛　水牛

彊弓　風子(カサコ)　舐子(ネフリコ)　犛牛(メウコ)

於二若干(ソコハクノ)之異類一(ニ)、擇(シテ)二厥形勢(ソノケイセイ)一如(キ)レ生(イケルカ)者(ヲ)、可
レ令二彫琢(テウタクセ)一候、工藝(コウケイノ)之勝絶(セウセツナリ)也、非(ンハ)レ公孰(ニカ)能(センヤ)レ之(ヲ)

〔27ウ〕耶、儻(モシ)有(ラハ)レ領掌(リヤウシヤウ)者、可レ爲二生涯(カイノ)之御芳恩(ハウヲン)一
也、不レ如二椽之筆(ニ)一、難レ記(キシ)二萬般(ハンノ)之端(ハシヲ)一、不備恐、

季春五日　　大江

木工頭殿　貴報

面談之後、依(テ)レ無(キニ)レ指事(タルト)、不レ申入、又無レ仰
蒙(コトモ)、旁(カタカタ)失(ヲ)レ本意相存候、於(テ)二向後(キヤウコウニ)一、自他以託(ヨセン)二
素書(ソヲ)於飛鴻(ヒコウニ)一、附(フセハ)二玉章(ヲ)於回鸞(クワイランニ)一、所(ロナリ)二予望(ワカム)一也、

［28オ］乍レ存無音之條、無レ勿體候、依而雖下不二思懸申狀、其憚不レ少候上、御殿者上、不レ顧二無心一令レ啓候、此間從レ京都、高家樣御下向候、難レ去爲レ客人間、其用作嗜奔走扱、聊過二御察一乎、内々煎點等、結構仕度存候、就二羹幷吸物風情一缺レ事候、胡椒、集香湯、杏仁、椎茸、其外珍物共、被レ惠所レ仰候、

其羹名者付煎點

［28ウ］雲月氈羹　氈羊羹　麩牷羊羹　筍砂糖羊羹
驢牷腸羹　猪羊松露羹　海老羹　白魚羹
鼈羹　魚骨羹　寸金羹　寸銀羹
鯛膚　落駝蹄　水晶　苞子
雜煮　糟雞　水蟾　芋茸
三峰膳　紅糟　胡餅　糍

〔29オ〕
油糍　次食(カイモチ)　巻(ケン)温(ウン)餅(ヒン)　大湯乳餅
索餅(サクヘイ)　嚮(カレイ)、　剖糁(ワリノミソウ)　糗(ホシイ)
饅頭(マンチウ)　餛飩(ウトン)頭饅　饂飩(ウントン)　碁子麪(キシメン)
冷麪(レイメン)　麭[麥乇](ハウトウ)　夕雀(ユフスヽメ)　五味粥
糄饘(ヒメユツケ)　強飯(コワイヽ)　苞飯(ハウハン)　烝飯(シンハン)
麪氈(メンセン)　[米焦](ヤキコメ)　曲勾(マカリ)　圓鏡
團粉(タンコ)

〔29ウ〕
此分(ハ)涯分(カイフン)用意仕也、金岡(カウ)圏、栗棘蓬、鐵酸[足兼](サンアン)、鐵饅頭風情(ハ)、未(タ)レ所(セ)持候、預(ラハ)二御助(シヨ)成(シヤウニ)一者、千萬多幸之(ノ)至(ナラン)矣、又茶子(ノ)菓子(ノ)類、集(アツメ)二山海之(ノ)珍産(サンヲ)一度存候、尋(ネ)出(ス)分有レ之、
蒲萄(フタウ)　通山(アケヒ)　枇杷　楊梅(ヤマモヽ)　桃(モヽ)
李(スモヽ)　柿(カキ)　杏(カラモヽ)　瓜(ウリ)　藕(ハス)
菱(ヒシ)　梨(ナシ)　龍眼(リウカン)　栗(クリ)　茘枝(レイシ)

[30オ]

棗（ナツメ）　石榴（サクロ）　銀杏（イチヤウ）　橘（タチハナ）　柑（カウシ）

薢（トコロ）　荷（ハス）　蔤（ハイ）　蓴（ヌナハ）　胡白瓜　諸冬瓜

唐熟瓜　細地（ホソチ）　梵天　瓠（ヒサコ）　榎子（エノミ）瓜

平松茸　栂（トカ）臼（ウス）茸　椎（シイ）芧（クリ）茸　皮茸　舞茸

赭（ヘニ）茸　鵽（カトリ）茸　鍼茸　疣（イホ）茸　簜（サヽ）茸

握（ニキリ）茸　槁（クイセ）茸　鶵（トリノコ）茸　瘤（シイネ）茸　芝（シハ）茸

禽仆（キシフシ）　鼠手（ネステ）　鹿（カノ）舌　滑薐（ナメスヽキ）　卜治（シメチ）

[30ウ]

本悪（モトアシ）　布曳（ヌノヒキ）　雨誇（アマホコリ）　豬頸（イノクヒ）　捻物（ヒネリモノ）

熬（イツ）付　苔菽（コケマメ）　煎餅（センヘイ）　柏餅（カシハモチ）　粄（ヲコシコメ）

鵆脚（チトリアシ）　亂絲（ランシ）　締昆布（ユイコフ）　満金　梧桐子（ノ）

松子　杏仁　弱根（ワカネ）　筍干（シユンカン）　曳干（ヒキホシ）

簜粽（サヽチマキ）　唐餳（アメ）　串柿（クシカキ）　野老（トコロ）　暑預（ヤマノイモ）

胡桃（クルミ）　蜘蛸（クモタコ）　熬麸（イリフ）　海苔（ノリ）　柏子（カヤノミ）

擣勝栗　椎（シイ）　風子指（スカコサシ）

〔31オ〕是等少々所持仕候、此外珍敷物共、被
レ懸ニ御意一候者所レ仰也、如何様其時分、可
レ令レ啓ニ案内一候、被レ企ニ尊駕一、爰本之式、可
レ有レ御覧候、禿筆難レ掃レ辭場、頓首不宣、

中呂七日　　　某

拝稟　正法院　侍衣禪師

來書之旨、謹令レ披閲候、如レ尊意、頃者
〔31ウ〕書絶無ニ御音問一、千萬不審相存候處、
只今寶墨當來、拭レ目視之、誠感幸之
至也、就レ中大切之客僧光臨之由承候、嘉
尚令レ推察候、家具風情之事者、皆朱靑
漆之椀折敷共、濟々御所持之上者、不レ及
レ申候、乍レ去水晶之盤、瑠璃、頗瓈、金、玳
瑇之盆、金盞、銀、胡、建鼈等、御用候者可

［32オ］レ進候、將又可レ助成之由蒙レ仰、於二甘露之乳水、醍醐之上味一、難レ及二料揀一候、先爲レ菜料見來分、少々令レ進候、

其調菜方者附海草野菜

半面焦　扣菽　饅豆　芹　雪林辣菜
烏頭布　豆腐　準麸　酒鳥熬　鶉味噌炙
辛辣羹　麵醬　桃漬　保呂味噌

［32ウ］
菊漬　梅干　筍干　梅漬　香物
木目漬　糂太　酢莖　酢薑　煮染
纖羅蔔　散羅蔔　靑茄　生布　柚味噌
差醢　鞭筍　箆子　靑淵　蒋汁
辛苔汁　撞藻汁　漾味汁　薯預汁　大小岩
苔　海髪　海松　鹿尾　荒布
宏布　和布　擣布　川布　白漚布

［32オ］レ進(ス)候、將又可レ助成(ス)之由蒙(ル)レ仰、於(テハ)二甘露(カンロノ)之乳水(ニウスイ)、醍醐(タイコノ)之上味一、難(ニ)レ及二料揀(レウケンニ)一候、先爲(メニ)レ菜料(サイレウノ)見來(ル)分、少々令レ進候、
半面焦(ハンメンセウ)　扣菽(ウチマメ)　饅豆(ヌタマメ)　芹(セリ)　雪林辣(ラツ)菜
烏頭布(ウトメ)　豆腐(トウフ)　準麩(シユンフ)　酒鳥(カモ)熬(イリ)　味噌鶉(ウツラ)炙(ヤキ)
辛辣羹(シンラツカン)　麪醬(コムキヒシホ)　桃漬(モヽツケ)　保呂味噌(ホロミソ)
菊漬(ツケ)　梅干　筍干(シユンカン)　梅漬　香物(カウノ)
木目漬(キノメツケ)　糂太(ジンダ)　酢莖(スキヤウ)　酢薑(スキヤウ)　煮染(ニシメ)
纖羅蔔(センロフ)　散羅蔔(サンロフ)　靑茄(アヲユテ)　生布(ナマメ)　柚味噌(ユミソ)
差醯(サシス)　鞭筍　篦子(ノヽコ)　靑淵(アヲフチ)　蒋汁(コモシル)
辛(カラシ)苔(ノリ)汁　撞藻汁(ツクモ)　漾味汁(タヽミ)　暑預汁　大小岩(イワ)
苔　海髮(ヲゴ)　海松(ミル)　鹿尾(ヒジキ)　荒布(アラメ)
宏布(ヒロメ)　和布(ワカメ)　擣布(カチメ)　川布(カワメ)　白漚布(シラアワメ)

〔33オ〕
神馬藻　乳搔藻　湘賀紐　靑苔　昆布苔
鹽苔　洲苔　疊苔　伊豆苔　蚣苔
撞苔　幅苔　丸苔　莧苔　海雲
心太　海苔　粉苔　菁　薺
蕢　荼　芹　薊　土筆
莧　藜　蕨　蕗　蕪
苣　牛房　蒟蒻　獨活　芥子

〔33ウ〕
蒜　韮　山葵　蘭草　葱
苔澤　五茎　茨　薑
雖二如レ此之備レ數、不レ物間、弗レ可レ立レ御用候歟、
乍レ去古人云、小摘識レ情親、又裏二志茅葉一
之譴在レ之、苟表レ此心耳也、將又附二坐敷之
粧具一、法被、打敷、三具足、其外畫贊之
類、盆、香合等、雖二不レ可レ缺レ御事候、不レ貽御意

［34オ］可レ蒙レ仰、何様従レ兼日、以レ參仕可レ致レ洒掃候、
雖レ多レ意味、叵レ覃レ辯舌、併期二高談之時一、恐
懼謹言、

正陽七日

拜覆　禪林院　免僧禪師

數日屢不レ能レ面謁、炎天苦熱、起居動止如
何様御暮候哉、依而管絃講之稽古、良久
［34ウ］蕪絶、樂忘レ其調、曲又失レ拍子、誠可レ謂二無絃
琴無孔笛一、然者知音日疎闊、而朋友時
遠卻、不レ可レ有レ不レ嘆、鬱憤之餘、欲レ興二復此道
處、結句頃者持病再發、意不豫也、若就
レ平復、必邇レ夏涼、一日可レ令レ啓二案內一候、被
引二御意一多幸、

其樂器名者付十二律幷樂名

〔35オ〕

琴(コト)　琵琶(ヒハ)　箏(シヤウノコト)　笙(シヤウ)　笛(フヱ)
篳篥(ヒチリキ)　和琴(ワコン)　方磬(ハウケイ)　鐃(ネウ)　銅(トウ)
鈸子(ハチ)　大鼓(コ)　鉦鼓(シヤウコ)　三鼓　腰鼓(コシツヽミ)
羯鼓(カツコ)　摺鼓(スリツヽミ)　振鼓(フリ)　大鼓(ヲヽ)　尺八
調拍子(トヒヤウシ)　龍笛(レウテキ)　紫笛(シ)　鷓胡笛(シヤコ)　半笛
袖下(ノシタ)　張樂(ハリカク)　刀玉　鬢檨(ヒンサヽラ)　高脚(タカアシ)
扇笠(アヤイカサ)　撃杖(ウチツヱ)　毛頭(ケ)　鳥甲　龍冕(タツカシラ)

〔35ウ〕

天冠(クワン)　月額(ヒタイ)　星額　覆鬘(カツラ)　造髻(ツクリモトヒ)
鬼面(ノ)　女容(ノカホ)　允頬(ショウツラ)　師子首(カシラ)　面鎔(ヲモテカタ)
裏無(ウラナシ)　乳隠(チカクシ)　絆切　指貫(サシヌキ)　尉首(セウカシラ)
毛狩羽(ケカリハ)　倶舎(クシヤ)　亂舞(ランフ)　聖道舞(ノ)　十字白ラ拍子
開口(カイ)　當辯　中門口　式三番(シキ)　父尉(チヽノセウ)
小冠者　入猿樂(シメサルカク)　芝田樂(シハ)　傀儡(テスシ)　曲舞
早歌　里理(リ)　有樂(ウラ)　現爾也娑婆(ケニヤサハ)　小捲(コマクリ)　箜篌(クコ)　阮簫(ケンセウ)

［36オ］十二律者(シリツハ)　一越(コツ)　断金(タンキン)　平調(ヒヤウテウ)　勝絶(セウセツ)　下無(シモム)　雙調(サウテウ)
鳧鐘(フセウ)　黄鐘(ワウシキ)　鸞奚(ランケイ)　盤渉(バンシキ)　神仙(シンセン)　上無(カミム)

其樂名者

延枠(エンフ)　安摩(アンマ)　二舞(ノマヒ)　一奚鏤(ケイロウ)　春鶯囀(アフテン)
賀殿鳥(トリ)　團亂旋(トラテン)　回杯樂(クワイハイラク)　北庭樂(ホテイ)　武徳樂(フトク)
菩薩樂(ホサツ)　韶應樂(セウヲウ)　萬歳樂(マンサイ)　胡飲酒(コインシユ)　酒胡子(シユコシ)
酒醒子(セイ)　澀川鳥(シウ)　名孔(ク)龍王　新羅陵王　陵王一徳
［36ウ］鹽(エン)三臺(タイ)　鹽皇麞(クワウシヤウ)　想夫戀(サウフレン)　回骨(クワイコツ)　倍臚(ハイロ)
甘洲　扶南(フナン)　師子(シヽ)　老君子(ラウクンシ)　長慶子
小埌子　喜徳樂(キトク)　散手(サンシユ)　慶雲樂(ケイウン)　裹頭樂(クワトウ)
聖明樂(セイメイ)　打毬樂　喜春樂(キシユン)　海生樂(カイセイ)　長生樂
五常樂(シヤウ)　宗明樂(ソウメイ)　萬秋樂(ハンシウ)　秋風樂　千秋樂
鳥向樂(テウカウ)　敷手(シキテ)　白柱樂(チウ)　竹林樂(チクリン)　咸秋樂(カンシウ)
雞鳴樂(ケイメイ)　仁和樂(ニンワ)　武昌樂(フシヤウ)　延喜樂(エンキ)　長保樂(ホウ)

〔37オ〕

地久樂(チキウ)　白濱樂(ハクヒン)　登天樂(トウテン)　放鷹樂(ハウヨウ)　太平樂(タイヘイ)
還城樂(ケンシヤウ)　飲酒樂(インシユ)　雞德樂(ケイトク)　勇勝樂(ユウセウ)　春楊柳(ノヤウリウ)
輪臺(リンタイ)　輪鼓(リンコ)　禪悅(センエツ)　庶人(シヨシン)　三賀(カ)
王恩(ヲン)　秦王(シン)　破陣(ハチン)　王昭君(セウクン)　柳花園(リウクワヱン)
赤白(シヤクヒヤク)　桃花(タウクワ)　赤蓮花(レンケ)　拔頭(ハツトウ)　干闐王(カンシン)
蘇合香(ソカウカウ)　蘇莫者(ソハクシヤ)　采桑老(サイサウラウ)　青海波(セイカイハ)　駒桙(コマホコ)
高麗曲(カウライキヨク)　新鳥蘇(トリソ)　古鳥蘇　皇仁庭(クワウニンテイ)　綾切

〔37ウ〕

崑崙(コンロン)　新靺鞨(マカ)　胡蝶(コテウ)　納曾利(ナツソリ)　林哥(リンカ)
蘇志摩(ソシマ)　鳥急(テウキウ)　越殿樂(エテンラク)　燎(ニワヒ)　蛬(キリキリス)
韓神(カラカミ)　宮人(ミヤヒト)　木緜帛(ユウシキ)　階香鳥(シナカトリ)　薦枕(コモマクラ)
礒(イソ)　唐崎(カラサキ)　漪浪(サヽナミ)　賤屋(シツノヤ)　小菅(ヲスケ)
葦原田(アシハラタ)　湊田(ミナトタ)　總角(アケマキ)　大宮(ヲヽソカリ)　早歌(ハヤウタ)
朝倉(アサクラ)　其駒(コマ)　明星(ミヤウシヤウ)　木緜作(ユウツクル)　晝目(ヒルメ)
弓立(ユタチ)　風俗(フウゾク)　足柄(アシカラ)　小柳(コヤナキ)　今様(イマヤウ)

〔38オ〕鞲《タカタヌキ》　鎖《クサリ》　美濃《ミノ》山　石川《イシカハ》　安尊《アソ》
梅枝《ムメカヱ》　櫻人《サクラヒト》　葦垣《アシカキ》　葛木《カツラキ》　山背《シロ》
眞金吹《マカネフク》　本滋《シケ》　藤生野《フチウノ》　婦我《イモトワレ》　鈴鹿川《スヽカカハ》
奥《ヲク》山　鏡《カヽミ》山　御秣《ミマクサ》　淺緑《アサミトリ》　席田《ムシロタ》
竹河　貫《ヌキ》河　澤田《サハタ》川　此《コノ》殿　倉垣《クラカキ》
田中《ノ》井　長澤《サハ》　高島　高砂《サ》子《コ》　夏引
婦門《イモカカト》　我門　飛鳥《アスカイ》　東屋《アツマヤ》　走《ハシリ》井

〔38ウ〕青柳《アヲヤキ》　伊勢海《イセノウミ》　難波海《ナニハノウミ》　衣替《コロモカヘ》　雞鳴《トリナキ》
鬬雞《トリケ》　毬打　犬飼《イヌカヒ》　枷楪《キツナ》
是等之《ノ》樂、悉《ク》可レ竭《ツクス》レ厥曲《ソノキヨクヲ》候、御稽古《ケイコノ》之方
様、有《ラハ》レ同心者所《ナリ》レ仰《ク》、將又雖レ爲《ト》レ無心、小藥一
裏《ツヽミ》大切《ニ》候、被《レハ》レ懸レ御意《ニ》者、可レ爲二生來之御
恩《ヲン》一候、併《ラ》奉《ル》レ仰《キ》二耆婆《ギバ》、醫王《イワウ》、神農《シンノウ》、鶣鵲《ヘンシヤクヲ》一者
也、心底《テイ》具《サニ》叵《カタシ》レ盡《シ》レ紙面《ニ》、恐々不具、

〔39オ〕

蕤賓十日　　宮道某

謹上　中村丹波守殿

一日缺レ面會、猶レ隔二胡越一、何矧乎積鬱千里、只經二三旬一乎、今及レ見二御芳染一、卽在二屏帷一似レ遂レ面笑、誠恩問之至矣、就而管絃之廢坐、可レ有二再興一之由示賜、尤可レ然候、同者被二不日思食立一目出度候、高

〔39ウ〕

麗、大唐、新羅、大和之舞樂者不レ及レ申、唯是青雲天上曲、人間也克少レ和者、其外到二落月、松風、花落、々梅、竹林等別曲一、大鑿獨無雙之上手也、可レ謂當レ仁不レ讓、殊神樂之儀嚴重也、舞袖飄颻也如二仙人遊一、歌聲和雅似二頻鳥鳴一、非二調子琴音、地祇垂レ顯向、無レ拍子鼓聲、野干

［40オ］必傾レ耳、嗚呼未レ臨レ其席、暢レ幽悁者也、將又御發病之由、蒙レ仰驚入候、折節自レ闕東、醫師之名人被レ過候、合藥之法分利、術方之計明鏡、是療疾之佛也、又灸治之神矣、知二五藏六府之詮脈一、探二四百四病之根元一、順レ方治レ之、更於二擣篵、和合、擣抹、㕮咀之道一、不レ冥者也、如何樣近日與レ風相倡可

［40ウ］レ參候、先爲レ試一裹令レ進候、

其藥種名

人參	甘草	肉桂	桂枝	肉豆蔻
肉蓯蓉	蜀胡椒	白檀	陳皮	青皮
丁子	丁香皮	莪述	良香	木香
藿香	麝香	茴香	吳茱萸	秦艽
三稜	黄蓍	黄連	麻黄	地黄

〔41オ〕

牽牛子(ケンコシ)　兎絲子(トシヽ)　香附子(カウフシ)　續髓子(ソクスイシ)　隨風子(スイフウシ)
龍骨(リウコツ)　龍腦(ナフ)　樟腦(シヤウ)　虎(コ)膽(タン)肉(ニク)　虎杖(チヤウ)爪(サウ)
穿山甲(センサンカウ)　龜甲(キ)　鼈甲(ヘツ)　大巴(ハ)戟(ケキ)　蓮肉(レンニク)
巴豆(ツ)　川芎(センキウ)　宿砂(シユクシヤ)　蛇(シヤ)骨(コツ)皮(ヒ)　硫黄(イワウ)
麒麟血(キリンケツ)　檳榔子(ヒンラウシ)　辰砂(シンシヤ)　烏頭(ウツ)　大腹皮(フクヒ)
伏龍肝(フクリウカン)　天門冬(モントウ)　麥門冬(ハク)　天南星(ナンシヤウ)　白殭蠶(キヤウサン)
訶梨勒(カリロク)　五味子(ミ)　車前子(シヤセン)　馬鞭草(ハヘン)　旋覆花(センフククハ)

〔41ウ〕

白蒼(サウ)朮(シユツ)　茯(フク)苓(リヤウ)神(シン)　防(ハウ)風(フ)巳(イ)　知(チ)貝(ハイ)母(モ)　苦(ク)細(サイ)辛(シン)
乾(カン)生(シヤウ)薑(キヤウ)　乾漆(シツ)　附子(フシ)　山藥(ヤク)　當歸(タウキ)
厚朴(カウホク)　紫蘇(シソ)　薏苡(ヨクイ)　桃仁(タウニン)　枳殼(キコク)
枳實(シツ)　白芷(ヒヤクシ)　白礬(ハクハン)　牡蠣(ホレイ)　紫苑(シヲン)
柴胡(サイコ)　荊芥(ケイカイ)　鬱金(ウコン)　芍藥(シヤクヤク)　石斛(セキコク)
阿膠(アケウ)　牛膝(コシツ)　藁本(カウホン)　羌活(キヤウクワツ)　前胡(センコ)
葛根(カツコン)

〔42オ〕雖二藥方如一レ常、以レ加減爲レ術、是故毒藥變成レ藥者也、何況此一裹、撰二良藥之最所レ勝者一以取合乎、煎様如レ法、禁好物大概別紙誌レ之、有レ信服レ之、立有レ平愈、是卽長生不死之藥、遐齡延年之方也、卒時之間、不レ罄レ意味、併在レ面謁云云、

梅天十一日　　請科某

〔42ウ〕啓上　雅樂助殿　御返章

新撰類聚往來卷上終

〔1オ〕新撰類聚往來巻中

一昨日、自レ京都以レ飛脚被レ申下候、御屋形様、依レ被レ申二出在國之暇一、來十四五日比、祇園之祭禮過者、可レ有二御下向一候、在莊之御傍輩、中間、被官人、急々爲レ御迎可レ有レ上洛候、無レ餘日間、定於二路次邊一可レ被レ參向歟、若黨、中原之出立、馬鞍幷〔1ウ〕思々出旅之衣裝、其外持具足等、雖下レ不レ有二御沙汰一候上、爲レ傍見呈二矜荏一彌可レ爲御褒美一乎、尤以レ參仕可レ申談候處、御雜掌以下、種々用意共被レ申付間、更不レ得レ寸隙、故課二管城公一令レ啓候、厥慢弗レ少候、仍而御祝之儀式、獻々肴之模様、示給度候、懇被レ懸レ御意者所レ仰候、餘期二揮染一者也、

［2オ］

其料理方之名付魚名

潮煮(ウシヲニ)　鯛著露(タイトロヽ)　鯛苴(タイマキ)　鯛醢(タイヒシヲ)　栢包炙(カシハツヽミヤキ)

大薯蕷(ヲヽトロヽ)　鯉(コイ)蚫(カニ)味噌(ミソ)　海鼠(コ)　湛味(タヽミ)　鎌杵(カマホコ)

風子差(ヌカコサシ)　酒皮熬(イリ)　屑熬(クツ)　腸熬(ワタ)　脹熬(フクラ)

櫻熬(サクラ)　卯花熬(ウノハナ)　五藏　打身(ウチミ)差(サシ)撮(ツカミ)　青饅膾(アヲヌタナマス)

曳互(ヒキワタシ)　批切(ヒネリキリ)　削物(ケツリ)　撮物　盛

撞盛(ツカミモリ)　壺炙(ツボヤキ)　尻捻(シリヒネリ)　子挍(コアヘ)　搔挍(カキ)

［2ウ］

鶁挍(コカラ)　丸挍　炮串(ヤキクシ)　黄皮(キカワ)　辛螺汁(ニシシル)

鮓(スシ)　扣(タヽキ)　醢(ナツシモノ)　鮧魚射(ウルカノミ)　海鼠腸(コノハラワタ)

蓬萊炮(ホウライヤキ)　醬熬(ヒシヲイリ)　鳥渡熬　糞熬(ニチ)　青擣汁(アヲカチ)

鳥生(トリナマ)　鳥羽節(ハシ)　膾(ナマス)　剝上(ハキアケ)　鳥醢(トリヒシホ)

別足　木撮(コツカミ)　澤渡　囂頭(ヒサイカシラ)　煎盤炮(センハヤキ)

生兔　七炮串(ツヤキクシ)　鴴差(チトリサシ)　蝙差(カウフリサシ)　煎海鼠(イリコ)

穗屋鮨(ホヤノスシ)

〔3オ〕

魚類者

鰌（サチホコ）　鯁（カイウケ）　鯨（クシラ）　鯢（同）　鮐（サメ）　鰐（ワニ）　鳥貝（トリカイ）
鯛（タイ）　鰈（カレイ）　鮦（ハス）　鱸（スヽキ）　鮲（コチ）　鱭（ナヨシ）　石陰（カセ）
鯵（アチ）　鮑（アワヒ）　鱏（エイ）　鰹（カツヲ）　鯆（イルカ）　鮤（コノシロ）　海馬（アシカ）
鰉（□ラカ）　蜆（エヒ）　蛇（クラケ）　螃（カキ）　鮹（イカ）　鰾（スルメ）　螺榮（サヽイ）
鯵（フリ）　鯖（サハ）　鮻（イシモチ）　蚌（ハマクリ）　蜷（カウナ）　蛭（マテ）　帆立貝（ホタテカイ）
鰩（ハム）　鯡（トヒウヲ）　鮢（カマツカ）　蛸（タコ）　鮪（シヒ）　鯫（シロウヲ）　辛贏（ニシ）

〔3ウ〕

鰯（イハシ）　鯐（スハシリ）　鼈（ウカメ）　鯉（コイ）　鮒（フナ）　鰚（アメ）　水馬（カジカ）
鱒（マス）　鱫（アイ）　鯰（ナマツ）　鱣（ウナキ）　鯲（トチヤウ）　鱜（メイタヽキ）　鮟鱇（アンカウ）
鮭（サケ）　鯯（コノシロ）　魳（カマス）　海月（クラケ）

此分且用意仕候、珍敷干物、鳥類等、有二御進上一者、可レ然候、俄頃被レ仰下間、驅二馳方々一、奔二走所々一仕候、一身之大儀、可レ有高察候、萬端奉レ頼外無レ他、每事奉レ期レ回雁者也、

［4オ］不備謹言

林鐘十二日　　清原某

謹上　治部大輔殿

御下向一定之由、示給候、先以目出相存候、則以レ參入雖二可レ申談候一、此行既無レ日限間、不レ移レ時剋可レ罷立候、折節乘馬共出レ血間、缺レ事候、召贊之小馬二三疋、借［4ウ］預度候、被レ懸レ御意者、千萬所レ仰候、如レ仰今度之出行、可レ爲二海道之光彩一、旅行之明眉一間、當家之大儀、吾徒之折角覺候、鎗、長刀、熊手、薙鎌、太刀、刀等、隨レ涯分奔走仕候也、次、御雜掌方之奉行之事、被レ仰付之由承候、御大儀共察存候、於二尋常之料理鹽梅一、不レ及レ申、如レ大國、蒸レ雞煮

［5オ］レ羊(ヒツシヲ)、紫駞羹(シチノアツモノ)、驢魚膾(ロキヨノナマス)、或(ハ)揮(フツテ)レ刀(ヲ)飛(トハシ)レ白雪(セツヲ)、或(ハ)放(ホシイマヽニシテ)レ筋(スチヲ)散(サンス)レ銀絲(キンシヲ)、随(テ)而鳥(ノ)之事蒙(ル)レ仰(ヲ)間、珍禽(チンキン)異鳥(イテウ)共(トモニ)、少々進候、

其鳥類者

鸑(カク)　鷟(ソ)　鳳凰(ホウワウ)　鸞(ラン)　金翅鳥(コンシテウ)

迦陵頻伽(カレウヒンカ)　工命(コウメイ)　舎利鳥(シヤリテウ)　鸚鵡(アフム)

孔雀(クシヤク)　鴣(コ)〔金(キン)愛(アイ)〕　鷓鴣(シヤコ)　火嘍(クワケイ)　青鵝(セイカ)

［5ウ］青鳧(セイフ)　白鷴(ハツカン)　大鵬(タイホウ)　鵰鷲(フクロウ)　雁(カリ)

鴻(ヒシクイ)　鵠(クヽイ)　鵲(ヤマカラス)　百舌(モス)　鶉(ヤマハト)

鳩(イヱハト)　鴿(ツチクレハト)　鶏(ヤマトリ)　烏(カラス)　雀(スヽメ)

鴨(カモ)　鷗(カモメ)　鴛(ヲヽシ)　鴦(メヲシ)　翡翠(ヒスイ)　焦尾(セウヒ)

鷺(サキ)　鳶(トヒ)　梟(フクロウ)　鵺(ヌヱ)　鶉(ウツラ)

鷚(ヒハリ)　鶽(ウソ)　木冗(ミヽツク)　鵜(ウ)　鵙(ミサコ)

鵤(シトヽ)　鶸(ヒワ)　鴦(アトリ)　鵐(シトヽ)　水鶏(クイナ)

［6オ］

鶯(ウクヒス)　雉(キチ)　鸞(ホトヽキス)　雞(ニワトリ)　鵗(ヒメ)

鶴(ツル)　鷦(ミソヌスミ)　鴾(トキ)　雋(マクソツカミ)　鵭(テラツヽキ)

梟(ヨフコトリ)　鵟(ヤマカラ)　鷲(ワシ)　雕(クマタカ)　鷹(タカ)

隼(ハヤフサ)　鶣(ヒタカ)　鵤(イスカ)　鸇(ヨタカ)　鴫(シキ)

鷯(コカラ)　鵑子(ホトヽキス)　規(同)　啄木(ケラツヽキ)　水雞(クイナ)

大鷹(ヲヽタカ)　允鷹(セウ)　指羽(サシハ)　兄鷂(コノリ)　雀鷂(エッサイ)

雀鷂(ツミ)

［6ウ］

於(テ)二此(ノ)鳥類之(ノ)内一(ニ)、聞(キイテ)レ名(ナヲ)不レ見レ形(カタチヲ)者在レ之、又看(ミテ)レ姿(スカタヲ)未(タ)レ識(シラ)レ名(ナヲ)者在レ之、然則、料理(レウリ)包丁(ハウチヤウノ)之大事、可レ極(キハマル)レ于(ニ)レ茲(コヽ)歟、是則、前代未聞(センダイミモン)、古今無雙(フサウノ)之經營(ケイエイ)云々、鳥跡(トリノアト)不レ遑(イトマアキアラ)レ毛擧(モウキヨニ)、恐惶謹言、

簾(レン)月十二日　　安部(アベノ)某(ソレカシ)

謹上　左馬頭殿

〔7オ〕乍レ恐以レ愚狀令レ申候、此方若衆、被レ引二入
童子之遊戲一、自二盂蘭盆一、經二營大念佛一、
始揚レ蕩葉爲レ飾、剪レ紙爲レ帛、打二手拍子一、
吹レ竹筒以促二一興一而已、爲二是濫觴一、竭
レ風流間、大鼓、鉦鼓、笛、羯鼓、其音殷々而
盈レ耳滴丁東兮、滴丁東、或枉レ竹造レ山
捧レ傘爲レ桙、或露二飽腹鼓之胸骨一、聳二

〔7ウ〕蟷螂舞頸筋一、或無レ骨有レ骨、獨相撲、獨
雙六、如レ此成二種々天骨之容止一、發二以暫時
一興一處、昨日從レ彼方被二大義之風流一、忝
擬二大社小社之會式一、假爲二金輿玉輦之
御幸一、慣二例式之見物一、人々驚愕出レ意
表候、所レ整神具非レ一者也、

神具者

［8オ］

御殿　社壇　大牀　御回廊　透廊
舞臺　國司拜殿　冷殿　休所　供御所
神宮寺　千本　鰹木　片殺　瑞水牆
禊　犠　祓　桓　祠
祭禮　劍　鏡　御正體　戸帳
御輿　錢塔　荒和祓　榊　鈴
千葉破　袖庭火　天逆桙

［8ウ］

于レ茲別當、社人、禰宜、神主、捧二弊帛於庭上一、致二禮奠一於レ神前、一鼙鼓、調拍子等、連二舞行之袖一、成二神樂之粧一、雖レ為二一旦之狂言、片時之戯場一、観者各染二神感思一、誠殊勝之見物也、夫又於レ造物、陸地渡レ船、平沙聳レ山、大道飛レ車、小路走レ馬、定桙、傘桙、如レ雲似レ霞、燈籠、行燈相映明媚也、見者

〔9オ〕聞者驚(ヲトロカシ)レ耳目(シホクヲ)候、其飾(カサリ)物之色々、不レ識(シラ)二

幾(イク)千萬(ト云コトヲ)一、

其俗服(ソクフク)

直垂(ヒタヽレ)　襴(ナヲシ)　冠(カンフリ)　水干(スイカン)　淨衣(シヤウヱ)

布衣(ホイ)　表衣(ウハキヌ)　指貫(サシヌキ)　富尾(トミノヲ)　繳袴(スワウハカマ)

襠(ウチカケ)　袿(ラケキ)　菲絹(ウスナメ)　日裳(ヒノモ)　佩(ハイ)

襯(シタカサネ)　襲(ハタノハカマ)　守袋(マホリフクロ)　冕(カフリ)　簪(カンサシ)

〔9ウ〕

笏(シヤク)　扇(アフキ)　履(クツ)　屐(アシタ)　烏帽子(ヱホシ)

端塗(ヘリヌリ)　風折(カサヲリ)　牒褶(チヨツカイ)　小袖　紬(ツムキ)

浮線　綾練貫(アヤネリヌキ)　袙(アコメ)　汎織(ウケヲリ)　綾紫(アヤムラサキ)

蘇枋(スハウ)　皺羅(シヽラ)　熨目(ノシメ)　紅梅(コウハイ)　懸緗(カケモヨキ)

染附(ソメツケ)　地不濕(チヌラサス)　菲靑(ウスアヲ)　筋格子(スチカウシ)　緜子(メンス)

段子(トンス)　竪子(シユス)　村紺(コウ)　縑(カトリ)　蟬羽(ウスモノ)

梅花(モイクワ)　細美(サイミ)　黃雜布(ワウサウフ)　手布(タフ)　皆(モヂ)

［10オ］蓴紗　紋紗　作法紗　素紗　唐紗

紗縷　大舍　裘巾　烏角巾　紗帽

章甫冠　帳被　綿衣　織物　薄紅

繡　楊裏　搔淺黃

此外、到二王恭鶴氅衣、子夏垂鶉衣、紫綺裘、翠雲裘、麻衣、葛衣、布衲等一、盡レ其數閒、交レ色替レ樣、綺羅耀レ天、金銀翳レ眼、

［10ウ］道俗男女、貴賤上下、萬室相擧、來集、于レ斯、觀レ之仰レ之、晏然解レ頤、可レ謂一代之壯觀、如レ今大義之勝負云云、此方之若衆出レ氣裝、一兩日中易風情、一働可レ企候、早々可レ有レ來臨之由、皆々被レ存候、不具

敬白、

夷則　　中原某

〔11オ〕謹上　荒河新藏人殿
如レ御意、昨日見物、近比之奔走也、
人々於レ意外覺候、譬謂二八旛之神事、
祇園之祭禮一、爭過レ之哉、隨而若衆樣之
伊議尤可レ然候、可レ受二愚意一之由、蒙レ仰
間、乍レ恐申入、復可レ承候、段子、金襴、絹、小
袖之風情、千萬謂レ在レ之、左樣之物揃
〔11ウ〕可レ爲レ戲論候、凡被レ企二各別之風流一、可
レ有レ一興存候、所詮聚二猿樂、田樂、兄師、
侏儒舞、傀儡子、唐術、品玉、輪鼓、八玉
等之品彙一、可レ竭二其伎藝一乎、又今美
男、美童、麗人、麗君之放逸、豐顔者、
嚴二其氣色一、裝二其形勢一、詠二小捲、現娑
婆之音曲一、哥二長哥、短哥之今樣一乎、

〔11オ〕謹上　荒河(アラカハ)新藏人殿
如レ御意(ノ)、昨日(ノ)見物、近比(ノ)之奔走(ホンソウ)也(ナリ)、
人々於レ意外(イクワイニヲホヘ)覺候、譬(タトヘハ)謂(イフトモ)ニ八旙(ヤワタノ)之神事(シンシ)、
祇園(キヲンノ)之祭禮(サイレイト)一、爭(イカテカ)過(スキンヤ)レ之哉、隨(ニ)而(テ)若衆樣之(ノ)
伊(イ)議(キ)尤可レ然候、可レ受(ノ)(ウク)ニ愚意(クイヲ)一之由、蒙(カウフリ)レ仰
間、乍レ恐申入、復可レ承候、段子(トンス)、金襴(キンラン)、絹(キヌ)、小(コ)
袖(ソテノ)之風情(フセイ)、千萬(センハン)謂(トモ)レ在(アリト)レ之、左樣之物揃(モノソロヘ)
〔11ウ〕可レ爲レ戲論(ケロン)候、凡(ソレ)被レ企(クハタテ)ニ各別(カクヘツノ)之風流(フリウヲ)一、可(ト)
レ有レ一興(ケウ)存候、所詮(シヨセン)聚(アツメ)ニ猿樂(サルカク)、田樂(テンカク)、兄師(ケイシ)、
侏儒舞(チユシユマヒ)、傀儡子(クワイライシ)、唐術(タウシユツ)、品玉(シナタマ)、輪鼓(リンコ)、八玉(ヤツタマ)
等之(ノ)品彙(ヒンイヲ)一、可レ竭(カ)(ツクス)ニ其伎藝(ノキケイヲ)一乎、又今美(ヒ)
男(ナン)、美童(ヒトウ)、麗人(レイシン)、麗君(レイクンノ)之放逸(ハウイツ)、豐顏者(フカンノモノ)、
嚴(イツクシミ)ニ其氣色(ノキシヨクヲ)一、裝(ヨソヲヒ)ニ其形勢(ノケイセイヲ)一、詠(コマイ)ニ小捲、現(ケニヤシヤ)娑
婆(ハノ)之音曲(ヲンキヨクヲ)一、哥(ウタハンヤ)ニ長哥(カ)、短哥(タンカノ)之今樣(イマヤウヲ)一乎、

［12オ］不レ然者、卒千騎萬騎之武者、被レ甲冑、帯レ弓箭、横レ干戈、持レ太刀、靡レ旗、築レ楯、可レ渡レ隨兵乎、於二此二三个條一、定異見區乎、何様愚身所持之分物具、悉可レ持參候、

兜　甲　鉀　鎺　袖　正首　涎懸

鎖袴　額當　肪當　肩當　臑當　腹當　腹巻

［12ウ］袖緒　腰巻　腰挾　水呑緒　忍緒　繆付緒

總角　上帯　手蓋　肘金　膝鎧　腋楯　佩楯

髟楯　押付　胸板　搖板　臆病板　看上板

冠板　韝板　草摺　緜紙　相曳　屈系　絃 切走

鍬形　劍首　龍鷹角　星白　四方白　篛重

雨夜甲　巓邊　縫延　敷目　捃繩目　紫裳

濃逆蔦　紺匂　小櫻　縹　卯花　白絲　日綴 同日係

〔13オ〕

紺威(コウヲトシ)　黒絲(クロイト)　黄絲(キイト)　緗絲(モヘキイト)　赤皮(アカカハ)　洗皮(アラヒカハ)　燻皮(フスヘ)

筒(トウ)丸尻　核首(サネカシラ)　裹筒(ツヽミトウ)　鎖(クサリ)筒　桶皮威(ヲトシ)　脚件(キヤハン)　肩衣(カタキヌ)

肩抜(ヌキ)　股(モヽ)抜　犢鼻裩(トクヒコン)　貫(ツラヌキ)　履(クツ)　行騰(ムカハキ)　綾藺笠(アヤイカサ)

鞍(クラ)　轡(クツハ)　鐙(アフミ)　韉(同)　鞚(ヲモカイ)　纕(ハルヒ)　繮(タツナ)　鞅(ムナカイ)　鞦(シリカヒ)　鞖(シヲイ)　𩋡(ウハシキ)　韉(ハタツケ)　靶(ヲモカイ)　鞗(ハキカハ)

幐(ツルフクロ)　鞬(ツルマキ)　天鼠(クスネ)　白木弓(シラキノユミ)　塗籠(ヌリコメ)　絲橐(イトツヽミ)　重藤(シケトウ)

節巻(フシマキ)　旃檀巻(センタンマキ)　雀小弓(スヽメヲユミ)　楊弓(ヤウキウ)　内弓(ナイ)　半弓(ハン)

靫(ウツホ)　箙(ヤナクヒ)　胡簶(ヱヒラ)　尻籠(シツコ)　簶(ヱヒラ)　逆頬(サカツラ)　鋒矢(トカリヤ)　鉦矢(ソヤ)　遠矢(トヲヤ)

〔13ウ〕

劍尻(ケンシリ)　緜縿(ワタクリ)　蠅尾(ハイノヲ)　桁羽(タテハ)　齒切(ハキリ)　鴈俣(カリマタ)　鏖(シネ)口

蟇目(ヒキメ)　尻筒(ジントウ)　角木(ツノキ)　割弣(ワリニキリ)　笴(ヤカラ)　澀篦(ナハシノ)　節景(フシカケ)　鏝(ヌタ)

鏑(カフラ)　平鏑(イタツケ)　平題(同)　射垜(アツチ)　翊弓(アツサ)　韘(ユカケ)　木鋒(キホウ)　揉(タムル)　角(ツノ)

弭(ハツ)　張(ハル)　弛(ユルス)　彎(ヒク)　笶(ウラハツ)　筈(モトハツ)　弭(ハツ)皮　握(ニキリ)皮　彯絃(シナヒツル)　禦絃(フセキツル)

迦(ハツス)　太刀(タチ)　打刀(ウチカタナ)　薙刀(ナキナタ)　薙鎌(ナキカマ)　楯(タテ)　鉾(ホコ)　手鉾(テホコ)　鎗

鐓(イシツキ)　鐔(ツケカネ)　鞞(ヲヒトリ)　鞸(同)　欛(ツカ)　鞘(サヤ)　鞆　鮫(サメ)　尻鞘(シンサヤ)　璫(コシリ)　韝(メヌキ)　甲金(カフトカネ)

鴟目(シトヽメ)　股寄(モヽヨセ)　柴曳(シハヒキ)　鞭結(ムチムスヒ)　逆鰐口(サカワニクチ)　燕口(ツハメ)　櫨滑(ハシナメシ)

［14オ］葦　革　鞹　藋　鞆韘　熊手　金棓　金鞭　尺木
笠　油單　雨皮　鎌紲　泥障　切付　鍔　棒　母衣
此外、金剛旛旛、般若鋒、殺人刀、活人劍
等在レ之、當レ機有二一句子一、待二覿面提持、活
商量之時一、言多則品寡、枉止二管城公一、
恐々不具、

孟秋十八日　　　　香山某

［14ウ］謹上　隼人祐殿　御返答
態捧レ一行候、新米出來間、爲レ祝一鉢
令レ進候、仍而今年之耕農等、依レ水旱
除爲レ不熟不レ爲レ矛業、數町之田地、幷
園畠等、隨二地之乾熟一、令レ其肥、或固レ堰
堤、或修レ畔、畷、育二田夫農人一、整二鋤、鍬、犂
等之具一、而以令レ耕耰、始自レ東作、至レ西

［14オ］葦(ヲシカハ)革(ツクリカワ)　鞦(サヒカワ)　藋(ヒキメ)　鞆鞢(モロユカケ)　熊手(クマテ)　金棓(カナハウ)　金鞭(カナムチ)　尺ノ木
笠(カサ)　油單(ユタン)　雨皮(アマカハ)　鎌紲(カマサシナワ)　泥障(アヲリ)　切付(キツツケ)　鍔(ツハ)　棒(ホウ)　母衣(ホロ)
此外、金剛旛旗(コンカウノハタホコ)、般若鋒(ハンニヤノホコサキ)、殺人刀(セツニンタウ)、活人劍(クワツニンケン)
等在(リ)レ之(レ)、當(アタツテ)レ機(キニ)有二一句子(ク)一、待(タン)二覿面提持、活
商量之時(シヤウリヤウノヲ)一、言多則(ハ)品(キン)寡(ハシナスクナシ)、枉(マケテ)止(ム)二管城公(クワンシヤウコウヲ)一、
［14ウ］謹上　隼人祐(ハヤトノスケ)殿　御返答
態捧(サヽケ)レ一行(カウヲ)候、新米(シンヘイ)出來(ル)間、爲(メニ)レ祝(イハヒノ)一鉢(ハチ)
令レ進候、仍而(テ)今年之(ノ)耕農(カウノフ)等、依レ水旱(スイカンニ)
除(ク)爲(ニ)レ不(フ)熟(シユクノ)不レ爲(セ)レ矛業(カケウト)、數町之(ノ)田地(テンチ)、幷
園畠(エンハクトウ)等、隨(テ)二地之(チノ)乾熟(カンシユクニ)一、令レ其(レヲシテコヘ)肥、或固(ハカタフシ)レ堰(ヒキ)
堤(ツヽミヲ)、或修(ハシユシクロ)レ畔、畷(ナワテヲ)、育(ヤシナヒテン)二田夫農人(フノウニンヲ)一、整(トヽノフスキ)二鋤、鍬(クワ)、犂(カラスキ)
等之(トウノ)具(ヲ)一、而以(シテ)令(テハ)レ耕耰(カウセウセ)、始(ハシメ)自(リ)レ東作(トウサク)、至(テ)レ西(セイ)

［15オ］收、常五穀成二就稼穡豐兆之祝一、然間、
更無二旱魃、洪水、蝗蟲之不熟一、

其五穀者

苗 稻 籾 穗 糯 粳 穜 早米 稌 穛 秕 穬 粰
粺米 粇米 芥 糈 穅 稾 禾 蒋 稷 粟 麷
麰 黍 稍 麻 菽 豆 蕎 喬 麥 粱 大豆 小豆
角豆 苑豆 芋 穀

［15ウ］如レ此類、春下二一粒之種子一、秋納二萬倍之
地利一、是非二異畝同穎一、加レ禾一莖九穗生
レ稻乎、雖レ然、全非三吾德格二天心一、是須レ依三
皇化施二仁澤一、誠可レ悅者也、以レ是故、於二粗
穀、粗米、調庸、代稻、段米、使斷、供給、土毛、
酒直、種子、地子、糧料、交易、佃、出擧、班給
等之間上、而敢不レ致二束把、合勺、一粒、半錢之

［16オ］未進一、然者、彌天降二仁澤一、永漾レ徳風乎、
足下又事レ農業、所レ仰田麥等、登熟
耶、收納之多少、又如何、餘期二揮染一、不
宣、

南呂十二日

掃部助殿　御宿所

［16ウ］御正作之新米、送給候、祝著此御
事候、仍而秋成之事倍二蓰他年一之
由承及候、御浦山敷令レ存候、昔如二
雁門太守一、家田三可レ生二嘉禾一乎、愈者
所レ刈連莖、更以無レ所レ盡乎、予亦不
レ無レ耕耘、所レ領名田幷畠等、纔謂二卓レ錐
地一、所レ用無レ之、然間、買二徳侘人之迫田

〔17オ〕

乾地等一、以令レ耕懇、鋤鍬、播殖之營、雖レ同二他人一、刈納、春法之利、減二卻于我一、殊今年春始之旱魃、下レ種遲、五月連雨、厥草繁茂、剩秋初之洪水、浸レ山、塡レ岳、田頭卻成レ大河數日也、故所レ秋納十九八空レ手、嗟乎天不レ與、如レ此而已、如レ今世計何以送レ時日乎、將レ令レ造レ濁

〔17ウ〕

醪、以求二其餘贏一、請君與二于我麴米之資一、及二其熟一、屢來酌二甕中碧一、

屠蘇　麴生　蘭生　重碧　玉蛆

浮蛆　歡伯　竹葉　春葡萄酒

甕　榼　椑　鐏　酒榼

垂腹　金色　塞鼻　鸊鵜盃

鸕子　杓　琥珀鍾　酒魁　金曲巵

［18オ］蓬萊盞《ホウライサン》　巵《サカツキ》　兕《同》　盃《同》
榼《同》　匜《同》　十分盃《ハイ》　法《ノ》者　胡盞《ウサン》
銀盞《ギンサン》　繞州《ネウシウ》　垂橐《タレフクロ》　簣《アシカ》　笊籬《クハリ》
酒升《サカマス》　酒鑵《サカツルヘ》　竹筒《サ、イ》　係筒《カケツ、》　醨糟《ヲミカス》
昔《ムカシ》晉陶淵明《シンノタウエンメイ》、以《テ》レ葛巾《カツキンヲ》漉《コス》レ酒《サケヲ》、是《コレ》千古之《ノ》
風流《フウリウ》也《ナリ》、至《マテ》レ今《ニ》淵明漉酒巾《エンメイカロクシユキント》云々、予《ヨモ》亦《タ》
雖《ヘトモ》二貧窮同《スト》一レ之《ヲ》、還《カヘテ》得《ルコト》二人之《ノ》嘲哢《テウロウヲ》一何乎《ナンソヤ》、
［18ウ］恐《クハ》以レ不《ルヲ》二風流之《ノ》同《シカラ》一レ陶潛《タウセンニ》、可《シ》レ笑應《ワラフヘシ》レ哂《ワラフ》、恐惶
謹言、
中商十五日　蓂　田口
謹上　大田大膳亮《ノスケ》殿　御返報
謹《ンテ》述《シユツス》レ愚懐《ククワイヲ》、啓二上状《スヲ》於民部卿《ミンフキヤウノ》凡下《ホンケニ》一、
抑、今年《コン》之《ノ》秋、天繫《ツナキ》レ永《エイ》日《ヲ》、閏《シユン》加《ル》レ八月《ニ》、彼《カノ》
榮樂人《エイラクノ》、彌加《フ》二千秋之《ノ》祝《ヲ》一、厥鬱懷者《ソノウツクワイノモノ》、倍《マスマス》

〔19オ〕添二萬般之思一、足下起居、安否如何、夫
取レ友結レ交、非二一世之盟約一、是則、多
生之夙契也、古立二錦木一送レ三年、楊端
書結レ百夜、其夙因不レ到者、終レ身不レ達レ志、
可レ知二于斯一、將亦、至下語二比翼連理於長生
殿之秋一、成中乘レ鳳吹レ簫於鳳凰臺上之
夕上、其機縁、脇合、如レ此歟、今如レ予與レ吾

〔19ウ〕君取レ交年久、致レ誠又不レ淺、然、頃者良
絶レ音問、況未レ訪乎、殆積鬱無レ極也、是
夫夙縁爲レ淳熟乎、抑又爲レ未レ到乎、嗚呼、
非二天之恩澤一、空沾知レ身面而已、雖レ然、
若不レ棄二捐前諾一、靖察二閑居之式一、朝恨
暮思、送レ春垂レ秋、縱雖二風塵滿一レ牀上、門
徑積レ黄葉、將誰掃レ之乎、蕭々庭荻、

［20オ］離々籬草、只有レ群蟲　恣　發レ幽聲、及二終夜聞一レ之、不レ勝レ愁嘆之者也、

其蟲名

蚖　蛇　蝮　蝎　蜈　蚣　蚰蜒　螬　蜋　蜣　蟒　蛟　蝪

蠣　蛭　蛆　蟬　蛢　螗　蜩　蜊　蛬　蛩　蟞　蠅　蚊　蝱

螻　蟻　玄駒　蜂　蜘　蛛　蟇　蜍螻　蛙　蝦　蝸　蝗

蠻觸　蝨　蚯蚓　螟　促織　蝙蝠　蛾　蜻蜓　螢

［20ウ］丹鳥　宵燭　螳螂　蠶　蛉蟲　松蟲　蠒　玉蟲

其聲或啣々似レ恨、或喧々如レ驚、必彼只動レ人乎、有レ恨者、激而驚レ之也、予亦聞テ到レ深更不レ堪レ感激、空霑二戀慕之袂一、如レ此所レ件丹誠、雖二直以レ此旨、可レ呈二上机前一、逆耳之言、恐違レ清聽、故依レ貴方陳レ心底、伏希令レ達レ上聞、併奉レ憑外更無

〔21オ〕レ他候、巨細預レ回章者、千萬所レ仰候、恐
謹言、

閏八月初吉日　　　　某

拝覆　不動院　民部卿御房

頃久不レ通レ消息、胸霧不レ披處、玉章
乍當來、寔欣悦之至也、再三及レ窺
レ意曲、推二察足下之丹心一畢、尤雖レ可下
〔21ウ〕細々送レ鴈書、切々飛レ羽檄、以通中深志上、
或被レ礙二高客之來扣一、或叵レ乖二遊
人之出入一、全非二心中疎略一而爲二友社之
不會一、誠恐懼至也、如二御存知一吾君山
中之材學也、然者、於二萬事之稽古一、
更以無レ寸暇、其勤繼略以レ燭、殆無二
晝夜之怠一、夫於二唐朝之書一、伏犠始

〔22オ〕造(ツクリ)レ書代(ショヲカフ)二結(ムスフノ)レ縄(ナハヲ)之政(マツリコトヲ)一、自(ヨリ)レ爾以際之(シカツシコノカタノ)本書、毛詩(モウシ)、尚書(シヤウショ)、易(ヱキ)、禮記(ライキ)、左傳(サテン)、周禮等之(シユライトウノ)十三經、其外、史記(シキ)、文選(モンセン)、前後漢(センゴカン)等、其外、唐宋之(タウソウノ)名賢(メイケン)、大冊(サツ)、小札(サツ)、盡(ツクシテ)レ部(フヲ)學(ヒ)レ之(ヲ)、或(ハ)搜(サクリ)二風(フウ)、賦(フ)、比(ヒ)、興(ケウ)、雅(カ)、頌六義(セウノリクキヲ)一、或(ハ)勘(カンカフ)二之(シ)、乎(コ)、者(シヤ)、耶置字(ヤノヲキジヲ)一然(シテ)以、作(ツクリ)レ詩(シヲ)、制(セイスル時)レ文(ヲ)、李杜(リトカ)清新(セイシン)、韓柳(カンリウカ)騷思(サウシ)、春花(シユンクハ)、夏蔭(カインノ)之

〔22ウ〕簾前(スタレノマヘ)、秋葉(シウヨウ)、冬雪之(トウセツノ)窗中(マトノウチニ)、思(ヒ)レ之(ヲ)、翫(モテアソヒ)レ之(ヲ)、吟(キンシ)レ詩(シヲ)、更無(ニ)レ休期(キウゴスル)、豈啻(アニタヽ)詩(シ)、賦(フ)、序(ショ)、表(ヘウ)等已乎(ノミナランヤ)、宣命(センメイ)、宣旨(センシ)、位記(イキ)、奏狀(ソウシヤウ)、移文(イフン)、願(クワン)文(モン)、諷誦(フシユ)、呪(シウ)願、符(フ)、牒(テウ)、告書(カウショ)、教(ケウ)書、日記、申文、消息、往來、觸(ソク)文、請文之(ノ)上手也、其(ノ)和歌(ワカハ)、本昔(ムカシ)、平城(ナラノ)天子、下(クタシ)二詔(セウヲ)於侍臣(シシンニ)一、從(ヨリ)レ令(ル)レ撰(センセ)二萬葉集(マンヨウシウヲ)一以來、新萬葉、古今、後

〔23オ〕
撰、拾遺抄、金葉、詞花、千載集、其外、
諸家之集等、讀レ之、無レ所レ暗、其詠哥
者、凡、素盞烏尊、聖徳太子御代、定二倭
哥之文字一以降、好二此道一者、於二古今一
幾千萬乎、雖レ然、或譬三畫女動二人情一、
或比三萎花有二薫香一、厥外、體近レ俗、詞
甚鄙、一而無レ不レ得レ訕、就レ中、有二柿本

〔23ウ〕
大夫、山邊赤人云一、竝二和歌仙一也、公獨、
慕レ此風、而本其體、然者、三十餘字
備レ六義、五七之句避レ八病、花實兼備、
首尾相調、其詞滑二五尺鬘一、如レ沃レ水、
其情縟二一流縷一、似レ貫レ珠、寔踏二一公之
前跡一者也、

其能書

［24オ］蒼頡視レ鳥跡、作レ文字以來、古文、正文、
信、行、草、眞字、假字、蘆手等、或、張芝
草聖、羲之俗資、或、道風之貫花
文、和尚之五筆之跡、其外、至二佐理
一墨等一、無レ不レ學レ之、極二八體、八法之書一、
正二垂露、懸針之點一、其姿、如二舞鳳、
翔鸞一、其跡、似二春蚓、秋蛇一、今時於レ玉
［24ウ］堂有レ聲名者、孰人比レ肩乎、其雅樂
者宮、商、角、徵、羽之五音、金、石、絲、竹、
匏、土、革、木之八品、其外、六律、六呂、
十二律等、一而無レ不レ推極、於二百二十
調一、不レ及レ申、離鸞、別鶴之操、子期知
レ音、陶潛識レ趣之外、悉得レ之、其弓者、
楚養由基百歩穿レ楊葉、唐蘗仁貴

〔25オ〕三箭定二天山之流一、其外、家々之相傳、
無レ不レ識レ之、殊以、三々九手夾、八的等
上手也、其鞦鞠者、黃帝所レ造、劉向
錄レ之、自レ爾以來、吾日域、難波、飛鳥等、
繼レ之爲二家々流一、公又學レ之、曲節縱橫也、
向レ花開抛レ時、三下自隨レ身、隨レ柳條
旋處、高低屢當レ足、兩々三々、唯轉レ空

〔25ウ〕弗レ見レ所レ隨レ地者也、
其兵法者、忝繼二摩利支天之傳授一、
親明二張良一卷之旨快一、至二今代當
流他流之手一、鸞飛、鸞回、留虎、亂入、
其外祕訣、祕傳等、無レ不レ探搜、然而
此道、以レ不レ有二箕弓之家一、未二必業一レ之、
夫復、至レ內典、禪和、天台、眞言也、

［26オ］其禪和者、拈花微笑以來、門竹倒卻後、於二列祖命脈一、有二換骨靈方一、是則、不レ隨レ行入、因レ理入、悟レ宗根本也、爾來、少室漫付レ神光、遞相傳來、卻有レ二三、有書二偈壁間一、有觀二像鏡中一、向二劍刃上一者、辨二个殺話一、橫二虎口裏一者、放二得手脚一、呵レ佛罵レ祖、捧如レ雨、點、喝似

［26ウ］レ雷奔、不レ納二間髮一者也、雖レ然、去レ聖年久矣、已達者少、未達者多、如レ得二于レ今伶利美少年一、超二越昔時龐居士、靈照女等一、

其天台者、因明、內明通達、內典、外典兼學、倶舍、唯識、懸二舌端、止觀一、玄義收レ胸中、然者、宏才、博覽而論義、

〔27オ〕決擇吻破二滿座之惑一、當辯利口而、
說經教化聲驚二衆會之眠一、是非二阿
難、羅睺羅一、爭論二其智之淺深一乎、
其眞言者、久修練行年深、持戒、精
進日積、兩家懸レ鏡、別尊琢レ玉、五部
眞言雲晴、三密觀行月朗、梵語、
悉曇舌和、立印、加持指嫋、五悔九
〔27ウ〕方便無レ滯、修法芥子燒有レ驗、謂二三
業相應之師一、何似レ是乎、加以、道心堅
固、日夜歸二依佛乘一、精勤勇猛、旦暮參二
詣道場一、見レ春花、則觀二世間之無常一、
望レ秋月、曾悟二諸法之寂滅一、實是、貪
欲瞋恚、遠離解脫之士也、然而、朝霜
雪結レ袖、意態令レ存レ勁節、夕風月闕

［28オ］レ情、佳句、不レ負レ韻題、皎如三玉樹臨二風前一、是誰人之言乎、足下幸有レ才藝、又足レ取レ友、細々以レ參扣、不レ論談耶、然者、助二吾君之勤々一、而又慰二足下之憫々一者乎、閣レ筆謝レ足下、敢莫レ懞然、恐惶々々、

廼時

拜覆　大膳房　大藏卿 御寮

［28ウ］面會之後、良久絶レ音問條、頗違レ本懷、誠吚鬱之至也、雖二細々以レ參入一可遂レ清談候一、足下公私之務、繁多也、朝暮更無レ寸隙、定有二應對之妨一歟、殊亦、依レ無二差偏目一、屢不レ及レ重請、是復、機嫌難レ測故也、乍レ去、一日偸レ閑可レ屈二高駕於陋居一、爲二柴門之光彩一歟、既

〔29オ〕是請商應而秋至、曉霜肅レ物、風露消レ色、然者、楓樹林中、霜葉紅二於二月花一、于レ期不レ賞遊、争迗レ永日乎、

其木名

圓生樹　閻浮樹　樂音樹　白岑

七重寶樹　具多羅樹　摩尼波羅樹

拘鞞陀羅樹　七覺花　妙覺樹

〔29ウ〕拘某陀樹　優鉢羅樹　芬陀利　陳挺利

石楠利　毘蘭利　菩提利　道明樹

石檀　仙動　合歡　黄芩

木犀　海堂　碧桃　緋桃

辛椿　木槵　臭朴　鈎樟

辛夷　柃栫　膠木　大刺

躑躅　戰木　黄蘗　玄木椽

［30オ］

椶梠(シユロ)　赤木　蘇枋(スハウ)　楊(ヤナキ)　柳(同)
楡(ユヤナキ)　櫻(サクラ)　松(マツ)　雞冠(カイテ)
杉(スキ)　檜(ヒノキ)　理(マサ)　弱檜(サワラヒ)
卯木(ウツキ)　柘榴(シヤクロ)　枇杷(ヒハ)　楊梅(ヤマモヽ)
胡桃(クルミ)　栗(クリ)　柚柑(ユカウ)　金柑(キンカン)
林檎(リンコ)　大柑(カウ)　蜜柑(ミカン)　枳(アラタチ)　檞(同)
雲樹橘(ウシユキツ)　糖(グミ)　棃(ナシ)　柰(カラナシ)

［30ウ］

杏(カラモヽ)　李(スモヽ)　榎(ヱノキ)　楸(ヒサヽキ)　柊(ヒイラキ)　檉(カハヤナキ)　黒木(クロキ)
桜(タラ)　朴(ホウ)　槐(エンズ)　栢(カヤ)　椋(モミ・ムク)　橒(アフチ)　垣山(クサキ)
樫(カシ)　櫟(イチイ)　欒(ユツリハ)　檻(シキヒ)　櫁(同)　棬(ハンノキ)　茱萸(シユユ)
槇(マキ)　槻(ツキ)　梓(アツサ)　梶(カヂ)　樺(カハ)　桑(クワ)　枸杞(クコ)
漆(ウルシ)　櫨(ハシ)　柿(カキ)　椎(シイ)　棗(ナツメ)　榛(ハシハミ)　檳榔(ヒンラウ)
樆(モチ)　梔(クチナシ)　梧(キリ)　桐(メキリ)　椿(ツハキ)　柴(シハ)　檀(マユミ)
南天竺(ナンテンヂク)

〔31オ〕此等樹木竝レ杪、交レ柯、五色嫣然、恰似
レ織レ錦、如レ此折節、空徒然而送レ光陰
乎、忽而一夕有レ來訪、多生嘉會也、
然者、詩、聯句、回二漢家唐朝古風一、以推二
曹劉、李杜壇一、哥、連哥、沐二難波津之
餘波一、迴汲二富緒河之流一、此外、長哥、短
謌、旋頭、混本之類、隨レ時可レ張行者也、
〔31ウ〕非二花筆麗藻一、難レ盡二雅意之趣一、併
期二雄辯之時一、恐惶謹言、

無射二日　　　源某

謹上　判官代殿

一兩日之間、以レ寸暇可レ令レ參謁候處、
遮而預二御芳札一條、忘然之至也、如レ仰、
西嵐之霜葉翻レ秋、無三處而不二風光一、必

［32オ］非二離愁之催一、又匪二戀慕之深一、感レ物濕レ袖何乎、是則、老懐切故也、何啻萬木之凋衰已乎、千草亦然、

其草名

菩薩（カフチシヤチ）　蓨（サネカツラ）　蘿（ツヽラ）　蕬（コマツナキ）　蕵（スヽキ）　白英（ハイホロシ）

薭（エヒネ）　蕆（トクサ）　葒（イヌタテ）　蔨（ヘタソカツラ）　蕙（ヲハナ）　桱（ヘニ）　酸梨（ホウツキ）

茜（アカネ）　麻（アサ）　苧（カラムシ）　萈（カリヤス）　蘢（トコ）　苫（ナモミ）　狼牙（コマツナキ）

［32ウ］菲（ユリ）　蘄（シダ）　莛（ヲヽセリ）　芹（セリ）　薤（ニラ）　苓（イナ）　刈萱（カルカヤ）

藕（ハス）　菱（ヒシ）　萍（ウキクサ）　苔（コケ）　蘚（同）　蒲（カマ）　酸苗（カタハミ）

蔦（ヲモタカ）　藤（フチ）　蘿（ツタ）　蔦（同）　竹（タケ）　筍（タケノコ）　菖蒲（シヤウフ）

蓴菜（シユンサイ）　芣（ヲヽハコ）　蔓（ハコベ）　艾（ヨモギ）　葎（ムクラ）　石菖（シヤウ）

葛（クス）　菅（スゲ）　荻（ヲギ）　薦（コモ）　葦（アシ）　簜（サヽ）　栝蔞（カラスウリ）

萱（シノブ）　藍（アイ）　葱（ヒトモヂ）　藜（アカザ）　藻（モ）　篠（シノ）　芝葉（シノハ）

薛（マサキ）　淺茅（アサチ）　蓬萊（ヨモキ）　芭蕉（ハセウ）　蘋蔓（ウキクサ）

〔33オ〕如レ此無情者、已有二榮枯之相一、況是有
情乎、寔不レ堪レ感嘆者、伏顧、吾依二貴
命之重一、在二司直之位一、出レ判事更無
レ寸暇、所レ不レ希也、不レ如、辭レ官而從二公閒
意一、悠然而送二我旦夕一、見レ身只如二夢幻
泡影一、又似二電光石火一、豈徒抛二光陰一
待二露命之消一、共預三翫レ風月、盡二酒盃
〔33ウ〕數一、來事被下可レ應二參會一之由示上、尤好
時節也、如何樣不日與レ風可レ廻二藜杖一、
然者、可レ促二一詠一吟之興行一、單尺
懷紙等預有レ用意歟、心事期二論談
之次一、誠恐誠惶、

菊月二日　　豐野某

謹上　安岡新左衞門殿　御返事

［34オ］頃者、冬寒偏重、尊侯動止如何、仍而去比、詩哥論談之後、不レ能レ再會條、于レ今鬱襟難レ披候之處、不レ懸レ思、自レ他山客童光臨間、依二日夜旦暮之御遊覧一、不レ覺、消二他時述懐一、思出今殘者也、此間、日々圍碁、將棊、鞠風情御會候間、中々不レ申入候、自レ今晩、連［34ウ］哥之御張行候、急々可レ被レ參二御人數一之由、皆々被レ仰候也、然者、御所持之硯一面、筆一二對、可レ有レ隨身、此方之瓦石等、餘無レ面目候、若不レ預レ恩借者、可レ及二一山之恥辱一候、墨之類少々所持仕間、不レ缺レ事候、

墨名

〔35オ〕油煙　麝煤　松煤　松煙　爐煙
紫泥　玄雲　烏金　松滋侯　鳳團
鳳月　月團　寳墨　陳玄　客卿
龍劑　墨玉　珠麝　玄霜　璵璠
此外、琴様古墨一笏在レ之、代々所
レ相傳也、持レ墨法、雖レ謂二春懷、夏懸、秋
紙、冬緜一、所レ予用、四時只収以レ豹嚢、
〔35ウ〕是磨人類也、鳳池磨則若二雲頭重、
玉一版揮之、成二漆暈光一、是其墨之用
也、今度御會、爲二一衆之奔走一間、可二於
加様之類一候也、委哲期レ面會而已、
　應鐘五日　　某
拜呈　華藏院大藏卿 御房
珍墨之旨、委曲令レ拜見畢、如レ仰、花

［36オ］下之御會已後、已至二楓葉落盡一、鬱念積如レ山、唯今雁章飛來閒、乍披二胸閒之榛霧一候、誠悦レ目之至也、仍而、就二美童之光降一、奔走共奉レ察候、數日之遊事、御浦山敷覺候、將又被レ結二連哥之御人數一之由、示給候、於レ身過分之至也、乍レ去、此道不レ堪而提

［36ウ］撕閒、其憚不レ少候、於二賦物已下之才覺一可レ仕二宗匠一不レ申レ及、一巡面迦、遣句、退句之嗜、或秀逸、幽玄等十體、或連聲、相通、五音、其外、奇言、妙句、當座一興、更以不レ可レ得二其作意一候、動片題、落句、釋二崎切等句一、難レ去二其病一條、留レ耳、一句不レ可レ申候、旁雖レ有二斟

〔37オ〕
酌之儀一、儻逮二擬議一、背レ御意歟、何様
不レ移二時刻一、可レ令レ推參候、硯筆之
事蒙レ仰候、所持之分不レ一候、依二御
好一可レ持參也、

其硯名

筆海陣　龍淵　龍璧　鳳咮　鴝眼
馬肝　結鄰　馬蹄　陶泓　紫石

〔37ウ〕
卽墨侯　斯外、端溪之金線文、靑州之
紅絲石、一代得レ名硯也、就レ中、銅雀臺之
碧瓦、所レ予祕者也、

其筆名

栗尾　鼠尾　兔穎　兔毫　毛錐
毛款　翰林　鼠鬚　管城公　禿筆
尖頭奴　中書　君象　管如椽　揮月

［38オ］凌雲筆公　紫毫　銀管　兎尖
猩毛
此外、江淹被レ授五色筆、李白所レ夢
生花之筆、千古所レ難レ獲也、又、蒙
恬所レ造毛筆、武帝所レ名筆頭、是
亦難レ留レ于レ今、近比於レ洛陽所レ得レ名之
筆等二三對、令レ持參候、難レ盡レ委曲、
［38ウ］心事有レ賞面、頓首謹言、
陽月五日　　某
拝報　法華院　中納言殿
加樣之申狀、雖二憚不一レ少、不レ貽レ愚意
令レ啓候、御子息、成人之方々御座候、急
撰二吉日良辰一、可レ有二御殿造等一、于レ今
延引、不レ可レ然候、先可レ被レ構二御屋

〔39オ〕
敷《シキヲ》一候、雖レ言《イフト》二地《チノ》之相形夥《ヲヽシト》一四角《カク》自《ヲノツカラ》如《シ》レ意《イノ》、
是則、大富貴《フツキノ》処《ロ》也《ナリ》、南面《メンニ》如《ク》レ法《ハウノ》、樹《シュ》
木生長《モクセイチヤウシ》、北《ホツ》方幸《ニシテ》而、大河《カ》在《アリ》レ之《コレ》、天然《ネン》
合好《カウカウノ》之地形《チキヤウ》也《ナリ》、謂《トモ》二好《カウ》日多《シト》一、択《エランテ》二白虎
頭日《ヲ》一、以《テ》有《ハ》二立柱《リツチウノ》之祝《イハヰ》一、目出度存候、於二
家具《カグ》等《ニ》一、連々可レ有レ用意候、

其家具者　附器財

〔39ウ〕
椀《ワン》　皿《サラ》　廚子《ツス》　楪《チヤツ》　折敷《ヲシキ》　追膳《ヲイセン》　菓子盆《クワシホン》　切立《キツタテ》
提《ヒサケ》　青磁砂礰《セイシノサラ》　茶碗《チヤワン》　鉢《ハチ》　摺鉢《スリハチ》　擂盆《同》　煎盤《センハン》
麪盤《メン》　係盤《カケハン》　麪棒《メンホウ》　歩械《ホカイ》　唐匱《カラフト》　櫃《ヒツ》　破籠《ワリコ》
釜《カマ》　鍋《ナヘ》　盥槃《タライハンサウ》　高坏《タカツキ》　曳入合子《ヒキイレカウシ》　鐵輪《カナワ》　臼《ウス》　杵《キネ》
碓《フミウス》　礱《スリウス》　箕《ミ》　版銅《ハンドウ》　湯桶《ユトウ》　飯秉《イヽカヒ》　長持《ナカモチ》　瓶《ツルヘ》　甑《コシキ》
壷《ツホ》　油筒《アフラツヽ》　表燭《ヘウソク》　紙燭《シ》　蠟燭《ラツソク》　脊缸《セキコウ》　獨覺《トツカク》
張燈《チヤウチン》　燈籠《トウロ》　燈臺《トウタイ》　長檠《チヤウケイ》　短檠《タン》　炷《トウシミ》　燈心《トウシン》

［40オ］

香匙（キヤウシ）　火箸（コシ）　脇息（ケウソク）　笈（ヲイ）　脚榻（キヤタツ）　暖簾（ノウレン）　屏風（ヒヤウフ）

幌（トハリ）　翠簾（ミス）　箐（同）　箔（スタレ）　幄（タレヌノ）　幔幕（マンマク）　端差（ヘリサシ）　牀（トコ）　枕（マクラ）

机子（シヨク）　簑（ミノ）　笠（カサ）　傘（カラカサ）　舟（フネ）　筏（イカタ）　舳（トモ）　艫（ヘ）　舫（ハシフネ）　艇（ハシフネ）　梶（カチ）　櫓（ロ）　櫂（カリ）

槁（サヲ）　棹（同）　纜（トモツナ）　砢（イカリ）　鼎（カナヘ）　網（アミ）　鉤（ツリハリ）　差縄（サシナワ）　劍（ツルキ）　弓（ユミ）　箭（ソヤ）　矢（ヤ）

旗（ハタ）　鏡（カヽミ）　鑷（ケヌキ）　剪（ハサミ）　櫛（クシ）　函（ハコ）　篋（同）　定木（ヂヤウギ）　計算（ケイサン）　欋（コマサラヘ）　朸（アフコ）

杴（コスキ）　朳（エフリ）　鍬（クワ）　耙（マクワ）　鋤（スキ）　犂（カラスキ）　柯（カマツカ）　薦（コモ）　俵（タハラ）　筬（ヲサ）　桁（サヲ）　砧（キヌタ）　管（クタ）

籰（ワク）　梭（ヒ）　軱（ツモ）　纑（ヲカセ）　招（マネキ）　經串（ヘクシ）　簛（シイシ）　横（キヌハリ）　糊（ノリ）　粴（ソクイ）　鐴（ヘラ）　舡（ミツフネ）

［40ウ］

槽（マフネ）　戽（カマス）　圓座（エンサ）　地爐（チロ）　炭斗（スミトリ）　機（ハタモノ）　升（マス）　針（ハリ）　鑵子（クワンス）　銅（トウ）

甁（ヒン）　手取　茶水桶（ヲケ）　茶杓（チヤシヤク）　茶筅（セン）　茶巾（キン）　茶磨（ウス）

柄杓（ヒシヤク）　爨（コシキ）　擂茶（ルイチヤ）　焙爐（ホイロ）　炮籠（アフリコ）　兔足（トソク）　眞壺（マツホ）

肩衝（カタツキ）　鶴頸（ツルクヒ）　東峽（トウカウ）　西峽（セイカウ）　姥懐（ウハカフトコロ）　百切（ツンキリ）又一切

隠架（カクレカ）　盆（ホン）　轄（クサビ）　軛（同）　湯盞（タウサン）　建盞（ケンサン）　湯瓶（タウヒン）　天目（テンモク）

胡盞（ウサン）　油滴（ユテキ）

荒々（アラアラ）可（キ）レ入（ル）具足（クソク）記（キス）レ之（ヲ）、大厦（カ）、小家（ケ）、竝（ナラヘ）レ甍（イラカヲ）、

〔41オ〕一屬、從類同心、子孫繁昌之洪基也、今
如レ貴殿、悉在レ之、可レ謂有レ譽レ世人、是孰
不レ羨乎、以レ此旨、可レ預二御披露一候、恐々
敬白、

暢月十五日　　文屋某

啓上　權介殿

不レ思寄候處二、念比二示給候條、厥恐
〔41ウ〕不レ少候、眞實無二御等閑一、心中露二顯筆
端一、千萬不レ知レ所レ謝候、仍就二彼等之事一、雖二
旦夕存一レ之、依二世過之計會一、于レ今罷過候、
定出二外見一哉、無レ面目覺候、如レ仰、皆
人孤獨者、謂レ極二富貴一、榮花寡レ于レ斯、

其人倫

祖父母者、姥姉妹兄弟、

［42オ］

伯（母カタノヲチ）　叔（父カタノヲチ）　從（イトコ）兄弟　姪（ヲイ）　姑（シウトメ）　嬏（ヲハ）　舅（シウト）

婗（ヨメ）　壻（ムコ）　裔（ヲトコ）　嬰（ミトリコ）　嬭（メノト）　乳（ヲチ）　婺（ヤモメ）

孀（同）　儒（ヲトナ）　禿（カフロ）　首（カシラ）　頭（カウヘ）　髮（カミ）　鬢（ヒン）

髻（モト、リ）　髭（ヒケ）　腦（ナツキ）　頤（ヲトカイ）　咽（ノト）　額（ヒタイ）　肪（ハウ）

眉（マユ）　眼（マフタ）　睫（マナコ）　瞳（コマナコ）　眸（マナシリ）　瞼（ヒトミ）　睛（クロマナコ）

眥（マミアイ）　耳（ミ、）　鼻（ハナ）　口（クチ）　齃（ハナハシラ）　舌（シタ）　脣（クチヒル）

腮（アキト）　齒（ハ）　牙（キハ）　胸（ムネ）　腹（ハラ）　腸（ハラワタ）　脊（セナカ）

［42ウ］

腋（ワキ）　肩（カタ）　腕（ウテ）　手（テ）　肱（ヒチ）　足（アシ）　指（ユヒ）

爪（ツメ）　拳（コフシ）　膰（タナコ、ロ）　臍（ホソ）　腰（コシ）　股（モ、）　膝（ヒサ）

脛（ハキ）　腓（コムラ）　腨（スネ）　皺（シワ）　皹（アカ、リ）　骨（ホネ）　髓（スイ）

家（ヒ、）　皮（カワ）　筋（スチ）　肉（シ、）　膚（ハタヘ）　姿（スカタ）　形（カタチ）

肶（ツヒ）　宮（ヒナサキ）　勢（ヘノコ）　[門+田]（フグリ）　婬（イン）　浚（ユハリ）　尿（シト）

屎（クソ）　糞（コヘ）　眵（マクソ）　涙（ナミタ）　[鼻+出]（ハナチ）　涕（ス、ハナ）　咳（カスハキ）

唾（ツハキ）　涎（ヱタレ）　垢（アカ）　汗（アセ）　貌（ミメ）　顔（カホ）　頰（ツラ）

〔43オ〕面　踵　距　尻　俣　肝　魂
氣　息　蹲　血　疣　瘤　痤
贅　心　情　胞　胎　顩　聹
癧　躄　睚
如レ此人倫多則、擧レ家成レ樂、幸我家在
レ之、然、所レ領無レ取所、田園少レ餘計何乎、
先世不レ修レ福、今生亦如レ此、吾君既極二
〔43ウ〕富貴於現一、恣二榮曜於世一、希以二粒一錢一
施レ他、捨二少利、小分一利益、然則、今生、後
世、福報充滿、所レ望如レ意矣、嗟呼、未練之
狀可レ笑々々、逸而發レ狂言、請、爲扶レ願、誠恐、
黄鐘十五日　弓削某
謹上　野村主殿
新撰類聚往來卷中終

［1オ］新撰類聚往來巻下

來一日、就三當院經二營少佛事一、雖三極寒之時分爲二御勞煩一、一爲二其結緣一、又謂二愚僧懇情之勵一、旁以被レ廻二尊杖一、感幸之深望外者也、及レ晩修懺幷大施餓鬼、早旦對座、一面之頓寫、雨前陞座、拈香在レ之、相構從レ兼日

［1ウ］早々可レ有レ光臨候、然者非時幷晩羹等、可レ用意候、又近所之山寺之衆徒、各坊之聖道、各重二請之一、法華講讀、唄、散花、幷諷誦願文等、可レ行二如レ形法事一候、如レ此被二諸寺諸房、自宗他宗點合一之間、位次之尊卑、座牌之高下、更以難レ定、平可レ仰二御指南一、依而坐

〔2オ〕敷（ノ）飾（カザリ）具（ク）共申入度候、被（ハ）レ懸二御意（ニ）一者、
所（ニ）レ希（カフ）候也、

其飾具幷佛具

法被（ハツヒ）　倚子（イス）　褙子（ハイス）　曲彔（キヨクロク）　靠倚（カウイ）
曲倚（キヨクイ）　縄牀　胡牀（コシヤウ）　拝席（ハイセキ）　打敷（ウチシキ）
水曳（ミツヒキ）　木甲（モツカウ）　表褙　表紙（ヘウシ）　軸附（チクツケ）
風帯（フウタイ）　高坐（カウサ）　鈴（レイ）　磬（キン）　獨鈷（トツコ）　三鈷（コ）

〔2ウ〕
五鈷（コ）　蘇器（ソキ）　油器（ユキ）　飯盛（ハンジヤウ）　花盛
塗香器　筐（カタミ）　灑水器（レキスイキ）　如意（ニヨイ）　香爐筥（カウロバコ）
嗽口器（ソウコウキ）　案器（アンキ）　羯磨橛（カツマケツ）　鏲爐（ホイロ）　華瓶（クワヒン）
金剛盤（コンカウハン）　燭臺（シヨクタイ）　花皿（ハナサラ）　香合（カウハコ）　焼香（セウカウ）
抹香（マツカウ）　檀木（タンキ）　乳木　法螺（ホウラ）　白拂（ヒヤクホツ）
花鬘（ケマン）　花筐（カコ）　香臺（カウタイ）　竹篦（シツヘイ）　瓔珞（ヤウラク）
幢旛（トウハン）　繒蓋（ソウカイ）　火舎　凥案　前几（マヘツクヘ）

［3オ］散杖　塗盥　火鉢　鐃鈸　錫杖
大鐘　喚鐘　火鈴　風鈴　雲版
打版（同）　木魚　鉦鼓　沙張　方士木
鐘木　戒策　驚策　禮盤　懸盤
高器　磬臺　本尊　脇畫　座頭
屛風　供具　供備采
此借狀之面借預、可レ爲レ恐悅候、依二御
［3ウ］返事一可レ遣レ夫凡、諸事紛冗、萬方
混亂之間、自然有二失卻破了一者歟、
何可借二預常住受用之分一候、努々
院不出之類不レ存寄候、毎事重而
可レ令レ啓候、恐惶謹言、
大呂五日　　某
拜上　觀首寺　函丈

［3オ］散杖　塗盥（ヌリタラヒ）　火鉢（ヒハチ）　鐃鈸（ネウハチ）　錫杖（シヤクヂヤウ）
大鐘（セウ）　喚鐘（クワンセウ）　火鈴（コリヤウ）　風鈴（フリヤウ）　雲版（チヤウハン）
打版（同）　木魚（モクギヨ）　鉦鼓（シヤウゴ）　沙張（サハリ）　方士木（ハウシキ）
鐘木（シユモク）　戒策（カイサク）　驚策（ケイサク）　禮盤（ライハン）　懸盤（カケハン）
高器（タカツキ）　磬臺（ケイタイ）　本尊（ホンソン）　脇畫（ワキヱ）　座頭（サチヤウ）
屛風（ヒヤウフ）　供具（キウグ）　供備采（キウビサイ）
此（コノ）借状之（ノ）面（オモテ）借預（カシアツカラハ）、可レ爲レ恐悅候、依（ヨツテ）二御
［3ウ］返事（ニ）一可（シ）レ遣レ夫凡（フホンヲ）、諸事紛冗（フンゼウ）、萬方
混亂之（コンランノ）間、自然有（ン）二失卻（シツキヤク）破了（ハレウ）一者歟（モノカ）、
何（イカニ）可借（カシ）二預（アツカル）常住受（シユ）用之分（ノヲ）一候、努々（ユメ）
院（イン）不出之（ノ）類不レ存寄（シヨラ）候、毎事（マイシ）重而（テ）

〔4オ〕珍翰之旨、委曲令レ拝覽候、隨而來八日可レ趣二貴院之請一之由承候、如何樣從レ兼日應レ參入、可レ致二涯分之奉公一、於レ出仕粗有二斟酌之儀一、被レ相二加內衆分一、可レ禁二配膳、手長、座敷奉行等一候、其謂如二御存知一、去比京上之次、急々道具共誂候處、于レ今不レ當〔4ウ〕來候、中衣、打眠、袈裟、著替風情者雖レ在レ之、餘比興之至候歟、

其道具名

羅衣	紗衣	隔衣	袈裟	法服
法衣	坐具	附衣	履刷	襪子
草鞋	鞋底	行纏	腰袍	平棗
七條	九條	掛落	應量器	鉢裹

［5オ］

調巾　菜巾　水巾　浄巾　被巾

手巾　鉢盂　頭巾　肱巾　帽子(モウス)

肱子　箸匙(ハシカイ)　刷(セツ)　鉢盂單(ホユタン)　助老

禪版　蒲團(フトン)　柱杖(シユチヤウ)　拂子(ホツス)　冊子

布子(ヌノコ)　湯帷(ユカタヒラ)　脚布(キヤツフ)　襠(ハタハカマ)　鼻巾

肚脱(ツタツ)　涼傘　鈯斧(トツフ)　珠數(シユス)　數繡(スシウ)

大(ヲ、)帷(カタヒラ)口(クチ)　精好(セイカウ)　鈍(トン)色(シキ)甲　椎鈍(シニウ)　横皮(ワウヒ)

［5ウ］

下襲(シタノハカマ)　櫨甲(ハシカウ)　裘袋　鼻高(ヒカウ)　扇子(センス)

香合(カウハコ)　印籠(インロウ)　瓢覃(ヘウタン)　下鞘(サケサヤ)

此外天衣、佛衣、僧伽梨衣、金縷布衲、藕絲等類(ノルイ)在レ之(レ)、容易(ヨウイニ)不レ可レ用レ之者也、今度衆會(ノシユエ)者(ハ)、人天之(ノ)龍象(リウサウ)、江湖(カウコノ)之鯨鯢(ケイ)(ケイ)也(ナリ)、説法(セツホウ)不二(フニノ)之大乘(セウ)、微妙(ミメウノ)之金言(キンケンナリ)矣、雖(トモ)レ謂(ト)二後三教一、誂汰(テウタ)、醍醐味(タイコミ)、捃拾(クンジウ)、何者漏(カロウ)

〔6オ〕洩乎、可レ謂靈山一會儼然未散矣、然
者於二此衆會之中一、餘無レ威儀之式、慚
汗之至也、平以可レ令レ斟酌候、諸事可
レ得レ御意候、將又御用之什物、如レ借狀卽
令レ進候、此外於二客殿之本尊一、雖二牧溪
和尚之手跡等御所持候一、幸呉道士
墨繪之觀音在レ之、殊筆勢橫放
〔6ウ〕者也、可レ被レ愚禮、閒爐閒邊者、重受レ御
意可レ進候、詞場難レ恣レ筆勢、頓首恐
惶敬白、

窮月六日　　某

拜答　地藏院　衣鉢閣下

爲二諸國一見一、被レ誘レ朋友閒、明日不圖
思立候、最以レ參御請暇雖二可レ申候一、就二

［7オ］行色之用意一、不レ得レ隙間、不レ能レ拜辭之
條、背レ本懷候、遠旅之事、歸來難レ期候、
若再會有レ緣、重而可レ遂レ拜顏候、路次
中無レ恙樣預二御誓願一、又留守之事、不
レ相違被レ懸レ御意、千萬所レ仰候、彼此奉
レ憑之外無レ他、詩曰、五更歸夢三千里、
一日思君十二時、又云、山川多歷覽、

［7ウ］日月屢推遷、如レ此別後心事共、
預想像候、自他離高榊色、被レ引レ意候、
爲二遠路行脚一間、一物無二隨身分一候、只
以レ天爲二靑箬笠一、以レ地爲二芒草鞋一也、然
則攸レ憑者、天象地類具二足于我一而已、
是則乾坤爲レ父母謂乎、

天象幷地類者

〔8オ〕

天（ソラ）　漢（アマノカワ）　乾（アメ）　坤（ツチ）　斗（ホシ）　牛（ホシ）　陰（カケ）　陽（ヒナタ）

虹（ニシ）　蝀（ニシ）　霓（ニシ）　雷（イカツチ）　宇（ソラ）　宙（大ソラ）　蒼穹（アヲソラ）

虚（大ソラ）　電（イナツマ）　雹（アラレ）　霔（フヽキ）　霖（ナカサアメ）　霡（シクレ）　雲（クモ）　霞（カスミ）

霧（キリ）　雨（アメ）　雪（ユキ）　露（ツユ）　霜（シモ）　朧（ヲホロ）　風（カセ）　嵐（アラシ）

晴（ハレ）　天　返　日　月　星（ホシ）　宿（ヤトリ）

夜（ヨル）　晝（ヒル）　晦（ツコモリ）　昡朔（ツイタチ）　曉（アカツキ）　盈（ミチ）　昃（カケ）

弦（ケン）　滿（ミチ）　缺（カケ）　山（ヤマ）　谿（タニ）　峰（ミネ）　嶂（カケ）

〔8ウ〕

峭（ソハ）　坂（サカ）　巓（イタヽキ）　麓（フモト）　岡（ヲカ）　川（カワ）　原（ハラ）

野（ノ）　路（ミチ）　蹊（ハクミチ）　土地（トチ）　坙（ヲツチ）　扗（タネ）　堤（ツヽミ）

畷（ナハテ）　疇（アセ）　町（マチ）　段（タン）　歩（ホ）　田（タ）　畠（ハタ）

園（ソノ）　橋（ハシ）　畝（ウネ）　杓（ヒトツハシ）　礒（イソ）　渚（ナキサ）　汀（ミキハ）

濱（ハマ）　泊（トマリ）　浦（ウラ）　波（ナミ）　漪（サヽナミ）　洳（ソヽロナミ）　溜（シヅク）

渧（シタヽリ）　水　氷　凍　澌（サヘタリ）　沼（ヌマ）　池

河　泉　渠（ミソ）　塹（ホリ）　島（シマ）　漆（フチ）　淵（フチ）

［9オ］

瀬(セ)流(ナカレ)岩(イワ)巖(イハホ)崎(サキ)嶼(シマ)瀧(タキ)

渡(ワタシ)關(セキ)市(イチ)津(ツ)湊(ミナト)郡(コヲリ)郷(サト)

里(サト)村(ムラ)堺(サカイ)阡(チマタ)鄰(トナリ)辻(ツヂ)森(モリ)

林(ハヤシ)庭(ニハ)井洞(ホラ)墳(ツカ)墓(ハカ)砌(ニハ)

瀆(ミゾ)牆(カキ)垣(カキ)谷(タニ)道(ミチ)滴(シツク)峽(ハサマ)

迫(ハサマ)都(ミヤコ)城(シロ)京岳(ヲカ)陵(ヲカ)壤(ツチクレ)

澗(タニ)岫(クキ)

［9ウ］

唯今所(ロノ)レ一見(スル)之名所舊跡(キウセキ)、不レ離(ハナレ)レ此中(ヲ)、靈佛靈社(レイフツレイシヤ)、不レ出レ期外(キノヲ)、既進(ニム)レ一歩(ホヲ)、身與(ミトト)レ天地、一心與(ト)レ萬物無レ二、如レ此觀(ミル時ハ)レ之(ヲ)、則風雨冥暇(メイ)無レ可(クコト)レ愁(ウレフ)、山川嶮難(ケンナン)無レ畏(キカヲソルヽコト)乎、叨(ミタリニ)以(テ)レ此語(ヲアツ)充二別後之(ノ)一笑(セウニ)一、請(コフ)君爲(メニ)レ我示(カシメセ)二送行之(ノ)語(ヲ)一、恐々謹言、

烏兎(ウト)　某

〔10オ〕西禪寺　免僧禪師

爲二諸國一覽一、可レ有二御出行一之由承候、御浦山敷覺候、尤雖レ可二結伴優遊一、壯歲之時、依レ有レ此望、已遂レ其志畢、今已衰老矣、重而發レ機、難レ堪レ逐二公馬蹄一、無念之至也、想非レ歷二覽六十餘州一、可レ扣二處々勝地靈跡等一乎、舊遊尙〔10ウ〕有レ眼、殆所レ羨殺也、已是趣二遠之行一、又可レ閱レ歲月、然者徐々而經過、努莫レ早卒、歇レ山店久不レ留、過レ野館莫レ休息、一村之朝立、遠宿之夕著、尤不レ可レ然候、有レ廻路莫レ乘レ船、過レ危橋可レ下レ馬、欲レ臨レ嶮路、隨二逐好友一、是乃此行之送行也、愼莫レ忘卻、定國之次第、可レ爲二無

〔11オ〕案内一歟、存知ノ分大概（カイ）記（キシテ）レ之ヲ、令レ進覧セ候、

國名

扶桑國（フサウコク）六十八州ノ大略幷授領（ジユリヤウ）

五畿内五个國

山城（ヤマシロ）　雍（ヨウ）州　八管（クワン・コヲリ）　田數一萬七千七百五町

乙訓（ヲトクン）　葛野（カトノ）　愛宕（ヲタキ）　紀伊（キイ）　宇治（ウチ）

久世（クセ）　綴喜（ツヽキ）　相樂（サカラ）　行程南北一日、勝跡多シ、有二樂方一、種生二百倍一、殊ニ味

甘シ、大々上國也、

〔11ウ〕

大和（ヤマト）　和州　十五郡　添上（ソウノウヘ）　添下（ソウノシタ）　平郡（ヘリ）

廣瀬（ヒロセ）　葛上（カツラキカミ）　葛下（カツラキノシモ）　忍海（ヲシノウミ）　宇智（ウチ）

吉野（ヨシノ）　宇陀（ウタ）　城上（キカミ）　城下（キシモ）　高市（タケチ）

十市（トウチ）　山邊（ヤマノヘ）　田數一萬七千九十八町、南北二日餘里、山里繞（メクツテ）而種生二十倍一、出二國差圖（ノサシツヲ）一、故ニ名二舊跡繁ト一、大々上國也、

河内（カハチ）　河州　十五郡　綿織（ニシコリ）　石川（イシカハ）　古市（フルイチ）

〔12オ〕

安宿　大懸　高安　河内　讃良
茨田　交野　若江　澀河　志紀
丹北　丹南
田數一萬二千五百十三町、四方二日餘里、井堤沼池多、種生五倍、市廛許多也、大中國也、

和泉　泉州　三郡　大鳥　和泉　日根
田數一萬五百六十九町、南北一日餘里、負海抱山、故五穀帶冷澀氣缺味、國廣醬醢魚鼈多、大下國也、

攝津　攝州　十三郡　住吉　百濟　東成

〔12ウ〕

西成　島下　島上　豐島　河邊
武庫　勉原　八部　有馬　能勢
田數三萬三千三百十四町也、四方二日半、帶皇城而抱西海南暖北寒、故五穀熟、魚鹽繁、大上國也、

東海道十五个國

伊賀　伊州　四郡　阿辨　山田　伊賀
名張
田數四千五十五町、四方一日、山川多、依生暖氣、草木竹蕩多、

伊勢　勢州　十三郡　鈴鹿　桑名　員名

〔13オ〕

朝明　三重　河曲　庵藝　安濃

壹志　飯高　飯野　多藝　度會

田數一萬八千百廿町、南北三日餘、山海平均勝餘州
仍爲國親、石厚貢多、蒔一得百倍、大々上國也、

志摩　摩州　二郡　答志　英虞

田數百廿四町、四方半日、一郡
摩州、合爲一國、海中多、下國也、

尾張　尾州　八郡　海部　中島　葉栗

丹羽　春日部　愛智　知多　山田

〔13ウ〕

田數一萬一千九百町、南北三日、地厚土肥、
種生千倍、里多勝日本國也、大上國也、

參河　三州　八郡　碧海　賀茂　額田

幡豆　寶髪　八名　渥美　設樂

田數七千五十四町、東西一日半、山海多、
土淺一尺、故五穀不熟、口乏、下々小國也、

遠江　遠州　十三郡　豐田　磐田　濱名

長上　長下　敷智　引佐　麤玉

山名　周智　佐野　城飼　秦原

〔14オ〕

駿河(スルカ)　駿州　七郡　志太(シタ)　益頭(マスツ)　有度(ウト)

安部(アヘ)　廬原(クロハラ)　富士(フジ)　駿川(スルガ)

田數一萬九千六十町、東西二日半、山河郷里相交、地七尺、種生レ千倍ヲ又萬倍也、大上國也、

伊豆(イツ)　豆州　三郡　田方(タカタ)　那賀(ナカ)　賀茂(カモ)

田數九千七百六十町、東西二日半、山原里野皆均等也、抱(キ)レ海(ヲ)帶(ヲ)レ山、土肥多産(ナリ)、

田數五千八百四十町、東西一日、畠多田少、山高海廣、鹽魚多(シ)、

甲斐(カヒ)　甲州　四郡　山梨(ヤマナシ)　八代(ヤツシロ)　巨麻(コマ)

〔14ウ〕

都留(ツル)　田數一萬一千四十三町、南北二日也、田淺畠深、四方寒無(スシ)レ漏氣、草木滋(ク)、牛馬多(シ)也、

相模(サカミ)　相州　八郡　足上(アシノカミ)　足下(アシノシモ)　餘綏(ユルキ)

太住(ヲ、スミ)　愛甲(アイカウ)　高座(タカクラ)　鎌倉(カマクラ)　三浦(ウラ)

田數一萬一千四百八十六町、四方三日、地厚(コト)一丈、生産肥、山淺(クク)無レ林木、海藻與(ト)レ魚鼈多(シ)、大上國也、

武藏(ムサシ)　武州　廿一郡　久良岐(クラキ)　都筑(ツキ)　多磨(タマ)

橘樹(タチハナ)　豐島(トヨシマ)　足立(アシタチ)　新羅(ニイラ)　入間(イルマ)

高麗(コマ)　比企(ヒキ)　横見(ヨコミ)　崎玉(サイタマ)　太里(ヲ、サト)

［15オ］

男衾　幡羅　榛澤　那賀　兒玉
賀美　秩父　荏原
田數三萬六千百九十町、四方五日半、野廣無レ山、仍闕レ良材、
田畠豐草類多、大々上國也、

安房　房州　四郡　平郡　安防　朝夷
長狹
田數四千三百卌三町、南北一日半、山河原野田
里平均、魚貝多、以レ此田之糞用レ之、大中國也、

上總　總州　十一郡　市原　海上　畔蒜
望陀　周唯　天羽　夷讚　埴生
長柄　山邊　武射
田數二萬一千八百七十町、南北三日、海岸
弘　碧藻多、絹布鐙鞦等在、

［15ウ］

下總　總州　十一郡　葛飾　千葉　印幡
匝瑳　海上　香取　埴生　相馬
猿島　結城　豐田
田數二萬六千百卌町、南北
三日、山海倶多、禽獸交充、
無レ食味、

常陸　常州　十一郡　新治　眞壁　筑波

〔16オ〕

河内　茨城《ムハラキ》　行方《ナメカタ》　鹿島《カシマ》　信太《シダ》

那賀《ナカ》　久慈《クシ》　多珂《タカ》

田數四萬二千卌八町、四方四日也、田宅市廛

逐《テ》レ日《ヲ》盛《ナリ》、牛馬充《ミチ》レ牡《ニ》、

蠶多《ク》緜繞《カ也》、大々中國、

東山道八个國

近江　江州　十二郡　志賀《シカ》　栗本《クリモト》　甲賀《カウカ》

蒲生《カマウ》　神崎《カンサキ》　犬上《イヌカミ》　坂田《サカタ》　淺井《アサイ》

伊香《イカコ》　野洲《ヤス》　善積《ヨシミツ》　高島《タカシマ》

田數三萬一千百卌町、四方三日半、山河田畠保疆閏

澤也、種得レ千倍《ヲ》、鄰《リシテ》レ京《ニ》春氣早《シ》、日本四番《ノ》國、上々國也、

〔16ウ〕

美濃《ミノ》　濃州　十八郡　多藝《タキ》　石津《イシツ》　不破《フハ》

安八《アンハチ》　池田《イケタ》　大野《ヲヽノ》　本蘇《ホンソ》　席田

方縣《カタ》　厚見《アツミ》　各務《カヽミ》　山縣《ヤマカタ》　武藝《ムケ》

郡上《グン》　賀茂《カモ》　可兒《カコ》　土岐《トキ》　惠奈《エナ》

田數四萬四千八百卌三町、南北三日、山原田畠多《シ》、紙帛

豐也、五穀萬倍生《ス》、大上國也、

飛驒《ヒタ》　飛州　三郡　大野《ヲヽノ》　益田《マスタ》　荒城《アラキ》

［17オ］

田數千六百五十町、大々小國也、

信濃（シナノ）　信州　十郡　伊那（イナ）　諏防（スワ）　筑摩（ツクマ）

安曇（アツミ）　更級（サラシナ）　水内（ミノチ）　高井（タカヰ）　埴科（ハニシナ）

小縣（ヲタカ）　佐久（サク）　田數三萬一千四百卌町、南北五日、陰氣深草木不レ長、海坦鹽味希、地深一丈、桑麻厚而巾縣多、大々下國、

上野（カウツケ）　上州　十四郡　碓水（ウスイ）　片岡（カタヲカ）　甘樂（カンラ）

多胡（タコ）　綠野（ミトノ）　那波（ナハ）　郡馬（クルマ）　吾妻（アツマ）

［17ウ］

利根（トネ）　勢多（セタ）　佐井（サク）　新田（ニツタ）　山田

邑樂（ヲ、アラキ）　田數二萬七千四百六十町、南北五日、陰氣深草木不レ長、海坦鹽味希、地深一丈、桑麻縣多、大々下國也、

下野（シモツケ）　同州　九郡　足利（アシカ）、　簗田（カマタ）　安蘇（アソ）

都賀（ツカ）　河内（カワチ）　鹽屋（シヲヤ）　寒川（サンカウ）　芳賀（ハカ）

奈須（ナス）　田數二萬七千四百六十町、東西三日、山少野深、土厚草木多、種生レ百倍、

陸奥（ムツノクニ）　奥州　五十四郡　白河　磐瀬（イハセ）　高野

〔18オ〕

石川(イシカワ)　會津(アヒツ)　耶摩(ヤマ)　安積(アサカ)　安達(アタチ)
伊達(タテ)　信夫(シノフ)　太治(ヲヽチ)　稲我(イナカ)　名取(ナトリ)
稗繼(ヒエツキ)　般前(ハンセン)　刈田(カツタ)　柴田(シハタ)　標葉(シネハ)
行方(ナメカタ)　宇多(ウタ)　伊具(イク)　曰理(ワリ)　宮城(ミヤキ)
黑川(クロカハ)　賀美(カミ)　色麻(シカマ)　玉造(ツクリ)　志太(シタ)
遠田(トヲタ)　桃生(モノフノ)　牡鹿(ヲシカ)　登米(トヨミ)　栗原(クリハラ)
磐井(イハイ)　江刺(エサシ)　膽澤(ヰサハ)　斯波(シハ)　本吉(モトヨシ)

〔18ウ〕

氣仙(ケセン)　長岡(ナカヲカ)　新田(ニツタ)　小田(ヲタ)　金原(カネハラ)
措羽　閉伊(ヘイ)　津輕(ツカル)　北鹿　菊多(キクタ)
田數五十萬三千百六十町、東西六十日、昔與二出羽一爲二一國一、市城宮室不レ可レ勝計、仙屈異鳥怪獸充(チ)、帛繞(カ也)也、

出羽(テハ)　羽州　十一郡

最上(モカミ)　村山(ムラヤマ)　置賜(ヲクタン)
雄勝(ヲカチ)　平鹿(ヒラカ)　山本(ヤマモト)　飽海(アタミ)　河邊(カワノヘ)
田川(タカワ)　出羽(テワ)　秋田(アキタ)
田數五萬二百九十町、煖氣早(シテ)、耘耕厚(シ)、大々上國、

［19オ］

北陸道七个國

若狹(ワカサ)　若州　三郡　遠敷(ヲニフ)　大飯(ヲヽイ)　三方(ミカタ)
田數三千七十町、南北一日半、海近有二澀氣(シフケ)一、魚鼈
利多、

越前(エチセン)　越州　六郡　敦賀(ツルカ)　丹生(ニフ)　今立(イマタチ)
足羽(アシハ)　大野(ヲヽノ)　坂井(サカイ)
田數四萬七千五十町、南北三日半、山當(リ)レ南帶(ニ)二北海(ヲ)一、
五穀不熟、桑麻多、大々下國也、

加賀(カヽ)　加州　四郡　江沼(エマタ)　能美(ノミ)　加賀(カヽ)
石川(イシカハ)
田數一萬二千七百六十町、東西二日半、地
冷、酢醯酒漿水久澄(メリ)、五穀桑緜絹多、中上國、

［19ウ］

能登(ノト)　能州　四郡　羽咋(ハクイ)　能豆(ノト)　鳳至(フケシ)
珠洲(スヽ)
田數八千貳百五十町、東西二日半、土冷
五穀遲(ク)利、鐵多鎔大器、桑多衣厚、

越中(エツチウ)　越州　四郡　礪波(トナミ)　射水(イツミ)　婦負(ネイ)
新川(ニイカワ)
田數二萬千三百七十町、東西二日半、土冷
五穀遲利、鐵多鎔大器、桑多衣厚、

越後(エチゴ)　越州　七郡　頸城(クヒキ)　古志(コシ)　三島(ミシマ)
魚沼(イヲノ)　蒲原(カンハラ)　磐船(イワフネ)　沼垂(ノツタリ)　伊保野(イホノ)

〔20オ〕

田數四萬四千九百九十町、四方六日路、山當レ南帶二北海一、五穀不レ熟、桑麻多、

佐渡　佐州　三郡　羽茂　雜太　賀茂

田數三千八百七十町、四方三日半、草木勝地、牛馬不レ知レ數、中國也、

山陰道八个國

丹波　丹州　六郡　桑田　船井　多記
氷上　天田　何鹿

田數一萬八千五十町、南北一日半、魚鼈桑麻繞也、以二精好一爲二國產一、中上國也、

〔20ウ〕

丹後　丹州　五郡　加佐　與佐　丹波
竹野　熊野

田數四千七百五十町、四方一日半、穀米柴薪多、

但馬　但州　八郡　朝来　養父　出石
氣多　城崎　美食　二方　七美

田數八千八百四十町、南北二日、田畝厚廣、粟稗繁、柴木繞也、中上國也、

因幡　因州　七郡　巨濃　法美　八上
智頭　邑美　高草　氣多

［21オ］

出雲　雲州　九郡　意宇　能義　島根

田數八千百卅町、南北二日半、北河近山深材木多、海草絹布多、中上國、

秋鹿　楯縫　出雲　神門　飯名

仁多　大原

田數九千百六十町、東西二日半、樹木瓜蓏松交野草土産多、利レ鐵農、尤絹布多、大上國也、

石見　石州　六郡　安濃　邇摩　那賀

邑知　美濃　鹿足

田數四千八百八十町、南北二日、藻蓄多、以レ鮑税充倍二他國一、

［21ウ］

隱岐　岐州　四郡　知夫　海部　周杏

穩地

田數六百八十町、四方二日、五穀乏藻多、以レ鮑彌名、小下國、

山陽道八个國

播磨　幡州　十二郡　明石　賀古　印南

飾磨　揖保　意穗　佐用　穴粟

神崎　多可　賀茂　美嚢

〔22オ〕

田數二萬四千廿町、四方三日半、土暖不レ見二雹霰一、絹
布紙帛多、衣食足、大上國、

美作　作州　七郡　大庭　眞島　苂田
勝田　苫西　久米　苫東

田數萬一千廿町、東西三日半、回レ境園レ寒無レ風、草
木衣食繁、

備前　備州　八郡　和氣　磐梨　邑久
赤坂　上道　御野　津高　兒島

田數一萬三千百八十町、四方三日半、帶レ南海暖氣
早、五穀先レ秋致レ貢早、利刀鋭戟帛緜多、

〔22ウ〕

備中　同州　九郡　都宇　窪屋　賀夜
下道　淺口　小田　後月　哲多
英賀

田數一萬八千廿町、東西三日半、利刀耘
稌多、五谷藻布充、日飽二美食一、大上國也、

備後　同州　十四郡　安那　深津　神石
奴可　沼隈　品治　葦田　甲奴
三上　惠蘇　三調　世羅　三谿
三原

田數九千六百五十八町、東西二日餘、田畔長
阡陌繁、五穀早熟、酒醯久保、中上國也、

［23オ］安藝　藝州　八郡　沼田　賀茂　安藝
山縣　高田　高宮　佐伯　沙田
田數七千八百卅町、南北二日半、山邃材木多、海邊
鹽苔繞也、五穀不レ秀、大下國也、

周防　防州　六郡　大島　玖河　熊毛
都濃　佐波　吉敷
田數七千八百四十町、東西三日、藻茖鱗甲類多、土
產十二倍他國一、以レ鯖施レ名、中上國也、

長門　長州　五郡　厚狹　豐浦　美禰
大津　阿武
田數四千九百町、東西二日半、南海
北山、魚鼈充、稷穀倍レ他國、中上國也、

［23ウ］

南海道六个國

紀伊　紀州　七郡　伊都　那賀　名草
海部　在田　日高　牟婁
田數七千二百廿町、南北四日、三方海缺レ平地、故五穀
不レ熟、

淡路　淡州　二郡　津名　三原
田數二千四百廿町、四方一日、國之母也、然小國也、號二一
柱之國一、衣食不レ乏、良材多、

〔24オ〕阿波(アハ)　波州　九郡　板野(イタノ)　阿波(アハ)　美馬(ミマ)

三好(ミヨシ)　麻殖(ヲヱ)　名東(ナヱ)　名西　勝浦(カツウラ)

那賀(ナカ)　田數五千四百四十町、四方二日、土厚稷稲豐稔、山海深ク、魚鱗禽獸之類多シ、中上國也、

讃岐(サヌキ)　讃州　十三郡　大内(ヲヽチ)　讃川(サンカワ)　三木(ミキ)

香川(カンカワ)　阿野(アノ)　鵜足(ウタツ)　那賀(ナカ)　多度(タト)

三野(ミノ)　豐田(トヨタ)　山田　刈田(カツタ)　風羊

田數一萬七千九百三十町、四方三日路、山川田畠均(ヒトシク)等、五穀豐也、魚貝之類多シ、名人多ク自レ是出ツ、大中國也、

〔24ウ〕伊豫(イヨ)　與州　十四郡　宇麻(ウマ)　新井(ニイ)　周敷(スフ)

桑村(クハムラ)　越智(ヲチ)　野滿(ノマ)　風早(カサハヤ)　和氣(ワケ)

溫泉(ユセン)　久米(クメ)　浮穴(ウケツ)　伊與(イヨ)　喜多(キタ)

宇和(ウワ)　田數一萬五千百卌町、四方二日、原野田畝多ク、桑麻鹽藻豐也、大中國、

土佐(トサ)　土州　七郡　安藝(アキ)　香美(カヽミ)　長岡(ナカヲカ)

高岡(タカヲカ)　幡多(ハタ)　土佐(トサ)　吾川(アカワ)

田數八千三百卌町、東西二日半、五穀能熟シ、良材多シ、

［25オ］

西海道九个國

筑前（チクセン）　筑州　十五郡　怡土（イト）　志摩（シマ）　早良（サラ）

那賀（ナカ）　遠賀（ヲカ）　糟屋（カスヤ）　宗像（ムナカタ）　鞍手（クラテ）

嘉摩（カマ）　穂浪（ホナミ）　夜須（ヤス）　下座（シモツアセツラ）　上座（カミツアセツラ）

御笠（ミカサ）　席田（トシタ）

田數一萬九千七百六十町、南北四日、
米粟珍寶器備、中上國也、

筑後（チクコ）　筑州　十郡　御原（ミハラ）　生桑（イクワ）　竹野（タカノ）

山本（ヤマモト）　御井（ミイ）　三猥（ミクマ）　上妻（カンツマ）　下妻（シモツマ）

山門（ヤマト）　三毛（ミケ）

田數二萬三千八百廿町、南北五日、
穀魚鼈不レ可レ勝（テ）計（フ）、珍寶器械多（シ）、

［25ウ］

豐前（フセン）　豐州　八郡　田河（タカワ）　企救（キク）　京都（ミヤコ）

仲津（ナカツ）　築城（ツイキ）　上毛（カンツケ）　下毛（シモツケ）　宇佐（ウサ）

田數一萬一千二百廿町、南北四日、鄰（リシテ）レ唐（ニ）藥種重器充（ツ）、
以二帛絹一（ヲ）致レ貢、

豐後（フンコ）　豐州　八郡　日田（ヒタ）　球珠（クス）　直入（ナトリ）

大野（ヲヽノ）　海部（アマ）　大分（ヲヽイタ）　速見（ハヤミ）　國崎（クマサカ）

田數一萬千二百七十町、四方三日、桑麻多（ク）、衣服充（チ）、五
穀唐物多（シ）、中上國也、

〔26オ〕

肥前　肥州　十一郡　基井　養父　三根
神崎　佐嘉　小城　松浦　杵島
藤津　彼杵　高束
田數一萬三千四百六十町、南北五日、土厚種百倍、桑柘豐衣厚、魚鳥備食、

肥後　肥州　十四郡　玉名　山鹿　菊池
阿蘇　合志　山本　飽田　詫麻
益城　宇土　八代　天草　葦北
球麻　田數二萬三千四百六十町、四方五日、材木柴薪饒、五穀魚鼈紙緜多、大中國、

〔26ウ〕

日向　日州　五郡　臼杵　兒湯　那賀
宮崎　諸縣　田數八千二百九十八町也、四方三日、桑麻五穀平均、乏飢寒依レ是、中之國、

大隅　大州　八郡　菱刈　桑原　贈於
大隅　合羅　始良　肝屬　馭謨
田數四千七百七十町、東西二日、雖レ爲レ小國食類豐、魚鼈之類多、紙緜殊繞也、中上國也、

薩摩　薩州　十三郡　出水　高城　薩摩

［27オ］

甑島《コシキシマ》　日置《ヒヲキ》　伊佐《イサ》　阿多《アタ》　河邊《カワノヘ》
揖宿《ヰネヌキ》　給黎《キフレ》　谿山《タニヤマ》　鹿兒島《カコシマ》　頴娃
智覧
田數五千五百廿町、四方二日、雖レ小國《ナリト》鄰《シ》レ唐《ニ》、故《ニ》
備二器用之具一、雖レ然桑麻而《モ》乏《シテ》レ衣服、中上國也、
壹岐《イキ》　壹州　二郡　壹岐《イキ》　石田《イシタ》
田數六百廿町、四方一日路、此《ノ》一州與レ對州爲二一島一、西
戎來襲《リフ》、故勸《ニ》二請《シ》宇佐《ノ》宮《ヲ》一、備《ル》二貢物《ヲ》一者皆異珍也、
對馬《ツシマ》　對州　二郡　上縣《カンツカタ》　下縣《シモツカタ》
田數一千町、四方一日、離二日本之《ノ》地《ヲ》一故《ニ》號《ス》レ島《ト》、有二異珍之《ノ》
類一、勸請《シ》レ神《ヲ》動《ヤ、モスレハ》隨レ唐《ニ》、故《ニ》被レ置二探題職《ヲ》一、

［27ウ］

凡《ソ》六十餘州之《ノ》名記畢《キシヌ》、以二高麗《ライ》、大唐、
新羅《シンラ》等之《ノ》大國《ヲ》一比《スレハ》　二之《ヲ》日本《ニ》一、是《レ》雖レ爲《ト》二小
國一、靈《レイ》佛靈社多垂《クタレ》レ跡《ヲ》、祖意《ソイ》教意《ケウ》又遍
レ他《ニ》、是《レ》卽法成就東土之《ノ》僧乎《カ》、足下自
レ明日、歷《レキ》二偏《ヘンセハ》此地《ニ》一、于レ見《ル》于レ聞《ク》、猶以勝絶《セウセツナル》
者也、長紙短筆、具《ニ》以難《シ》レ伸、頓首不備、
卽刻　某

〔28オ〕拝覆　安國寺　還呈

不日之(ノ)間可レ有二御上洛一由傳承候、一定(ニ)候哉、然(ラハ)者始(テ)而御在洛之(ノ)間、所々之(ノ)御進物、方々之(ノ)禮儀等、旁御大事共察(サツシ)存候、爲レ御錢(ハナムケ)青銅(セイトウ)一緡、尾張八丈三疋、甲斐國皮五枚、令二進覽一候、雖レ爲二輕(ケイ)薄(ハク)一、聊(イサヽカ)表(ヘウスル)二微志(ビシヲ)一耳(ノミ)、隨(テ)而城中(ノ)事無案

〔28ウ〕内之(ノ)時者(ハ)、更(ニ)無二方角一、動(ヤヽモスレハ)忘二御出入(ス)之(ノ)門戸(ヲ)一也、其謂自二一條一至二九條一、自二東朱雀一至二西町一、小路縱横(シウワウナリ)也、於二其間(ニ)一禁裏(キンリ)大御所之玉樓(ロウ)朱閣、大名小名之(ノ)金門銀戸、神社佛寺等、盡(コトコトク)捧(サヽケ)二朱欄(ヲ)一、或(ハ)突兀(トツコツトシテ)聳(ソヒヘ)レ雲(ニ)、或(ハ)豁邇邊(シ)レ地(ニ)、往還之(ノ)車馬、風塵(チンサハリ)礙レ眼(マナコニ)、進退之官呂、蘭(ラン)

［29オ］麝(シヤウツ)撲レ鼻(ヲ)、若有(シテ)二田舎人一交(ル)二此中(ニ)一、則忘然(トシテ)失(ス)二其氣色(ヲ)一、然者(ハ)町人京童(ワランヘ)、視(ミテ)レ之(ヲ)成(サン)レ笑(ワラヒヲ)、東男(アツマヲノコノ)之初(ウイ)京上此謂乎(カ)、此分可レ有二御意得一候耶、先(ツ)町小路之(ノ)名共、能々可レ有二鍛練(タンレン)一候也、爲レ其只今記(シ)進候也、

其洛之(ノ)條理縱横(タテヨコ)小路(ノ)名者(ハ)

［29ウ］一條　正親町　土御門　鷹司　近衛　勘解由小路　中御門　春日　大炊御門　冷泉　二條　押小路　三條坊門　姉小路　三條　六角　四條坊門　錦小路　四條　綾小路　五條坊門　高辻　五條　樋口　六條坊門　楊梅　六條　佐目牛　七條坊門　北小路　七條　鹽小路　八條坊門　梅小路　八條　針小路　信濃　唐橋　九條

〔30オ〕西朱雀　坊城　壬生　櫛笥　大宮　豬熊　堀
川　油小路　西洞院　町　室町　烏丸　東洞
院　高倉　萬里小路　京極　東朱雀
將又以レ參雖二可レ申入候一、乍レ次令レ啓候、難
レ去依二少生之所望一、此間纂二集種々
類名一、又附二于其始末一、載二消息詞一、雖レ然
冥聞淺識　而少レ所レ撮レ要、纔　拾レ一捨レ十

〔30ウ〕已矣、定可レ有二文字之紕繆、文章之顚
倒一、請君一覽　以爲レ彼加二斤鑿一、努莫レ令
レ觀二宏才之人一、但是塞二少生之責一耳、
意曲併可レ得二御意一候、恐惶、

居諸　　　某

拜呈　一乘院　座側

自レ是可レ令レ申候處、遮而預二御音

［31オ］問一候之條、承悦之至候、如レ仰不圖依レ有二急用一、上洛可レ仕心事候、未レ定二日限一候、初京上之事、萬事無案内之處、念比示賜候、不レ知レ所レ謝候、仍而重寳濟々拜領、於レ身過分之至候、殊京之圖、誌賜候、而大切此事候、如何様好々可レ心得候、都鄙之立棲、可レ爲レ各別候哉、

［31ウ］爲中體無レ面目候、詩曰、山河扶二繡戶一、日月近二彫梁一、又曰、千官捧レ日臨二春殿一、萬騎屯レ雲動二曉沙一、如レ此之看二詩句一猶動レ意、矧乎到二其境一者乎、將又新撰往來集、廼令二一覽一、爲二小生稽古一尤可レ然候、於二消息、庭訓、遊覺、新札風情一、其外往來等、文章聯レ玉、詞語散

〔32オ〕

レ花、此上不レ及レ申候、就二萬事一集二交名一
爲レ肝要歟、已誌二吾朝之國名一畢、同載二
須彌四州之名一可乎、定其名雖下可レ有二
御存知一候上、大概記レ之進候、

其四州名者

南閻浮州者、須彌南畔吠瑠璃樹、映二閻
浮州中一、皆青色也、此州乃大樹爲レ名、

〔32ウ〕

號二閻浮提一、其樹縱横七千由旬也、下有二
閻浮檀金一、聚高二十由旬、以二金從レ樹下
出生一、號二閻浮樹一、人長四臂、命百歳也、雖
レ然不レ定レ境、故以レ七十爲二定命一、人面團也、
西牛貨州、賣レ牛爲レ寶、故國大一二倍于
南方人一、長八臂、命二百五十歳、有二佛法
不レ用レ之、貪欲瞋恚爲レ最、其外無二災

〔33オ〕難一、而形如二半月一、東勝身州、自二餘國一人々身體美也、國之大一二倍西方一、人長十六臂、命五百歲、不レ聞二佛法名一、況見乎、無二災難一、面形平也、北鬱旦州、鬱旦樹之木多、而圍レ人爲レ家、男女交會之時隱二其下一、田生二白米一、鍋釜自在レ之、不レ知二我人之分一、隨レ用入

〔33ウ〕レ米、以二琰光珠三一、置二釜之下一、火炎出爲レ飯、其後玉去、人長卌二臂、命千歲、有二交會一、七日之間生レ子、置二其子於道辻一、行旅之人、自二指崎一出レ乳、以令レ吸レ之、又經二七日一、其子隨長、其後不レ知二父母一、佛法更不レ聞レ名、面形四角也、

須彌山者、地橫八萬由旬也、地之上十六

〔34オ〕萬由旬也、縱橫十六萬由旬也、圓生樹在レ之、木之高卅六萬里、四方亦如レ此、日月遶二其中一、四王住二其中一、多聞、持國、增長、廣目天也、帝釋住二其巓一、又上有二三天一、帝釋眷屬幷天女等住處也、善法堂在二未申之方一、金翅鳥住二其頂一、翼三萬六百里也、就レ須彌巨細伸レ之、不レ可レ有二涯涘一、

〔34ウ〕雖レ謂二百億須彌、百億四大海一、先於二一須彌一三十三天在レ之、九山八海充二塞其中一、此外大國小國、不レ可レ勝計、如二今記一纔拔二其要一題レ之耳、公之所レ撰類字亦復如レ此乎、悉取二其類名一誌レ之、定難レ及二筆力一乎、或曰二千草萬木一、或如二天台説一、魚類六千四百、鳥類四千貳百、獸類者

〔35オ〕二千四百也、加以餘類之者亦如レ是、只於二其間一、而拾二有レ所用者一載レ之而已、以レ分二其類一之故、名二此冊一云二類聚一、可乎、點札之事見レ示、予眼見所レ難レ及也、付二與他之一覧之人一、令レ揮二斤斧一、巨細在二拝顔之時一、不具謹言、

乃時　　　　　某

〔35ウ〕拝上　本覺院　吟案下

新撰類聚往來巻下終

正覺國師第四世佛陀院

丹峰和尚撰焉

慶安元年五月吉旦

京寺町蛸薬師前敦賀屋久兵衞開板

索引編

名彙索引

凡　例

［採録の範囲］

一、内閣文庫蔵慶安元年版本を底本とした。

一、右テキストの名彙類聚部分所収の標出語全てを、採録の対象とした。但し、名乗の部については、掲出字の第一字のみ採録した。国郡の部については、国名・片名・郡名を採録し、その他の注文は除外した。猶、郡名のうち、巻下18丁裏2行目「措羽」、巻下24丁表6行目「風羊」は未詳であるため採録していない。

一、標出語のうち、訓を欠くもの、また、訓を一部のみ存するものについては、東京大学文学部国語研究室蔵天正四年写本、静嘉堂文庫蔵写本、及び室町時代の古辞書を参照し、補読した上で採録した。

一、標出語に付された注文は原則として除外した。但し、右に記したように、国の片名は採録した。官職の唐名は空見出しとして立てた。

［見出し語及び排列］

一、見出し語は、歴史的仮名遣に還元した上で、五十音順とし、清音を先に、濁音を後に排列した。

一、同じ訓を有するものは、原本におけるそれぞれの標出語の出現順に排列した。

一、語の清濁については、室町時代に基準を求めた。

［参照注記］

一、標出語のうち、語形に揺れが見られるもの、また、原本の標出語に付された訓の他に一般的なものが存するものについては、それぞれから検索できるように、空見出しを立てた。

［校訂］

一、原本の傍訓には、例えば巻上20丁裏6行目「小篧　コツキ」等、明確な誤りもある。このような場合、索引見出しは、あるべき語形（右の場合は「このき」）に補正した。

一、漢字について問題がある場合は、以下の記号を用いて示した。明らかな誤字の場合、原本の形を示した上で、その下に正しい漢字表記を山形括弧〈　〉に入れて示した。室町時代の文献に見られる通用現象・省画・増画・扁揃である場合、原本の形を示した上で、その下に規範的な漢字表記を亀甲括弧〔　〕に入れて示した。異体関係の場合は、丸括弧とイコール記号（＝　）で示した。

［字体］

一、漢字の字体は、康熙字典に準拠した。但し、康熙字典体と室町時代通行の字体とに、大きな違いが見られる場合に、後者に従ったものもある。

［索引の形態］

一、索引見出しの次に、版本における漢字文字列と傍訓を挙げ、次いで所在（部名の略号　巻　丁数　表裏　行数）を表示した。

一、左右両訓ある場合は、右訓・左訓の順で示した。

一、訓が一部分のみ存する場合は、欠けている訓の部分を「―」で示した。

一、原本では、異なる漢字文字列で同じ訓を有するものが続いている場合、第二項目以下は、傍訓の代わりに「同」と記す。この場合、索引採録の際は、当該の訓を（　）に入れて示した。

一、原本の虫損により難読の文字は、□で示した。

あ

あいか
　秋鹿　アキカ　国名下21オ3
あいかふ
　愛甲　アイカウ　国名下14ウ3
あいぎやう
　鱫〈鱫鯽〉アイ　魚類中3ウ2
あいこ
　愛鴣　アイコ　鳥類中5オ7
あいだ
　莢〈英〉田　アイタ　国名下22オ2
あいち
　愛智　アイチ　国名下13オ7
あいてい
　鞋底　アイテイ　道具下4ウ6
あうくわ
　櫻花　草花上25ウ7
あうしう
　奥州　国名下17ウ7
あうむ
　鸚鵡　アフム　鳥類中5オ6
あうむのさかづき
　鸚鵡盃　アフムサカツキ　酒名中17ウ6
あか
　垢　アカ　人倫中42ウ7
あか
　英賀　アカ　国名下22ウ3
あかがは
　赤皮　アカカハ　武具中13オ1
あかがり
　皹　アカヽリ　人倫中42ウ3
あかぎ
　赤木　木名中30オ1
あかざ
　藜　アカサ　調菜上33オ6
あかざ
　藜　アカザ　草名中32ウ6
あかさか
　赤坂　アカサカ　国名下22オ6
あかざめ
　赤佐目　アカサメ　走獣上27オ1
あかし
　明石　アカシ　国名下21ウ5
あかだま
　赤玉　珍宝上18ウ6
あかつき
　暁　アカツキ　天象下8オ6
あがつま
　吾妻　アツマ　国名下17オ7
あかとんばう
　蛾　アカトンハウ　虫名中20オ7
あかね
　茜　アカネ　草名中32オ7
あがは
　吾川　アカワ　国名下24ウ6
あかほ
　意〈赤〉穂　アカホ　国名下21ウ6
あかりしやうじ
　明障子　屋具上21ウ2
あき
　明　アキ　名乗上10ウ3
あき
　安藝　アキ　国名下23オ1
あき
　安藝　アキ　国名下23オ1

あき
安藝　アキ　国名下24ウ5
あきた
秋田　アキタ　国名下18ウ6
あきた
飽田　アキタ　国名下26オ6
あぎと
腮　アキト　人倫中42オ7
あくた
芥　アクタ　五穀中15オ5
あくみ
飽海　アタミ　国名下18ウ5
あけう
阿膠　アケウ　薬種上41ウ6
あけび
通山〈屮＝艸〉アケヒ　茶子上29ウ5
あげまき
總角　アケマキ　楽名上37ウ5
あげまき
總角　アケマキ　武具中12ウ2
あご
英虞　アー　国名下13オ4
あごえ
距　アカヘ　人倫中43オ1
あこめ
衵〔袓〕アコメ　俗服中9ウ3
あさ
麻　アサ　五穀中15オ6
あさ
麻　アサ　草名中32オ7
あさか
安積　アサカ　国名下18オ1
あさがほのはな
牽牛花　アサカホー　草花上25ウ6
あさくち
淺口　アサクチ　国名下22ウ2
あさくら
朝倉　アサクラ　楽名上37ウ6
あさけ
朝明　アサケ　国名下13オ1
あさご
朝米〈來〉アサコ　国名下20ウ3
あさぢ
淺茅　アサチ　草名中32ウ7
あさつき
苔澤　アサツキ　調菜上33ウ2
あさひな
朝夷　アサイナ　国名下15オ4
あざみ
薛　アサミ　調菜上33オ5
あさみどり
淺綠　アサミトリ　楽名上38オ4
あざらし
水豹　アサラシ　走獣上26ウ2
あざゐ
淺井　アサイ　国名下16オ6
あさをか（沙田）↓ますた
あし
葦　アシ　草名中32ウ5
あし
足　アシ　人倫中42ウ1
あしか
海馬　アシカ　魚類中3オ4
あじか
簣　アシカ　酒名中18オ3
あしかが
足利　アシカヽ　国名下17ウ4
あしがき

葦垣　アシカキ　楽名上38オ2
あしがため
足堅　アシカタメ　屋具上21オ6
あしがら
足柄　アシカラ　楽名上37ウ7
あしがらのかみ
足上　アシノカミ　国名下14ウ2
あしがらのしも
足下　アシノシモ　国名下14ウ2
あしきた
葦北　アシカタ　国名下26オ7
あしげ
驄　カスケ　走獣上26ウ7
あしだ
屐　アシタ　俗服中9ウ1
あしだ
葦田　アシタ　国名下22ウ5
あしなへ
躄　アシナヘ　人倫中43オ4
あしはらだ
葦原田　アシハラタ　楽名上37ウ5
あしやう（亜相）→だいなごん（大納言）
あすかゐ
飛鳥〈飛鳥井〉アスカイ　楽名上38オ7
あすは
足羽　アシハ　国名下19オ5
あせ
汗　アセ　人倫中42ウ7
あせ
肝〈汗〉アセ　人倫中43オ1
あぜ
疇　アセ　天象下8ウ3
あせい
鴉青　アセイ　紙名上18オ1
あぜぐら
叉倉　屋具上21ウ7
あぜち
按察　アンサイ　位次上6オ1
あそ
安蘇　アソ　国名下17ウ4
あそ
阿蘇　アソ　国名下26オ6
あた
阿多　アタ　国名下27オ1
あだち
足立　アシタチ　国名下14ウ6
あだち
安達　アタチ　国名下18オ1
あぢ
鰺　アチ　魚類中3オ4
あぢさゐ
味戓　アチサイ　草花上25オ7
あつ
厚　アツ　名乗上12ウ7
あづき
小豆　アツキ　五穀中15オ6
あつさ
厚狭　アツサ　国名下23オ7
あづさ
翊弓　アツサ　武具中13ウ3
あづさ
梓〈梓〉アツサ　木名中30ウ4
あづち
射垜　アツチ　武具中13ウ3
あづま（吾妻）→あがつま
あづまや

四阿　アツマヤ　屋具上22オ1
あづまや
東屋　アツマヤ　楽名上38オ7
あつみ
渥美　アツミ　国名下13ウ3
あつみ
厚見　アツミ　国名下16ウ4
あづみ
安曇　アツミ　国名下17オ3
あと
阿堵　アト　料足上16オ3
あどもつ
阿堵物　アトモツ　料足上16オ5
あとり
鶖　アトリ　鳥類中5ウ7
あなたふと
安尊〈安名尊〉アソ　楽名上38オ1
あに
兄　アニ　人倫中41ウ7
あね
姉　アネ　人倫中41ウ7
あねがこうぢ
姉小路　小路下29ウ3
あの
安濃　アノ　国名下13オ1
あの
安濃　アノ　国名下21オ6
あの
阿野　アノ　国名下24オ5
あは
粟　アワ　五穀中15オ5
あは
安房　アハ　国名下15オ4
あは
安防〈房〉アハ　国名下15オ4
あは
阿波　アハ　国名下24オ1
あは
阿波　アハ　国名下24オ1
あはた
粟田　アワタ　氏姓上9オ1
あはち
安八　アンハチ　国名下16ウ3
あはぢ
淡路　アハチ　国名下23ウ6
あはび
鮑　アワヒ　魚類中3オ4
あひづ
會津　アヒツ　国名下18オ1
あひびき
相曳　アヒヒキ　武具中12ウ4
あひら
始良〈始羅〉　国名下26ウ5
あひら（合羅）→かふら
あひる
畔蒜　アヒル　国名下15オ6
あぶ
蝱　アフ　虫名中20オ5
あふぎ
扇　アフキ　俗服中9ウ1
あふご
朳〈杁〉アフコ　家具中40オ5
あふち
楝　アフチ　木名中30ウ2
あふちのはな
楝花　アフチ―　草花上26オ2
あふみ
近江　国名下16オ5
あぶみ
鐙　アフミ　武具中13オ4

あぶみ（韉）↓しりがい
あぶらづつ
油筒　アフラツヽ　家具中39ウ6
あぶらのこうぢ
油小路　小路下30オ2
あふり
泥障　アヲリ　武具中14オ2
あぶりこ
炮籠　アフリコ　家具中40ウ3
あべ
安部　アヘ　氏姓上8ウ4
あべ
阿辨　アヘ　国名下12ウ5
あべ
安部〔倍〕アヘ　国名下14オ3
あぼ
阿保　アホ　氏姓上9オ1
あま
海部　アマ　国名下21ウ2
あま
海部　アヘ　国名下23ウ4
あま
海部　アマ　国名下25ウ6

あまかは
雨皮　アマカハ　武具中14オ2
あまがへる
蜍螻　アマカヘル　虫名中20オ6
あまくさ
天草　アマクサ　国名下26オ7
あまだ
天田　アマタ　国名下20オ6
あまのがは
漢　アマノカワ　天象下8オ1
あまのさかほこ
天逆桙　アマノサカホコ　神具中8オ7
あまのり
海苔　アマノリ　調菜上33オ4
あまば
天羽　アマハ　国名下15オ7
あまべ
海部　アマヘ　国名下13オ6
あまべ（海部）↓あま
あまぼこり
雨誇　アマホコリ　茶子上30ウ1

あまよのかぶと
雨夜甲　アマヨノヨロヒ　武具中12ウ6
あみ
網　アミ　家具中40オ4
あむ
阿武　アム　国名下23ウ1
あめ
鮮　アメ　魚類中3ウ1
あめ
乾　アメ　天象下8オ1
あめ
雨　アメ　天象下8オ4
あめ
天　天象下8オ5
あめうじ
糃犢　アメウシ　走獣上27オ4
あや（阿野）↓あの
あやぎり
綾切　楽名上37オ7
あやのこうぢ
綾小路　小路下29ウ4
あやむらさき
綾紫　アヤムラサキ

俗服中9ウ3
あやゐがさ
扇笠　アヤイカサ　楽器上35オ7
あやゐがさ
綾藺笠　アヤイカサ　武具中13オ3
あゆみのいた
歩板　アユミノイタ　屋具上20ウ5
あらき
荒城　アラキ　国名下16ウ7
あらきだ
荒木田　アラキタ　氏姓上9ウ5
あらし
嵐　アラシ　天象下8オ4
あらたま
麤玉　アリタマ　国名下13ウ6
あらひがは
洗皮　アラヒカハ　武具中13オ1
あらめ
荒布　アラメ　調菜上32ウ6
あらもと
糲　アラモト　五穀中15オ4
あららぎ
蘭草　アラヽキ　調菜上33ウ1
あられ
雹　アラレ　天象下8オ3
あり
螻　アリ　虫名中20オ6
あり
蟻　同（アリ）　虫名中20オ6
あり
玄駒　同（アリ）　虫名中20オ6
ありだ
在田　アリタ　国名下23ウ4
ありはら
在原　アリハラ　氏姓上8ウ5
ありま
有馬　アリマ　国名下12ウ2
あゐ
藍　アイ　草名中32ウ6
あを
駽〈騆〉アヲ　走獣上26ウ5
あをがちじる
青檮汁　アヲカチ―　料理中2ウ3
あをがひのたま
青貝玉　アヲカイノ―　珍宝上18ウ7
あをぐろ
驪〈青驪〉アヲクロ　走獣上26ウ5
あをぐろ
騥　同（アヲクロ）　走獣上26ウ5
あをぐろ
青黒　アヲクロ　走獣上27オ2
あをぞら
蒼穹　アヲソラ　天象下8オ2
あをな
菁　アヲナ　調菜上33オ4
あをなます
青膾　アヲナマス　料理中2オ5
あをのり
青苔　アヲノリ　調菜上33オ1
あをぶち
青淵　アヲフチ　調菜上32ウ4
あをみ

碧海　アクミ　国名下13ウ2
あをむし
螟　アヲムシ　虫名中20オ7
あをやぎ
青柳　アヲヤキ　楽名上38ウ1
あをゆで
青茄〔茹〕アヲユテ　調菜上32ウ3
あんがう
鮟鱇　アンカウ　魚類中3ウ2
あんき
案器　アンキ　飾具下2ウ3
あんぎ
庵藝　アンキ　国名下13オ1
あんじつ
按實　アンシツ　位次上4ウ7
あんじつ
庵室　屋具上22オ2
あんにん
杏仁　茶子上30ウ4
あんぱち（安八）→あはち
あんま
安摩　アンマ　楽名上36オ4

い

いか
⿰魚月〈鰨〉イカ　魚類中3オ5
いが
伊賀　―カ　国名下12ウ5
いが
伊賀　国名下12ウ5
いかご
伊香　イカコ　国名下16オ7
いかだ
筏　イカタ　家具中40オ3
いかづち
雷　イカツチ　天象下8オ2
いかり
砢　イカリ　家具中40オ4
いかるが
何鹿　イカルカ　国名下20オ6
いき
氣　イキ　人倫中43オ2
いき
息　同（イキ）　人倫中43オ2
いき
壹岐　イキ　国名下27オ4

いき
壹岐　イキ　国名下27オ4
いぐ
伊具　イク　国名下18オ4
いくは
生桑〈葉〉イクワ　国名下25オ6
いけ
池　天象下8ウ6
いけがみ
池上　イケカミ　氏姓上9オ2
いけだ
池田　イケタ　国名下16ウ3
いさ
伊佐　イサ　国名下27オ1
いさく（伊作）→いさ（伊佐）
いさは
膽澤　ヰサハ　国名下18オ7
いしう
伊州　国名下12ウ5
いしかは
石川　イシカワ　氏姓上9オ2
いしかは
石川　イシカハ　楽名上38オ1

いしかは
石川　イシカハ　国名下11ウ7
いしかは
石川　イシカワ　国名下18オ1
いしかは
石川　イシカハ　国名下19ウ1
いしずゑ
碽　イシスヘ　屋具上21オ6
いしずゑ
礎　同（イシスヘ）　屋具上21オ6
いしだ
石田　イシタ　国名下27オ4
いしづ
石津　イシツ　国名下16ウ2
いしづき
鐓　イシツキ　武具中13ウ6
いしのすだま
魍〈魎〉イシノタマ　走獣上26ウ1
いしみ
夷讃〈灊〉イシミ　国名下15オ7
いしもち
鮸　イシモチ　魚類中3オ6
いす
倚子　イス　飾具下2オ4
いすか
鶍〈鶡〉イスカ　鳥類中6オ4
いせ
伊勢　―セ　国名下12ウ7
いせのうみ
伊勢海　イセノウミ　楽名上38ウ1
いそ
礒　イソ　楽名上37ウ4
いそ
礒　イソ　天象下8ウ4
いたじき
板敷　イタシキ　屋具上21オ6
いただき
巓　イタヽキ　天象下8ウ1
いたち
鼬　イタチ　走獣上26ウ2
いたづき（平鏑・平題）↓いたづけ
いたづけ
平鏑　イタツケ　武具中13ウ3
いたづけ
平題　同（イタツケ）　武具中13ウ3
いたどり（蓧）↓しやじ
いたの
板野　イタノ　国名下24オ1
いち
市令〈市〉イチノ　位次上5ウ3
いち
市　イチ　天象下9オ2
いちげさう
一夏草　草花上25ウ3
いちこつ
一越　―コツ　十二上36オ1
いちし
壹志　イチシ　国名下13オ2
いちでう
一條　小路下29ウ1
いちはら
市原　イチハラ　国名下15オ6
いちひ
櫟　イチイ　木名中30ウ3
いちやう

銀杏　イチヤウ　茶子上30オ1
いづ
伊豆　イツ　国名下14オ5
いつけいろう
一奚鏤　―ケイロウ　楽名上36オ4
いづし
出石　イツシ　国名下20ウ3
いつしう
壹州　国名下27オ4
いつつけ
熬付　イツ―　茶子上30ウ2
いつとくえん
一德鹽　―エン　楽名上36オ7
いづのり
伊豆苔　調菜上33オ2
いづみ
和泉　イツミ　国名下12オ5
いづみ
和泉　イツミ　国名下12オ5
いづみ
出水　イツミ　国名下26ウ7
いづみ
泉　天象下8ウ7
いづも
出雲　イツモ　国名下21オ2
いづも
出雲　イツモ　国名下21オ3
いと
伊都　イト　国名下23ウ3
いど
怡土　イト　国名下25オ2
いとこ
従兄　イトコ　人倫中42オ1
いとこ
従弟　イトコ　人倫中42オ1
いとづつみ
絲橐　イトツヽミ　武具中13オ5
いな
苐　イナ　草名中32ウ1
いな
伊那　イナ　国名下17オ2
いなが
稲我　イナカ　国名下18オ2
いなさ
引佐　イナサ　国名下13ウ6
いなづま
電　イナツマ　天象下8オ3
いなば
因幡　イナハ　国名下20ウ6
いなみ
印南　イナミ　国名下21ウ5
いなむし
蝗　イナムシ　虫名中20オ6
いぬ
犬　イヌ　走獣上27オ2
いぬかひ
犬飼　イヌカヒ　楽名上38ウ2
いぬかみ
犬上　イヌカミ　国名下16オ6
いぬたで
葒　イヌタテ　草名中32オ6
いぬふせぎ
狗防　イヌフセキ　屋具上21オ7
いね
稲　イネ　五穀中15オ4
いは
岩　イワ　天象下9オ1
いはさき
般〈磐〉前　ハンセン

国名下18オ3
いはせ
磐瀬　イハセ　国名下17ウ7
いはだ
磐田　イハタ　国名下13ウ5
いはなし
磐梨　ユハナシ　国名下22オ5
いはふね
磐船　イワフネ　国名下19ウ7
いはほ
巖　イハホ　天象下9オ1
いはみ
石見　イハミ　国名下21オ6
いはゐ
磐井　イハイ　国名下18オ7
いひがひ
飯乗　イヽカヒ　家具中39ウ5
いひし
飯名〈石〉イヽナ　国名下21オ3
いひたか
飯高　イヽタカ　国名下13オ2
いひの
飯野　イノ　国名下13オ2
いひほ
揖保　イヽホ　国名下21ウ6
いぶすき
揖宿　ヰネヌキ　国名下27オ2
いふかく
衣鉢閣　堂塔上22ウ7
いへ
家　屋具上21ウ3
いへ
宅　イヱ　屋具上22オ3
いへばと
鳩　イヱハト　鳥類中5ウ3
いへばと（鴿）→つちくればと
いぼ
疣　イホ　人倫中43オ2
いぼじり
螳螂　イホシリ　虫名中20ウ1
いぼたけ
疣茸　イホ―　茶子上30オ5
いほの
伊保野　イホノ　国名下19ウ7
いほはら
廬原　クロハラ　国名下14オ3
いまたち
今立　イマタチ　国名下19オ4
いまやう
今様　イマヤウ　楽名上37ウ7
いみづ
射水　イツミ　国名下19ウ4
いも
芋　イモ　五穀中15オ7
いもうと（妹）→いもと
いもがかど
婦門　イモカカト　楽名上38オ7
いもと
妹　イモト　人倫中41ウ7
いもとわれ
婦我　イモトワレ　楽名上38オ3
いもまき
芋苴　イモマキ　虀名上28ウ6
いよ
伊豫　イヨ　国名下24ウ1
いよ
伊與〔豫〕イヨ　国名下24ウ3
いらか
甍　イラカ　屋具上21オ1

いりこ
煎海鼠　イリコ　料理中2ウ6
いりつけ（熬付）→いつつけ
いりふ
熬麩　イリフ　茶子上30ウ6
いるか
鮃　イルカ　魚類中3オ4
いるま
入間　イルマ　氏姓上9オ7
いるま
入間　イルマ　国名下14ウ6
いわう
硫黄　イワウ　薬種上41オ4
いわし
鰯　イハシ　魚類中3ウ1
いをの
魚沼　イヲノ　国名下19ウ7
いん
婬　イン　人倫中42ウ5
いんしう
因州　国名下20ウ6
いんしゆらく
飲酒樂　インシユ―　楽名上37オ2
いんば
印幡　ヰンハ　国名下15ウ3
いんろう
印籠　インロウ　道具下5ウ2

う

う
鵜〈鵜〉ウ　鳥類中5ウ6
ういきやう
茴香　ウイキヤウ　薬種上40ウ6
うかくきん
烏角巾　ウカツ―　俗服中10オ2
うきくさ
萍　ウキクサ　草名中32ウ2
うきくさ
蘋蔓　ウキクサ　草名中32ウ7
うきやう
右京　位次上4オ1
うきん
烏金　ウキン　墨名中35オ2
うぐひす
鶯　ウクヒス　鳥類中6オ1
うぐろもち
鼹　ウクロモチ　走獣上26ウ1
うけおり
汎織　ウケヲリ　俗服中9ウ3
うけな
浮穴　ウケツ　国名下24ウ3
うこん
右近　位次上6オ2
うこん
鬱金　ウコン　薬種上41ウ5
うさ
宇佐　ウサ　国名下25ウ3
うさぎ
兎　ウサキ　走獣上26オ7
うさぎうま
驘　ウサキムマ　走獣上26ウ7
うさん
胡盞　ウサン　酒名中18オ2
うさん
胡盞　ウサン　家具中40ウ6
うし
烏孫〈烏絲〉　紙名上18オ2
うし

うじ
牛　ウシ　走獣上27オ3
蛆　ウシ　虫名中20オ5
うしう
羽州　国名下18ウ4
うしほに
潮煮　ウシヲニ　料理中2オ2
うじゆきつ
雲樹橘　ウシユキツ　木名中30オ7
うじようしやう（右丞相）↓うだいじん（右大臣）
うす
臼　ウス　家具中39ウ4
うすあを
菲青　ウスアヲ　俗服中9ウ5
うすき
臼杵　国名下26ウ2
うすぎぬ
菲絹　ウスナメ　俗服中9オ6
うすくれなゐ
薄紅　ウスクレナヰ　俗服中10オ3
うすたけ
臼茸　ウス―　茶子上30オ4
うすひ
碓水〔氷〕ウスイ　国名下17オ6
うすもの
蟬羽　ウスモノ　俗服中9ウ6
うそ
鷽　ウソ　鳥類中5ウ6
うた
雅樂　ウタ　位次上6オ4
うだ
宇多　ウタ　氏姓上9ウ1
うだ
宇陀　ウタ　国名下11ウ4
うだ
宇多　ウタ　国名下18オ4
うだいしやう
右大相〈將〉　位次上3オ7
うだいじん
右大臣　位次上3オ3
うだち
宇立　屋具上20ウ5
うだつ
梪〈梲〉ウタツ　屋具上20ウ1
うたり
鵜足　ウタツ　国名下24オ5
うち
宇智　ウチ　国名下11ウ3
うぢ
宇治　ウチ　氏姓上9ウ1
うぢ
宇治　ウチ　国名下11オ6
うちかけ
襠　ウチカケ　俗服中9オ6
うちがたな
打刀　ウチカタナ　武具中13ウ5
うちき
袿　ラケキ　俗服中9オ6
うちぐもり
打曇　―リ　紙名上18オ3
うちしき
打敷　ウチシキ　飾具下2オ5
うちづゑ
撃杖　ウチツエ　楽器上35オ7
うちまめ
扣菽　ウチマメ　調菜上32オ5
うちみ

うづ
打身　ウチミ　料理中2オ5
うつぎ
烏頭　ウツ　薬種上41オ5
卯木　ウツキ　木名中30オ4
うつこん（鬱金）↓うこん
うつばり
欐　ウツハリ　屋具上20ウ1
うつばり
梁　ウツハリ　屋具上20ウ1
うつぼ
靫　ウツホ　武具中13オ7
うづら
鶉〈鶉〉ウツラ　鳥類中5ウ5
うづらやき
鶉炙　ウツラヤキ　調菜上32オ6
うで
腕　ウテ　人倫中42ウ1
うてんわう
干〈于〉闐王　カンシン―　楽名上37オ5
うど
獨活　ウト　調菜上33オ7
うど
有度　ウト　国名下14オ2
うど
宇土　ウト　国名下26オ7
うどめ
烏頭布　ウトメ　調菜上32オ6
うどん
餛飩　ウトン　羹名上29オ3
うなかみ
海上　ウナカミ　国名下15オ6
うながみ
海上　ウナカミ　国名下15ウ4
うなぎ
鱣　ウナキ　魚類中3ウ2
うね
畝　ウネ　天象下8ウ4
うねめ
采女　ウネメ　位次上5ウ7
うのはな
卯花　ウノ―　武具中12ウ7
うのはないり
卯花熬　ウノハナ―　料理中2オ5
うば
姥　ウハ　人倫中41ウ7
うはおび
上帯　ウハヲヒ　武具中12ウ2
うばがふところ
姥懐　ウハカフトコロ　家具中40ウ4
うはぎぬ
表衣　ウハキヌ　俗服中9オ5
うはしき
韝　ウハシキ　武具中13オ4
うはつらじゆ
優鉢羅樹　ウハツラ―　木名中29ウ1
うばら
勉〈兔〉原　ウハラ　国名下12ウ2
うばらき
茨城　ムハラキ　国名下16オ1
うふ（右府）↓うだいじん（右大臣）
うへのきぬ（表衣）↓うはぎぬ
うま
右馬　―マ　位次上6オ3
うま

うま
　馬　　走獣上26ウ3
　宇麻　ウマ　国名下24ウ1
うまつなぎ
　馬繋　─ツナギ　屋具上21ウ1
うまのつの
　馬角　珍宝上18ウ6
うまぶね（槽）↓まぶね
うみがめ
　鼊　ウカメ　魚類中3ウ1
うむ
　羽茂　ウム　国名下20オ2
うめがえ
　梅枝　ムメカエ　楽名上38オ2
うめがこうぢ
　梅小路　小路下29ウ7
うめづけ
　梅漬　調菜上32ウ1
うめのはな（梅花）↓ばいくわ
うめぼし
　梅干　調菜上32ウ1
うも（羽茂）↓うむ
うら
　浦　ウラ　天象下8ウ5
うらなし
　裏無　ウラナシ　楽器上35ウ3
うらはず
　筈　ウラハツ　武具中13ウ4
うらべ
　卜部　ウラヘ　氏姓上9オ6
うり
　瓜　ウリ　茶子上29ウ6
うりん（羽林）↓ちゆうじやう（中將）
うるか
　鮇〈鱁〉ウルカ　料理中2ウ2
うるし
　粳　ウルシ　五穀中15オ4
うるし
　漆　ウルシ　木名中30ウ5
うるしまい
　秔（＝粳）米　ウルシ─　五穀中15オ5
うるち（粳）↓うるし
うるちまい（粳米）↓うるしまい
うわ
　宇和　ウワ　国名下24ウ4
うゑもん
　右衛門　位次上5ウ5
うをのみ
　魚射〈躬〉─ノミ　料理中2ウ2
うんげつかん
　雲月羹　羹名上28ウ2
うんざう
　紅糟　ウンサウ　羹名上28ウ7
うんしう
　雲州　国名下21オ2
うんじうきつ（雲樹橘）↓うじゆきつ
うんぜんかん
　雲氈羹　─セン─　羹名上28ウ2
うんどん
　饂飩　ウントン　羹名上29オ3
うんどん（餛飩）↓うどん
うんぱん（雲版）↓ちやうはん
うんびん
　温餅　ウンヒン　羹名上29オ1
うんゆ
　雲腴　ウンユ　茶名上16ウ1

え

え（榎）↓えのき
えうはう
腰袍　ヨウハウ　道具下４ウ６
えさし
江刺　エサシ　国名下18オ７
えだ
枝　エタ　名乗上11オ４
えだれ
涎　ヱタレ　人倫中42ウ７
えだれかけ
涎懸　エタレカケ　武具中12オ６
えつさい
雀駴　エツサイ　鳥類中６オ６
えつり
棧　エツリ　屋具上20ウ２
えつり
桀〈桊〉同（エツリ）　屋具上20ウ２
えな
胞　エナ　人倫中43オ３
えぬ（江沼）↓えぬま
えぬま
江沼　エマタ　国名下19オ７
えね（穎娃）↓えの
えの
穎娃　国名下27オ２
えのき
榎　ヱノキ　木名中30ウ１
えのみうり
榎子瓜　エノミ―　茶子上30オ３
えはら
荏原　エハラ　国名下15オ２
えひ
鱓　ヱイ　魚類中３オ４
えび
蜆　エヒ　魚類中３オ５
えびね
蕣〈蔊〉エヒネ　草名中32オ６
えびら
籙　ヱヒラ　武具中13オ７
えびら（胡籙）↓やなぐひ
えぶり
杁　エフリ　家具中40オ６
えぼし
烏帽子　ヱホシ　俗服中９ウ１
えもぎ（艾・蓬萊）↓よもぎ
えんぎらく
延喜樂　ヱンキ―　楽名上36ウ７
えんじ
艶紫　エンジ　画具上15オ１
えんじ
煙脂　エンシ　画具上15オ２
えんじ（簷事）↓とうぐう（春宮）
えんせき
燕石　珍宝上18ウ４
えんぶ
延〈振〉桙　エンフ　楽名上36オ４
えんぶじゅ
閻浮樹　ヱンブ―　木名中29オ５

お

おいたみ
置賜　ヲクタン　国名下18ウ４
おう

意宇　イウ　国名下21オ2
おうりやうき
應量器　道具下4ウ7
おき
隠岐　ヲキ　国名下21ウ2
おきつち
⿱穴土　ヲツチ　天象下8ウ2
おきなが
息長　ヲキナカ　氏姓上9オ4
おく
⿰米奥　ヲク　五穀中15オ4
おくびやういた
臆病板　ヲクヒヤウイタ　武具中12ウ3
おくやま
奥山　ヲクー　楽名上38オ4
おご
海髪　ヲゴ　調菜上32ウ6
おこしごめ
粔　ヲコシコメ　茶子上30ウ2
おしいた
押板　ヲシイタ　屋具上21オ4
おしこうぢ
押小路　小路下29ウ2

おしつけ
押付　ヲシツケ　武具中12ウ3
おしのうみ
忍海　ヲシノウミ　国名下11ウ3
おそうま
駑　ヲタムマ　走獣上26ウ7
おそひ
押襲　ヲソエ　屋具上20ウ5
おたぎ
愛宕　ヲタキ　国名下11オ6
おち
乳　ヲチ　人倫中42オ2
おち
穩地　ヲヽチ　国名下21ウ3
おとがひ
頤　ヲトカイ　人倫中42オ4
おとくに
乙訓　ヲトクン　国名下11オ6
おとと
弟　ヲトヽ　人倫中41ウ7
おとな
儒　ヲトナ　人倫中42オ3
おにのおもて

鬼面　―ノ―　楽器上35ウ2
おはらき（邑樂）↓おほあらき
おひ
笈　ヲイ　家具中40オ1
おひうま
駄　ヲヒムマ　走獣上26ウ7
おひぜん
追膳　ヲイセン　家具中39ウ1
おびとり
鞞　ヲヒトリ　武具中13ウ6
おびとり
韠（＝鞞）同（ヲヒトリ）　武具中13ウ6
おふみ
邑美　ヲヽミ　国名下20ウ7
おふら（邑樂）↓おほあらき
おほあらき
邑樂　ヲヽアラキ　国名下17ウ2
おほい
大飯　ヲヽイ　国名下19オ2
おほいた
大分　ヲヽイタ　国名下25ウ6
おほいはのり

大岩苔　―イワ―　調菜上32ウ5
おほえ
大江　ヲ丶エ　氏姓上8ウ7
おほが
大鋸　ヲ丶カ　番匠上23オ7
おほかうじ
大柑〈大柑子〉―カウ　木名中30オ6
おほがた
大懸〈縣〉タ丶カミ　国名下12オ1
おほかたびら
大帷　ヲ丶カタヒラ　道具下5オ7
おほがね（大鐘）↓だいしよう
おほかみ
狼　ヲ丶カミ　走獣上26オ6
おほがみ
大神　ヲ丶カ　氏姓上8ウ7
おほぎまち
正親町　ヲ丶キマチ　位次上5ウ1
おほぎまち
正親町　小路下29ウ1
おほく
邑久　ヲ丶ク　国名下22オ5
おほぐち
大口　ヲ丶クチ　道具下5オ7
おほぐも
蛛　ヲクモ　虫名中20オ6
おほくら
大藏　ヲホクラ　位次上3ウ7
おほさと
太［大］里　ヲ丶サト　国名下14ウ7
おほしかふち
凡河内　ヲシカウチ　氏姓上9ウ4
おほしま
大島　ヲ丶シマ　国名下23オ4
おほすみ
太［大］住　ヲ丶スミ　国名下14ウ3
おほすみ
大隅　ヲ丶スミ　国名下26ウ4
おほすみ
大隅　ヲ丶スミ　国名下26ウ5
おほせり
莚　ヲ丶セリ　草名中32ウ1
おほそかり
大官　ヲ丶ソカリ　楽名上37ウ5
おほぞら
宙　大ソラ　天象下8オ2
おほぞら
虚　大ソラ　天象下8オ3
おほたか
大鷹　ヲ丶タカ　鳥類中6オ6
おほち
邑知　ヲ丶チ　国名下21オ7
おほち
大内　ヲ丶チ　国名下24オ4
おほつ
大津　ヲ丶ツ　国名下23ウ1
おほつづみ
大鼓　ヲ丶―　楽器上35オ4
おほどちな（茶）↓とちな
おほとねり
大舎人　ヲ丶トネリ　位次上4オ3
おほとのゐ

大舍　ヲヽトノイ　俗服中10オ2
おほとも
大伴　ヲヽトモ　氏姓上9オ7
おほとり
大鳥　ヲヽトリ　国名下12オ5
おほところ
大薯蕷　ヲヽトロヽ　料理中2オ3
おほなかとみ
大中臣　ヲヽナカトン　氏姓上8ウ6
おほぬま
太〔大〕治〈沼〉　ヲヽチ　国名下18オ2
おほの
大野　ヲヽノ　国名下16ウ3
おほの
大野　ヲヽノ　国名下16ウ7
おほの
大野　ヲヽノ　国名下19オ5
おほの
大野　ヲヽノ　国名下25ウ6
おほば
大庭　ヲヽニハ　国名下22オ2
おほばこ
芣　ヲヽハコ　草名中32ウ4
おほはら
大原　ヲヽハラ　国名下21オ4
おほばら
大刺　ヲヽハラ　木名中29ウ6
おほひ
大炊　ヲヽイ　位次上5オ4
おほひかづら
覆鬘　—カツラ　楽器上35ウ1
おほひどの
大炊殿　ヲヽイ—　屋具上21ウ4
おほひのみかど
大炊御門　小路下29ウ2
おほみや
大宮　小路下30オ1
おほむぎ
麰　大ムキ　五穀中15オ5
おほゆか
大牀　ヲヽユカ　神具中8オ1
おぼろ
朧　ヲホロ　天象下8オ4
おほをか
大岡　ヲヽヲカ　氏姓上9オ3
おみかす
醽〔醉〕糟　ヲミカス　酒名中18オ4
おもがい
鞚　ヲモカイ　武具中13オ4
おもがい
靶　ヲモカイ　武具中13オ4
おもだか
蔦　ヲモタカ　草名中32ウ3
おもて
面　ヲモテ　人倫中43オ1
おもてがた
面鞜　ヲモテカタ　楽器上35ウ2
おりど（織戸）→をりど（折戸・織戸）
おりべ
織部　ヲリヘ　位次上5ウ2
おりもの
織物　ヲリモノ　俗服中10オ3

か

か
蚊　カ　虫名中20オ5
かい
櫂　カリ　家具中40オ3
かいこう
開口　カイー　楽器上35ウ5
かいさく
戒策　カイサク　飾具下3オ4
かいしやうらく（海生樂）↓かい
せいらく
かいせいらく
海生樂　カイセイー　楽器上36ウ4
かいだう
海堂〈棠〉カイタウ
かいだうくわ　木名中29ウ4
海棠花　草花上26オ1
かいで
雞冠　カイテ　木名中30オ2
かいふぎどうさんし（開府儀同三
司）↓じゆいちゐ（従一位）
かいもち
次食〈養〉カイモチ　羹名上29オ1
かいらうかん
海老羹　羹名上28ウ3
かいらぎ
鯾　カイウケ　魚類中3オ2
かうあん
尻案　飾具下2ウ7
かうい
靠倚　カウイ　飾具下2オ4
かうぎう
彊弓〈牛〉　走獣上27オ5
かうざ
高坐　カウサ　飾具下2オ7
かうし
隔戸〈子〉カラー
かうじ　屋具上21ウ2
柑　カウシ　茶子上30オ1
かうじ
菩　カフチ　草名中32オ5
かうじ（香匙）↓きやうじ
がうしう
江州　国名下16オ5
かうしこう
好時〈時〉侯　コウシコウ　紙名上18オ1
かうだい
香臺　カウタイ　飾具下2ウ6
かうだう
講堂　カウタウ　堂塔上22ウ4
かうづけ
上野　カウツケ　国名下17オ6
がうな
蜷〈蜷〉カウナ　魚類中3オ6
かうのもの
香物　カウノー　調菜上32ウ1
かうばこ
香合　カウハコ　飾具下2ウ4
かうばこ
香合　カウハコ　道具下5ウ2
がうはん（強飯）↓こはいひ
かうぶし
香附子　カウフシ　薬種上41オ1
かうぶり（蝙蝠）↓かうもり
かうぶりさし
蝙差　カウフリサシ

料理中２ウ６
かうべ
頭　カウヘ　人倫中42オ３
かうほん
藁本　カウホン　薬種上41ウ６
かうもり
蝙蝠〈蝠〉カウモリ　虫名中20オ７
かうもりさし（蝙差）↓かうぶりさし
かうらいきよく
高麗曲　カウライキヨク　楽名上37オ７
かうらん
高欄　カウラン　屋具上20ウ４
かうろばこ
香爐筥　カウロバコ　飾具下２ウ２
かが
加賀　カ丶　国名下19オ７
かが
加賀　カ丶　国名下19オ７
かがち
蟒　カ丶チ　虫名中20オ４
かがは
香川　カンカワ　国名下24オ５
かかみ
各務　カ丶ミ　国名下16ウ４
かがみ
各務　氏姓上10オ１
かがみ
鏡　神具中８オ５
かがみ
鏡　カ丶ミ　家具中40オ５
かがみ
香美　カ丶ミ　国名下24ウ５
かがみやま
鏡山　カ丶ミ—　楽名上38オ４
ががん
鵝眼　料足上16オ２
かき
柿　カキ　茶子上29ウ６
かき
螃　カキ　魚類中３オ５
かき
蠣　カキ　虫名中20オ５
かき
柿　カキ　木名中30ウ５
かき
牆　カキ　天象下９オ５
かき
垣　カキ　天象下９オ５
かぎ
鑰　屋具上21オ７
かぎ
鍵　屋具上21オ７
かきあさぎ
搔淺黄　カキアサキ　俗服中10オ４
かきあへ
搔挍〈交〉カキ—　料理中２オ７
かきつばた（杜若）↓とじやく
かきのもと
柿本　カキノモト　氏姓上８ウ６
かくい
隔衣　カクイ　道具下４ウ４
がくおんじゆ
樂音樹　カクヲン—　木名中29オ５
かくけい

客郷〈卿〉カクキヤウ　墨名中35オ3
がくさく
鷟鷟　カクソ　鳥類中5オ5
かくてい
赫蹄　カクテイ　紙名上18オ2
かくでん（客殿）↓きやくでん
がくもんじよ
學文所　屋具上21ウ5
かくれが
隱架　カクレカ　家具中40ウ5
かけ
㚖〈㚖〉カケ　天象下8オ6
かけ
缺　カケ　天象下8オ7
かげ
駠　トケ　走獣上26ウ4
かげ
騮　同（トケ）　走獣上26ウ4
かげ
陰　カケ　天象下8オ1
かげ
嶂　カケ　天象下8オ7
かけづつ
係筒　カケツヽ　酒名中18オ4
かけばん
係盤　カケハン　家具中39ウ3
かけばん
懸盤　カケハン　飾具下3オ4
かけもよぎ
懸緗　カケモヨキ　俗服中9ウ4
かげゆ
勘解由　カケユ　位次上5ウ7
かこ
可兒　カコ　国名下16ウ5
かこ
賀古　カコ　国名下21ウ5
かご（籠）↓かのこ
かごしま
鹿兒島　カコシマ　国名下27オ2
かさ
笠　カサ　武具中14オ2
かさ
笠　カサ　家具中40オ3
かさ
加佐　カサ　国名下20ウ1
かざこ
風子　カサコ　走獣上27オ5
かざはや
風早　カサハヤ　国名下24ウ2
かさはら
笠原　カサハラ　氏姓上9オ2
かざをり
風折　カサヲリ　俗服中9ウ2
かし
樫　カシ　木名中30ウ3
かしう
河州　国名下11ウ7
かしう
加州　国名下19オ7
かじか
水馬　カジカ　魚類中3ウ1
かしはもち
柏餅　カシハモチ　茶子上30ウ2
かしはやき
栢炙　カシハヤキ　料理中2オ2
かしま
鹿島　カシマ　国名下16オ1

がじゅつ
　莪述〔蒁〕　カシユツ　薬種上40ウ5
かしら
　首　カシラ　人倫中42オ3
かず
　員　カス　名乗上12オ3
かすが
　春日　カスカ　氏姓上9オ3
かすが
　春日　小路下29ウ2
かすがべ
　春日部　カスカヘ　国名下13オ7
かすげ（驄）↓あしげ
かすはき
　咳　カスハキ　人倫中42ウ6
かずへ
　主計　カスエ　位次上5オ5
かすみ
　霞　カスミ　天象下8オ3
かすや
　糟屋　カスヤ　国名下25オ3
かせ
　石陰　カセ　魚類中3オ3
かぜ
　風　カセ　天象下8オ4
かぜはや
　風早　カセハヤ　氏姓上9ウ5
かた
　肩　カタ　人倫中42ウ1
かたあて
　肩當　カタアテ　武具中12オ7
かたかた
　方縣　―カタ　国名下16ウ4
かたぎぬ
　肩衣　カタキヌ　武具中13オ2
かたそぎ
　片殺　神具中8オ3
かたち
　形　カタチ　人倫中42ウ4
かたつき
　肩衝　カタツキ　家具中40ウ4
かたつぶり
　蝸　カタツフリ　虫名中20オ6
かたつぶり
　蠻觸　カタツフリ　虫名中20オ7
かたつむり（蝸・蠻觸）↓かたつぶり
かたなだま
　刀玉　楽器上35オ6
かたぬき
　肩拔　―ヌキ　武具中13オ3
かたの
　交野　カタノ　国名下12オ2
かたばみ
　酸苗　カタハミ　草名中32ウ2
かたみ
　筐　カタミ　飾具下2ウ2
かたをか
　片岡　カタヲカ　国名下17オ6
かぢ
　梶　カヂ　木名中30ウ4
かぢ
　梶　カチ　家具中40オ3
かちぐり
　擣栗　茶子上30ウ7
かちぐり
　勝栗　茶子上30ウ7
かぢめ
　擣布　カチメ　調菜上32ウ7

かつうら（勝浦）→かつら
かつけい（客卿）→かくけい
かつこ
羯鼓　カツコ　楽器上35オ4
かつこん
葛根　カツコン　薬種上41ウ7
かづさ
上總　カツサ　国名下15オ6
かつた
刈田　カツタ　国名下18オ3
かつた
勝田　カツタ　国名下22オ3
かつた
刈田　カツタ　国名下24オ6
かつまけつ
羯磨橛　カツマケツ　飾具下2ウ3
かつら
勝浦　カツウラ　国名下24オ2
かづらき
葛木　カツラキ　氏姓上9ウ6
かづらき
葛木　カツラキ　楽名上38オ2
かづらきのかみ
葛上　カツラキカミ　国名下11ウ3
かづらきのしも
葛下　カツラキノシモ　国名下11ウ3
かつを
鰹　カツヲ　魚類中3オ4
かつをぎ
鰹木　神具中8オ3
かでのこうぢ
勘解由小路　小路下29ウ1
かてん
賀殿　楽名上36オ5
かど
門　カト　名乗上12ウ5
かとしか
葛飾　カトシナ　国名下15ウ3
かどの
葛野　カトノ　国名下11オ6
かとり
縑　カトリ　俗服中9ウ6
かとり
香取　カトリ　国名下15ウ4
かとりたけ（鶏茸）→たどりたけ
かないろ
金色　カナイロ　酒名中17ウ6
かなづち
鎚　カナツチ　番匠上23オ4
かなはら（金原）→かねはら
かなへ
鼎　カナヘ　家具中40オ4
かなぼう
金棓　カナハウ　武具中14オ1
かなむち
金鞭　カナムチ　武具中14オ1
かなわ
鐵輪　カナワ　家具中39ウ4
かにのたま
蟹玉　カニノ―　珍宝上18ウ7
かにみそ
蚫味噌　カニミソ　料理中2オ3
かね
兼　カネ　名乗上11オ4
かねはら
金原　カネハラ　国名下18ウ1
かのあし
鹿足　カタチ　国名下21オ7

かのこ
麑　カノコ　走獣上26オ6
かのした
鹿舌　カノ―　茶子上30オ7
かは
皮　カワ　人倫中42ウ4
かは
川　カワ　天象下8ウ1
かは
河　天象下8ウ7
かば
樺〈樺〉カハ　木名中30ウ4
かはいり
皮熬　―イリ　料理中2オ4
かはうそ（川獺）↓かはをそ
かはかみ
川上　カワカミ　氏姓上9ウ5
かはごろも
裘　カモ　俗服中10オ2
かはし（合志）↓かふし
かはたけ
皮茸　茶子上30オ4
かはち
河内　カハチ　国名下11ウ7
かはち
河内　カワチ　国名下12オ1
かはち
河内　カワチ　国名下17ウ5
かはのべ
河邊　カワヘ　国名下12ウ1
かはのべ
河邊　カワノヘ　国名下18ウ5
かはのべ
河邊　カワノヘ　国名下27オ1
かはひ
川合　カワイ　氏姓上9ウ4
かはぶりさし（蝙差）↓かうぶり
さし
かはべ（河邊）↓かはのべ
かはほね
茨〈茨〉カワホネ　調菜上33ウ2
かはぼり（蝙蝠）↓かうもり
かはぼりさし（蝙差）↓かうぶり
さし
かはめ
川布　カワメ　調菜上32ウ7
かはやなぎ
檉　カハヤナキ　木名中30ウ1
かはら
瓦　カワラ　屋具上21オ1
かはらげ
駱　カワラケ　走獣上26ウ5
がはらのたま
蛾腹玉　―ハラノ―　珍宝上18ウ7
かはわ
河曲　カワネ　国名下13オ1
かはをそ
川獺　カワヲソ　走獣上26ウ3
かひ
甲斐　カヒ　国名下14オ7
かひこ
蠶　カイコ　虫名中20ウ1
かひごふん
貝粉〈貝牛粉〉カイフン　画具上15オ5
かふが
甲賀　カウカ　国名下16オ5
かふし
合志　カウシ　国名下26オ6
かふしう

甲州　国名下14オ7
かふち
河内　国名下16オ1
かぶと
兜　カフト　武具中12オ6
かぶとがね
甲金　カフトカネ　武具中13ウ6
かふぬ
甲奴　カウヌ　国名下22ウ5
かふら
合羅　カフラ　国名下26ウ5
かぶら
蕪　カフラ　調菜上33オ6
かぶらむし
蜋　カフラムシ　虫名中20オ4
かぶり
冕　カフリ　俗服中9オ7
かぶり（冠）↓かんぶり
かぶりのいた
冠板　カフリノイタ　武具中12ウ4
かぶりのき（冠木）↓かんむりのき
かぶろ
禿　カフロ　人倫中42オ3
かへし
返　天象下8オ5
かへで（雞冠）↓かいで
かへる
蛙　カヘル　虫名中20オ6
かへる
蝦　同（カヘル）　虫名中20オ6
かへるまた
蟇俣　カヘルマタ　屋具上21オ2
かほ
顔　カホ　人倫中42ウ7
かま
鎌　カマ　番匠上23オ5
かま
釜　カマ　家具中39ウ4
かま
嘉摩　カマ　国名下25オ4
がま
蒲　カマ　草名中32ウ2
かまくら
鎌倉　カマクラ　国名下14ウ3
かまさしなは
鎌紲（＝絏）カマサシナワ　武具中14オ2
かます
魳〈鰤〉カマス　魚類中3ウ3
かます
戽　カマス　家具中40ウ1
かまつか
鮇　カマツカ　魚類中3オ7
かまつか
柯　カマツカ　家具中40オ6
がまふ
蒲生　カマウ　国名下16オ6
かまぼこ
鎌杵　カマホコ　料理中2オ3
かみ
髪　カミ　人倫中42オ3
かみ
賀美　カミ　国名下15オ2
かみ
賀美　カミ　国名下18オ5
かみあがた（上縣）↓かんつあがた
かみつあさくら

上座　カミツアセツラ　国名下25オ4
かみつま（上妻）↓かんつま
かみつみけ（上毛）↓かんつけ
かみつみち
上道　カミツミチ　国名下22オ6
かみむ
上無　カミム　十二上36オ2
かむつみけ（上毛）↓かんつけ
かむり（冠）↓かんぶり
かむりのいた（冠板）↓かぶりのいた
かめ
甕　カメ　酒名中17ウ5
かめし
神石　カヌシ　国名下22ウ4
かも
賀茂　カモ　氏姓上8ウ4
かも
鴨　カモ　鳥類中5ウ4
かも
賀茂　カモ　国名下13ウ2
かも
賀茂　カモ　国名下14オ5
かも
賀茂　カモ　国名下16ウ5
かも
賀茂　カモ　国名下20オ2
かも
賀茂　カモ　国名下21ウ7
かも
賀茂　カモ　国名下23オ1
かもいり
鳥〈鳬〉熬　カモイリ　調菜上32オ6
かもえ（鴨柄）↓かもゐ（鴨居）
かもしし
狁豬　カモシヽ　走獣上26オ6
かもめ
鷗　カモメ　鳥類中5ウ4
かもり
掃守　カモリ　氏姓上9オ5
かもゐ
鴨居　カモヰ　屋具上20ウ3
かもん
掃部　カモン　位次上5オ3
かや
栢　カヤ　木名中30ウ2
かや
賀夜　カヤ　国名下22ウ1
かやのみ
柏子　カヤノミ　茶子上30ウ6
かやま
香山　カヤマ　氏姓上9オ4
からうと
唐匱　カラフト　家具中39ウ3
からうり
唐瓜　茶子上30オ3
からかさ
傘　カラカサ　家具中40オ3
からかみ
韓神　カラカミ　楽名上37ウ3
からかみ（唐紙）↓たうし
からさき
唐崎　カラサキ　楽名上37ウ4
からしじる
辛汁　カラシ—　調菜上32ウ5
からす
烏　カラス　鳥類中5ウ3
からすうり
栝蔞　カラスウリ

からすき　草名中32ウ5
犂　カラスキ　家具中40オ6
からすへび
蚖　カラスヘヒ　虫名中20オ4
からすまる
烏丸　小路下30オ2
からたち
枳　アラタチ　木名中30オ6
からたち
檞　同（アラタチ）　木名中30オ6
からなし
柰　カラナシ　木名中30オ7
からのあめ
唐餳　―アメ　茶子上30ウ5
からはし
唐橋　小路下29ウ7
からひつ（唐匱）→からうと
からむし
苧　カラムシ　草名中32オ7
からもも
杏　カラモヽ　茶子上29ウ6
からもも
杏　カラモヽ　木名中30ウ1
からもものはな
杏花　カラモヽ―　草花上26オ2
からゐしき
唐居敷　カラヰシキ　屋具上21オ5
かり
雁　カリ　鳥類中5ウ1
かりた（刈田）→かつた
かりまた
鴈俣　カリマタ　武具中13ウ1
かりやす
莀泥　カヤニ　画具上15オ4
かりやす
莀　カリヤス　草名中32オ7
かりようびんが
迦陵頻伽　カレウヒンカ　鳥類中5オ6
かりろく
訶梨勒　カリロク　薬種上41オ7
かるかや
刈萱　カルカヤ　草名中32ウ1
かれいひ
𦅈〈餉〉カレイヽ　羹名上29オ2
かれひ
鰈　カレイ　魚類中3オ3
かわうおん
賀王恩　カ―ヲン　楽名上37オ3
かんきやう
乾薑　カンキヤウ　薬種上41ウ2
がんくわん
龕観　カンクワン　堂塔上22ウ5
かんざう
甘草　カンサウ　薬種上40ウ3
かんざき
神崎　カンサキ　国名下16オ6
かんざき
神崎　カンサキ　国名下21ウ7
かんざき
神崎　カンサキ　国名下26オ2
かんざし
簪　カンサシ　俗服中9オ7

かんし（監使）↓ちんじゆふのしやうぐん（鎮守府將軍）
かんしう
甘洲　楽名上36ウ2
かんしうらく
咸秋樂　カンシウ―　楽名上36ウ6
かんしつ
乾漆　―シツ　薬種上41ウ2
がんせうくわ
含笑花　カンセウ―　草花上25ウ5
かんたんけ
菡萏花　草花上25ウ7
かんつあがた
上縣　カンツカタ　国名下27オ6
かんつけ
上毛　カンツケ　国名下25ウ3
かんつま
上妻　カンツマ　国名下25オ7
かんど
神門　カント　国名下21オ3
かんな
鉋　カンナ　番匠上23オ4
かんばら
蒲原　カンハラ　国名下19ウ7
がんぴ
岩菲　カンヒ　草花上25オ6
かんぶり
冠　カンフリ　俗服中9オ4
かんむり（冕）↓かぶり
かんむりのき
冠木　カンムリノキ　屋具上20ウ4
かんら
甘樂　カンラ　国名下17オ6
かんりん
翰林　カンリン　位次上4オ6
かんりん
翰林　カンリン　筆名中37ウ6

き

き
紀　キ　氏姓上8ウ1
き
木　キ　名乗上11ウ5
き（葱）↓ひともじ
きい
紀伊　キイ　国名下11オ6
きい
紀伊　キイ　国名下23ウ3
きい
基井〈肄〉キヰ　国名下26オ1
きいと
黄絲　キイト　武具中13オ1
きうたい
裘袋　道具下5ウ1
きうふ
九府　キウフ　料足上16オ5
きうり
胡瓜　茶子上30オ2
きうれんし
九連絲　キウレンシ　珍宝上19オ3
きがは
黄皮　キカワ　料足中2ウ1
きかふ
龜甲　キカウ　珍宝上19オ1
きかふ
龜甲　キ―　薬種上41オ3

きかふ
城飼　キカウ　国名下13ウ7
ききやう
桔梗　キキヤウ　草花上25オ6
きく
企救　キク　国名下25ウ2
きくせい
麴生　キクセイ　酒名中17ウ3
きくせき
菊石　珍宝上18ウ4
きくた
菊多　キクタ　国名下18ウ2
きくち
菊池　キクチ　国名下26オ5
きくづけ
菊漬　—ツケ　調菜上32ウ1
きくのはな
菊花　草花上25ウ3
きくわ
葵花　キ—　草花上25オ6
きげつ
揮月　キ—　筆名中37ウ7
きこく
枳殻　キコク　薬種上41ウ3

きじ
雉　キチ　鳥類中6オ1
きしう
岐州　国名下21ウ2
きしう
紀州　国名下23ウ3
きじつ
枳實　—シツ　薬種上41ウ4
きじぶし
禽仆　キシフシ　茶子上30オ7
きしま
杵島　キシマ　国名下26オ2
きしめん
碁〔棊〕子麪　キシメン　羹名上29オ3
きじもも
雉股　キジモヽ　屋具上21オ2
きしゆんらく
喜春樂　キシユンヽ—　楽名上36ウ4
きた
喜多　キタ　国名下24ウ3
きたのこうぢ
北小路　小路下29ウ6

きちじやうさう
吉祥草　草花上25ウ2
きつ
橘　キツ　氏姓上8ウ1
きつかふ（龜甲）→きかふ
きつき（橘紀）→き（紀）・きつ（橘）
きつきげ
黄鴾毛　キ—　走獣上27オ2
きつしやうさう（吉祥草）→きちじやうさう
きつたて
切立　キツタテ　家具中39ウ1
ぎつちやう
毬打　楽名上38ウ2
きつつけ
切付　キツツケ　武具中14オ2
きづな
枷楪〈紲〉　キツナ　楽名上38ウ2
きつね
狐　キツネ　走獣上26オ6
きつねど
狐戸　キツネ—　屋具上21ウ2

きとくらく
喜〈貴〉徳樂　キトク―　楽名上36ウ3
きぬた
砧　キヌタ　家具中40オ6
きぬばり
横　キヌハリ　家具中40オ7
きね
杵　キネ　家具中39ウ4
きのかみ
城上　キノカミ　氏姓上9ウ5
きのさき
城崎　キサキ　国名下20ウ4
きのめづけ
木目漬　キノメツケ
調菜上32ウ2
きば
牙　キハ　人倫中42オ7
きはだ
黄蘗　キワタ　木名中29ウ7
きび
吉備　キヒ　氏姓上9オ1
きび
黍　キヒ　五穀中15オ6
きひれ
給梨〈黎〉キフレ
国名下27オ2
きふじちゆう（給事中）↓せうな
ごん（少納言）
きほう
木鋒　キホウ　武具中13ウ3
きもつき
肝屬　キモツキ　国名下26ウ5
きやう（京）↓みやこ
きやううんらく（慶雲樂）↓けい
うんらく
きやうくわつ
羌活　キヤウクワツ
薬種上41ウ6
きやうごく
京極
小路下30オ3
きやうじ
香匙　キヤウシ　家具中40オ1
きやうしやく（警策）↓けいさく
ぎやうぶ
形〔刑〕部　キヤウフ
位次上3ウ5
きやくでん
客殿　堂塔上22ウ7
きやくふ
腳布　キヤツフ　道具下5オ5
きやくろ
客櫓　キヤクロ　屋具上20ウ1
きやたつ
腳榻　キヤタツ　家具中40オ1
きやつぷ（腳布）↓きやくふ
きやはん
腳件〈絆〉キヤハン
武具中13オ2
きやふ（腳布）↓きやくふ
きゆうぐ
供具　キウグ　飾具下3オ6
きゆうびさい
供備采〈菜〉　飾具下3オ6
きゆうゐ（宮闈）↓おほとねり（大
舎人）
きよかは
清川　氏姓上9ウ6
きよくい
曲倚　キヨクイ　飾具下2オ5
ぎよくしんけ
玉簪花　―シンー

ぎよくずい　草花上25ウ5
　玉蘂　―スイ　草花上25ウ5
ぎよくそ
　玉蛆　―ソ　酒名中17ウ3
ぎよくばん
　玉版　―ハン　紙名上18オ3
きよくろく
　曲祿〈彔〉キヨクロク　飾具下2オ4
ぎよこつかん
　魚骨羹　羹名上28ウ4
きよしな
　清科　キヨシナ　氏姓上8ウ5
きよはら
　清原　キヨハラ　氏姓上9オ2
ぎよまう
　魚網　―マウ　紙名上18オ3
きよみ
　清海　キヨミ　氏姓上9ウ1
きらら
　雲母　キラヽ　画具上15オ3
きり
　錐　キリ　番匠上23オ4

きり
　梧　キリ　木名中30ウ6
きり
　霧　キリ　天象下8オ4
きり（桐）↓めぎり
きりぎりす
　蛬　キリキリス　楽名上37ウ2
きりぎりす
　蛬　キリキリス　虫名中20オ5
きりぎりす
　蛩　同（キリキリス）　虫名中20オ5
きりぎりす
　螿　同（キリキリス）　虫名中20オ5
きりん
　麒麟　キリン　走獣上26オ5
きりんけつ
　騏驎血〔竭〕キリンケツ　薬種上41オ5
きりんさう
　騏麟草　草花上25ウ3
きわり
　木剖　キワリ　番匠上23オ7

きん
　巾　俗服中10オ2
きん
　磬　キン　飾具下2オ7
ぎん（銀）↓きんぎん（金銀）
きんえ
　綿〔錦〕衣　キンヱ　俗服中10オ3
きんかん
　金柑　キンカン　木名中30オ5
きんきよくし
　金曲巵　キンキヨクシ　酒名中17ウ7
きんぎん
　金銀　珍宝上18ウ2
きんくわせん
　金花牋　紙名上18オ2
ぎんくわん
　銀管　ギンクワン　筆名中38オ1
きんこ
　金鴣　キンコ　鳥類中5オ7
きんご（金吾）↓うゑもん（右衞門）・さゑもん（左衞門）

ぎんさん
　銀盞　ギンサン　酒名中18オ3
きんし
　金紫　キンシ　珍宝上19オ3
きんしくわうろくたいふ（金紫光祿大夫）↓しやうさんゐ（正三位）
きんしさう
　金芝草　草花上25ウ3
きんしや
　金紗　キンー　俗服中10オ1
ぎんせいくわうろくたいふ（銀青光祿大夫）↓じゆさんゐ（従三位）
きんせんくわ
　金仙華　草花上25オ4
きんたい
　金〈錦〉帯　草花上25ウ1
きんぱく
　金薄　画具上15オ4
ぎんぱく
　銀薄　画具上15オ5
きんぺい
　金弊〔幣〕キンヘイ

きんぽうげ
　料足上16オ4
　金鳳花　草花上25ウ6
きんゑい（近衛）↓うこん（右近）・さこん（左近）

く

くが
　玖河　クカ　国名下23オ4
くがん
　鴝眼　クカン　硯名中37オ6
くき
　岫　クキ　天象下9オ7
くぎ
　釘　クキ　屋具上21オ2
くぐ（供具）↓きゆうぐ
くくち（菊池）↓きくち
くぐつ（傀儡）↓てずし
くぐひ
　鵠　クヽイ　鳥類中5ウ2
くこ
　枸杞　クコ　木名中30ウ4
くご

　箜篌　クコ　楽器上35ウ7
くごしよ
　供御所　クコー　神具中8オ2
くさぎ
　垣〈恒〉山　クサキ　木名中30ウ2
くさげた
　草桁　クサー　屋具上20ウ7
くさずり
　草摺　クサスリ　武具中12ウ4
くさび
　轄　クサヒ　屋具上21オ1
くさび
　轄　クサビ　家具中40ウ5
くさび
　軏〈軛〉同（クサビ）　家具中40ウ5
くさほほ
　臭朴　クサホウ　木名中29ウ5
くさり
　鎖　クサリ　楽名上38オ1
くさりどう
　鎖筒　クサリー　武具中13オ2
くさりばかま

鎖袴　クサリハカマ　武具中12オ7
くし
櫛　クシ　家具中40オ5
くじ
久慈　クシ　国名下16オ2
くじか
麞　アシカ　走獣上26ウ3
くしがき
串柿　クシカキ　茶子上30ウ5
くしげ
櫛笥　小路下30オ1
くしや
倶舎　クシヤ　楽器上35ウ4
ぐじやう
郡上　グンー　国名下16ウ5
くじやく
孔雀　クシヤク　鳥類中5オ7
くじり
挑　クジリ　番匠上23オ5
くしん
苦辛　クシン　薬種上41ウ1
くす
庫司　コシ　堂塔上22ウ6
くす
球珠　クス　国名下25ウ5
くず
葛　クス　草名中32ウ5
くすたけ（槁茸）↓くひぜたけ
くすね
天鼠　クスネ　武具中13オ5
くせ
久世　クセ　国名下11オ7
くせまひ
曲舞　楽器上35ウ6
くそ
屎　クソ　人倫中42ウ6
くだ
管　クタ　家具中40オ6
くだら
百済　クタラ　氏姓上8ウ7
くだら
百済　クタラ　国名下12オ7
くたらじゆ
具多羅樹　クタラー　木名中29オ6
くち
口　クチ　人倫中42オ6
くちなし
梔　クチナシ　木名中30ウ6
くちばみ
蝎　クチハミ　虫名中20オ4
くちびる
唇　クチヒル　人倫中42オ6
くぢら
鯨　クシラ　魚類中3オ2
くぢら
鯢　同（クシラ）　魚類中3オ2
くつ
履　クツ　俗服中9ウ1
くつ
履　クツ　武具中13オ3
くづいり
屑熬　クツー　料理中2オ4
くつけい
屈系　クツケイ　武具中12ウ4
くつぬぎ
履脱　クツヌキ　屋具上21オ7
くつばけ
履刷　クツロツ　道具下4ウ5
くつわ
轡　クツハ　武具中13オ4

くつわむし
⿱御虫〈銜蟲〉クツワムシ　虫名中20ウ1
くでう
九條　道具下4ウ7
くでう
九條　小路下29ウ7
くない
宮内　クナイ　位次上3ウ7
くに
國　クニ　名乗上11ウ5
くにさき
國崎　クマサカ　国名下25ウ6
くぬぎ
釣樟　クヌキ　木名中29ウ5
くは
桑　クワ　木名中30ウ4
くは
鍬　クワ　家具中40オ6
くはがた
鍬形　クワカタ　武具中12ウ5
くはだ
桑田　クワタ　国名下20オ5
くはな
桑名　クハナ　国名下12ウ7
くはばら
桑原　クワハラ　国名下26ウ4
くはむら
桑村　クハムラ　国名下24ウ2
くびき
頸城　クヒキ　国名下19ウ6
くびす
踵　クヒス　人倫中43オ1
くひぜたけ
槁茸　クイセー　茶子上30オ6
くびだらじゅ
拘鞞陀羅樹　クレタラー　木名中29オ7
くひな
鳱　クイナ　鳥類中5ウ7
くひな
水雞　クイナ　鳥類中6オ5
くぼや
窪屋　クホヤ　国名下22ウ1
くま
熊　クマ　走獣上26オ5
くま
球麻　クマ　国名下26ウ1
くまげ
熊毛　クマケ　国名下23オ4
くまぜみ
蚶　クマセミ　虫名中20オ5
くまだか
雕（＝鵰）クマタカ　鳥類中6オ3
くまで
熊手　クマテ　武具中14オ1
くまの
熊野　クマノ　国名下20ウ2
ぐみ
糖　グミ　木名中30オ7
くみいれ
組入　クミイレ　屋具上20ウ4
ぐみやうてう
工命〈共命鳥〉コウメイ　鳥類中5オ6
くむだじゅ
拘某陀樹　クムター　木名中29ウ1
くめ
久米　クメ　氏姓上9ウ6
くめ

久米　クメ　国名下22オ3
くめ
久米　クメ　国名下24ウ3
くも
雲　クモ　天象下8オ3
くも（蜘・蛛）↓おほぐも（蛛）・
こぐも（蜘）
くもだこ
蜘蛸　クモタコ　茶子上30ウ6
くもひぢき
雲肱木　クモヒジキ　屋具上20ウ3
くもんじよ
公文所　屋具上21ウ5
くら
内蔵　クラノカミ
位次上4オ4
くら
鞍　クラ　武具中13オ4
くらうど（蔵人）↓くらんど
くらがき
倉垣　クラカキ　楽名上38オ5
くらぎ
久良岐　クラキ　国名下14ウ5

くらげ
蛇　クラケ　魚類中3オ5
くらげ
海月　クラケ　魚類中3ウ3
くらで
鞍手　クラテ　国名下25オ3
くらのかみ（内蔵）↓くら
くらんど
蔵人　クラント　位次上5ウ4
くり
栗　クリ　茶子上29ウ7
くり
栗　クリ　木名中30オ5
くりげ
栗毛　走獣上26ウ6
くりじめのを（縿付緒）↓くりつ
めのを
くりたけ
茅茸　クリ—　茶子上30オ4
くりつめのを
縿付緒　クリノツケヲ
武具中12ウ1
くりはら
栗原　クリハラ　国名下18オ6

くりもと
栗本　クリモト　国名下16オ5
くるま
郡〔群〕馬　クルマ
国名下17オ7
くるまづき
車突　—ヅキ　屋具上21ウ1
くるまやどり
車宿　屋具上21ウ7
くるみ
胡桃　クルミ　茶子上30ウ6
くるみ
胡桃　クルミ　木名中30オ5
くるもと（栗本）↓くりもと
くろいと
黒絲　クロイト　武具中13オ1
くろかは
黒川　クロカハ　国名下18オ5
くろき
黒木　クロキ　木名中30ウ1
くろごめ
粿　クロコメ　五穀中15オ4
くろはせ（崑崙八仙）↓こんろん
はつせん

くろまなこ
晴　クロマナコ　人倫中42オ5
くろもんじよ
玄木橡　クロモンシヨ　木名中29ウ7
くわいくわ（槐花）↓ゑんじゆのはな
くわいこつ
回骨　クワイコツ　楽名上36ウ1
ぐわいし（外史）↓だいげき（大外記）
くわいしよ
會所　屋具上21ウ5
くわいてい（駃騠）↓けってい
くわいばいらく
回杯樂　クワイハイラク　楽名上36オ5
くわいらう
回廊　クハイラウ　神具中8オ1
くわうみやうたん
光明〈光明丹〉　画具上15オ1
くわうもん（黄門）↓ちゆうなごん（中納言）
くわうろく（光祿）↓だいぜん（大膳）
くわうろくたいふ（光祿大夫）↓じゆにゐ（従二位）
くわくかう
藿香　クワツー　薬種上40ウ6
くわけい
火嗅　クワケイ　鳥類中5オ7
くわしぼん
菓子盆　クワシホン　家具中39ウ1
くわしや
火舎　飾具下2ウ7
くわつかう（藿香）↓くわくかう
くわとうらく
裹頭樂　クワトウー　楽名上36ウ3
くわひん
華瓶　クワヒン　飾具下2ウ3
くわら
掛落　道具下4ウ7
くわりう
驊騮　クワリウ　走獣上26ウ3
くわんざう
萱草　センー　草花上25ウ2
くわんじやうこう
管城公　クワンシヤウコウ　筆名中37ウ6
くわんしよう
喚鐘　クワンセウ　飾具下3オ2
くわんす
鑵子　クワンス　家具中40ウ1
くわんどうくわ
款冬花　クワントウー　草花上25オ5
くわんのき
關木　クワンノー　屋具上20ウ4
くわんばく
關白　クワンハク　位次上4ウ2
くわんばく
歡伯　クワンハク　酒名中17ウ4
くんぱい
佩〈裙佩〉ハイ　俗服中9オ6

け

けい（磬）→きん
けいうんらく
　慶雲樂　ケイウン―　楽名上36ウ3
けいがい
　荊芥　ケイカイ　薬種上41ウ5
けいくわ
　桂花　草花上26オ1
けいさく
　驚〈警〉策　ケイサク　飾具下3オ4
けいさん
　計算　ケイサン　家具中40オ5
けいし
　桂枝　ケイシ　薬種上40ウ3
げいしう
　藝州　国名下23オ1
けいしやう
　珪璋　ケイシヤウ　珍宝上19オ4
けいだい
　磬臺　ケイタイ　飾具下3オ5
けいてう（京兆）→うきやう（右京）・さきやう（左京）
けいとうげ
　雞頭花　ケイトウ―　草花上25オ3
けいとくらく
　雞徳樂　ケイトク―　楽名上37オ2
けいへき
　珪璧　珍宝上18ウ6
けいほう（刑部）→ぎやうぶ
けいめいらく
　雞鳴樂　ケイメイ―　楽名上36ウ7
けがしら
　毛頭　ケ―　楽器上35オ7
けがりは
　毛狩羽　ケカリハ　楽器上35ウ4
けさ
　袈裟　ケサ　道具下4ウ4
けし
　芥子　ケシ　調菜上33オ7
けせん
　氣仙　ケセン　国名下18ウ1
けた
　桁　ケタ　屋具上20ウ1
けた
　氣多　ケタ　国名下20ウ4
けた
　氣多　ケタ　国名下20ウ7
けたば
　桁羽　タテハ　武具中13ウ1
けつこ（挈壷）→ろうこく（漏剋）
げつだん
　月團　―タン　茶名上16ウ2
げつだん
　月團　墨名中35オ3
けつてい
　駃騠　クワイテイ　走獣上26ウ4
けづりもの
　削物　ケツリ―　料理中2オ6
けつりん
　結鄰　ケツリン　硯名中37オ7
けてふ
　化蝶　ケテウ　料足上16オ4

げにやさば
現爾也娑婆　ケニヤサハ　楽器上35ウ7
けぬき
鑷　ケヌキ　番匠上23ウ1
けぬき
鑷　ケヌキ　家具中40オ5
けひき
計曳　ケヒテ　番匠上23オ6
けびゐし（検非違使）↓けんびゐし
けふそく
脇息　ケウソク　家具中40オ1
けまん
花鬘　ケマン　飾具下2ウ6
けまんけ
鬘花〈華鬘花〉マンケ　草花上25オ2
けら
螻　ケラ　虫名中20オ4
けらつつき
啄木　ケラツヽキ　鳥類中6オ5
けらつつき（鵭）↓てらつつき
けらば
蝸〈蝎〉羽　ケラハ　屋具上21オ3
けん
剣　ケン　神具中8オ5
げん
源　ケン　氏姓上8ウ1
げん
弦　ケン　天象下8オ7
げんうん
玄雲　ケンウン　墨名中35オ2
けんがしら
剣首　ケンカシラ　武具中12ウ5
げんぎよ
懸魚　屋具上21オ2
けんごし
牽牛子　ケンコシ　薬種上41オ1
げんさう
玄霜　ケンサウ　墨名中35オ4
けんざん
建盞　ケンサン　家具中40ウ5
げんじやうらく
還城樂　ケンシヤウ—　楽名上37オ2
けんじり
剣尻　ケンシリ　武具中13ウ1
げんせう
阮簫　ケンセウ　楽器上35ウ7
けんせん
毾〈巻毾〉　羹名上28ウ2
げんば（玄蕃）↓げんばん
げんばん
玄番〔蕃〕ケンハン　位次上5オ2
けんびゐし
検非違使　ケンヒイシ　位次上6オ7
けんびん
巻餅　ケンヒン　羹名上29オ1
げんぺい（源平）↓げん（源）・へい（平）
けんもつ
監物　ケンモツ　位次上4オ3

こ

こあへ
　子挍〈交〉　コアへ　料理中2オ7
こいはのり
　小岩苔　―イワ―　調菜上32ウ5
こいんじゆ
　胡飲酒　コインシユ　楽名上36オ6
こうか
　後架　堂塔上23オ2
こうかん（勾勘）↓かげゆ（勘解由）
こうきん
　肱巾　道具下5オ2
こうくわりよくえふ
　紅花緑葉　コウクワリヨクヨウ　珍宝上19オ2
こうし
　肱子　道具下5オ3
こうし（貢士）↓しんじ（進士）
こうじ
　特〈犢〉　コウシ　走獣上27オ4
こうだう（講堂）↓かうだう

こうのあわ
　紺漚　コウノアワ　画具上15オ6
こうばい
　紅梅　コウハイ　俗服中9ウ4
こうはうひん
　孔方兄　コウハウケイ　料足上16オ5
こうほう（工部）↓むく（木工）
こうぼく
　厚朴　カウホク　薬種上41ウ3
こうま
　高麗　カウマ　氏姓上9ウ3
こうゑん
　後苑　屋具上22オ3
こうをどし
　紺威　コウヲトシ　武具中13オ1
こえ
　糞　コヘ　人倫中42ウ6
こがら
　鵯　コカラ　鳥類中6オ5
こがらあへ
　鵯挍〈交〉　コカラ―　料理中2ウ1

ごきやう
　五茎　―キヤウ　調菜上33ウ2
こくしでん
　國司殿　コクシテン　神具中8オ2
こぐも
　蜘　コクモ　虫名中20オ6
こくわじや
　小冠者　楽器上35ウ6
こけ
　苔　コケ　草名中32ウ2
こけ
　蘚　同（コケ）　草名中32ウ2
こけまめ
　苔菽　コケマメ　茶子上30ウ2
ごこ
　五鈷　―コ　飾具下2ウ1
こごめ
　糀　コヽメ　五穀中15オ5
こころ
　心　コヽロ　人倫中43オ3
こころ
　情　同（コヽロ）　人倫中43オ3

こころぶと
心太　―ロフト　画具上15オ6
こころぶと
心太　コヽロフト
調菜上33オ4
こさう
虎爪　―サウ　薬種上41オ2
ござう
五蔵　料理中2オ5
こざくら
小櫻　武具中12ウ7
こし
腰　コシ　人倫中42ウ2
こし
古志　コシ　国名下19ウ6
こじ
火箸　コシ　家具中40オ1
こしき
甑　コシキ　家具中39ウ5
こしき
爨　コシキ　家具中40ウ3
こしきじま
甑島　コシキシマ
国名下27オ1

ごしつ
牛膝　コシツ　薬種上41ウ6
こしつづみ
腰鼓　コシツヽミ
楽器上35オ3
こしばさみ
腰挟　コシハサミ
武具中12ウ1
こじま
兒島　コシマ　国名下22オ6
こしまき
腰巻　コシマキ　武具中12ウ1
こしやう
胡牀　コシヤウ　飾具下2オ5
ごじやうらく
五常樂　―シヤウ―
楽名上36ウ5
ごしゆ
五銖　―シユ　料足上16オ5
ごしゆゆ
呉茱萸　コシユユ
薬種上40ウ6
こしよ
顧渚　コシヨ　茶名上16ウ1

こじり
璫　コシリ　武具中13ウ6
こすき
杴　コスキ　家具中40オ6
こせう
胡椒　コシユク　薬種上40ウ4
こそで
小袖　俗服中9ウ2
こだたみ
海鼠湛味　コタヽミ
料理中2オ3
こだま
魅〈魍〉木タマ　走獣上26ウ1
こだま
兒玉　コタマ　国名下15オ1
こたん
虎膽　コタン　薬種上41オ2
こち
鮲　コチ　魚類中3オ3
こぢやう
虎杖　―チヤウ　薬種上41オ2
こつかみ
木撮　コツカミ　料理中2ウ5
ごでう

五條　小路下29ウ5
ごでうのばうもん
五條坊門　小路下29ウ4
こてのいた
鞲板　コテノイタ　武具中12ウ4
こてひ
古牴　コテイ　走獣上27オ4
こてふ
胡蝶　コテウ　楽名上37ウ1
ごてん
御殿　コテン　神具中8オ1
こと
琴　コト　楽器上35オ1
こどう
古銅　コトウ　珍宝上18ウ3
ごとうのみ
梧桐子　―ノ―　茶子上30ウ3
ことひ（特）↓こうじ（犢）・こ
てひ（古牴）
ことりそ
古鳥蘇　楽名上37オ7
こにく
虎肉　コニク　薬種上41オ2

この
巨濃　コノ　国名下20ウ6
このき
小簷　コツキ　屋具上20ウ6
このしろ
鮤　コノシロ　魚類中3オ4
このしろ
鯯　コノシロ　魚類中3ウ3
このとの
此殿　コノ―　楽名上38オ5
このはらわた
海鼠腸　コノハラワタ　料理中2ウ2
このめづけ（木目漬）↓きのめづ
け
このり
兄鷂　コノリ　鳥類中6オ6
このわた（海鼠腸）↓このはらわ
た
このゑ
近衛　小路下29ウ1
こはいひ
強飯　コフイヽ　羹名上29オ5
ごばう

牛房　コハウ　調菜上33オ7
こはく
虎䁦〈魄〉　珍宝上18ウ5
こはくのさかづき
琥珀鍾　コハクノサカツキ　酒名中17ウ7
こひ
虎皮　コヒ　珍宝上19オ1
こひ
鯉　コイ　魚類中3ウ1
こひみそ
鯉味噌　コイミソ　料理中2オ3
こびやう
胡餅　コモチ　羹名上28ウ7
ごふ（護布）↓あんじつ（按實）
こぶし
辛夷　コフシ　木名中29ウ6
こぶし
拳　コフシ　人倫中42ウ2
こぶしのはな（辛夷花）↓しんい
くわ
こぶのり
昆布苔　コフノリ

ごふん　調菜上33オ1
胡粉　ゴフン　画具上15オ1
こほう（戸部）↓みんぶ（民部）
こほり
冰　天象下8ウ6
こほり
凍　天象下8ウ6
こほり
郡　コヲリ　天象下9オ2
こほろぎ
蛚　コウロキ　虫名中20オ5
こま
駒　コマ　走獣上27オ1
こま
巨麻　コマ　国名下14オ7
こま
高麗　コマ　国名下14ウ7
こま（高麗）↓こうま
こまくり
小捲　コマクリ　楽器上35ウ7
こまざらへ
櫂　コマサラヘ　家具中40オ5
ごまだう
護摩堂　コマ―　堂塔上22ウ4
こまつなぎ
蕬　コマツナキ　草名中32オ5
こまつなぎ
狼牙　コマツナキ　草名中32オ7
こまなこ
瞳　コマナコ　人倫中42オ5
こまひ
木舞　コマヒ　屋具上20ウ6
こまほこ
駒桙　コマホコ　楽名上37オ6
ごみし
五味子　―ミ―　薬種上41オ7
ごみしゆく
五味粥　羹名上29オ4
ごむ
馭謨　国名下26ウ5
こむぎ
麰　コムキ　五穀中15オ6
こむぎひしほ
麴醬　コムキヒシホ　調菜上32オ7
こむら
腓　コムラ　人倫中42ウ3
こむら
蹲　コムラ　人倫中43オ2
こめ
粱〈粱〉コメ　五穀中15オ6
こも
薦　コモ　草名中32ウ5
こも
薦　コモ　家具中40オ6
こもじる
蒋汁　コモシル　調菜上32ウ4
こもまくら
薦枕　コモマクラ　楽名上37ウ3
こやなぎ
小柳　コヤナキ　楽名上37ウ7
こゆ
兒湯　国名下26ウ2
こりん
火鈴　コリヤウ　飾具下3オ2
これ
是　コレ　名乗上11ウ1
これむね
惟宗　コレムネ　氏姓上8ウ2

ごろく
五六　　屋具上21オ4
ころもがへ
衣替　コロモカヘ　　楽名上38ウ1
ごわうのたま
牛王玉　　珍宝上18ウ6
こんがうばん
金剛盤　コンカウハン　　飾具下2ウ4
こんじてう
金翅鳥　コンシテウ　　鳥類中5オ5
こんじやう
紺青　コンシヤウ　　画具上15オ2
こんとん（餛飩）↓うどん
こんにやく
苘〔蒟〕蒻　コンニヤク　　調菜上33オ7
こんのあわ（紺漚）↓こうのあわ
ごんのすけ
權介　コンノスケ　　位次上5オ2
こんろんはつせん
崑崙〈崑崙八仙〉コンロン　　楽名上37ウ1
こんをどし（紺威）↓こうをどし

さ

さい
犀　サイ　　走獣上26オ5
さいかく（犀角）↓さいのつの
さいきん
菜巾　　道具下5オ1
さいこ
柴胡　サイコ　　薬種上41ウ5
さいさうらう
采〈採〉桑老　サイサウラウ　　楽名上37オ6
さいしやう
宰相　サイシヤウ　　位次上3オ6
さいしゆ（祭酒）↓だいがく（大學）
さいしん
細辛　サイシン　　薬種上41ウ1
さいすいき
灑水器　レキスイキ　　飾具下2ウ2
さいだま
崎〔埼〕玉　サイタマ　　国名下14ウ7
さいぢよれい（采女令）↓うねめ（采女）
さいづち
椊　サイツチ　　番匠上23オ4
さいのつの
犀角　　珍宝上18ウ7
さいひ
犀皮　サイヒ　　珍宝上19オ1
さいみ
細美　サイミ　　俗服中9ウ7
さいれい
祭禮　サイレイ　　神具中8オ5
さいゐん
齊〔齋〕院　サイイン　　位次上4ウ6
ざう
象　サウ　　走獣上26オ5
さうあい

草鞋　サウアイ　道具下４ウ６
ざうくわん
象管　シヤウクワン　筆名中37ウ７
さうけい
糟雞　サウケイ　羹名上28ウ６
さうしう
相州　国名下14ウ２
さうじゆつ
蒼朮　サウシユツ　薬種上41ウ１
さうたい（霜臺）↓だんじやう（彈正）
さうでう
雙調　サウテウ　十二上36オ１
さうぶれん
想夫戀　サウフレン　楽名上36ウ１
さうほう（倉部）↓ちから（主稅）
ざうほう（造部）↓さけどの（酒殿）
さうま
相馬　サウマ　国名下15ウ４
さうり
笊籬　クハリ　酒名中18オ３
さえたり
澌　サヘタリ　天象下８ウ６
さか
坂　サカ　天象下８ウ１
さか
佐嘉　サカ　国名下26オ２
さかいり
酒熬　―イリ　調菜上32オ６
さかいり
酒熬　―イリ　料理中２オ４
さかおもだか
逆蕮　サカヲモタカ　武具中12ウ７
さかき
榊　サカキ　神具中８オ６
さかた
坂田　サカタ　氏姓上９オ７
さかだ
坂田　サカタ　国名下16オ６
さかだる
酒榼　酒名中17ウ５
さかづき
巵　サカツキ　酒名中18オ１
さかづき
兕　同（サカツキ）　酒名中18オ１
さかづき
盃　同（サカツキ）　酒名中18オ１
さかづき
醆　同（サカツキ）　酒名中18オ２
さかづき（匜）↓はんざふ
さかつら
逆頰　サカツラ　武具中13オ７
さかつるべ
酒鑵　サカツルヘ　酒名中18オ４
さかどの（酒殿）↓さけどの
さかのへ
坂上　サカノヘ　氏姓上９オ７
さかひ
堺　サカイ　天象下９オ３
さかます
酒升　サカマス　酒名中18オ４
さがみ
相模　サカミ　国名下14ウ２

さがらか
　相樂　サカラ　国名下11オ7
さかわにぐち
　逆鰐口　サカワニクチ　武具中13ウ7
さかゐ
　坂井　サカイ　国名下19オ5
さき
　崎　サキ　天象下9オ1
さぎ
　鷺　サキ　鳥類中5ウ5
さきやう
　左京　位次上4オ1
さく
　佐久　サク　国名下17オ4
ざぐ
　坐具　サク　道具下4ウ5
さくしう
　作州　国名下22オ2
さくのき（尺木）→しやくのき
さくべい
　索餅　サクヘイ　羹名上29オ2
さくら
　櫻　サクラ　木名中30オ2

さくらいり
　櫻熬　サクラ―　料理中2オ5
さくらのはな（櫻花）→あうくわ
さくらひと
　櫻人　サクラヒト　楽名上38オ2
ざくろ
　石榴　サクロ　茶子上30オ1
ざくろのはな（柘榴花）→りうくわ（榴花）
さくわん
　目　サクワン　位次上5オ1
さくわん
　録　位次上5オ1
さけ
　造酒　サケノ　位次上5ウ3
さけ
　鮭　サケ　魚類中3ウ3
さげざや
　下鞘　サケサヤ　道具下5ウ2
さけどの
　酒殿　サケトノ　位次上6ウ1
さこん
　左近　位次上6オ2

ささ
　簜　サヽ　草名中32ウ5
ささい
　竹筒　サヽイ　酒名中18オ4
さざい
　螺榮〈榮螺〉　サヽイ　魚類中3オ5
ささえ（竹筒）→ささい
さざえ（榮螺）→さざい
ささがさね
　簜重　ナカサネ　武具中12ウ5
ささげ
　角豆　サヽケ　五穀中15オ7
ささたけ
　簜茸　サヽ―　茶子上30オ5
ささちまき
　簜粽　サヽチマキ　茶子上30ウ5
ささなみ
　漪浪　サヽナミ　楽名上37ウ4
さざなみ
　漪　サヽナミ　天象下8ウ5
ささら
　讃良　サヽラ　国名下12オ1

さしう
佐州　国名下20オ2
さじき
桟敷　屋具上22オ1
さしす
差醯　サシス　調菜上32ウ4
さしだな
差棚　屋具上21ウ7
さしなは
差縄　サシナワ　家具中40オ4
さしぬき
指貫　サシヌキ　楽器上35ウ3
さしぬき
指貫　サシヌキ　俗服中9オ5
さしば
指羽　サシハ　鳥類中6オ6
さしま
猿島　サルシマ　国名下15ウ5
さしみ
差身　サシミ　料理中2オ5
さじようしやう（左丞相）↓さだいじん（左大臣）
さす
樻　サス　屋具上20ウ2

さす
杈　同（サス）　屋具上20ウ2
さす
杈首　サス　屋具上20ウ5
さすのみ
指鑿　サスノミ　番匠上23オ6
さだ
貞　サタ　名乗上12オ1
さだ（沙田）↓ますた
さだいしやう
左大相〈將〉　位次上3オ6
さだいじん
左大臣　位次上3オ3
さだう
茶堂　堂塔上22ウ6
さたうやうかん
砂磄〔糖〕羊羹　サタウ―　羹名上28ウ2
さちほこ
鯱　サチホコ　魚類中3オ2
ざちゆう
座頭　サチヤウ　飾具下3オ5
さつし
冊子　道具下5オ4

さつしう
薩州　国名下26ウ7
さつま
薩摩　サツマ　国名下26ウ7
さつま
薩摩　サツマ　国名下26ウ7
さと
郷　サト　天象下9オ2
さと
里　サト　天象下9オ3
さど
佐渡　サト　国名下20オ2
ざとう（座頭）↓ざちゆう
さぬき
讃岐　サヌキ　国名下24オ4
さね
實　サネ　名乗上10オ7
さねがしら
核首　サネカシラ　武具中13オ2
さねかづら
蓧　サネカツラ　草名中32オ5
さの
佐野　サノ　国名下13ウ7

さば
　鯖　サハ　魚類中３オ６
さば
　佐波　サハ　国名下23オ５
さばしの
　澀篦　ナハシノ　武具中13ウ２
さばしや
　作法紗　サバウ―　俗服中10オ１
さはだ
　雑太　ザウタ　国名下20オ２
さはだがは
　澤田川　サハタ―　楽名上38オ５
さはふしや（作法紗）↓さばしや
さはら
　弱檜　サワラヒ　木名中30オ３
さはら
　早良　サラ　国名下25オ２
さはり
　沙張　サハリ　飾具下３オ３
さふ（左府）↓さだいじん（左大臣）
さふさ
　匝瑳　サウサ　国名下15ウ４
ざふしどころ
　雑仕所　サウシトコロ　位次上６ウ６
ざふに
　雑煮　羹名上28ウ６
さへき
　佐伯　サワキ　氏姓上９ウ３
さへき
　佐伯　サエキ　国名下23オ２
さま
　左馬　サマ　位次上６オ３
さま
　欙　サマ　屋具上21ウ３
さむかは（寒川）↓さんがは
さめ
　鮐　サメ　魚類中３オ２
さめうじ
　佐目牛　小路下29ウ５
さめづか
　鮫〈鮫欙〉サメ　武具中13ウ６
さや
　鞘　サヤ　武具中13ウ６
さや（鞆）↓とも
さゆみ（細美）↓さいみ
さよ
　佐用　サヨ　国名下21ウ６
さよみ（細美）↓さいみ
さら
　皿　サラ　家具中39ウ１
さら（紗羅）↓しやろ（紗櫓）
さらしな
　更級　サラシナ　国名下17オ３
さる
　猿　サル　走獣上26オ７
さる
　狖　同（サル）　走獣上26オ７
さるがしら
　狖首　サルカシラ　屋具上21オ１
さるつなぎ
　棖　サルツナキ　屋具上21オ７
さわたり
　澤渡　料理中２ウ５
さゐ
　佐井〈位〉サク　国名下17ウ１
さゑもん
　左衛門　位次上５ウ５

さを
槁　サヲ　家具中40オ4
さを
棹　同（サヲ）　家具中40オ4
さを
桁　サヲ　家具中40オ6
さんがは
寒川　サンカウ　国名下17ウ5
さんがは
讃〈寒〉川　サンカワ　国名下24オ4
さんぎ（參議）→さいしやう（宰相）
さんこ
三鼓　楽器上35オ3
さんこ
三鈷　―コ　飾具下2オ7
さんご
珊瑚　珍宝上18ウ5
さんしう
三［參］州　国名下13ウ2
さんしう
讃州　国名下24オ4
さんじゆ
散手　サンシユ　楽名上36ウ3
さんだいえん
三臺鹽　―タイ―　楽名上36ウ1
さんぢやう
散杖　飾具下3オ1
さんでう
三條　小路下29ウ3
さんでうのばうもん
三條坊門　小路下29ウ3
さんぽうぜん
三峰膳　饗名上28ウ7
さんもん
山門　堂塔上22ウ6
さんやく
山藥　―ヤク　薬種上41ウ2
さんりよう
三稜　―レウ　薬種上40ウ7
さんろふ
散羅［蘿］蔔　サンロフ　調菜上32ウ3

し

しあは
穴〈完〉粟　シアハ　国名下21ウ6
しいし
簁　シイシ　家具中40オ7
しうと
舅　シウト　人倫中42オ1
しうとめ
姑　シウトメ　人倫中42オ1
しうふうらく
秋風樂　楽名上36ウ5
しか
鹿　シカ　走獣上26オ6
しが
志賀　氏姓上10オ1
しが
志賀　シカ　国名下16オ5
しがう
紫毫　シカウ　筆名中38オ1
しかま
色麻　シカマ　国名下18オ5
しかま
飾磨　シカマ　国名下21ウ6
しき

志紀　シキ　国名下12オ2
しぎ
鴫　シキ　鳥類中6オ4
しきさんばん
式三番　シキ―　楽器上35ウ5
じきだう
食堂　シキ―　堂塔上22ウ7
しきて
敷手　シキテ　楽名上36ウ6
しきのかみ
城上　キカミ　国名下11ウ4
しきのしも
城下　キシモ　国名下11ウ4
しきび
樒　シキヒ　木名中30ウ3
しきび
榓〔樒〕同（シキヒ）　木名中30ウ3
しきぶ
式部　シキフ　位次上3ウ6
しきみ（樒・榓）↓しきび
しきめ
敷目　シキメ　武具中12ウ6
しきゐ
敷居　シキヰ　屋具上21オ5
しぐれ
霂　シクレ　天象下8オ3
しげ
重　シケ　名乗上10オ4
しげどう
重藤〔籐〕シケトウ　武具中13オ5
しこ（尻籠）↓しつこ
しころ
鉀　シコロ　武具中12オ6
しし
獅子　シヽ　走獣上26オ5
しし
師子　シヽ　楽名上36ウ2
しし
肉　シヽ　人倫中42ウ4
しし（簷）↓しいし
ししがしら
師子頭　―カシラ　楽器上35ウ2
じしやく
磁石　ジシヤク　珍宝上18ウ3
じじゆう
侍従　ジシウ　位次上4ウ5
ししよく（紙燭）↓しそく
しじら
皺羅　シヽラ　俗服中9ウ4
しせき
紫石　珍宝上18ウ4
しせき
紫石　シセキ　硯名中37オ7
じせんせき（二千石）↓たいふ（大夫）
しそ
紫蘇　シソ　薬種上41ウ3
しそく
紙燭　シ―　家具中39ウ6
した
舌　シタ　人倫中42オ6
しだ
蔪　シダ　草名中32ウ1
しだ
志太　シタ　国名下14オ2
しだ
信太　シダ　国名下16オ1
しだ
志太　シタ　国名下18オ5

したうづ
襪子　シタフス　道具下4ウ5
したがさね
襯　シタカサネ　俗服中9オ7
しただり
滴　シタヽリ　天象下8ウ6
したのはかま
襲　ハタノハカマ　俗服中9オ7
したのはかま
下襲　シタノハカマ　道具下5ウ1
したら
設樂　シタラ　国名下13ウ3
しちかくけ
七覺花　─カクケ　木名中29オ7
しちぢゆうほうじゆ
七重寶樹　─ヂウホウ─　木名中29オ6
しちでう
七條　─テウ　道具下4ウ7
しちでう
七條　小路下29ウ6

しちでうのばうもん
七條坊門　小路下29ウ6
じちゆう（侍中）→くらんど（藏人）
しちよく（司直）→はんぐわんだい（判官代）
しづき
後月　モツキ　国名下22ウ2
しづく
溜　シヅク　天象下8ウ5
しづく
滴　シツク　天象下9オ5
しつこ
尻籠　シツコ　武具中13オ7
じつしき
拾式　シツシキ　紙名上18オ1
じつしゆ
日注　シツシユ　茶名上16ウ1
しつのま
室間　堂塔上23オ1
しづのや
賤屋　シツノヤ　楽名上37ウ4
しつぺい
竹篦　シツヘイ　飾具下2ウ6

しつぺい（執柄）→せつしやう（攝政）
しつみ
七美　シツミ　国名下20ウ4
しでい
紫泥　シテイ　画具上15オ4
しでい
紫泥　シテイ　墨名中35オ2
しでう
四條　小路下29ウ4
しでうのばうもん
四條坊門　小路下29ウ3
してき
紫笛　シ─　楽器上35オ5
しと
屎　シト　人倫中42ウ5
しとと
鵤　シトヽ　鳥類中5ウ7
しとと
瑦〈鵐〉シトヽ　鳥類中5ウ7
しととめ
鴾目　シトヽメ　武具中13ウ7
しとみ
蔀　シトミ　屋具上21ウ2

しながどり
階香鳥　シナカトリ　楽名上37ウ3
しなの
信濃　シナノ　国名下17オ2
しなの
信濃　小路下29ウ7
しなひだて
彫楯　シナイタテ　武具中12ウ3
しなひづる
彫絃　シナヒツル　武具中13ウ4
しねくち
韆〈韆〉口　シネー　武具中13ウ1
しねは
標葉　シネハ　国名下18オ3
しの
篠　シノ　草名中32ウ6
しのう（司農）↓くない（宮内）
しのは
芝葉　シノハ　草名中32ウ6
しのびのを
忍緒　シノヒノヲ　武具中12ウ1
しのぶ
萱　シノブ　草名中32ウ6
しのぶ
信夫　シノフ　国名下18オ2
しは
斯波　シハ　国名下18オ7
しは（標葉）↓しねは
しば
柴　シハ　木名中30ウ6
しはう
紙炮　シハウ　珍宝上19オ4
しはうじろ
四方白　シハウシロ　武具中12ウ5
しばた
柴田　シハタ　国名下18オ3
しばたけ
芝茸　シハー　茶子上30オ6
しばでんがく
芝田樂　シハー　楽器上35ウ6
しばひき
柴曳　シハヒキ　武具中13ウ7
しひ
椎　シイ　茶子上30ウ7
しひ
椎　シイ　木名中30ウ5
しび
紫薇　草花上25ウ5
しび
鮪　シヒ　魚類中3オ7
しひたけ
椎茸　シイー　茶子上30オ4
しひな（秕）↓はしか
しひにび（椎鈍）↓しひにぶ
しひにぶ
椎鈍　シニウ　道具下5オ7
しひね
瘤　シイネ　人倫中43オ2
しひねたけ
瘤茸　シイネー　茶子上30オ6
じふかてう（澀川鳥）↓しぶかはどり
しぶかは
澀河　シフカワ　国名下12オ2
しぶかはどり
澀川鳥　シウー　楽名上36オ7

じふじびやうし
十字拍子　楽器上35ウ4
じふじりつ
十二律　―シリツ　楽器上36オ1
じふぶんはい
十分盃（＝杯）―ハイ　酒名中18オ2
しふゐ（拾遺）↓じじゆう（侍従）
しべ
蓴　シヘ　俗服中10オ1
しぼ
子母　シホ　料足上16オ2
しほで
鞍　シヲイ　武具中13オ4
しほのこうぢ
鹽小路　小路下29ウ6
しほのや
鹽屋　シヲヤ　国名下17ウ5
しほのり
鹽苔　シホノリ　調菜上33オ2
しま
島　シマ　天象下8ウ7
しま
嶼　シマ　天象下9オ1
しま
志摩　シマ　国名下13オ4
しま
志摩　シマ　国名下25オ2
しまかみ
島上　シマウヘ　国名下12ウ1
しましも
島下　シマシモ　国名下12ウ1
しまだ
島田　シマタ　氏姓上9ウ5
しまね
島根　シマネ　国名下21オ2
しめ（鳹）↓ひめ
しめさるがく
入猿楽　シメサルカク　楽器上35ウ6
しめぢ
卜治　シメチ　茶子上30オ7
しも
霜　シモ　天象下8オ4
しもあがた（下縣）↓しもつあが
た
しもつあがた
下縣　シモツカタ　国名下27オ6
しもつあさくら
下座　シモツアセツラ　国名下25オ4
しもつけ
下野　シモツケ　国名下17ウ4
しもつけ
下毛　シモツケ　国名下25ウ3
しもつま
下妻　シモツマ　国名下25オ7
しもつみけ（下毛）↓しもつけ
しもつみち（下道）↓しもみち
しもふさ
下總　シモヲサ　国名下15ウ3
しもみち
下道　シモミチ　国名下22ウ2
しもむ
下無　シモム　十二上36オ1
しやう
笙　シヤウ　楽器上35オ1
しやうい（尚衣）↓しやうしよく
（尚食）・ぬひ（縫殿）
しやういちゐ

正一位　位次上2ウ1
じやうえ
浄衣　シヤウヱ　俗服中9オ4
しやうがのひぼ
湘賀紐　シヤカノヒホ　調菜上33オ1
しやうきやう
生薑　シヤウキヤウ　薬種上41ウ2
じやうきん
浄巾　道具下5オ1
しやうくわん（象管）↓ざうくわん
しやうげん
將監　シヤウケン　位次上6オ2
しやうご
鉦鼓　シヤウコ　楽器上35オ3
しやうご
鉦鼓　シヤウゴ　飾具下3オ3
しやうごゐげ
正五位下　位次上2ウ6
しやうごゐじやう
正五位上　位次上2ウ6

しやうさく（匠作・將作）↓しゆり（修理）
しやうさんゐ
正三位　位次上2ウ3
じやうしう
常州　国名下15ウ7
じやうしう
上州　国名下17オ6
じやうしう（上州）↓やしう（野州）
しやうじや
精舎　シヤウシヤ　堂塔上23オ2
しやうじやう
猜狸〈猩々〉シヤウ同　走獣上27オ3
しやうしよく（尚食）↓ないぜん（内膳）
しやうしゐげ
正四位下　位次上2ウ4
しやうしゐじやう
正四位上　位次上2ウ4
しやうだうのまひ
聖道舞　―ノ―　楽器上35ウ4

しやうなう
樟脳　シヤウ―　薬種上41オ2
しやうにゐ
正二位　位次上2ウ2
しやうのけた
正桁　シヤウノケタ　屋具上20ウ7
しやうのこと
箏　シヤウノコト　楽器上35オ1
しやうひ
青皮　シヤウ―　薬種上40ウ4
しやうび
薔薇　シヤウヒ　草花上25オ5
しやうぶ
菖蒲　シヤウフ　草名中32ウ3
しやうほのかぶり
章甫寇　シヤウホノ―リ　俗服中10オ3
しやうもう
猩毛　シヤウモウ　筆名中38オ2
じやうもん（城門）↓せいもん
しやうろくゐげ

正六位下　位次上３オ１
しやうろくゐじやう
正六位上　位次上３オ１
じやかう
麝香　シヤ－　薬種上40ウ６
しやく
笏　シヤク　俗服中９ウ１
しやく（杓）↓ろじのしやく（鸕
鷀杓）
じやくしう
若州　国名下19オ２
じやくぜつ
雀舌　シヤクセツ　茶子上16オ７
しやくぢやう
錫杖　シヤクヂヤウ
飾具下３オ１
しやくどう
錫銅　珍宝上18ウ３
しやくなんげ
石楠利〈花〉シヤクナン－
木名中29ウ２
しやくのき
尺木　－ノ－　武具中14オ１

しやくはち
尺八　楽器上35オ４
しやくびやくたうりくわ
赤白桃花〈赤白桃李花〉シヤク
ヒヤクタウクワ　楽名上37オ５
しやくやく
芍薬　草花上25オ４
しやくやく
芍薬　シヤクヤク　薬種上41ウ５
しやくれんげ
赤蓮華　草花上25オ３
しやくれんげ
赤蓮花　－レンケ　楽名上37オ５
じやくろ
柘榴　シヤクロ　木名中30オ４
じやくろのはな（柘榴花）↓りう
くわ（榴花）
しやこ
車渠〈＝磲〉　珍宝上18ウ５
しやこ
鷓鴣　シヤコ　鳥類中５オ７
じやこつ

蛇骨　シヤコツ　薬種上41オ４
しやこてき
鷓胡〈鴣〉笛　シヤコ－
楽器上35オ５
しやさう（洒掃）↓かもん（掃部）
しやぢ
薩〈蔭〉シヤチ　草名中32オ５
しやすいき（灑水器）↓さいすい
き
しやぜんし
車前子　シヤセン－
薬種上41オ７
しやだん
社壇　シヤタン　神具中８オ１
しやのころも
紗衣　シヤノ－　道具下４ウ４
じやばい
麝煤　シヤハイ　墨名中35オ１
じやひ
蛇皮　シヤヒ　薬種上41オ４
しやぼう
紗帽　－ホウ　俗服中10オ２
しやりてう
舎利鳥　シヤリテウ

しやろ　鳥類中5オ6
紗繻　—ロ　俗服中10オ2
じゆいちゐ
従一位　位次上2ウ1
しゆかく（主客）↓げんばん（玄蕃）
しゆぎよく
珠玉　シユキヨク　珍宝上18ウ2
しゆきん
手巾　道具下5オ2
しゆきんくわ
朱槿花　草花上25ウ7
じゆくくわ
熟瓜　茶子上30オ3
しゆくしや
宿砂　シユクシヤ　薬種上41オ4
しゆくわい
酒魁　—クワイ　酒名中17ウ7
しゆこし
酒胡子　シユコシ　楽名上36オ6
じゆごゐげ
従五位下　位次上2ウ7
じゆごゐじやう
従五位上　位次上2ウ7
じゆさんゐ
従三位　位次上2ウ3
しゆしや
朱砂　画具上15オ1
しゆじや
珠麝　シユシヤ　墨名中35オ4
しゆしやのぐ
朱砂具　—ノク　画具上15オ6
じゆしゐげ
従四位下　位次上2ウ5
じゆしゐじやう
従四位上　位次上2ウ5
しゆす
豎子　シユス　俗服中9ウ6
じゆず
珠數〔數珠〕シユス　道具下5オ6
しゆせいし
酒醒子　—セイ—　楽名上36オ7
しゆぢやう
柱〔拄〕杖　シユチヤウ　道具下5オ4
じゆつくわ（熟瓜）↓じゆくくわ
じゆにゐ
従二位　位次上2ウ2
しゆもく
鐘木　シユモク　飾具下3オ4
しゆゆ
茱萸　シユユ　木名中30ウ3
しゆり
修理　シユリ　位次上4オ2
しゆろ
椶榈　シユロ　木名中30オ1
しゆろう
鐘樓　シユロウ　堂塔上22ウ6
しゆんあうでん
春鶯囀　—アフテン　楽名上36オ4
しゆんかん
笋干　シユンカン　茶子上30ウ4
しゆんかん
笋干　シユンカン

調菜上32ウ1
じゅんさい
蓴菜　シユンサイ
草名中32ウ4
じゅんふ
準麩　シユンフ　調菜上32オ6
しゅんやうかん
笋羊羹　シユン—
羹名上28ウ2
しゅんやうりう
春楊柳　—ノヤウリウ
楽名上37オ2
しようえん
松煙　墨名中35オ1
じようがしら
尉首　セウカシラ
楽器上35ウ3
しようぎらう（承議郎）↓しやう
ろくゐげ（正六位下）
しようじこう
松滋侯　—シコウ
墨名中35オ2
じようしやう
縄牀　飾具下2オ5

じようしやう（丞相）↓うだいじ
ん（右大臣）・さだいじん（左
大臣）・ないだいじん（内大臣）
しようせつ
勝絶　セウセツ　十二上36オ1
じようのつら
允頰　シヨウツラ
楽器上35ウ2
しようばい
松煤　墨名中35オ1
しようまんげ
勝曼花　セウマンケ
草花上25オ1
しようろかん
松露羹　羹名上28ウ3
しよく
机子　ショク　家具中40オ3
しよくせう
蜀椒　シヨクシユク
薬種上40ウ4
しよくせん（織染）↓おりべ（織
部）
しよくだい
燭臺　シヨクタイ

飾具下2ウ4
じよけう（助教）↓みやうぎやう
（明經）
じよてん
如椽　シヨヱン　筆名中37ウ7
しよにんさんだい
庶人三〈庶人三臺〉シヨシン—
楽名上37オ3
じよらう
助老　道具下5オ3
しよゐん（書院）↓しよゐん
しよゐん
書院　シヨヱン　堂塔上23オ1
しら（始良）↓あひら（始羅）
しらあわめ
白漚布　シラアワメ
調菜上32ウ7
しらいと
白絲　シライト　武具中12ウ7
しらかは
白河　国名下17ウ7
しらぎ
新羅　氏姓上10オ1
しらきのゆみ

白木弓　シラキノユミ　武具中13オ5
しらげよね
糈米　シラケヨネ　五穀中15オ5
しらびやうし
白拍子　―ラ―　楽器上35ウ4
しらみ
蝨　シラミ　虫名中20オ7
しらん
芝蘭　シラン　草花上25オ7
しり
尻　シリ　人倫中43オ1
しりがい
鞦　シリカヒ　武具中13オ4
しりがい
鞧　同（アフミ）武具中13オ4
しりざや（尻鞘）↓しんざや
しりひねり
尻捻　シリヒネリ　料理中2オ7
しりん
紫琳　シリン　茶名上16ウ1
しれい（市令）↓いち（市）
しろ
城　シロ　天象下9オ6
しろうり
白瓜　茶子上30オ2
しろうを
鮊　シロウヲ　魚類中3オ7
しわ
皺　シワ　人倫中42ウ3
しわう
雌黄　シワウ　画具上15オ3
しをん
紫苑　シヲン　草花上25ウ1
しをん
紫苑　シヲン　薬種上41ウ4
しんいくわ
辛夷花　シンイ―　草花上25ウ6
しんきう（秦艽）↓じんげう
じんぎはく
神祇伯　シンキハク　位次上3オ2
しんきん
眞斤　―キン　料足上16オ3
じんぐうじ
神宮寺　シンクウシ　神具中8オ3
じんげう
秦艽　シンケウ　薬種上40ウ6
しんざや
尻鞘　シンサヤ　武具中13ウ6
しんし（籂）↓しいし
しんじ
進士　シンジ　位次上6オ7
しんしう
信州　国名下17オ2
しんしや
辰砂　画具上15オ1
しんしや
辰砂　シンシヤ　薬種上41オ5
しんじゆ
眞珠　珍宝上18ウ6
しんじん（眞人）↓はくすいしん
じん（白水眞人）
しんせん
神仙　シンセン　十二上36オ2
じんだ
糂太　ジンダ　調菜上32ウ2
しんでん

寝殿　シンテン　屋具上21ウ4
じんどう
尻筒　ジントウ　武具中13ウ2
しんとりそ
新鳥蘇　―トリソ　楽名上37オ7
じんばさう
神馬藻　シンハサウ　調菜上33オ1
しんはん
烝〔蒸〕飯　シンハン　羹名上29オ5
しんまか
新靺鞨　―マカ　楽名上37ウ1
しんらつかん
辛辣羹　シンラツカン　調菜上32オ7
しんらりようわう
新羅陵王　楽名上36オ7
しんわう
親王　シンワウ　位次上4ウ5
じんわうはぢんらく
秦王破陣〈秦王破陣樂〉シン―ハチン　楽名上37オ4

しんゑい（親衛）→しやうげん（將監）

す

すあをばかま
繱（＝縠）袴　スワウハカマ　俗服中9オ5
ずい
髓　スイ　人倫中42ウ3
すいかん
水干　スイカン　俗服中9オ4
すいぎう
水牛　走獣上27オ4
すいきん
水巾　道具下5オ1
すいしやうはうす
水晶苞〈包〉子　―ハウス　羹名上28ウ5
ずいじん
隨人〈身〉ズイシン　位次上6ウ3
すいせん
水蟾　―セン　羹名上28ウ6

すいせんくわ
水仙花　草花上25オ4
ずいふうし
隨風子　スイフウシ　薬種上41オ1
すいふく
垂腹　スイフク　酒名中17ウ6
ずいろ
瑞露　スイロ　茶名上16ウ1
すがた
姿　スカタ　人倫中42ウ4
すがの
菅野　スカノ　氏姓上8ウ6
すがはら
菅原　スカハラ　氏姓上8ウ4
すき
鋤　スキ　家具中40オ6
すき
周杏〈吉〉スキ　国名下21ウ2
すぎ
杉　スキ　木名中30オ3
すぎな
蕒　スキナ　調菜上33オ5
すきやう（酢莖）→すぐき

すきやう（酢薑）↓すはじかみ
すきらう
　透廊　スキー　神具中8オ1
すぐき
　酢茎　スキヤウ　調菜上32ウ2
すくもむし
　螬　スクモムシ　虫名中20オ4
すけ
　傅　スケ　名乗上10オ6
すげ
　菅　スゲ　草名中32ウ5
すし
　鮓　スシ　料理中2ウ2
すしう
　數繡　スシウ　道具下5オ6
すじや
　素紗　スー　俗服中10オ1
すず
　鈴　スヽ　神具中8オ6
すず
　珠洲　スヽ　国名下19ウ3
ずず（數珠）↓じゆず
すずか
　鈴鹿　スヽカ　国名下12ウ7
すずかがは
　鈴鹿川　スヽカカハ　楽名上38オ3
すすき
　蓀　スヽキ　草名中32オ5
すずき
　鱸　スヽキ　魚類中3オ3
すすばな
　涕　スヽハナ　人倫中42ウ6
すずみどの
　冷殿　レイテン・スヽミー　神具中8オ2
すずむし
　蛉〔鈴〕蟲　スヽムシ　虫名中20ウ1
すずめ
　雀　スヽメ　鳥類中5ウ3
すずめこゆみ
　雀小弓　スヽメヲユミ　武具中13オ6
すだれ
　箔　スタレ　家具中40オ2
すち
　周智　スチ　国名下13ウ7
すぢ
　筋　スチ　人倫中42ウ4
すぢかうし
　筋格子　スチカウシ　俗服中9ウ5
すね
　腨　スネ　人倫中42ウ3
すねあて
　腨當　スネアテ　武具中12オ7
すのこ
　簀〈簀〉子　スノコ　屋具上21オ6
すのこ
　透子　屋具上21オ6
すのり
　洲苔　スノリ　調菜上33オ2
すは
　諏防〔方〕　スワ　国名下17オ2
すはう
　蘇枋　スハウ　俗服中9ウ4
すはう
　蘇枋　スハウ　木名中30オ1
すはう
　周防　スハウ　国名下23オ4

すはじかみ
　酢薑　スキヤウ　調菜上32ウ2
すばしり
　鮭　スハシリ　魚類中3ウ1
すふ
　周敷　スフ　国名下24ウ1
すみ
　澄　スミ　名乗上11ウ4
すみがい（角蓋）→すみのふた
すみぎ
　桷　スミキ　屋具上20ウ1
すみぎ
　角木　スミノ―　屋具上20ウ6
すみさし
　墨笓　スミサシ　番匠上23オ7
すみつぼ
　墨壷　スミツホ　番匠上23オ5
すみとり
　炭斗　スミトリ　家具中40ウ1
すみのふた
　角蓋　ス―フタ　屋具上20ウ7
すみよし
　住吉　スミヨシ　氏姓上8ウ4
すみよし
　住吉　国名下12オ7
すもも
　李　スモヽ　茶子上29ウ6
すもも
　李　スモヽ　木名中30ウ1
すりうす
　礶　スリウス　家具中39ウ5
すりつづみ
　摺鼓　スリツヽミ　楽器上35オ4
すりばち
　摺鉢　スリハチ　家具中39ウ2
すりばち
　擂鉢　同（スリハチ）　家具中39ウ2
するが
　駿河　スルカ　国名下14オ2
するが
　駿川　スルガ　国名下14オ3
するめ
　鰑　スルメ　魚類中3オ5
すゑ
　末　スヱ　名乗上12ウ6
すゑ
　周唯〈淮〉スタ　国名下15オ7
ずんぎり
　百切　ツンキリ　家具中40ウ4
ずんぎり
　一切　家具中40ウ4
すんきんかん
　寸金羹　羹名上28ウ4
すんぎんかん
　寸銀羹　羹名上28ウ4
すんしう
　駿州　国名下14オ2

せ

せ
　瀬　セ　天象下9オ1
せいが
　青鵝　―ガ　料足上16オ2
せいが
　青鵝　セイカ　鳥類中5オ7
せいがいは
　青海波　セイカイハ　楽名上37オ6
せいがう

精好　セイカウ　道具下5オ7
せいかふ
西峡　セイカウ　家具中40ウ4
せいぎたいふ（正議大夫）↓しやうしゐじやう（正四位上）
せいぐわ
諸〈清〉瓜　茶子上30オ2
せいしう
勢州　国名下12ウ7
せいじのさら
青磁砂礶　セイシノサラ　家具中39ウ2
せいどう
青銅　―トウ　料足上16オ4
せいふ
青蚨　セイフ　料足上16オ2
せいふ
青鳧　セイフ　鳥類中5ウ1
せいめいらく
聖明樂　セイメイ―　楽名上36ウ4
せいもん（城門）↓けんもつ（監物）
せう
允〈兄〉鷹　セウ　鳥類中6オ6
せうおうらく
韶應樂　セウヲウ―　楽名上36オ6
せうかう
焼香　セウカウ　飾具下2ウ4
せうしやう
少將　位次上3ウ1
せうなごん
少納言　位次上3オ5
せうび
焦尾　セウヒ　鳥類中5ウ4
せうふ（少府）↓くら（内藏）
せうべん
少辨　位次上3ウ2
せうらうし
小娘子　楽名上36ウ3
せき
關　セキ　天象下9オ2
せきいた
關板　セキイタ　屋具上20ウ6
せきかう
脊缸　セキコウ　家具中39ウ6
せきこく
石斛　セキコク　薬種上41ウ5
せきしう
石州　国名下21オ6
せきしやう
石菖　―シヤウ　草名中32ウ4
せきちく
石竹　セキチク　草花上25ウ2
せきづる
禦絃　フセキツル　武具中13ウ4
せすぢとほり
背筋通　セスチトヲリ　走獣上27オ1
せた
勢多　セタ　国名下17ウ1
せつ
刷　セツ　道具下5オ3
せつかう
雪坑　セツカウ　茶名上16ウ2
せつかう（脊缸）↓せきかう
せつこく（石斛）↓せきこく
せつしう
攝州　国名下12オ7

せつしやう
　攝政　セツシヤウ　位次上４ウ２
せつつ
　攝津　セツツ　国名下12オ７
せつりんさい
　雪林菜　調菜上32オ５
せなか
　脊　セナカ　人倫中42オ７
せみ
　蟬　セミ　虫名中20オ５
せら
　世羅　セラ　国名下22ウ６
せり
　芹　セリ　調菜上33オ５
せり
　芹　セリ　草名中32ウ１
せりやき
　芹〈芹炙〉　セリ　調菜上32オ５
せんきう
　川芎　センキウ　薬種上41オ４
ぜんけいいとう
　剡溪藤　センケイトウ　紙名上18オ３

ぜんご
　前胡　センコ　薬種上41ウ６
せんざい
　前栽　屋具上22オ３
せんざんかふ
　穿山甲　センサンカウ　薬種上41オ３
せんしう
　泉州　国名下12オ５
せんしうらく
　千秋樂　楽名上36ウ５
ぜんしよ
　膳所　屋具上21ウ５
せんす
　扇子　センス　道具下５ウ１
せんたふ
　錢塔　神具中８オ６
せんだんまき
　旃〈栴〉檀卷　センタンマキ　武具中13オ６
せんちやうかん
　牷腸羹　センチヤウ―　羹名上28ウ３
せんとうぬ
　尖頭奴　セントウヌ　筆名中37ウ７
せんのうけ（仙翁花）↓せんをうけ
せんばやき
　煎盤炮　センハヤキ　料理中２ウ５
せんばん
　煎盤　センハン　家具中39ウ２
ぜんばん
　禪版　道具下５オ４
せんばんやき（煎盤炮）↓せんばやき
せんぷ
　泉布　センフ　料足上16オ４
せんぷくくわ
　旋覆花　センフククハ　薬種上41オ７
せんべい
　煎餅　センヘイ　茶子上30ウ２
ぜんほう（全部）↓とのも（主殿）
ぜんほう（膳部）↓もんど（主水）
せんやうかん
　牷羊羹　セン―　羹名上28ウ２

せんろふ
纖羅〔蘿〕蔔　センロフ　調菜上32ウ3
せんをうけ
仙翁花　―ヲウ―　草花上25オ6

そ

ぞうがい
繒蓋　ソウカイ　飾具下2ウ7
ぞうかう
曾玩〈坑〉ソクワン　茶名上16ウ2
そうこうき
嗽口器　ソウコウキ　飾具下2ウ3
そうしう
總州　国名下15オ6
そうしう
總州　国名下15ウ3
そうせい（宗正）→おほぎまち（正親町）
そうだう
僧堂　ソウタウ　堂塔上22ウ4
そうめいらく
宗明樂　ソウメイ―　楽名上36ウ5
そうもん
總門　ソウ―　堂塔上22ウ6
そお
贈於　ソヲ　国名下26ウ4
そがふかう
蘇合香　ソカウカウ　楽名上37オ6
そき
蘇器　ソキ　飾具下2ウ1
ぞくずいし
續髓〈隨〉子　ソクスイシ　薬種上41オ1
そくひ
粴　ソクイ　家具中40オ7
そくび
塞鼻　酒名中17ウ6
そくぼくこう
卽墨侯　ソクホクコウ　硯名中37ウ1
そしま
蘇志摩　ソシマ　楽名上37ウ2
そしまり（蘇志摩利）→そしま（蘇志摩）
そしゆ
鼠鬚　ソシユ　筆名中37ウ6
そぞろなみ
洳　ソヽロナミ　天象下8ウ5
そで
袖　ソテ　武具中12オ6
そでのした
袖下　―ノシタ　楽器上35オ6
そでのを
袖緒　ソテノヲ　武具中12ウ1
そね
曾禰　ソネ　氏姓上9ウ3
その
園　ソノ　天象下8ウ4
そのき
彼杵　ヒキ　国名下26オ3
そのこま
其駒　―コマ　楽名上37ウ6
そは
峭　ソハ　天象下8ウ1
そば

蕎　ソハ　五穀中15オ6
そば
喬　同（ソハ）　五穀中15オ6
そび
鼠尾　ソー　筆名中37ウ5
そぶ
祖父　ソー　人倫中41ウ7
そふのかみ
添上　ソウノウヘ　国名下11ウ2
そふのしも
添下　ソウノシタ　国名下11ウ2
そへうま
駙　サメ　走獣上26ウ6
そへうま
騑　ソヘムマ　走獣上26ウ6
そへうま
驂　同（ソヘムマ）　走獣上26ウ6
そぼ（祖母）↓そも
そまくしや
蘇莫者　ソハクシヤ　楽名上37オ6
そめつけ
染附　ソメツケ　俗服中9ウ5
そも
祖母　ソー　人倫中41ウ7
そや
鉦〈征〉矢　ソヤ　武具中13オ7
そや
箭　ソヤ　家具中40オ4
そよぎ
戰木　ソヨキ　木名中29ウ7
そら
天　ソラ　天象下8オ1
そら
宇　ソラ　天象下8オ2

た

た
田　タ　天象下8ウ3
たいい（大醫）↓てんやく（典藥）
だいがく
大學　位次上4オ7
だいがく（大樂）↓うた（雅樂）
たいげき
大戟　ーケキ　薬種上41オ3
だいげき
大外記　ーケキ　位次上3ウ3
たいこ
大〔太〕鼓　ーコ　楽器上35オ3
だいごふん
臺牛粉　タイコフン　画具上15オ7
たいし
大史　ーシ　位次上5オ7
たいしう
對州　国名下27オ6
だいしう
大州　国名下26ウ4
だいじやうけい（大常卿）↓じんぎはく（神祇伯）
だいしやうこく（大相國）↓だいじやうだいじん（大政大臣）
だいじやうだいじん
大政大臣　ージヤウージン　位次上3オ2
だいしよう

大鐘　―セウ　飾具下3オ2
だいじよう（大丞）↓だいべん（大辨）
だいしん
大進　―シン　位次上4ウ4
だいぜん
大膳　―セン　位次上4オ2
だいぞく（大屬）↓だいしん（大進）
たいたうもち
大湯餅　羹名上29オ1
たいちゆうたいふ（大中大夫）↓じゆしゐじやう（從四位上）
だいどころ
臺所　屋具上22オ1
だいないき
大内記　―ナイキ　位次上3ウ3
だいなごん
大納言　位次上3オ4
だいに
大貳〈貳〉ダイニ　位次上6オ5
たいふ
大夫　位次上4ウ4
たいふ（大府）↓おほくら（大藏）
だいふくひ
大腹皮　―フクヒ　薬種上41オ5
たいへいらく
太平樂　タイヘイ―　楽名上37オ1
だいべん
大辯〔辨〕―ヘン　位次上3ウ1
たいほう
大鵬　タイホウ　鳥類中5ウ1
たいまい
玳瑁〈瑁〉タイマイ　珍宝上19オ1
だいり（大理）↓けんびゐし（検非違使）
だいわ
臺輪　タイワ　屋具上20ウ7
たいゐ（大尉）↓しやういちゐ（正一位）
たうき
當歸　タウキ　薬種上41ウ2
たうきうらく（打毬樂）↓たぎうらく
たうくわ
桃花　草花上26オ3
だうくわん（導官）↓おほひ（大炊）
たうこう
陶泓　タウコウ　硯名中37オ7
だうさ
淘〈陶〉砂　タウサ　画具上15オ5
たうさん
湯盞　タウサン　家具中40ウ5
たうし
唐紙　紙名上18オ4
たうしや
唐紗　タウ―　俗服中10オ1
たうにん
桃仁　タウニン　薬種上41ウ3
だうばん
幢旛　トウハン　飾具下2ウ7
たうびん
湯瓶　タウヒン　家具中40ウ5
たうふ（豆腐）↓とうふ

たうべん
　當辯　　楽器上35ウ5
だうみやうじゆ
　道明樹　タウミヤウ―　木名中29ウ2
だうよ
　駒駼　タウヨ　走獣上26ウ4
たか
　鷹　タカ　鳥類中6オ3
たか
　高　タカ　名乗上10オ5
たか
　多珂　タカ　国名下16オ2
たか
　多可　タカ　国名下21ウ7
たかあし
　高脚　タカアシ　楽器上35オ6
たかき
　高城　タカキ　国名下26ウ7
たかく
　高東〈來〉タカソク　国名下26オ3
たかくさ
　高草　タカクサ　国名下20ウ7
たかくら
　高座　タカクラ　国名下14ウ3
たかくら
　高倉　小路下30オ3
たかさご
　高砂子　―サコ　楽名上38オ6
たかしな（高階）→たかはし
たかしま
　高島　楽名上38オ6
たかしま
　高島　タカシマ　国名下16オ7
たかた
　田方　タカタ　国名下14オ5
たかた
　高田　タカタ　国名下23オ2
たかたぬき
　鞲　タカタヌキ　楽名上38オ1
たかち
　高市　タカチ　氏姓上9ウ3
たかつかさ
　鷹司　小路下29ウ1
たかつき
　高坏　タカツキ　家具中39ウ4
たかつき
　高器　タカツキ　飾具下3オ5
たかつじ
　高辻　小路下29ウ4
たかづの
　鷹角　ヨウノツノ　武具中12ウ5
たかの
　高野　国名下17ウ7
たかの
　竹野　タカノ　国名下20ウ2
たかの
　竹野　タカノ　国名下25オ6
たがは
　田川　タカワ　国名下18ウ6
たがは
　田河　タカワ　国名下25ウ2
たかはし
　高階　タカハシ　氏姓上8ウ2
たかみや
　高宮　タカミヤ　国名下23オ2
たかやす
　高安　タカヤス　国名下12オ1
たかゐ
　高井　タカヰ　国名下17オ3

たかをか
　高岡　タカヲカ　国名下24ウ6
たき
　瀧　タキ　天象下9オ1
たき
　多藝　タキ　国名下16ウ2
たき
　多記〔紀〕タキ　国名下20オ5
たぎうらく
　打毬樂　楽名上36ウ4
たきぐち
　瀧口　タキクチ　位次上6ウ2
たくし（度支）→かずへ（主計）
たぐち
　田口　タクチ　氏姓上8ウ3
たくま
　詫〔託〕麻　タクマ　国名下26オ6
たくみ
　内匠　タクミ　位次上6オ6
たけ
　武　タケ　名乗上12オ7
たけ
　竹　タケ　草名中32ウ3
たけ
　多藝〈氣〉タキ　国名下13オ2
たけかは
　竹河　楽名上38オ5
たけち
　高市　タケチ　国名下11ウ4
たけのこ
　筍　タケノコ　草名中32ウ3
たこ
　蛸　タコ　魚類中3オ7
たご
　多胡　タコ　国名下17オ7
ただ
　忠　タヽ　名乗上10ウ6
たたき
　扣　タヽキ　料理中2ウ2
たたけ
　鼆　タヽケ　走獣上26ウ1
ただみじる
　漾味汁　タヽミ—　調菜上32ウ5
たたみのり
　疊苔　タヽミノリ　調菜上33オ2
たたら
　錧　タヽラ　番匠上23ウ1
たち
　太刀　タチ　武具中13ウ5
たぢ
　多治　タチ　氏姓上9オ3
たちはき（帯刀）→たてはき
たちばな
　橘　タチハナ　茶子上30オ1
たちばな
　橘樹　タチハナ　国名下14ウ6
たちばな（橘）→きつ
たぢま
　但馬　タシマ　国名下20ウ3
たつがしら
　龍冕　タツカシラ　楽器上35オ7
たつがしら
　龍〈龍首〉リウ　武具中12ウ5
たづな
　纒　タツナ　武具中13オ4
たて
　楯　タテ　武具中13ウ5
だて

伊達　タテ　国名下18オ2
たてぬひ
　楯縫〈縫〉タチヌイ　国名下21オ3
たてのはな（蓼花）↓れうくわ
たてはき
　帯刀　タテワキ　位次上6オ4
たど
　多度　タト　国名下24オ5
たどりたけ
　鶏茸　カトリ―　茶子上30オ5
たなか
　田中　タナカ　氏姓上8ウ3
たなかのゐ
　田中井　―ノ―　楽名上38オ6
たなごころ
　膰〈蹯〉タナコヽロ　人倫中42ウ2
たに
　谿　タニ　天象下8オ7
たに
　谷　タニ　天象下9オ5
たに
　澗　タニ　天象下9オ7

たにやま
　谿山　タニヤマ　国名下27オ2
たぬき
　狸　タヌキ　走獣上26オ7
たね
　種　タネ　名乗上12ウ5
たね
　扯　タネ　天象下8ウ2
たはら
　俵　タハラ　家具中40オ6
たひ
　鯛　タイ　魚類中3オ3
たひとろろ
　鯛著〈薯〉露　タイトロヽ　料理中2オ2
たひびしほ
　鯛醢　タイヒシヲ　料理中2オ2
たひまき
　鯛茸　タイマキ　料理中2オ2
たひら（平）↓へい
たふ
　任　タフ　名乗上11ウ6
たふ

　手布　タフ　俗服中9ウ7
たふし
　答志　タウシ　国名下13オ4
たふば
　塔婆　タウハ　堂塔上22ウ5
たま
　多磨　タマ　国名下14ウ5
たましひ
　魂　タマシイ　人倫中43オ1
たまつくり
　玉造　―ツクリ　国名下18オ5
たまつばき
　玉椿　草花上26オ3
たまな
　玉名　タマナ　国名下26オ5
たまむし
　玉蟲　タマ―　虫名中20ウ1
たむ（揉）↓たむる
たむる
　揉　タムル　武具中13ウ3
たら
　桜　タラ　木名中30ウ2
たらひ
　盥　タライ　家具中39ウ4

たる
榼　タル　酒名中17ウ5
たるき
椓〈椽〉タルキ　屋具上20ウ2
たれぬの
幄　タレヌノ　家具中40オ2
たれぶくろ
垂橐　タレフクロ　酒名中18オ3
たん
段　タン　天象下8ウ3
たんぎん
斷金　タンキン　十二上36オ1
たんけい
短檠　タン―　家具中39ウ7
たんご
丹後　タンコ　国名下20ウ1
だんご
團粉　タンコ　羹名上29オ7
たんごたん
丹後〈丹後丹〉―コ　画具上15オ3
たんしう
丹州　国名下20オ5
たんしう
丹州　国名下20ウ1
たんしう
但州　国名下20ウ3
たんしう
淡州　国名下23ウ6
だんじやう
彈正　タンシヤウ　位次上6オ6
たんなん
丹南　タンナン　国名下12オ3
たんば
丹波　タンハ　氏姓上8ウ4
たんば
丹波　タンハ　国名下20オ5
たんば
丹波　タンハ　国名下20ウ1
たんぼく
丹北　タンホク　国名下12オ3
だんもく
幢〈檀〉木　タンキ　飾具下2ウ5

ち

ち
血　チ　人倫中43オ2
ちうじやく
鍮石　珍宝上18ウ3
ちうでい
鍮泥　チウテイ　画具上15オ4
ちか
近　チカ　名乗上11ウ7
ちかいさう
乳搔藻　チカイサウ　調菜上33オ1
ちがくし
乳隱　チカクシ　楽器上35ウ3
ちから
主稅　チカラ　位次上5オ5
ちぎ
千本〈木〉チモト　神具中8オ3
ちきうらく
地久樂　チキウ―　楽名上37オ1
ちくえふしゆん
竹葉春　チクヨウ―

酒名中17ウ4
ちくご
筑後 チクコ 国名下25オ6
ちくしう
筑州 国名下25オ2
ちくしう
筑州 国名下25オ6
ちくぜん
筑前 チクセン 国名下25オ2
ぢくつけ
軸附 チクツケ 飾具下2オ6
ちくま（筑摩）→つくま
ちくりんらく
竹林樂 チクリンー 楽名上36ウ6
ちさ（苣）→ちしや
ちしや
苣 チシヤ 調菜上33オ7
ちた
知〔智〕多 チタ 国名下13オ7
ちちかたのをぢ
叔 父カタノヲチ 人倫中42オ1
ちちのじよう
父尉 チヽノセウ 楽器上35ウ5
ちちぶ
秩父 チヽフ 国名下15オ2
ちづ
智頭 チツ 国名下20ウ7
ぢつこう
剔紅 チツー 珍宝上19オ3
ちどりあし
鴴腳 チトリアシ 茶子上30ウ3
ちどりさし
鴴差 チトリサシ 料理中2ウ6
ちぬらさず
地不濕 チヌラサス 俗服中9ウ5
ちば
千葉 チハ 国名下15ウ3
ちはやぶるかみ
千葉破袖〈神〉チハヤフルソテ 神具中8オ7
ちひさがた
小縣 ヲタカ 国名下17オ4
ちぶ
知夫 チフ 国名下21ウ2
ぢぶ
治部 ヂブ 位次上3ウ4
ぢぶつだう
侍〔持〕佛堂 堂塔上22ウ5
ちぶり（知夫）→ちぶ
ちまた
阡 チマタ 天象下9オ3
ちも
知母 チモ 薬種上41ウ1
ちもと（千本）→ちぎ（千木）
ちやうかうひ
丁香皮 ーカウー 薬種上40ウ5
ぢやうぎ
定木 ヂヤウギ 家具中40オ5
ちやうけい
長檠 チヤウケイ 家具中39ウ7
ちやうげいし
長慶子 楽名上36ウ2
ちやうじ

丁子　薬種上40ウ5
ちやうしう
長州　国名下23オ7
ちやうしう（長秋）↓ちゆうぐう（中宮）
ちやうしゆん
長春　草花上25オ5
ちやうす
茶磨　―ウス　家具中40ウ2
ちやうせいらく
長生樂　楽名上36ウ4
ちやうだい
長對　チヤウタイ　屋具上22オ2
ちやうだい
帳內　チヤウタイ　屋具上22オ3
ちやうちん
張燈　チヤウチン　家具中39ウ7
ちやうはん
雲版　チヤウハン　飾具下3オ2
ちやうはん

打版　同（チヤウハン）　飾具下3オ3
ちやうひ
帳被　チヤウヒ　俗服中10オ3
ちやうほうらく
長保樂　―ホウ―　楽名上36ウ7
ちやきん
茶巾　―キン　家具中40ウ2
ちやしやく
茶杓　チヤシヤク　家具中40ウ2
ちやせん
茶筅　―セン　家具中40ウ2
ちやつ
楪〈楪子〉チヤツ　家具中39ウ1
ちやみづをけ
茶水桶　―ヲケ　家具中40ウ2
ちやわん
茶碗　チヤワン　家具中39ウ2
ちゆうか（柱下）↓だいないき（大內記）・ちゆうき（中記）
ちゆうき

中記　位次上3ウ4
ちゆうぐう
中宮　位次上4ウ3
ちゆうさんたいふ（中散大夫）↓しやうごゐじやう（正五位上）
ちゆうしやう（中匠）↓たくみ（內匠）
ちゆうじやう
中將　位次上3オ7
ちゆうしよ（中書）↓なかづかさ（中務）
ちゆうしよくん
中書君　―クン　筆名中37ウ7
ちゆうたいふ（中大夫）↓じゆしゐげ（從四位下）
ぢゆうだな
重棚　屋具上21ウ6
ちゆうなごん
中納言　位次上3オ5
ちゆうべん
中辨　位次上3ウ2
ちゆうもんぐち
中門口　楽器上35ウ5
ぢようしう

濃州　国名下16ウ2
ちようへき
重碧　テウヘキ　酒名中17ウ3
ちよくかう
直講　チヨクカウ　位次上4ウ1
ちよくがく（直學）↓ちよくかう（直講）
ちよくり（陟釐）↓てきり
ちよせんじやう
楮先生　チヨー　紙名上18オ2
ちよつかう（直講）↓ちよくかう
ちよひ
楮皮　紙名上18オ3
ちよやうかん
豬羊羹　羹名上28ウ3
ちらん
智覧　国名下27オ3
ぢろ
地爐　チロ　家具中40ウ1
ぢわう
地黄　チー　薬種上40ウ7
ちん
亭　チン　屋具上21ウ4
ちんきん
沈金　チンー　珍宝上19オ4
ちんげん
陳玄　チンケン　墨名中35オ3
ちんじゆふのしやうぐん
鎮守府將軍　チンシユフノー　位次上6ウ1
ちんていり
陳挺利　チンテイリ　木名中29ウ1
ちんぴ
陳皮　チンヒ　薬種上40ウ4

つ

つ
津　ツ　天象下9オ2
ついう
堆鳥　タイー　珍宝上19オ2
ついき
築城　ツイキ　国名下25ウ3
ついぐひ
衝杌　ツイクイ　屋具上21オ7
ついこう
堆紅　珍宝上19オ3
ついしつ
堆漆　ツイー　珍宝上19オ2
ついしゆ
堆朱　珍宝上19オ3
ついたち
眩朔　ツイタチ　天象下8オ6
ついぢ
築地　屋具上22オ4
つう
都宇　ツウ　国名下22ウ1
つうぎたいふ（通議大夫）↓しやうしゐげ（正四位下）
つうじん
通神　ツウシン　料足上16オ4
つか
欛　ツカ　武具中13ウ6
つか
墳　ツカ　天象下9オ4
つか
北〈杜〉鹿　国名下18ウ2
つが
都賀　ツカ　国名下17ウ5
づかうき

塗香器　　飾具下2ウ2
つかばしら
短柱　ツカハシラ　屋具上20ウ5
つかま（筑摩）→つくま
つかみもり
撞盛　ツカミモリ　料理中2オ7
つがる
津輕　ツカル　国名下18ウ2
つき
槻　ツキ　木名中30ウ4
つき
月　天象下8オ5
つぎ
繼　ツキ　名乗上12オ7
つきげ
駻　ツキケ　走獣上26ウ5
つきぬか
穅　ツキヌカ　五穀中15オ5
つきびたひ
月額　―ヒタイ　楽器上35ウ1
づきん
頭巾　道具下5オ2

つくづくし
土筆　ツクツクシ　調菜上33オ5
つくつくぼうし
蜩　ツクツクホウシ　虫名中20オ5
つくば
筑波　ツクハ　国名下15ウ7
つくま
筑摩　ツクマ　国名下17オ2
つくもじる
撞藻汁　ツクモ―　調菜上32ウ5
つくものり
撞苔〈撞藻苔〉ツクモノリ　調菜上33オ3
つくりかは
革　ツクリカワ　武具中14オ1
つくりかは
鞹　サヒカワ　武具中14オ1
つくりもとひ
造髻　ツクリモトヒ　楽器上35ウ1
つげ

黄芩　ツケ　木名中29ウ3
つけがね
鐔　ツケカネ　武具中13ウ6
つけも
附衣　ツケモ　道具下4ウ5
つごもり
晦　ツコモリ　天象下8オ6
つじ
辻　ツヂ　天象下9オ3
づし
厨子　屋具上21ウ6
づしう
豆州　国名下14オ5
つしま
對馬　ツシマ　国名下27オ6
づしよ
圖書　ツシヨ　位次上4オ4
づす
厨子　ツス　家具中39ウ1
つた
蔦　草花上25ウ7
つた
蘿　ツタ　草名中32ウ3
つた

蔦　同（ツタ）　草名中32ウ3
つだか
　津高　ツタカ　国名下22オ6
づだつ
　肚脱　ツタツ　道具下5オ6
つち
　坤　ツチ　天象下8オ1
つちくれ
　壌　ツチクレ　天象下9オ6
つちくればと
　鴿　ツチクレハト　鳥類中5ウ3
つちみかど
　土御門　小路下29ウ1
つつ
　椫　ツ丶　酒名中17ウ5
つづき
　綴喜　ツ丶キ　国名下11オ7
つづき
　都筑　ツキ　国名下14ウ5
つつじ
　躑躅　ツ丶チ　木名中29ウ7
つつみ
　堤　ツ丶ミ　天象下8ウ2
つつみどう
　裹筒　ツ丶ミトウ　武具中13オ2
つつみやき
　包炙　ツ丶ミヤキ　料理中2オ2
つづら
　蘿　ツ丶ラ　草名中32オ5
つな
　津名　ツナ　国名下23ウ6
つの
　都濃　ツノ　国名下23オ5
つのぎわり
　角木割　ツノキワリ　武具中13ウ2
つのはず
　角弭　ツノハツ　武具中13ウ3
つば
　鍔　ツハ　武具中14オ2
つはき
　唾　ツハキ　人倫中42ウ7
つばき
　椿　ツハキ　木名中30ウ6
つばめぐち
　燕口　ツハメ―　武具中13ウ7
つび
　肶　ツヒ　人倫中42ウ5
つぼ
　壷　ツホ　家具中39ウ6
つぼね
　局　ツホネ　屋具上22オ1
つぼのみ
　壷鑿　ツホノミ　番匠上23オ7
つぼやき
　壷炙　ツホヤキ　料理中2オ7
つまど
　妻戸　ツマト　屋具上21ウ1
つまみもの
　撮物　ツカミ―　料理中2オ6
つみ
　雀鷂　ツミ　鳥類中6オ7
つむぎ
　紬　ツムキ　俗服中9ウ2
つめ
　爪　ツメ　人倫中42ウ2
つめくぎ
　軑〈軑釘〉ツメ　屋具上21オ1
つも

つもり
軱〈甎〉ツモ　家具中40オ7
津守　ツモリ　氏姓上9オ5
つゆ
露　ツユ　天象下8オ4
つゆくさ
露草　ツユクサ　画具上15オ3
つら
連　ツラ　名乗上11ウ6
つら
頬　ツラ　人倫中42ウ7
つらぬき
貫　ツラヌキ　武具中13オ3
つりばり
鉤　ツリハリ　家具中40オ4
つる
鶴　ツル　鳥類中6オ2
つる
都留　ツル　国名下14ウ1
つるが
敦賀　ツルカ　国名下19オ4
つるぎ
劒　ツルキ　家具中40オ4
つるきり
絃切　ツル―　武具中12ウ4
つるくび
鶴頸　ツルクヒ　家具中40ウ4
つるのはし
鶴觜　ツルノハシ　番匠上23ウ1
つるばしり
絃走　ツル―　武具中12ウ4
つるぶくろ
縢　ツルフクロ　武具中13オ5
つるべ
瓶　ツルヘ　家具中39ウ5
つるまき
鞬　ツルマキ　武具中13オ5
づんぎり（百切・一切）↓ずんぎり

て

て
手　テ　人倫中42ウ1
ていゐ（廷尉）↓はんぐわん（判官）
てうかうらく
鳥向樂　テウカウ―　楽名上36ウ6
てうぎたいふ（朝議大夫）↓しやうごゐげ（正五位下）
てうきふ（鳥急）↓とりのきふ
てうぎらう（朝議郎）↓しやうろくゐじやう（正六位上）
てうきん
調巾　道具下5オ1
てうさんたいふ（朝散大夫）↓じゆごゐげ（従五位下）
てうせいたいふ（朝請大夫）↓じゆごゐじやう（従五位上）
てうふ
鯛膚　チウフ　羹名上28ウ5
てうもく
鳥目　テウモク　料足上16オ2
ておほひ
手蓋　テヲヽヒ　武具中12ウ2
てきこう（剔紅）↓ちつこう
てきり
陟釐　テキリ　紙名上18オ1
てくぐつ（傀儡）↓てずし
てしま

豊島　トヨシマ　国名下12ウ1
てずし
傀儡　テスシ　楽器上35ウ6
てた
哲多　テタ　国名下22ウ2
てつ
鐵　テツ　珍宝上18ウ2
てつた（哲多）↓てた
てつぱう
鐵炮　テツハウ　珍宝上19オ4
てつぺん
巓邊　テンテン　武具中12ウ6
てどり
手取　家具中40ウ2
てなへ
癮〔癴＝攣〕テナヘ　人倫中43オ4
では
出羽　テハ　国名下18ウ4
では
出羽　テワ　国名下18ウ6
てふほい
牒褙〈褙〉チヨツカイ　俗服中9ウ2

てぼこ
手鉾　テホコ　武具中13ウ5
てらつつき
鴾　テラツヽキ　鳥類中6オ2
てらつつき（啄木）↓けらつつき
てん
貂　テン　走獣上26ウ2
てんきう（典廏）↓うま（右馬）
・さま（左馬）
てんぐ
天狗　走獣上27オ3
てんくわん
天冠　―クワン　楽器上35ウ1
てんじやうのふち
天井縁　―ノフチ　屋具上20ウ3
てんなんしやう
天南星　―ナンシヤウ　薬種上41オ6
てんもく
天目　テンモク　家具中40ウ5
てんもん
天文　―モン　位次上4オ5
てんもんどう
天門冬　―モントウ　薬種上41オ6
てんやく
典薬　テンヤク　位次上5オ6

と

とうかふ
東峡　トウカウ　家具中40ウ4
とうぐう
春宮　トウクウ　位次上4ウ3
とうぐわ
冬瓜　茶子上30オ2
とうじみ
灶　トウシミ　家具中39ウ7
どうじり
筒尻　トウ―　武具中13オ2
とうしん
燈心　トウシン　家具中39ウ7
とうす
東司　堂塔上23オ2
とうだい
燈臺　トウタイ　家具中39ウ7
どうづき

筒突　トウツキ　番匠上23ウ2
とうてんらく
登天樂　トウテンー　楽名上37オ1
どうばちし
銅鈸子　トウハチー　楽器上35オ2
どうばつし（銅鈸子）↓どうばちし
どうびん
銅瓶　トウヒン　家具中40ウ1
とうふ
豆腐　トウフ　調菜上32オ6
どうまる
筒丸　トウー　武具中13オ2
とうろ
燈籠　トウロ　家具中39ウ7
とえい
兔穎　トエイ　筆名中37ウ5
とがう
兔毫　トカウ　筆名中37ウ5
とがたけ
栂茸　トカー　茶子上30オ4
とがりや
鋒矢　トカリヤ　武具中13オ7
とき
時　トキ　名乗上12オ1
とき
鴇　トキ　鳥類中6オ2
とき
土岐　トキ　国名下16ウ5
ときん（頭巾）↓づきん
どくかく
獨覺　トツカク　家具中39ウ6
とくこ
獨鈷　トツコ　飾具下2オ7
とくさ
蕀　トクサ　草名中32オ6
とくしん（特進）↓しやうにゐ（正二位）
どくだみ（蕺）↓とこ
とくびこん
犢鼻裩（＝褌）トクヒコン　武具中13オ3
とくひつ
禿筆　トクー　筆名中37ウ6
とこ
蕺　トコ　草名中32オ7
とこ
牀　トコ　家具中40オ2
とご（都護）↓あぜち（按察）
ところ
薢　トコロ　茶子上30オ2
ところ
野老　トコロ　茶子上30ウ5
とさ
土佐　トサ　国名下24ウ5
とさ
土佐　トサ　国名下24ウ6
どざう
土藏　屋具上21ウ7
とさかのり
莧〈茨〉苔　トサカノリ　調菜上33オ3
とし
利　トシ　名乗上12オ5
としう
土州　国名下24ウ5
とし
兔絲子　トシヽ　薬種上41オ1
とじやく
杜若　草花上26オ3

としより
者　トシヨリ　人倫中41ウ7
とせん
兎尖　ト―　筆名中38オ1
とそ
屠蘇　トソ　酒名中17ウ3
とそく
兎足　トソク　家具中40ウ3
とち
土地　トチ　天象下8ウ2
とちな
茶　トチナ　調菜上33オ5
とちやう
戸帳　神具中8オ5
どぢやう
鯲　トチヤウ　魚類中3ウ2
どつかく（獨覺）↓どくかく
とつこ（獨鈷）↓とくこ
とつさか（芡苔）↓とさかのり
とつぷ
鈯斧　トツフ　道具下5オ6
ととく（都督）↓だいに（大貳）
となみ
礪波　トナミ　国名下19ウ4

となり
鄰　トナリ　天象下9オ3
とね
利根　トネ　国名下17ウ1
とねりこ
石檀　トネリ　木名中29ウ3
とのも
主殿　トノモ　位次上5オ4
とばり
幌　トハリ　家具中40オ2
とび
鳶　トヒ　鳥類中5ウ5
とびうを
鰩　ハム　魚類中3オ7
とびうを
鯿　トヒウヲ　魚類中3オ7
とびのを（富尾）↓とみのを
とびやうし
調拍子　トヒヤウシ　楽器上35オ5
とほ
遠　トヲ　名乗上12オ5
とぼそ
扅　トホソ　屋具上21ウ3

とぼそ
扃　同（トホソ）　屋具上21ウ3
とほだ
遠田　トヲタ　国名下18オ6
とほたふみ
遠江　トヲタウミ　国名下13ウ5
とほや
遠矢　トヲヤ　武具中13オ7
とまにし
苫西　トマノニシ　国名下22オ3
とまひがし
苫東　トマノヒカシ　国名下22オ3
とまり
泊　トマリ　天象下8ウ5
とみのを
富尾　トミノヲ　俗服中9オ5
とめ（登米）↓とよめ
とも
友　トモ　名乗上12オ6
とも
鞆　武具中13ウ6

とも
　舳　トモ　家具中40オ3
ともづな
　纜　トモツナ　家具中40オ4
とようら
　豊浦　トヨウラ　国名下23オ7
とよくに
　豊國　トヨクニ　氏姓上8ウ6
とよしま
　豊島　トヨシマ　国名下14ウ6
とよしま（豊島）↓てしま
とよた
　豊田　トヨタ　国名下24オ6
とよだ
　豊田　トヨタ　国名下13ウ5
とよだ
　豊田　トヨタ　国名下15ウ5
とよの
　豊野　トヨノ　氏姓上8ウ6
とよま（登米）↓とよめ
とよめ
　登米　トヨミ　国名下18オ6
とよら（豊浦）↓とようら
とら
　虎　トラ　走獣上26オ5
とらでん
　團亂旋　トラテン　楽名上36オ5
とらのかは（虎皮）↓こひ
とらんでん（團亂旋）↓とらでん
とり
　鳥　トリ　楽名上36オ5
とりがひ
　鳥貝　トリカイ　魚類中3オ2
とりかぶと
　鳥甲　楽器上35オ7
とりけ
　鬪雞　トリケ　楽名上38ウ2
とりなき
　雞鳴　トリナキ　楽名上38ウ1
とりのきふ
　鳥急　テウキウ　楽名上37ウ2
とりのこ
　鳥子　紙名上18オ4
とりのこたけ
　鶍茸　トリノコ―
　茶子上30オ6
とりのはぶし
　鳥羽節　―ハシ　料理中2ウ4
とりのわたいり
　鳥渡熬　料理中2ウ3
とりびしほ
　鳥醢　トリヒシホ　料理中2ウ4
とりゐ
　桓　神具中8オ4
とろろじる
　暑預〔薯蕷〕汁　調菜上32ウ5
とをち
　十市　トウチ　氏姓上9ウ4
とをち
　十市　トウチ　国名下11ウ5
どんかふ
　鈍甲　トン―　道具下5オ7
どんじき
　鈍色　トンシキ　道具下5オ7
どんす
　段子　トンス　俗服中9ウ6
とんばう
　蜻蜓　トンハウ　虫名中20オ7
とんび（鳶）↓とび

な

な
　名　ナ　名乗上12オ4
ないきゆう
　内弓　ナイ―　武具中13オ6
ないじようしやう（内丞相）↓ないだいじん（内大臣）
ないぜん
　内膳　ナイセン　位次上5ウ2
ないだいじん
　内大臣　位次上3オ4
ないふ（内府）↓ないだいじん（内大臣）
なか
　那賀　ナカ　国名下14オ5
なか
　那賀〈珂〉ナカ　国名下15オ1
なか
　那賀〈珂〉ナカ　国名下16オ2
なか
　那賀　ナカ　国名下21オ6
なか
　那賀〈珂〉ナカ　国名下24オ3
なか
　那賀〈珂〉ナカ　国名下24オ5
なか
　那賀〈珂〉ナカ　国名下25オ3
なか
　那賀〈珂〉ナカ　国名下26ウ2
なが
　永　ナカ　名乗上12ウ1
なが
　那賀　ナカ　国名下23ウ3
ながあめ（霖）↓ながさあめ
ながかみ
　長上　ナカヽミ　国名下13ウ6
ながさ
　長狹　ナカセ　国名下15オ5
ながさあめ
　霖　ナカサアメ　天象下8オ3
ながさは
　長澤　―サハ　楽名上38オ6
ながさめ（霖）↓ながさあめ
なかしま
　中島　ナカシマ　国名下13オ6
ながしも
　長下　ナカシモ　国名下13ウ6
なかつ
　仲津　ナカツ　国名下25ウ3
なかづかさ
　中務　ナカツカサ　位次上5ウ4
なかで
　稌　ナカテ　五穀中15オ4
ながと
　長門　ナカト　国名下23オ7
なかのみかど
　中御門　小路下29ウ2
なかはら
　中原　ナカハラ　氏姓上8ウ5
ながはら
　永原　ナガハラ　氏姓上8ウ5
ながもち
　長持　ナカモチ　家具中39ウ5
ながら
　長柄　ナカラ　国名下15ウ1
ながれ
　流　ナカレ　天象下9オ1
ながをか
　長岡　ナカヲカ　氏姓上8ウ7
ながをか

長岡　ナカヲカ　国名下18ウ1
ながをか
　長岡　ナカヲカ　国名下24ウ5
なぎ
　仙動　ナキ　木名中29ウ3
なぎがま
　薙鎌　ナキカマ　武具中13ウ5
なぎさ
　渚　ナキサ　天象下8ウ4
なぎなた
　薙刀　ナキナタ　武具中13ウ5
なぐさ
　名草　ナクサ　国名下23ウ3
なげし
　長押　ナケシ　屋具上20ウ3
なごしのはらひ
　荒和祓　ナシノハラヒ　神具中8オ6
なし
　梨　ナシ　茶子上29ウ7
なし
　梨　ナシ　木名中30オ7
なしのはな（梨花）↓りくわ
なす
　柰〈那〉須　ナス　国名下17ウ6
なそり（納曾利）↓なつそり
なづき
　脳　ナツキ　人倫中42オ4
なづしもの
　醢　ナツシモノ　料理中2ウ2
なつそり
　納曾利　ナツソリ　楽名上37ウ1
なづな
　薺　ナツナ　調菜上33オ4
なつびき
　夏引　楽名上38オ6
なつめ
　棗　ナツメ　茶子上30オ1
なつめ
　棗　ナツメ　木名中30ウ5
なでしこ
　蘧〈瞿〉麦　ナテシコ　草花上25ウ2
なとり
　名取　ナトリ　国名下18オ2
ななつやきぐし
　七炮串　―ツヤキクシ　料理中2ウ6
なにし
　名西　国名下24オ2
なにはのうみ
　難波海　ナニハノウミ　楽名上38ウ1
なは
　那波　ナハ　国名下17オ7
なはて
　畷　ナハテ　天象下8ウ3
なばり
　名張　ナハリ　国名下12ウ6
なひがし
　名東　ナエ　国名下24オ2
なふそり（納曾利）↓なつそり
なぶち
　南淵　ナフチ　氏姓上9ウ4
なへ
　苗　ナヘ　五穀中15オ4
なべ
　鍋　ナヘ　家具中39ウ4
なほ
　直　ナヲ　名乗上12ウ1

なほし
　襴　ナヲシ　俗服中9オ4
なほり
　直入　ナトリ　国名下25ウ5
なまうさぎ
　生兔　料理中2ウ6
なます
　膾　ナマス　料理中2ウ4
なまづ
　鯰　ナマツ　魚類中3ウ2
なまどり
　鳥生〈生鳥〉トリナマ　料理中2ウ4
なまめ
　生布　ナマメ　調菜上32ウ3
なまり
　鉛〈鉛〉ナマリ　珍宝上18ウ2
なみ
　波　ナミ　天象下8ウ5
なみだ
　涙　ナミタ　人倫中42ウ6
なめかた
　行方　ナメカタ　国名下16オ1
なめかた
　行方　ナメカタ　国名下18オ4
なめくぢり
　蛐蜒　ナメクシリ　虫名中20オ4
なめすすき
　滑蕹　ナメスヽキ　茶子上30オ7
なもみ
　苫　ナモミ　草名中32オ7
なよし
　鰣（＝鯔）ナヨシ　魚類中3オ3
なり
　成　ナリ　名乗上11オ1
なんてんぢく
　南天竺　ナンテンヂク　木名中30ウ7

に

に
　丹　画具上15オ4
に（丹）↓たんごたん（丹後丹）
にいた（仁多）↓にた
におひうま（駄）↓おひうま
にかい
　二階　屋具上22オ1
にきび
　痤　ニキヒ　人倫中43オ2
にきみ（痤）↓にきび
にぎり
　弣　ニキリ　武具中13ウ2
にぎりかは
　握皮　ニキリ―　武具中13ウ4
にぎりたけ
　握茸　ニキリ―　茶子上30オ6
にくけい
　肉桂　ニツケイ　薬種上40ウ3
にくじゆうよう
　肉蓯蓉　―シウヨウ　薬種上40ウ4
にくづく
　肉豆蔻　ニクツク　薬種上40ウ3
にげいり
　糞熬　ニチ―　料理中2ウ3
にし
　辛蠃　ニシ　魚類中3オ7

にじ
　虹　ニシ　天象下8オ2
にじ
　蝀　ニシ　天象下8オ2
にじ
　霓　ニシ　天象下8オ2
にしきのこうぢ
　錦小路　小路下29ウ4
にしごり
　綿〔錦〕織　ニシコリ　国名下11ウ7
にしじる
　辛螺汁　ニシシル　料理中2ウ1
にしなり
　西成　ニシナリ　国名下12ウ1
にしのしゆしやか
　西朱雀　小路下30オ1
にしのとうゐん
　西洞院　小路下30オ2
にじめ
　煮染　ニシメ　調菜上32ウ2
にた
　仁多　ニタ　国名下21オ4

につけい（肉桂）→にくけい
につしう
　日州　国名下26ウ2
につた
　新田　ニツタ　国名下17ウ1
にでう
　二條　小路下29ウ2
にのまひ
　二舞　―ノマヒ　楽名上36オ4
には
　庭　ニハ　天象下9オ4
には
　砌　ニハ　天象下9オ4
には
　丹羽　ニハ　国名下13オ7
にはとり
　雞　ニワトリ　鳥類中6オ1
にはび
　燎　ニワヒ　楽名上37ウ2
にはび
　庭火　ニハヒ　神具中8オ7
にひかは
　新川　ニイカワ　国名下19ウ5
にひくら

　新羅〈座〉　ニイラ　国名下14ウ6
にひだ
　新田　ニツタ　国名下18ウ1
にひたべ
　新田部　ニイタヘ　氏姓上9オ6
にひはり
　新治　ニイハル　国名下15ウ7
にふ
　丹生　ニフ　国名下19オ4
にへ
　犠　マエ　神具中8オ4
にま
　邇摩　ニマ　国名下21オ6
にゆうびん
　乳餅　羹名上29オ1
にゆうもく
　乳木　餝具下2ウ5
によい
　如意　ニヨイ　餝具下2ウ2
にら
　韮　ニラ　調菜上33ウ1
にら

にらむ
　薤　ニラ　草名中32ウ1
　睚　ニラム　人倫中43オ4
にゐ
　新井〈居〉ニイ　国名下24ウ1
にんじん
　人參　ニンシン　薬種上40ウ3
にんならく（仁和樂）↓にんわらく
にんわらく
　仁和樂　ニンワー　楽名上36ウ7

ぬ

ぬえ
　鵺　ヌヱ　鳥類中5ウ5
ぬか
　奴可　ヌカ　国名下22ウ5
ぬかごさし
　風子指　スカコサシ　茶子上30ウ7
ぬかごさし
　風子指　ヌカコサシ　料理中2オ4
ぬかた
　額田　ヌカタ　国名下13ウ2
ぬき
　貫木　屋具上22オ2
ぬきがは
　貫河　ヌキー　楽名上38オ5
ぬた
　沼田　ヌタ　国名下23オ1
ぬたかぶら
　鏝鏑　ヌタカフラ　武具中13ウ2
ぬたなます
　鏝膾　ヌタナマス　料理中2オ5
ぬたまめ
　饅〔鏝〕豆　ヌタマメ　調菜上32オ5
ぬたり
　沼垂　ノツタリ　国名下19ウ7
ぬつたり（沼垂）↓ぬたり
ぬなくま（沼隈）↓ぬのくま
ぬなは
　蓴　ヌナハ　茶子上30オ2
ぬのくま
　沼隈　ヌクマ　国名下22ウ5
ぬのこ
　布子　ヌノコ　道具下5オ5
ぬのびき
　布曳　ヌノヒキ　茶子上30ウ1
ぬひ
　縫殿　ヌイ　位次上4オ5
ぬひのべ
　縫延　ヌイー　武具中12ウ6
ぬひもの
　繡　ヌイモノ　俗服中10オ4
ぬま
　沼　ヌマ　天象下8ウ6
ぬまくま（沼隈）↓ぬのくま
ぬまた（沼田）↓ぬた
ぬりごめ
　塗籠　ヌリコメ　武具中13オ5
ぬりだらひ
　塗盥　ヌリタラヒ　飾具下3オ1
ぬるで
　膠木　ヌルテ　木名中29ウ6

ね

ねう
鐃　ネウ　楽器上35オ2
ねうしう
繞〈饒〉州　ネウシウ　酒名中18オ3
ねうはち
饒〈鐃〉鈸　ネウハチ　飾具下3オ1
ねこ
猫　ネコ　走獣上26ウ2
ねずで
鼠手　ネステ　茶子上30オ7
ねずばしり
鼠走　ネスハシリ　屋具上20ウ7
ねずみ
鼠　ネスミ　走獣上26ウ1
ねずみで（鼠手）↓ねずで
ねひ
婦負　ネイ　国名下19ウ4
ねぶ
合歡　ネフ　木名中29ウ3
ねぶりこ
舐子　ネフリコ　走獣上27オ5
ねむ（合歡）↓ねぶ
ねや
閨部〈閨〉　ネヤ　屋具上22オ2
ねりぬき
練貫　ネリヌキ　俗服中9ウ3

の

の
野　ノ　天象下8ウ2
のうしう
能州　国名下19ウ2
のうれん
暖簾　ノウレン　家具中40オ1
のぎ
禾　ノギ　五穀中15オ5
のぎ
能義　ノキ　国名下21オ2
のこぎり
鋸　ノコキリ　番匠上23オ4
のしめ
熨目　ノシメ　俗服中9ウ4
のせ
能勢　ノセ　国名下12ウ2
のせほし
䮑　ノセカミ　走獣上26ウ5
のたり（沼垂）↓ぬたり
のつたり（沼垂）↓ぬたり
のづち
野杵　ノツチ　走獣上27オ3
のと
能登　ノト　国名下19ウ2
のと
能豆〈登〉　ノト　国名下19ウ2
のど
咽　ノト　人倫中42オ4
ののこ
篦子　ノヽコ　調菜上32ウ4
のぶ
延　ノフ　名乗上10ウ4
のま
野滿　ノマ　国名下24ウ2
のみ
鑿　ノミ　番匠上23オ4
のみ
能美　ノミ　国名下19オ7

のり
　則　ノリ　名乗上11ウ2
のり
　海苔　ノリ　茶子上30ウ6
のり
　糊　ノリ　家具中40オ7
のりじる
　苔汁　ノリ―　調菜上32ウ5
のれん（暖簾）↓のうれん
のんど（咽）↓のど

は

は
　歯　ハ　人倫中42オ7
ばいくわ
　梅草〈花〉　草花上26オ1
はいす
　褙〈褙〉子　ハイス　飾具下2オ4
はいせき
　拝席　ハイセキ　飾具下2オ5
はいたいい（佩帯）↓たてはき（帯刀）
はいだて
　佩楯　ハイタテ　武具中12ウ2
はいでん
　拝殿　ハイテン　神具中8オ2
はいと（隼人）↓はやと
はいばら
　秦〔蓁〕原　ハイハラ　国名下13ウ7
ばいも
　貝母　ハイモ　薬種上41ウ1
ばいろ
　倍〔陪〕臚　ハイロ　楽名上36ウ1
ばうい
　防已　ハウイ　薬種上41ウ1
はうかふがし
　防鴨阿〈河〉使〈使〉　ハウカウアヘン　位次上6オ1
ばうき（防己）↓ばうい（防已）
はうぐわん（判官）↓はんぐわん
はうぐわんだい（判官代）↓はんぐわんだい
はうけい
　方珪　ハウケイ　茶名上16オ7
はうけい
　方磬（＝磬）　ハウケイ　楽器上35オ2
ばうじ
　房士〈仕〉　ハウシ　位次上6ウ4
ばうしう
　房州　国名下15オ4
ばうしう
　防州　国名下23オ4
はうしぎ
　方士木　ハウシキ　飾具下3オ3
ばうじやう
　坊城　小路下30オ1
はうたう
　麭〔餺〕飥　ハウトウ　羹名上29オ4
はうぢやう（方丈）↓ほうぢやう
はうはん
　苞飯　ハウハン　羹名上29オ5
ばうふ
　防風　ハウフ　薬種上41ウ1
はうようらく

放鷹樂　ハウヨウ—　楽名上37オ1
はうろく
方六　屋具上21オ4
はか
墓　ハカ　天象下9オ4
はが
芳賀　ハカ　国名下17ウ5
ばかく（馬角）↓うまのつの
ばかん
馬肝　ハカン　硯名中37オ7
はぎ
脛　ハキ　人倫中42ウ3
はぎあげ
剝上　ハキアケ　料理中2ウ4
はぎり
齒切　ハキリ　武具中13ウ1
ばくか（幕下）↓さだいしやう（左大將）
はくかん
白鷴　ハツカン　鳥類中5ウ1
はくきやうさん
白殭蠶　—キヤウサン　薬種上41オ6
はくぎよかん
白魚羹　羹名上28ウ3
はくすいしんじん
白水眞人　ハクスイシン—　料足上16オ3
はくたく
白澤　走獸上27オ3
はくちゆうらく
白柱樂　—チウ—　楽名上36ウ6
はくばん
白礬　ハクハン　薬種上41ウ4
はぐひ
羽咋　ハクイ　国名下19ウ2
はくひんらく
白濱樂　ハクヒン—　楽名上37オ1
ばくふ（幕府）↓うだいしやう（右大將）
はくま
白麻　—マ　紙名上18オ1
はくみち
蹝　ハクミチ　天象下8ウ2
ばくもんどう
麥門冬　ハク—　薬種上41オ6
はぐり
葉栗　ハクリ　国名下13オ6
はくりく（博陸）↓くわんばく（關白）
はげき
巴戟　ハケキ　薬種上41オ3
はこ
函　ハコ　家具中40オ5
はこ
篋　同（ハコ）　家具中40オ5
はこべ
蘩　ハコベ　草名中32ウ4
はざま
峽　ハサマ　天象下9オ5
はざま
迫　ハサマ　天象下9オ6
はさみ
鉗　ハサミ　番匠上23ウ1
はさみ
鉸　ハサミ　番匠上23ウ1
はさみ
剪　ハサミ　家具中40オ5
はし

橋　ハシ　天象下8ウ4
はじ
吐〈土〉師　ハシ　氏姓上9オ6
はじ
櫨　ハシ　木名中30ウ5
はしう
波州　国名下24オ1
はしか
秕　ハシカ　五穀中15オ4
はしかひ
箸匙　ハシカイ　道具下5オ3
はじかみ
薑　ハシカミ　調菜上33ウ2
はじなめし
櫨滑　ハシナメシ　武具中13ウ7
はしばみ
榛　ハシハミ　木名中30ウ5
はしぶね
舫　ハシフネ　家具中40オ3
はしぶね
艇　ハシフネ　家具中40オ3
はしら
檻　ハシラ　屋具上21オ5
はしら
柱　同（ハシラ）　屋具上21オ5
はしりゐ
走井　ハシリ―　楽名上38オ7
はす
藕　ハス　茶子上29ウ6
はす
荷　ハス　茶子上30オ2
はす
藕　ハス　草名中32ウ2
はす（鮦）↓はむ
はずがは
弭皮　ハツ―　武具中13ウ4
はすのはひ（蔤）↓はひ
ばせう
芭蕉　ハセウ　草名中32ウ7
はせべ
長谷部　ハセヘ　氏姓上9ウ3
はた
秦　ハタ　氏姓上9ウ2
はた
旗　ハタ　家具中40オ5
はた
畠　ハタ　天象下8ウ3
はた
幡多　ハタ　国名下24ウ6
はたおり
促織　ハタヲリ　虫名中20オ7
はたけ（畠）↓はた
はだつけ
韉　ハタツケ　武具中13オ4
はだばかま
襠　ハタハカマ　道具下5オ5
はだへ
膚　ハタヘ　人倫中42ウ4
はたもの
機　ハタモノ　家具中40ウ1
はち
蜂　ハチ　虫名中20オ6
はち
鉢　ハチ　家具中39ウ2
はちう（鉢盂）↓はつう
はちづつみ
鉢裹　道具下4ウ7
はちでう
八條　小路下29ウ7
はちでうのばうもん

八條坊門　小路下29ウ6
はづ
巴豆　―ツ　薬種上41オ4
はづ
幡豆　ハツ　国名下13ウ3
はつう
鉢盂　道具下5オ2
ばつか（幕下）→ばくか
はつかん（白鷴）→はくかん
はづす
弛　ユルス　武具中13ウ4
はづす
迦　ハツス　武具中13ウ5
はつたう
法堂　ハツタウ　堂塔上22ウ4
ばつとう
抜頭　ハツトウ　楽名上37オ5
はつぴ
法被　ハツヒ　飾具下2オ4
はつぶり
正首　ハツフリ　武具中12オ6
ばてい
馬蹄　ハテイ　硯名中37オ7
はな
鼻　ハナ　人倫中42オ6
はなかご
花筐　―カコ　飾具下2ウ6
はながは
[illegible]　ハキカハ　武具中13オ4
はながへし
花返　―カヘシ　画具上15オ5
はなぐたし
花腐　ハナグタシ　画具上15オ5
はなざら
花皿　ハナサラ　飾具下2ウ4
はなだ
縹　ハナ　武具中12ウ7
はなぢ
䶊　ハナチ　人倫中42ウ6
はなばしら
齃　ハナハシラ　人倫中42オ6
はなもり
花盛　飾具下2ウ1
はにしな
埴科　ハニシナ　国名下17オ3
はにふ
埴生　ハニウ　国名下15オ7
はにふ
埴生　ハニウ　国名下15ウ4
ははかたのをぢ
伯　母カタノヲチ　人倫中42オ1
はばき
行纏　ハヽキ　道具下4ウ6
はばのり
幅苔　ハヽノリ　調菜上33オ3
はひ
蓓　ハイ　茶子上30オ2
はひ
蝿　ハイ　虫名中20オ5
はひのを
蝿尾　ハイノヲ　武具中13ウ1
はふ
破風　ハフ　屋具上20ウ6
はぶし（羽節）→とりのはぶし（鳥羽節）
はふのもの
法者　―ノ―　酒名中18オ2
はふみ
法美　ハウミ　国名下20ウ6
はふりべ

祝部　ハウリヘ　氏姓上8ウ2
ばふん
馬糞　ハフン　紙名上18オ2
はへ（蠅）→はひ
はへのを（蠅尾）→はひのを
ばべんさう
馬鞭草　ハヘン―　薬種上41オ7
はま
濱　ハマ　天象下8ウ5
はまぐり
蚌　ハマクリ　魚類中3オ6
はまぐりのたま
蚌玉　ハマクリノ―　珍宝上18ウ7
はまな
濱名　ハマナ　国名下13ウ5
はみいれ
決入　ハミイリ　屋具上21オ5
はむ
鮦　ハス　魚類中3オ3
はむ（鰩）→とびうを
はもち（羽茂）→うむ
はやうた
早歌　楽器上35ウ7
はやうた
早歌　ハヤウタ　楽名上37ウ5
はやし
林　ハヤシ　天象下9オ4
はやと
隼人　ハヤト　位次上5ウ6
はやぶさ
隼　ハヤフサ　鳥類中6オ4
はやみ
速見　ハヤミ　国名下25ウ6
はら
腹　ハラ　人倫中42オ7
はら
原　ハラ　天象下8ウ1
はら
幡羅　ハラ　国名下15オ1
はらあて
腹當　ハラアテ　武具中12オ7
はらおび（纏）→はるび
はらか
鰚　□ラカ　魚類中3オ5
はらひ
祓　ハライ　神具中8オ4
はらまき
腹巻　ハラマキ　武具中12オ7
はらわた
腸　ハラワタ　人倫中42オ7
はり
頗梨　珍宝上18ウ5
はり
針　ハリ　家具中40ウ1
はりがく
張樂　ハリカク　楽器上35オ6
はりたけ
鍼茸　茶子上30オ5
はりのこうぢ
針小路　小路下29ウ7
はりま
旛〔播〕磨　ハリマ　国名下21ウ5
はる
張　ハル　武具中13ウ4
はるび
纏　ハルヒ　武具中13オ4
はれ
晴　ハレ　天象下8オ5
はんきゆう

半弓　ハンー　武具中13オ6
はんぎり
絆切　楽器上35ウ3
はんぐわん
判官　ハンクワン　位次上5ウ5
はんぐわんだい
判官代　ハンクワンタイ　位次上5オ1
はんげさう
半夏草　草花上25ウ4
はんげしやう（半夏生）→はんげさう（半夏草）
はんざは
榛澤　国名下15オ1
はんざふ
匜　同（サカツキ）　酒名中18オ2
はんざふ
椷　ハンサウ　家具中39ウ4
はんじ
判事　ハンシ　位次上4ウ7
ばんしう
幡〔播〕州　国名下21ウ5
ばんしうらく
萬秋樂　ハンシウー　楽名上36ウ5
ばんしき
盤渉　バンシキ　十二上36オ2
はんじやう
飯盛　ハンジヤウ　飾具下2ウ1
はんてき
半笛　楽器上35オ5
はんどう
版〈飯〉銅　ハンドウ　家具中39ウ5
はんのき
棬〈榛〉ハンノキ　木名中30ウ3
はんめんせう
半面焦　ハンメンセウ　調菜上32オ5

ひ

ひ
梭　ヒ　家具中40オ7
ひ
日　天象下8オ5
ひうが
日向　ヒウカ　国名下26ウ2
ひえ
薭（＝稗）ヒヱ　五穀中15オ5
ひえ
稷　同（ヒヱ）　五穀中15オ5
ひえつぎ
稗繼　ヒエツキ　国名下18オ3
ひえん
飛檐　ヒヱン　屋具上20ウ4
ひおき
日置　ヒヲキ　氏姓上9ウ2
ひおき
日置　ヒヲキ　国名下27オ1
びかう
鼻高　ヒカウ　道具下5ウ1
ひがくし
日隱　ヒカクシ　屋具上21オ2
ひがしなり
東成　ヒカシナリ　国名下12オ7
ひがしのしゆしやか

東朱雀　小路下30オ3
ひがしのとうゐん
東洞院　小路下30オ2
ひかみ
氷上　ヒカミ　国名下20オ6
ひき
比企　ヒキ　国名下14ウ7
ひきいれがふし
曳入合子　ヒキイレカウシ　家具中39ウ4
ひきがへる
蟇　ヒキカヘル　虫名中20オ6
ひきぼし
曳干　ヒキホシ　茶子上30ウ4
ひきめ
蟇目　ヒキメ　武具中13ウ2
ひきめ
藋　ヒキメ　武具中14オ1
ひきわたし
曳瓦　ヒキワタシ　料理中2オ6
ひきん
被巾　道具下5オ1
びきん
鼻巾　道具下5オ5
ひく
彎　ヒク　武具中13ウ4
ひぐち
樋口　小路下29ウ5
ひぐれ
檜榑　ヒクレ　屋具上21オ4
ひげ
髭　ヒケ　人倫中42オ4
ひご
肥後　ヒコ　国名下26オ5
ひさ
久　ヒサ　名乗上12オ4
ひざ
膝　ヒサ　人倫中42ウ2
ひさいがしら
鬣頭　ヒサイカシラ　料理中2ウ5
ひさかき（楸）→ひささぎ
ひさぎ（楸）→ひささぎ
ひさげ
提　ヒサケ　家具中39ウ2
ひさご
瓠　ヒサコ　茶子上30オ3
ひささぎ
楸　ヒサヽキ　木名中30ウ1
ひさし
廂　ヒサシ　屋具上21ウ6
ひざよろひ
膝鎧　ヒサヨロヒ　武具中12ウ2
ひし
菱　ヒシ　茶子上29ウ7
ひし
菱　ヒシ　草名中32ウ2
ひしう
飛州　国名下16ウ7
ひしう
肥州　国名下26オ1
ひしう
肥州　国名下26オ5
びしう
尾州　国名下13オ6
びしう
備州　国名下22オ5
びしう
同（備）州　国名下22ウ1
びしう

同（備）州　国名下22ウ4
ひしかり
菱刈　ヒシカリ　国名下26ウ4
ひじき
鹿尾　ヒジキ　調菜上32ウ6
ひしくひ
鴻　ヒシクイ　鳥類中5ウ2
ひしほいり
醬熬　ヒシヲイリ　料理中2ウ3
ひしやく
柄杓　ヒシヤク　家具中40ウ3
ひしよ（祕書）↓づしよ（圖書）
ひすい
翡翠　ヒスイ　鳥類中5ウ4
ひぜん
肥前　ヒセン　国名下26オ1
びぜん
備前　ビセン　国名下22オ5
ひた
日田　ヒタ　国名下25ウ5
ひだ
飛驒　ヒタ　国名下16ウ7
ひたう

緋桃　木名中29ウ4
ひだか
鶥　ヒタカ　鳥類中6オ4
ひだか
日高　ヒタカ　国名下23ウ4
ひたたれ
直垂　ヒタヽレ　俗服中9オ4
ひたち
常陸　ヒタチ　国名下15ウ7
ひたちしや
常陸紗　ヒタチ―　俗服中10オ1
ひたひ
額　ヒタイ　人倫中42オ4
ひたひあて
額當　ヒタイアテ　武具中12オ7
ひたひじろ
額白　ヒタイシロ　走獸上27オ1
ひぢ
肱　ヒチ　人倫中42ウ1
ひぢがね
肘金　ヒチカネ　武具中12ウ2

ひぢき
枡〈枅〉　ヒジキ　屋具上20ウ2
ひぢき
肱〈肱〉木　ヒジキ　屋具上20ウ2
ひちりき
篳篥　ヒチリキ　楽器上35オ2
ひつ
櫃　ヒツ　家具中39ウ3
ひつかい
筆海　ヒツカイ　硯名中37オ6
ひつじ
羊　走獸上26ウ3
びつちゆう
備中　ヒツチウ　国名下22ウ1
ひつぢん
筆陣　ヒツチン　硯名中37オ6
ひと
人　ヒト　名乗上11オ3
ひとつばし
杓〈彴〉　ヒトツハシ　天象下8ウ4
ひとみ
瞼　ヒトミ　人倫中42オ5

ひともじ
葱　ヒトモシ　調菜上33ウ1
ひともじ
葱　ヒトモヂ　草名中32ウ6
ひとや
囚獄　ヒトヤ　位次上5ウ1
ひなさき
宮　ヒナサキ　人倫中42ウ5
ひなた
陽　ヒナタ　天象下8オ1
ひね
日根　ヒネ　国名下12オ5
ひねりきり
批切　ヒネリキリ　料理中2オ6
ひねりもの
捻物　ヒネリモノ　茶子上30ウ1
ひのき
檜　ヒノキ　木名中30オ3
ひのも
日裳　ヒノモ　俗服中9オ6
ひは
鶸　ヒワ　鳥類中5ウ7

びは
枇杷　茶子上29ウ5
びは
琵琶　ヒハ　楽器上35オ1
びは
枇杷　ヒハ　木名中30オ4
ひばち
火鉢　ヒハチ　飾具下3オ1
ひばり
鷚　ヒハリ　鳥類中5ウ6
ひばりげ
騵　ヒハリ　走獣上26ウ7
ひび
家〈瘃〉ヒヽ　人倫中42ウ4
ひひらぎ
柊　ヒイラキ・モミ　木名中30ウ1
ひほう（比部）↓ひとや（囚獄）
ひめ
編　ヒメ　羹名上29オ5
ひめ
鴿〈鴿〉ヒメ　鳥類中6オ1
ひやうご
兵庫　ヒヤウコ　位次上6オ5

ひやうそく
表〈秉〉燭　ヘウソク　家具中39ウ6
ひやうでう
平調　ヒヤウテウ　十二上36オ1
ひやうぶ
兵部　位次上3ウ5
びやうぶ
屛風　ヒヤウフ　家具中40オ1
びやうぶ
屛風　ヒヤウフ　飾具下3オ6
ひやうゐ
兵衞　位次上6オ3
びやくきやうさん（白殭蠶）↓はくきやうさん
びやくし
白芷　ヒヤクシ　薬種上41ウ4
びやくしやう
白青　画具上15オ2
びやくじゆつ
白朮　―シユツ　薬種上41ウ1
びやくしん
白岑　―シン　木名中29オ5

びやくだん
白檀　―タン　薬種上40ウ4
びやくほつ
白拂　ヒヤクホツ　飾具下2ウ5
びやくらふ
白鑞　珍宝上18ウ3
びやくれんげ
白蓮華　草花上25オ3
びやくろく
白綠　―ロク　画具上15オ2
ひゆ
莧　ヒユ　調菜上33オ6
ひら
平　ヒラ　名乗上11ウ4
ひらか
平鹿　ヒラカ　国名下18ウ5
ひらきど
開戸　―キ―　屋具上21ウ2
ひらたけ
平茸　茶子上30オ4
ひらづつみ
平嚢　ヒラツヽミ　道具下4ウ6

びらんじゆ
毘蘭利〈樹〉ヒラン―　木名中29ウ2
ひる
蒜　ヒル　調菜上33ウ1
ひる
蛭　ヒル　虫名中20オ5
ひる
晝　ヒル　天象下8オ6
ひるめ
晝目　ヒルメ　楽名上37ウ6
ひろ
弘　ヒロ　名乗上11ウ7
ひろせ
廣瀬　ヒロセ　国名下11ウ3
ひろはら
廣原　氏姓上10オ1
ひろめ
宏布　ヒロメ　調菜上32ウ7
ひをどし
日綴　ヒヲトシ　武具中12ウ7
ひをどし
日係　同（ヒヲトシ）　武具中12ウ7

びん
鬢　ヒン　人倫中42オ3
びんご
備後　ヒンコ　国名下22ウ4
びんざさら
鬢檥　ヒンサヽラ　楽器上35オ6
びんらう
檳榔　ヒンラウ　木名中30ウ5
びんらうじ
檳榔子　ヒンラウシ　薬種上41オ5

ふ

ぶ
歩　ホ　天象下8ウ3
ふうぞく
風俗　フウゾク　楽名上37ウ7
ふうたい
風帯　フウタイ　飾具下2オ7
ふうりやう（風鈴）↓ふりやう
ふえ
笛　フヱ　楽器上35オ1

ふかつ
深津　フカツ　国名下22ウ4
ふき
蕗　フキ　調菜上33オ6
ふきかや
葺萱　フキカヤ　屋具上21オ3
ぶくじん
茯神　フクシン　薬種上41ウ1
ふくらいり
脹熬　フクラ―　料理中2オ4
ふぐり
閫〈閫〉　フグリ　人倫中42ウ5
ぶくりやう
茯苓　フクリヤウ　薬種上41ウ1
ぶくりゆうかん
伏龍肝　フクリウカン　薬種上41オ6
ふくろ
胎　フクロ　人倫中43オ3
ふくろふ
鵩鷲　フクロウ　鳥類中5ウ1
ふくろふ
梟　フクロウ　鳥類中5ウ5

ふけし
鳳至　フケシ　国名下19ウ2
ふご（布護）↓はやと（隼人）
ぶこ（武庫）↓ひやうご（兵庫）
ふさ
房　フサ　名乗上11オ3
ふじ
富士　フジ　国名下14オ3
ぶし
附子　フシ　薬種上41ウ2
ぶしう
武州　国名下14ウ5
ふしかげ
節景　フシカケ　武具中13ウ2
ふしなはめ
捃縄目　フシナワメ　武具中12ウ6
ふしまき
節巻　フシマキ　武具中13オ6
ぶしやうらく
武昌樂　フシヤウ―　楽名上36ウ7
ふしよう
鳧鐘　フセウ　十二上36オ2

ぶす（附子）↓ぶし
ふすべ
贅　フスヘ　人倫中43オ3
ふすべがは
燻皮　フスヘ―　武具中13オ1
ふすましやうじ
隩〔襖〕障子　フスマ―　屋具上21ウ3
ふせぎづる（禦絃）↓せきづる
ぶぜん
豊前　フセン　国名下25ウ2
ふせんりよう
浮線綾　―アヤ　俗服中9ウ3
ふそ
浮蛆　フソ　酒名中17ウ4
ぶたい
舞臺　フタイ　神具中8オ2
ぶだう
蒲萄　フタウ　茶子上29ウ5
ぶだうのさけ
葡萄酒　フタウノ―　酒名中17ウ4
ふたかた
二方　フタカタ　国名下20ウ4

ふち
　泶　フチ　天象下８ウ７
ふち
　淵　フチ　天象下８ウ７
ふち
　敷智　フチ　国名下13ウ６
ふぢ
　藤　フチ　草名中32ウ３
ふぢつ
　藤津　フチツ　国名下26オ３
ふぢはら
　藤原　氏姓上８ウ１
ふぢふの
　藤生野　フチウノ　楽名上38オ３
ふぢゐ
　藤井　フチイ　氏姓上８ウ７
ぶつさうげ（佛桑花）↓ぶつしようげ（佛勝花）
ぶつしようげ
　佛勝花　フツセウケ　草花上25オ１
ぶつせうげ（佛咲花）↓ぶつしようげ（佛勝花）
ぶつでん
　佛殿　フツテン　堂塔上22ウ４
ぶとくらく
　武徳樂　フトクー　楽名上36オ５
ふとん
　蒲團　フトン　道具下５オ４
ふな
　鮒　フナ　魚類中３ウ１
ふなゐ
　船井　フネイ　国名下20オ５
ふなん
　扶南　フナン　楽名上36ウ２
ふね
　舟　フネ　家具中40オ３
ふのり
　粉糊　フノリ　画具上15オ６
ふは
　不破　フハ　国名下16ウ２
ふぶき
　霔　フヽキ　天象下８オ３
ふみうす
　碓　フミウス　家具中39ウ５
ふもと
　麓　フモト　天象下８ウ１
ふやうかん
　麸羊羹　フー　羹名上28ウ２
ふよう
　芙蓉　フヨウ　草花上25オ５
ぶり
　鰺〈鰤〉　フリ　魚類中３オ６
ふりつづみ
　振鼓　フリー　楽器上35オ４
ふりやう
　風鈴　フリヤウ　飾具下３オ２
ふるいち
　古市　フルイチ　国名下11ウ７
ぶゐい（武衞）↓ひやうゐ（兵衞）
ぶんこ
　文庫　屋具上21ウ７
ぶんご
　豊後　フンコ　国名下25ウ５
ぶんたい（文臺）↓かんりん（翰林）
ふんだり
　芬陀利　フンタリ　木名中29ウ１
ふんのり

粉苔　フンノリ　調菜上33オ4
ふんや
文屋　フンヤ　氏姓上9オ4

へ

へ
艫　ヘ　家具中40オ3
へい
平　ヘイ　氏姓上8ウ1
へい
閉伊　ヘイ　国名下18ウ2
へいじ
鐏〈罇〉ヘイシ　酒名中17ウ5
へいほう（兵部）→ひやうぶ（兵部）
へうし
表紙　ヘウシ　飾具下2オ6
へうそく（秉燭）→ひやうそく
へうたん
瓢箪〔簞〕ヘウタン　道具下5ウ2
へうのかは
豹皮　ヘウヒ　珍宝上19オ1
へうのかは
彪皮　ヘウ―　珍宝上19オ2
へうほい
表褙〈褙〉　飾具下2オ6
べうりよう（廟陵）→みささぎ（諸陵）
へきたう
碧桃　ヘキタウ　木名中29ウ4
へきふん
碧粉　ヘキフン　茶名上16オ7
へきむ
辟夢　ヘキム　茶名上16オ7
へぐし
經串　ヘクシ　家具中40オ7
へくそかづら
藺　ヘタソカツラ　草名中32オ6
へぐり
平郡〔群〕ヘクニ　氏姓上8ウ3
へぐり
平郡〔群〕ヘ―リ　国名下11ウ2
へぐり
平郡〔群〕ヘクリ　国名下15オ4
べつが（別駕）→ごんのすけ（権介）
べつかふ
鼈甲　ヘツ―　薬種上41オ3
べつかん
鼈羹　羹名上28ウ4
べつそく
別足　料理中2ウ5
べつたう
別當　ヘツタウ　位次上5オ7
べつたう（別當）→だんじやう（弾正）
べに
經　ヘニ　草名中32オ6
べにたけ
赭茸　ヘニ―　茶子上30オ5
へのこ
勢　ヘノコ　人倫中42ウ5
へや
屋〈部屋〉　屋具上22オ1
へや
部屋　屋具上22オ3

へら
鐴　ヘラ　家具中40オ7
へりさし
端差　ヘリサシ　家具中40オ2
へりぬり
端塗　ヘリヌリ　俗服中9ウ2
べんじゆん
鞭筍　調菜上32ウ4

ほ

ほ
穂　ホ　五穀中15オ4
ほい
布衣　ホイ　俗服中9オ5
ほい
寶髮〈飯〉ホウヰ　国名下13ウ3
ほいろ
焙爐　ホイロ　家具中40ウ3
ほいろ
𨪐爐　ホイロ　飾具下2ウ3
ぼう
棒　ホウ　武具中14オ2
ほうきやう（方磬）↓はうけい
ほうげつ
鳳月　墨名中35オ3
ぼうし（帽子）↓もうす
ほうしう
豐州　国名下25ウ2
ほうしう
豐州　国名下25ウ5
ほうしようげ
勝花〈寶勝花〉　草花上25オ2
ほうせんくわ
鳳仙花　ホウセン―　草花上25オ2
ほうだうげ
寶幢花　ホウトウケ　草花上25オ2
ほうだん
鳳團　ホウ―　茶名上16ウ2
ほうだん
鳳團　ホウタン　墨名中35オ2
ほうちう
鳳味　ホウチウ　硯名中37オ6
ほうぢやう
方丈　堂塔上22ウ7
ほうぼく
寶墨　ホウホク　墨名中35オ3
ほうらいさん
蓬莱盞　ホウライサン　酒名中18オ1
ほうらいやき
蓬莱炮　ホウライヤキ　料理中2ウ3
ほうわう
鳳凰　ホウワウ　鳥類中5オ5
ほかい
歩械　ホカイ　家具中39ウ3
ぼくぎよく
墨玉　ホクキヨク　墨名中35オ4
ほくていらく
北庭樂　ホテイ―　楽名上36オ5
ほくめん
北面　ホクメン　位次上6ウ2
ほこ
鉾　ホコ　武具中13ウ5
ぼさつらく
菩薩樂　ホサツ―

ほし　楽名上36オ6
　斗　ホシ　天象下8オ1
ほし
　牛　ホシ　天象下8オ1
ほし
　星　ホシ　天象下8オ5
ほしかは
　星川　ホシカハ　氏姓上8ウ3
ほしじろ
　星白　ホシシロ　武具中12ウ5
ほしひ
　糒　ホシイ　羹名上29オ2
ほしびたひ
　星額　楽器上35ウ1
ほぞ
　臍　ホソ　人倫中42ウ2
ほそぢ
　細地　ホソチ　茶子上30オ3
ぼだいじゆ
　菩提利〈樹〉ホタイ―　木名中29ウ2
ほたてがひ
　帆立貝　ホタテカイ
ほたる　魚類中3オ6
　螢　ホタル　虫名中20オ7
ほたる
　丹鳥　ホタル　虫名中20ウ1
ほたる
　宵燭　同（ホタル）　虫名中20ウ1
ぼたん
　牡丹　草花上25オ4
ほつす
　拂子　ホツス　道具下5オ4
ほづみ
　穂積　ホツミ　氏姓上8ウ2
ほととぎす
　鸋　ホト丶キス　鳥類中6オ1
ほととぎす
　鵑　ホト丶キス　鳥類中6オ5
ほととぎす
　子規　同（ホト丶キス）　鳥類中6オ5
ほなみ
　穂浪　ホナミ　国名下25オ4
ほね
　骨　ホネ　人倫中42ウ3
ほふえ
　法衣　ホウヱ　道具下4ウ5
ほふだう（法堂）→はつたう
ほふぶく
　法服　ホウフク　道具下4ウ4
ほふら
　法螺　ホウラ　飾具下2ウ5
ほふわう
　法王〔凰〕ホウ―　位次上4ウ6
ほほ
　朴　ホウ　木名中30ウ2
ほほ
　肪　ハウ　人倫中42オ4
ほほあて
　肪當　ホウアテ　武具中12オ7
ほほづき
　酸梨〈漿〉ホウツキ　草名中32オ6
ほやのすし
　穂屋鮨　ホヤノスシ　料理中2ウ7
ほゆたん

鉢盂單　ホユタン　道具下5オ3
ほら
洞　ホラ　天象下9オ4
ほら（法螺）↓ほふら
ほり
塹　ホリ　屋具上22オ4
ほり
堀　同（ホリ）　屋具上22オ4
ほり
塹　ホリ　天象下8ウ7
ほりかは
堀川　小路下30オ1
ぼれい
牡蠣　ホレイ　薬種上41ウ4
ほろ
母衣　ホロ　武具中14オ2
ほろし
白英　ハイホロシ　草名中32オ5
ほろみそ
保呂味噌　ホロミソ　調菜上32オ7
ぼん
盆　ホン　家具中40ウ5
ほんそ（本蘇）↓もとす（本巣）
ほんぞん
本尊　ホンソン　飾具下3オ5
ほんぢ
品治　ホンチ　国名下22ウ5
ぼんでん
梵天　茶子上30オ3
ぼんのくぼ
顱　ホンノクホ　人倫中43オ3

ま

まうだ
望陀　マウタ　国名下15オ7
まかしやげ
摩訶沙花　マカシヤケ　草花上24ウ7
まかねふく
眞金吹　マカネフク　楽名上38オ3
まかべ
眞壁　―カヘ　国名下15ウ7
まかまんだらけ
摩訶曼陀羅華　マカマンタラケ　草花上25オ1
まがり
曲勾　マカリ　饔名上29オ6
まがりかね
曲金　マカリ―　番匠上23オ6
まき
槇　マキ　木名中30ウ4
まくそ
眵　マクソ　人倫中42ウ6
まぐそつかみ
雋〈鶚〉マクソツカミ　鳥類中6オ2
まぐは
耙　マクワ　家具中40オ6
まくら
枕　マクラ　家具中40オ2
まごふん
眞粉〈眞牛粉〉マフン　画具上15オ6
まさ
正　マサ　名乗上10ウ2
まさ
理　マサ　木名中30オ3

まさいた
相板　マサイタ　屋具上21オ3
まさかり
鉞　マサカリ　番匠上23オ5
まさきのかづら
薜　マサキ　草名中32ウ7
ましう
摩州　国名下13オ4
ましき
益城　マスキ　国名下26オ7
ました
益田　マスタ　国名下16ウ7
ましづ
益頭　マスツ　国名下14オ2
ましま
眞島　マシマ　国名下22オ2
ます
鱒　マス　魚類中3ウ2
ます
升　マス　家具中40ウ1
ますた
沙田　アサヲカ　国名下23オ2
また
俣　マタ　人倫中43オ1

またたび
辛椿　マタヒ　木名中29ウ5
まち
町　マチ　天象下8ウ3
まち
町　小路下30オ2
まつ
松　マツ　木名中30オ2
まつかう
抹香　マツカウ　飾具下2ウ5
まつげ
睫〈睫＝睫〉マナコ　人倫中42オ5
まつだけ
松茸　茶子上30オ4
まつのみ
松子　茶子上30ウ4
まつぼ
眞壷　マツホ　家具中40ウ3
まつむし
松蟲　マツ―　虫名中20ウ1
まつら
松浦　マツラ　国名下26オ2
まつりくわ

茉利〈莉〉花　マツ―　草花上25ウ4
まて
蛭　マテ　魚類中3オ6
までのこうぢ
萬里小路　小路下30オ3
まど
窗　マト　屋具上21ウ3
まど
牖　同（マト）　屋具上21ウ3
まど
牕　同（マト）　屋具上21ウ3
まなこ
眼　マフタ　人倫中42オ5
まなじり
眥　マナシリ　人倫中42オ5
まにはらじゆ
摩尼波羅樹　マニハラ―　木名中29オ6
まねき
招　マネキ　家具中40オ7
まひたけ
舞茸　茶子上30オ4
まぶね

槽　マフネ　家具中40ウ1
まへづくえ
前几　マヘツクヘ　飾具下2ウ7
まぼりぶくろ
守袋　マホリフクロ　俗服中9オ7
まみ
猯　マミ　走獣上26オ7
まみあひ
眥　マミアイ　人倫中42オ6
まみや
眞神　マミヤ　氏姓上9ウ1
まむし
蝮　マムシ　虫名中20オ4
まめ
菽　マメ　五穀中15オ6
まめ
豆　同（マメ）　五穀中15オ6
まめ
大豆　マメ　五穀中15オ6
まもりぶくろ（守袋）↓まぼりぶくろ
まゆ
眉　マユ　人倫中42オ5
まゆみ
檀　マユミ　木名中30ウ6
まりけ（茉莉花）↓まつりくわ
まるあへ
丸挍〈交〉　料理中2ウ1
まるのり
丸苔　マルノリ　調菜上33オ3
まるむし
蜣　マルムシ　虫名中20オ4
まわう
麻黄　マー　薬種上40ウ7
まんきん
滿金　茶子上30ウ3
まんざいらく
萬歳樂　マンサイー　楽名上36オ6
まんじうらく（萬秋樂）↓ばんしうらく
まんじゆしやげ
曼殊〔珠〕沙花　マンシユシヤケ　草花上24ウ7
まんだ
茨田　ニタ　国名下12オ2
まんだらけ
曼陀羅華　マンタラケ　草花上24ウ7
まんぢゆう
饅頭　マンチウ　羹名上29オ3
まんどころ
政所　マンー　屋具上21ウ5
まんまく
幔幕　マンマク　家具中40オ2

み

み
見　ミ　名乗上12ウ2
み
箕　ミ　家具中39ウ5
みあげいた
看上板　ミアケイタ　武具中12ウ3
みうみう
蟷　ミウミウ　虫名中20オ5
みうら
御浦　ミウラ　氏姓上9ウ7
みうら

三浦　―ウラ　国名下14ウ3
みかさ
御笠　ミカサ　国名下25オ5
みかた
三方　ミカタ　国名下19オ2
みかは
參河　ミカハ　国名下13ウ2
みかみ
三上　ミカミ　国名下22ウ6
みかん
蜜柑　ミカン　木名中30オ6
みき
三木　ミキ　国名下24オ4
みぎは
汀　ミキハ　天象下8ウ4
みくに
三國　ミクニ　氏姓上9オ4
みくみ
美食〈含〉ミシ　国名下20ウ4
みけ
三毛　ミケ　国名下25ウ1
みこし
御輿　ミコシ　神具中8オ6
みさご
鵤〈鵙〉ミサコ　鳥類中5ウ6
みささぎ
諸陵　ミサヽキ　位次上5オ3
みささぎ
祠　ミサヽキ　神具中8オ4
みしま
三島　ミシマ　氏姓上9オ5
みしま
三島　ミシマ　国名下19ウ6
みしやうだい
御正體　ミシヤウタイ　神具中8オ5
みす
翠簾　ミス　家具中40オ2
みす
箒　同（ミス）　家具中40オ2
みぞ
渠　ミソ　天象下8ウ7
みぞ
瀆　ミソ　天象下9オ5
みそぎ
禊　ミソキ　神具中8オ4
みそぬすみ
鷦　ミソヌスミ　鳥類中6オ2
みその
三園　ミソノ　氏姓上9オ5
みそやき
味噌炙　―ヤキ　調菜上32オ6
みだいばんどころ
御臺盤所　ミタワトコロ　位次上6ウ5
みたち
御立　ミタチ　氏姓上9ウ7
みたに
三谿　ミタニ　国名下22ウ6
みち
道　ミチ　名乗上13オ2
みち
盈　ミチ　天象下8オ6
みち
滿　ミチ　天象下8オ7
みち
路　ミチ　天象下8ウ2
みち
道　ミチ　天象下9オ5
みつ
光　ミツ　名乗上11オ2
みづ

水　天象下8ウ6
みづがき
瑞牆　ミツカキ　神具中8オ3
みづがき
水牆　―カキ　神具中8オ3
みづかね
水銀　ミツカネ　珍宝上18ウ2
みつかん（蜜柑）↓みかん
みつき
三調　ミツキ　国名下22ウ6
みづしどころ
御廚子所　ミツシトコロ　位次上6ウ5
みづち
蛟　ミツチ　走獣上27オ2
みづち
蛟　ミツチ　虫名中20オ4
みづのみのを
水呑緒　ミツノミノヲ　武具中12ウ1
みづひき
水曳　ミツヒキ　飾具下2オ6
みづぶね
舡　ミツフネ　家具中40オ7
みつま
三猥〈瀦〉　ミクマ　国名下25オ7
みづみ
水海　氏姓上9ウ7
みつめぎり
鐫　ミツメキリ　番匠上23オ4
みてしろ
御手代　ミテシロ　氏姓上9ウ7
みどの
緑野　ミトノ　国名下17オ7
みどりご
嬰　ミトリコ　人倫中42オ2
みなぎ
美嚢　ミナキ　国名下21ウ7
みなと
湊　ミナト　天象下9オ2
みなとだ
湊田　ミナトタ　楽名上37ウ5
みなもと（源）↓げん
みね
峰　ミネ　天象下8オ7
みね
美禰　ミネ　国名下23オ7
みね
三根　ミネ　国名下26オ1
みの
簑　ミノ　家具中40オ3
みの
美濃　ミノ　国名下16ウ2
みの
美濃　ミノ　国名下21オ7
みの
御野　ミノ　国名下22オ6
みの
三野　ミノ　国名下24オ6
みのち
水内　ミノチ　国名下17オ3
みのやま
美濃山　ミノ―　楽名上38オ1
みはら
御原　ミ□ラ　氏姓上9オ3
みはら
三原　ミハラ　国名下22ウ7
みはら
三原　ミハラ　国名下23ウ6
みはら

御原　ミハラ　国名下25オ6
みぶ
壬生　ミフ　氏姓上9ウ4
みぶ
壬生　小路下30オ1
みへ
三重　ミエ　国名下13オ1
みま
美馬　ミマ　国名下24オ1
みまくさ
御秣　ミマクサ　楽名上38オ4
みまさか
美作　ミマサカ　国名下22オ2
みみ
耳　ミヽ　人倫中42オ6
みみくそ
聹　ミヽクソ　人倫中43オ3
みみず
蚯蚓　ミヽス　虫名中20オ7
みみづく
木冗〈兔〉ミヽツク　鳥類中5ウ6
みむね
三鋭〈統〉ミムネ　氏姓上9オ1
みむま（三豬）↓みつま
みむらさき
實紫　ミムラサキ　画具上15オ1
みめ
貌　ミメ　人倫中42ウ7
みやうぎやう
明經　ミヤウキヤウ　位次上4オ7
みやうぐりようわう
名孔龍王　―ク―　楽名上36オ7
みやうじやう
明星　ミヤウシヤウ　楽名上37ウ6
みやうばふ
明法　ミヤウボウ　位次上4ウ1
みやき
宮城　ミヤキ　国名下18オ4
みやこ
都　氏姓上9ウ7
みやこ
都　ミヤコ　天象下9オ6
みやこ
京　天象下9オ6
みやこ
京都　ミヤコ　国名下25ウ2
みやざき
宮崎　ミヤサキ　国名下26ウ3
みやぢ
宮道　ミヤチ　氏姓上8ウ1
みやはら
宮原　ミヤハラ　氏姓上9ウ2
みやびと
宮人　ミヤヒト　楽名上37ウ3
みよし
三吉　ミヨシ　氏姓上9オ1
みよし
三好　ミヨシ　国名下24オ2
みらう
御廊　―ラウ　神具中8オ1
みる
海松　ミル　調菜上32ウ6
みゐ
御井　ミイ　国名下25オ7
みんぶ

民部　ミンフ　位次上3ウ6

む

むかで
蜈　ムカテ　虫名中20オ4
むかで
蚣　ムカテ　虫名中20オ4
むかでのり
蚣苔　ムカテノリ　調菜上33オ2
むかばき
行縢〔縢〕ムカハキ　武具中13オ3
むぎ
麥　ムキ　五穀中15オ6
むぎ（武藝）↓むげ
むぎがら
稈　ムキカラ　五穀中15オ6
むく
木工　ムク　位次上5オ6
むく
椋　ムク　木名中30ウ2
むぐら
葎　ムクラ　草名中32ウ4
むげ
武藝　ムケ　国名下16ウ4
むこ
壻　ムコ　人倫中42オ2
むこ
武庫　ムコ　国名下12ウ2
むこ（武庫）↓ひやうご（兵庫）
むさ
武射　ムサ　国名下15ウ1
むささび
鼯　ムサヽヒ　走獣上26ウ2
むさし
武藏　ムサシ　国名下14ウ5
むじな
狢　ムシナ　走獣上26オ7
むしろだ
席田　ムシロタ　楽名上38オ4
むしろだ
席田　国名下16ウ3
むしろだ
席田　トシタ　国名下25オ5
むちむすび
鞭結　ムチムスヒ　武具中13ウ7
むつのくに
陸奥　ムツノクニ　国名下17ウ7
むないた
胸板　ムナイタ　武具中12ウ3
むながい
鞅　ムナカイ　武具中13オ4
むなかた
宗像　ムネカタ　氏姓上8ウ5
むなかた
宗像　ムナカタ　国名下25オ3
むなぎ
棟　ムナキ　屋具上20ウ1
むね
宗　ムネ　名乗上12ウ6
むね
胸　ムネ　人倫中42オ7
むねかた（宗像）↓むなかた
むま（馬）↓うま
むまつなぎ（馬繫）↓うまつなぎ
むまのつの（馬角）↓うまのつの
むまぶね（槽）↓まぶね
むめがえ（梅枝）↓うめがえ

むめづけ（梅漬）↓うめづけ
むめのはな（梅花）↓ばいくわ
むめぼし（梅干）↓うめぼし
むら
　村　ムラ　天象下9オ3
むらかた（諸縣）↓もろかた
むらご（村紺）↓むらごう
むらごう
　村紺　—コウ　俗服中9ウ6
むらごん（村紺）↓むらごう
むらさきすそご
　紫裳濃　ムラサキスソコ　武具中12ウ6
むらやま
　村山　ムラヤマ　国名下18ウ4
むろ
　牟樓　国名下23ウ4
むろまち
　室町　小路下30オ2

め

めいただき
　鯛　メイタヽキ　魚類中3ウ2
めうかくじゅ
　妙覺樹　メウカク—　木名中29オ7
めうご
　犛牛　メウコ　走獣上27オ5
めうち
　目扣　メウチ　番匠上23オ6
めぎり
　桐　メキリ　木名中30ウ6
めくそ（眵）↓まくそ
めとら
　兕　メトラ　走獣上26オ5
めなう
　馬腦　珍宝上18ウ5
めぬき
　鞔〈韄〉メヌキ　武具中13ウ6
めのと
　嬭　メノト　人倫中42オ2
めをし
　鴦　メヲシ　鳥類中5ウ4
めんざう
　眠藏　メンサウ　堂塔上23オ1
めんす
　緜子　メンス　俗服中9ウ5
めんせん
　麪氈　メンセン　嚢名上29オ6
めんばん
　麪盤　メン—　家具中39ウ3
めんぼう
　麪棒　メンホウ　家具中39ウ3

も

も
　藻　モ　草名中32ウ6
もいくわ
　梅花　モイクワ　俗服中9ウ7
もうえい
　毛款〈穎〉—クワン　筆名中37ウ6
もうす
　帽子　モウス　道具下5オ2
もうすい
　毛錐　モウスイ　筆名中37ウ5
もえぎいと
　細絲　モヘキイト　武具中13オ1
もえぎにほひ

細匂　モヘキニホヒ　武具中12ウ7
もがみ
最上　モカミ　国名下18ウ4
もく（木工）↓むく
もくかう
木香　薬種上40ウ5
もくかふ
木甲　モツカウ　飾具下2オ6
もくぎよ
木魚　モクギヨ　飾具下3オ3
もくげん
木槵　―ケン　木名中29ウ5
もくせい
木犀　―セイ　木名中29ウ4
もず
百舌　モス　鳥類中5ウ2
もち
茂　モチ　名乗上11オ7
もち
糍　モチ　羹名上28ウ7
もち
糯　モチ　五穀中15オ4
もち
檎〔黐〕　モチ　木名中30ウ6
もぢ
皆　モヂ　俗服中9ウ7
もぢり
鉉〈鋃〉　モチリ　番匠上23オ5
もつかう（木香）↓もくかう
もつかふ（木甲）↓もくかふ
もづく
海雲　モツク　調菜上33オ3
もつこ
持籠　モツコ　番匠上23ウ2
もと
本　モト　名乗上11オ6
もとあし
本悪　モトアシ　茶子上30ウ1
もとしげ
本滋　―シケ　楽名上38オ3
もとす
本蘇〈巣〉　ホンソ
国名下16ウ3
もとどり
髻　モトヽリ　人倫中42オ4
もとはず（筈）↓やはず
もとよし
本吉　モトヨシ　国名下18オ7
ものいべ
齊〔齋〕部　モノイヘ　氏姓上9オ6
ものいみべ（齋部）↓ものいべ
もののべ
物部　氏姓上10オ1
もののふ
桃生　モノフノ　国名下18オ6
もみ
籾　モミ　五穀中15オ4
もみ
柊　ヒイラキ・モミ
木名中30ウ1
もも
桃　モヽ　茶子上29ウ5
もも
股　モヽ　人倫中42ウ2
ももづけ
桃漬　モヽツケ　調菜上32オ7
ももぬき
股抜　モヽ―　武具中13オ3
もものはな（桃花）↓たうくわ
もものふ（桃生）↓もののふ

ももよせ
　股寄　モヽヨセ　武具中13ウ7
もり
　守　モリ　名乗上13オ1
もり
　森　モリ　天象下9オ3
もりもの
　盛〈盛物〉　料理中2オ6
もろ
　諸　モロ　名乗上12オ3
もろかた
　諸縣　モロカタ　国名下26ウ3
もろゆがけ
　鞆韘　モロユカケ　武具中14オ1
もんしや
　紋紗　モンシヤ　俗服中10オ1
もんど
　水主〈主水〉モント　位次上5ウ6

や

や
　矢　ヤ　家具中40オ4
やいごめ（糕）→やきごめ
やうかん
　羊羹　羹名上28ウ2
やうきゆう
　楊弓　ヤウキウ　武具中13オ6
やうらく
　瓔珞　ヤウラク　飾具下2ウ6
やうらくけ
　纓洛〈瓔珞〉花　ヱイラク―　草花上25オ3
やかみ
　八上　ヤカミ　国名下20ウ6
やがら
　笴　ヤカラ　武具中13ウ2
やぎう
　野牛　走獣上27オ4
やきぐし
　炮串　ヤキクシ　料理中2ウ1
やきごめ
　糕　ヤキコメ　羹名上29オ6
やぐら
　櫺〈櫓〉ヤクラ　屋具上22オ2
やしう
　同〈野〉州　国名下17ウ4
やす
　安　ヤス　名乗上10ウ1
やす
　野洲　ヤス　国名下16オ7
やす
　夜須　ヤス　国名下25オ4
やすかべ
　安宿　ヤスカヘ　国名下12オ1
やすみじよ
　休所　ヤスミシヨ　神具中8オ2
やすな
　安那　アスナ　国名下22ウ4
やすり
　鉎　ヤスリ　番匠上23ウ1
やたべ
　八部　ヤタヘ　国名下12ウ2
やつしろ
　八代　ヤツシロ　国名下14オ7
やつしろ
　八代　ヤツシロ　国名下26オ7
やどり
　宿　ヤトリ　天象下8オ5

やな
　八名　ヤナ　国名下13ウ3
やなぎ
　楊　ヤナキ　木名中30オ1
やなぎ
　柳　同（ヤナキ）　木名中30オ1
やなぎうら
　楊裏　ヤナキウラ
　俗服中10オ4
やなぎのはな（柳花）↓りうくわ
やなぐひ
　箙　ヤナクヒ　武具中13オ7
やなぐひ
　胡簶　ヱヒラ　武具中13オ7
やなだ
　簗〔梁〕田　カマタ
　国名下17ウ4
やはず
　筈　モトハツ　武具中13ウ4
やぶ
　養父　ヤフ　国名下20ウ3
やぶ
　養父　ヤフ　国名下26オ1
やぶかうじ（藪柑子）↓かうじ
（菩）
やま
　山　ヤマ　天象下8オ7
やま
　耶摩　ヤマ　国名下18オ1
やまか
　山鹿　ヤマカ　国名下26オ5
やまがた
　山縣　ヤマカタ　国名下16ウ4
やまがた
　山縣　ヤマカタ　国名下23オ2
やまがらす
　鵲　ヤマカラス　鳥類中5ウ2
やまがらす
　鷽〈鸒〉ヤマカラ
　鳥類中6オ3
やましろ
　山背　ヤマシロ　氏姓上9ウ6
やましろ
　山背　―シロ　楽名上38オ2
やましろ
　山城　ヤマシロ　国名下11オ5
やまだ
　山田　ヤマダ　氏姓上9オ6
やまだ
　山田　国名下12ウ5
やまだ
　山田　国名下13オ7
やまだ
　山田　国名下17ウ1
やまだ
　山田　国名下24オ6
やまぢ
　山道　ヤマヂ　氏姓上9オ4
やまと
　大和　ヤマト　国名下11ウ2
やまと
　山門　ヤマト　国名下25ウ1
やまどり
　鶏　ヤマトリ　鳥類中5ウ3
やまな
　山名　ヤマナ　国名下13ウ7
やまなし
　山梨　ヤマナシ　国名下14オ7
やまのいも
　暑預〔薯蕷〕ヤマノイモ
　茶子上30ウ5
やまのべ

山邊　ヤマノヘ　氏姓上9ウ6
やまのべ
山邊　ヤマノヘ　国名下11ウ5
やまのべ
山邊　ヤマノヘ　国名下15ウ1
やまばと
鵇　ヤマハト　鳥類中5ウ2
やまばと（鳩）→いへばと
やまぶき
莔　草花上25ウ7
やまもと
山本　ヤマモト　国名下18ウ5
やまもと
山本　ヤマモト　国名下25オ7
やまもと
山本　国名下26オ6
やまもも
楊梅　ヤマモヽ　茶子上29ウ5
やまもも
楊梅　ヤマモヽ　木名中30オ4
やまもも
楊梅　小路下29ウ5
やもめ
婺〈嫠〉ヤモメ　人倫中42オ2
やもめ
孀　同（ヤモメ）人倫中42オ3
やり
鎗　武具中13ウ5
やりど
遣戸　ヤリト　屋具上21ウ1

ゆ

ゆ
溫泉　ユセン　国名下24ウ3
ゆうしようらく
勇勝樂　ユウセウ―　楽名上37オ2
ゆえん
油煙　ユヱン　墨名中35オ1
ゆか
牀　屋具上21オ4
ゆかう
柚柑　ユカウ　木名中30オ5
ゆがけ
鞢〈韘〉ユカケ　武具中13ウ3
ゆかたびら
湯帷　ユカタヒラ
ゆき
道具下5オ5
ゆき
行　ユキ　名乗上12オ2
ゆき
油器　ユキ　飾具下2ウ1
ゆき
雪　ユキ　天象下8オ4
ゆげ
弓削　ユケ　氏姓上9ウ2
ゆじ
油糍　羹名上29オ1
ゆせん（溫泉）→ゆ
ゆだち
弓立　ユタチ　楽名上37ウ7
ゆたん
油單　ユタン　武具中14オ2
ゆづけ
饘　ユツケ　羹名上29オ5
ゆづりは
槳〈楪〉ユツリハ　木名中30ウ3
ゆてき
油滴　ユテキ　家具中40ウ6
ゆとう

油桶　ユトウ　家具中39ウ5
ゆはなし（磐梨）↓いはなし
ゆばり
　淩（＝溲）ユハリ　人倫中42ウ5
ゆび
　指　ユヒ　人倫中42ウ1
ゆひこぶ
　締昆布　ユイコフ　茶子上30ウ3
ゆふき
　結城　ユウキ　国名下15ウ5
ゆふしで
　木緜帛　ユウシキ　楽名上37ウ3
ゆふすずめ
　夕雀　ユフスヽメ　禽名上29オ4
ゆふつくる
　木緜作　ユウツクル　楽名上37ウ6
ゆみ
　弓　ユミ　家具中40オ4
ゆみそ
　柚味噌　ユミソ　調菜上32ウ3
ゆやなぎ
　楡　ユヤナキ　木名中30オ2
ゆり
　百合草　ユリ　草花上25オ7
ゆり
　菲〈蘢〉ユリ　草名中32ウ1
ゆるき
　餘緩〈綾〉ユルキ　国名下14ウ2
ゆるぎのいた
　搖板　ユルキノイタ　武具中12ウ3
ゆるす（弛）↓はづす

よ

ようしう
　雍州　ヨウー　国名下11オ5
ようしようらく（勇勝樂）↓ゆうしようらく
よくい
　薏苡　ヨクイ　薬種上41ウ3
よくしつ
　浴室　ヨクー　堂塔上22ウ7
よこみ
　横見　ヨコミ　国名下14ウ7
よさ
　與佐〈謝〉ヨサ　国名下20ウ1
よし
　吉　ヨシ　名乗上12ウ3
よしう
　與［豫］州　国名下24ウ1
よしき
　吉敷　ヨシキ　国名下23オ5
よしづみ
　善積　ヨシミツ　国名下16オ7
よしの
　吉野　ヨシノ　氏姓上9オ3
よしの
　吉野　ヨシノ　国名下11ウ4
よしみね
　良峰　ヨシミネ　氏姓上8ウ2
よだか
　鷆〈鷏〉ヨタカ　鳥類中6オ4
よだれ（涎）↓えだれ
よだれかけ（涎懸）↓えだれかけ
よつじろ

騟　ヨツシロ　走獣上26ウ6
よね
穀　ヨネ　五穀中15オ7
よね（江沼）→えぬま
よはん
璵璠　ヨハン　墨名中35オ4
よぶこどり
樢　ヨフコトリ　鳥類中6オ3
よまはり
夜巡　ヨマワリ　位次上6ウ4
よめ
婗　ヨメ　人倫中42オ2
よもぎ
艾　ヨモギ　草名中32ウ4
よもぎ
蓬萊　ヨモキ　草名中32ウ7
より
依　ヨリ　名乗上11オ5
よる
夜　ヨル　天象下8オ6
よろひ
甲　ヨロヒ　武具中12オ6
よろひ
鎧　ヨロイ　武具中12オ6

ら

らいばん
禮盤　ライハン　飾具下3オ4
らうくんし
老君子　ラウクンシ　楽名上36ウ2
らうしやう（郎將）→せうしやう（少將）
らくだてい
落駝蹄　―タテイ　羹名上28ウ5
らくぬ
酪奴　ラクヌ　茶名上16ウ2
らつさい
辣菜　ラツ―　調菜上32オ5
らつそく（蠟燭）→らふそく
らのころも
羅衣　ラノ―　道具下4ウ4
らふそく
蠟燭　ラツソク　家具中39ウ6
らん
鸞　ラン　鳥類中5オ5
らんかん
欄干　ランカン　屋具上21オ3
らんけい
鸞奚〈鏡〉ランケイ　十二上36オ2
らんし
亂絲　ランシ　茶子上30ウ3
らんせい
蘭生　ランセイ　酒名中17ウ3
らんたい（蘭臺）→せうべん（少辨）・ちゆうべん（中辨）
らんぶ
亂舞　ランフ　楽器上35ウ4

り

りうくわ
柳〈柳花〉　草花上26オ2
りうくわ
榴〈榴花〉　草花上26オ2
りうくわゑん
柳花園　リウクワヱン　楽名上37オ4
りくわ

梨花　草花上26オ2
りせい（理正）↓はんじ（判事）
りつがく（律學）↓みやうばふ（明法）
りつび
栗尾　リツヒ　筆名中37ウ5
りほう（李部）↓しきぶ（式部）
りやううん（良醞）↓さけ（造酒）
りやうかう
良香　リヤウ―　薬種上40ウ5
りやうさん
涼傘　道具下5オ6
りやうぼう
柃梓　リヤウホウ　木名中29ウ6
りゆう
龍　走獣上26ウ3
りゆうえん
龍淵　リウエン　硯名中37オ6
りゆうがん
龍眼　リウカン　茶子上29ウ7
りゆうこつ
龍骨　リウコツ　薬種上41オ2
りゆうだん
龍團　茶名上16ウ3
りゆうてき（龍笛）↓りようてき
りゆうなう
龍腦　―ナフ　薬種上41オ2
りゆうばい
龍焙　リウハイ　茶名上16オ7
りゆうへき
龍壁　リウヘキ　硯名中37オ6
りよううんもうこう
凌雲筆〈毛〉公　レウウンモウコウ　筆名中38オ1
りようえん（龍淵）↓りゆうえん
りようざい
龍劑　シウサイ　墨名中35オ4
りようせうくわ
凌宵［霄］花　レウセウ―　草花上25オ3
りようてき
龍笛　レウテキ　楽器上35オ5
りようばい（龍焙）↓りゆうばい
りようへき（龍壁）↓りゆうへき
りようわう
陵王　楽名上36オ7
りりうら
里理有樂　リ―ウラ　楽器上35ウ7
りんが
林哥　リンカ　楽名上37ウ1
りんご
林檎　リンコ　木名中30オ6
りんごくだつ
輪鼓褌悦〈褌脱〉リンコセンヱツ　楽名上37オ3
りんざう
輪藏　リンサウ　堂塔上22ウ5
りんだい
輪臺　リンタイ　楽名上37オ3
りんだう
龍膽　リンタウ　草花上25ウ1
りんぼう
輪室〈寶〉リンシツ　珍宝上19オ4

る

るいざ（擂茶）↓るいぢや
るいぢや
擂茶　ルイチヤ　家具中40ウ3

るり
瑠璃　　珍宝上18ウ4

れ

れい
鈴　レイ　飾具下2オ7
れいし
茘枝　レイシ　茶子上29ウ7
れいしゆん
麗春　レイ―　草花上25ウ6
れいぜい（冷泉）↓れんぜい
れいたい（靈臺）↓てんもん（天文）
れいでん
冷殿　レイテン・ス丶ミ―　神具中8オ2
れいのま
禮間　レイノマ　堂塔上23オ1
れいほう（禮部）↓ぢぶ（治部）
れいめん
冷麪　レイメン　羹名上29オ4
れう
寮　リヤウ　堂塔上23オ2
れうくわ
蓼花　レウ―　草花上25ウ4
れうそく
料足　レウソク　料足上16オ3
れきすいき（灑水器）↓さいすいき
れんぜい
冷泉　小路下29ウ2
れんせん
驒　レンセン　走獣上26ウ6
れんにく
蓮肉　レンニク　薬種上41オ3

ろ

ろ
櫓　ロ　家具中40オ3
ろうかく
樓閣　ロウカク　堂塔上22ウ5
ろうこく
漏剋　ロウコク　位次上4オ6
ろえん
爐煙　ロ―　墨名中35オ1
ろかふ
櫨甲　ハシカウ　道具下5ウ1
ろくかく
六角　小路下29ウ3
ろくさう
緑皁　―サウ　画具上15オ3
ろくしやう
緑青　画具上15オ2
ろくでう
六條　小路下29ウ5
ろくでうのばうもん
六條坊門　小路下29ウ5
ろくろ
轆轤　ロクロ　番匠上23ウ2
ろくわうのたま
黄〈鹿〉王玉　珍宝上18ウ6
ろげ
露芽　ロケ　茶名上16ウ3
ろじのしやく
鸕子〈鷀〉杓　ロシ―　酒名中17ウ7
ろちやうかん
驢腸羹　ロチヤウ―　羹名上28ウ3
ろつかく（六角）↓ろくかく

わ

わいだて（腋楯）↓わきだて
わうき
黄蓍　ワウキ　薬種上40ウ7
わうざふふ
黄雑布　ワウサウフ　俗服中9ウ7
わうしき
黄鐘　ワウシキ　十二上36オ2
わうじやう
皇麞　クワウシヤウ　楽名上36ウ1
わうじやうぐさ
往來〈生〉草　草花上25ウ4
わうせうくん
王昭君　―セウクン　楽名上37オ4
わうたん
黄―〈丹〉　画具上15オ1
わうど
黄土　画具上15オ1
わうにんてい
皇仁庭　クワウニンテイ　楽名上37オ7
わうび
横皮　ワウヒ　道具下5オ7
わうま
黄麻　―マ　紙名上18オ1
わうれん
黄連　―レン　薬種上40ウ7
わかえ
若江　ワカエ　国名下12オ2
わがかど
我門　楽名上38オ7
わかさ
若狭　ワカサ　国名下19オ2
わかね
弱根　ワカネ　茶子上30ウ4
わかめ
和布　ワカメ　調菜上32ウ7
わき
腋　ワキ　人倫中42ウ1
わきかべ
腋壁　ワキカヘ　屋具上21オ3
わきだて
腋楯　ワキタテ　武具中12ウ2
わきゐ
脇畫　ワキヱ　飾具下3オ5
わく
籰　ワク　家具中40オ7
わけ
和氣　ワケ　氏姓上8ウ3
わけ
和氣　ワケ　国名下22オ5
わけ
和氣　ワケ　国名下24ウ2
わごん
和琴　ワコン　楽器上35オ2
わさび
山葵　ワサヒ　調菜上33ウ1
わし
鷲　ワシ　鳥類中6オ3
わしう
和州　国名下11ウ2
わせ
穜　ワセ　五穀中15オ4
わせ
早米　ワセ　五穀中15オ4
わたいり
腸熬　ワタ―　料理中2オ4

わたがみ
緜紙　ワタカミ　武具中12ウ4
わたくり
緜傪〈縿〉ワタクリ　武具中13ウ1
わたし
渡　ワタシ　天象下9オ2
わたどの（渡殿）↓わたりどの
わたらひ
度會　ワタラヱ　国名下13オ2
わたり
日〈亘〉理　ワリ　国名下18オ4
わたりどの
渡殿　―ン　屋具上21ウ4
わたりらう
亙廊　ワタリラウ　屋具上21ウ4
わに
鰐　ワニ　魚類中3オ2
わら
藁　ワラ　五穀中15オ5
わらび
蕨　ワラヒ　調菜上33オ6
わりご
破籠　ワリコ　家具中39ウ3
わりのみそう
剖糝　ワリノミソウ　羹名上29オ2
われもかう
予甲　ワレモカウ　草花上25ウ1
わん
椀　ワン　家具中39ウ1

ゐ

ゐ
井　天象下9オ4
ゐなべ
員名〈辨〉イナヘ　国名下12ウ7
ゐのくび
豬頸　イノクヒ　茶子上30ウ1
ゐのくま
豬熊　小路下30オ1
ゐのこ
豕　イノコ　走獸上26オ6
ゐのこさす
豕杈首　イノコサス　屋具上21オ1
ゐろりのま
圍爐裏間　―ノ―　屋具上21ウ6
ゐんのばう
院房　堂塔上23オ1

ゑ

ゑじ
衞士　エシ　位次上6ウ3
ゑぞ
惠蘇　エソ　国名下22ウ6
ゑちご
越後　ヱチゴ　国名下19ウ6
ゑちぜん
越前　エチセン　国名下19オ4
ゑつしう
越州　国名下19オ4
ゑつしう
越州　国名下19ウ4

越州　国名下19ウ6
ゐつちゆう
越中　ヱツチウ　国名下19ウ4
ゐてんらく
越殿〈天〉樂　エテンラク　楽名上37ウ2
ゐな
惠柰　ヱナ　国名下16ウ5
ゐんきやう
圓鏡　羹名上29オ6
ゐんざ
圓座　ヱンサ　家具中40ウ1
ゐんしう
遠州　国名下13ウ5
ゐんしやうじゆ
圓生樹　ヱンジヤウシユ　木名中29オ5
ゐんじゆ（槐）→ゐんず
ゐんじゆのはな
槐花　ヱンシユ―　草花上26オ1
ゐんず
槐　エンズ　木名中30ウ2
ゐんどう
苑豆　エントウ　五穀中15オ7

を

をか
岡　ヲカ　天象下8ウ1
をか
岳　ヲカ　天象下9オ6
をか
陵　ヲカ　天象下9オ6
をがせ
纑　ヲカセ　家具中40オ7
をがち
雄勝　ヲカチ　国名下18ウ5
をぎ
荻　ヲギ　草名中32ウ5
をぎ
小城　ヲキ　国名下26オ2
をけがはをどし
桶皮威　―ヲトシ　武具中13オ2
をさ
筬　ヲサ　家具中40オ6
をし（鴛・鴦）→めをし（鴦）・ををし（鴛）
をしか
牡鹿　ヲシカ　国名下18オ6
をしかは
葦〈韋〉　ヲシカハ　武具中14オ1
をしき
折敷　ヲシキ　家具中39ウ1
をすげ
小菅　ヲスケ　楽名上37ウ4
をだ
小田　ヲタ　国名下18ウ1
をだ
小田　ヲタ　国名下22ウ2
をち
越智　ヲチ　国名下24ウ2
をつき
小槻　ヲキ　氏姓上9オ7
をとこ
奝　ヲトコ　人倫中42オ2
をにふ
遠敷　ヲニフ　国名下19オ2
をの
小野　ヲノ　氏姓上8ウ1

をの
斧　ヲノ　番匠上23オ5
をの
斤　ヲノ　番匠上23オ5
をば
嬸　ヲハ　人倫中42オ1
をばな
蒠　ヲハナ　草名中32オ6
をはり
尾張　ヲハリ　氏姓上9ウ1
をはり
尾張　ヲハリ　国名下13オ6
をひ
姪　ヲイ　人倫中42オ1
をぶすま
男衾　ヲフスマ　国名下15オ1
をみなべし（女郎花）↓をみなめし
をみなめし
女郎花　草花上25オ7
をりど
織戸　ヲリト　屋具上21ウ1
をろち
蛇　ヲロケ　虫名中20オ4

をゑ
麻殖　ヲエ　国名下24オ2
ををし
鴛　ヲヽシ　鳥類中5ウ4
をんが
遠賀　ヲカ　国名下25オ3
をんじやく
溫石　ヲン―　珍宝上18ウ4
をんなのかほ
女容　―ノカホ　楽器上35ウ2

書翰本文自立語索引

凡　例

［採録の範囲］

一、内閣文庫蔵慶安元年版本を底本とした。

一、右テキストの書翰本文に使用されている全ての自立語を検索できるよう編集した。但し、内題及び刊記は除外した。

［訓みの根拠］

一、本文を訓み下すに当たっては、東京大学文学部国語研究室蔵天正四年写本、静嘉堂文庫蔵写本、及び室町時代の古辞書等により、訓みを決定した。

一、原本に施されている傍訓及び合符等の訓点は参考にとどめ、訓みが複数存在すると認められる場合は、参照注記を施した。

［見出し語及び排列］

一、見出し語としては、単語の他に、結合度の比較的高い語句も、「連語」としてこれに加えた。

一、見出し語は、歴史的仮名遣いに還元した上で、五十音順とし、清音を先に、濁音を後に排列した。

一、単語の清濁については、室町時代に基準を求めた。

［校訂］

一、傍訓及び合符等の訓点に明らかな誤りがある場合は、校訂を加えた。

一、漢字について問題がある場合は、以下の記号を用いて示した。明らかな誤字の場合、原本の形を示した上で、その下に正しい漢字表記を山形括弧〈　〉に入れて示した。室町時代の文献に見られる通用現象・省画・増画・扁揃である場合、原本の形を示した上で、その下に規範的な漢字表記を亀甲括弧〔　〕に入れて示した。

［字体］

一、漢字の字体は、康熙字典に準拠した。但し、康熙字典体と室町時代通行の字体とに、大きな違いが見られる場合に、後者に従ったものもある。

［索引の形態］

一、索引見出しの下に文法的事項を記し、改行し、版本における漢字文字列と傍訓を挙げ、次いで所在（巻　丁数　表裏　行数）

を表示した。

一、漢字文字列及び付随する傍訓を掲出した。合符等は省略した。

一、文法的事項とは、品詞及び活用の種類である。品詞については、それぞれ左記の略号を用いた。活用の種類については、品詞の略号の下に記した。

（略号）	（事項）
名	名詞
代名	代名詞
動	動詞
補動	補助動詞
形	形容詞
形動	形容動詞
副	副詞
連体	連体詞
接	接続詞
感動	感動詞
連語	連語

あ

ああ［感動］
嗚呼　ア丶　上40オ1
嗟乎　ア丶　中17オ6
嗚呼　ア丶　中19ウ3
嗟呼　ア丶　中43ウ3
あいぜん［形動タリ］
靄然　アイ―ト　上7ウ2
あかつき（曉）↓げうさう（曉霜）
あき［名］
秋　アキ　中15ウ1
秋　中18ウ6
秋　アキ　中19オ6
秋　中19ウ6
秋　中27ウ5
秋　中29オ1
秋　アキ　中31ウ7
あきはらつづみ［名］
飽腹鼓　アキハラツ丶ミ　中7オ7
あきらむ［動マ下二］
明　アキラメ　中25ウ3
あぐ［動ガ下二］
擧　コ　上1オ5
揚　アケ　中7オ3
あくげん（惡減）↓ぜんぞうあくげん（善增惡減）
あげてかぞふべからず［連語］
不可勝計　アケテカソフ―　上8オ6
不可勝計　―テ―フ―　下34ウ3
あさし［形ク］
淺　アサカラ　中19ウ1
あさだち［名］
朝立　下10ウ4
あし［名］
足　アシ　中25オ7
あし（脚）↓いうきやく（有脚）
あした［名］
朝　上1ウ5
朝　―タ　中19ウ5
朝　アシタ　中27ウ6
あしでとう［名］
蘆手等　アシテ―　中24オ2
あす（明日）↓みやうにち
あすかゐとう［名］
飛鳥等〈飛鳥井等〉アスカイ
―　中25オ4
あそび（遊）↓あそぶ
あそぶ［動バ四］
遊　アソヒ　上39ウ6
あたかも［副］
恰　アタカ―　上17オ4
恰　アタカ　中31オ1
あたふ［動ハ四］
能　上14オ4
能　上34オ6
能　中34オ2
能　下7オ1
あたふ［動ハ下二］
與　アタヘ　中17オ6
與　中17ウ1
あたる［動ラ四］
當　アタリ　上39ウ4
當　アタツ　中14オ4
當　中25オ7
あつ［動タ下二］
充　アツ　下9ウ5

あつかひ［名］
捩　アツカヒ　上28オ4
あづかる［動ラ四］
預　―ル　上14オ3
預　―ラ　上18オ5
預　上24オ1
預　上24オ4
預　―ラ　上29ウ2
預　アツカラ　中21オ1
闕　アツカツ　中27ウ7
預　―ル　中31ウ6
預　アツカル　中33オ7
預　―ラ　中34ウ4
預　中41オ3
預　アツカラ　下7オ4
預　下30ウ7
↓かしあづかる（借預）
あつし（厚）↓きんこう（勤厚）
あつまる［動ラ四］
集　アツマル　中10ウ1
屯　チユンシ　下31ウ3
聚　アツマル　下32ウ2
あづまをのこ［名］
東男　アツマヲノコ
下29オ3
あつむ［動マ下二］
集　アツマル　上1ウ5
攅　アツメ　上14オ6
集　アツメ　上29ウ4
聚　アツメ　中11ウ2
集　アツメ　下32オ1
あつもの［名］
羹　アツモノ　中5オ1
あつらふ［動ハ下二］
誂　アツラヘ　下4オ7
あてくらべとう［名］
充抗等　アテクラヘ―　上22ウ2
あと［名］
跡　アト　中24オ4
跡　中24オ7
跡　下27ウ3
↓とりのあと（鳥跡）
あなん［名］
阿難　アナン　中27オ2
あに［副］
豈　―ニ　上7ウ7
豈　アニ　中22ウ2
豈　アニ　中33オ6
あひいざなふ［動ハ四］
相倡　―イサナヒ　上40オ7
あひえいず［動サ変］
相映　アヒヱイシ　中8ウ7
あひかまへて［副］
相構　―カマヘテ　下1オ7
あひくはふ［動ハ下二］
相加　下4オ4
あひこぞる［動ラ四］
相擧　―コゾリ　中10ウ1
あひぞんず［動サ変］
相存　上27ウ6
相存　上31ウ1
相存　中4オ4
あひだ［名］
際　アヒタ　上14オ4
間　上14オ6
際　アヒタ　上15ウ3
間　上17オ3
間　上17ウ6
間　上24オ7
間　上24ウ1
間　上28オ4

開　上33ウ3
開　上42オ6
開　中1オ6
開　中1ウ4
開　中3ウ5
開　中4オ6
開　中4オ7
開　中4ウ3
開　中5オ2
開　中7オ5
開　中10オ7
開　中11オ6
開　中14ウ2
開　中15ウ7
開　中31ウ5
開　中34オ4
開　中34オ7
開　中34ウ6
開　中35ウ3
開　中36オ2
開　中36ウ1
開　下1ウ6
開　下3ウ2
開　下6ウ6
開　下7オ1
開　下7ウ3
開　下28オ2
開　下28オ3
開　下28ウ3
開　下33ウ3
開　下35オ2
↓かん・このあひだ（此間・此際）
あひちがはず［連語］
不相違　―チカハ―　下7オ4
あひととのふ［動ハ四］
相調　―トヽノヒ　中23ウ4
あひにる［動ナ上一］
相似　上17オ5
あふぐ［動ガ四］
扇　アフク　上1ウ4
あふぐ［動ガ四］
仰　上7オ2
仰　上13ウ3
仰　上24オ6
仰　上28オ7
仰　上31オ2
仰　―ク　上38ウ4
仰　―キ　上38ウ6
仰　中1ウ7
仰　アフク　中4ウ1
仰　アフヒ　中10ウ2
仰　アフク　中21オ1
仰　下1ウ7
仰　―ク　下7オ5
↓つくる（作）
あへて［副］
敢　アヘテ　中15ウ7
敢　アヘテ　中28オ5
あべのそれがし［名］
安部某　アベノソレカシ　中6ウ6
あまつさへ［副］
剰　アマツサヘ　上14オ3
剰　アマツサヘ　中17オ4
あまねし［形ク］
遍　下27ウ3
あまり［名・副］
餘　―リ　上13ウ2
餘　―リ　上34ウ3
餘　―リ　中34ウ4

餘　アマリ　下4ウ2
餘　アマリ　下6オ2
↓よ
あまりあり［連語］
有餘　―ル　上7ウ4
あまる［動ラ四］
餘　―リ　上13オ3
あめ［名］
雨　アメ　中26オ7
あらあら［副］
荒々　アラアラ　中40ウ7
あらかじめ［副］
預　アラカシメ　上7オ2
預　アラカシメ　中33ウ4
預　アラカシメ　下7ウ2
あらかはしんくらうどの［名］
荒河新藏人殿　アラカハ―　中11オ1
あらけづりとう［名］
荒削等　アラケツリ―　上23ウ3
あらず［連語］
非　上27オ7
非　―ル　上39ウ6
非　アラス　中15ウ2
非　アラス　中15ウ3
非　―ス　中19オ2
非　中19ウ4
非　アラス　中21ウ3
非　中27オ2
非　アラス　中31ウ1
非　―ス　中32オ1
匪　アラス　中32オ1
非　―ス　下10オ6
↓いつにあらず（非一）
あらた［形動ナリ］
新也　アラタナリ　上7ウ3
あらたむ［動マ下二］
改　アラタメ　上7ウ2
あらはす［動サ四］
顯　アラハス　上13オ4
露　アラハシ　中7オ7
あり［動・補動ラ変］
有　上1オ5
有　上2オ4
有　上7オ1
有　上7オ2
有　上8オ2
有　―ル　上8オ6
有　上13オ7
有　―ラ　上13ウ3
有　上14ウ3
有　―ラ　上15ウ1
有　上16ウ4
有　―ル　上17オ6
在　上19オ7
有　上20オ4
有　上20オ6
有　―ラ　上27ウ1
有　上29ウ4
有　上31オ4
在　―リ　上33ウ5
有　上34ウ3
有　―ラ　上38ウ4
在　上39オ4
有　上39オ6
有　上42オ4
有　―ラ　上42オ4
在　―リ　上42オ6
有　中1オ4
有　中1オ6
有　中1ウ2

有―ラ　中3ウ4
有　中3ウ6
在　中6ウ1
在　中6ウ2
有　中10ウ5
在アリ　中11オ7
有　中11ウ2
在―リ　中14オ4
有　中14オ4
有―リ　中20オ1
有―ル　中20ウ3
有―ル　中23オ6
有　中23オ7
有―ル　中24ウ1
有　中25ウ6
有　中26オ2
有―リ　中26オ4
有アル　中26オ5
有―ル　中26オ5
有　中27ウ1
有　中28オ2
有　中28ウ4
有アラ　中31オ3
有　中33オ1
在　中33オ3
有　中33ウ4
有　中34ウ3
在　中35オ5
有　中36ウ7
有　中38ウ1
有　中38ウ6
在アリ　中39オ3
有　中39オ5
有　中39オ6
在　中41オ2
有―ル　中41オ2
在―リ　中43オ5
在―リ　下1オ7
有　下1ウ1
有　下3ウ2
有　下4オ4
在アリ　下4ウ2
在　下5ウ4
在　下6オ7
有―ラ　下7オ3
有　下10オ2
有　下10オ4
有　下10ウ1
有　下10ウ5
有　下28オ2
有　下29オ1
有　下29オ4
有　下29オ5
有　下30ウ1
有　下31オ2
有　下32オ3
有―リ　下32ウ1
有　下32ウ6
在　下33オ7
有　下33ウ2
在　下34オ1
有　下34オ4
在　下34オ6
有　下34オ7
在　下34ウ2
有　下35オ2
在―リ　下35オ6
↓あまりあり（有餘）・いう
きやく（有脚）
ある［連体］
或　下34ウ6
あるいは［接］

或―ハ　中5オ1
或―ハ　中5オ1
或―ハ　中7オ6
或―ハ　中7オ7
或―ハ　中7ウ1
或―ハ　中14ウ5
或―ハ　中14ウ6
或―ハ　中20ウ2
或―ハ　中20ウ2
或―ハ　中21ウ2
或―ハ　中21ウ2
或―ハ　中22オ5
或―ハ　中22オ5
或―ハ　中23オ5
或―ハ　中23オ6
或―ハ　中24オ2
或―ハ　中24オ3
或―ハ　中36ウ3
或―ハ　中36ウ4
或―ハ　下28ウ5
或―ハ　下28ウ6
或―ハ　下34ウ6
あんぎや［名］
行脚　アンキヤ　下7ウ3

あんこくじ［名］
安國寺　下28オ1
あんぜん［形動タリ］
晏然　アン―ト　中10ウ2
あんどん［名］
行燈　アントン　中8ウ7
あんない［名］
案内　上14オ1
案内　上31オ3
案内　上34ウ5
あんにん［名］
杏仁　アンニン　上28オ7
あんぴ［名］
安否　アンヒ　中19オ1

い

い［名］
意　イ　中39オ1
意　中43ウ3
↓こころ
いういう［動サ変］
優遊　ユウユウス　下10オ3
いうがく［名］
遊覺［學］　下31ウ6
いうきやく［名］
有脚　アシ―リ　上1ウ1
いうけん［名］
幽悁　ユウケン　上40オ1
いうげんとう［名］
幽玄等　ユウケン―　中36ウ3
いうじ［名］
遊事　ユウシ　中36オ5
いうしや［名］
友社　ユウシヤ　中21ウ3
いうじん［名］
遊人　ユウ―　中21ウ2
いうせい［名］
幽聲　ユウセイ　中20オ1
いうぜん［形動タリ］
悠然　ユウセント　上1ウ7
悠然　ユウ―ト　中33オ5
いうつ［名］
呷鬱　―ウツ　中28ウ2
いうらん（遊覽）↓ごいうらん
（御遊覽）
いかさま［形動ナリ］

如何様　上13オ7
如何様　上17ウ2
如何様　上31オ2
如何様　―ニ　上34オ6
如何様　上40オ7
如何様　中33ウ2
如何様　下4オ2
如何様　下31オ6
いかでか［連語］
爭　イカテカ　中11オ4
爭　イカテカ　中27オ3
何　イカテカ　中27ウ2
爭　イカテカ　中29オ3
いかに［副］
何　イカニ　下3ウ3
いかにいはんや［連語］
何矧乎　イカニイハンヤ　上39オ3
何況　イカニイハンヤ　上42オ2
いかん［副］
如何　中16オ3
如何　中19オ1
如何　中34オ1

いぎ（伊議）↓ひやうぎ（評議）
いきよく［名］
委［意］曲　イキヨク　上7オ3
意曲　上16ウ5
意曲　イキヨク　中21オ7
↓ゐきよく（委曲）
いく［動カ四］
生　イケ　上27オ6
いくせんまん［名］
幾千萬　イク―　中9オ2
幾千萬　イク―　中23オ5
いくつがひ［名］
幾番　イク―　上13オ6
いぐわい［形動ナリ］
意外　イクワイニ　中11オ3
いくわん［名］
衣冠　イクワン　上7ウ7
いげ［名］
以下　上2オ5
以下　上15ウ6
以下　上20オ5
以下　中1ウ4
已下　中36ウ1

いけん［名］
異見　イケン　中12オ3
↓ごいけん（御異見）
いご［名］
以後　上14オ1
已後　中36オ1
いささか［副］
聊　―カ　上20オ3
聊　―カ　上28オ4
聊　イサヽカ　下28オ7
いざなふ（倡）↓あひいざなふ
（相倡）
いし［名］
醫師　イシ　上40オ3
いしやう［名］
衣裳　イシヤウ　上1ウ7
衣装　イシヤウ　中1ウ1
いそく［名］
夷則　イソク　中10ウ7
いそぐ［動ガ四］
急　―キ　中38ウ5
いそくはつか［名］
夷則廿日　上16ウ7
いたい［名］

意態　イタイ　中27ウ7
いたす［動サ四］
致　―サ　上20オ5
致　上23ウ4
致　上34オ1
致　―ス　中8ウ2
致　中15ウ7
致　―ス　中19ウ1
致　下4オ3
いだす［動サ四］
出　中4オ6
出　―ス　中10ウ4
出　―ツ　中33オ3
出　下33ウ4
↓いづ・たづねいだす（尋出）
いただき［名］
巓　イタヽキ　下34オ4
頂　イタヽキ　下34オ6
いたつしや［名］
已達者　ステニタツシヤ　中26ウ2
いたむ［動マ下二］
傷　イタマ　上23ウ5
いたり［名］
至　―リ　上1オ4
至　―リ　上14オ2
至　上14オ5
至　上17オ5
至　上24オ5
至　上29ウ3
至　上31ウ3
至　上39オ5
至　中21オ6
至　中21ウ4
至　中28ウ2
至　中31ウ6
至　中36オ3
至　中36オ7
至　下4ウ2
至　下6オ3
至　下10オ6
至　下31オ1
至　下31オ5
いたる［動ラ四］
至　上6ウ7
臻　イタツ　上15ウ1
至　上23ウ5
到　上39ウ3
到　―ル　中10オ5
至　中14ウ7
格　イタル　中15ウ3
至　中18オ6
到　―ラ　中19オ4
至　中19オ5
到　イタラ　中19ウ3
到　中20ウ4
至　―ル　中24オ4
至　中25ウ3
至　中25ウ7
至　―リ　中29オ1
至　中36オ1
至　下28ウ2
至　下28ウ3
到　―ル　下31ウ4
いち［名］
一　下30オ7
いちえい［名］
一詠　―ヱイ　中33ウ3
いちぎん［名］
一吟　―キン　中33ウ3
いちげい［名］
一藝　―ケイ　上8オ2

いちしちにち［名］
一七日　下33ウ4
いちじつ［名］
一日　上14ウ3
一日　上34ウ5
一日　中28ウ6
一日　下7オ7
↓いちにち
いちしゆみ［名］
一須彌　下34ウ1
いちじゆん［名］
一巡　―シユン　中36ウ2
いちじようゐん［名］
一乗院　下30ウ6
いちぞく［名］
一屬　―ソク　中41オ1
いちだい［名］
一代　中10ウ2
一代　中37ウ2
いちだん［名］
一段　上17ウ2
いちぢやう［形動ナリ］
一定　上7ウ5
一定　―チヤウ　中4オ4
一定　―ニ　下28オ2
いちでう［名］
一條　下28ウ2
いちにち［名］
一日　上39オ3
↓いちじつ
いちについ［名］
一二對　中34ウ3
いちにでふ［名］
一二帖　上18オ5
いちばい［動サ変］
一倍　―ハイ　下32ウ5
一倍　下33オ3
いちびん［名］
一緡　下28オ5
いちぼくとう［名］
一墨等　―ホク―　中24オ5
いちめん［名］
一面　―メン　中34ウ3
一面　下1オ6
いちもつ［名］
一物　下7ウ3
いちらん［名・動サ変］
一覽　下10オ2
一覽　―シ　下30ウ2
一覽　―セ　下31ウ5
一覽　下35オ5
いちりう（一流）↓いちる
いちりふ［名］
一粒　―リウ　中15ウ1
一粒　―リウ　中15ウ7
一粒　―リウ　中43ウ1
いちりやうじつ［名］
一兩日　中31ウ5
いちりやうじつちゆう［名］
一兩日中　中10ウ4
いちりやうはい［名］
一兩輩　―ハイ　上14オ5
いちる［名］
一流　―リウ　中23ウ5
いちゑ［名］
一會　―ヱ　下6オ1
いつ（一）↓いつにあらず（非一）
いつ［形動ナリ］
逸　イツナル　上8オ5
いづ［動ダ下二］
出　上13オ3

出　―シ　中7ウ5
出　―ル　中41ウ4
出　下9ウ2
出　下33ウ1
↓いだす
いつかう［名］
一行　―カウ　上19ウ5
一行　―カウ　中14ウ2
いつきやうきうすい［名］
一莖九穗　―キヤウ―スイ　中15ウ2
いつきよう［名］
一興　―キヨウ　中7オ4
一興　―キヨウ　中7ウ3
一興　―ケウ　中11ウ2
一興　―ケウ　中36ウ5
いつく［名］
一句　中36ウ7
いつくし［形シク］
嚴　イツクシミ　中11ウ6
肅　イツクシフ　中29オ1
いつくし［名］
一句子　―ク―　中14オ4
いつくしむ（嚴）↓いつくし

いつくわん［名］
一巻　―クワン　中25ウ3
いつけいろう［名］
一踁躩　中8ウ2
いつけん［名・動サ変］
一見　下6ウ6
一見　―スル　下9ウ1
いつこつ［名］
一笏　―コツ　中35オ5
いつさくじつ［名］
一昨日　上17オ3
一昨日　中1オ2
いつさん［名］
一山　中34ウ5
いつしゆ［名］
一衆　中35ウ3
いつしん［名］
一身　―シン　中3ウ6
いつしん［名］
一心　下9ウ3
いつす［動サ変］
逸　イツシ　中43ウ4
いつせ［名］
一世　中19オ2

いつせう［名］
一笑　―セウ　下9ウ5
いつせき［名］
一夕　中31オ3
いつせん［名］
一錢　―セン　中43ウ1
いつそん［名］
一村　下10ウ4
いつたん［名］
一旦　―タン　中8ウ3
いつつい（一對）↓いちについ
（一二對）
いつにあらず［連語］
非一　―ニ―ス　上18オ6
非一　―ツニアラサル　中7ウ6
不一　中37オ3
いつぱう［名］
一方　上20オ2
いつぽ［名］
一歩　―ホ　下9ウ2
いてい［形動ナリ］
異體　イテイ　上13ウ2
いてうども［名］

異鳥共　イテウトモニ　中5オ3
いでく（出來）↓しゆつたい
いでたち［名］
出立　上13オ6
出立　中1オ7
いでたつ［動タ四］
出立　―タ、　上2オ6
いとすぢ［名］
縷　イト　中23ウ5
いとなみ［名］
營　イトナミ　上24ウ2
營　イトナミ　中17オ1
いとま［名］
暇　イトマ　中1オ3
いとまあき（遑）↓もうきよに
いとまあらず（不遑毛擧）
いにしへ［名］
古　―へ　中19オ3
いぬかさがけとう［名］
犬笠懸等　上8オ4
いね（稻）↓せいたう（生稻）
いねをしやうず（生稻）↓せいたう
いのる［動ラ四］
祈　上22オ6
いはく［連語］
云　―ク　上33ウ4
曰　下7オ6
云　下7オ7
曰　―ク　下31ウ1
曰　下31ウ2
いはひ［名］
祝　イハヒ　中14ウ2
祝　イハヒ　中15オ1
祝　中18ウ7
祝　イハヰ　中39オ5
↓おんいはひ（御祝）
いはれ［名］
謂　―レ　下4オ6
謂　下28ウ2
いはんや［副］
況　―ヤ　中19ウ2
況　―ヤ　中33オ1
矧乎　イハンヤ　下31ウ4
況　―ヤ　下33オ4
↓いかにいはんや（何矧乎・何況）
いひ［名］
謂　イヽ　下7ウ6
謂　下29オ3
いふ［動ハ四］
謂　上15ウ5
謂　上34ウ1
謂　上39ウ4
謂　中10ウ2
云　中23ウ1
謂　中35オ6
言　イフ　中39オ1
謂　中41オ2
謂　イヒ　下1オ4
謂　下5ウ7
謂　下6オ1
謂　下34ウ1
曰　下34ウ6
云　―フ　下35オ3
いふかくか［名］
衣鉢閣下　下6ウ5
いふかつか（衣鉢閣下）↓いふかくか
いふとも［連語］
謂　―トモ　上15ウ2

謂　イフトモ　中11オ3
謂　―トモ　中11オ7
謂　イフトモ　中16ウ6
謂　―トモ　中27ウ1
謂　―トモ　中39オ4
謂　―トモ　中41ウ5
いぶん［名］
移文　イフン　中22ウ3
いへ［名］
家　イヱ　中25ウ6
家　イヱ　中43オ5
家　中43オ5
家　下33オ6
いへいへ［名］
家々　中25オ1
家々　イヱイヱ　中25オ5
いへう［名］
意表　イヒヨウ　中7ウ5
いへども［連語］
雖　―トモ　上1オ3
雖　上7ウ1
雖　上13ウ4
雖　―トモ　上18オ7
雖　上19オ7
雖　上20オ1
雖　上28オ1
雖　上33ウ3
雖　上33ウ7
雖　上34オ2
雖　上38ウ4
雖　―トモ　上42オ1
雖　中1ウ1
雖　中4オ5
雖　―ヘトモ　中8ウ3
除〈雖〉―ク　中14ウ4
雖　中17オ1
雖　―ヘトモ　中18オ7
雖　―トモ　中19ウ6
雖　―トモ　中20ウ5
雖　中21オ7
雖　中28ウ2
雖　中35オ6
雖　中36ウ7
雖　中38ウ4
雖　中39オ1
雖　中41ウ2
雖　―トモ　下1オ2
雖　下4ウ2
雖　―トモ　下5ウ7
雖　下6オ5
雖　下6ウ7
雖　下10オ3
雖　下27ウ2
雖　下28オ6
雖　下30オ4
雖　下32オ3
雖　下34ウ1
いぼじりまひ［名］
蟷螂舞　イホシリマヒ　中7ウ1
いほどうえい［名］
異畝同穎　イハントウエイ　中15ウ2
いま［名］
而今　イマ　上1オ3
今　上39オ4
今　中10ウ3
今　中17オ7
今　中18オ6
今　―マ　中19オ7
今　中41オ1
今　下10オ4

今　下34ウ3
いまだ［副］
未　上17ウ3
未　―タ　上29ウ2
未　―タ　上40オ1
未　―タ　中6ウ2
未　―タ　中19ウ2
未　―タ　中19ウ3
未　―タ　中25ウ6
未　下31オ2
いまどき（今時）↓こんじ
いまに［副］
于今　上14オ2
于今　上17オ6
于今　中26ウ2
于今　―ニ　中34オ3
今　―ニ　中34オ5
于今　中38オ6
于今　中38ウ6
于今　中41ウ3
于今　下4オ7
いまやう［名］
今様　イマヤウ　中11ウ7
いみ［名］
意味　上34オ2
意味　イミ　上42オ6
いやし［形シク］
鄙　イヤシ　中23オ7
いやしくも［副］
苟　―モ　上33ウ5
いよいよ［副］
彌　中1ウ2
彌　イヨイヨ　中16オ1
彌　中18ウ7
いらか［名］
甍　イラカ　中40ウ7
いる［動ラ下二］
入　上19ウ7
沃　イル丶　中23ウ4
納〈容〉イレ　中26ウ1
入　―ル　中40ウ7
入　下33オ7
いるい［名］
異類　上27オ6
いろ［名］
色　イロ　中10オ7
色　イロ　中29オ2
いろいろ［名］
色々　中9オ1
いろどりゑ［名］
色鳥繪　イロトリヱ　上14オ7
いわう［名］
醫王　イワウ　上38ウ6
いんいん［形動タリ］
殷々　インイント　中7オ5
いんじ［名］
隱士　インシ　上8オ1
いんぶつ［名］
引物　上15ウ1
引物　―ノ　上18オ6
いんみやう［名］
因明　インメイ　中26ウ5
いんめい（因明）↓いんみやう
いんもん［名］
音問　ヲンモン　中19ウ2
音問　インモン　中28ウ1
↓ごいんもん（御音問）

う

う［名］

羽　ウ　中24ウ2
う［動ア下二］
得　上24オ7
得　中1ウ4
得　―ル　中18オ7
得　中23オ7
得　ウ　中24ウ6
得　―ル　中26ウ2
得　中36ウ5
得　ウル　中37ウ2
得　ウル　中38オ6
得　下6オ4
得　下7オ1
得　下30ウ4
うかがふ［動ハ四］
闚　ウカヽフ　上1ウ2
窺　ウカヽフ　中21オ6
うがつ［動タ四］
穿　ウカチ　中24ウ7
うく［動カ下二］
受　ウク　中11オ5
受　ウケ　下6ウ1
うげき［名］
羽檄　ウケキ　中21ウ1
うけたまはりおよぶ［動バ四］
承及　中16ウ3
うけたまはる［動ラ四］
承　上17ウ1
承　上19ウ5
承　上22オ7
承　上31ウ3
承　中4ウ6
承　中11オ6
承　下4オ2
承　下10オ2
↓つたへうけたまはる（傳承）
うけぶみ［名］
請文　中22ウ5
うごかす［動サ四］
搖　ウコカシ　上1ウ3
動　ウコカサ　中20ウ3
動　ウコカス　中23オ5
動　―カス　下31ウ3
動　―カス　下31ウ4
うさん［名］
胡〈胡盞〉ウ　上31ウ7
うし［名］
牛　下32ウ5
うしなふ［動ハ四］
失　上14オ2
失　上27ウ6
失　―フ　上34ウ1
失　―ス　下29オ2
うじやう［名］
有情　ウシヤウ　中33オ1
うぜん［名］
雨前　ウ―　下1オ7
うた［名］
歌　上39ウ6
哥　ウタ　中31オ5
うたのすけどの［名］
雅樂助殿　ウタノスケ―　上42ウ1
うたふ［動ハ四］
哥　ウタハ　中11ウ7
うち［名］
内　上13オ3
内　中6ウ1
中　ウチ　中22ウ1
中　下6オ2
中　下9ウ1
中　下28オ7

中　下29オ1
中　下32オ7
中　下34オ3
中　下34オ3
中　下34ウ3
うちざうさく［名］
内造作　ウチ―　上24ウ3
うちしき［名］
打敷　ウチシキ　上33ウ6
うつ［動タ四］
打　ウチ　中7オ3
撲　ウツ　下29オ1
うつきん［名］
鬱襟　ウツキン　中34オ3
うつくわい［形動ナリ］
鬱懐　ウツクワイ　中18ウ7
うつす［動サ四］
移　ウツサ　中4オ6
移　ウツサ　中37オ2
うつたんしう［名］
鬱旦州　下33オ5
うつたんじゆ［名］
鬱旦樹　下33オ5
うつねん［名］
鬱念　ウツ―　中36オ1
うつぷん［名］
鬱憤　ウツフン　上34ウ3
うづむ（塡）↓みつ
うと［名］
烏兎　ウト　下9ウ7
うながす［動サ四］
促　ウナカス　中7オ4
促　ウナカス　中33ウ3
うひきやうのぼり［名］
初京上　ウイ―　下29オ3
初京上　ウキ―　下31オ3
うへ［名］
上　上19オ7
上　上22ウ3
上―へ　上28オ2
上　上31ウ5
上　中19オ6
上　中26オ6
上　下33ウ7
上　下34オ4
↓このうへ（此上）
うま［名］
馬　ムマ　中8ウ6
馬　下10ウ5
うまくら［名］
馬鞍　ムマクラ　中1オ7
うめ［名］
梅　上19オ6
うらぼん［名］
盂蘭盆　ウラホン　中7オ2
うらみ［名］
恨　―ミ　中20ウ3
うらむ［動マ上二］
恨　―ミ　中19ウ5
恨　ウラムル　中20ウ2
うらやまし（浦山敷）↓おんうらやまし（御浦山敷）
うらやむ［動マ四］
羨　ウラヤマ　中41オ3
うる［動ラ四］
賣　下32ウ5
うるふはちぐわつしよきちにち［名］
閏八月初吉日　中21オ3
うるほす［動サ四］
沾　中19ウ4
霑　ウルホス　中20ウ4

濕　ウルヲス　中32オ2
↓うるほふ
うるほふ［動ハ四］
沾　ウルヲス　上1ウ7
↓うるほす
うれふ［動ハ下二］
愁　ウレフ　下9ウ4
うんうん［名］
云々　中6ウ4
云云　中10ウ3
云々　中18オ6
↓きようきようきんげん（恐々謹言）
うんかく（雲客）↓げつけいうんかく（月卿雲客）
うんづ（雲頭）↓うんとう
うんとう［名］
雲頭　―ツ　中35ウ1
うんぬん（云々）↓うんうん

え

えいえう［名］
榮曜　ヱイヨウ　中43ウ1
えいか［名］
詠哥　ヱイカ　中23オ2
えいぐわ［名］
榮花　ヱイクワ　中41ウ5
えいこ［名］
榮枯　ヱイコ　中33オ1
えいじつ［名］
永日　ヱイ―　中18ウ6
永日　ヱイ―　中29オ3
えいず［動サ変］
翳　ヱイス　中10オ7
えいず［動サ変］
詠　中11ウ6
えいず［動サ変］
映　エイシ　下32オ6
↓あひえいず（相映）
えいひと［名］
郢人　エイ―　上23ウ4
えいらく［形動ナリ］
榮樂　ヱイラク　中18ウ7
えう［名］
妖　ヨウ　上1オ7
えう［名］
要　下30オ7
要　ヨウ　下34ウ4
えがたし［連語］
難獲　エカタキ　中38オ4
えき［名］
易　ヱキ　中22オ2
えだ［名］
柯　エタ　中31オ1
えらぶ［動バ四］
擇　―シ　上27オ6
撰　エラン　上42オ2
撰　エラヒ　中38ウ6
擇　エラン　中39オ4
撰　エラフ　下34ウ4
えん［名］
縁　ヱン　下7オ3
えんいん［動サ変］
延引　―ス　上14オ2
延引　ヱン―　中38ウ7
えんくわうじゆ［名］
琰光珠　下33ウ1
えんさつ（羨殺）↓せんさつ
えんぜん［形動タリ］
嫣然　ヱン―ト　中31オ1
えんてん［名］

炎天　ヱン―　上34オ6
えんねん（延年）↓かれいえんねん（遐齢延年）
えんばい［名］
鹽梅　ヱンハイ　中4ウ7
えんぶしう［名］
閻浮州　下32オ6
えんぶじゆ［名］
閻浮樹　下32ウ3
えんぶだい［名］
閻浮提　下32ウ1
えんぶだごん［名］
閻浮檀金　―タコン　下32ウ2
えんめい［名］
淵明　ヱンメイ　中18オ6

お

おいて［連語］
於　―テ　上7オ1
於　上14ウ5
於　上23ウ3
於　上27オ6
於　―テ　上27ウ6
於　―テ　上32オ1
於　上40オ6
於　―テ　中1オ6
於　―テ　中4ウ6
於　―テ　中6ウ1
於　―テ　中8ウ5
於　―テ　中12オ3
於　―テ　中15ウ4
於　―テ　中21ウ5
於　―テ　中21ウ7
於　―テ　中24オ7
於　―テ　中24ウ4
於　―テ　中26オ2
於　中35ウ3
於　―テ　中36オ6
於　中36ウ1
於　―テ　中38オ6
於　中39オ5
於　―テ　下4オ4
於　―テ　下6オ2
於　下6オ5
於　下28ウ3
於　―テ　下31オ5
於　―テ　下31ウ6
於　下34ウ1
於　―テ　下35オ1
おうしよういつか［名］
應鐘五日　中35ウ5
おうず［動サ変］
應　ヲウシ　中29オ1
應　ヲウス　中33ウ1
應　ヲウシ　下4オ3
おうたい［名］
應對　ヨウタイ　中28ウ4
おきじ［名］
置字　ヲキシ　中22オ6
おく［動カ四］
置　ヲケ　下33ウ1
置　―ケ　下33ウ3
↓ととのへおく（調置）
おくる［動ラ四］
送　中16ウ1
送　ヲクラ　中17オ7
送　ヲクル　中19オ3
送　ヲクリ　中19ウ6
送　ヲクリ　中21ウ1
送　ヲクラ　中29オ3

送　ヲクラ　中31オ2
送　ーラ　中33オ5
おこたり［名］
慢　ミタリ　中1ウ5
怠　ヲコタリ　中21ウ7
おこなふ［動ハ四］
行　ーハ　上2オ1
行　下1ウ4
おしいた（押板）↓とこおしいた（牀押板）
おしうつる［動ラ四］
推遷　ヲシウツル　下7ウ1
おす［動サ四］
推　ヲシ　中31オ4
おそし［形ク］
遅　ヲソシ　中17オ3
おそらく［副］
恐　ーク　中18ウ1
恐　ーク　中20ウ6
おそる［動ラ下二］
恐　中7オ1
恐　中11オ6
畏　ヲソル丶　下9ウ4
おそれ［名］
恐　上24ウ1
恐　ーレ　中41オ7
おだやか（嫋）↓たをやか
おちつくす［連語］
落盡　ヲチツクス　中36オ1
おと［名］
風　ヲト　上23ウ5
おとがひ［名］
頤　ヲトカイ　中10ウ2
おどろかす［動サ四］
驚　ース　中20ウ3
驚　ヲトロカス　中27オ2
↓じぼくをおどろかす（驚耳目）
おどろきいる［動ラ四］
驚入　上40オ2
おどろく［動カ四］
驚　ヲトロク　中20ウ2
おなじ［形シク］
同　ーシ　中17オ2
同　ース　中18オ7
同　ーシカラ　中18ウ1
同　ーク　下32オ2
おなじくは［連語］
同者　ークハ　上39オ7
おのおの［名］
各　上1ウ2
各　上2オ2
各　上13オ4
各　上20オ4
各　中8ウ4
各　下1ウ3
おのづから［副］
自　ール　上1ウ2
自　ヲー　中25オ6
自　ヲノツカラ　中39オ1
自　ヲノツカラ　下33オ7
おはします［動サ四］
御座　中38ウ5
おふ［動ハ四］
邇　ヲツ　上34ウ5
逐　ヲフ　下10オ5
おぶ［動バ上二］
帯　タイシ　中12オ2
おほえ［名］
大江　上27ウ3
おぼえず［副］
不覺　ヲホヘー　中34オ5

おほかた［副］
大方　上22ウ1
おほくらきやう［名］
大蔵卿　中28オ7
おほごしよ［名］
大御所　下28ウ4
おほし［形ク］
夥　ヲヽシ　上2オ3
夥　ヲヽシ　上13ウ4
多　―シ　上18オ7
多　上34オ2
多　―キ　中14オ5
多　―シ　中26ウ2
夥　ヲヽシ　中39オ1
多　―シ　中39オ4
多　―キ　中43オ5
多　―ク　下7オ7
多　―ク　下27ウ3
多　下33オ5
おぼしめしたつ［動タ四］
思食立　上13ウ1
思食立　―タヽ　上39オ7
おほす［動サ下二］
課　ヲヽセ　中1ウ5
おほす［動サ下二］
仰　中34ウ2
↓つくる（作）
おほせ［名］
仰　上7ウ5
仰　上20オ1
仰　上27ウ5
仰　上32オ1
仰　上34オ1
仰　上40オ2
仰　中4ウ1
仰　中5オ2
仰　中11オ5
仰　中31ウ6
仰　中35ウ7
仰　中37オ3
仰　中41ウ4
仰　下31オ1
おほせくだす［動サ四］
仰下　中3ウ5
おほせつく［動カ下二］
仰付　中4ウ6
おほただいぜんのすけどの［名］
大田大膳亮殿　―ノスケ―　中18ウ4
おほむね（大概）↓たいがい
おぼゆ［動ヤ下二］
覺　ヲホヘ　中4ウ3
覺　ヲホヘ　中11オ3
覺　ヲホエ　中36オ5
覺　ヲホヱ　中41ウ4
覺　下10オ3
おもし［形ク］
重　ヲモキ　中33オ3
重　ヲモシ　中34オ1
おもて［名］
面　中19ウ4
面　ヲモテ　中36ウ2
面　オモテ　下3オ7
おもひ［名］
思　オモヒ　中8ウ4
思　中19オ1
おもひおもひ［形動ナリ］
思々　中1ウ1
おもひかく［動カ下二］
思懸　―ケ　上28オ1
懸思　―ヒ―ケ　中34オ3
おもひたつ［動タ四］

思立　下6ウ7
↓おぼしめしたつ（思食立）
おもひで［名］
思出　中34オ5
おもひやる［動ラ四］
想像　オモヒヤリ　上17ウ1
想像　ヲモヒヤリ　下7ウ2
おもひよる［動ラ四］
思寄　―ヨラ　中41オ7
↓ぞんじよる（存寄）
おもふ［動ハ四］
思　中19ウ6
思　―ヒ　中22ウ1
想　ヲモフ　下10オ6
おもむき［名］
趣　中24ウ6
趣　ヲモムキ　中31ウ1
おもむきとう［名］
趣等　―キ―　上14ウ2
おもむく［動カ四］
趣　ヲモムク　下4オ2
趣　―ク　下10ウ1
おやかたさま［名］
御屋形様　―ヤカタ―　中1オ2
およそ［副］
凡　―ソ　上13オ3
凡　―ソ　中11ウ1
凡　―ソ　中23オ3
凡　―ソ　下27ウ1
およびがたし［連語］
難覃　ヲヨヒ―キ　上23ウ6
難及　上32オ2
叵覃　ヲヨヒカタシ　上34オ2
難及　―シ　下34ウ5
難及　―キ　下35オ4
およぶ［動バ四］
及　上20オ5
及　上22ウ3
及　上24ウ3
及　上31ウ5
及　―ヒ　上39オ4
及　上39ウ1
及　中4ウ7
及　―ハ　中17ウ2
及　―ン　中20オ1
及　―ヒ　中21オ6
及　中24ウ5
及　中28ウ5
及　中34ウ5
及　中36ウ2
逮　ヲヨハ　中37オ1
及　―ン　下1オ5
及　下32オ1
↓うけたまはりおよぶ（承及）
おる［動ラ四］
織　ヲル　中31オ2
おる［動ラ上二］
下　下10ウ5
おん［名］
恩　ヲン　上2オ2
↓ごおん（御恩）
おん［名］
音　ヲン　中24ウ6
おんいはひ［名］
御祝　―イハイ　中1ウ5
おんうらやまし［形シク］
御浦山敷　―ウラ―ク　中16ウ3
御浦山敷　―ウラ―　中36オ5

御浦山敷　下10オ3
おんかへりごと（御返事）↓おんぺんじ
おんぎよく［名］
音曲　ヲンキヨク　中11ウ7
おんくらす［動サ四］
御暮　上34オ7
おんけい（恩恵）↓ごおん（御恩）
おんけいこ［名］
御稽古　―ケイコ　上38ウ3
おんげかう［名］
御下向　上28オ3
御下向　中1オ4
御下向　中4オ4
おんこ［名］
恩顧　ヲンコ　上24オ5
おんこころえ［名］
御意得　下29オ4
おんこしのものとう［連語］
御腰物等　―コシノ―　上13ウ3
おんこと［名］
御事　中16ウ1
おんことをかく［連語］
缺御事　―ヲカク　上33ウ7
おんこのみ［名］
御好　―コノミ　中37オ3
おんざしき［名］
御座敷　上17ウ1
おんさた（御沙汰）↓おんぶさた（御無沙汰）
おんざつしやう［名］
御雑掌　―サツシヤウ　中1ウ3
おんざつしやうがた［名］
御雑掌方　―サツシヤウカタ　中4ウ5
おんしやく［名］
恩借　オンシヤク　上13ウ3
恩借　ヲンシヤク　中34ウ4
おんたいぎども［名］
御大儀共　中4ウ6
おんだいじども［名］
御大事共　下28オ4
おんたく［名］
恩澤　ヲンタク　中19ウ4
おんとの（御殿）↓ごてん
おんとのづくりとう［名］
御殿造等　―トノツクリ―　中38ウ6
おんはなむけ［名］
御餞〈餞〉　―ハナムケ　下28オ5
おんぶさた［名］
御沙汰〈御無沙汰〉　―サタ　中1ウ2
おんぺんじ［名］
御返事　上13ウ7
御返事　中33ウ7
御返事　下3オ7
おんむかへ［名］
御迎　―ムカヒ　中1オ5
おんもん［名］
恩問　ヲンモン　上39オ5
おんもん（音問）↓いんもん
おんやしき［名］
御屋敷　―ヤシキ　中38ウ7
おんれい［名］
御禮　上17オ2

か

か［形動ナリ］
可　―ナラ　下32オ3
可　―ナラ　下35オ3
が［名］
雅　カ　中22オ5
がい［名］
雅意　ガイ　中31ウ1
がいさい［名］
涯際　カイサイ　上13オ5
がいし［名］
涯涘　下34オ7
かいしゅ［名］
皆朱　―シュ　上31ウ4
かいだう［名］
海道　カイタウ　中4ウ2
がいぶん［名・副］
涯分　カイフン　上20オ2
涯分　カイフン　上29ウ1
涯分　カイフン　中4ウ4
涯分　カイ―　下4オ3
かいん［名］
夏蔭　カイン　中22オ7
かう［名］

香　上1オ7
かう［名］
行　カウ　上7ウ7
行　カウ　中4オ5
行　カウ　下10ウ1
行　下10ウ6
かう［形動ナリ］
皎　カウニ　中28オ1
かういう［名］
好友　カウ―　下10ウ6
かういう［動サ変］
耕耰　カウセウセ　中14ウ7
かううん［動サ変］
耕耘　カウウン　中16ウ6
かうえき［名］
交易　カウヱキ　中15ウ6
かうえん［名］
江淹　カウエン　中38オ3
かうが［名］
高駕　―カ　上14ウ3
高駕　カウカ　中28ウ7
かうかく［名］
高客　カウカク　中21ウ2
かうくわい［名］

交會　カウクワイ　下33オ6
交會　下33ウ3
かうげ［名］
高下　下1ウ6
かうけさま［名］
高家様　上28オ3
がうこ［名］
江湖　カウコ　上8オ1
江湖　カウコ　下5ウ5
かうこん［動サ変］
耕懇　カウコンセ　中17オ1
かうさつ［名］
高察　カウサツ　中3ウ6
かうじせつ［名］
好時節　カウ―　中33ウ1
かうじつ［名］
好日　カウ―　中39オ4
かうしよ［名］
告書　カウシヨ　中22ウ4
かうしよく［名］
行色　キヤウシキ　下7オ1
かうじん［形動タリ］
幸甚　上7ウ1
幸甚　上7ウ2

かうす［動サ変］
號　カウス　上13オ5
號　｜ス　下32ウ1
號　下32ウ3
かうだん［名］
高談　上34オ2
かうてい［名］
高低　カウテイ　中25オ7
かうどく（講讀）↓こうどく
かうのうとう［名］
耕農等　カウノフ｜　中14ウ3
かうばことう［名］
香合等　カウハコ｜　上33ウ7
かうぶる（蒙・被）↓かうむる
かうむる［動ラ四］
蒙　カウフル　上20オ1
蒙　上27ウ6
蒙　｜ル　上32オ1
蒙　上34オ1
蒙　上40オ2
蒙　｜ル　中5オ2
蒙　カウフリ　中11オ5
被　カウフリ　中12オ1
蒙　カウフリ　中37オ3
かうめい（交名）↓けうみやう
かうめいふぜい［名］
好茗風情　カウメイノフゼイ　上15ウ6
かうらい［名］
高麗　カウライ　上39オ7
高麗　｜ライ　下27ウ1
かうりよ［名］
行旅　カウリヨ　下33ウ3
かうゐ［名］
高位　上2オ5
ががく［名］
雅樂　カガク　中24ウ1
かがみ［名］
鏡　カヽミ　中27オ5
かかやかす（耀）↓かかやく
かかやく［動カ四］
耀　カヽヤカシ　中10オ7
かきたゆ［動ヤ下二］
書絶　｜セツシ　上31ウ1
かきのもとのまうちぎみ［名］
柿本大夫　カキノ｜ノヲヽケノキミ　中23オ7
かく［名］
角　カク　中24ウ2
かく［名］
革　カク　中24ウ3
かく［名］
佳句　カク　中28オ1
かく［動カ四］
缺　カク　上39オ3
↓おんことをかく（缺御事）
・ことをかく（缺事）
かく［動カ下二］
懸　上17ウ4
懸　上31オ2
懸　上38ウ5
懸　中1ウ7
懸　中4ウ1
懸　カケ　中26ウ6
懸　カケ　中27オ5
懸　下2オ1
懸　下7オ5
がく［名］
樂　カク　上34ウ1
樂　上38ウ3

↓らく
がくご［名］
學語　カクコ　上7ウ3
かくしやうえ［名］
鶴氅衣　クワクシヤウヱ　中10オ5
がくす（學）↓けんがく（兼學）
かぐとう［名］
家具等　カグ—　中39オ6
かくのごときとう［連語］
如此等　—ノ—キ—　上16ウ4
かくのごとし［連語］
如此　上6ウ7
如此　—ノ—ク　上8オ5
如此　—ノ—　上13オ5
如斯　カクノ—シ　上22ウ1
如此　—ノ—キ　上23ウ6
如此　上33ウ3
如此　中7ウ2
如此　—ノ—キ　中15ウ1
如此　—ノ—キ　中17オ6
如此　—ノ—ル　中19オ7
如此　中20ウ5
如此　—ノ—キ　中31オ2
如此　—ノ—キ　中33オ1
如此　—キ　中43オ5
如此　中43オ7
如此　下1ウ5
如此　下7ウ1
如此　下9ウ3
如此　下31ウ3
如此　—ノ—シ　下34オ2
如此　—ノ—　下34ウ5
如是　—ノ—シ　下35オ1
かくばう［名］
各坊　カクハウ　下1ウ3
かぐふぜい［連語］
家具風情　カグフセイ　上31ウ4
かくべつ［形動タリ・ナリ］
各別　カクヘツ　中11ウ1
爲各別　下31オ7
かぐら［名］
神樂　カクラ　上39ウ5
神樂　カクラ　中8ウ3
かくる［動ラ下二］
隱　カクレ　下33オ6
かくわ［名］
加〈嘉〉禾　クワヲ—ヘ　中15ウ2
嘉禾　カクワ　中16ウ4
かくわい［名］
嘉會　カクワイ　中31オ3
かけい［名］
嘉慶　上1オ2
かげゆのじくわんどの［名］
勘解由次官殿　カケユノ—　上7オ6
かけゑ［名］
掛續　カケヱ　上14オ6
かけん［名］
夏懸　カケン　中35オ6
かげん［名］
加減　上42オ1
かこむ［動マ四］
圍　カコン　下33オ5
かさ［名］
傘　カサ　中7オ7
かさなる［動ラ四］
重　中35ウ1
かさねて［副］

重而 上17オ3
重而 ーテ 下3ウ4
重 ーテ 下6ウ1
重而 ーテ 下7オ3
重而 ーテ 下10オ5
かさほこ［名］
傘桙 カサホコ 中8ウ6
かざり［名］
飾 カサリ 中7オ3
かざりぐ［名］
妝具 カサリク 上33ウ6
かざりぐども［名］
飾具共 カザリクー 下2オ1
かざりもの［名］
飾物 カサリー 中9オ1
かしあづかる［連語］
借預 カシアツカリ 中4オ7
借預 カシアツカラ 下3オ7
借預 カシアツカル 下3ウ3
かしやう［名］
嘉尙 カシヤウ 上31ウ3
かしよく［名］
稼穡 カシヤウ 中15オ1
かず［名］
數 カス 上2オ3
數 カス 上33ウ3
數 カス 中10オ7
數 カス 中33ウ1
かすみにたり（似霞）↓くものごとくかすみにたり（如雲似霞）
かぞふ（計）↓あげてかぞふべからず（不可勝計）
かた［名］
肩 カタ 中24ウ1
かた［名］
方 中34ウ3
方 下34オ6
かたがた［名］
方々 カタカタ 中38ウ5
かたがた［副］
旁 カタカタ 上27ウ6
旁 カタカタ 中36ウ7
旁 下28オ4
かたがたもつて［連語］
旁以 上1オ3
旁以 上14オ4
旁以 カタカター 下1オ4
かたざま［名］
方様 上38ウ3
かたし［形ク］
固 カタフ 中14ウ5
かたし（叵・難）↓えがたし（難獲）・およびがたし（叵覃・難及・難覃）・きしがたし（難記）・ごしがたし（難期）・さだめがたし（難定）・さりがたし（難去）・そむきがたし（叵乖）・たへがたし（難堪）・つくしがたし（叵盡・難盡・難竭）・とめがたし（難留）・のべがたし（難伸）・はかりがたし（難測）・はらひがたし（難掃）・ひらきがたし（難披）・ほしいままにしがたし（難恣）
かたじけなし［形ク］
忝 ーク 中7ウ3

忝　―ク　中25ウ2
かただい［名］
片題　ヘンタイ　中36ウ6
かたち［名］
形　カタチ　中6ウ1
形　―チ　下33オ1
かたな［名］
刀　中5オ1
かたなとう［名］
刀等　カタナ―　中4ウ4
かたのごとし［連語］
如形　カタノ―　下1ウ4
かたぶく（傾）↓そばだつ
かたる［動ラ四］
語　カタリ　中19オ5
かぢ［名］
加持　―チ　中27オ7
かつ［名］
喝　カツスル　中26オ7
かつ［副］
且　―ツ　上15ウ6
且　―ツ　上18オ7
かつえ［名］
葛衣　カツヱ　中10オ6

かつかう［形動ナリ］
合［恰］好　カウカウ　中39オ4
かつがつ［副］
且　カツカツ　上24ウ2
且　カツカツ　中3ウ4
かつきん［名］
葛巾　カツキン　中18オ5
かつこ［名］
羯鼓　カツコ　中7オ5
かつす（喝）↓かつ
かつちう［名］
甲冑　カツチウ　中12オ1
かつて（曾）↓すなはち
かづら［名］
鬘　カミ　中23ウ4
かでん［名］
家田　カテン　中16ウ4
かな［名］
假字　カナ　中24オ2
かならず［副］
必　―ス　上34ウ5
必　―ス　上40オ1
必　中20ウ2

必　中25ウ6
必　―ス　中31ウ7
かね［名］
金　カネ　下32ウ2
かねがくす（兼學）↓けんがく
かねそなふ［動ハ下二］
兼備　カネソナヘ　中23ウ3
かの［連語］
彼　カノ　中7ウ3
彼　カノ　中18ウ6
かは［名］
皮　下28オ6
かはごろも［名］
裘　カハコロモ　中10オ6
かひのくに［名］
甲斐國　下28オ6
かふ［動ハ下二］
易　カフ　上1オ2
替　カヘ　中10オ7
易　ヤスキ　中10ウ4
代　カフ　中22オ1
がふしやく［名］
合勺　カウシヤク　中15ウ7
がふやく［名］

合薬　カウヤク　上40オ3
かふりよく［名］
合力　カウリヨク　上23ウ7
かへつて［副］
卻　カヘツテ　中17オ5
還　カヘテ　中18オ7
卻　―テ　中26オ4
かへりみる［動マ上一］
顧　カヘリミ　上28オ2
顧　カヘリミル　中33オ2
かま［名］
釜　カマ　下33ウ1
かまふ［動ハ下二］
構　カマヘ　中38ウ7
↓あひかまへて（相構）
かまへ［名］
構　カマヘ　上22オ7
かみ［名］
神　シン　上40オ5
かみ［名］
紙　上19ウ1
紙　カミ　中7オ3
かみ（鬘）↓かづら
かみとう［名］

紙等　上18オ5
かもんのすけどの［名］
掃部助殿　カモンノスケ―　中16オ6
かやう［形動ナリ］
加様　上18オ5
加様　上23ウ3
加様　中35ウ4
加様　中38ウ4
かやまのそれがし［名］
香山某　中14オ7
からすきとう［名］
犂等　カラスキトウ　中14ウ6
からど［名］
唐戸　上24ウ3
かりに［副］
假　カリニ　中7ウ4
かりやう［名］
夏涼　カリヤウ　上34ウ5
かりをさめ［名］
刈納　カリヲサメ　中17オ2
かる［動ラ四］
刈　カル　中16ウ5

かれ［代名］
彼　中20ウ2
彼　下30ウ2
かれいえんねん［名］
遐齢延年　カレイヱン―　上42オ5
かれこれ［連語］
彼此　カレコレ　下7オ5
かれら［代名］
彼等　カレラ　中41ウ2
かん［名］
羹　カン　上28オ6
かん［名］
緘　カン　上17オ4
かん［名］
間　アヒタ　中26ウ1
かん［名］
閑　カン　中28ウ6
かん［名］
寒　カン　中34オ1
かん［形動ナリ］
閑　カンナル　上8オ4
かんい［名］
閒［閑］意　中33オ4

かんえう［形動タリ］
爲肝要　―ラ　下32オ2
かんかう［名・形動ナリ］
感幸　カンカウ　上31ウ2
感幸　カン―　下1オ5
かんがふ［動ハ下二］
勘　カンカフ　中22オ6
かんかん［名］
韓幹　上19オ5
かんきよ［名］
閑居　カンキヨ　中19ウ5
かんくわ［名］
看花　カンクワ　上2オ4
かんくわ［名］
干戈　カンクワ　中12オ2
かんけ［名］
漢家　カンケ　中31オ4
かんげき［名］
感激　カンケキ　中20ウ4
がんけん［名］
眼見　下35オ4
かんこつ［名］
換骨　カフコツ　中26オ2
がんしやう［名］
雁章　カンシヤウ　中36オ2
かんじゆく［名］
乾熟　カンシユク　中14ウ5
がんしよ［名］
鴈書　カンシヨ　中21ウ1
かんず［動サ変］
感　カンシ　中32オ1
かんたん［名］
感嘆　カンタン　中33オ2
かんちとう［名］
乾地等　カンチトウ　中17オ1
かんぢやう［名］
函丈　下3ウ7
かんな（假字）↓かな
かんぬし［名］
神主　カンヌシ　中8ウ1
かんばつ［名］
旱魃　カツハツ　中15オ2
旱魃　カンハツ　中17オ3
かんぶつ［名］
干物　カンフツ　中3ウ4
かんぺん［名］
閒邊　下6ウ1
がんぽん［名］
贋本　カンノ―　上15ウ5
がんもん［名］
雁門　カンモン　中16ウ4
かんりう［名］
韓柳　カンリウ　中22オ7
かんろ［名］
甘露　カンロ　上32オ1
かんろ［名］
閒爐　下6ウ1

き

き［名］
機　キ　中14オ4
機　キ　下10オ5
き［名］
期　キ　下9ウ2
き［名］
樹　キ　下32ウ1
木　下33オ5
木　下34オ2
き（揮）↓はらふ
ぎ［名］

儀　上7オ1
儀　上39ウ5
儀　キ　中37オ1
儀　キ　下4オ4
↓しき（式）
きういう［名］
舊遊　キウユウ　下10オ7
きうご［動サ変］
休期　キウゴスル　中22ウ2
きうしゆ［名］
久修　―シユ　中27オ4
きうせき［名］
舊跡　キウセキ　下9ウ1
きうそく［動サ変］
休息　キウソクスル　下10ウ3
きうぢ［名］
灸治　キウチ　上40オ4
きうはく［名］
九陌　―ハク　上1ウ1
きえ［動サ変］
歸依　キヱシ　中27ウ3
きえん［名］
機縁　キヱン　中19オ7

きえん［動サ変］
棄捐　キヱンセ　中19ウ5
きか［名］
凡〈几〉下　ホンケ　中18ウ5
きがへふぜい［連語］
著替風情　キカヘフセイ　下4ウ1
ぎぎ［名］
擬議　キキ　中37オ1
ききう［名］
箕弓〈裘〉　キキウ　中25ウ6
ききおよぶ（聞及）↓うけたまはりおよぶ（承及）
ききよ［名］
起居　キキヨ　中19オ1
ききよどうし［名］
起居動止　キキヨトウシ　上34オ6
きく［動カ四］
聞　キイ　中6ウ1
聞　中9オ1
聞　―ク　中20オ2
聞　中20ウ3

聞　―ク　下27ウ5
聞　下33オ4
聞　下33ウ6
きくぐわつふつか［名］
菊月二日　中33ウ6
きくべい［名］
麹米　キクヘイ　中17ウ1
ぎげい［名］
伎藝　キケイ　中11ウ4
きけう［名］
危橋　キケウ　下10ウ5
きげん［名］
機嫌　キケン　中28ウ6
きげん［名］
奇言　キケン　中36ウ4
きこどうし（起居動止）↓ききよどうし
きこゆ［動ヤ下二］
聞　上13オ7
ぎし［名］
義之　ギシ　中24オ3
きしがたし［連語］
難記　キシ―　上27ウ2
ぎしき［名］

儀式　キシキ　上1ウ6
儀式　キシキ　中1ウ6
きしゆんいつか［名］
季春五日　上27ウ3
きしよ（居諸）→きよしよ
きしよく［名］
氣色　キショク　中11ウ6
氣色　下29オ2
きす［動サ変］
歸　キス　上7ウ6
きす［動サ変］
記　―セ　上6ウ7
記　キス　上18オ7
記　キス　中40ウ7
記　キシ　下11オ1
記　キシ　下27ウ1
記　―シ　下29オ6
記　―シ　下32オ4
記　―スル　下34ウ3
きす［動サ変］
揮　キセ　下35オ5
ぎす［動サ変］
擬　キシ　中7ウ4
きせん［名］
揮染　キセン　中1ウ7
揮染　キセン　中16オ3
きぜん［名］
机前　キ―　中20ウ5
きせんじやうげ［名］
貴賤上下　上2オ6
貴賤上下　中10ウ1
きた［名］
北　下33オ5
きたる［連体］
來　中1オ3
來　―ル　下1オ2
來　下4オ1
きたる［動ラ四］
來　―リ　中10ウ1
來　―リ　中17ウ2
來　中26オ4
きちにちりやうしん［名］
吉日良辰　―リヤウシン　中38ウ6
きづく（築）→つく
きでん［代名］
貴殿　中41オ2
きでん（歸田）→ごきでん（御歸田）
きでんさま［代名］
貴殿樣　上14ウ4
きぬ［名］
絹　キヌ　中11オ6
きのそれがし［名］
紀某　上7オ5
きは［名］
際　上14ウ2
ぎば［名］
耆婆　ギバ　上38ウ6
きはう［代名］
貴方　キハウ　中20ウ6
きはまりなし［形ク］
無極　キハマリ―シ　中19ウ2
きはまる［動ラ四］
極　キハマル　中6ウ3
きはむ［動マ下二］
極　キハメ　中24オ5
極　キハム　中41ウ5
極　キハメ　中43オ7
きびす（踵）→くびす
きふきふ［形動ナリ］

急々　—ニ　中1オ5
急々　中34ウ1
急々　下4オ7
きふよう［名］
急用　下31オ2
きほう［名］
貴報　上27ウ4
きみ［名・代名］
君　上13オ4
公　キミ　上15ウ2
公　上27オ7
君　中17ウ1
君　キミ　中19ウ1
君　中21ウ4
公　中23ウ1
公　キミ　中25オ5
君　中28オ4
公　中33オ4
君　中43オ7
君　下9ウ5
公　コウ　下10オ5
君　下30ウ2
公　下34ウ4
きむ［名］
歸夢　キム　下7オ6
きめい［名］
貴命　キメイ　中33オ2
きめん［名］
貴面　上1オ4
賞〈貴〉面　中38ウ1
きやう［名］
京　下31オ5
ぎやう［名］
行　キヤウ　中24オ2
ぎやうがう［名］
行幸　キヤウカウ　上2オ4
きやうがく［動サ変］
驚愕　キヤウカクシ　中7ウ5
きやうげん［名］
狂言　キヤウケン　中8ウ3
狂言　キヤウケン　中43ウ4
ぎやうけん［名］
俗資〈行賢〉ソクシ　中24オ3
きやうこう［名］
向後　キヤウコウ　上27ウ6
ぎやうしき（行色）↓かうしよく
きやうちゆう［名］
鏡中　キヤウ—　中26オ5
きやうと［名］
京都　上28オ3
京都　—ト　中1オ2
ぎやうにふ［名］
行入　キヤウ—　中26オ3
きやうのぼり［名］
京上　下4オ6
↓うひきやうのぼり（初京上）
きやうわらんべ［名］
京童　—ワランヘ　下29オ2
きやくじん［名］
客人　上28オ4
きやくそう［名］
客僧　上31ウ3
きやくでん［名］
客殿　キヤクテン　下6オ5
きやくどう［名］
客童　キヤクトウ　中34オ4
ぎやくに［名］
逆耳　キヤクニ　中20ウ6
きゆ［動ヤ下二］

消　キユル　中33オ7
きゆう［名］
宮　キウ　中24ウ2
きゆうげつむいか［名］
窮月六日　下6ウ4
きゆうせん［名］
弓箭　ユミヤ　中12オ2
ぎよい［名］
御意　上17ウ4
御意　上31オ2
御意　上33ウ7
御意　上34ウ6
御意　上38ウ5
御意　中1ウ7
御意　中4ウ1
御意　中11オ2
御意　中37オ1
御意　下2オ1
御意　下6オ4
御意　下6ウ1
御意　下7オ5
御意　下30ウ4
↓そんい（尊意）
きよう［名］
興　ケウ　中22オ5
きようえつ［形動タリ・ナリ］
恐悦　―ニ　上18オ5
爲恐悦　下3オ7
きようかん［名］
胸間　ケウカン　中36オ3
きようきようきんげん［名］
恐々謹言　上7オ3
云云〈恐々謹言〉　上42オ6
恐謹言〈恐々謹言〉　中21オ1
恐々謹言　下9ウ6
きようきようけいはく［名］
恐々敬白　上24オ1
恐々敬白　中41オ3
きようきようふぐ［名］
恐々不具　上38ウ7
恐々不具　中14オ6
きようく［名］
恐懼　ケウク　中21ウ4
きようくきんげん［名］
恐懼謹言　上34オ2
きようくわう［名］
恐惶　下30ウ4
きようくわうきようくわう［名］
恐惶々々　中28オ5
きようくわうきんげん［名］
恐惶謹言　上16ウ5
恐惶謹言　中6ウ4
恐惶謹言　中18ウ1
恐惶謹言　中31ウ2
恐惶謹言　下3ウ5
きようくわうけいはく［名］
恐惶敬白　下6ウ2
きようじん［名］
矜荏　中1ウ2
きようちゆう［名］
胸中　ケウチウ　中26ウ7
きようぶ［名］
胸霧　ケウフ　中21オ5
きよく［名］
曲　キヨク　上34ウ1
曲　キヨク　上38ウ3
曲　キヨク　上39ウ2
ぎよくしやう［名］
玉章　キヨクシヤウ　上17オ4
玉章　上27ウ7

玉章　中21オ5
ぎよくじゆ［名］
玉樹　―シユ　中28オ1
きよくせつ［名］
曲節　キヨクセツ　中25オ5
ぎよくだう［名］
玉堂　キヨクタウ　中24オ7
きよくちよく［名］
曲直　キヨクチヨク　上22ウ1
ぎよくはん［名］
玉版　―ノハン　中35ウ2
ぎよくれん［名］
玉輦　キヨクレン　中7ウ4
ぎよくろう［名］
玉樓　―ロウ　下28ウ4
ぎよさつ［名］
御察　上28オ5
きよしなのそれがし［名］
請〈清〉科某　上42オ7
きよしよ［名］
居諸　下30ウ5
きよはらのそれがし［名］
清原某　中4オ2

ぎよるい［名］
魚類　下34ウ7
きら［名］
綺羅　キラ　中10オ7
きらい［名］
歸來　キライ　下7オ2
きりをさすのち（卓錐地）↓た
くすいのち
きる［動ラ四］
剪　キツ　中7オ3
きれい［形動ナリ］
奇麗　キレイ　上17ウ1
きゐん［名］
貴院　下4オ2
ぎをん［名］
祇園　キヲン　中1オ4
祇園　キヲン　中11オ4
きん［名］
勤　キン　中21ウ6
きん［名］
金　キン　上1ウ3
金　上31ウ6
金　キン　中24ウ2
きん［名］

琴　キン　上34ウ2
琴　キン　上39ウ7
ぎんあんか［名］
吟案下　下35ウ1
きんえつ［名］
欣悦　キンヱツ　中21オ6
きんえふ［名］
金葉　キンヨウ　中23オ1
きんかうもつ［名］
禁好物　キンカウモツ　上42オ3
きんきしよぐわ［名］
琴碁書畫　キンキシヨクワ　上8オ5
きんきん［名］
勤々　キンキン　中28オ4
きんぎん［名］
金銀　中10オ7
きんけい（勤繼）↓きん（勤）
・つぐ（繼）
きんげん［名］
金言　キンケン　下5ウ6
きんげん（謹言）↓きようきよ
うきんげん（恐々謹言）・き

ようくきんげん（恐懼謹言）・きようくわうきんげん（恐惶謹言）・とんしゆきんげん（頓首謹言）・ふぐきんげん（不具謹言）

ぎんこ［名］
銀戸　下28ウ5

きんこう［形動ナリ］
勤厚　ツトメアツキ　上2オ3

きんさく［名］
斤鑿　―サク　下30ウ2

きんさん［名］
金盞　キンサン　上31ウ7

ぎんさん［名］
銀〈銀盞〉ギン　上31ウ7

ぎんし［名］
銀絲　キンシ　中5オ2

きんじつ［名］
近日　上40オ7

きんじやう［名］
謹上　上7オ6
謹上　上17オ1
謹上　上19ウ4
謹上　上24オ3
謹上　上39オ2
謹上　中4オ3
謹上　中6ウ7
謹上　中11オ1
謹上　中14ウ1
謹上　中18ウ4
謹上　中31ウ4
謹上　中33ウ7
謹上　中43ウ6

きんじよ［名］
近所　下1ウ2

きんず［動サ変］
禁　キンス　下4オ5

ぎんず［動サ変］
吟　キンシ　中22ウ2

きんせんぶん［名］
金線文　キンセンフン　中37ウ1

きんぷ［名］
斤斧　キンフ　下35オ5

きんもん［名］
金門　下28ウ4

きんよ［名］
金輿　キンヨ　中7ウ4

きんらん［名］
金襴　キンラン　中11オ6

きんり［名］
禁裏　キンリ　下28ウ3

く

く［名］
句　ク　中23ウ3
句　中36ウ6

ぐ［名］
具　中14ウ7

ぐい［名］
愚意　クイ　中11オ5
愚意　クイ　中38ウ4

ぐうしとう［名］
藕絲等　下5ウ4

くうしよ［名］
其〈空〉書　―ノ―　上17オ6

ぐきふ［名］
供給　クキウ　中15ウ5

ぐくわい［名］

愚懐　ククワイ　中18ウ5
くけん［名］
九間　上14ウ1
くさ［名］
草　上1ウ7
草　クサ　中17オ4
草　サウ　中20オ1
ぐさつ［名］
愚札　上17オ3
くしや［名］
倶舎　クシヤ　中26ウ6
ぐじやう［名］
愚状　中7オ1
ぐしん［代名］
愚身　クシン　中12オ4
くすり［名］
薬　上42オ2
薬　―リ　上42オ5
くせんはつかい［名］
九山八海　―セン―カイ　下34ウ2
ぐそう［名］
愚僧　クソウ　下1オ4
ぐそく［名・動サ変］
具足　―スル　下7ウ5
具足　クソク　中40ウ7
ぐそくとう［名］
具足等　クソク―　上20オ6
くだす［動サ四］
下　―シ　中15ウ1
降　クタシ　中16オ1
下　―ス　中17オ3
下　クタシ　中22ウ6
くち［動サ変］
驅馳　クチシ　中3ウ5
くちきしよとう［名］
朽木書等　クチキノ―　上15ウ5
くちさきら［名］
吻　クチヒル　中27オ1
くちびる（吻）↓くちさきら
くつしやう［動サ変］
屈請　クツシヤウシ　上22オ5
くつす［動サ変］
屈　クツス　中28ウ7
くでう［名］
九條　下28ウ2
くに［名］
國　下32ウ5
國　下33オ2
くねつ［名］
苦熱　クネツ　上34オ6
くは［名］
鍬　クワ　中14ウ6
くはうべん［名］
九方便　―ハウ―チ　中27オ7
くはしくさつす（精察）↓せいさつ
くはたつ［動タ下二］
企　クワタテ　上31オ3
企　クハタツ　中10ウ4
企　クハタテ　中11ウ1
くはち（九八）↓はつく（八九）
くははる［動ラ四］
加　―ル　中18ウ6
くはふ［動ハ下二］
加　上17ウ4
加　―へ　上20オ4
加　―フ　中18ウ7
加　下30ウ2

↓あひくはふ（相加）・かくわ（嘉禾）
くびす［名］
踵　クヒス　上7ウ7
くびすぢ［名］
頸筋　クヒスチ　中7ウ1
くまで［名］
熊手　クマテ　中4ウ4
くむ［動マ四］
酌　クマ　中17ウ2
汲　クマ　中31オ6
くも［名］
雲　クモ　中27オ6
雲　下28ウ6
雲　下31ウ3
くものごとくかすみににたり［連語］
如雲似霞　クモノ―クカスミニニタリ　中8ウ7
くら（鞍）↓うまくら（馬鞍）
くらし［形ク］
冥　クラカラ　上40オ7
暗　クラキ　中23オ2
くらす（暮）↓おんくらす（御暮）
くらゐ［名］
位　中33オ3
くるま［名］
車　クルマ　中8ウ6
ぐれい［名］
愚禮　下6ウ1
くれなゐ［名］
紅　クレナヰ　中29オ2
くろ［名］
畔　クロ　中14ウ6
くわ（禾）↓かくわ（嘉禾）
くわい（會）↓ごくわい（御會）
くわいがん［名］
回雁　クハイカン　中3ウ7
くわいぐわつねんごにち［名］
魁月念五日　クワイ―　上13ウ6
ぐわいけん［名］
外見　クワイケン　中41ウ4
くわいさつ［名］
回札　上19ウ4
くわいしとう［名］
懐紙等　クハイシ―　中33ウ4
くわいしやう［名］
回章　クワイシヤウ　上14オ4
回章　クワイシヤウ　中21オ1
くわいらいし［名］
傀儡子　クワイライシ　中11ウ3
くわいらん［名］
回鸞　クワイラン　上27ウ7
くわいろ［名］
廻路　クワイロ　下10ウ5
くわういん［名］
光陰　―イン　中31オ2
光陰　―イン　中33オ6
くわうえふ［名］
黄葉　クワウヨウ　中19ウ7
くわうくわ（皇化）↓くわうけ
くわうけ［名］
皇化　クワウケ　中15ウ4
くわうこう［名］
光降　―カウ　中36オ4
くわうさい［名］

光彩　—サイ　上17ウ2
光彩　クワウサイ　中4ウ2
光彩　—サイ　中28ウ7
くわうざい［名・形動ナリ］
宏才　ユウサイ　中26ウ7
宏才　ユウ—　下30ウ3
くわうちゆう［名］
蝗蟲　クワウチウ　中15オ2
くわうてい［名］
黄帝　クワウテイ　中25オ3
くわうもくてん［名］
廣目天　クワウモク—　下34オ4
くわうりん［名・動サ変］
光臨　上31ウ3
光臨　—リン　中34オ4
光臨　—リン　下1ウ1
くわえん［名］
火炎　下33ウ1
くわかん［名］
花間　クハカン　中25オ6
くわくしやうえ（鶴氅衣）↓かくしやうえ
くわこう［名］
化工　クワコウ　上1ウ4
ぐわこう［名］
畫工　クワコウ　上14オ5
くわざうゐんおほくらきやう［名］
華藏院大藏卿　中35ウ6
くわさんたてはきどの［名］
花山帯刀殿　上13ウ7
くわし［名］
菓子　上29ウ3
ぐわし［名］
畫師　クワ—　上15ウ3
畫師　クワシ　上17オ7
くわじつ［名］
花實　クワシツ　中23ウ3
ぐわせきとう［名］
瓦石等　クワセキ—
くわつじ［形動タリ］　中34ウ4
豁邇〈爾〉　下28ウ6
くわつしやうりやう［名］
活商量　—シヤウリヤウ　中14オ4
くわつにんけんとう［名］
活人劍等　クワツニンケン—　中14オ3
くわひつ［名］
花筆　クワヒツ　中31ウ1
くわふ［名］
鍋釜　クワフ　下33オ7
くわぶん［形動ナリ］
過分　中36オ7
過分　下31オ5
くわらく［名］
花落　上39ウ3
ぐわりよう［名］
畫龍　上19オ5
くわれい［形動ナリ］
花麗　クワレイナル　上13オ7
くわゐん［名］
花苑　—エン　上7ウ4
くわをくはふ（加禾）↓かくわ（嘉禾）
くわん［名］
官　クワン　中33オ4
ぐわん［名］
願　中43ウ4

くわんいう［名］
官遊　クワンユウ　上1ウ7
くわんおん［名］
觀音　クワンヲン　下6オ7
くわんぎやう［名］
覲行　クワン―　中27オ6
くわんくわ［名］
貫花　クワンクワ　中24オ3
くわんげん［名］
管絃　上39オ5
↓しいかくわんげん（詩哥管絃）
くわんげんこう［名］
管絃講　クワンケンカウ　上34オ7
くわんし［名］
官仕　クワンシ　上2オ2
くわんじやうこう［名］
管城公　クワンシヤウコウ　上19ウ1
管城公　クワンシヤウコウ　中1ウ5
管城公　クワンシヤウコウ　中14オ5
くわんしやく［名］
官爵　―シヤク　上2オ5
くわんしゆじ［名］
觀首寺　下3ウ7
くわんず［動サ変］
觀　クワンス　中26オ5
觀　クハンシ　中27ウ4
くわんたい［形動ナリ］
緩怠　上14オ4
くわんだうそれがし［名］
宮〈官〉道某　上39オ1
くわんてい［名］
還呈　下28オ1
くわんとう［名］
關東　上40オ2
くわんのん（觀音）↓くわんおん
くわんばい［名］
官梅　クワンハイ　上1ウ2
ぐわんもん［名］
願文　クワンモン　中22ウ3
↓ふじゆぐわんもんとう（諷誦願文等）
くわんりよ［名］
官呂［侶］　下28ウ7
くんかう［名］
薫香　クンカウ　中23オ6
くんじふ［名］
捃拾　クンジウ　下5ウ7
ぐんぞく［名］
群族　グンゾク　上13オ4
ぐんちゆう［名］
群蟲　クンチウ　中20オ1

け

げ［名］
偈　ゲ　中26オ5
けい（繼）↓つぐ
けいえい［名・動サ変］
經營　ケイヱイ　中6ウ4
經營　ケイヱイシ　中7オ2
經營　ケイヱイスル　下1オ2
けいが［名］
慶賀　上1ウ1
けいくわ［動サ変］
經過　ケイクワス　下10ウ2

けいくわい［名］
計會　ケイクワイ　中41ウ3
けいげい［名］
鯨鯢　ケイケイ　下5ウ5
けいこ［名］
稽古　ケイコ　上34オ7
稽古　ケイコ　中21ウ5
稽古　下31ウ5
↓おんけいこ（御稽古）
けいし（兄師）↓じゆし（呪師）
けいじやう［名・動サ変］
啓上　上42ウ1
啓上　―ス　中18ウ5
啓上　中41オ6
けいす［動サ変］
啓　上14オ1
啓　上28オ3
啓　上31オ3
啓　上34ウ5
啓　中1ウ5
啓　―セ　中38ウ5
啓　下3ウ5
啓　下30オ4
けいせい［名］
形勢　ケイセイ　上27オ6
形勢　ケイセイ　中11ウ6
けいせつ［名］
勁節　ケイセツ　中27ウ7
けいでふ［名］
雞帖　ケイテウ　上1オ7
けいはく［形動タリ］
爲輕薄　ケイハク―　下28オ6
けいはく（敬白）↓きようきようけいはく（恐々敬白）
けいらく［名］
京洛　上14オ5
けうい［名］
教意　ケウ―　下27ウ3
けうけ［名］
教化　ケウケ　中27オ2
げうさう［名］
曉霜　アカツキノシモ　中29オ1
げうしや［名］
曉沙　ケウシヤ　下31ウ3
けうしよ［名］
教書　ケウ―　中22ウ4
けうみやう［名］
交名　カウ―　下32オ1
げかう（下向）↓ごげかう（御下向）
げきす［動サ変］
激　ケキシ　中20ウ3
けさ［名］
袈裟　ケサ　下4ウ1
けさう［名］
氣裝　ケシヤウ　中10ウ4
けしやう（氣裝）↓けさう
けしやき［名］
芥子燒　ケシ―　中27ウ1
けす［動サ四］
消　ケス　中29オ2
げだつ［名］
解脱　ケタツ　中27ウ6
げぢ［名］
下知　上20オ5
けちえん［名］
結緣　ケチヱン　下1オ3
けぢやう［名］
戲場　ケチヤウ　中8ウ4
げちやく［動サ変］

下著　ケチヤク　上14オ1
けつえん（結縁）↓けちえん
けつく［副］
結句　上34ウ4
げつけいうんかく［名］
月卿雲客　―ケイウン―　上7ウ7
けつこう［動サ変］
結構　上28オ5
げつじんき（蘖仁貴）↓せつじんき（薛仁貴）
けつたく［名］
決擇　ケツタク　中27オ1
けつぱん［動サ変］
結件　ケツハン　下10オ3
けづる［動ラ四］
斵　ケツル　上23ウ5
げでん［名］
外典　ケテン　中26ウ5
げにやさば［名］
現娑婆　ケニヤシヤハ　中11ウ6
げにやしやば（現娑婆）↓げにやさば

げふ［名］
業　ケウ　中14ウ4
業　ケウ　中25ウ6
けふがふ［名］
脇〈協〉合　ケウカウ　中19オ7
げぶみ（解文）↓げもん
けまり（蹴鞠）↓しうきく
げもん［名］
觸〈解〉文　ソク―　中22ウ5
けろん［名］
戯論　ケロン　中11ウ1
げん［名］
現　ケン　中43ウ1
げん（驗）↓しるし
けんいう［名］
倦遊　ケンユウ　上7ウ4
けんかう（顯向）↓やうがう（影向）
けんがく［動サ変］
兼學　カネ―ス　中26ウ6
げんぎ［名］
玄義　ケンキ　中26ウ6

げんきやく［動サ変］
減卻　ケンキヤクス　中17オ2
けんけん［形動タリ］
喧々　ケンケント　中20ウ2
けんご［形動ナリ］
堅固　ケンコニ　中27ウ2
けんこん［名］
乾坤　ケンコン　下7ウ6
けんざん（建盞）↓けんべつとう（建鼈等）
けんじつ［名］
兼日　上34オ1
兼日　ケン―　下1オ7
兼日　ケン―　下4オ3
けんしん［名］
懸針　ケンシン　中24オ6
けんじん［名］
劍刃　ケンシン　中26オ5
けんず［動サ変］
獻　ケン　上1オ6
げんぜん（儼然）↓ごんねん
けんぞく［名］
眷屬　ケンソク　下34オ5

げんたうにせ［連語］
現當之二世〈現當二世〉ケンタウノ―　上22オ6
げんぢゆう［形動ナリ］
嚴重　ケンテウニ　上1ウ6
嚴重也　ケンテウナリ　上39ウ5
けんなん［名］
嶮難　ケンナン　下9ウ4
けんぶつ［名・動サ変］
見物　上7オ1
見物　上13ウ1
見物　中7ウ5
見物　中8ウ5
見物　中11オ2
けんべつとう［名］
建鼈等　ケンヘツ―　上31ウ7
げんらい［名］
見來　―ル　上32オ3
けんろ［名］
嶮路　ケンロ　下10ウ6

こ

こ［名］
乎　コ　中22オ6
こ［名］
子　下33ウ3
子　下33ウ3
子　下33ウ5
ご［名］
期　コ　上13ウ1
ご［名］
語　下9ウ5
語　下9ウ6
ごいうらん［名］
御遊覽　―ユウラン　中34オ4
ごいけん［名］
御異見　上24オ6
ごいん［名］
五音　―イン　中24ウ2
五音　―イン　中36ウ4
ごいんもん［名］
御音問　―インモン　上31ウ1
御音問　下30ウ7

こう（公）↓きみ
こうき［名］
洪基　コウキ　中41オ1
こうぎやう［名］
興行　中33ウ3
こうきん［名］
鴻鈞　コウキン　上1ウ4
こうげい［名］
工藝　コウケイ　上27オ7
こうざい（宏才）↓くわうざい
こうし［名］
公私　コウシ　中28ウ3
こうしせき［名］
紅絲石　ユウシセキ　中37ウ2
こうずい［名］
洪水　コウスイ　中15オ2
洪水　コウ―　中17オ4
こうぢ［名］
小路　コウチ　中8ウ6
小路　下28ウ3
↓まちこうぢ（町小路）
こうどく（講讀）↓ほつけこうどく（法華講讀）

こうふく［動サ変］
興復　コウフクセ　上34ウ3
こうま（小馬）→せうめ
ごおん［名］
御恩　―ヲン　上38ウ5
ごおん（五音）→ごいん
ごかう［名］
御幸　上7ウ4
ごかう［名］
五更　―カウ　下7オ6
ごかんじよ（後漢書）→ぜんごかんじよとう（前後漢書等）
ごきでん［名］
御歸田　―キテン　上17オ2
こきん［名］
古今　中22ウ7
ごくかん［名］
極寒　コツカン　下1オ2
こくめい［名］
國名　下32オ2
ごくわい［名］
五悔　―クワイ　中27オ7
ごくわい［名］
御會　―クワイ　中34オ7
御會　中35ウ3
御會　中36オ1
ごくわん（御館）→みたち
ごげかう（御下向）→おんげかう
ごげしう［名］
牛貨州　下32ウ5
ここ［代名］
茲　コヽ　中6ウ3
斯　コヽ　中19オ5
斯　コヽ　中41ウ5
ごこ［名］
五湖　―コ　上14ウ2
ここうり［名］
虎口裏　―リ　中26オ6
ごこく［名］
五穀　―コク　中15オ1
ここに［接］
于茲　コヽニ　上2オ3
于茲　コヽニ　中8ウ1
于斯　コヽニ　中10ウ2
ここもと［代名］
爰本　上31オ3
こころ［名］
心　上33ウ5
意　上34ウ4
情　ジヤウ　中23ウ5
意　下7ウ2
意　下31ウ4
→い（意）・じやう（情）
こころう［動ア下二］
心得　―ル　上22ウ2
心得　下31オ7
こころえ（意得）→おんこころえ（御意得）
こころざし［名］
志　上33ウ4
志　―サシ　中19オ4
志　下10オ4
こころみ［名］
試　コヽロミ　上40ウ1
ここん［名］
古今　上15ウ3
古今　ココン　中23オ4
ここんぶさう［形動ナリ］
古今無雙　―フサウ
中6ウ3
こさい［名・形動ナリ］

巨細　上22ウ3
巨細　コサイ　中21オ1
巨細　—ニ　下34オ7
巨細　下35オ5
ございらく［名］
御在洛　下28オ3
ございらくちゆう［名］
御在洛中　—サイラクノ—　上17オ5
ごさう［名］
御左右　上14ウ4
ござうろくふ（五藏六府）↓ろくふござう（六府五藏）
ごさた（御沙汰）↓おんぶさた（御無沙汰）
ござつしやう（御雑掌）↓おんざつしやう
ござつしやうがた（御雑掌方）↓おんざつしやうがた
ごさん［名］
五山　上22オ5
ごさんげう［名］
後三教　下5ウ7
ごしうげん［名］
御祝言　上7ウ1
ごしがたし［連語］
難期　ゴシカタク　下7オ2
ごしき［名］
五色　—シキ　中31オ1
ごしきのふで［連語］
五色筆　—シキノ—　中38オ3
ごしそく［名］
御子息　—シソク　中38ウ5
ごしち［名］
五七　中23ウ3
ごしなん［名］
御指南　—シ—　下1ウ7
こしのもの（腰物）↓おんこしのものとう（御腰物等）
ごしやうらく［名］
御上洛　下28オ2
ごしやく［名］
五尺　中23ウ4
ごしゆう［名］
悟宗　シウヲサトル　中26オ3
ごしゆくしよ［名］
御宿所　中16オ6
ごしゆつかう［名］
御出行　下10オ2
ごじよじやう［名］
御助成　—シヨシヤウ　上29ウ2
ごしよぢ［名］
御所持　上31ウ5
御所持　中34ウ2
御所持　下6オ6
こじん［名］
古人　上33ウ4
ごしんか［名］
御請暇　—シンカ　下6ウ7
ごしんじやう［名］
御進上　中3ウ5
ごしんもつ［名］
御進物　下28オ3
こす［動サ四］
漉　コス　中18オ5
ごす［動サ変］
期　上13ウ4
期　コス　上34オ2
期　コスル　中1ウ7

期　中3ウ7
期　コス　中16オ3
期　―ス　中31ウ2
期　コス　中33ウ4
期　―スル　中35ウ4
こずゑ［名］
杪　コスヱ　中31オ1
ごせ［名］
後世　中43ウ2
ごせいぐわん［名］
御誓願　―セイクワン　下7オ4
こせう［名］
胡椒　コセウ　上28オ6
ごせん［名］
後撰　―セン　中22ウ7
こせんいつか［名］
沽洗五日　コセイ―　上24オ2
こそで［名］
小袖　コソテ　中11オ6
こぞる［動ラ四］
擧　コソツ　中43オ5
↓あひこぞる（相擧）

ごぞんぢ［名］
御存知　上20オ2
御存知　中21ウ4
御存知　下4オ6
御存知　下32オ4
ごたいぎども（御大儀共）↓おんたいぎども
ごだうし［名］
呉道士〈子〉　下6オ6
ごたぎやう［名］
御他行　上17オ3
ごちやうぎやう［名］
御張行　中34ウ1
こつ［形動タリ］
忽　コツト　中31オ3
ごつかん（極寒）↓ごくかん
ごてん［名］
御殿　―トノ　上28オ2
こと［名］
事　上17ウ3
事　上20オ5
事　上24ウ4
事　―ト　上27ウ5
事　上31ウ4

事　中4ウ5
事　中5オ2
事　中16ウ2
事　シ　中33オ3
事　中37オ3
事　中41ウ2
事　下7オ2
事　下7オ4
事　下28オ7
事　下31オ3
事　下31オ6
事　下35オ4
↓おんこと（御事）・おんことをかく（缺御事）・ことをかく（缺事）
こと［名］
言　コト　中20ウ6
言　コト　中28オ2
↓ことば
こと（琴）↓きん
ごとうかん［名］
御等閑　―トウカン　中41ウ1
ごどうしん［名］

御同心　上7オ1
ことかく（缺事）↓ことをかく
こどく［形動ナリ］
孤獨　コトクナル　中41ウ5
ことごとく［副］
悉　―ク　上20オ6
悉　―ク　上38ウ3
悉　コトコトク　中12オ4
悉　コトコトク　中24ウ6
悉　―ク　中41オ2
盡　コトコトク　下28ウ5
悉　―ク　下34ウ5
ことし（今年）↓こんねん
こととす［連語］
事　コト丶ス　中16オ2
ことに［副］
殊　―ニ　上1オ4
殊　―ニ　上39ウ5
殊　コトニ　中17オ2
殊　―ニ　中28ウ5
殊　―ニ　下6オ7
殊　―ニ　下31オ5
ことにもつて［連語］
殊以　―ニ―テ　上8オ2
殊以　―ニ―　中25オ2
ことば［名］
辭　コトハ　上19ウ1
言　―ハ　中14オ5
詞　コトハ　中23オ6
詞　コトハ　中23ウ4
↓こと（言）
ことふる［動ラ上二］
事舊　―リ　上1オ3
事舊　上7ウ1
ことやう［形動ナリ］
琴様　コトヤウ　中35オ5
ことわざ［名］
諺〈諺〉　コトワサ　上33ウ5
ことをかく［連語］
缺事　―ヲカキ　上17ウ6
缺事　―ヲカキ　上28オ6
缺事　―トヲカキ　中4オ7
缺事　―ヲカ丶　中34ウ6
↓おんことをかく（缺御事）
ごにんじゅ［名］
御人數　中34ウ1
御人數　中36オ6
この［連語］
此　上13オ3
斯　コノ　上15ウ2
此　コノ　上23ウ7
此　上24ウ4
此　上29ウ1
此　上33ウ5
此　上34ウ3
此　上42オ2
此　中3ウ4
此　―ノ　中4オ5
此　―ノ　中6ウ1
此　中7オ1
此　中10ウ3
此　―ノ　中12オ3
此　中16ウ1
此　中20ウ5
此　―ノ　中23オ4
此　コノ　中23ウ2
此　―ノ　中25ウ6
个　コノ　中26オ6
此　中34ウ3
此　中36オ7
此　中41オ3
此　コノ　下3オ7

此　―ノ　下6オ2
此　下9ウ1
此　下9ウ5
此　下10オ4
此　下10ウ6
此　下27ウ5
此　下29オ1
此　下29オ3
此　下29オ4
此　下31オ6
此　―ノ　下32オ7
此　下35オ3
このあひだ［連語］
此間　上24オ5
此際　―タ　上24ウ1
此間　上28オ3
此間　中34オ6
此間　下30オ5
このうへ［連語］
此上　下32オ1
このかた［名］
以來　中22ウ7
以降　コノカタ　中23オ4
以來　中24オ1
以來　―タ　中26オ1
↓しかつしよりこのかた（自爾以降）
このごろ［名］
頃　コノコロ　上31オ7
頃　コノコロ　上34ウ4
頃　コノコロ　中19ウ1
頃　コノコロ　中21オ5
頃　コノコロ　中34オ1
このたび（今度）↓こんど
このほか［連語］
此外　上19オ5
此外　上31オ1
此外　中10オ5
此外　中14オ3
此外　中31オ6
此外　中35オ5
斯外　コノ―　中37ウ1
此外　中38オ3
此外　下5ウ3
此外　下6オ5
此外　下34ウ3
このみ（好）↓おんこのみ（御好）
このむ［動マ四］
好　コノム　中23オ4
このゆゑに［接］
是故　―ニ　上42オ1
ごばう［名］
御房　中35ウ6
ごはうおん［名］
御芳恩　―ハウヲン　上27ウ1
ごはうさつ［名］
御芳札　中31ウ6
ごはうし［名］
芳志〈御芳志〉ハウシ　上18オ5
ごはうせん［名］
御芳染　―ハウセン　上39オ4
ごはうばい［名］
御傍輩　―ハウハイ　中1オ5
こばかまふぜい［名］
小袴風情　コハカマ―　上7オ2
ごはつびやう［名］

御發病　上40オ2
こひ［名］
請　コヒ　下4オ2
ごひつ［名］
五筆　―ヒツ　中24オ4
こひねがはくは［副］
希　コイネカハクハ　中20ウ7
希　コイネカハクハ　中43ウ1
こひねがふ［動ハ四］
希　コイネカハ　中33オ4
↓こひねがはくは
ごひやくさい［名］
五百歳　下33オ3
ごひろう［名］
御披露　上24オ1
御披露　―ヒロウ　中41オ3
こふ［動ハ四］
請　コフ　中17ウ1
請　コウ　中43ウ4
請　コフ　下9ウ5
請　コフ　下30ウ2
ごぶ［名］

五部　―フ　中27オ5
こふう［名］
古風　コフウ　中31オ4
ごぶさた（御無沙汰）↓おんぶさた
こぶん（古文）↓こもん
ごへんじ（御返事）↓おんぺんじ
ごへんしやう［名］
御返章　上42ウ1
ごへんたふ［名］
御返答　中14ウ1
ごへんぽう［名］
御返報　中18ウ4
ごほうび［名］
御褒美　―ホウヒ　中1ウ3
こぼく［名］
古墨　コホク　中35オ5
ごほんそう［名］
御奔走　―ホンソウ　上16ウ4
こま（高麗）↓かうらい
こまい（小捲）↓こまくり
ごまい［名］

五枚　下28オ6
こまくり［名］
小捲　コマイ　中11ウ6
こめ［名］
米　下33ウ1
こもん［名］
古文　中24オ1
こやす［動サ四］
肥　コヘ　中14ウ5
こゆみ［名］
小弓　上8オ4
ごよう［名］
御用　上14ウ4
御用　上31ウ7
御用　上33ウ3
御用　下6オ4
ごようい［名］
御用意　上7オ3
御用意　上15ウ1
ごらうはん［名］
御勞煩　―ラウハン　下1オ3
こらす［動サ四］
凝　コラシ　上1オ6

ごらん［名］
御覧 上14ウ4
御覧 上31オ4
ごりう［名］
御柳 ゴリウ 上1ウ3
これ［代名］
是 上1オ7
之 上6ウ7
是 上14オ1
之 上14ウ1
之 上14ウ3
之 上18オ7
之 上19オ7
是 上24オ4
之 上24ウ5
之 上27オ7
之 上29ウ4
之 上31ウ2
之 ―レ 上33ウ5
是 上39ウ2
是 ―レ 上40オ4
之 上40オ6
之 上42オ4
之 上42オ4
是 上42オ4
之 中6ウ1
之 中6ウ2
是 中6ウ3
是 ―レ 中7オ4
之 中10ウ2
之 中10ウ2
之 中11オ4
之 中11オ7
之 ―レ 中14オ4
是 コレ 中15ウ2
是 コレ 中15ウ3
是 中15ウ4
之 ―レ 中16ウ7
是 コレ 中18オ5
之 中18オ7
是 中19オ2
是 中19ウ2
之 中19ウ7
之 中20オ2
之 中20ウ3
之 中22オ5
之 中22ウ1
之 中22ウ1
之 中23オ2
之 中24オ5
之 中24ウ6
之 中25オ2
之 中25オ4
之 中25オ5
之 中25オ5
之 中25ウ6
是 中26オ2
是 ―レ 中27オ2
是 コレ 中27ウ2
是 ―レ 中27ウ5
是 ―レ 中28オ2
是 中28ウ5
是 コレ 中29オ1
是 中32オ2
是 中33オ1
之 中35オ5
是 ―レ 中35ウ1
之 中35ウ2
是 ―レ 中35ウ2
是 中38オ5
是 中39オ2
之 コレ 中39オ3

之　中40ウ7
之　中41オ2
是—レ　中41オ2
之　中41ウ3
之　中43オ6
之—レ　下1オ7
之　下1ウ3
之—レ　下4ウ2
之—レ　下5ウ4
之　下5ウ4
之　下6オ7
是　下7ウ6
之　下9ウ3
是—レ　下10ウ1
是　下10ウ6
之　下11オ1
之　下27ウ2
是—レ　下27ウ2
是—レ　下27ウ4
之　下29オ3
是　下30ウ3
是　下30ウ7
之　下32オ4
之　下32ウ7

之　下33オ7
之　下33ウ4
之　下34オ2
之　下34オ7
之　下34ウ2
之　下34ウ4
之　下34ウ5
之　下35オ2
ごれう［名］
御寮　中28オ7
これら［代名］
是等　上31オ1
是等　上38ウ3
此等　コレラ　中31オ1
ころ［名］
比　—ロ　中34オ2
比　下4オ6
こゑ［名］
聲　上39ウ6
聲　上39ウ7
音　コヱ　中7オ5
聲　コヱ　中20ウ2
聲　コヱ　中27オ2
こゑつ［名］

胡越　コエツ　上39オ3
こんがう［名］
金剛　コンカウ　中14オ3
こんがうけん［名］
金岡［剛］圏　—カウ—　上29ウ1
こんげん［名］
根元［源］　コンケン　上40オ5
こんこん［名］
獻々　コン—　中1ウ6
こんじ［名］
今時　中24オ7
こんじてう［名］
金翅鳥　コンシテウ　下34オ6
こんじやう［名］
今生　中43オ7
今生　中43ウ2
こんじやう（懇情）→こんせい
こんせい［名］
懇情　コンセイ　下1オ4
こんだい［名］
今代　コンタイ　中25ウ3

こんど［名］
今度　上13オ6
今度　中4ウ2
今度　中35ウ3
今度　下5ウ5
こんねん［名］
今年　中14ウ3
今年　中17オ3
今年　コン―　中18ウ6
ごんねん［形動タリ］
儼然　ゲンセン　下6オ1
ごんのすけどの［名］
權介殿　中41オ6
こんばう［名］
懇望　コンバウ　上17オ5
こんばん［名］
今晩　中34オ7
こんぼん［名］
根本　コンホン　中26オ3
こんぽん［名］
混本　中31オ7
こんらん［動サ変］
混亂　コンラン　下3ウ2
こんりふ［動サ変］
建立　コンリウス　上22オ7
こんるほなふ［名］
金縷布衲　下5ウ3

さ

さい［名］
宰　サイ　上13オ6
さい［形動タリ］
最　―ト　下32ウ7
さいかく［名］
才覺　―カク　中36ウ2
さいがく［名］
材學　サイカク　中21ウ5
さいぎつて（遮而）→さえぎつて
さいく［名］
細工　上23ウ4
さいくわい［名］
再會　サイ―　中34オ2
再會　サイクワイ　下7オ3
さいげい［名］
才藝　サイケイ　中28オ2
さいげつ［名］
歳月　下10ウ2
さいげん［名］
際限　サイゲン　上1オ5
さいこう［名］
再興　サイコウ　上39オ6
ざいこく［名］
在國　サイコク　中1オ3
さいさい［副］
細々　サイサイ　中21ウ1
細々　サイサイ　中28オ3
細々　中28ウ2
さいさん［副］
再三　サイ―　中21オ6
さいしき［名］
彩色　サイシキ　上14オ7
ざいしやう［名］
在荘　サイシヤウ　中1オ4
さいぜんじ［名］
西禪寺　下10オ1
さいなん［名］
災難　サイナン　下32ウ7
災難　下33オ4
さいのう［名］
才能　上8オ2

さいはひ［名・形動ナリ］
幸　―ニ　中28オ2
幸　―ニ　中39オ3
幸　―ニ　中43オ5
福　サイハイ　中43オ7
幸　―ニ　下6オ6
さいほつ［動サ変］
再發　サイホツ　上34ウ4
ざいもく［名］
材木　上20オ5
さいもん［名］
柴門　サイモン　中28ウ7
ざいらく（在洛）↓ございらく（御在洛）・ございらくちゅう（御在洛中）
さいれい［名］
祭禮　サイレイ　中11オ4
さいれいすぎ［名］
祭禮過　サイレイスキ　中1オ4
さいれう［名］
菜料　サイレウ　上32オ2
さう［名］
草　サウ　中24オ2

さう［名］
操　サ　中24ウ5
さう［名］
相　サウ　中33オ1
さう（左右）↓ごさう（御左右）
ざう［名］
像　サウ　中26オ5
ざうえい［名］
營〈造營〉ヱイ　上19ウ5
さうえふ［名］
霜葉　サウヨウ　中29オ2
霜葉　サウヨウ　中31ウ7
さうおう［名］
相應　―ヲウ　中27ウ2
さうぎやう［名］
相形　中39オ1
さうくわ［名］
草花　上24ウ5
さうくわん［名］
壯觀　サウクワン　上17ウ3
壯觀　サウクワン　中10ウ3
さうけつ［名］
蒼頡　サウカツ　中24オ1
さうさい［名］

壯歳　サウ―　下10オ3
さうさう［副］
早々　中10ウ5
早々　下1ウ1
ざうさく［名］
造做　―リナシ　上24オ6
さうし［名］
騷思　サウシ　中22オ7
さうせい［名］
草聖　サウセイ　中24オ3
さうせつ［名］
霜雪　サウセツ　中27ウ6
さうそつ［動サ変］
早卒　サウソツスル　下10ウ3
さうたん［名］
早旦　―タン　下1オ6
さうつう［名］
相通　―ツウ　中36ウ4
さうでん［名・動サ変］
相傳　―テン　中25オ1
相傳　―シ　中26オ4
相傳　―スル　中35オ6
ざうぶつ（造物）↓つくりもの

さうりう［名］
曹劉　サウリウ　中31オ5
さえぎって［連語］
遮而　—テ　上24オ4
遮而　サヘキツテ　中31ウ6
遮而　—テ　下30ウ7
さかて［名］
酒直　上23ウ7
さかな［名］
肴　サカナ　中1ウ6
さかひ［名］
境　下31ウ4
境　下32ウ4
さき［名］
崎　サキ　下33ウ4
さききりとう［名］
崎切等　サキキリ—　中36ウ6
さきに［副］
日前　サキニ　上14オ3
さく（避）↓さる
さくい［名］
作意　中36ウ5
さくじ［名］
作事　上20オ3
作事　上24オ5
さくじつ［名］
昨日　中7ウ3
昨日　中11オ2
さぐる［動ラ四］
探　サクリ　上40オ5
捜　サクリ　中22オ5
さくれうとう［名］
作料等　上23ウ7
さけ［名］
酒　サケ　中18オ5
さけがたし（難去）↓さりがた
し
さこんのしやうげんどの［名］
左近将監殿　上24オ3
ささ［名］
瀉　サヽ　中7オ3
ささぐ［動ガ下二］
捧　サヽケ　上17オ3
捧　—ケ　上19ウ5
捧　サヽケ　中7オ7
捧　サヽケ　中8ウ1
捧　サヽケ　中14ウ2
捧　下28ウ5
捧　サヽケ　下31ウ2
↓ぼう（棒）
さしおかず（不閣）↓ふと（不
圖）
さしおく［動カ四］
閣　サシヲイ　中28オ5
ざしき［名］
坐敷　上33ウ5
坐敷　下1ウ7
↓おんざしき（御座敷）
ざしきぶぎやうとう［名］
座敷奉行等　下4オ5
さしたる［連体］
指　—タル　上27ウ5
さしづ［名］
差圖　サシヅ　上22ウ1
させる［連体］
差　サセル　中28ウ5
ざそく［名］
座側　下30ウ6
さそふ［動ハ四］
誘　サソハ　下6ウ6
さだむ［動マ下二］

定　サタメ　中23オ3
定　サタム　中25オ1
定　ーメ　下31オ2
定　下32ウ4
さだめがたし［連語］
難定　ーメーシ　下1ウ7
さだめて［副］
定　ーテ　上17ウ2
定　ーテ　上19ウ6
定　ーメテ　中1オ6
定　ーテ　中12オ3
定　ーメテ　中28ウ4
定　ーメテ　中41ウ4
定　ーテ　下30ウ1
定　ーテ　下32オ3
定　ーテ　下34ウ5
さつ［名］
冊　サツ　下35オ3
さつき［名］
五月　中17オ3
さづく［動カ下二］
授　サツケ　中38オ3
ざつしやう（雑掌）↓おんざつしやう（御雑掌）・おんざつしやうがた（御雑掌方）
さつす［動サ変］
察　サツシ　中4ウ6
察　中36オ4
察　サツシ　下28オ4
↓くはしくさつす（精察）
さでん［名］
左傳　サテン　中22オ2
さとる［動ラ四］
悟　サトル　中27ウ5
さとる（悟）↓ごしゆう（悟宗）
ざはい［名］
座牌　ーハイ　下1ウ6
さはる［動ラ四］
礙　サハリ　下28ウ7
さふ［動ハ下二］
礙　サヘ　中21ウ2
さま［名］
様　サマ　中10オ7
さまざま［副］
様々　上24ウ3
さまたげ［名］
妨　サマタケ　中28ウ4
さまのかみどの［名］
左馬頭殿　中6ウ7
さやう［形動ナリ］
左様　中11オ7
さらに［副］
更　ーニ　上1オ5
更　ーニ　上15ウ4
更　ーニ　上40オ6
更　ーニ　中1ウ4
更　サラニ　中15オ2
更　ーニ　中20ウ7
更　ーニ　中21ウ6
更　ーニ　中22ウ2
更　サラニ　中28ウ4
更　ーニ　中33オ3
更　ーニ　中36ウ5
更　ーニ　下28ウ1
更　下33ウ5
さらにもつて［連語］
更以　ーニー　上24オ7
更以　サラニー　中16ウ5
更以　ーニーテ　下1ウ7
さり［名］
佐理　サリ　中24オ4
さりがたし［連語］

難去　上28オ4
難去　サケ―　中36ウ6
難去　下30オ4
さりながら［接］
乍去　上13ウ2
乍去　上31ウ6
乍去　上33ウ4
乍去　サリナカラ　中28ウ6
乍去　中36オ7
さる［動ラ四］
避　サク　中23ウ3
さる［動ラ四］
去　サル　中26ウ1
去　―ル　下33ウ2
さるがく［名］
猿樂　サルカク　中11ウ2
さん［名］
參　下6ウ7
參　下30オ4
さんえつ［動サ変］
參謁　―ヱツセ　中31ウ5
さんが［名］
山河　下31ウ1
さんかい［名］
山海　上29ウ4
さんかう［動サ変］
參向　―カウ―　中1オ7
ざんかん［名］
慚汗　サンカン　下6オ2
さんくわい［名］
參會　中33ウ1
さんげ［名］
散花　サンゲ　下1ウ4
さんげ（三下）↓じやうげ（上下）
さんけい［動サ変］
參詣　―ケイス　中27ウ3
さんこう［名］
參扣　サンコウ　中28オ3
さんごふ［名］
三業　―コウ　中27ウ1
さんさん（三々）↓りやうりやうさんさん（兩々三々）
さんざんく［名］
三々九　中25オ2
さんじ［名］
參仕　上17ウ3
參仕　上34オ1
參仕　中1ウ3
ざんじ［名］
暫時　サンシ　中7ウ2
さんしふ［動サ変］
纂集　サンシウス　下30オ5
さんじふさんてん［名］
三十三天　下34ウ2
さんじふにひ［名］
卅二臂　下33ウ2
さんじふろくまんり［名］
卅六萬里　下34オ2
さんじゆん［名］
三旬　―シユン　上39オ4
さんじん［名］
散人　上8オ1
さんず［動サ変］
參　上17ウ1
參　上40ウ1
さんず（散）↓ちらす
さんせい［名］
三正　上1オ2
さんせん［名］
三箭　―セン　中25オ1
さんせん［名］

山川　下7オ7
山川　下9ウ4
さんぜんり（三千里）↓さんびやくり（三百里）
さんだい［名］
參内　上7ウ7
さんちゆう［名］
山中　中21ウ4
さんつい（三對）↓にさんつい（二三對）
さんてん［名］
山店　―テン　下10ウ3
さんでん［名］
三天　下34オ4
さんにふ［名］
參入　上24オ6
參入　中4オ5
參入　中28ウ2
參入　下4オ3
さんぬる［連体］
去　―ヌル　中34オ2
去　―ヌル　下4オ6
さんびき［名］
三疋　下28オ5
↓にさんびき（二三疋）
さんびやくり［名］
三千〈百〉里　下7オ6
さんぽ［名］
三浦　―ホ　上14ウ2
さんまんろくひやくり［名］
三萬六百里　下34オ6
さんまんろっぴやくり（三萬六百里）↓さんまんろくひやくり
さんみつ［名］
三密　―ミツ　中27オ6
さんや［名］
山野　上8オ1

し

し［名］
師　シ　上22オ6
師　シ　中27ウ2
し［名］
資　シ　中17ウ2
し［名］
之　シ　中22オ6
し［名］
詩　シ　中22オ6
詩　シ　中22ウ2
詩　シ　中22ウ2
詩　シ　中31オ4
詩　シ　下7オ6
詩　下31ウ1
し［名］
絲　シ　中24ウ2
し［名］
士　シ　中27ウ6
しいか［名］
詩哥　シイカ　中34オ2
しいかくわんげん［名］
詩哥管絃　シイカクワンケン　上8オ5
しいじ［名］
四時　中35オ7
しう［名］
州　下32オ7
しういつ［名］
秀逸　シウイツ　中36ウ3
しうえふ［名］
秋葉　シウヨウ　中22ウ1

しうきく［名］
鞦〔蹴〕鞠　シウキク　中25オ3
しうげん（祝言）→ごしうげん
（御祝言）
しうこ［名］
繡戸　シウコ　下31ウ1
しうし［名］
秋紙　―シ　中35オ6
しうじや（秋蛇）→しうだ
しうしよ［名］
秋初　中17オ4
しうせい［名］
秋成　シウ―　中16ウ2
じうそん［名］
獣樽　シウソン　上1オ6
しうだ［名］
秋蛇　―シヤ　中24オ7
しうたん［名］
愁嘆　シウタン　中20オ2
しうちやく［名］
祝著　シウチヤク　中16ウ1
しうなふ［動サ変］
秋納　シウナフスル

じうるい［名］　中17オ5
獣類　下34ウ7
じうわう［形動ナリ］
縦横也　シウワウ―　中25オ5
じえぜんじ［名］
侍衣禪師　上31オ6
しか［名］
四个　上22オ5
しか［名］
子夏　シカ　中10オ5
しか（然）→しかり
しかうして［接］
然　―シテ　中22オ6
然而　―シテ　中25ウ5
然而　―シテ　中27ウ6
而　下31オ6
しかく［名］
四角　―カク　中39オ1
四角　下33ウ6
しかして（然而）→しかうして
しかしながら［副］
併　―ラ　上13ウ4

併　―ラ　上34オ2
併　―ラ　上38ウ6
併　―ラ　上42オ6
併　―カラ　中20ウ7
併　―ラ　中31ウ1
併　―ラ　下30ウ4
しかつしよりこのかた［連語］
自爾以際〈降〉シカツシヨリコノカタ　中22オ1
自爾以來　シカシ―リコノカタ　中25オ4
↓じらい（爾來）
しかのみならず［連語］
加以　シカノミナラス　中27ウ2
加以　シカノミナラス　下35オ1
しからずんば［接］
不然者　―ラ―ハ　中12オ1
しからば（然者）→しかれば
しかり［動ラ変］
然　シカナリ　上8オ2
然　―リ　中32オ3
しかりといへども［接］

雖然 ―ト― 中15ウ3
雖然 中19ウ4
雖然 ―ト― 中23オ5
雖然 中26ウ1
雖然 下30オ6
雖然 下32ウ3
しかるあひだ［接］
然間 中15オ1
然間 ―ル― 中16ウ7
しかるに［接］
然 ―ルニ 中19ウ1
しかるべし［連語］
可然 ―キ 上17ウ5
可然 上39オ6
可然 中3ウ5
可然 中11オ5
可然 中38ウ7
可然 下10ウ4
可然 下31ウ6
しかれども［接］
而 ―モ 上23ウ5
然 ―トモ 中43オ6
しかれば［接］
然者 ―ラハ 上2オ4

然 ―レハ 上7ウ6
然者 上22オ7
然者 上34ウ2
然 中6ウ2
然者 ―ラハ 中16オ1
兪者 シカラハ 中16ウ4
然者 ―ハ 中21ウ5
然者 ―レハ 中23ウ2
然者 ―レハ 中26ウ7
然者 ―ハ 中28オ3
然者 ―レハ 中29オ2
然者 ―ラハ 中31オ4
然者 ―ハ 中33ウ3
然者 ―ラハ 中34ウ2
然 中43ウ2
然者 ―ハ 下1ウ1
然者 ―ラハ 下6オ1
然 ―レハ 下7ウ4
然者 下10ウ2
然者 ―ラハ 下28オ3
然者 ―ハ 下29オ2
しき［名］
儀〈式〉 上13ウ2
式 シキ 上31オ3

式 シキ 中19ウ5
式 シキ 下6オ2
しき［名］
紫綺 シキ 中10オ5
しき［名］
史記 シキ 中22オ3
しき［名］
子期 シキ 中24ウ5
しく［名］
詩句 下31ウ3
しく［動カ四］
似 シカ 中27ウ2
如 シカ 中33オ4
しくわ［名］
詞花 シクハ 中23オ1
しくわい（旨快）↓しけつ（旨訣）
しくわん［名］
止観 シクワン 中26ウ6
しくん［名］
思君 シクン 下7オ7
しけつ［名］
旨快〈訣〉 シクワイ 中25ウ3

しご［名］
詞語　下31ウ7
じこく［名］
時剋　シコク　中4オ6
時刻　中37オ2
ししう［名］
四州　下32オ3
じじつ［名］
時日　中17オ7
ししや［名］
使者　上14オ3
ししやう［名］
氏姓　上13オ4
じしゆう［名］
自宗　―シウ　下1ウ5
じしん［名］
侍臣　シシン　中22ウ6
じす［動サ変］
辭　シシ　中33オ4
しぜん［副］
自然　シセン　上15ウ1
自然　下3ウ2
しせんごひやく［名］
四千貳〈五〉百　下34ウ7
しせんにひやく（四千貳百）↓しせんごひやく（四千五百）
しそく（子息）↓ごしそく（御子息）
しぞく［名］
氏族　シソク　上8オ6
しそん［名］
子孫　―ソン　中41オ1
した［名］
舌　シタ　中27オ7
した［名］
下　下32ウ1
下　下33オ6
下　下33ウ1
しだ［名］
紫馳〈駝〉　シチ　中5オ1
じた［名］
自他　上27ウ6
自他　シタ　下7ウ2
しだい［名］
次第　下10ウ7
したがつて［接］
随而　―テ　上14オ5
随而　―テ　中5オ2
随而　―テ　中11オ4
随而　―テ　下4オ1
随而　―テ　下28オ7
したがふ［動ハ四］
随　上20オ1
順　シタカ　上40オ6
随　シタカヒ　中4ウ4
随　中14ウ5
随　シタカヒ　中25オ6
随　中25オ6
随　―フ　中25ウ1
随　シタカハ　中26オ3
随　中31オ7
従　中33オ4
随　下33オ7
したし［形シク］
親　シタシキ　上33ウ4
したふ［動ハ四］
慕　シタフ　中23ウ2
しだん（使斷）↓しれう（使料）
しち（紫馳）↓しだ（紫駝）
しぢ［名］
榻　シチ　中19オ3
しちじふ［名］

　七十　下32ウ4
しちせんゆじゆん［名］
　七千由旬　―ユシユン　下32ウ1
しぢやう［名］
　詞場　下6ウ2
じぢやう［名］
　辭場　ジヂヤウ　上31オ4
しちよく［名］
　司直　シチヨク　中33オ3
じちゐき［名］
　日域　シチイキ　中25オ4
しつうん［名］
　漆暈　シツウン　中35ウ2
しつうん（悉曇）→しつたん
しつかうたう［名］
　集香湯　シツカウタウ　上28オ6
しつきやく［動サ変］
　失卻　シツキヤク　下3ウ2
じつげつ［名］
　日月　下7ウ1
　日月　下31ウ2
　日月　下34オ2
しつしつ（唧々）→しよくしよく
しつす（失）→うしなふ
じつたい（十體）→じつてい
しつたん［名］
　悉曇　シツウン　中27オ7
じつてい［名］
　十體　―タイ　中36ウ3
じつとく［名］
　拾得　シツトク　上7オ2
じつに（實）→まことに
して［名］
　帋　シテ　中7オ3
しな［名］
　品　シナ　中14オ5
　品　シナ　中24ウ3
しなだま［名］
　品玉　シナタマ　中11ウ3
しなん（指南）→ごしなん（御指南）
しはう［名］
　四方　下34オ2
しばしば［副］
　亟　シハシハ　上7ウ7
　屢　シハシハ　上34オ6
　屢　シハシハ　中17ウ2
　屢　シハシハ　中25オ7
　屢　シハシハ　中28ウ5
　屢　シハシハ　下7ウ1
しひ［名］
　四臂　下32ウ3
しひたけ［名］
　椎茸　シイタケ　上28オ7
しひやくしびやう［名］
　四百四病　上40オ5
じふ［名］
　十　中17オ6
　十　下30オ7
じふさんぎやう［名］
　十三經　中22オ3
じふしごにちごろ［連語］
　十四五日比　中1オ3
しふじりつとう［名］
　十二律等　中24ウ4
しふとう［名］
　集等　シウトウ　中23オ2
じふにじ［名］
　十二時　下7オ7

じふもつ［名］
什物　シウモツ　下6オ4
じふろくひ［名］
十六臂　下33オ3
じふろくまんゆじゆん［名］
十六萬由旬　下33ウ7
十六萬由旬　下34オ1
しふゐせう［名］
拾遺抄　シウイセウ　中23オ1
じぶん［名］
時分　上14オ3
時分　上31オ2
時分　下1オ3
じぼくをおどろかす［連語］
驚耳目　シホクヲヲトロカシ　中9オ1
しぼむ［動マ四］
萎　シホメ　中23オ6
しまつ［名］
始末　下30オ6
しめす［動サ四］
示　上7ウ5
示　上19オ7

示　上24ウ1
示　上39オ6
示　中1ウ6
示　中4オ4
示　シメー　中33ウ1
示　中36オ6
示　中41オ7
示　シメセ　下9ウ5
示　下31オ4
示　シメサ　下35オ4
しめん［名］
紙面　上7オ3
紙面　上38ウ7
しも（霜）↓げうさう（曉霜）
しや［名］
者　シヤ　中22オ6
しやう［名］
觴　シヤウ　上1オ5
しやう［名］
商　シヤウ　中24ウ2
じやう［名］
狀　中18ウ5
じやう［名］
狀　中43ウ4

じやう［名］
情　シヤウ　上33ウ4
情　ジヤウ　中23オ5
情　シヤウ　中28オ1
↓こころ
しやういう［動サ変］
賞遊　シヤウユウセ　中29オ3
しやうがい［名］
生涯　―カイ　上27ウ1
しやうぎ［名］
將棊　シヤウキ　中34オ6
じやうげ［名］
三〈上〉下　中25オ6
↓きせんじやうげ（貴賤上下）
しやうご［名］
鉦鼓　シヤウゴ　中7オ5
しやうじやう［名］
牀上　シヤウ―　中19ウ6
じやうじゆ［名］
成就　下27ウ4
↓じやうじゆく（成熟）
じやうじゆく［動サ変］
成就［熟］　シヤウシユス

じやうじよ［名］
尙書　シヤウシヨ　中15オ1
しやうじん［名］
精進　シヤウシン　中22オ2
しやうず［動サ変］
生　―ス　中27オ4
生　―シ　中16ウ4
生　―ス　下33オ6
↓せいたう（生稲）　下33ウ3
じやうず［名・形動ナリ］
上手　―ヅ
上手也　―ツナリ　上14オ5
上手　上39ウ4
上手　中22ウ5
しやうだう［名］　中25オ3
聖道　シヤウタウ
じやうぢゆう［動サ変］　下1ウ3
常住
しやうとく［副］　下3ウ3
生得　シヤウトク
しやうとくたいし［名］　上20オ1
聖德太子　シヤウトクタイシ　中23オ3

しやうぶん［名］
上聞　―フン　中20ウ7
しやうぼふゐん［名］
正法院　上31オ6
じやうみ［名］
上味　上32オ2
しやうめん（賞面）↓きめん（貴面）
しやうらい［名］
生來　上38ウ5
しやうらく［名・動サ変］
上洛　中1オ6
上洛　下31オ2
↓ごしやうらく（御上洛）
しやうらん［名］
翔鸞　シヤウラン　中24オ7
しやくじやう［名］
借狀　下3オ7
借狀　シヤク―　下6オ4
しやくす［動サ変］
釋　シヤクシ　中36ウ6
じやくめつ［名］
寂滅　シヤクメツ　中27ウ5
しやさう［名］

洒掃　シヤサウ　上34オ1
しやしん［名］
寫眞　―サシン　上15ウ5
じやす［動サ変］
謝　シヤス　中28オ5
謝　シヤスル　中41ウ2
謝　シヤスル　下31オ4
しやにん［名］
社人　シヤニン　中8ウ1
しやば［名］
車馬　下28ウ7
じゆ［名］
壽　上1オ6
じゆ（頌）↓しよう
しゆう（宗）↓ごしゆう（悟宗）
じゆうそく［動サ変］
充塞　シウソクス　下34ウ2
じゆうまん［動サ変］
充滿　シウマンシ　中43ウ3
じゆうるい［名］
從類　シウルイ　中41オ1
じゆうわう［名・形動ナリ］
縱橫　シウワウ　上15ウ4
縱橫也　シウワウナリ

↓たてよこ　下28ウ3
しゆうをさとる（悟宗）↓ごし
ゆう
じゆか［名］
樹下　下32ウ2
しゆかく［名］
朱閣　下28ウ4
しゆがふ［動サ変］
取合　シウカウスル　上42オ3
しゆきやく［名］
手脚　シユキヤク　中26オ7
しゆくいん［名］
夙因　シクイン　中19オ4
しゆくえん［名］
夙縁　シクヱン　中19ウ3
しゆくき［名］
淑氣　シユクキ　上7ウ2
しゆくけい［名］
夙契　シクケイ　中19オ3
しゆくす［動サ変］
祝　―スル　上1オ4
祝　―ス　上1オ6

じゆくす［動サ変］
熟　シユクス　中16オ2
熟　シユク　中17ウ2
じゆぐわん［名］
呪願　シウ―　中22ウ4
しゆさん［名］
修懺　シユサン　下1オ5
しゆじ［名］
種子　シユシ　中15ウ1
種子　シユシ　中15ウ6
じゆし［名］
兄〈呪〉師　ケイシ　中11ウ2
しゆしやか［名］
朱雀　下28ウ2
しゆじゆ［副・形動ナリ］
種々　上14オ7
種々　中1ウ4
種々　中7ウ2
種々　下30オ5
しゆじゆまひ（侏儒舞）↓ひき
うどまひ
しゆしよう［形動ナリ］
殊勝　シユセウ　中8ウ4

しゆす［動サ変］
修　シユシ　中14ウ6
修　シユセ　中43オ7
しゆせき［名］
手跡　上15ウ2
しゆせきとう［名］
手跡等　シユセキ―　下6オ6
しゆだん［名］
手段　上23ウ6
しゆぢき［名］
酒直　シユシキ　中15ウ6
しゆつかう［名］
出行　―キヤウ　中4ウ2
↓ごしゆつかう（御出行）
しゆつぎやう（出行）↓しゆつ
かう
しゆつくわい［名］
述懐　シユツクワイ　中34オ5
しゆつこ［名］
出擧　中15ウ6
しゆつし［名］
出仕　下4オ4

しゆつしやう［動サ変］
出生　―スル　下32ウ3
じゆつす（述）↓のぶ
しゆつたい［動サ変］
出來　―ル　中14ウ2
しゆつにふ［名］
出入　シユツ―　中21ウ3
出入　下28ウ1
じゆつほう［名］
術方　シユツハウ　上40オ4
しゆつりよ［名］
出旅　―リヨ　中1ウ1
しゆと［名］
衆徒　シユト　下1ウ3
しゆなふ［名］
收納　シユナフ　中16オ3
しゆはい［名］
酒盃　シユハイ　中33オ7
しゆび［名］
首尾　シユヒ　中23ウ4
しゆほふ［名］
修法　シユホウ　中27ウ1
しゆみ［名］
須彌　シユミ　下32オ3
須彌　下32オ6
須彌　下34オ7
しゆみせん［名］
須彌山　下33ウ7
じゆもく［名］
樹木　シユモク　中31オ1
樹木　シユモク　中39オ2
じゆよう［動サ変］
受用　シユ―　下3ウ3
しゆらいとう［名］
周禮等　シユライトウ　中22オ2
しゆらん［名］
朱欄　下28ウ5
しゆり［名］
修理　シユリ　上17ウ4
しゆゑ［名］
衆會　シユヱ　中27オ2
衆會　シユヱ　下5ウ5
衆會　シユヱ　下6オ2
じゆん［名］
閏　シユン　中18ウ6
しゆんいん［名］
春蚓　―イン　中24オ7
しゆんくわ［名］
春花　シユンクハ　中22オ7
しゆんくわい［名］
春懷　―クワイ　中35オ6
しゆんこつ［名］
駿骨　シユンコツ　上19オ5
じゆんじゆく［動サ変］
淳熟　シユンシユクス　中19ウ3
しゆんでん［名］
春殿　下31ウ2
しよ［名］
書　シヨ　中21ウ7
書　シヨ　中22オ1
書　中24オ5
↓かきたゆ（書絶）
じよ［名］
序　シヨ　中22ウ2
しよう［名］
頌　シユ　上1オ6
頌　セウ　中22オ5
しよう［名］
僧〈證〉　下27ウ4
じようえつ［名］

承悦　下31オ1
しようしんしう［名］
勝身州　下33オ2
しようす［動サ変］
稱　―スル　上13オ3
しようぜつ［形動ナリ］
勝絶也　セウセツナリ　上27オ7
勝絶　セウセツナル　下27ウ5
しようち［名］
勝地　セウチ　下10オ7
しようぶ［名］
勝負　セウフ　中10ウ3
しようふう［名］
松風　上39ウ3
じようめども［名］
乗馬共　セウメ―　中4オ6
しよく［名］
職　上20オ3
しよく［名］
燭　シヨク　中21ウ6
しよく［名］
俗　シヨク　中23オ6

しよくしよく［副］
喞々　シツシツ　中20ウ2
しよくす［動サ変］
屬　シヨクシ　上7ウ6
屬　ツイ　上23ウ6
しよぐわ（書畫）→きんきしよ
ぐわ（琴碁書畫）
しよけ［名］
諸家　シヨケ　中23オ2
しよこく［名］
諸國　下6ウ6
諸國　下10オ2
しよじ［名］
諸事　下3ウ1
諸事　下6オ3
しよじ［名］
諸寺　下1ウ5
じよしう［名］
鋤鍬　スキクワ　中17オ1
じよじやう［動サ変］
助成　―ス　上32オ1
↓ごじよじやう（御助成）
しよしよ［名］
所々　中3ウ6

處々　下10オ7
所々　下28オ3
じよじよ（徐々）→やうやく
しよす［動サ変］
書　―シ　中26オ5
しよせん［副］
所詮　シヨセン　中11ウ2
しよぢ［名・動サ変］
所持　上14ウ5
所持　上17ウ5
所持　―セ　上29ウ2
所持　上31オ1
所持　シヨチ　中12オ4
所持　中34ウ5
所持　中37オ3
↓ごしよぢ（御所持）
じよてんのふで［連語］
如椽之筆　上27ウ2
しよばう［名］
諸房　下1ウ5
しよへん［名］
諸篇　―ヘン　上13ウ2
しよほふ［名］
諸法　中27ウ5

しよまう［名］
所望　下30オ5
しよよう［名］
所用　下35オ2
しよりやう［名］
所領　上13オ4
じらい［副］
爾來　シカショリコノカタ　中26オ3
しらぎ（新羅）→しんら
しらべ［名］
調　シラへ　上34ウ1
しりぞく［動カ下二］
退　―ク　上1オ7
しる［動ラ四］
知　上13オ6
識　―ル　上33ウ4
知　―リ　上40オ5
識　シラ　中6ウ2
識　シラ　中9オ1
知　シン　中19オ5
知　中19ウ4
知　シリ　中24ウ5
識　シル　中24ウ6
識　シラ　中25オ2
知　中41ウ2
知　下31オ4
知　下33オ7
知　下33ウ5
しるし［名］
驗　シルシ　中27ウ1
しるす［動サ四］
誌　シ―ス　上42オ4
誌　シルシ　下31オ6
誌　シルシ　下32オ2
誌　シルス　下34ウ5
しるす（記）→きす
しれう［名］
使斷〈料〉シタン　中15ウ5
しろ［名］
城　下28オ7
しわう［名］
四王　下34オ3
しん［名］
信　シン　上42オ4
しん［名］
晉　シン　中18オ5
しん［名］
信〈眞〉シン　中24オ2
しん（神）→かみ
しん（深）→ふかし
じん［名］
仁　上39ウ4
しんい［名］
瞋恚　シンイ　中27ウ6
瞋恚　シンイ　下32ウ7
しんか（請暇）→ごしんか（御請暇）
しんかう［名］
深更　シンカウ　中20ウ4
しんかん［名］
神感　シンカン　中8ウ4
じんぐ［名］
神具　シンク　中7ウ6
しんくわう［名］
神光　シンクワウ　中26オ4
しんごん［名］
眞言　シンコン　中25ウ7
眞言　シンコン　中27オ4
眞言　中27オ6
しんさつふぜい［名］
新札風情　下31ウ6

しんし［名］
深志　シンシ　中21ウ1
しんじ［名］
進士　シンシ　上7ウ6
しんじ［名］
神事　シンシ　中11オ3
しんじ［名］
心事　中33ウ4
心事　中38ウ1
心事　下31オ2
しんじつ［副］
眞實　シンシツ　上24オ5
眞實　シンシツ　中41ウ1
しんじども［名］
心事共　下7ウ1
じんじや［名］
神社　下28ウ5
しんじやう［名］
進上　上13ウ7
↓ごしんじやう（御進上）
しんしやく［名・動サ変］
斟酌　シンシヤク　上19ウ1
斟酌　シンシヤク　中36ウ7
斟酌　シンシヤク　下4オ4
斟酌　シンシヤクセ　下6オ3
しんず［動サ変］
進　上14ウ5
進ース　上32オ1
進　上32オ3
進　上40ウ1
進　中5オ3
進　下6オ5
進　下6ウ2
進　下29オ6
進　下32オ4
↓しんらん（進覧）
しんぜん［名］
神前　中8ウ2
しんせんわうらいしふ［名］
新撰往來集　下31ウ4
しんぞ［名］
陞座　下1オ7
しんたい［名］
身體　下33オ2
しんだい［名］
進退　下28ウ7
じんたく［名］
仁澤　シンタク　中15ウ4
仁澤　シンタク　中16オ1
しんちゆう［名］
心中　上24オ6
心中　中21ウ3
心中　中41ウ1
しんてい［名］
心底　ーテイ　上19ウ7
心底　ーテイ　上38ウ7
心底　シンテイ　中20ウ7
しんとども［名］
新渡共　シントー　上14ウ5
じんのう［名］
神農　シンノウ　上38ウ6
しんぴつ［名］
神筆　上15ウ4
しんぺい［名］
新米　シンヘイ　中14ウ2
新米　シンマイ　中16ウ1
しんまい（新米）↓しんぺい
しんまんえふ［名］
新萬葉　中22ウ7
しんみやく［名］
詮〈診〉脈　センミヤク

上40オ5
しんむ［名］
榛霧　シンム　中36オ3
じんめん［名］
人面　下32ウ4
しんもつ（進物）↓ごしんもつ
（御進物）
しんら［名］
新羅　シンラ　上39ウ1
しんらとう［名］
新羅等　シンラ―　下27ウ2
しんらん［動サ変］
進〈進覧〉　中14ウ3
進覧　―セ　下11オ1
進覧　下28オ6
じんりん［名］
人倫　―リン　中43オ5

す

す［動サ変］
爲　―メ　上17オ2
爲　上18オ6
爲　―メ　上32オ2
爲　シ　中7オ3
爲　シ　中7オ3
爲　シ　中7オ4
爲　シ　中7オ7
爲　―メ　中14ウ2
爲　セ　中14ウ4
爲　セ　中19ウ3
爲　中19ウ3
爲　スル　下7ウ6
爲　下28オ5
爲　―メ　下31ウ5
爲　下32オ7
爲　下32ウ4
爲　下32ウ5
爲　ス　下32ウ7
爲　ス　下33オ5
すいうんきう［名］
翠雲裘　スイウンキウ　中10オ6
すいかん［名］
水旱　スイカン　中14ウ3
すいきよく［動サ変］
推極　スイキヨクセ　中24ウ4
すいこ（出擧）↓しゆつこ
すいさつ［動サ変］
推察　スイサツセ　上31ウ4
推察　スイサツシ　中21オ7
すいさん［動サ変］
推參　スイ―　中37オ2
すいしやう［名］
水晶　―シヤウ　上31ウ6
すいじゆんえ［名］
垂鶉衣　スイシユンヱ　中10オ5
ずいしん［名・動サ変］
隨身　スイシン　中34ウ3
隨身　スイシン　下7ウ3
ずいすい（隨遂）↓ずいちく（隨遂）
ずいちく［動サ変］
隨逐　スイツイセ　下10ウ6
ずいちやう［動サ変］
隨長　―ス　下33ウ5
ずいびやう［名］
隨兵　スイヒヤウ　中12オ3
ずいひんとをか［名］
蕤賓十日　スイヒン―

すいらう［動サ変］　上39オ1
衰老　スイラウス　下10オ5
すいろ［名］
垂露　スイロ　中24オ6
すうじつ（數日）↓すじつ
すうちやう（數町）↓すちやう
すがた［名］
姿　スカタ　中6ウ2
姿　スカタ　中24オ6
すき［名］
鋤　スキ　中14ウ6
すぎ（過）↓さいれいすぎ（祭禮過）
すきくは（鋤鍬）↓じよしう
すきど［名］
透戸　上24ウ3
すぐ［動ガ上二］
過　―ル　上28オ5
過　スキ　中11オ4
過　スキ　下10ウ5
すくなし［形ク］
少　―カラ　上24ウ1
少　―ナカラ　上28オ2

少　スクナシ　上39ウ2
少　スクナカラ　中1ウ5
寡　スクナシ　中14オ5
少　スクナク　中26ウ2
少　スクナカラ　中36ウ1
少　スクナカラ　中38ウ4
少　スクナカラ　中41ウ1
寡　スクナシ　中41ウ5
少　スクナキ　中43オ6
少　―シ　下30オ7
すぐる［動ラ下二］
勝　―レ　上8オ2
勝　スクレ　上42オ3
すこぶる［副］
頗　スコフル　中28ウ1
すざく（朱雀）↓しゆしやか
すさのをのみこと（素盞烏尊）
↓そさのをのみこと
すじつ［名］
數日　上34オ6
數日　ス―　中17オ5
數日　中36オ5
すすむ［動マ下二］
進　―メ　上1オ5

進　―ム　下9ウ2
すずり［名］
硯　スヽリ　中34ウ3
硯　中37オ2
硯　中37ウ2
すだれ［名］
簾　スタレ　中22ウ1
すぢ（筋）↓はし（箸）
すちやう［名］
數町　ス―　中14ウ4
すつ［動タ下二］
捨　ステ　中43ウ2
捨　スツル　下30オ7
すでに［副］
已　―ニ　上1ウ3
既　―ニ　上24ウ2
既　ステニ　中4オ5
既　ステニ　中28ウ7
已　―ニ　中33オ1
已　―ニ　中36オ1
既　ステニ　中43オ7
既　―ニ　下9ウ2
已　―ニ　下10オ4
已　―ニ　下10オ5

已　―ニ　下10ウ1
已　―ニ　下32オ2
↓いたつしや（已達者）
すなはち［副・接］
卽　上39オ4
卽　上42オ4
則　中4オ5
則　中6ウ2
則　中6ウ3
則　中19オ2
則　中26オ2
則　―チ　中27ウ4
曾　カツテ　中27ウ5
則　中32オ2
則　中35ウ1
則　中39オ2
則　中43ウ2
卽　下6オ4
則　下7ウ5
則　下7ウ6
則　下9ウ3
乃　下10ウ6
卽　下27ウ4
則　下29オ1

廼　スナハチ　下31ウ5
乃　下32オ7
↓くはうべん（九方便）
すひものふぜい［連語］
吸物風情　スイモノ―　上28オ6
すふ［動ハ四］
吸　スハ　下33ウ4
すべからく［副］
須　スヘカラク　中15ウ3
すべて［副］
總　―テ　上13オ3
すみ［名］
墨　スミ　中34ウ5
墨　スミ　中35オ6
墨　スミ　中35ウ2
すみどころ［名］
住處　スミ―ロ　下34オ5
すみゑ［名］
墨繪　スミヱ　下6オ7
すんか［名］
寸暇　上24ウ1
寸暇　スンカ　中21ウ6
寸暇　―カ　中31ウ5

寸暇　―カ　中33オ4
すんげき［名］
寸隙　中1ウ4
寸隙　中28ウ4
すんぱふ［名］
寸法　上22ウ2

せ

せい［名］
聖　セイ　中26ウ1
せいうん［名］
青雲　セイウン　上39ウ2
せいきよう［名］
誠恐　中43ウ4
せいきようけいはく［名］
誠恐敬白　上13ウ5
せいきようせいくわう［名］
誠恐誠惶　中33ウ5
せいきん［名］
精勤　セイキン　中27ウ3
せいくわのふで［連語］
生花之筆　―ノ―　上16ウ5
生花之筆　―ノフテ

中38オ4
せいぐわん（誓願）↓ごせいぐわん（御誓願）
せいけい［名］
世計　ヨハカリ　中17オ7
せいさつ［動サ変］
靖〈精〉察　―シク―シ　中19ウ5
せいしう［名］
青州　セイシウ　中37ウ1
せいしつ［名］
青漆　セイシツ　上31ウ4
せいしやう［名］
請〈清〉商　中29オ1
せいしやう（請政）↓せいせい（清政）
せいじやくりふ［名］
青箬笠　セイシヤク―　下7ウ4
せいしゆ［名］
聖主　セイシユ　上2オ2
せいしゆ［名］
西收　セイシユ　中14ウ7
せいしよく［名］
青色　下32オ7
せいしん［名］
清新　セイシン　中22オ7
せいじん［名］
成人　セイ―　中38ウ5
せいす［動サ変］
制　セイスル　中22オ6
せいせい［名］
請〈清〉政　セイシヤウ　上2オ1
せいせい［名］
清世　セイセ　上7ウ6
せいぜい［副］
濟々　セイセイ　上31ウ5
濟々　セイセイ　下31オ5
せいたう［名］
生稲　イネヲ―スル　中15ウ2
せいだん［名］
清談　セイタン　中28ウ3
せいちやう［名］
清聴　セイテイ　中20ウ6
せいぢやう［動サ変］
生長　セイヂヤウシ　中39オ3
せいどう［名］
青銅　セイトウ　下28オ5
せいはう［名］
西方　下33オ3
せいひつ（成謐）↓なす（成）
せいぶん（正文）↓せいもん
せいめい［名］
聲名　セイメイ　中24ウ1
せいもん［名］
正文　中24オ1
せいやうなぬか［名］
正陽七日　上34オ4
せいらん［名］
西嵐　セイラン　中31ウ7
せう［名］
簫　セウ　中19オ6
せう［名］
詔　セウ　中22ウ6
せうく［名］
小工　上23ウ6
せうくわ［名］
椒花　セウ―　上1オ6
せうけ［名］

小家　―ケ　中40ウ7
せうこく［名］
小國　下27ウ2
小國　下34ウ3
せうさつ［名］
小札　―サツ　中22オ4
せうしつ［名］
少室　―シツ　中26オ4
せうしや［名］
小社　中7ウ4
せうしやうのはつけい［連語］
瀟湘之八景　セウシヤウノ―ケイ　上14ウ2
せうす［動サ変］
銷　セウシ　上1ウ3
消　セウシ　中34オ5
せうせい［名］
少［小］生　下30オ5
少［小］生　下30ウ3
小生　下31ウ5
せうせう［副］
少々　上23ウ3
少々　上31オ1
少々　上32オ3

少々　中5オ3
少々　中34ウ5
せうせう［形動タリ］
蕭々　セウセウタル　中19ウ7
せうそく［名］
消息　セウソク　中21オ5
消息　中22ウ5
消息　下31ウ6
せうそくことば［名］
消息詞　下30オ6
せうてき［名］
小摘　―テキ　上33ウ4
せうは［名］
少破　―ハ　上17ウ4
せうぶつじ［名］
少［小］佛事　下1オ2
せうぶん［動サ変］
小分　中43ウ2
せうみやう［名］
小名　下28ウ4
せうめ［名］
小馬　―メ　中4オ7
せうやく［名］

小藥　上38ウ4
せうり［名］
少利　中43ウ2
せがき（施餓鬼）↓だいせがき
（大施餓鬼）
せき［名］
席　セキ　上40オ1
せき［名］
堰　ヒキ　中14ウ5
せき［名］
石　セキ　中24ウ2
せきうつ［名］
積欝　セキウツ　上39オ3
積欝　セキウツ　中19ウ2
せきがく［名］
碩學　セキカク　上22オ5
せきくわ（石火）↓でんくわう
せきくわ（電光石火）
せきぜん［名］
碩善　上14ウ5
せくわ（世過）↓よすぎ
せけん［名］
世間　セケン　中27ウ4
せつ［名］

説　下34ウ6
せつ［形動ナリ］
切　セツナル　中32オ2
せつかく［名・形動ナリ］
折角　セツカク　中4ウ3
せつかん［名］
折檻　セツカン　上20オ4
せつきやう［名］
説經　セツキヤウ　中27オ2
せつくわつ［名］
殺話〈活〉　セツクワイ　中26オ6
せつじんき［名］
蘖〈薛〉仁貴　ケツシンキ　中24ウ7
せつせつ［副］
切々　中21ウ1
ぜつたん［名］
舌端　セツタン　中26ウ6
せつにんたう［名］
殺人刀　セツニンタウ　中14オ3
せつぽふ［名］
説法　セツホウ　下5ウ6

せどうか（旋頭歌）↓せんどう
せふこう［名］
葉公　セツ―　上19オ5
せめ［名］
責　セメ　下30ウ3
せん［名］
仙　上15ウ5
仙　セン　中23ウ1
せんうん［名］
仙醞　―ウン　上1オ7
ぜんかんじよ（前漢書）↓ぜん
ごかんじよとう（前後漢書等）
せんき［名］
千騎　―キ　中12オ1
せんくわい［名］
千悔　―クワイ　上17オ7
々々（千悔）　上17オ7
せんくわん［名］
千官　下31ウ2
せんこ［名］
千古　中18オ5
千古　中38オ4
ぜんごかんじよとう［名］
前後漢等〈前後漢書等〉　セン
コカン―　中22オ3
せんさい［名］
千歳　下33ウ2
せんざいしふ［名］
千載集　―サイシウ　中23オ1
せんさう［名］
千草　上1ウ2
千草　中32オ3
せんさうばんぼく［名］
千草萬木　下34ウ6
せんさつ［動サ変］
羡殺　ヱンサツスル　下10ウ1
せんじ［名］
宣旨　センシ　中22ウ3
せんしう［名］
千秋　中18ウ7
せんしき［形動ナリ］
淺識　センシキニ　下30オ7
せんじやう［名］
煎様　センシヤウ　上42オ3
せんしやうばんえつ［連語］
千祥萬悦　―シヤウ―

せんじん［名］
　浅深　センシン　上1オ4 中27オ3
せんず［動サ変］
　撰　センセ　中22ウ7
せんぜ［名］
　先世　中43オ7
ぜんせき［名］
　前跡　センセキ　中23ウ6
ぜんぞうあくげん［連語］
　善増惡滅　センソウアクケン　上22オ6
ぜんだいみもん［形動ナリ］
　前代未聞　センダイミモン　中6ウ3
ぜんだく［名］
　前諾　—タク　中19ウ5
せんてんとう［名］
　煎點等　上28オ5
せんどう［名］
　旋頭　中31オ7
せんにん［名］
　仙人　上39ウ6
せんばん［副］
　千萬　上18オ5
　千萬　上29ウ3
　千萬　上31ウ1
　千萬　中4ウ1
　千萬　センハン　中11オ7
　千萬　中21オ1
　千萬　下7オ5
　千萬　中41ウ2
ぜんぽふだう［名］
　善法堂　下34オ5
せんみやう（宣命）→せんめい
せんみやく（詮脈）→しんみやく（診脈）
せんめい［名］
　宣命　センメイ　中22ウ3
せんめん［名］
　扇面　センメン　上14オ7
せんもん［名］
　千門　上1オ7
せんり［名］
　千里　上39オ3
ぜんりんゐん［名］
　禪林院　上34オ5
ぜんわ［名］
　禪和　センワ　中25ウ7
　禪和　センワ　中26オ1

そ

そ［名］
　楚　ソ　中24ウ7
そ［名］
　祖　ソ　中26オ7
そい［名］
　祖意　ソイ　下27ウ3
そう（僧）→しよう（證）
そうかう［名］
　送行　下9ウ6
　送行　下10ウ6
そうぎやりえ［名］
　僧伽梨衣　下5ウ3
そうげき［名］
　悤劇　ソウケキ　上14オ2
そうじう［名］
　走獸　ソウシウ　上24ウ5
そうしやう［名］
　宗匠　ソウシヤウ　中36ウ2
そうじやう［名］

奏狀 ソウシヤウ 中22ウ3
ざうぢやう［名］
増長 ソウチヤウ 下34オ3
そうばう［名］
僧房 上22ウ1
ぞく（俗）→しよく
そくか［代名］
足下 ソツカ 中16オ2
足下 ソツカ 中19オ1
足下 ソツ― 中21オ7
足下 ソツカ 中28オ2
足下 ソツカ 中28オ4
足下 ソツカ 中28オ5
足下 中28ウ3
足下 下27ウ4
そくこく［名・副］
則〈卽〉刻 ソツコク 上14オ4
卽刻 下27ウ7
ぞくし（俗資）→ぎやうけん（行賢）
そくは［名］
束把 ソクハ 中15ウ7
そくもん（觸文）→げもん（解文）

そくわつ［形動ナリ］
疎闊 ソクワツニ 上34ウ2
そこく［名］
粗〈租〉穀 ソコク 中15ウ4
そこばく［名］
若干 ソコハク 上27オ6
そさのをのみこと［名］
素盞烏尊 ソサノヲノミコト 中23オ3
そしよ［名］
素書 ソ― 上27ウ7
そしり［名］
訕 ソシリ 中23オ7
そつか（足下）→そくか
そつこく（卽刻）→そくこく
そつじ［形動ナリ］
卒時 ソツシ 上42オ5
そつす［動サ変］
卒〔率〕 ―ニ 中12オ1
そで［名］
袖 上39ウ5
袖 ソテ 中8ウ3

袖 ソテ 中27ウ7
袖 中32オ2
そなふ［動ハ下二］
備 ソナフル 上33ウ3
備 ソナヘ 中23ウ3
その［連語］
厥 ソノ 上2オ3
其 ―ノ 上8オ3
厥 ソノ 上8オ4
其 上8オ5
厥 ソノ 上13ウ1
其 ―ノ 上15ウ4
其 上15ウ7
其 ―ノ 上22オ7
其 上24ウ1
厥 ソノ 上27オ6
其 上28オ2
其 上28オ4
其 上31オ2
其 上34ウ1
厥 ソノ 上38ウ3
其 ―ノ 上40オ1
厥 ソノ 中1ウ5
其 中7オ5

其　中9オ1
其　中10オ6
其ーノ　中11ウ4
其ーノ　中11ウ6
其ーノ　中11ウ6
厥ソノ　中17オ4
其ーノ　中17ウ1
其ーノ　中17ウ2
厥ソノ　中18ウ7
其ーノ　中19オ4
其ーノ　中19オ7
其　中20ウ2
其ーノ　中21ウ6
其ーノ　中22ウ5
其　中23オ2
其ーノ　中23ウ2
其　中23ウ4
其ーノ　中23ウ5
其　中24オ6
其　中24オ7
其ーノ　中24ウ1
其ーノ　中24ウ6
其ーノ　中25オ3
其ーレ　中25ウ2
其ソノ　中26オ1
其ーレ　中26ウ5
其　中27オ3
其ーレ　中27オ4
其ーノ　中35ウ2
其　中36ウ1
其　中36ウ5
其ーノ　中36ウ6
厥ソノ　中41オ7
其ーノ　下1オ3
其　下4オ6
其　下10オ4
其　下28ウ2
其　下28ウ3
其　下29オ2
其　下29オ5
其　下30オ6
其ーノ　下31ウ4
其　下32オ3
其　下32ウ1
其　下33オ6
其　下33ウ2
其　下33ウ3
其　下33ウ5
其　下33ウ5
其　下34オ3
其　下34オ3
其　下34オ4
其ーノ　下34オ6
其　下34ウ2
其ーノ　下34ウ4
其ーノ　下34ウ5
其　下35オ2
其　下35オ3
↓そのほか（其外・厥外）

そのかみ［名］
昔時　ソノカミ　中26ウ3

そのしよ（其書）↓くうしよ（空書）

そのほか［連語］
其外　上2オ5
厥外　ソノホカ　上15ウ6
厥外　ソノー　上20オ5
其外　上28オ7
其外　上33ウ6
其外　上39ウ3
其外　中1ウ1
其外　中22オ3

其外 中22オ4
其外 中23オ1
厥外 ソノホカ 中23オ6
其外 中24オ4
其外 中24ウ3
其外 中25オ1
其外 中25ウ5
其外 中36ウ4
其外 下31ウ7
其外 下32ウ7
そばだつ［動タ下二］
傾 カタフケ 上40オ1
そびやかす［動サ四］
聳 ソヒヘカス 中7オ7
聳 ソヒヘカス 中8ウ6
そびゆ［動ヤ下二］
聳 ソヒヘ 下28ウ6
そふ［動ハ下二］
添 ソフ 中19オ1
そまい［名］
粗〈租〉米 中15ウ5
そまどり［名］
杣取 ソマトリ 上23ウ3
そむ［動マ下二］
染 ソム 中8ウ4
そむきがたし［連語］
叵乖 ソムキカタシ 中21ウ2
そむく［動カ四］
負 ソムカ 中28オ1
背 ―ク 中37オ1
背 下7オ2
そもそも［接］
抑 上1オ5
抑 上19ウ5
抑 中18ウ6
抑 中19ウ3
そら［名］
空 ソラ 中25オ7
そり［名］
曾利 ソリ 上22ウ1
そりやく［形動ナリ］
疎略 上14オ2
疎略 ソリヤクニ 上20オ3
疎略 ソリヤク 中21ウ3
それ［代名］
其 ―レ 中14ウ5
↓その
それ［接］
夫 ソレ 中8ウ5
夫 ―レ 中19オ1
夫 中19ウ3
夫 ソレ 中21ウ7
夫 ソレ 中25ウ7
それがし［代名］
某 上31オ5
某 中21オ3
某 中35ウ5
某 中38ウ2
某 下3ウ6
某 下6ウ4
某 下9ウ7
某 下27ウ7
某 下30ウ5
某 下35オ7
そろ［動・補動特活］
候 上1オ3
候 上2オ6
候 上7オ1
候 上7ウ1
候 上7ウ5
候 上13オ7

候　上13ウ1
候　上13ウ2
候　上13ウ3
候　上14オ1
候　上14オ3
候　上14オ4
候　上14オ6
候　上14ウ3
候　上14ウ4
候　上14ウ6
候　上15ウ7
候　上17オ2
候　上17オ2
候　上17オ3
候　上17オ4
候　上17オ7
候　上17ウ1
候　上17ウ1
候　上17ウ2
候　上17ウ4
候　上17ウ5
候　上17ウ6
候　上18オ6
候　上18オ6

候　上19ウ1
候　上19ウ5
候　上19ウ5
候　上19ウ6
候　上19ウ7
候　上20オ1
候　上20オ2
候　上20オ6
候　上22オ7
候　上22ウ3
候　上23ウ3
候　上23ウ4
候　上24オ1
候　上24オ4
候　上24オ5
候　上24オ6
候　上24オ7
候　上24ウ1
候　上24ウ1
候　上24ウ4
候　上24ウ5
候　上27オ7
候　上27ウ6
候　上28オ1

候　上28オ2
候　上28オ3
候　上28オ3
候　上28オ5
候　上28オ6
候　上28オ7
候　上29ウ2
候　上29ウ4
候　上31オ1
候　上31オ2
候　上31オ3
候　上31オ4
候　上31オ7
候　上31ウ1
候　上31ウ3
候　上31ウ4
候　上31ウ6
候　上31ウ7
候　上32オ1
候　上32オ2
候　上32オ3
候　上33ウ3
候　上33ウ7
候　上34オ1

候　上34オ7
候　上34ウ5
候　上38ウ3
候　上38ウ5
候　上38ウ6
候　上39オ7
候―ハ　上39オ7
候　上40オ2
候　上40オ3
候　上40ウ1
候　上40ウ1
候　中1オ2
候　中1オ4
候　中1オ6
候　中1ウ2
候　中1ウ3
候　中1ウ5
候　中1ウ5
候　中1ウ6
候　中1ウ7
候　中3ウ4
候　中3ウ5
候　中3ウ6
候　中3ウ6
候　中4オ4
候　中4オ4
候　中4オ5
候　中4オ6
候　中4オ7
候　中4ウ1
候　中4ウ1
候　中4ウ3
候　中4ウ5
候　中4ウ6
候　中4ウ6
候　中5オ3
候　中7オ1
候　中7ウ6
候　中9オ1
候　中10ウ4
候　中10ウ5
候　中11オ3
候　中11オ5
候　中11オ6
候　中11ウ1
候　中11ウ2
候　中12オ5
候　中14ウ2
候　中14ウ3
候　中16ウ1
候　中16ウ2
候　中16ウ3
候　中16ウ3
候　中21オ1
候　中21オ1
候　中28ウ3
候　中31ウ5
候　中34オ3
候　中34オ7
候　中34オ7
候　中34ウ1
候　中34ウ2
候　中34ウ4
候　中34ウ5
候　中34ウ6
候　中35ウ4
候　中36オ3
候　中36オ4
候　中36オ5
候　中36オ6
候　中36ウ1
候　中36ウ5

候 中36ウ7
候 中37オ2
候 中37オ3
候 中37オ3
候 中38オ7
候 中38ウ5
候 中38ウ5
候 中38ウ7
候 中39オ1
候 中39オ5
候 中39オ6
候 中41オ3
候 中41オ7
候 中41オ7
候 中41ウ1
候 中41ウ2
候 中41ウ3
候 中41ウ4
候 下1ウ1
候 下1ウ2
候 下1ウ5
候 下2オ1
候 下2オ2
候 下3オ7
候 下3ウ3
候 下3ウ4
候 下3ウ5
候 下4オ1
候 下4オ2
候 下4オ6
候 下4オ7
候 下4ウ1
候 下4ウ2
候 下6オ3
候 下6オ4
候 下6オ5
候 下6オ6
候 下6ウ2
候 下6ウ7
候 下6ウ7
候 下7オ2
候 下7オ2
候 下7オ3
候 下7オ5
候 下7ウ2
候 下7ウ2
候 下7ウ3
候 下10オ2
候 下10オ3
候 下10ウ5
候 下11オ1
候 下28オ2
候 下28オ2
候 下28オ5
候 下28オ6
候 下29オ4
候 下29オ5
候 下29オ6
候 下30オ4
候 下30オ4
候 下30ウ4
候 下30ウ7
候 下31オ1
候 下31オ1
候 下31オ2
候 下31オ3
候 下31オ4
候 下31オ4
候 下31オ5
候 下31オ6
候 下31オ6
候 下31オ7

候　下31オ7
候　下31ウ1
候　下31ウ6
候　下32オ1
候　下32オ4
候　下32オ4
そんい［名］
尊意　上31オ7
そんが［名］
尊駕　ソンカ　上31オ3
そんこう［代名］
尊侯　―コウ　中34オ1
ぞんじよる［動ラ四］
存寄　―ショラ　下3ウ4
そんす［動サ変］
存　中27ウ7
ぞんず［動サ変］
存　上14オ1
存　上17オ2
存　―スル　上24ウ4
存　上28オ1
存　上28オ5
存　上29ウ4
存　中4ウ6
存　中10ウ5
存　中11ウ2
存　中16ウ3
存　中39オ5
存　―ス　中41ウ3
存　下28オ5
↓あひぞんず（相存）
ぞんぢ［名］
存知　下11オ1
↓ごぞんぢ（御存知）
そんぢやう［名］
尊杖　―チヤウ　下1オ4
そんぴ［名］
尊卑　ソンヒ　下1ウ6

た

た［名］
他　タ　上15ウ3
他　タ　中3ウ7
他　タ　中21オ1
他　タ　中43ウ2
他　下7オ6
他　下35オ5
↓ち（地）
た［名］
田　下33オ6
たい［名］
體　タイ　中23オ6
體　タイ　中23ウ2
だい［形動ナリ］
大　―ナル　下32ウ5
大　―ナル　下33オ3
たいい［名］
大鑿〈豎〉　上39ウ4
たいか［名］
大廈　―カ　中40ウ7
たいが［名］
大河　―カ　中17オ5
大河　―カ　中39オ3
たいがい［副］
大概　―カイ　上42オ3
大概　―カイ　下11オ1
大概　ヲヽムネ　下32オ4
たいぎ［名・形動ナリ］
大儀　上24ウ4
大儀　中3ウ6
大儀　中4ウ3

大義〔儀〕―キ　中7ウ3
大義〔儀〕―キ　中10ウ3
↓おんたいぎども（御大儀共）
だいく［名］
大工　上22ウ2
たいぐう［名］
對偶　タイクウ　上13ウ4
たいこ［名］
大鼓　―コ　中7オ5
だいご［名］
醍醐　タイコ　上32オ2
たいこく［名］
大國　―コク　中4ウ7
大國　下27ウ2
大國　下34ウ3
だいごみ［名］
醍醐味　タイコミ　下5ウ7
たいざ［名］
對座　タイサ　下1オ6
たいさつ［名］
大冊　―サツ　中22オ4
だいじ［名］
大事　中6ウ2
↓おんだいじども（御大事共）

たいしや［名］
大社　―シヤ　中7ウ4
たいしやく［名］
帝釋　タイシヤク　下34オ4
帝釋　下34オ5
たいしゆ［名］
太守　タイシユ　中16ウ4
たいじゆ［名］
大樹　―シユ　下32オ7
だいじよう［名］
大乗　―セウ　下5ウ6
たいしよく［名］
退食　タイシヨク　上1ウ7
たいす（帯）↓おぶ
だいす［動サ変］
題　タイスル　下34ウ4
だいせがき［名］
大施餓鬼　―セカキ　下1オ6
たいせつ［形動ナリ］
大切　上31ウ3
大切　―ニ　上38ウ5
大切　下31オ6
だいぜんぼう［名］

大膳房　中28オ7
たいそうにじふごにち［名］
大簇廿五日　―ソウ―　上7オ5
だいだい［名］
代々　中35オ5
だいたう［名］
代稲　タイタウ　中15ウ5
だいたう［名］
大唐　―タウ　上39ウ1
大唐　下27ウ1
だいだう［名］
大道　中8ウ6
だいねんぶつ［名］
大念佛　中7オ2
たいはい［名］
帯佩　タイハイ　上1ウ6
だいふつき［名］
大富貴　―フツキ　中39オ2
たいまい［名］
玳瑇〔瑇瑁〕タイマイ　上31ウ6
たいまん［名］
怠慢　タイマン　上20オ4

だいみやう［名］
大名　下28ウ4
たいりよいつか［名］
大呂五日　下3ウ6
たう［名］
唐　タウ　中24ウ7
たうえんめい［名］
陶淵明　タウエンメイ　中18オ5
たうきやく（倒御）↓もんかん
たうきやく（門竿倒御）
だうぐども［名］
道具共　下4オ7
たうけ［名］
當家　タウケ　中4ウ3
たうざ［名］
當座　中36ウ5
たうし［名］
擣簁　タウシ　上40オ6
たうじゆつ［名］
唐術　タウシユツ　中11ウ3
だうしん［名］
道心　中27ウ2
たうせん［名］
陶潛　タウセン　中18ウ1
陶潛　タウセン　中24ウ6
たうそう［名］
唐宋　タウソウ　中22オ4
だうぞくなんによ［連語］
道俗男女　―ソク―　中10ウ1
だうぢやう［名］
道場　―チヤウ　中27ウ4
たうてう［名］
唐朝　タウテウ　中21ウ7
唐朝　タウテウ　中31オ4
たうふう［名］
道風　タウフウ　中24オ3
たうべん［形動ナリ］
當辯　タウヘン　中27オ1
たうまつ［名］
擣抹　上40オ6
たうらい［動サ変］
到〈當〉來　上17オ4
當來　上31ウ2
當來　タウライ　中21オ6
當來　タウ―セ　下4オ7
たうりう［名］
當流　タウリウ　中25ウ3
たうゐん［名］
當院　タウイン　下1オ2
たかう［形動ナリ］
多幸　上29ウ3
多幸　タカウ　上34ウ6
たかさ［名］
高　―サ　下32ウ2
高　―サ　下34オ2
たがひに［連語］
遞　タカイニ　中26オ4
たがふ［動ハ四］
違　タカフ　中28ウ1
たから［名］
寶　タカラ　下32ウ5
たぎやう［動サ変］
他行　上14オ3
↓ごたぎやう（御他行）
たくす［動サ変］
託　ヨセ　上27ウ6
たくす（擇）↓えらぶ
たくすいのち［連語］
卓錐地　キリヲサスノチ　中16ウ6

たぐち［名］
田口　中18ウ3
たくはふ［動ハ下二］
貯　タクハヘ　上15ウ7
貯　タクハフル　上18オ7
たぐひ（類）↓るい
だくらう［名］
濁醪　タクラウ　中17オ7
たけ［名］
竹　―ケ　上19オ6
竹　タカ　中7オ4
竹　タケ　中7オ6
たけ［名］
長　タケ　下32ウ3
長　下32ウ6
長　―ケ　下33オ3
長　下33ウ2
たさん［名］
他山　タ―　中34オ4
たじ［名］
他時　中34オ5
たしなみ［名］
嗜　タシナミ　上28オ4
嗜　タシナミ　中36ウ3

たしやう［名］
多生　タ―　中19オ2
多生　中31オ3
たしゆう［名］
他宗　下1ウ5
たすく［動カ下二］
助　タスケ　中28オ4
扶　タスケヨ　中43ウ4
扶　タスケ　下31ウ1
たせう［名］
多少　タセウ　中16オ3
ただ［副］
只　上7ウ7
只　上23ウ6
唯　上39ウ2
只　中20オ1
只　中20ウ2
啻　タヽ　中22ウ2
唯　タヽ　中25オ7
啻　タヽ　中32オ2
只　―タ　中33オ5
徒　タヽ　中33オ6
只　中35オ7
只　下7ウ3

只　下35オ1
ただ［形動ナリ］
直　タヽニ　中20ウ5
ただ（只）↓むなし（空）
ただいま［名・副］
唯今　上17オ4
只今　上24ウ1
只今　上31ウ2
唯今　中36オ2
唯今　下9ウ1
只今　下29オ5
たたく［動カ四］
扣　下10オ7
ただし［接］
但　―シ　上13オ4
但　下30ウ3
ただしうす［連語］
正　タヽシフス　中24オ6
たたずみ［名］
立棲　タヽスミ　下31オ7
たたなはる［動ラ四］
委　イシ　上1ウ6
ただよふ［動ハ四］
漾　タヽヨハ　中16オ1

たち［名］
太刀　タチ　中4ウ4
太刀　タチ　中12オ2
たち（館）↓みたち（御館）
たちどころに［副］
立〈立處〉タチトコロニ　上42オ4
たちばなのそれがし［名］
橘某　上19ウ3
たちまち［副］
乍　タチマチ　上1ウ4
乍　タチマチ　中21オ6
乍　タチマチ　中36オ2
たつ［動タ四］
立　上33ウ3
↓まかりたつ（罷立）
たつ［動タ下二］
立　―テ　中19オ3
たつしや（達者）↓いたつしや
（已達者）
たつす［動サ変］
達　タツセ　中19オ4
達　タツセ　中20ウ7
たづねいだす［動サ四］
尋出　―ネ―ス　上29ウ4
たて［名］
楯　タテ　中12オ2
たてまつる［補動ラ四］
奉　―ル　上38ウ6
奉　中3ウ7
奉　中3ウ7
奉　中20ウ7
奉　中36オ4
奉　下7オ5
たてよこ［名］
縦横　タテヨコ　下32ウ1
縦横　下34オ1
↓じゆうわう
たとひ［副］
縦　タトイ　中19ウ6
たとふ［動ハ下二］
譬　タトヘ　中23オ5
たとへ［副］
縦　―へ　上15ウ2
たとへば［副］
譬　タトヘハ　中11オ3
たなし（無他）↓た（他）・な
し（無）
たにん［名］
侘〈他〉人　ワヒ―　中16ウ7
他人　タ―　中17オ2
たね［名］
種　タネ　中17オ3
たねん［名］
他年　タ―　中16ウ2
たのしむ［動マ四］
樂　上1ウ5
たのむ［動マ四］
頼　中3ウ7
憑　中20ウ7
憑　下7オ6
憑　―ム　下7ウ5
たばさみ［名］
手夾　タハサミ　中25オ2
たひら［形動ナリ］
平也　下33オ4
たひらのそれがし［名］
平某　上13ウ6
たふ［動ハ下二］
勝　タヘ　中20オ2
堪　タヘ　中20ウ4

堪　タヘ　中33オ2
堪　タヘ　中36オ7
たへがたし［連語］
難堪　タヘ｜シ　下10オ5
たま［名］
珠　タマ　中23ウ5
玉　タマ　中27オ5
玉　下31ウ7
玉　下33ウ2
たまのはん（玉版）↓ぎよくはん
たまはる［補動ラ四］
給　上7ウ5
給　上24ウ1
賜　｜リ　上39オ6
給　中1ウ6
給　中4オ4
給　中16ウ1
給　中36オ6
給　中41オ7
賜　｜リ　下31オ4
賜　｜リ　下31オ6
たまふ（給・賜）↓たまはる
たみ［名］
呡　タミ　上13オ5
ため［名］
爲　上13ウ1
爲　タメ　上15ウ1
爲　｜メ　上22オ7
爲　｜メ　上40ウ1
爲　中1オ5
爲　｜メ　中1ウ2
爲　タメ　中43ウ4
爲　下1オ3
爲　タメ　下6ウ6
爲　｜メ　下9ウ5
爲　下10オ2
爲　下29オ5
爲　下30ウ2
↓す
ためん［名］
打眠　下4ウ1
たもと［名］
袂　タモト　中20ウ4
たもん［名］
多聞　タモン　下34オ3
たゆ［動ヤ下二］
絶　タエ　中19ウ2
絶　タユル　中28ウ1
↓かきたゆ（書絶）
たりう［名］
他流　タリウ　中25ウ4
たる［動ラ四］
足　タリ　中28オ3
たる［動ラ下二］
垂　タレ　上39ウ7
垂　タレ　下27ウ3
たれ［代名］
孰　上27オ7
誰　中19ウ7
孰　タレ　中41オ2
たれびと［代名］
孰人　タレ｜　中24ウ1
誰人　タレ｜　中28オ2
たをやか［形動ナリ］
婀　ヲタヤカ也　中27オ7
だん［名］
暖　タン　上1ウ4
だん［名］
檀　タン　上22オ6
だん［名］
壇　タン　中31オ5

たんか［名］
　短哥　タンカ　中11ウ7
　短謌　タン―　中31オ6
たんけい［名］
　端溪　タンケイ　中37ウ1
たんさう［動サ変］
　探捜　タンソウセ　中25ウ5
たんじやう［名］
　丹青　上15ウ5
だんじやうのちゆうどの［名］
　彈正忠殿　上17オ1
たんじやく［名］
　單尺　タンシヤク　中33ウ3
たんしん［名］
　丹心　タン―　中21オ7
たんず［動サ変］
　嘆　タンセ　上34ウ3
だんず（談）→まうしだんず（申談）
たんぜい［名］
　丹誠　タンセイ　中20ウ5
たんせき［名］
　旦夕　タン―　中33オ5
　旦夕　タン―　中41ウ3
たんぴつ［名］
　短筆　下27ウ6
たんぼ［名］
　旦暮　タンホ　中27ウ3
　旦暮　タン―　中34オ4
たんぼく［名］
　談〈淡〉墨　タンホク
たんまい［名］　上14ウ2
　段米　タン―　中15ウ5
たんれん［名］
　鍛練　タンレン　下29オ5

ち

ち［名］
　血　チ　中4オ7
ち［名］
　徴　チ　中24ウ2
ち［名］
　智　チ　中27オ3
ち［名］
　地　下7ウ4
　他〈地〉　下27ウ4
　地　下27ウ5
　地　下28ウ6
　↓ぢ
ち［名］
　乳　チ　下33ウ4
ぢ［名］
　地　チ　中14ウ5
　地　チ　中25ウ1
　地　チ　中39オ1
　地　下33ウ7
　地　下33ウ7
　↓ち
ちいん［名］
　知音　上34ウ2
ぢかい［名］
　持戒　チカイ　中27オ4
ちかごろ［名］
　近比　中11オ2
　近比　中38オ6
ちかし［形ク］
　近　チカキ　中23オ6
　近　―シ　下31ウ2
ちがひだなとう［名］
　差棚等　チカヒタナ―

ちがふ（違）→あひちがはず（不相違）　上24ウ3
ちぎ［名］
地祇　チキ　上39ウ7
ぢぎやう［名］
地形　チキヤウ　中39オ4
ちく［名］
竹　チク　中24ウ2
ちくりんとう［名］
竹林等　上39ウ3
ぢこく［名］
持國　チコク　下34オ3
ぢざうゐん［名］
地藏院　下6ウ5
ぢさん［動サ変］
持參　—ス　中12オ5
持參　—ス　中37オ4
持參　中38オ7
ぢし［名］
地子　チシ　中15ウ6
ちじよく［名］
耻辱　チショク　中34ウ5
ぢす［動サ変］
治　—ス　上40オ6
ぢす［動サ変］
持　チシ　中12オ2
ちちんとう［副］
滴丁東　中7オ6
滴丁東　中7オ6
ちのは［連語］
茅葉　チノ—　上33ウ4
ぢびき［名］
地曳　チヒキ　上19ウ6
ぢびやう［名］
持病　チヒヤウ　上34ウ4
ぢぶのたいふどの［名］
治部大輔殿　中4オ3
ちやうか［名］
長哥　—カ　中11ウ7
長哥　中31オ6
ちやうぎやう［動サ変］
張行　チヤウ—ス　中31オ7
↓ごちやうぎやう（御張行）
ちやうぐわつじふごにち［名］
暢月十五日　中41オ5
ちやうし［名］
張芝　チヤウシハ　上19オ6
張芝　チヤウシ　中24オ2
ちやうし［名］
長紙　下27ウ6
ぢやうじやく［名］
丈尺　上22ウ2
ちやうせいでん［名］
長生殿　中19オ5
ちやうせいふし［名］
長生不死　上42オ5
ぢやうほこ［名］
定桙　—ホコ　中8ウ6
ぢやうみやう［名］
定命　下32ウ4
ちやうりやう［名］
張良　チヤウリヤウ
中25ウ3
ちやのこ［名］
茶子　—ノ—　上29ウ3
ちゆうえ［名］
中衣　下4ウ1
ちゆうげん［名］
中間　チウケン　中1オ5
中原〈間〉—ケン　中1オ7
ちゆうしやうじふごにち［名］

中商十五日　中18ウ3
ちゆうしゆんねんにち［名］
仲春念日　上19ウ3
ぢゆうす［動サ変］
住　―ス　下34オ3
住　―ス　下34オ4
住　―ス　下34オ6
ちゆうなごんどの［名］
中納言殿　中38ウ3
ちゆうや［名］
晝夜　チウヤ　中21ウ7
ちゆうりよなぬか［名］
中呂七日　―リヨ―　上31オ5
ちゆんす（屯）→あつまる
ちようしやう［名・動サ変］
重請　テウシヤウ　中28ウ5
重請　―シヤウス　下1ウ3
ちようほう［名］
重寶　下31オ4
ちようほうども［名］
重寶共　上16ウ4
ちらす［動サ四］
散　サンス　中5オ2
散　チラス　下31ウ7
ぢり［名］
地利　チリ　中15ウ2
ちるい［名］
地類　下7ウ5
ちんかん［名］
珍翰　チンカン　下4オ1
ちんきん［名］
珍禽　チンキン　中5オ2
ちんさん［名］
珍産　―サン　上29ウ4
ちんちよう［形動ナリ］
珍重　上1オ3
々々（珍重）　上1オ3
ちんぽう［名］
珍寶　チンホウ　上15ウ6
珍寶　チンホウ　上18オ7
ちんぼく［名］
珍墨　チンホク　中35ウ7

つ

づ［名］
圖　ツ　下31オ5
ついたち［名］
一日　下1オ2
ついぢ［名］
築地　ツイチ　上19ウ6
ついて［連語］
就　ツイテ　上13ウ2
就　―テ　上19ウ6
就　上24オ5
就　―テ　上28オ6
就而　―テ　上39オ5
就　ツイテ　中41ウ2
就　―テ　下1オ2
就　―テ　下6ウ7
就　―テ　下32オ1
就　―テ　下34オ7
ついで［名］
次　―テ　上1オ2
次　上13ウ5
次　―テ　中33ウ5
次　―テ　下4オ6
次　―テ　下30オ4
ついはふ［名］
春法　ツイハウ　中17オ2
つうず［動サ変］

通　ツウセ　中21オ5
通　ツウス　中21ウ1
つうだつ［動サ変］
通達　ツウタツ　中26ウ5
つかはす［動サ四］
遣　下3ウ1
つがひ（番）↓いくつがひ（幾番）
つかふ［動ハ下二］
事　―へ　上13オ4
つかまつる［補動ラ四］
仕　上14オ4
仕　上14ウ6
仕　上18オ6
仕　上28オ5
仕　上29ウ1
仕　上31オ1
仕　中3ウ4
仕　中3ウ6
仕　中4ウ5
仕　中34ウ5
仕　中36ウ2
仕　下31オ2
つき［名］

夕〈月〉―へ　中19オ7
月　中27オ6
月　中27ウ5
つぎに［接］
次　ツキニ　中4ウ5
つく［動カ四］
就　上34ウ4
就　ツキ　中36オ4
つく［動カ四］
築　キツキ　中12オ2
つく［動カ上二］
盡　ツクス　中16ウ5
つく［動カ下二］
附　上23ウ6
附　ツケ　上33ウ5
附　下30オ6
↓ふす
つく（屬）↓しよくす
つぐ［動ガ四］
繼　ツキ　上7ウ7
繼　ケイ　中21ウ6
繼　ツイ　中25オ5
繼　ツイ　中25ウ2
つくしがたし［連語］

難盡　―シ―シ　上7オ3
難竭　ツクシ―シ　上13ウ4
難竭　ツクシ―　上16ウ5
叵盡　―シカタシ　上38ウ7
難盡　ツクシ―シ　中31ウ1
難盡　中38オ7
つくす［動サ四］
盡　―シ　上14オ7
竭　ツクシ　上24ウ5
竭　ツクス　上38ウ3
罄　ツクサ　上42オ6
竭　ツクス　中7オ4
盡　ツクス　中10オ6
竭　ツクス　中11ウ4
盡　ツクシ　中22オ4
盡　ツクス　中33オ7
↓おちつくす（落盡）・つく
つくだ［名］
佃　ツクタ　中15ウ6
つくりなし（造做）↓ざうさく
つくりもの［名］
造物　サウフツ　中8ウ5
つくる［動ラ四］
造　ツクリ　中7オ6

仰〈作〉　中16オ2
造　ツクラ　中17オ7
造　ツクリ　中22オ1
作　ツクリ　中22オ6
造　ツクル　中25オ3
造　ツクル　中38オ5
つたへうけたまはる［動ラ四］
傳承　ツタヘ―　上17オ2
傳承　下28オ2
つつ［名］
筒　ツホ　中7オ4
つつがなし［形ク］
無恙　ツヽカ―キ　下7オ4
つつしむ［動マ四］
謹　上31オ7
謹　―ン　中18ウ5
愼　ツヽシン　下10ウ7
つつみ［名］
堤　ツヽミ　中14ウ6
つづみ［名］
鼓　上39ウ7
つつむ［動マ四］
裹　ツヽム　上33ウ4
つづる［動ラ四］
綴　ツヽル　上17ウ5
つとむ［動マ下二］
勤　ツトム　上20オ2
つとめ［名］
務　ツトメ　中28ウ3
つとめ（勤）↓きん・きんこう（勤厚）
つなぐ［動ガ四］
繫　ツナキ　中18ウ6
つね［形動ナリ］
常　ツネ　上42オ1
常　ツネニ　中15オ1
つばさ［名］
翼　ツハサ　下34オ6
つひえ［名］
蔽　ツイヘ　上15ウ7
つぶさに［副］
具　ツフサニ　上7オ3
具　―サニ　上38ウ7
つぶさにもつて［連語］
具以　―ニ―　下27ウ6
つむ［動マ四］
積　ツム　中19ウ7
↓つもる
つもる［動ラ四］
積　ツメ　中27オ5
積　ツム　中36オ2
つらぬ［動ナ下二］
連　ツラヌ　上7ウ7
連　ツラネ　中8ウ2
聯　ツラネ　下31ウ7
つらぬく［動カ四］
貫　ツラヌク　中23ウ5

て

て［名］
手　テ　中17オ6
手　テ　中25ウ4
↓わきのて（脇手）
てい［名］
體　下31ウ1
でい［名］
泥　テイ　上23ウ5
ていきん［名］
庭訓　下31ウ6
ていくわ（定科）↓とうくわ（登科）

ていこく［名］
定國　下10ウ7
ていしやう［名］
庭上　上1ウ6
庭上　テイ―　中8ウ1
ていしやう［動サ変］
呈上　テイ―　中20ウ5
ていす［動サ変］
呈　テイセ　中1ウ2
ていせい［名］
提撕　中36オ7
ていぢ（提持）↓てきめんていぢ（覿面提持）
てう［名］
朝　上2オ1
朝　下32オ2
でう［名］
條　上14オ4
條　上17オ6
條　上19ウ5
條　上24オ4
條　上28オ1
條　中28ウ1
條　中31ウ6
條　中34オ2
條　中36ウ7
條　中41オ7
條　下7オ2
條　下31オ1
てうし［名］
調子　上39ウ6
てうすい［動サ変］
凋衰　テウスイスル　中32オ3
てうせき［名］
鳥跡　テウセキ　中24オ1
↓とりのあと
てうた［名］
誂汰〈汏〉テウタ　下5ウ7
てうたく［動サ変］
彫琢　テウタクセ　上27オ7
てうはい［名］
朝拜　上1ウ6
てうぼ［名］
朝暮　中28ウ4
てうよう［名］
調庸　テウヨウ　中15ウ5
てうりやう［名］
彫梁　テウリヤウ　下31ウ2
てうるい［名］
鳥類　中6ウ1
鳥類　下34ウ7
てうるいとう［名］
鳥類等　テウルイ―　中3ウ4
てうろう［名］
嘲哢〔弄〕　テウロウ　中18オ7
てうゑつ［動サ変］
超越　テウエツス　中26ウ3
てきめんていぢ［連語］
覿面提持　中14オ4
てだて［名］
術　テタテ　上42オ1
てつさんあん［名］
鐵酸鎌　―サンアン　上29ウ2
てつまんぢゆうふぜい［連語］
鐵饅頭風情　上29ウ2
てなが［名］
手長　テナカ　下4オ5
てびやうし［名］

手拍子　テヒヤウシ　中7オ3
てふ［名］
牒　テウ　中22ウ4
てん［名］
天　中10オ7
天　中16オ1
天　中17オ6
天　中18ウ6
天　中19ウ4
天　下7ウ4
てん［名］
點　テン　中24オ6
てんえ［名］
天衣　下5ウ3
でんがく［名］
田樂　テンカク　中11ウ2
てんがふ［動サ変］
點合　テンカウセ　下1ウ6
でんくわうせきくわ［名］
電光石火　テン―　中33オ6
てんこつ［名］
天骨　―コツ　中7ウ2
てんさつ［名］
點札　テン―　下35オ3
てんざん［名］
天山　中25オ1
てんし［名］
天子　中22ウ6
てんしやう［名］
天象　―シヤウ　下7ウ5
てんじやう［名］
天上　上39ウ2
でんじゆ［名］
傳授　テンシュ　中25ウ2
てんしん［名］
天心　―シン　中15ウ3
てんず［動サ変］
轉　テンシ　中25オ7
てんず（點）↓ふる
てんだい［名］
天台　―タイ　中25ウ7
天台　中26ウ5
天台　―タイ　下34ウ6
てんだう［動サ変］
顚倒　テンタウ　下30ウ1
てんち［名］
天地　下9ウ3
でんぢ［名］
田地　テンチ　中14ウ4
でんづ（田頭）↓でんどう
でんどう［名］
田頭　テンツ　中17オ5
てんによとう［名］
天女等　下34オ5
てんねん［形動ナリ］
天然　―ネン　中39オ3
でんばくとう［名］
田麥等　テンハク―　中16オ2
でんぶ［名］
田夫　テンフ　中14ウ6
でんゑん［名］
田園　テンヱン　中43オ6

と

と［名］
徒　ト　中4ウ3
ど［名］
土　ト　中24ウ3
どうえい（同穎）↓いほどうえ

い（異畝同穎）
とうかい［名］
　登階　トウカイ　上2オ5
とうかん（等閑）↓ごとうかん
　（御等閑）
とうくわ［名］
　定〈登〉科　―クワ　上7ウ6
どうくわん［名］
　同官　上13オ5
とうさく［名］
　東作　トウサク　中14ウ7
どうし［名］
　動止　トウシ　中34オ1
　↓ききよどうし（起居動止）
どうじ［名］
　童子　トウシ　中7オ2
どうじやくだい［名］
　銅雀臺　トウシヤクタイ　中37ウ2
どうしん［名・動サ変］
　同心　上13ウ1
　同心　上38ウ4
　同心　中41オ1
　↓ごどうしん（御同心）
とうせつ［名］
　冬雪　トウセツ　中22ウ1
どうち［名］
　同地　上13オ5
とうど［名］
　東土　下27ウ4
とうば［名］
　東坡　トウハ　上19オ6
とうふう［名］
　東風　上1ウ3
とうめん［名］
　冬緜　―メン　中35オ7
とうよう［動サ変］
　登用　トウヨウセ　上8オ3
とうりやう［名］
　棟梁　トウリヤウ　上22ウ2
とうろう［名］
　燈籠　トウロウ　中8ウ7
とき［名］
　時　上1ウ5
　時　上2オ1
　辰　トキ　上7ウ4
　時　上7ウ5
　時　上34オ2
　時　中14オ5
　時　中25オ6
　時　中31オ7
　時　中31ウ2
　時　下10オ4
　時　下28ウ1
　時　下33オ6
　時　下35オ6
ときに［連語］
　時　―ニ　上34ウ2
　于期　中29オ3
ときんば［連語］
　則　―ンハ　上2オ1
　則　―ンハ　中14オ5
　則　―ンハ　中43オ5
とく［名］
　徳　トク　中15ウ3
とく［動カ四］
　解　トク　中10ウ2
とぐ［動ガ下二］
　遂　トク　上17ウ3
　遂　トクル　上39オ5
　遂　トク　中28ウ3

遂　トク　下7オ3
遂　トケ　下10オ4
とくひつ［名］
禿筆　トク―　上31オ4
とくふう［名］
徳風　トクフウ　中16オ1
どくほ［動サ変］
獨歩　トツホス　上15ウ3
どくやく［名］
毒薬　トク―　上42オ1
とこおしいた［名］
牀押板　―ヲシ―　上14ウ1
ところ［名］
攸　―ロ　上1オ4
所　上7オ2
所　―ロ　上8オ2
所　上13ウ3
處　上14オ1
處　上17オ3
所　上18オ6
所　―ロ　上23ウ6
處　上24オ4
處　上24オ6
所　―ロ　上27ウ7
所　上28オ7
所　上31オ2
處　上31ウ1
處　上34ウ4
所　上38ウ4
所　―ロ　上42オ2
處　中1ウ3
所　中1ウ7
所　中4ウ1
處　―ロ　中7ウ3
所　中7ウ6
不〈所〉　中14ウ4
所　中16オ2
所　―ロ　中16ウ5
所　中16ウ5
所　―ロ　中16ウ6
所　中16ウ7
所　―ロ　中17オ5
所　中20ウ5
所　―ロ　中21オ1
處　中21オ5
所　―ロ　中23オ2
所　―ロ　中25オ3
處　―ロ　中25オ7
所　―ロ　中25ウ1
處　中31ウ5
處　中31ウ7
所　中33オ4
處　中34オ3
所　中35オ5
所　中35オ7
所　―ロ　中37ウ3
所　中38オ3
所　―ロ　中38オ4
所　―ロ　中38オ5
所　―ロ　中38オ5
所　―ロ　中38オ6
處　―ロ　中39オ2
處　中41オ7
所　中41ウ2
所　―ロ　中43オ6
所　中43ウ3
所　下2オ2
處　下4オ7
所　下7オ5
攸　―ロ　下7ウ5
所　―ロ　下9ウ1
所　下10ウ1

所　　—ロ　下30オ7
處　下30ウ7
處　下31オ4
所　下31オ4
所　—ロ　下34ウ4
所　—ロ　下35オ4
とし［名］
年　上7ウ2
年　中19ウ1
年　中26ウ1
年　中27オ4
とじん（渡刃）↓ほんるとじん
（奔流渡刃）
とぜん［形動タリ］
徒然　ト—ト　中31オ2
とつこつ［形動タリ］
突兀　トツコツト　下28ウ6
どつぽ（獨歩）↓どくほ
とどこほり［名］
滯　中27ウ1
ととのふ［動ハ下二］
整　ト丶ノフル　中7ウ6
整　ト丶ノフ　中14ウ6
ととのふ（調）↓あひととのふ
（相調）
ととのへおく［連語］
調置　上23ウ3
とどまる［動ラ四］
留　下10ウ3
とどむ［動マ下二］
駐　ト丶ム　上19ウ1
止　—ム　中14オ5
とのづくり（殿造）↓おんとの
づくりとう（御殿造等）
とばす［動サ四］
飛　トハシ　中5オ1
飛　トハス　中8ウ6
飛　トハシ　中21ウ1
とひ［名］
都鄙　トヒ　下31オ7
とびやうしとう［名］
調拍子等　トヒヤウシラ
とぶらふ［動ハ四］
訪　中8ウ2
訪　トフラハ　中19ウ2
とほし［形ク］
遠　—キ　下10ウ1
とまる［動ラ四］
留　トマル　中36ウ7
とみのをがは［名］
富緒河　中31オ6
とめがたし［連語］
難留　トメ—シ　中38オ6
とも［名］
友　トモ　中19オ2
友　トモ　中28オ3
どもう［名］
土毛　トモウ　中15ウ5
ともなふ［動ハ四］
伴　中20ウ5
ともに［連語］
共　トモニ　中33オ7
とよのそれがし［名］
豐野某　中33ウ6
とり［名］
鳥　中5オ2
とりどころ［名］
取所　トリトコロ　中43オ6
とりのあと［連語］
鳥跡　トリノアト　中6ウ4
↓てうせき
とりむかふ［動ハ四］

取向　上14ウ1
とる［動ラ四］
取　トリ　中19オ2
取　トル　中19ウ1
取　トル　中28オ3
撮　トル　下30オ7
取　下34ウ5
とんしや［名］
頓寫　トンシヤ　下1オ6
とんしゆ［名］
頓首　トンシユ　下6ウ2
とんしゆきんげん［名］
頓首謹言　トンシユ―　中38ウ1
とんしゆふせん［名］
頓首不宣　上31オ4
とんしゆふび［名］
頓首不備　下27ウ6
どんす［名］
段子　トンス　中11オ6
とんよく［名］
貪欲　トンヨク　中27ウ5
貪欲　トンヨク　下32ウ7

な

な［名］
名　上8オ3
名　ナ　中6ウ1
名　ナ　中6ウ2
名　ナ　中37ウ2
名　ナ　中38オ6
名　下27ウ1
名　下32オ3
名　下32オ3
名　下32オ7
名　下33オ4
名　下33ウ6
ないがま［名］
薙鎌　ナイカマ　中4ウ4
ないじ［名］
迺時　中28オ6
乃時　下35オ7
ないしゆぶん［名］
内衆分　下4オ4
ないでん［名］
内典　ナイテン　中25ウ7
内典　ナイテン　中26ウ5

ないない［副］
内々　上17ウ4
内々　上24ウ4
内々　上28オ5
ないみやう［名］
内明　ナイ―　中26ウ5
ないめい（内明）→ないみやう
ながし［形ク］
長　ナカシ　上19ウ1
永　―ク　中16オ1
なかづかさのじようどの［名］
中務丞殿　上19ウ4
なかなか［副］
中々　中34オ7
なかはらのそれがし［名］
中原某　中10ウ7
なかむらたんばのかみどの［名］
中村丹波守殿　上39オ2
ながれ［名］
流　ナカレ　中31オ6
なかんづく［連語］
就中　上31ウ3
就中　中23オ7
就中　中37ウ2

なぎなた［名］
長刀　ナキナタ　中4ウ4
なく［動カ四］
鳴　ナク　上39ウ6
なぐさむ［動マ下二］
慰　ナクサメ　中28オ4
なげうつ［動タ四］
抛　ナケウチ　中25オ6
抛　ナケウツ　中33オ6
なごり［名］
餘波　ナコリ　中31オ6
なし［形ク］
無　―ク　上2オ1
莫　ナシ　上2オ2
無　上8オ3
無　―キ　上13オ5
無　―キ　上27ウ5
無　上27ウ5
無　―ク　上31ウ1
無　―キ　上39ウ7
無　中1オ6
無　―シ　中3ウ7
無　―キ　中4オ5
無　―シ　中15オ2
無　中16ウ5
無　―キ　中16ウ6
無　―シ　中16ウ7
無　中20ウ7
無　―シ　中21ウ6
無　中21ウ6
無　中22ウ2
無　ナシ　中23オ2
無　―シ　中23オ7
無　ナシ　中24オ5
無　ナシ　中24ウ4
無　―シ　中25オ2
無　―シ　中25ウ5
無　中27ウ1
莫　ナカレ　中28オ5
無　―シ　中28ウ4
無　ナキ　中28ウ5
無　ナシ　中31ウ7
無　中33オ3
無　中41ウ1
無　―シ　中43オ6
無　―キ　下6オ2
無　下7オ6
無　―ク　下7ウ3
無　―ク　下9ウ4
無　―キ　下9ウ4
莫　ナシ　下10ウ2
莫　―シ　下10ウ3
莫　ナク　下10ウ5
莫　―レ　下10ウ7
無　下28ウ1
莫　―レ　下30ウ2
無　下32ウ7
無　下33オ4
↓きはまりなし（無極）
なす［動サ四］
爲　ナシ　上13オ6
爲　ナス　上13オ6
爲　ナリ　上22オ5
成　ナシ　上23ウ5
成謐〈成〉―ヒツシ　上24ウ2
爲　上42オ1
成　ナシ　中7ウ2
爲　ナス　中7ウ4
成　―ス　中8ウ3
成　ナス　中19オ6
作　ナシ　中24オ1

為　ナス　中25オ5
成　中35ウ2
成　―シ　中43オ5
爲　下7ウ4
爲　下7ウ4
成　―サ　下29オ3
爲　下33ウ1
なづく［動カ下二］
名　ナツクル　中38オ5
名　下35オ3
なども［名］
名共　下29オ5
なに［代名］
何　中17オ7
なにがし（某）↓それがし
なにさま［副］
何様　上34オ1
何様　中12オ4
何様　中37オ1
なにはづ［名］
難波津　ナニハツ　中31オ5
なにもの［名］
何者　下5ウ7
なぬか［名］

七日　下33ウ3
なは［名］
縄　ナハ　中22オ1
なはて［名］
畷　ナワテ　中14ウ6
なびかす［動サ四］
靡　ナヒカシ　中12オ2
なほ［副］
尚　ナヲ　下10オ7
猶　下31ウ4
なほし［連語］
猶　―ヲ　上15ウ3
猶　―シ　上39オ3
なほもつて［連語］
尚以　上7ウ1
猶以　下27ウ5
なます［名］
膾　ナマス　中5オ1
なみ［名］
波　上2オ1
なみよる（竝）↓ならびに
なめらか［形動ナリ］
滑　ナメラカニ　中23ウ4
なら［名］

平城　ナラ　中22ウ6
ならびに［接・副］
幷　上24ウ5
幷　上28オ6
幷　中1オ7
幷　中14ウ4
幷　―ニ　中16ウ6
竝　ナミヨル　中23ウ1
幷　下1オ6
幷　下1ウ1
幷　下1ウ4
幷　―ニ　下34オ5
ならふ［動ハ四］
慣　ナラツ　中7ウ5
ならぶ［動バ下二］
比　ナラヘ　中24ウ1
竝　ナラヘ　中31オ1
竝　ナラヘ　中40ウ7
なる［動ラ四］
成　上22オ6
成　―ル　上42オ2
成　ナル　中17オ5
なる（爲）↓なす
なんえんぶしう［名］

南閻浮州　ーエンブシウ　下32オ6
なんぞ［連語］
何　ナンソ　中32オ2
なんぞや［連語］
何乎　ナンソヤ　中18オ7
何乎　ーソヤ　中32オ2
何乎　ナンソヤ　中43オ6
なんなんとす［動サ変］
垂　ナンナントス　中19ウ6
なんによ［名］
男女　下33オ6
↓だうぞくなんによ（道俗男女）
なんば［名］
難波　ナンハ　中25オ4
なんぱう［名］
南方　下32ウ6
なんばん［名］
南畔　下32オ6
なんめん［名］
南面　ーメン　中39オ2
なんりよじふににち［名］
南呂十二日　中16オ5

に

にぐわつ［名］
二月　中29オ2
にこう［名］
二公　ーコウ　中23ウ5
にさん［名］
二三　中26オ4
にさんかでう［名］
二三个條　中12オ3
にさんつい［名］
二三對　中38オ7
にさんびき［名］
二三疋　ーヒキ　中4オ7
にし［名］
西　下28ウ3
西　下32ウ5
にしき［名］
錦　ニシキ　中31オ2
にしきぎ［名］
錦木　ニシキー　中19オ3
にじふごにち（廿五日）↓たいそうにじふごにち（大簇廿五日）
にじふゆじゆん［名］
二十由旬　下32ウ2
にせ（二世）↓げんたうにせ（現當二世）
にせんしひやく［名］
二千四百　下35オ1
にちげん［名］
日限　ーケン　中4オ5
日限　下31オ2
にちにち［名］
日々　上24オ7
日々　中34オ6
↓ひびに（日）
にちや［名］
日夜　中27ウ3
日夜　中34オ4
につい（二對）↓いちについ（一二對）・にさんつい（二三對）
につき［名］
日記　中22ウ4
につぽん［名］
日本　下27ウ2
になし［形ク］

無二　下9ウ3
には［名］
庭　ニハ　中19ウ7
にはか［形動ナリ］
俄頃　ニハカニ　中3ウ5
にはか（卒）↓そつす（率）
にはとり［名］
雞　ニハトリ　中4ウ7
にひき（二疋）↓にさんびき（二三疋）
にひやくごじつさい［名］
二百五十歳　下32ウ6
にゆうすい［名］
乳水　ニウスイ　上32オ2
にる［動ナ上一］
煮　ニ　中4ウ7
にる［動ナ上一］
似　上39オ5
似　上39ウ6
似　ニ　中20ウ2
似　ニ　中23ウ5
似　ニ　中24オ7
似　中26オ7
似　中31オ1
似　中33オ6
にんげん［名］
人間　上39ウ2
にんじゆ（人数）↓ごにんじゆ（御人数）
にんそく［名］
人足　上19ウ7
にんでん［名］
人天　下5ウ5

ぬ

ぬく［動カ四］
抜　ヌキ　下34ウ4
ぬすむ［動マ四］
偸　ヌスン　中28ウ6
ぬび［名］
奴婢　ヌビ　上15ウ4

ね

ね［名］
音　ネ　上39ウ7
ねいしん［名］
佞臣　ネイシン　上2オ1
ねがふ［動ハ四］
希　―カフ　下2オ2
ねぎ［名］
禰宜　ネキ　中8ウ1
ねぶり（眠）↓ねむり
ねむり［名］
眠　ネフリ　中27オ2
ねんかう［名］
拈香　ネンカウ　下1オ7
ねんげみせう［名］
拈花微笑　ネンケビセウ　中26オ1
ねんごろ［形動ナリ］
念比　―ニ　上19オ7
懇　―ロニ　上24ウ1
懇　ネンコロニ　中1ウ6
念比　ネン―ニ　中41オ7
念比　―ニ　下31オ4
ねんぽ［名］
年甫　―ホ　上7ウ1

の

のうげふ［名］
農業　ノウケウ　中16オ2
のうにん［名］
農人　ノウニン　中14ウ6
のきく［名］
退句　ノキ―　中36ウ3
のこす［動サ四］
殘　―サ　上19ウ7
貽　ノコサ　上33ウ7
貽　ノコサ　中38ウ4
のごふ［動ハ四］
拭　ノコフ　上31ウ2
のこる［動ラ四］
殘　ノコル　中34オ6
のす［動サ下二］
載　下30オ6
載　ノセ　下32オ2
載　ノスル　下35オ2
のぞく（除）↓いへども（雖）
のぞみ［名］
望　下10オ4
のぞむ［動マ四］
望　―ム　上27ウ7
望　ノソン　中27ウ5

望　ノソム　中43ウ3
のぞむ［動マ四］
莅　ノソン　上13オ7
臨　ノソマ　上40オ1
臨　ノソム　中28オ1
臨　ノソマ　下10ウ6
臨　―ミ　下31ウ2
のち［名］
後　上27ウ5
後　ノチ　中26オ2
後　ノチ　中28ウ1
後　中34オ2
後　下33ウ2
後　下33ウ5
のぶ［動バ下二］
展　ノフル　上1ウ1
暢　ノフル　上40オ1
述　シユツス　中18ウ5
陳　ノフ　中20ウ6
伸　ノフ　下34オ7
のべがたし［連語］
難伸　―シ　下27ウ6
のむらぬしどの［名］
野村主殿　中43ウ6

のりうまども（乘馬共）↓じようめども
のる［動ラ四］
乘　ノリ　中19オ6
乘　ノル　下10ウ5
のる［動ラ四］
呵　ノリ　中26オ7
罵　ノリ　中26オ7

は

は［名］
葉　ハ　中7オ3
↓ちのは（茅葉）
ばい［名］
唄　バイ　下1ウ4
はいがん［名］
拜顔　下7オ3
拜顔　下35オ6
はいけん［動サ変］
拜見　―セ　中35ウ7
はいざ［名］
廢坐　ハイサ　上39オ6
はいじ［名］

拝辞　―シ　下7オ1
ばいし［動サ変］
倍蓰　ハイシスル　中16ウ2
はいじやう［動サ変］
拝上　下3ウ7
拝上　下35ウ1
はいぜん［名］
配膳　ハイセン　下4オ5
はいたふ［名］
拝答　下6ウ5
はいてい［名］
拝呈　中35ウ6
拝呈　下30ウ6
ばいてんじふいちにち［名］
梅天十一日　上42オ7
ばいとく［動サ変］
買徳〔得〕ハイトクシ　中16ウ7
はいひん［名］
拝稟　ハイヒン　上31オ6
はいふく［名］
拝覆　ハイフク　上34オ5
拝覆　―フク　中21オ4
拝覆　中28オ7
拝覆　下28オ1
はいほう［名］
拝報　中38ウ3
はいらん［動サ変］
拝覧　―セ　下4オ1
はいりやう［動サ変］
拝領　下31オ5
ばいるりじゆ［名］
吠瑠璃樹　下32オ6
はう［名］
方　中7オ1
方　ハウ　中7ウ3
方　中10ウ3
↓ほう
はう［名］
靤〈皰〉ハウ　中24ウ3
はういつ［形動ナリ］
放逸　ハウイツ　中11ウ5
はうおん（芳恩）↓ごはうおん（御芳恩）
はうがく［名］
方角　下28ウ1
ばうきやく［動サ変］
忘卻　ハウキヤクスル　下10ウ7
忘卻　―ス　下28ウ1
ばうぐわい［形動ナリ］
望外　ハウクワイナル　下1オ5
ばうけん［名］
傍見　ハウケン　中1ウ2
ばうさうあ（芒草鞋）↓ばうさうかい
ばうさうかい［名］
芒草鞋　ハウサウア　下7ウ4
はうさつ（芳札）↓ごはうさつ（御芳札）
はうし（芳志）↓ごはうし（御芳志）
はうせん（芳染）↓ごはうせん（御芳染）
ばうぜん［形動タリ］
忘〔茫〕然　ハウ―　中31ウ6
忘〔茫〕然　―ト　下29オ2
はうちやう［名］
包丁　ハウチヤウ　中6ウ2

はうとく［動サ変］
放得　ハウトクシ　中26オ6
はうばい（傍輩）↓ごはうばい
（御傍輩）
はうばう［名］
方々　中3ウ5
方々　下28オ4
はうやう（泡影）↓むげんはう
やう（夢幻泡影）
はかりがたし［連語］
難測　ハカリカタキ　中28ウ6
はかりこと［名］
計　ハカリコト　上40オ4
はきぞへふぜい［名］
帯副風情　ハキソヘフセイ　上13ウ3
はくうん［名］
白雪〈雲〉─セツ　中5オ1
はくえい［名］
伯英　ハクヱイ　上19オ7
はくえふ［名］
栢［柏］葉　ハクヨウ　上1オ5

はくせつ（白雪）↓はくうん（白
雲）
はくでん［名］
迫田　ハクテン　中16ウ7
はくべい［名］
白米　下33オ6
はくまい（白米）↓はくべい
はくらん［形動ナリ］
博覧　ハクランニ　中26ウ7
はげまし［名］
励　ハケマシ　下1オ4
はこぶ（運）↓めぐる
はし［名］
端　ハシ　上1オ2
端　ハシ　上27ウ2
はし［名］
筋〈箸〉スチ　中5オ2
はしがき［名］
端書　ハシカキ　中19オ3
はじめ［名］
始　─メ　上1ウ5
始　ハシメ　中7オ3
始　ハシメ　中14ウ7
始　─メ　中17オ3

はじめて［副］
始　ハシメテ　中21ウ7
始而　─テ　下28オ3
はしよく［名］
播殖　ハンショク　中17オ1
はしらす（走）↓わしらす・は
しる（奔）
はしらだて［名］
柱立　ハシラタテ　上24ウ2
はしる（奔）↓わしる
はす［動サ変］
破　ハシ　中27オ1
はた［名］
旗　ハタ　中12オ2
はた［副］
將　ハタ　中19ウ7
はたけとう［名］
畠等　ハタケ─　中16ウ6
はたほこ［名］
旛旗　ハタホコ　中14オ3
はたまた［連語］
將又　上17ウ3
將又　上18オ6
將又　上22オ5

將又 上32オ1
將又 上33ウ5
將又 上38ウ4
將又 上40オ1
將亦 中19オ5
將又 中36オ5
將又 下6オ4
將又 下30オ4
將又 下31ウ4
はち［名］
八 中24ウ3
はちぐわつ［名］
八月 中18ウ6
はちぢやう［名］
八丈 下28オ5
はちびやう［名］
八病 ―ヒヤウ 中23ウ3
はちまんゆじゆん［名］
八萬由旬 下33ウ7
はつ［名］
髪 ハツ 中26ウ1
はつか（廿日）↓らいげつはつかごろ（來月廿日比）
はつかい（八海）↓くせんはつかい（九山八海）
はつく［名］
九八〈八九〉 中17オ6
ばつくん［形動ナリ］
拔群 ハツクン 上23ウ7
はつけい（八景）↓せうしやうのはつけい（瀟湘之八景）
はつけん［名］
八間 上14ウ1
はつす［動サ変］
發 ハツスル 中7ウ2
發 ハツス 中20オ1
發 ハツス 中43ウ4
發 ハツシ 下10オ5
はつたい［名］
八體 ―タイ 中24オ5
はつぱふ［名］
八法 中24オ5
はつぴ［名］
法被 ハツヒ 上33ウ6
はつぴ［名］
八臂 下32ウ6
はつびやう（發病）↓ごはつびやう（御發病）
はづれ［名］
迦 ハツレ 中36ウ2
ばてい［名］
馬蹄 ハテイ 下10オ5
はな［名］
花 上2オ6
花 中23オ6
花 中27ウ4
花 中29オ3
花 中35ウ7
花 下32オ1
はな［名］
鼻 上23ウ5
鼻 下29オ1
はなはだ［副］
甚 ―タ 中23オ7
はなむけ（餞）↓おんはなむけ（御餞）
はなる［動ラ下二］
離 ハナレ 下9ウ1
はばかり［名］
憚 ハヽカリ 上17オ6
憚 ハヽカリ 上28オ2
憚 ハヽカリ 中36ウ1

憚　ハヽカリ　中38ウ4
はふ［名］
法　上40オ3
法　上42オ3
法　ハウ　中35オ6
法　ハウ　中39オ2
はやとのすけどの［名］
隼人祐殿　ハヤトノスケ―　中14ウ1
はらひがたし［連語］
難掃　ハライ―シ　上31オ4
はらふ［動ハ四］
掃　上14ウ3
掃　ハラハ　中19ウ7
揮　キ　中35ウ2
はり［名］
頗瓈　上31ウ6
はる［名］
春　上1ウ2
春　上7ウ2
春　上16ウ5
春　ハル　中15ウ1
春　中17オ3
春　中19ウ6
春　中27ウ4
はる［動ラ下二］
晴　ハレ　中27オ6
はるか［形動ナリ］
迴　ハルカニ　中31オ6
はれう（破了）↓ほれう
はん［名］
判　ハン　中33オ3
はん［名］
飯　ハン　下33ウ2
はん（版）↓ぎよくはん（玉版）
ばん［名］
盤　バン　上31ウ6
ばん［名］
晩　下1オ5
ばんえつ（萬悦）↓せんしやう
ばんえつ（千祥萬悦）
ばんかんとう（晩羹等）↓まん
かんとう
ばんき［名］
萬騎　下31ウ3
はんきふとう［名］
班給等　ハンキウ―　中15ウ6
はんぐわんだいどの［名］
判官代殿　中31ウ4
はんげつ［名］
半月　下33オ1
ばんじ［名］
萬事　中21ウ5
萬事　下31オ3
萬事　下32オ1
ばんしつ［名］
萬室　―シツ　中10ウ1
はんじやう［動サ変］
繁昌　ハンシヤウ　中41オ1
はんせん［名］
半錢　ハン―　中15ウ7
はんた［形動ナリ］
繁多也　ハンタナリ　中28ウ3
ばんたん［名］
萬端　上13ウ4
萬端　―タン　中3ウ7
はんにや［名］
般若　ハンニヤ　中14オ3
ばんぱう［名］
萬方　下3ウ1

ばんぱん［名］
萬般　―ハン　上27ウ2
萬般　―ハン　中19オ1
ばんぶつ［名］
萬物　下9ウ3
ばんぼく［名］
萬木　中32オ3
↓せんさうばんぼく（千草萬木）
はんも［動サ変］
繁茂　ハンモス　中17オ4
ばんれい［名］
萬靈　―レイ　上1ウ5

ひ

ひ［名］
陽　上1ウ2
ひ［名］
比　ヒ　中22オ5
ひ［名］
日　中27オ5
日　下31ウ2
び［形動ナリ］
美也　ビナリ　下33オ2
ひえつ［動サ変］
披閲　―エツセ　上31オ7
ひがし［名］
東　下28ウ2
東　下33オ2
ひかり［名］
光　―リ　中35ウ2
ひかん（披緘）↓ひらく（披）
・かん（緘）
ひきいる［動ラ下二］
引入　ヒキ―レ　中7オ1
ひきうどまひ［名］
侏儒舞　チユシユマヒ　中11ウ3
ひきもの（引物）↓いんぶつ
ひきやく［名］
飛脚　ヒキヤク　中1オ2
ひきよう［名］
比興　ヒケウ　下4ウ2
ひく［動カ四］
引　上34ウ6
引　下7ウ2
ひくわんにん［名］
被官人　ヒクハンニン　中1オ5
ひけつ［名］
祕訣　ヒケツ　中25ウ5
ひこう［名］
飛鴻　ヒコウ　上27ウ7
びさい（微細）↓みさい
ひさし［形シク］
久　―シ　中19ウ1
久　中21オ5
久　―シ　中26ウ2
久　―ク　下10ウ3
↓ややひさし（良久）
ひじ［名］
非時　ヒシ　下1ウ1
びし［名］
微志　ビシ　下28オ7
ひす［動サ変］
比　ヒシ　中23オ6
比　―スレ　下27ウ2
ひす［動サ変］
祕　ヒスル　中37ウ3
びせう（微笑）↓ねんげみせう
（拈花微笑）

びせうねん［名］
美少年　ビー　中26ウ3
ひそか［形動ナリ］
竊　ヒソカニ　上1ウ2
密　ミソカニ　上1ウ4
竊　ヒソカニ　上7オ1
ひたす［動サ四］
浸　ヒタシ　中17オ4
びたん［名］
鼻端　ヒタン　上23ウ5
ひつこう［名］
筆工　上15ウ3
ひつじ［名］
羊　ヒツシ　中5オ1
ひつじさる［名］
未申　下34オ6
ひつせい［名］
筆勢　ヒツセイ　下6オ7
筆勢　ヒツセイ　下6ウ2
ひつたん［名］
筆端　—タン　上14オ7
筆端　—タン　中41ウ1
ひつとう［名］
筆頭　—トウ　中38オ5

ひつりよく［名］
筆力　下34ウ6
ひでんとう［名］
祕傳等　ヒテン—　中25ウ5
ひと［名］
人　中18オ7
人　中18ウ7
人　中20ウ3
人　中23オ5
人　中35ウ1
人　中41オ2
人　下30ウ3
人　下32ウ3
人　下32ウ6
人　下33オ3
人　—ト　下33オ5
人　下33オ7
人　下33ウ2
人　下33ウ4
人　下35オ5
びどう［名］
美童　ヒトウ　中11ウ5
美童　ヒトウ　中36オ4
ひとつ［名］

一　—ツ　下1オ3
ひとつつみ［名］
一裹　—ツヽミ　上38ウ4
一裹　—ツヽミ　上40ウ1
一裹　—ツヽミ　上42オ2
ひとつとして［連語］
一而　—トシテ　中23オ7
一而　—トシテ　中24ウ4
ひとはたらき［名］
一働　—ハタラキ　中10ウ4
ひとはち［名］
一鉢　—ハチ　中14ウ2
ひとびと［名］
人々　中7ウ5
人々　中11オ3
人々　下33オ2
ひとへに［副］
偏　ヒトヘニ　中34オ1
ひとり［名・副］
獨　上39ウ4
獨　ヒトリ　中23ウ1
ひとりすごろく［名］
獨雙六　—リスコロク　中7ウ1

ひとりずまふ［名］
獨相撲　ヒトリスマウ　中7ウ1
びなん［名］
美男　ヒナン　中11ウ4
ひびう［名］
紕繆　下30ウ1
ひびに［連語］
日　ヒヽニ　上7ウ3
日　ヒヽニ　上7ウ6
日　ヒヽニ　上34ウ2
↓にちにち（日々）
ひま［名］
隙　下7オ1
びめう（微妙）↓みめう
ひやうぎ［名］
伊〈評〉議　イキ　中11オ5
ひやうし［名］
拍子　上34ウ1
拍子　上39ウ7
ひやうじゆつ［名］
兵術　―シユツ　上8オ3
ひやうはふ［名］
兵法　上8オ3
兵法　ヒヤウハウ　中25ウ2
びやうぶ［名］
屏風　上14オ6
ひやくおくしだいかい［名］
百億四大海　下34ウ1
ひやくおくしゆみ［名］
百億須彌　下34ウ1
ひやくくわ［名］
百花　上1ウ1
びやくことうじつ［名］
白虎頭日　中39オ4
ひやくさい［名］
百歳　下32ウ3
ひやくしやう［名］
百姓　上13オ5
ひやくでう［名］
百條　上13オ3
ひやくにじつてう［名］
百二十調　―テウ　中24ウ4
ひやくふく［名］
百福　上1ウ5
ひやくほ［名］
百歩　―ホ　中24ウ7
ひやつくわ（百花）↓ひやくくわ
ひやつぽ（百歩）↓ひやくほ
ひよく［名］
比翼　ヒヨク　中19オ5
ひらい［動サ変］
飛來　ヒライ　中36オ2
ひらきがたし［連語］
難披　ヒラキ―ク　中34オ3
ひらく［動ラ四］
開　―キ　上1オ2
披　ヒ　上17オ4
披　ヒラカ　中21オ5
披　―キ　中36オ3
ひらに［副］
平　ヒラニ　下1ウ7
平　ヒラニ　下6オ3
ひるがへす［動サ四］
飄　ヒルカヘシ　上1ウ3
翻　ヒルカヘス　中31ウ7
ひろう（披露）↓ごひろう（御披露）
ひろふ［動ハ四］
拾　ヒロイ　下30オ7
拾　ヒロフ　下35オ2

ひんきゆう［名］
貧窮　中18オ7
びんてう［名］
頻鳥　ヒンテウ　上39ウ6
びんびん［名］
憫々　ヒンヒン　中28オ4
ひんゐ［名］
品彙　ヒンイ　中11ウ4

ふ

ふ［名］
賦　フ　中22オ5
賦　フ　中22ウ2
ふ［名］
符　フ　中22ウ4
ふ［動ハ下二］
經　フ　上39オ4
閲　フ　下10ウ2
經　ヘ　下33ウ4
ぶ［名］
部　フ　中22オ4
ぶあんない［形動タリ・ナリ］
爲無案内　下10ウ7
無案内　下28オ7
無案内　下31オ3
ぶいん［名・形動ナリ］
無音　上17オ6
無音　上28オ1
ふう［名］
風　フウ　中22オ5
風　フウ　中23ウ2
ふうう［名］
風雨　下9ウ3
ふうえふ［名］
楓葉　フウヨウ　中36オ1
ふうき［名］
富貴　フウキ　中41ウ5
富貴　フウキ　中43ウ1
ふうくわう［名］
風光　上7ウ3
風光　フウクワウ　中31ウ7
ふうげつ［名］
風月　中27ウ7
風月　中33オ7
ふうじゆりんちゆう［名］
楓樹林中　フウシユリン―　中29オ2
ふうぜん［名］
風前　中28オ1
ふうぢん［名］
風塵　―ヂン　中19ウ6
風塵　―チン　下28ウ7
ふうぶん［動サ変］
風聞　―ブンス　上2オ4
ふうりう［名］
風流　フウリウ　中18オ6
風流　中18ウ1
ふうろ［名］
風露　―ロ　中29オ1
ふえ［名］
笛　フエ　上34ウ2
笛　フエ　中7オ5
ぶえきふつか［名］
無射二日　中31ウ3
ふがう［名］
腐毫　フカウ　上13ウ4
ぶかう［名］
舞行　フカウ　中8ウ3
ぶがく［名］
舞樂　フガク　上39ウ1
ふかし［形ク］

深　シン　中27オ4
深　フカキ　中32オ1
深　フクキ　下1オ5
ぶがん［形動ナリ］
豐顔　フカン　中11ウ5
ふきぢとう［名］
葺地等　フキチ―　上24ウ2
ぶぎやう［名］
奉行　上20オ2
奉行　上20オ3
奉行　フキヤウ　中4ウ5
↓ざしきぶぎやうとう（座敷奉行等）
ふく［動カ四］
吹　フキ　中7オ4
吹　フク　中19オ6
ふぐ（不具）↓きようきようふぐ（恐々不具）
ふくき［名］
伏犧　フツキ　中21ウ7
ふぐきんげん［名］
不具謹言　上19ウ2
不具謹言　下35オ6
ふぐけいはく［名］
不具敬白　―ク―　中10ウ5
ぶくす［動サ変］
服　―セ　上42オ4
ふくほう［名］
福報　フクホウ　中43ウ3
ふくわい［名］
不會　―クハイ　中21ウ4
ぶさいかく［形動ナリ・タリ］
才覺〈無才覺〉サイカク　上20オ1
ぶさう［形動ナリ］
無雙　フサウ　上39ウ4
↓ここんぶさう（古今無雙）
ふさぐ［動ガ四］
塞　フサク　下30ウ3
ぶさた（無沙汰）↓おんぶさた（御無沙汰）
ふし（不死）↓ちやうせいふし（長生不死）
ふじつ［名・副］
不日　上39オ7
不日　中33ウ2
不日　下28オ2
ふして［副］
伏　フシテ　中20ウ7
伏　フシテ　中33オ2
ふしもの［名］
賦物　フシモノ　中36ウ1
ふじゆ［名］
諷誦　フシユ　中22ウ4
ふじゆく［名・形動タリ］
爲不熟　フシユクノ―ニ　中14ウ4
不熟　―シユク　中15オ2
ふじゆぐわんもんとう［名］
諷誦願文等　フシユクワン―　下1ウ4
ふしゆつ［名］
不出　下3ウ4
ふしん［形動ナリ］
不審　―ニ　上31ウ1
ふしんども［名］
普請共　フシン―　上24オ7
ふす［動サ変］
附　フセ　上27ウ7
付　ツキ　中26オ4
ふす（伏）↓ふして
ふすましやうじ［名］

襖障子　フスマシヤウシ　上14オ6
ふぜい［名］
風情　フセイ　中10ウ4
風情　フセイ　中11オ7
↓かうめいふぜい（好茗風情）・かぐふぜい（家具風情）・きがへふぜい（著替風情）・こばかまふぜい（小袴風情）・すひものふぜい（吸物風情）・てつまんぢゆうふぜい（鐵饅頭風情）・はきぞへふぜい（帯副風情）・まりふぜい（鞠風情）
ふせう［形動ナリ］
不肖　―セウ　上6ウ7
ぶぜつ［動サ変］
蕪絶　―セツス　上34ウ1
ふせん［名］
不宣　中16オ3
↓とんしゆふせん（頓首不宣）
ふそ［名］
㕮咀　フソ　上40オ6
ふぢはらのそれがし［名］
藤原某　上16ウ7
ぶつう［名］
佛宇　上22オ7
ぶつえ［名］
佛衣　下5ウ3
ふつき（富貴）↓ふうき
ふつき（伏犠）↓ふくき
ぶつじ（佛事）↓せうぶつじ（小佛事）
ぶつじとう［名］
佛寺等　下28ウ5
ぶつじよう［名］
佛乗　―セウ　中27ウ3
ぶつぽふ［名］
佛法　下32ウ6
佛法　下33オ4
佛法　下33ウ5
ふで［名］
筆　フテ　中28オ5
筆　フテ　中34ウ3
筆　中37オ2
↓ごしきのふで（五色筆）・じよてんのふで（如椽之筆）・せいくわのふで（生花之筆）
ぶてい［名］
武帝　ブテイ　中38オ5
ぶてう［名］
豐兆　フテウ　中15オ1
ぶてうはふ［形動ナリ］
無調法　フテウハウ　上20オ1
ふでとう［名］
筆等　中38オ7
ふと［副］
不閣〈圖〉サシヲカ―　上17ウ2
與風　上40オ7
與風　中33ウ2
不圖　フト　下6ウ6
不圖　―ト　下31オ1
ふどうゐん［名］
不動院　―トウ―　中21オ4
ふなふとう［名］
布衲等　フナフトウ　中10オ6
ふに［名］
不二　フニ　下5ウ6
ふね［名］

船　フネ　中8ウ5
船　下10ウ5
ふび（不備）↓とんしゆふび（頓首不備）
ふびきようきよう［名］
不備恐〈不備恐々〉　上27ウ2
ふびきんげん［名］
不備謹言　中4オ1
ふぼ［名］
父母　下7ウ6
↓ぶも
ぶほう［名］
舞鳳　フホウ　中24オ6
ふぼん（夫凡）↓ぶまる（夫丸）
ぶまる［名］
夫凡〈丸〉フホン　下3ウ1
ふむ［動マ四］
踏　フム　中23ウ5
ぶも［名］
父母　下33ウ5
↓ふぼ
ふゆ［名］
冬　フユ　中34オ1
ふよ［名］
不豫　ーヨス　上34ウ4
ふよ［動サ変］
付與　フヨシ　下35オ4
ふりう［名］
風流　フリウ　中7オ5
風流　フリウ　中7ウ3
風流　フリウ　中11ウ1
ふる［動ラ四］
點　テンスル　中26オ7
ふる（舊）↓ことふる（事舊）
ふる（揮）↓ふるふ
ふるふ［動ハ四］
運　フルツ　上23ウ5
揮　フツ　中5オ1
ふるまひ［名］
容止　フルマイ　中7ウ2
ふん［名］
粉　フン　上1ウ3
ぶん［名］
分　上22ウ1
分　上29ウ1
分　上29ウ4
分　上32オ3
分　中3ウ4
分　フン　中12オ4
分　中37オ3
分　下3ウ3
分　下7ウ3
分　下11オ1
分　下29オ4
分　下33オ7
ぶん［名］
文　中22オ6
ぶんしやう［名］
文章　下30ウ1
文章　下31ウ7
ふんじよう［形動タリ］
紛冗　フンゼウ　下3ウ1
ふんぱう［名］
紛芳　フンハウ　上7ウ3
ふんべつ［動サ変］
分利〈別〉フンリ　上40オ3
ふんやのそれがし［名］
文屋某　中41オ5
ぶんり（分利）↓ふんべつ（分別）

へ

へいきよ［名］
弊居　ヘイキヨ　上17ウ3
へいさ［名］
平沙　ヘイサ　中8ウ5
へいぬりとう［名］
屏塗等　ヘイヌリ―　上19ウ7
へいはく［名］
幣［弊］帛　ヘイハク　中8ウ1
へいふく［名］
平復　―フク　上34ウ5
へいゆう［動サ変］
平愈　―ユウ　上42オ4
へいゐ［名］
屏帷　ヘイイ　上39オ5
へうえう［形動タリ］
飄颻　ヘウヨウ　上39ウ5
へうす［動サ変］
表　ヘウスル　上33ウ5
表　ヘウスル　下28オ7
へうとう［名］
表等　ヘウ―　中22ウ2
へうなう［名］
豹嚢　ヘウナウ　中35オ7
へき（碧）↓みどり
へきかん［名］
壁閒　ヘキカン　中26オ5
へきぐわ［名］
碧瓦　ヘキクワ　中37ウ3
へだつ［動タ下二］
隔　ヘタツル　上39オ3
べつかく［名］
別鶴　ヘツクワク　中24ウ5
べつきよく［名］
別曲　ヘツキヨク　上39ウ4
べつくわく（別鶴）↓べつかく
べつご［名］
別後　下7ウ1
別後　下9ウ5
べつさん（鼈盞）↓けんべつと
う（建鼈等）
べつし［名］
別紙　ヘツシ　上42オ4
べつして［副］
別而　ヘツシテ　上15ウ7
べつそん［名］
別尊　ヘツソン　中27オ5
べつたう［名］
別當　ヘツタウ　中8ウ1
へんし［名］
片時　ヘンシ　中8ウ4
へんじ（返事）↓ごへんじ（御返事）
へんしやう（返章）↓ごへんしやう（御返章）
へんじやく［名］
鶣［扁］鵲　ヘンシヤク　上38ウ6
へんす［動サ変］
邊〈遍〉―シ　下28ウ6
へんず［動サ変］
變　ヘンシ　上42オ1
べんず［動サ変］
辨　ヘンシ　中26オ6
べんぜつ［名］
辯舌　ヘンセツ　上34オ2
へんだい（片題）↓かただい
へんたふ（返答）↓ごへんたふ（御返答）
へんぽう（返報）↓ごへんぽう

（御返報）
へんもく［名］
偏〈篇〉目　ヘンモク　中28ウ5

ほ

ほう［名］
方　上40オ6
方　上42オ5
ほう［名］
鳳　ホウ　中19オ6
ぼう［名］
捧〈棒〉サヽクル　中26オ7
ほういう［名］
朋友　ハウユウ　上34ウ2
朋友　ハウユウ　下6ウ6
ぼうけい［名］
謀計　ホウケイ　上23ウ4
ほうこう［名］
奉公　下4オ3
ぼうこじ［名］
龐居士　ハウコジ　中26ウ3
ほうち［名］
鳳池　ホウチ　上2オ1
鳳池　ホウチ　中35ウ1
ほうび（褒美）→ごほうび（御褒美）
ほうぼく［名］
寶墨　ホウホク　上24オ4
寶墨　上31ウ2
ほうれき［名］
鳳暦　ホウレキ　上1オ2
ほうわうだい［名］
鳳凰臺　ホウワウタイ　中19オ6
ほか［名］
外　中3ウ7
外　―カ　中20ウ7
外　下7オ6
外　下9ウ2
↓このほか（此外）・そのほか（其外・厥外）・れつ（列）
ほかう［名］
歩行　ホカウ　上6ウ7
ほがらか［形動ナリ］
朗　ホカラカ　中27オ6
ぼく［名］
木　ホク　中24ウ3
ぼくじゆう［名］
僕従　ボクシウ　上15ウ4
ぼくせき［名］
墨蹟　ホクセキ　上15ウ1
ぼくせきとう［名］
墨蹟等　ホクセキトウ　上19オ7
ほくはう［名］
北方　ホツ―　中39オ3
ほこ［名］
桙　ホコ　中7オ7
ほこ（矛）→よ（予）
ほこさき［名］
鋒　ホコサキ　中14オ3
ほこん［名］
補袞　ホコン　上2オ5
ほし［名］
甫〈補〉子　ホシ　上19オ6
ほしいまま［形動ナリ］
恣　ホシイマヽニ　中20オ1
ほしいままにしがたし［連語］
難恣　ホシイマヽニシカタシ　下6ウ2

ほしいままにす［連語］
放　ホシイマヽニシ　中5オ2
恣　ホシイマヽニス　中43ウ1
ほつけこうどく［名］
法華講讀　ホツケカウトク　下1ウ3
ほつけゐん［名］
法華院　中38ウ3
ほつしやう［名］
法匠　ホツシヤウ　上22オ5
ほつす［動サ変］
欲　上24オ4
欲　―スル　上34ウ3
欲　―セ　下10ウ6
ほつぱう（北方）↓ほくはう
ほとけ［名］
佛　―ケ　上40オ4
佛　ホトケ　中26オ7
ほどこす［動サ四］
播　上1ウ4
施　ホトコス　中15ウ4
施　ホトコシ　中43ウ2

ほとんど［副］
殆　―ント　上14オ2
殆　ホトント　中19ウ2
殆　ホトント　中21ウ6
殆　ホトント　下10ウ1
ほねなしほねあり［名］
無骨有骨　ホネナシホネアリ　中7ウ1
ほふ［名］
法　下27ウ4
ほふじ［名］
法事　下1ウ5
ほぼ［副］
粗　ホヽ　上6ウ7
略　ホヽ　中21ウ6
粗　ホヽ　下4オ4
ほまれ［名］
譽　ホマレ　中41オ2
ほりほり［名］
塹鑿　ホリホリ　上19ウ6
ほりもの［名］
鑿物　ホリモノ　上24ウ4
ほれう［動サ変］
破了　ハレウ　下3ウ2

ぼん［名］
盆　ボン　上31ウ7
盆　ホン　上33ウ7
ほんい［名］
本意　上27ウ6
ほんがくゐん［名］
本覺院　下35ウ1
ほんぐわい［名］
本懐　―クワイ　中28ウ1
本懐　―クワイ　下7オ2
ぼんげ（凡下）↓きか（凡下）
ぼんご［名］
梵語　ホンコ　中27オ6
ほんじよ［名］
本書　中22オ1
ほんそう［名・動サ変］
奔走　上28オ4
奔走　ホンソウ　中3ウ6
奔走　中4ウ5
奔走　ホンソウ　中11オ2
奔走　中35ウ3
↓ごほんそう（御奔走）
ほんそうども［名］
奔走共　中36オ4

ほんぞん［名］
本尊　下6オ5
ほんるとじん［連語］
奔流渡刃　ホンルトジン　上8オ3

ま

ま（磨）↓ます
まいじ［名］
毎事　マイジ　中3ウ7
毎事　マイシ　下3ウ4
まうしいだす［動サ四］
申出　中1オ3
まうしいる［動ラ下二］
申入　上17オ4
申入　上27ウ5
申入　中11オ6
申入　中34オ7
申入　下2オ1
申入　下30オ4
まうしうじふはちにち［名］
孟秋十八日　中14オ7
まうしくだす［動サ四］
申下　中1オ2
まうしじやう［名］
申狀　上28オ2
申狀　中38ウ4
まうしだんず［動サ変］
申談　中1ウ3
申談　―タンス　中4オ5
まうしつく［動カ下二］
申付　中1ウ4
まうしぶみ［名］
申文　中22ウ4
まうす［動サ四］
申　上14ウ3
申　上20オ5
申　上24オ4
申　上31ウ6
申　上39ウ1
申　中4ウ7
申　中7オ1
申　中24ウ5
申　中36ウ2
申　中36ウ7
申　下6ウ7
申　下30ウ7
申　下32オ1
まうす［補動サ四］
申　上17ウ1
まえ［名］
麻衣　マヱ　中10オ6
まがき［名］
籬　リ　中20オ1
まかりすぐ［動ガ上二］
罷過　中41ウ3
まかりたつ［動タ四］
罷立　中4オ6
まぐ［動ガ下二］
枉　上14ウ3
枉　マケ　中7オ6
まげて［副］
枉　マケテ　上19ウ1
枉　マケテ　中14オ5
まこと［名］
誠　上1ウ1
誠　マコト　中19ウ1
まことに［副］
誠　―ニ　上2オ1
誠　―トニ　上7ウ4
誠　―ニ　上17オ5

誠　―トニ　上31ウ2
誠　―ニ　上34ウ1
誠　―トニ　上39オ5
誠　―トニ　中8ウ4
誠　―トニ　中15ウ4
寔　マコトニ　中21オ6
誠　―トニ　中21ウ4
寔　マコトニ　中23ウ5
實　シツニ　中27ウ5
誠　マコトニ　中28ウ2
寔　マコトニ　中33オ2
誠　―ニ　中36オ3
まさに［副］
將　―ニ　中17オ7
まじはり［名］
交　マシハリ　中19オ2
交　マシハリ　中19ウ1
まじはる［動ラ四］
交　―ル　下29オ1
まじふ［動ハ下二］
交　マシヘ　中10オ7
交　マシヘ　中31オ1
ます［動サ四］
增　マス　上17ウ2
ます［動サ変］
磨　マスル　中35ウ1
磨　マ　中35ウ1
ますます［副］
倍　マスマス　中18ウ7
また［副］
亦　上8オ2
又　上27ウ5
又　上29ウ3
又　上33ウ4
又　上34ウ1
也　上39ウ2
又　上40オ4
又　中6ウ1
又　中8ウ5
復　中11オ6
又　中11ウ4
又　中16オ2
又　中16オ3
亦　中16ウ5
亦　―タ　中18オ6
又　中19ウ1
又　中19ウ3
亦　中20ウ3
又　中25オ5
復　マタ　中25ウ7
又　中28オ2
又　中28オ4
亦　中28ウ5
復　マタ　中28ウ6
又　中32オ1
亦　中32オ3
又　中33オ6
又　中38オ4
亦　中38オ6
亦　中43オ7
又　下1オ4
又　下1ウ2
又　下7オ4
又　下7オ7
又　下10ウ2
又　下27ウ3
又　下30オ6
又　下31ウ2
又　下33ウ4
亦　下34オ2
又　下34オ4
亦復　マタ　下34ウ4

亦　下35オ1
↓はたまた（將又）・もしまた（若又）
まだらか［形動ナリ］
縟　マタカニ　中23ウ5
まち［名］
町　下28ウ3
まちうど［名］
町人　下29オ2
まちこうぢ［名］
町小路　下29オ4
まちまち［形動ナリ］
區　マチマチナラ　中12オ4
まつ［動タ四］
待　―タ　中14オ4
待　マタ　中33オ7
まづ［副］
先　上14オ6
先　上32オ2
先　上40ウ1
先　中38ウ7
先　―ツ　下29オ4
先　下34ウ1
まつだい［名］
末代　上13オ3
まつたく［副］
全　―タク　中15ウ3
全　マツタク　中21ウ3
まづもつて［連語］
先以　上7ウ5
先以　上19ウ6
先以　中4オ4
まつりごと［名］
政　マツリコト　上7ウ6
政　マツリコト　中22オ1
まど［名］
窗　マト　中22ウ1
まどか［形動ナリ］
團也　下32ウ4
まどひ［名］
惑　マトヒ　中27オ1
まな［名］
眞字　マナ　中24オ2
まなこ［名］
眼　マナコ　中10オ7
眼　下10ウ1
眼　マナコ　下28ウ7
まなぶ［動バ上二］
學　―ヒ　中22オ5
學　マナヒ　中24オ5
學　中25オ5
まのあたり［副］
親　マノアタリ　中25ウ3
まひ［名］
舞　上39ウ5
まへ［名］
前　マヘ　中22ウ1
まり［名］
鞠［蹴］鞠　マリ　上8オ4
まりしてん［名］
摩利支天　マリシ―　中25ウ2
まりふぜい［名］
鞠風情　マリ―　中34オ6
まゐる［動ラ四］
參　中34ウ1
まんえふしふ［名］
萬葉集　マンヨウシウ　中22ウ7
まんかんとう［名］
晩羹等　―カン―　下1ウ1
まんき［名］

萬騎　―キ　中12オ1
まんざ［名］
滿座　マンサ　中27オ1
まんな（眞字）↓まな
まんばい［名］
萬倍　―ハイ　中15ウ1

み

み［名］
身　ミ　中19オ4
身　中19ウ4
身　中25オ6
身　中33オ5
身　ミ　中36オ7
身　ミ　下9ウ2
身　下31オ5
みがく［動カ四］
琢　ミカク　中27オ5
みきたる（見來）↓げんらい
みぐるし［形シク］
見苦敷　上13ウ2
みさい［形動ナリ］
微細　ヒサイナラ　上20オ3
みさん［名］
未散　ミサン　下6オ1
みじかし［形ク］
短　ミシカフ　上19ウ1
みしやうさく［名］
御正作　ミ―　中16ウ1
みしん［名］
未進　ミシン　中16オ1
みす［動サ下二］
觀　ミセ　下30ウ3
みせう（微笑）↓ねんげみせう（拈花微笑）
みそか（密）↓ひそか
みそじあまり［名］
三十餘　ミソシアマリ　中23ウ2
みたち［名］
御館　―クワン　上19ウ5
みたつしや［名］
未達者　ミタツノモノ　中26ウ2
みたつのもの（未達者）↓みたつしや
みたび［名］
三　―タヒ　中16ウ4
みだり［形動ナリ］
漫　ミタリニ　中26オ4
叨　ミタリニ　下9ウ4
みだり（慢）↓おこたり
みち［名］
道　上34ウ3
道　上40オ7
道　ミチ　中23オ4
道　中25ウ6
道　中36オ7
みちつぢ［名］
道辻　下33ウ3
みつ［名］
三　下33ウ1
みつ［動タ四］
盈　ミツ　中7オ6
塡　ウツミ　中17オ5
滿　ミチ　中19ウ6
みづ［名］
水　中23ウ4
みつぐそく［名］
三具足　上33ウ6
みとせ［名］

三年　中19オ3
みどり［名］
碧　ヘキ　中17ウ2
みな［名］
皆　上1オ7
皆　下32オ7
みなひと［名］
皆人　中41ウ4
みなみな［名］
皆々　中10ウ5
皆々　中34ウ2
みなもとのそれがし［名］
源某　中31ウ3
みのる［動ラ四］
登　ミノリ　中16オ2
みみ［名］
耳　上40オ1
耳　ミヽ　中7オ6
耳　ミヽ　中36ウ7
みめう［形動ナリ］
微妙　ミメウ　下5ウ6
みもん（未聞）↓ぜんだいみもん（前代未聞）
みやうじ［名］
名字　上13オ3
みやうにち［名］
明日　上14ウ1
明日　下6ウ6
明日　下27ウ5
みゆき［名］
御幸　ミユキ　中7ウ5
みよ［名］
御代　ミヨ　中23オ3
みる［動マ上一］
視　上15ウ3
視　―ル　上31ウ2
見　―ル　上39オ4
見　中6ウ1
看　ミ　中6ウ1
観　ミル　中8ウ4
見　ミル　中8ウ7
観　ミ　中10ウ2
視　ミ　中24オ1
見　中25ウ1
見　中27ウ4
見　―ル　中33オ5
観　ミル　下9ウ3
見　―ル　下27ウ5
視　ミ　下29オ3
看　ミ　下31ウ3
見　下33オ4
みれん［形動ナリ］
未練　ミレン　中43ウ3
みんぶきやう［名］
民部卿　ミンフキヤウ　中18ウ5
みんぶきやうごばう［名］
民部卿御房　中21オ4

む

むかし［名］
昔　―シ　上23ウ4
昔　ムカシ　中16ウ3
昔　ムカシ　中18オ5
本昔　ムカシ　中22ウ6
むかふ［動ハ四］
向　―ヒ　上1オ4
向　―フ　上1ウ2
白〈向〉　上15ウ4
向　ムカツ　中25オ6
向　ムカフ　中26オ5

むかふ［動ハ下二］
迎　―へ　上1ウ4
むかへ（迎）↓おんむかへ（御迎）
むく［名］
無孔　ムク　上34ウ2
むくのかみどの［名］
木工頭殿　上27ウ4
むげん［名］
無絃　ムケン　上34ウ1
むげんはうやう［名］
夢幻泡影　ムケンハウヤウ　中33オ5
むしや［名］
武者　ムシヤ　中12オ1
むじやう［名］
無常　ムシヤウ　中27ウ4
むじやう［名］
無情　ムジヤウ　中33オ1
むしん［名・形動タリ］
無心　上28オ2
爲無心　上38ウ4
むす［動サ四］
蒸　ムシ　中4ウ7
むすぶ［動バ四］
結　ムスフ　中19オ2
結　―フ　中19オ4
結　ムスフ　中22オ1
結　ムスフ　中27ウ7
結　ムスハ　中36オ6
むなし［形シク］
只〈空〉　上39オ4
空　―シク　中19ウ4
空　―ク　中20ウ4
空　ムナシク　中31オ2
むなしうす［連語］
空　ムナシクシ　中17オ6
むなぼね［名］
胸骨　ムナホネ　中7オ7
むね［名］
旨　上23ウ7
旨　上24ウ4
旨　上31オ7
旨　中20ウ5
旨　中35ウ7
旨　中41オ3
旨　ムネ　下4オ1
むねあげ［名］
棟上　ムネ―　上24ウ2
むねん［形動ナリ］
無念　下10オ6
むま（馬）↓うま
むまくら（馬鞍）↓うまくら
むよう［形動タリ］
爲無用　―ラ　上15ウ2
爲無用　―タラ　上15ウ7

め

め［名］
目　上31ウ2
目　中36オ3
めい［名］
銘　メイ　上1オ6
めい［名］
蓂　中18ウ3
めい［名］
命　メイ　下32ウ3
命　下32ウ6
命　下33オ3
命　下33ウ2
めいか（冥暇）↓めいくわい（冥

晦）
めいきやう（明鏡）↓めいけい
めいくわい［名］
　冥暇〈晦〉　メイ―　下9ウ4
めいけい［形動ナリ］
　明鏡　メイケイナリ　上40オ4
めいけん［名］
　名賢　メイケン　中22オ4
めいしゆ［名］
　明主　メイシユ　上7ウ6
めいしよ［名］
　名所　下9ウ1
めいじん［名］
　名人　上40オ3
めいでん［名］
　名田　メイテン　中16ウ6
めいび［形動タリ・ナリ］
　爲明眉〔媚〕　メイヒタル　中4ウ3
　明媚也　メイヒナリ　中8ウ7
めいぶつ［名］
　名物　上15ウ2
めいみやく［名］
　命脈　メイミヤク　中26オ2
めいもん［形動ナリ］
　冥聞　メイモン　下30オ7
めいやく［名］
　盟約　メイヤク　中19オ2
めうく［名］
　妙句　メウ―　中36ウ4
めぐむ［動マ四］
　惠　メクマ　上28オ7
めぐらす［動サ四］
　回　―ス　上7ウ2
　回　メクラシ　中31オ4
　廻　―ラス　中33ウ2
　廻　メクラサ　下1オ4
めぐる［動ラ四］
　運　ハコフ　上1ウ4
　旋　メクル　中25オ7
　遶　メクル　下34オ3
めしがへ［名］
　召賛〔替〕　メシカヘ　中4オ7
めしぐす［動サ変］
　召具　メシクシ　上14オ6
めづらし［形シク］
　珍敷　上17オ7
　珍　―キ　上28オ7
　珍敷　上31オ1
　珍敷　メツラシキ　中3ウ4
めでたし［形ク］
　目出度　上7ウ5
　目度〈目出度〉　上17オ2
　目出〈目出度〉　上19ウ6
　目出度　上39オ7
　目出〈目出度〉　中4オ4
　目出度　中39オ5
めんえつ［名］
　面謁　―エツ　上34オ6
　面謁　メンエツ　上42オ6
めんくわい［名］
　面會　―クワイ　上39オ3
　面會　―クワイ　中28ウ1
　面會　中35ウ4
めんけい［名］
　面形　下33オ4
　面形　下33ウ6
めんせう［名］
　面笑　―セウ　上39オ5

めんだん［名・動サ変］
面談　上17オ5
面談　上27ウ5
めんのそうぜんじ［名］
免僧禪師　上34オ5
免僧禪師　下10オ1
めんぼく［名］
面目　上14オ3
めんぼくなし［形ク］
無面目　上17オ6
無面目　中34ウ4
無面目　メンホク―ク　中41ウ4
無面目　下31ウ1

も

もうきよにいとまあらず［連語］
不遑毛擧　モウキヨニイトマ
アキアラ―　中6ウ4
もうし［名］
毛詩　モウシ　中22オ2
もうぜん［形動タリ］
懞然　モウセンナル
もうてん［名］　中28オ5
蒙恬　モウテン　中38オ4
もうひつ［名］
毛筆　中38オ5
もくけいをしやう［名］
牧溪和尚　モツケイヲシヤウ
下6オ5
もくす［動サ変］
沐　モクシ　上2オ2
沐　モクシ　中31オ5
もくのかみどの（木工頭殿）↓
むくのかみどの
もし［副］
儻　モシ　上27ウ1
若　―シ　上34ウ4
若　中19ウ5
若　モシ　中34ウ4
儻　モシ　中37オ1
若　モシ　下7オ3
若　―シ　下29オ1
もじ［名］
字　モシ　中23ウ2
↓もんじ（文字）
もしまた［連語］
若又　上14ウ4
もちぐそくとう［名］
持具足等　モチクソクトウ
中1ウ1
もちゆ［動ヤ上二］
用　上15ウ4
用　―ル　中16ウ7
用　―ル　中35オ7
用　下5ウ4
用　下32ウ7
もちゐる（用）↓もちゆ
もつ［動タ四］
持　モツ　中35オ6
もつけいをしやう（牧溪和尚）
↓もくけいをしやう
もつたいなし［形ク］
無勿體　モツタイ―
もつて［連語］　上28オ1
以　―テ　上6ウ7
以　上14ウ2
以　―テ　上17オ6
以　上17ウ3

以　上22オ5
以―テ　上23ウ4
以　上23ウ7
以　上24オ5
以　上27ウ6
以　上34オ1
以　上42オ1
以　上42オ3
以　中1オ2
以　中1ウ3
以　中4オ5
以　中7オ1
以　中7オ4
以―テ　中7ウ2
以―テ　中14ウ7
以　中15ウ4
以　中17オ1
以―テ　中17オ7
以　中17ウ1
以―テ　中18オ5
以　中18ウ1
以　中20ウ5
以　中21ウ1
以―テ　中21ウ6
以　中22オ6
以　中25ウ6
以　中28オ3
以―テ　中28ウ2
以―テ　中31オ4
以　中31ウ5
以　中36ウ5
以―テ　中39オ5
以　中41オ3
以　中43ウ1
以　下6オ3
以―テ　下6ウ7
以　下7ウ4
以　下7ウ4
以―テ　下9ウ5
以　下27ウ1
以　下30オ4
以　下30ウ2
以―テ　下32ウ2
以　下32ウ4
以　下33ウ1
以　下33ウ4
以　下35オ2
↓かたがたもつて（旁以）・ことにもつて（殊以）・さらにもつて（更以）・つぶさにもつて（具以）・なほもつて（尚以・猶以）・まづもつて（先以）

もつてす［連語］
以―ス　中21ウ6
以―ス　中35オ7

もつとも［副］
尤―モ　上2オ3
尤　上24オ5
尤　上39オ6
最―モ　上42オ2
尤　中1ウ3
尤　中11オ5
尤―トモ　中21オ7
尤―トモ　中33ウ1
最モツトモ　下6ウ7
尤―モ　下10オ3
尤　下10ウ4
尤―モ　下31ウ6

もてあそぶ［動バ四］
翫　モテアソヒ　中22ウ1
翫　モテアソン　中33オ7

もと［名］
下　モト　中36オ1
もとづく［動カ四］
本　モトツク　中23ウ2
もとむ［動マ下二］
求　モトメ　中17ウ1
もの［名］
者　モノ　上2オ3
者　上6ウ7
者　上6ウ7
者　ーノ　上8オ2
者　上8オ3
者　上8オ3
者　上8オ4
者　上8オ5
者　ーノ　上8オ6
者　ーノ　上13オ3
者　ーノ　上13オ4
者　ーノ　上13オ6
者　ーノ　上13オ7
者　上27オ6
者　モノ　上28オ2
者　上38ウ6
者　モノ　上39ウ2

者　上40オ1
者　上40オ7
者　上42オ2
者　ーノ　上42オ3
者　中1ウ7
者　中3ウ7
者　中6ウ1
者　中6ウ2
者　中7ウ6
者　モノ　中8ウ4
者　モノ　中8ウ7
者　中9オ1
者　モノ　中11ウ5
者　中15ウ4
者　モノ　中18ウ7
者　ーノ　中19オ4
者　中20オ2
者　中20ウ3
者　モノ　中23オ4
者　中23ウ6
者　ーノ　中24ウ1
者　中25ウ1
者　中26オ6
者　中26オ6

者　中26ウ1
者　モノ　中28オ4
者　中31オ7
者　中33オ2
者　中34オ6
者　中37ウ3
者　ーノ　中41ウ5
者　下1オ5
者　モノ　下3ウ2
者　下5ウ4
者　下6ウ1
者　下27ウ6
者　下31ウ4
者　下35オ1
者　下35オ2
もの［名］
物　中29オ1
物　モノ　中32オ1
ものそろへ［名］
物揃　モノソロヘ　中11オ7
ものども［名］
物共　上23ウ3
物共　上28オ7
物共　上31オ1

ものならず［連語］
不物　―ナラ―ル　上33ウ3
もののぐ［名］
物具　モノ丶ク　中12オ4
ももよ［名］
百夜　中19オ4
もやう［名］
模様　モヤウ　中1ウ6
もよほし［名］
催　モヨヲシ　中32オ1
もろこし（大唐）↓だいたう
もろもろ［名］
諸　モロモロ　上8オ6
もん［名］
文　モン　中24オ4
もんかんたうきやく［名］
門竹〈竿〉倒御　―タウキヤク　中26オ1
もんけい［名］
門徑　―ケイ　中19ウ6
もんこ［名］
門戸　下28ウ2
もんじ［名］
文字　モンシ　中23オ4
文字　モンシ　中24オ1
文字　下30ウ1
↓もじ（字）
もんじやう（文章）↓ぶんしやう
もんぜん［名］
文選　モンセン　中22オ3
もんちくたうきやく（門竹倒御）↓もんかんたうきやく（門竿倒御）

や

や［名］
野　ヤ　上2オ2
や［名］
耶　ヤ　中22オ6
やう［名］
様　ヤウ　下7オ4
やういうき［名］
養由基　ヤウユウキ　中24ウ7
やうえふ［名］
楊葉　ヤウヨウ　中24ウ7
やうか［名］
八日　下4オ2
やうがう［名］
顯〈影〉向　ケンカウ　上39ウ7
やうげついつか［名］
陽月五日　中38ウ2
やうしゆん［名］
陽春　上1ウ1
やうだい［名］
様體　上22ウ2
やうやく［形動ナリ］
徐々　ヤウヤクニ　下10ウ2
やかん［名］
野干　ヤカン　上39ウ7
やくほう［名］
薬方　上42オ1
やくわん［名］
野館　ヤクワン　下10ウ3
やしき（屋敷）↓おんやしき（御屋敷）
やしなふ［動ハ四］
育　ヤシナヒ　中14ウ6
やすし（易）↓かふ

やすむ［動マ四］
歇　ヤマ　下10ウ3
やすをかしんざゑもんどの［名］
安岡新左衛門殿　中33ウ7
やつだまとう［名］
八玉等　ヤツタマー　中11ウ3
やつまととう［名］
八的等　ーマトー　中25オ2
やはた［名］
八幡　ヤワタ　中11オ3
やはらか［形動ナリ］
和　ヤハラカニ　中27オ7
やぶれしやうじ［名］
破障子　ヤフレシヤウシ　上17ウ5
やま［名］
山　中7オ6
山　中8ウ6
山　中17オ4
山　中36オ2
やまでら［名］
山寺　下1ウ2
やまと［名］
大和　ヤマト　上39ウ1
やまのべのあかひと［名］
山邊赤人　ヤマノヘノアカヒト　中23ウ1
やまひ［名］
病　中36ウ7
やむ（歇）→やすむ
やや［副］
良　ヤヽ　中19ウ1
ややひさし［連語］
良久　ヤヽーク　上34オ7
良久　ヤヽー　中28ウ1
ややもすれば［副］
動　ヤヽモスレハ　中36ウ6
動　ヤヽモスレハ　下28ウ1
やり［名］
鎗　ヤリ　中4ウ4
やりく［名］
遺句　ヤリー　中36ウ2

ゆ

ゆいしき［名］
唯識　ユイシキ　中26ウ6
ゆう［形動ナリ］
勇　ユウナル　上8オ3
ゆうべん［名］
雄辯　ユウヘン　中31ウ2
ゆうまう［形動ナリ］
勇猛　ユウマウニ　中27ウ3
ゆげ［名］
遊戯　ユケ　中7オ2
ゆげのそれがし［名］
弓削某　中43ウ5
ゆづる［動ラ四］
譲　ユツラ　上39ウ5
ゆび［名］
指　中27オ7
指　ユヒ　下33ウ4
ゆふづき［名］
夕著　ーツキ　下10ウ4
ゆふべ［名］
夕　上1ウ7
暮　ユフヘ　中19ウ6
夕　ユフヘ　中27ウ7
↓つき（月）
ゆみ［名］
弓　ユミ　中24ウ6

ゆみや（弓箭）↓きゆうせん
ゆめみる［動マ上一］
夢　ユメミル　中38オ3
ゆめゆめ［副］
努々　ユメ―　下3ウ3
努　ユメユメ　下10ウ2
努　下30ウ2
ゆゑ［名］
故　上13オ5
故　上17オ6
故　中15ウ4
故　中28ウ6
故　中32オ2
故　下35オ3
ゆゑに［接］
故　―ニ　中1ウ5
故　―ニ　中17オ5
故　―ニ　中20ウ6
故　―ニ　下32ウ4
故　―ニ　下32ウ5

よ

よ［名］
餘　―リ　中1ウ7
餘　ヨ　中16オ3
よ［名］
世　中41オ2
世　ヨ　中43ウ1
よ［代名］
矛〈予〉　中14ウ4
予　ヨ　中16ウ5
予　ヨ　中18オ6
予　中19オ7
予　中20ウ3
予　ヨ　中35オ7
予　中37ウ3
予　下35オ4
よう［名］
用　中35ウ2
用　下33オ7
↓ごよう（御用）
ようい［名・動サ変］
用意　上18オ6
用意　上20オ6
用意　上29ウ1
用意　中3ウ4
用意　中33ウ4
用意　中39オ6
用意　下1ウ2
用意　下7オ1
↓ごようい（御用意）
ようい［形動ナリ］
容易　ヨウイニ　下5ウ4
よういども［名］
用意共　中1ウ4
ようさ［名］
用作　上28オ4
よえい［名］
餘羸　ヨエイ　中17ウ1
よぎる［動ラ四］
過　上40オ3
過　ヨキラ　下10ウ3
よく［副］
克　ヨク　上39ウ2
よくす［連語］
能　―セ　上27オ7
よくよく［副］
能々　下29オ5
好々　下31オ6
よけい［名］
餘計　ヨケイ　中43オ6

よこ［名］
横 下33ウ7
よこく［名］
餘國 下33オ2
よこたはる［動ラ四］
横 ヨコタハル 中26オ6
よこたふ［動ハ下二］
横 ヨコタヘ 中12オ2
よし［名］
由 上2オ4
由 上7ウ5
由 上13オ7
由 上14ウ3
由 上17オ2
由 上17ウ1
由 上19ウ5
由 上22オ7
由 上31ウ3
由 上32オ1
由 上39オ6
由 上40オ2
由 中4オ4
由 中4ウ6
由 中10ウ5
由 中11オ5
由 中16ウ3
由 中33ウ1
由 中34ウ2
由 中36オ6
由 下4オ2
由 下10オ2
由 下28オ2
よじつ［名］
餘日 ヨ― 中1オ6
よす（託）→たくす
よすぎ［名］
世過 セクワ 中41ウ3
よそほひ［名］
妝 ヨソヲヒ 中8ウ3
よそほふ［動ハ四］
裝 ヨソヲヒ 中11ウ6
よつて［接］
仍而 上7ウ4
依而 上17オ7
依而 ―テ 上28オ1
依而 ―テ 上34オ7
仍而 中1ウ5
仍而 ―テ 中14ウ3
仍而 ―テ 中16ウ2
仍而 ―テ 中34オ1
仍而 ―テ 中36オ4
仍 ―テ 中41ウ2
依而 ―テ 下1ウ7
仍而 ―テ 下31オ4
よのつね［形動ナリ］
尋常 ヨノツネ 中4ウ6
よばかり（世計）→せいけい
よむ［動マ四］
讀 ヨン 中23オ2
よもすがら［副］
終夜 ヨモスカラ 中20オ1
よりより［名・副］
時々 ヨリヨリ 上20オ4
依々 ヨリヨリ 上24オ7
よる［動ラ四］
稱 ヨツ 上13オ4
依 上14オ1
依 ヨリ 上14ウ4
依 上27ウ5
依 中1オ3
依 中14ウ3
依 ヨル 中15ウ3

依　ヨツ　中20ウ6
因　ヨリ　中26オ3
依　ヨツ　中28ウ5
依　中33オ2
依　中34オ4
依　中37オ3
依　中41ウ3
依　ヨツ　下3オ7
依　下10オ4
依　下30オ5
依　下31オ1
よる（自）↓おのづから
よるい［名］
餘類　下35オ1
よろこばしむ［連語］
悦　ヨロコハシムル　中36オ3
よろこぶ［動バ四］
喜　上1ウ4
悦　ヨロコフ　中15ウ4

ら

らい［名］
雷　ライ　中26ウ1
らいき［名］
禮記　ライキ　中22オ2
らいげつはつかごろ［連語］
來月廿日比　上2オ3
らいこう［名］
來扣　中21ウ2
らいじ［名］
來事　中33ウ1
らいしよ［名］
來書　上31オ7
らいはう［名］
來訪　ライハウ　中31オ3
らいりん［名］
來臨　―リン　中10ウ5
らうくわい［名］
老懐　―クワイ　中32オ2
らうはん（勞煩）↓ごらうはん
（御勞煩）
らうやく［名］
良薬　ラウ―　上42オ2
らうれう［名］
糧料　ラウレウ　中15ウ6
らく［名］
樂　カク　中43オ5
らくく［名］
落句　ラツク　中36ウ6
らくげつ［名］
落月　ラク―　上39ウ3
らくばい［名］
々（落）梅　上39ウ3
らくやう［名］
洛陽　ラクヤウ　中38オ6
らごら［名］
羅睺羅　ラコラ　中27オ3
らつく（落句）↓らくく
らふせつ［名］
臘雪　ラウセツ　上1ウ3
らんくわい［名］
鸞回　ランクワイ　中25ウ4
らんじや［名］
蘭麝　ランシヤ　下28ウ7
らんしやう［名］
濫觴　ランシヤウ　中7オ4
らんにふ［名］
亂入　ランニウ　中25ウ4
らんぴ［名］
鸞飛　ランヒ　中25ウ4

り

り［名］
　利　リ　中17オ2
りう［名］
　流　中25オ1
　流　リウ　中25オ5
りうこ［名］
　留虎　リウコ　中25ウ4
りうしやう［名］
　劉向　リウシヤウ　中25オ3
りうでう［名］
　柳條　リウテウ　中25オ6
りくぎ［名］
　六義　リクキ　中22オ5
　六義　―キ　中23ウ3
りくりつ［名］
　六律　―リツ　中24ウ3
りくりよ［名］
　六呂　―リヨ　中24ウ3
りこう［形動ナリ］
　利口　リコウニ　中27オ1
りさう（籬草）↓まがき（籬）・くさ（草）
りしう［名］
　離愁　リシウ　中32オ1
りつ［名］
　律　リツ　上7ウ2
りつきよくほう［名］
　栗棘蓬　上29ウ1
りつちゆう［名］
　立柱　リツチウ　中39オ5
りていりうしよく［連語］
　離高〈亭〉榊〈柳〉色　下7ウ2
りと［名］
　李杜　リト　中22オ7
　李杜　リト　中31オ5
りにふ［名］
　理入　リニウ　中26オ3
りはく［名］
　李白　リハク　中38オ3
りふいん［名］
　立印　中27オ7
りふじん［名］
　李夫人　リフシン　上19オ6
りやうかい［名］
　兩家〈界〉　中27オ5
りやうけ（兩家）↓りやうかい（兩界）
りやうじやう［名］
　領掌　リヤウシヤウ　上27ウ1
りやうしん（良辰）↓きちにちりやうしん（吉日良辰）
りやうす［動サ変］
　領　リヤウスル　中16ウ6
　領　リヤウスル　中43オ6
りやうぜん［名］
　靈山　リヤウセン　下6オ1
りやうやく（良薬）↓らうやく
りやうりやうさんさん［名］
　兩々三々　中25オ7
りやく［名］
　利益　リヤクセヨ　中43ウ2
りゆうざう［名］
　龍象　リウサウ　下5ウ5
りようてん［名］
　龍躔　―テン　上1オ2
りよかう［名］
　旅行　リヨカウ　中4ウ2

りらん［名］
離鸞　リラン　中24ウ5
りり［形動タリ］
離々　リヽタル　中20オ1
りんあう［名］
林鶯　リンアフ　上7ウ3
りんご［名］
輪鼓　リンコ　中11ウ3
りんしようじふににち［名］
林鐘十二日　リンセウ―　中4オ2

る

るい［名］
類　上14オ7
類　上15ウ2
類　上19オ5
類　上24ウ5
類　上29ウ4
類　上33ウ7
類　ルイ　中15ウ1
類　ルイ　中31オ7
類　ルイ　中34ウ5
類　中35ウ1
類　中35ウ4
類　下3ウ4
類　ルイ　下5ウ4
類　下35オ3
るいじ［名］
類字　ルイシ　下34ウ4
るいじゆ［名］
類聚　下35オ3
るいめい［名］
類名　下30オ6
類名　下34ウ5
るす［名］
留守　ルス　下7オ4
るり［名］
瑠璃　ルリ　上31ウ6

れ

れい（禮）→おんれい（御禮）
れいぎとう［名］
禮儀等　下28オ4
れいくん［名］
麗君　レイクン　中11ウ5
れいさう［名］
麗藻　レイサウ　中31ウ1
れいしき［名］
例式　レイシキ　中7ウ5
れいしや［名］
靈社　レイシヤ　下9ウ2
靈社　下27ウ3
れいじん［名］
麗人　レイシン　中11ウ5
れいせうぢよとう［名］
靈照女等　レイセウシヨトウ　中26ウ4
れいせきとう［名］
靈跡等　レイセキ―　下10オ7
れいちやう［名］
藜杖　レイチヤウ　中33ウ2
れいてん［名］
禮奠　レイテン　中8ウ2
れいはう［名］
靈方　レイハウ　中26オ2
れいぶつ［名］
靈佛　レイフツ　下9ウ2
靈佛　レイ―　下27ウ3

れいり［形動ナリ］
伶利　レイリ　中26ウ3
れう［名］
僚　レウ　上13オ6
れうけん［名］
料揀　レウケン　上23ウ4
料揀　レウケン　上32オ2
れうし［名］
料紙　レウシ　上17ウ5
れうしつ［名］
療疾　レウシツ　上40オ4
れうそく［名］
料足　レウソク　上15ウ6
れうり［名］
料理　レウリ　中4ウ7
料理　レウリ　中6ウ2
れき［名］
暦　レキ　上7ウ2
れきへん［動サ変］
歴偏［偏］レキヘンセ　下27ウ5
れきらん［動サ変］
歴覧　レキラン　下7オ7
歴覧　レキランスル

れつ［名］　下10オ6
外〈列〉　中24ウ6
れつそ［名］
列祖　レツソ　中26オ2
れんう［名］
連雨　レンウ　中17オ3
れんが［名］
連哥　レンカ　中31オ5
連哥　レン―　中34オ7
連哥　中36オ6
れんぎやう［名］
練行　レンキヤウ　中27オ4
れんぐ［名］
聯句　レンク　中31オ4
れんけい［名］
連莖　中16ウ5
れんげつじふににち［名］
簾月十二日　レン―
中6ウ6
れんじ［名］
連子　上24ウ3
れんじやう［名］
連聲　レンセイ　中36ウ4

れんぜい（連聲）↓れんじやう
れんぞく［動サ変］
連續　レンソクシ　上24オ7
れんぼ［名］
戀慕　レンホ　中20ウ4
戀慕　レンホ　中32オ1
れんり［名］
連理　レンリ　中19オ5
れんれん［副］
連々　中39オ6

ろ

ろうきよ［名］
陋居　ロウキヨ　中28ウ7
ろうせつ［動サ変］
漏洩　ロウセツセ　下5ウ7
ろぎよ［名］
驢〈鱸〉魚　ロキヨ　中5オ1
ろくじふよしう［名］
六十餘州　下10オ6
六十餘州　下27ウ1
ろくしゆきん［名］

漉酒巾　ロクシユキン　中18オ6
ろくす［動サ変］
錄　ロクス　中25オ4
ろくせんしひやく［名］
六千四百　下34ウ7
ろくぢ［名］
陸地　ロクチ　中8ウ5
ろくふござう［名］
五藏六府〈六府五藏〉｜サウ｜フ　上40オ5
ろけん［動サ変］
露顯　ロケンス　中41ウ1
ろしちゆう［名］
路次中　ロシ｜　下7オ3
ろしへん［名］
路次邊　ロシヘン　中1オ6
ろつぷござう（六府五藏）↓ろくふござう
ろばう［名］
路傍　ロハウ　上7オ1
ろめい［名］
露命　ロメイ　中33オ7
ろんぎ［名］
論義　ロンキ　中26ウ7
ろんず［動サ変］
論　ロンセ　中27オ3
ろんだん［動サ変］
論談　ロンタンセ　中28オ3
論談　ロンタン　中33ウ4
論談　ロンタン　中34オ2

わ

わ（予・吾）↓わが
わういうぐん［名］
王右軍　ワウウクン　上19オ6
わうぎし（王羲之）↓ぎし（羲之）
わうきよう［名］
王恭　ワウケウ　中10オ5
わうくわん［名］
往還　下28ウ6
わうしようじふごにち［名］
黃鐘十五日　中43ウ5
わうはう［形動ナリ］
横放　ワウハウナル　下6オ7
わうらい［名］
往來　中22ウ5
わうらいとう［名］
往來等　下31ウ7
わか［名］
和歌　ワカ　中22ウ6
倭哥　ワカ　中23オ3
和歌　ワカ　中23ウ1
わが［形動ナリ］
和雅　｜カニ　上39ウ6
わが［連語］
予　ワカ　上27ウ7
吾　ワカ　中4ウ3
吾　ワカ　中15ウ3
吾　｜カ　中21ウ4
吾　｜カ　中25オ4
吾　中28オ4
我　｜カ　中33オ5
我　中43オ5
吾　中43オ7
我　｜カ　下9ウ5
吾　下32オ2
わかきしゆ（若衆）↓わかしゆ

わかしゆ［名］
若衆　ワカキシユ　中7オ1
若衆　―キ―　中10ウ3
わかしゆさま［名］
若衆様　中11オ4
わかたう［名］
若黨　ワカタウ　中1オ7
わがふ［名］
和合　上40オ6
わきのて［連語］
脇手　上23ウ6
わく［動カ下二］
分　下35オ2
わざと［副］
態　上19ウ5
態　中14ウ2
わしらす［動サ下二］
走　ワシラセ　中8ウ6
わしる［動ラ四］
奔　ワシル　中26ウ1
わす［動サ変］
和　ワスル　上39ウ2
わする［動ラ下二］
忘　―レ　上34ウ1

わたくし［名］
私　―シ　上14オ2
わたす［動サ四］
渡　ワタシ　中8ウ5
渡　―ス　中12オ3
わづか［形動ナリ］
纔　ワツカニ　中16ウ6
纔　―カニ　下30オ7
纔　ワツカニ　下34ウ4
わびひと（侘人）↓たにん（他人）
わらひ［名］
笑　ワラヒ　下29オ3
わらふ［動ハ四］
笑　ワラフ　中18ウ1
哂　ワラフ　中18ウ1
笑　ワラフ　中43ウ4
々（笑）　中43ウ4
われ［代名］
我　中17オ2
我　―カ　中17ウ1
吾　ワレ　中19オ7
吾　―レ　中33オ2
我　下7ウ5

我　下33オ7
われら［代名］
我等　上6ウ7
わん［名］
椀　ワン　上31ウ5

ゐ

ゐき［名］
位記　イキ　中22ウ3
ゐぎ［名］
威儀　イキ　下6オ2
ゐきよく［名］
委曲　中35ウ7
委曲　中38オ7
委曲　イキヨク　下4オ1
意〔委〕曲　下30ウ4
↓いきよく（意曲）
ゐけん［名］
遺賢　イケン　上2オ2
ゐご［名］
圍碁　イコ　中34オ6
ゐじ［名］
位次　イシ　下1ウ6

ゐす［動サ変］
　違　イセ　中20ウ6
ゐす（委）→たたなはる
ゐせつ［名］
　委哲〈折〉　イテツ　中35ウ4
ゐてつ（委哲）→ゐせつ（委折）
ゐなか［名］
　爲中　下31ウ1
ゐなかうど［名］
　田舍人　下29オ1
ゐん［名］
　院　イン　下3ウ4
ゐんだい［名］
　韻題　インタイ　中28オ1

ゑ

ゑがく［動カ四］
　畫　ヱカク　上14ウ1
　畫　ヱカケ　中23オ5
ゑさん［名］
　繪贊　ヱサン　上15ウ1
　畫贊　ヱサン　上19オ5
　畫贊　ヱサン　上33ウ6
ゑしき［名］
　會式　ヱシキ　中7ウ4
ゑのぐ［名］
　畫具　ヱノク　上14ウ5
ゑりもの［名］
　彫物　ヱリモノ　上24ウ4
ゑる［動ラ四］
　鐫　ヱリ　上24ウ5
ゑんきやく［動サ変］
　遠卻　ヱンキヤクス　上34ウ3
ゑんくわ［名］
　園花　ヱンー　上7ウ3
ゑんしやうじゆ［名］
　圓生樹　下34オ1
ゑんしゆく［名］
　遠宿　下10ウ4
ゑんばくとう［名］
　園畠等　ヱンハクトウ　中14ウ5
ゑんり（遠離）→をんり
ゑんりよ［名］
　遠旅　ヱンリヨ　下7オ2
ゑんろ［名］
　遠路　ヱンロ　下7ウ3

を

をうちゆう［名］
　甕中　ヨウー　中17ウ2
をか［名］
　岳　ヲカ　中17オ5
をぎ［名］
　荻　ヲギ　中19ウ7
をくしや［名］
　屋舍　ヲクシヤ　上1オ7
をさむ［動マ下二］
　納　ヲサム　中15ウ1
　收　ヲサム　中26ウ7
　收　ヲサムル　中35オ7
をしきども［名］
　折敷共　ヲシキー　上31ウ5
をしやう［名］
　和尚　ヲシヤウ　中24オ4
をの［名］
　斤　ヲノ　上23ウ5
をののそれがし［名］
　小野某　上24オ2

をはり［名］
尾張　下28オ5
をはんぬ［連語］
畢　―ヌ　上24ウ3
畢　―ンヌ　中21オ7
畢　―ヌ　中35ウ7
畢　―ンヌ　下10オ4
畢　―ヌ　下27ウ1
畢　―ヌ　下32オ2
をふ［動ハ下二］
終　ヲフル　中19オ4
をりふし［副］
折節　上14オ3
折節　上17ウ5
折節　上40オ2
折節　中4オ6
折節　中31オ2
をりをり［名・副］
折々　上20オ4
折々　上24オ6
をる［動ラ四］
折　上2オ6
をんな［名］
女　ヲンナ　中23オ5

をんり［名］
遠離　ヱンリ　中27ウ6

研究編

訓読

凡　例

一、内閣文庫蔵慶安元年版新撰類聚往来を底本とした。
一、原文を訓み下すに当たっては、札記に基づき、本文に最小限の校訂を施した。
一、語形・清濁は、室町時代に基準を求めた。
一、仮名遣は、便宜上、歴史的仮名遣とした。
一、漢字の字体は、原則として常用漢字体に直し、表外字は康煕字典体とした。
一、漢字の通用・扁揃（例、蹴鞠→蹵鞠）の事例については、正書法的な表記にあらためた。

新撰類聚往来之上

鳳暦端を開き、龍躔次を易ふ。三正の嘉慶、而今は事旧り候と雖も、旁以て珍重々々。殊に貴面に向つて祝する攸、千祥万悦の至り、更に際限有るべからざるなり。抑も觴を進めて柏葉の銘を挙げ、寿を祝して椒花の頌を献ず。獣樽は仙醞の香を凝らし、鶏帖は屋舎の妖を退く。〔上1オ〕是皆千門九陌、慶賀の誠を展ぶるなり。有脚の陽春の如くんば、百花自ら春に之き、千草各陽に向かふ。窃かに闚ふに、官梅粉を飄して、臘雪已に銷し、御柳金を揺かして、東風乍ちに扇ぐ。鴻鈞暖を播し、化工密かに運る。喜ぶらくは、百福の時を迎ふることを。楽しむらくは、万霊の始めを集むることを。朝には朝拝の儀式厳重にして、帯佩庭上の草に委り、夕には退食の官遊悠然として、〔上1ウ〕衣裳は鳳池の波に沾ふ。誠に時なるかな、清政行はるる則ば、朝に佞臣無く、野に遺賢莫し。各聖主の恩に沐して、官仕勤厚なる者、厥の数尤も夥し。茲に、来月廿日比、看花の行幸有るべきの由風聞す。然れば、補袞の高位、登階の官爵以下、其の外貴賤上下、花を折つて出で立たるべく候なり。

其の位次は〔上2オ〕

正一位	大尉	従一位	開府儀同三司
正二位	特進	従二位	光禄大夫
正三位	金紫光禄大夫	従三位	銀青光禄大夫
正四位上	正議大夫	正四位下	通議大夫
従四位上	大中大夫	従四位下	中大夫
正五位上	中散大夫	正五位下	朝議大夫
従五位上	朝請大夫	従五位下	朝散大夫

〔上2ウ〕

正六位上(しやうろくゐじやう)　朝議郎(てうぎらう)
神祇伯(じんぎはく)　大常卿(だいじやうけい)
左大臣(さだいじん)　左府(さふ)　左丞相(さじようしやう)
内大臣(ないだいじん)　内府(ないふ)　内丞相(ないじようしやう)
中納言(ちゆうなごん)　黄門(くわうもん)
宰相(さいしやう)　参議(さんぎ)
右大将(うだいしやう)　幕府(ばくふ)
少将(せうしやう)　郎将(らうしやう)
中弁(ちゆうべん)　蘭台(らんたい)
大外記(だいげき)　外史(ぐわいし)
中記(ちゆうき)　同上
刑部(ぎやうぶ)　刑部(けいほう)
民部(みんぶ)　戸部(こほう)
大蔵(おほくら)　大府(たいふ)
左京(さきやう)　京兆(けいてう)
大膳(だいぜん)　光禄(くわうろく)
監物(けんもつ)　城門(せいもん)
図書(づしよ)　秘書(ひしよ)
縫殿(ぬひ)　尚衣(しやうい)

正六位下(しやうろくゐげ)　承議郎(しようぎらう)
大政大臣(だいじやうだいじん)　大相国(だいしやうこく)
右大臣(うだいじん)　右府(うふ)　右丞相(うじようしやう)
大納言(だいなごん)　亜相(あしやう)
少納言(せうなごん)　給事中(きふじちゆう)
左大将(さだいしやう)　幕下(ばくか)
中将(ちゆうじやう)　羽林(うりん)
大弁(だいべん)　大丞(だいじよう)
少弁(せうべん)　同上
大内記(だいないき)　柱下(ちゆうか)
治部(ぢぶ)　礼部(れいほう)
兵部(ひやうぶ)　兵部(へいほう)
式部(しきぶ)　李部(りほう)
宮内(くない)　司農(しのう)
右京(うきやう)　同上
修理(しゆり)　匠作(しやうさく)
大舎人(おほとねり)　宮闈(きゆうゐ)
内蔵(くら)　少府(せうふ)
天文(てんもん)　霊台(れいたい)

[上3オ]

[上3ウ]

漏剋（ろうこく）　挈壺（けつこ）
大学（だいがく）　祭酒（さいしゆ）
明法（みやうばふ）　律学（りつがく）
摂政（せつしやう）　執柄（しつぺい）
春宮（とうぐう）　詹事（えんじ）
大夫（たいふ）　二千石（じせんせき）
侍従（じじゆう）　拾遺（しふゐ）
法皇（ほふわう）
按実（あんじつ）　護布（ごふ）
判官代（はんぐわんだい）　司直（しちよく）
権介（ごんのすけ）　別駕（べつが）
掃部（かもん）　洒掃（しやさう）
主殿（とのも）　全部（ぜんほう）
主税（ちから）　倉部（さうほう）
木工（むく）　工部（こうほう）
別当（べつたう）
囚獄（ひとや）　比部（ひほう）
内膳（ないぜん）　尚食（しやうしよく）
造酒（さけ）　良醞（りやううん）

翰林（かんりん）　文台（ぶんたい）
明経（みやうぎやう）　助教（じよけう）
直講（ちよくかう）　直学（ちよくがく）
関白（くわんばく）　博陸（はくりく）
中宮（ちゆうぐう）　長秋（ちやうしう）
大進（だいしん）　大属（だいぞく）
親王（しんわう）
斎院（さいゐん）
判事（はんじ）　理正（りせい）
目（さくわん）　録（さくわん）
玄蕃（げんばん）　主客（しゆかく）
諸陵（みささぎ）　廟陵（べうりよう）
大炊（おほひ）　導官（だうくわん）
主計（かずへ）　度支（たくし）
典薬（てんやく）　大医（たいい）
大史（たいし）
正親町（おほぎまち）　宗正（そうせい）
織部（おりべ）　織染（しよくせん）
市（いち）　市令（しれい）

〔上4オ〕　〔上4ウ〕　〔上5オ〕

中務　中書　蔵人　侍中
左右衛門　金吾　判官　廷尉
隼人　布護　主水　膳部
采女　采女令　勘解由　勾勘　［上5ウ］
按察　都護　防鴨河使
左右近　近衛　将監　親衛
兵衛　武衛　左右馬　典廏
帯刀　佩帯　雅楽　大楽
兵庫　武庫　大弐　都督
内匠　中匠　弾正　霜台　別当
検非違使　大理　進士　貢士　［上6オ］
酒殿　造部　鎮守府将軍　監使
北面　瀧口
随身　衛士
房仕　夜巡
御台盤所　御厨子所
雑仕所

此の如く粗之を記せしむる者なり。我等不肖の者に至つては、［上6ウ］
歩行の儀を以て、窃かに路傍において見物せしむべく候。御同心有らば仰ぐ所なり。拾得、小袴風情、預め御用意有るべきか。意曲具さに紙面を尽し難し。恐々謹言。

大簇廿五日　紀某

謹上　勘解由次官殿

〔上7オ〕

年甫の御祝言、事旧り候と雖も、尚以て幸甚幸甚。暦は年を改め、律は春を回す。淑気靄然として、風光日に新たなり。林鶯の学語、園花の紛芳、誠に倦遊余り有る辰なり。仍て花苑の御幸一定の由示し給はる。先づ以て目出度く候。仰せの如く、時は清世に属し、政は明主に帰す。然れば登科の進士日に踵を継ぎ、参内の衣冠亟行を連ぬ。

〔上7ウ〕

豈に只月卿雲客のみならんや。江湖の散人、山野の隠士も亦然り。殊に以て、才能の勝れたる所の者、一芸の名有る者は、登用せられずといふこと無し。其の勇なる者は、兵法兵術、奔流渡刃。厥の閑なる者は、犬笠懸等、蹴鞠小弓。其の逸なる者は、詩哥管絃、琴碁書画。此の如く、諸の氏族有る者、勝て計ふべからず。

〔上8オ〕

其の氏姓は

源平　藤原　橘紀　小野　宮道

高階　惟宗　祝部　穂積　良峰

平群　星川　田口　田中　和気

丹波　住吉　賀茂　安部　菅原

在原　中原　永原　清科　宗像

菅野　豊野　豊国　柿本　大中臣

大江　大神　百済　長岡　藤井

〔上8ウ〕

粟田（あはた）　阿保（あぼ）　吉備（きび）　三統（みむね）　三吉（みよし）
石川（いしかは）　池上（いけがみ）已上朝臣之姓　笠原（かさはら）　清原（きよはら）
御原（みはら）　春日（かすが）　吉野（よしの）　多治（たぢ）　大岡（おほをか）
息長（おきなが）　文屋（ふんや）　香山（かやま）　山道（やまぢ）　三国（みくに）
三園（みその）　三島（みしま）已上真人之姓　津守（つもり）　掃守（かもり）
土師（はじ）　斎部（ものいべ）　卜部（うらべ）　新田部（にひたべ）　山田（やまだ）
坂上（さかのへ）　入間（いるま）　小槻（をつき）　坂田（さかた）　大伴（おほとも）　［上9オ］
尾張（をはり）　宇治（うぢ）　宇多（うだ）　真神（まみや）　清海（きよみ）
弓削（ゆげ）　宮原（みやはら）　日置（ひおき）已上宿禰之姓　秦（はた）
高麗（こうま）　高市（たかち）　長谷部（はせべ）　佐伯（さへき）　曾禰（そね）
南淵（なぶち）　凡河内（おほしかふち）　壬生（みぶ）　十市（とをち）　川合（かはひ）
川上（かはかみ）　城上（きのかみ）　風早（かぜはや）　島田（しまだ）　荒木田（あらきだ）
葛木（かづらき）　久米（くめ）　山辺（やまのべ）　山背（やましろ）　清川（きよかは）
都（みやこ）　水海（みつみ）　御手代（みてしろ）　御浦（みうら）　御立（みたち）　［上9ウ］
志賀（しが）　広原（ひろはら）　物部（もののべ）　新羅（しらぎ）　各務（かがみ）已上雑之姓

次（つ）いで名乗（なのり）は

重（しげ）廿二　滋繁成為薫茲蕃殷包奕林芝恵維　稠臣紫樢絜茂咸

高（たか）二十　孝挙貴隆堯喬卓楚陟標天崇及尊　教位好廷上

傅すけ 廿三　相扶輔祐亮右助資　介翼如毗左典芸維佐方副弼獀弐

実さね 十　誠信核真　咸積護字守

〔上10オ〕

安やす 廿五　保康愷寧息泰懐毗快庾　方預休徳秘逸愛易慶楊穏慰文賢

正まさ 廿五　昌政理当雅尹順方允将　斉応暢党幹督備和祇済箴賢聖蔚

明あき 十八　著郷秋　聡察覚顕著言晶照朗詮在飽章成

延のぶ 卅三　信宣舒順書陳修述推演言伸暢序　肆之正常恒経叙所列照諶敦敷誠　庸葉　展命

忠ただ 三十　斉直理陟恩正政尹公廷但唯紀只　啻渡妙均矯格雅品内覧任董考傅　薫

〔上10ウ〕

成なり 十七　済為業登作平生晴　⿱雨壽性諧得形也就造

光みつ 二十　満充盈三水明照漲足　円弥題実塡架恭伋衍溢

房ふさ 五　総種　絃宣

人ひと 四　仁云　者

枝えだ 三　兄　族

兼かね 七　包懐該　周易摂

依（より）廿一　頼資縁因寄仍由憑糸株　幹无職拠従随自猶階倚

本（もと）十八　元体台幹基資旧意　源太索雅許故下尤始

茂（もち）九　用望以住　蔚持須式

是（これ）十二　惟伊維時之　此茲云寔矗斯

則（のり）卅七　範章暹憲規法儀典度徳尋刑令矩　似猷軌湯剩載周里郷識悟教納智　了彝伯象義芸乗幾

〔上11オ〕

澄（すみ）六　処住隅　清純

平（ひら）七　衡位救　枚均夷

木（き）十一　材樹規興城　起宜来束幾

国（くに）六　邦州邑　都業

任（たふ）五　堪能　勝当

連（つら）四　綿陣　番

近（ちか）十四　親愛隣庶邇昵睦　比這後及知尋

弘（ひろ）六　広博熙　寛泛

貞（さだ）六　定完愜　自正

時（とき）十　節説稽辰解　候晨剋勅

〔上11ウ〕

行（ゆき）十八　之如由于往致至雪詣　礼恭敬潔以適千介

諸（もろ）四　衆師　修

員（かず）六　算量数　種運

久（ひさ）三　旧古

利（とし）九　俊敏聡年載歳疾駿

友（とも）十九　奉倫共類大倶与朝具伴偕流輩僚朋等徒侶

武（たけ）三　健長

名（な）三　字号

遠（とほ）十　遐通遙十玄懸迴遼途

継（つぎ）八　序続胤族次嗣紹

〔上12オ〕

直（なほ）三　尚猶

見（み）廿二　相躬鑒皆子視観察鑑身覿体質臣瞻方固堅良形像

吉（よし）卅五　能美理淑令嘉善懿愛若栄好穀可儀資由宜佳賢賀特憙祥悦富福幸介最快督綵義

門（かど）三　廉稜

末（すゑ）四　季梢標

厚（あつ）十二　敦篤豊渥適淳仍訒重充春

永（なが）八　仲中遊祥寿遐濫

種（たね）三　胤殖

宗（むね）九　統致棟胸極概旨繞

〔上12ウ〕

守（もり）十二　護盛衛杜諸庶衆疇命名声

道（みち）十四　通陸康径途路信度盈逕猷迳塗

凡そ名字を称する者、此の内を出でず。総て百条に余れり。末代の群族、所領に称て、各氏姓を顕すなり。但し君に事へざる者、民として百姓と号す。涯際無き故なり。此の如く、同地同官、宰を為し僚を為す者、幾番といふことを知らず。今度の出立より花麗なる者有るべからざるの由聞こえ候。［上13オ］如何様厥の期に莅んで、見物の為に思し食し立たば、同心たるべく候。去り乍ら、諸篇に就いて、余りに異体の式見苦しく候。御腰の物等帯副風情恩借有らば、仰ぐ所に候。万端夥しと雖も、腐毫に竭し難し。併ら対偶の次を期す。誠恐敬白。

魁月念五日　平某

進上　花山帯刀殿　御返事

下着以後、是より案内を啓すべく存じ候処に、私の悤劇に依て、今に延引す。殆ど疎略の至り、面目を失［上13ウ］ひ候。剰へ日前に使者に預る時分、折節他行仕り候際、即刻回章に能はざるの条、旁以て緩怠の至りなり。随つて、京洛より上手の画工一両輩召し具し候間、先づ屏風、襖障子、掛繢、扇面の類を攢めて、種々の彩色、色鳥絵、［上14オ］筆端を尽して之を画く。明日より八間九間の床押板の際に取向ひ、瀟湘の八景、五湖、三浦の趣等、淡墨を以て之を掃ふべき由申し候。一日高駕を枉げられ、御覧有るべく候。若し又、貴殿様に御用候はば、御左右に依て進ずべきか。画具に於ては、碩善の新渡共、所持仕り候。

画の具は［上14ウ］

朱砂　辰砂　光明丹　黄丹　黄土　胡粉　艶紫　実紫

煙脂　白緑　紺青　緑青　白青

緑阜　雌黄　丹後丹　露草　雲母
莨泥　丹　紫泥　金薄　鍮泥
陶砂　花腐　花返　銀薄　貝牛粉
真牛粉　紺漚　心太　粉糊　朱砂具
台牛粉

若し自然引物の為に御用意有らば、絵賛、墨蹟の類に臻つては、縦へ名物と謂ふとも無用たらんか。斯の公の〔上15オ〕手跡、古今の際に独歩す。他の筆工、画師を視ては、猶し奴婢、僕従に向ふがごとし。其の神筆縦横にして、更に写真、贋本、朽木書等を用いず。丹青の仙と謂ひつべし。唯料足以下の珍宝、厥の外好茗風情、且つ貯はへらるべく候。別して其の蔽え無用たらんか。〔上15ウ〕

其の料足の名は

子母　青蚨　青鵝　鵝眼　鳥目
白水真人　阿堵　真斤　料足
青銅　金幣　泉布　化蝶　通神
五銖　九府　孔方兄　阿堵物

其の茶の名は

龍焙　雀舌　方珪　碧粉　辟夢
瑞露　雲腴　日注　紫琳　顧渚
雪坑　曾坑　酪奴　月団　鳳団
龍団　露芽

〔上16オ〕

此の如き等の重宝共、御奔走有るべきか。生花の筆にあらずんば、意曲の春を竭し難からん。恐惶謹言。

夷則廿日　藤原某　[上16ウ]

謹上　弾正忠殿

御帰田の由、伝へ承り候。目出度く存じ候。御礼として一昨日愚札を捧げ候処に、御他行の間、重ねて申し入れず候。唯今玉章当来。緘を披けば恰かも面談するが如くに相似たり。誠に懇望の至りなり。御在洛中空書憚り有るを以ての故に、無音の条、今に面目無く存じ候。去り乍ら、胸次の等閑に非ず候。千悔々々。[上17オ]

依て珍敷き画師参ぜらるるの由承り候。御座敷の奇麗想像り申し候。定めて一段の光彩を増すべく候か。如何様不図参仕を以て、壮観を遂ぐべく候。将又弊居の事、未だ少破の修理を加へず候。御意に懸られば、内々破障子を綴るべし。折節然るべき料紙所持せず候間、事を欠き候。[上17ウ]

其の紙の名は

陟釐　白麻　黄麻　鵶青　拾式　好時侯
楮先生　烏糸　赫蹄　馬糞　金花牋
剡渓藤　玉版　楮皮　魚網　打曇
鳥子　唐紙

加様の紙等、一二帖御芳志に預らば、千万恐悦に候。将又引物として用意仕り候はば一に非ず。貯ふる所の珍宝多しと雖も、且つ之を記す。[上18オ]

其の珍宝の名は

珠玉　金銀　鉛　鉄　水銀

白鑞　鍮石　錫銅　古銅　磁石
温石　燕石　紫石　菊石　瑠璃
頗梨　車磲　馬脳　珊瑚　虎魄
真珠　珪璧　赤玉　牛王玉　鹿王玉　馬角
犀角　蟹玉　蚌玉　青貝玉　蛾腹玉
玳瑁　亀甲　犀皮　虎皮　豹皮
彪皮　堆漆　堆烏　紅花緑葉
剔紅　九連糸　堆朱　堆紅　金紫
沈金　珪璋　輪宝　鉄炮　紙炮

［上18ウ］

此の外画賛の類は、葉公が画龍、韓幹が駿骨、東坡が竹、補子が梅、李夫人、王右軍、張芝伯英が墨蹟等之在りと雖も、念比に示さるる上は、斟酌せしむべからず候。［上19オ］紙短くして辞長し。枉て管城公を駐む。不具謹言。

仲春念日　橘某

謹上　中務丞殿　回札

態と一行を捧げ候。抑も御館造営の由承り候条、先づ以て目出度く候。定めて地曳、塹鑿、築地、屏塗等に就いて、人足を入るべく候か。［上19ウ］心底を残さず仰せを蒙るべく候。生得無調法無才覚たりと雖も、涯分に随て、一方の奉行を勤むべく候。御存知の如く、作事は、奉行聊か疎略にして微細ならざれば、職は各怠慢有り。折々折檻を加へ、時々下知を致さしむべし。材木以下の事は申すに及ばず。厥の外の具足等、悉く用意有るべく候。

其(そ)の屋具(やぐ)　附(つ)けたり屋体(やたい)　并(なら)びに堂塔(だうたふ)は　［上20オ］

棟(むなぎ)　桷(すみぎ)　欐(うつばり)　桁(けた)　梁(うつばり)　梲(うだつ)　客櫓(きやくろ)

樀(さす)　杈(同)　椽(たるき)　棧(えつり)　禁(同)　枅(ひぢき)　肱木(ひぢき)

雲肱木(くもひぢき)　天井縁(てんじやうのふち)　鴨居(かもゐ)　長押(なげし)

高欄(かうらん)　冠木(かんむりのき)　関木(くわんのき)　飛檐(ひえん)　組入(くみいれ)

杈首(さす)　押襲(おそひ)　宇立(うだち)　短柱(つかばしら)　歩板(あゆみのいた)

関板(せきいた)　小簷(このき)　破風(はふ)　角木(すみぎ)　木舞(こまひ)

鼠走(ねずばしり)　正桁(しやうのけた)　草桁(くさげた)　台輪(だいわ)　角蓋(すみのふた)　［上20ウ］

狖首(さるがしら)　轄(くさび)　豕杈首(ゐのこさす)　軝釘(つめくぎ)　甍瓦(いらかかはら)

日隠(ひがくし)　雉股(きじもも)　懸魚(げんぎよ)　釘(くぎ)　蟆俣(かへるまた)

蝪羽(けらば)　腋壁(わきかべ)　葺萱(ふきかや)　欄干(らんかん)　相板(まさいた)

檜槫(ひぐれ)　五六(ごろく)　方六(はうろく)　押板(おしいた)　床(ゆか)

楹(はしら)　柱(同)　唐居敷(からゐしき)　敷居(しきゐ)　決入(はみいれ)

板敷(いたじき)　足堅(あしがため)　簀子(すのこ)　透子(同)　礩(いしずゑ)　礎(同)

履脱(くつぬぎ)　鑰(かぎ)　鍵(同)　狗防(いぬふせぎ)　棖(さるつなぎ)　衝杌(ついぐひ)

車突(くるまづき)　馬繋(うまつなぎ)　遣戸(やりど)　妻戸(つまど)　織戸(をりど)　［上21オ］

狐戸(きつねど)　開戸(ひらきど)　隔子(かうし)　蔀(しとみ)　明障子(あかりしやうじ)

襖障子(ふすましやうじ)　櫺(さま)　扅(とぼそ)　扃(同)　窓(まど)　牖(同)　牕(同)　家(いへ)

亭(ちん)　大炊殿(おほひどの)　寝殿(しんでん)　瓦廊(わたりらう)　渡殿(わたりどの)

政所　膳所　公文所　学文所　会所
囲炉裏間　庇　厨子　重棚
差棚　土蔵　叉倉　文庫　車宿
二階　台所　四阿　局　部屋　桟敷
閨　櫓　貫木　庵室　長対
帳内　部屋　宅　前栽　後苑
築地　塹　堀同

〔上21ウ〕

将又、四个の碩学、五山の法匠を屈請して、以て師と為し、檀と成て、現当二世の善増悪滅を祈らるべきの由承り候。然れば其の構への為に、仏宇僧房を建立すべきか。〔上22オ〕大方差図の分斷の如し。曾利曲直の様体、丈尺寸法の充抗等、大工棟梁心得る上は、巨細に及ばず候。

仏殿　法堂　僧堂　講堂　護摩堂
持仏堂　楼閣　龕観　塔婆　輪蔵
鐘楼　山門　総門　庫司　茶堂
食堂　浴室　方丈　客殿　衣鉢閣
書院　眠蔵　礼間　室間　院房

〔上22ウ〕

寮　精舎　東司　後架
番匠の具　同じく鍛冶の具は
鉋　鑿　楑　鎚　鋸　錐　鑴
斧　鉞　斤　鎌　鋘　挑　墨壷

曲金　目扣　指鏨　計曳
木剖　壷鏨　墨恣　大鋸
鉗　鎗　鉎　鏞　鋏　鶴觜
筒突　轆轤　持籠

［上23オ］

加様の物共、調へ置かれ候はば、少々杣取荒削等に於て、細工の謀計を以て、料揀を致すべく候。昔郢人鼻端の泥を斵る。斤を運つて風を成す。而れども鼻を傷めず。此の如きの手段に至っては、覃び難き所なり。只小工脇の手に属せば、酒直作料等に附けて、抜群の合力たらんか。此の旨を以て御披露に預かるべく候。恐々敬白。

［上23ウ］

沽洗五日　小野某
謹上　左近将監殿

是より申さしめんと欲し候処に、遮て宝墨に預かる条、真実恩顧の至りに候。此の間作事に就いて、尤も参入を以て御異見を仰ぐべく、心中に候処、折々の造做、依々の普請共、日々に連続候間、更に以て寸暇を得ず候。

［上24オ］

只今懇ろに示し給はる間、其の恐れ少からず候。此の際は、且つ柱立、棟上、葺地等の営み、既に成し畢ぬ。様々内造作に及ぶ条、唐戸、透戸、連子、差棚等の彫物、鑿物、大儀此の事に候。内々存ずる旨は、草花并びに走獣の類を竭して之を鏤り度く候。

草花　并びに華木は
曼珠沙花　摩訶沙花　曼陀羅華
摩訶曼陀羅華　勝曼花　仏勝花

［上24ウ］

宝幢花(ほうだうげ)　華鬘花(けまんけ)　宝勝花(ほうしようけ)　鳳仙花(ほうせんくわ)
瓔珞花(やうらくけ)　鶏頭花(けいとうげ)　赤蓮華(しやくれんげ)　白蓮華(びやくれんげ)　凌霄花(りようせうくわ)
金仙華(きんせんくわ)　水仙花(すいせんくわ)　芍薬(しやくやく)　牡丹(ぼたん)
薔薇(しやうび)　長春(ちやうしゆん)　芙蓉(ふよう)　款冬花(くわんどうくわ)
仙翁花(せんをうけ)　岩菲(がんぴ)　桔梗(ききやう)　葵花(きくわ)
［上25オ］
百合草(ゆり)　味哎(あぢさゐ)　女郎花(をみなめし)　芝蘭(しらん)
紫苑(しをん)　龍胆(りんだう)　予甲(われもかう)　錦帯(きんたい)
石竹(せきちく)　瞿麦(なでしこ)　萱草(くわんざう)　吉祥草(きちじやうさう)
一夏草(いちげさう)　菊花(きくのはな)　騏驎草(きりんさう)　金芝草(きんしさう)
半夏草(はんげさう)　蓼花(れうくわ)　往生草(わうじやうぐさ)　茉莉花(まつりくわ)
玉簪花(ぎよくしんけ)　紫薇(しび)　玉蘂(ぎよくずい)　含笑花(がんせうくわ)
辛夷花(しんいくわ)　麗春(れいしゆん)　牽牛花(あさがほのはな)　金鳳花(きんぼうげ)
［上25ウ］
朱槿花(しゆきんくわ)　桜花(あうくわ)　菡萏花(かんたんけ)　莿(やまぶき)　蔦(つた)
海棠花(かいだうくわ)　梅花(ばいくわ)　槐花(ゑんじゆのはな)　桂花(けいくわ)
樗花(あふちのはな)　梨花(りくわ)　柳花(りうくわ)　榴花(りうくわ)　杏花(からもものはな)
桃花(たうくわ)　玉椿(たまつばき)　杜若(とじやく)

其(そ)の走獣(そうじう)は

獅子(しし)　麒麟(きりん)　象(ざう)　虎(とら)　兕(めとら)　犀(さい)　熊(くま)
狖猪(かもしし)　豕(ゐのこ)　鹿(しか)　麑(かのこ)　狼(おほかみ)　狐(きつね)

兔　狸　狢　猯　猿　狖（同）　［上26オ］
魍　魎　鼷　鼲　鼠
鼯　鼬　鼦　猫　水豹
川魘　麞　龍　羊　馬　驊騮
駃騠　騊駼　騢　騮（同）
駱　騂　青驪　騥（同）　駽　驙
驒　騟　栗毛　駙　騑　驂（同）
駄　駑　騵　驄　驘
駒　赤佐目　背筋通　額白　［上26ウ］
青黒　黄鴾毛　蛟　犬
白沢　猩々　天狗　野杵　牛
犢　古牴　餳犢　野牛　水牛
彊牛　風子　舐子　犛牛

若干の異類に於て、厥の形勢生けるが如くなる者を択んで、彫琢せしむべく候。工芸の勝絶なることや、公に非んば孰か之を能くせんや。　［上27オ］
儻し領掌有らば、生涯の御芳恩たるべきなり。如椽の筆にあらずんば、万般の端を記し難し。不備恐々。

季春五日　　大江

木工頭殿　貴報

面談の後、指たる事無きに依て申し入れず。又仰せを蒙ることも無し。旁本意を失ひ相存じ候。向後に於

ては、自他以て素書を飛鴻に託し、玉章を回鸞に附せば、予が望む所なり。［上27ウ］

存じ乍ら無音の条、勿体無く候。依て、思ひ懸けざる申状、其の憚り少からず候と雖も、御殿の者の上は、無心を顧みず啓せしめ候。此の間京都より、高家様御下向候。去り難き客人たる間、其の用作の嗜み、奔走の扱ひ、聊か御察に過るか。内々煎点等、結構仕り度く存じ候。羹并びに吸物風情に就いて、事を欠き候。胡椒、集香湯、杏仁、椎茸、其の外珍しき物共、恵まれば仰ぐ所に候。［上28オ］

其の羹の名は　付けたり煎点

雲月羹　雲氈羹　巻氈羹　羊羹　麸羊羹　牷羊羹　筍羊羹　砂糖羊羹

驢腸羹　牷腸羹　猪羊羹　松露羹　海老羹　白魚羹

鼈羹　魚骨羹　寸金羹　寸銀羹

鯛膚　落駝蹄　水晶包子

雑煮　糟鶏　水蟾　芋茸

三峰膳　紅糟　胡餅　糍

油糍　餈　巻餅　温餅　大湯餅　乳餅［上28ウ］

索餅　餉　剖糁　糗

饅頭　餛飩　饂飩　碁子麺

冷麺　餺飥　夕雀　五味粥

糄　饘　強飯　苞飯　蒸飯

麺氈　糕　曲勾　円鏡

団粉［上29オ］

此の分は涯分用意仕るなり。金剛圏、栗棘蓬、鉄酸豏、鉄饅頭風情、未だ所持せず候。御助成に預らば、千万多幸の至りならん。又茶の子菓子の類、山海の珍産を集めたく存じ候。且尋ね出す分之有り。

蒲萄　通草　枇杷　楊梅　桃
李　柿　杏　瓜　藕
菱　梨　龍眼　栗　茘枝
棗　石榴　銀杏　橘　柑

[上29ウ]

薢　荷　蔤　蓴　胡瓜　白瓜　清瓜　冬瓜
熟瓜　唐瓜　細地　梵天　瓠　榎子瓜
松茸　平茸　栂茸　臼茸　椎茸　茅茸　皮茸　舞茸
赭茸　鶏茸　鍼茸　疣茸　簜茸
握茸　槁茸　鷸茸　瘤茸　芝茸
禽仆　鼠手　鹿舌　滑蕕　卜治

[上30オ]

本悪　布曳　雨誇　猪頸　捻物
熬付　苔菽　煎餅　柏餅　粄
鴴脚　乱糸　締昆布　満金　梧桐子
松子　杏仁　弱根　筍干　曳干
簜粽　唐餳　串柿　野老　薯蕷
胡桃　蜘蛸　熬麸　海苔　柏子
擣栗　勝栗　椎　風子指

[上30ウ]

此(こ)の分(ぶん)は涯分用意(がいぶんようい)仕(つかまつ)るなり。金剛圏(こんがうけん)、栗棘蓬(りつきよくほう)、鉄酸嗹(てつさんあん)、鉄饅頭(てつまんぢゆう)風情(ふぜい)、未(いま)だ所持(しよぢ)せず候(そろ)。御助成(ごじよじやう)に預(あづか)らば、千万多幸(せんばんたかう)の至(いた)りならん。又茶(またちや)の子菓子(こくわし)の類(るい)、山海(さんかい)の珍産(ちんさん)を集(あつ)めたく存(ぞん)じ候(そろ)。且(かつがつ)尋(たづ)ね出(いだ)す分之有(ぶんこれあ)り。
蒲萄(ぶだう)　通草(あけび)　枇杷(びは)　楊梅(やまもも)　桃(もも)
李(すもも)　柿(かき)　杏(からもも)　瓜(うり)　藕(はす)
菱(ひし)　梨(なし)　龍眼(りゆうがん)　栗(くり)　茘枝(れいし)
棗(なつめ)　石榴(ざくろ)　銀杏(いちやう)　橘(たちばな)　柑(かうじ)
薢(ところ)　荷(はす)　蔤(はひ)　蓴(ぬなは)　胡瓜(きうり)　白瓜(しろうり)　清瓜(せいぐわ)　冬瓜(とうぐわ)
熟瓜(じゆくくわ)　唐瓜(からうり)　細地(ほぞち)　梵天(ぼんでん)　瓠(ひさご)　榎子瓜(えのみうり)
松茸(まつだけ)　平茸(ひらたけ)　栂茸(とがたけ)　臼茸(うすたけ)　椎茸(しひたけ)　茅茸(くりたけ)　皮茸(かはたけ)　舞茸(まひたけ)
赭茸(べにたけ)　鵽茸(たどりたけ)　鍼茸(はりたけ)　疣茸(いぼたけ)　篠茸(ささたけ)
握茸(にぎりたけ)　槁茸(くひぜたけ)　鶏茸(とりのこたけ)　瘤茸(しひねたけ)　芝茸(しばたけ)
禽仆(きじぶし)　鼠手(ねずで)　鹿舌(かのした)　滑蕦(なめすすき)　卜治(しめぢ)
本悪(もとあし)　布曳(ぬのびき)　雨誇(あまぼこり)　猪頸(ゐのくび)　捻物(ひねりもの)
熬付(いつつけ)　苔菽(こけまめ)　煎餅(せんべい)　柏餅(かしはもち)　粔(おこしごめ)
鴴脚(ちどりあし)　乱糸(らんし)　締昆布(ゆひこぶ)　満金(まんきん)　梧桐子(ごとうのみ)
松子(まつのみ)　杏仁(あんにん)　弱根(わかね)　筍干(しゆんかん)　曳干(ひきぼし)
篠粽(ささちまき)　唐餳(からのあめ)　串柿(くしがき)　野老(ところ)　薯蕷(やまのいも)
胡桃(くるみ)　蜘蛸(くもだこ)　熬麸(いりふ)　海苔(のり)　柏子(かやのみ)
擣栗(かちぐり)　勝栗(かちぐり)　椎(しひ)　風子指(ぬかごさし)

是等は少々所持仕り候。此の外珍敷き物共、御意に懸けられ候はば、仰ぐ所なり。如何様其の時分、案内を啓せしむべく候。尊駕を企てられ、爰本の式、御覧有るべく候。禿筆辞場を掃ひ難し。頓首不宣。

中呂七日　　某

拝稟　正法院　侍衣禅師

来書の旨、謹んで披閲せしめ候。尊意の如く、〔上31オ〕頃は書き絶え御音問無く、千万不審に相存じ候処、只今宝墨当来、目を拭て之を視る。誠に感幸の至りなり。就中大切の客僧光臨の由承り候。嘉尚推察せしめ候。家具風情の事は、皆朱青漆の椀、折敷共、済々御所持の上は、申すに及ばず候。去り乍ら水晶の盤、瑠璃、頗瓈、金、瑇瑁の盆、金盞、銀盞、胡盞、建盞等、〔上31ウ〕御用に候はば進ずべく候。将又助成すべきの由仰せを蒙る。甘露の乳水、醍醐の上味に於ては、料揀に及び難く候。先づ菜料として見来の分、少々進ぜしめ候。

其の調菜方は　附けたり海草野菜

半面焦　扣菽　鏝豆　芹炙　雪林菜　辣菜

烏頭布　豆腐　準麩　凫熬　酒熬　鶉炙　味噌炙

辛辣羹　麵醬　桃漬　保呂味噌〔上32オ〕

菊漬　梅干　笋干　梅漬　香物

木目漬　糂太　酢茎　酢薑　煮染

繊蘿蔔　散蘿蔔　青茹　生布　柚味噌

差醯　鞭笋　箟子　青淵　蒋汁

辛汁　苔汁　撞藻汁　漾味汁　薯蕷汁　大岩苔　［上32ウ］
小岩苔　海髪　海松　鹿尾　荒布
宏布　和布　擣布　川布　白漚布
神馬藻　乳掻藻　湘賀紐　青苔　昆布苔
塩苔　洲苔　畳苔　伊豆苔　蚣苔
撞藻苔　幅苔　丸苔　茯苔　海雲
心太　海苔　粉苔　菁　薺
蕢　茶　芹　薜　土筆
莧　藜　蕨　蕗　蕪
苣　牛房　蒟蒻　独活　芥子
蒜　韮　山薑　蘭草　葱
苔沢　五茎　茯　薑　［上33オ］

此の如きの数を備ふると雖も、物ならざる間、御用に立つべからず候か。去り乍ら、古人の云く、小摘情の親しきを識ると。又志を茅の葉に裹むといふ諺之在り。苟も此の心を表するのみなり。将又坐敷の妝具に附け、法被、打敷、三具足、其の外画賛の類、盆、香合等、御事を欠くべからず候と雖も、御意を貽さず仰せを蒙るべし。［上33ウ］
何様兼日より、参仕を以て洒掃を致すべく候。意味多しと雖も、弁舌に覃びがたし。併ら高談の時を期す。
恐惶謹言。
正陽七日

拝覆　禅林院　免僧禅師

数日屢面謁に能はず。炎天の苦熱、起居動止如何様に御暮らし候か。依て管絃講の稽古、良久しく蕪絶す。〔上34オ〕楽其の調べを忘れ、曲も又拍子を失ふ。誠に無絃の琴、無孔の笛と謂ひつべし。然れば、知音日に疎闊にして、朋友時に遠卻す。嘆ぜずんば有るべからず。鬱憤の余り、此の道を興復せんと欲する処に、結句頃は持病再発、意不予なり。若し平復に就かば、必ず夏涼を逐て、一日案内を啓せしむべく候。御意を引かれば多幸。

其の楽器の名は　付けたり十二律　并びに楽の名　〔上34ウ〕

琴　琵琶　箏　笙　笛
篳篥　和琴　方磬　鐃　銅
鈸子　太鼓　鉦鼓　三鼓　腰鼓
羯鼓　摺鼓　振鼓　大鼓　尺八
調拍子　龍笛　紫笛　鷓鴣笛　半笛
袖下　張楽　刀玉　鬢檥　高脚
扇笠　撃杖　毛頭　鳥甲　龍冕　〔上35オ〕
天冠　月額　星額　覆鬘　造髻
鬼面　女容　允頬　師子首　面鎔
裏無　乳隠　絆切　指貫　尉首
毛狩羽　倶舎　乱舞　聖道舞　十字拍子　白拍子

開口　当弁　中門口　式三番　父尉
小冠者　入猿楽　芝田楽　傀儡　曲舞
早歌　里理有楽　現爾也娑婆　小捲　箜篌　阮簫
[上35ウ]
十二律は
一越　断金　平調　勝絶　下無　双調
鳧鐘　黄鐘　鸞鏡　盤渉　神仙　上無
其の楽の名は
振桙　安摩　二舞　一奚鏤　春鶯囀
賀殿　鳥　団乱旋　回杯楽　北庭楽　武徳楽
菩薩楽　韶応楽　万歳楽　胡飲酒　酒胡子
酒醒子　渋川鳥　名孔龍王　新羅陵王　陵王　一徳
[上36オ]
塩　三台塩　皇麞　想夫恋　回骨　陪臚
甘洲　扶南　師子　老君子　長慶子
小埌子　貴徳楽　散手　慶雲楽　裹頭楽
聖明楽　打毬楽　喜春楽　海生楽　長生楽
五常楽　宗明楽　万秋楽　秋風楽　千秋楽
鳥向楽　敷手　白柱楽　竹林楽　咸秋楽
鶏鳴楽　仁和楽　武昌楽　延喜楽　長保楽
[上36ウ]
地久楽　白浜楽　登天楽　放鷹楽　太平楽
還城楽　飲酒楽　鶏徳楽　勇勝楽　春楊柳

輪台(りんだい)　輪鼓褌脱(りんごくだつ)　庶人三台(しよにんさんだい)　賀(か)
王恩(わうおん)　秦王破陣楽(じんわうはぢんらく)　王昭君(わうせうくん)　柳花園(りうくわゑん)
赤白桃李花(しやくびやくたうりくわ)　赤蓮花(しやくれんげ)　抜頭(ばつとう)　于闐王(うてんわう)

〔上37オ〕

蘇合香(そがふかう)　蘇莫者(そまくしや)　採桑老(さいさうらう)　青海波(せいがいは)　駒桙(こまほこ)
高麗曲(かうらいきよく)　新鳥蘇(しんとりそ)　古鳥蘇(ことりそ)　皇仁庭(わうにんてい)　綾切(あやぎり)
崑崙八仙(こんろんはつせん)　新靺鞨(しんまか)　胡蝶(こてふ)　納曾利(なつそり)　林哥(りんが)
蘇志摩(そしま)　鳥急(とりのきふ)　越殿楽(ゑてんらく)　獠(にはび)　蛬(きりぎりす)
韓神(からかみ)　宮人(みやびと)　木綿帛(ゆふしで)　階香鳥(しながどり)　薦枕(こもまくら)
礒(いそ)　唐崎(からさき)　漪浪(ささなみ)　賤屋(しづのや)　小菅(をすげ)
葦原田(あしはらだ)　湊田(みなとだ)　総角(あげまき)　大官(おほそかり)　早歌(はやうた)
朝倉(あさくら)　其駒(そのこま)　明星(みやうじやう)　木綿作(ゆふつくる)　昼目(ひるめ)
弓立(ゆだち)　風俗(ふうぞく)　足柄(あしがら)　小柳(こやなぎ)　今様(いまやう)

〔上37ウ〕

韝(たかたぬき)　鎖(くさり)　美濃山(みのやま)　石川(いしかは)　安名尊(あなたふと)
梅枝(うめがえ)　桜人(さくらひと)　葦垣(あしがき)　葛木(かづらき)　山背(やましろ)
真金吹(まかねふく)　本滋(もとしげ)　藤生野(ふぢふの)　婦我(いもとわれ)　鈴鹿川(すずかがは)
奥山(おくやま)　鏡山(かがみやま)　御秣(みまくさ)　浅緑(あさみどり)　席田(むしろだ)
竹河(たけかは)　貫河(ぬきがは)　沢田川(さはだがは)　此殿(このとの)　倉垣(くらがき)
田中井(たなかのゐ)　長沢(ながさは)　高島(たかしま)　高砂子(たかさご)　夏引(なつびき)
婦門(いもがかど)　我門(わがかど)　飛鳥井(あすかゐ)　東屋(あづまや)　走井(はしりゐ)

〔上38オ〕

青柳　伊勢海　難波海　衣替　鶏鳴
闘鶏　毬打　犬飼　枷紲

是等の楽、悉く厥の曲を竭すべく候。御稽古の方様、同心有らば仰ぐ所に候。将又無心たりと雖も、小薬一裹大切に候。御意に懸けられば、生来の御恩たるべく候。併ら耆婆、医王、神農、扁鵲と仰ぎ奉るものなり。心底具さに紙面に尽しがたし。恐々不具。［上38ウ］

蕤賓十日　官道某

謹上　中村丹波守殿

一日も面会を欠けば、猶し胡越を隔つるがごとし。何に矧や、積鬱千里、空しく三旬を経るをや。今御芳染を見るに及んで、即ち屏帷に在て面笑を遂るに似たり。誠に恩問の至りなり。就いて管絃の廃坐、再興有るべきの由示し賜り、尤も然るべく候。同じくは不日に思し食し立たれば目出度く候。［上39オ］高麗、大唐、新羅、大和の舞楽は申すに及ばず。唯是青雲天上の曲、人間也克く和する者少なし。其の外落月、松風、花落、落梅、竹林等の別曲に到るまで、大医独り無双の上手なり。仁に当つて譲らずと謂ひつべし。殊に神楽の儀厳重なり。舞の袖は飄颻として仙人の遊ぶが如し。歌の声は和雅にして頻鳥の鳴くに似たり。調子に非る琴の音も、地祇影向を垂れ、拍子無き鼓の声も、［上39ウ］野干必ず耳を傾つ。嗚呼未だ其の席に臨まざるに、幽悁を暢ぶる者なり。将又御発病の由、仰せを蒙り驚き入り候。折節関東より、医師の名人過られ候。合薬の法分別し、術方の計明鏡なり。是療疾の仏なり。又灸治の神なり。六府五蔵の診脈を知り、四百四病の根元を探つて、方に順つて之を治し、術に任せて斯を療す。更に擣簁、和合、擣抹、㕮咀の道に於て、冥からざる者なり。如何様近日風と相ひ倡ひ参ずべく候。［上40オ］

先づ試みの為に一裏進ぜしめ候。
　其の薬種の名は
人参　甘草　肉桂　桂枝　肉豆蔻
肉蓯蓉　胡椒　蜀椒　白檀　陳皮　青皮
丁子　丁香皮　莪述　良香　木香
藿香　麝香　茴香　呉茱萸　秦艽
三稜　黄蓍　黄連　麻黄　地黄
〔上40ウ〕
牽牛子　兎糸子　香附子　続随子　随風子
龍骨　龍脳　樟脳　虎胆　虎肉　虎杖　虎爪
穿山甲　亀甲　鼈甲　大戟　巴戟　蓮肉
巴豆　川芎　宿砂　蛇骨　蛇皮　硫黄
騏驎血　檳榔子　辰砂　烏頭　大腹皮
伏龍肝　天門冬　麦門冬　天南星　白殭蚕
訶梨勒　五味子　車前子　馬鞭草　旋覆花
〔上41オ〕
白朮　蒼朮　茯苓　茯神　防風　防已　知母　貝母　苦辛　細辛
乾薑　生薑　乾漆　附子　山薬　当帰
厚朴　紫蘇　薏苡　桃仁　枳殻
枳実　白芷　白礬　牡蠣　紫苑
柴胡　荊芥　鬱金　芍薬　石斛

阿膠　牛膝　藁本　羌活　前胡
葛根

薬方常の如しと雖も、加減を以て術と為す。是の故に毒薬変じて薬と成る者なり。何に況や此の一裹、良薬［上41ウ］の最も勝れたる所の者を撰んで、以て取合するをや。煎じ様法の如し。禁好物大概別紙に之を誌す。信有て之を服せば、立処にして平愈すること有らん。是れ即ち長生不死の薬、遐齢延年の方なり。卒時の間、意味を罄さず。併ら面謁に在り。恐々謹言。

梅天十一日　清科某　［上42オ］

啓上　雅楽助殿　御返章

新撰類聚往来巻上終　［上42ウ］

新撰類聚往来巻中

一昨日、京都より飛脚を以て申し下され候。御屋形様、在国の暇を申し出さるるに依て、来る十四、五日比、祇園の祭礼過ぎには、御下向有るべく候。在荘の御傍輩、中間、被官人、急々に御迎への為上洛有るべく候。余日無きの間、定めて路次辺に於て参向せらるべきか。若党、中間の出立、馬鞍并びに［中1オ］思々の出旅の衣装、其の外持具足等、御無沙汰有るべからず候と雖も、傍見の為矜荘を呈せば、弥よ御褒美たるべきか。尤も参仕を以て申し談ずべく候処、御雑掌以下、種々の用意共申し付けらるる間、更に寸隙を得ず。故に、管城公に課せて啓せしめ候。厥の慢り少なからず候。仍て御祝ひの儀式、献々肴の模様、示し給はり度く候。懇ろに御意に懸けられば仰ぐ所に候。余は揮染を期するものなり。［中1ウ］

其の料理方の名は　付けたり魚の名

潮煮　鯛薯露　鯛茸　鯛醢　栢炙　包炙
大薯蕷　鯉味噌　鮑味噌　海鼠湛味　鎌杵
風子差　酒熬　皮熬　屑熬　腸熬　脹熬
桜熬　卯花熬　五蔵　打身　差身　青膾　鰻膾
曳瓦　批切　削物　撮物　盛物
撞盛　壷炙　尻捻　子交　掻交
鵤交　丸交　炮串　黄皮　辛螺汁
鮓　扣　醢　鱁　魚躬　海鼠腸
蓬莱炮　醤熬　鳥渡熬　糞熬　青濤汁

［中2オ］

生鳥(なまどり)　鳥羽節(とりのはぶし)　膾(なます)　剝上(はぎあげ)　鳥醢(とりびしほ)
別足(べつそく)　木撮(こつかみ)　沢渡(さわたり)　鷺頭(ひさいがしら)　煎盤炮(せんばやき)
生兎(なまうさぎ)　七炮串(ななつやきぐし)　鵆差(ちどりさし)　蝙差(かうぶりさし)　煎海鼠(いりこ)
穂屋鮨(ほやのすし)

［中2ウ］

魚類は
鰖(さちほこ)　鯁(かいらぎ)　鯨(くぢら)　鯢(同)　鮐(さめ)　鰐(わに)　鳥貝(とりがひ)
鯛(たひ)　鰈(かれひ)　鮦(はむ)　鱸(すずき)　鮲(こち)　鱭(なよし)　石陰(かせ)
鰺(あぢ)　鮑(あはび)　鱏(えひ)　鰹(かつを)　鯙(いるか)　鮤(このしろ)　海馬(あしか)
鰉(はらか)　蜆(えび)　蛇(くらげ)　螃(かき)　鰞(いか)　鰾(するめ)　栄螺(さざい)
魿(ぶり)　鯖(さば)　鮻(いしもち)　蚌(はまぐり)　蜷(がうな)　蛭(まて)　帆立貝(ほたてがひ)
鰩(とびうを)　𩹉(とびうを)　鮢(かまつか)　蛸(たこ)　鮪(しび)　䰛(しろうを)　辛蠃(にし)
鰯(いわし)　鯐(すばしり)　鼈(うみがめ)　鯉(こひ)　鮒(ふな)　鱰(あめ)　水馬(かじか)
鱒(ます)　鰀鯽(あいぎやう)　鯰(なまづ)　鱣(うなぎ)　鯲(どぢやう)　鰥(めいただき)　鮟鱇(あんがう)
鮭(さけ)　鯯(このしろ)　魳(かます)　海月(くらげ)

［中3オ］

此(こ)の分(ぶん)且(かつが)つ用意(よういつかまつ)仕り候(そろ)。珍(めづら)しき干物(かんぶつ)、鳥類(てうるい)等(とう)、御進上(ごしんじやう)有(あ)らば、然(しか)るべく候(そろ)。俄頃(にはか)に仰(おほ)せ下(くだ)さるる間(あひだ)、方々(はうばう)に駆馳(くち)し、所々(しよしよ)に奔走(ほんそう)仕(つかまつ)り候(そろ)。一身(いつしん)の大儀(たいぎ)、高察(かうさつ)有(あ)るべく候(そろ)。万端(ばんたん)頼(たの)み奉(たてまつ)る外他(ほかた)無(な)し。毎事(まいじ)回雁(くわいがん)を期(ご)し奉(たてまつ)るものなり。

不備謹言(ふびきんげん)

林鐘十二日(りんしようじふににち)　清原某(きよはらのそれがし)

［中3ウ］

謹上　治部大輔殿

御下向一定の由、示し給はり候。先づ以て目出度く相存じ候。則ち参入を以て申し談ずべく候と雖も、此の行既に日限無き間、時剋を移さず、罷り立つべく候。折節乗馬共血を出す間、事を欠き候。召替の小馬二三疋、借し預り度く候。

［中4オ］

御意に懸けられれば、千万仰ぐ所に候。仰せの如く今度の出行、海道の光彩、旅行の明媚たるべき間、当家の大儀、吾が徒の折角に覚え候。鎗、長刀、熊手、薙鎌、太刀、刀等、涯分に随ひ奔走仕り候なり。次に、御雑掌方の奉行の事、仰せ付けらるるの由承り候。御大儀共察し存じ候。尋常の料理塩梅に於ては、申すに及ばず。大国の如くんば、鶏を蒸し、

［中4ウ］

羊を煮、紫駝の羹、鱸魚の膾、或いは刀を揮つて白雲を飛ばし、或いは箸を放にして銀糸を散らさんか。随つて鳥の事仰せを蒙る間、珍禽異鳥共、少々進じ候。

［中5オ］

其の鳥類は

鸑鷟　鳳凰　鸞　金翅鳥
迦陵頻伽　共命鳥　舎利鳥　鸚鵡
孔雀　金鳩　愛鳩　鷓鴣　火喰　青鵝
青鳧　白鷴　大鵬　鵩鶩　雁
鴻　鵠　鵲　百舌　鵓
鳩　鴿　鵽　烏　雀
鴨　鷗　鴛　鴦　翡翠　焦尾
鷺　鳶　梟　鵺　鶉

鷚　鵖　木兎　鵜　鴡

鵤　鶸　鴑　鵐　鳺

鶯　雉　鸀　鶏　鳲

鶴　鷦　鴇　鵟　鴷

鵂　鸒　鷲　鵰　鷹

隼　鶣　鶍　鷹　鴫

鴣　鵑　子規　啄木　水鶏

大鷹　兄鷹　指羽　兄鷂　雀鷂

雀鷂

［中5ウ］

此の鳥類の内に於て、名を聞いて形を見ざる者之在り。又姿を看て未だ名を識らざる者之在り。然れば則ち、料理包丁の大事、茲に極まるべきか。是則ち、前代未聞、古今無双の経営と云々。鳥の跡毛挙に遑あらず。恐惶謹言。

［中6オ］

簾月十二日　　安部某

謹上　左馬頭殿

恐れ乍ら愚状を以て申さしめ候。此の方の若衆、童子の遊戯に引き入れられて、盂蘭盆より、大念仏を経営し、始めは篠の葉を揚げて飾りとし、紙を剪つて帛とし、手拍子を打ち、竹の筒を吹いて、以て一興を促すのみ。是を濫觴として、風流を竭くす間、大鼓、鉦鼓、笛、羯鼓、其の声殷々として耳に盈つ。滴丁東、滴丁東。或いは竹を枉げて山を造り、傘を捧げて桙とし、或いは飽腹鼓の胸骨を露はし、蟷螂舞の頸筋を聳やかす。或いは骨無し骨有り、独り相撲、独り双六、此の如く、種々天骨の容止を成し

［中6ウ］

［中7オ］

て、以て暫時の一興を発する処に、昨日彼の方より大儀の風流を企てられ、忝く大社小社の会式に擬して、仮に金輿玉輦の御幸を為す。例式の見物に慣つて、人々驚愕して意表に出で候。整ふる所の神具、一に非る者なり。

神具は

御殿　社壇　大床　回廊　御廊　透廊
舞台　拝殿　国司殿　冷殿　休所　供御所
神宮寺　千木　鰹木　片殺　瑞籬　水籬
禊　犠　祓　桓　祠
祭礼　剣　鏡　御正体　戸帳
御輿　銭塔　荒和祓　榊　鈴
千葉破神　庭火　天逆桙

〔中7ウ〕

茲に別当、社人、禰宜、神主、幣帛を庭上に捧げ、礼奠を神前に致す。一⿰壴巠⿰壴婁、調拍子等、舞行の袖を連ね、神楽の粧ひを成す。一旦の狂言、片時の戯場たりと雖も、観る者各神感の思ひを染む。誠に殊勝の見物なり。夫又造物に於ては、陸地に船を渡し、平沙に山を聳やかし、大道に車を飛ばし、小路に馬を走らしむ。定桙、傘桙、雲の如く霞に似たり。燈籠、行燈相映じて明媚なり。

〔中8オ〕

見る者聞く者耳目を驚かし候。其の飾物の色々、幾千万と云ふことを識らず。

〔中8ウ〕

其の俗服は

直垂　襴　冠　水干　浄衣
布衣　表衣　指貫　富尾　繺袴

襠　袿　菲絹　日裳　裙佩
襯　襲　守袋　冕　簪　［中9オ］
笏　扇　履　屐　烏帽子
端塗　風折　牒褙　小袖　紬
浮線綾　練貫　袙　汎織　綾紫
蘇枋　皺羅　熨目　紅梅　懸緺
染附　地不湿　菲青　筋格子　綿子
段子　竪子　村紺　縑　蝉羽
梅花　細美　黄雑布　手布　皆　［中9ウ］
蕚　紋紗　作法紗　常陸紗　素紗　金紗　唐紗
紗艣　大舎　裘　巾　烏角巾　紗帽
章甫冠　帳被　錦衣　織物　薄紅
繍　楊裏　掻浅黄

此の外、王恭が鶴氅衣、子夏が垂鶉衣、紫綺の裘、翠雲裘、麻衣、葛衣、布衲等に到るまで、其の数を尽くす間、色を交へ様を替へ、綺羅天に耀き、金銀眼に翳ず。［中10オ］道俗男女、貴賤上下、万室相挙つて、来り集まる。斯に、之を観之を仰いで、晏然として頤を解く。一代の壮観なりと謂ひつべし。今の如くんば大儀の勝負と云々。此の方の若衆気装を出す間、一両日中に風情を易へ、一働き企つべく候。早々来臨有るべきの由、皆々存ぜられ候。不具敬白。

夷則　中原某　［中10ウ］

謹上　荒河新蔵人殿

御意の如く、昨日の見物、近比の奔走なり。人々意外に覚え候。譬へば八幡の神事、祇園の祭礼と謂ふとも、争でか之に過ぎんや。随って若衆様の評議尤も然るべく候。愚意を受くべきの由、仰せを蒙る間、恐れ乍ら申し入れ、復承るべく候。段子、金襴、絹、小袖の風情、千万之在りと謂ふとも、左様の物揃等は戯論たるべく候。［中11オ］

凡そ各別の風流を企てられば、一興有るべく存じ候。所詮、猿楽、田楽、呪師、侏儒舞、傀儡子、唐術、品玉、輪鼓、八玉等の品彙を聚め、其の伎芸を竭すべきか。又、美男、美童、麗人、麗君の、放逸、豊顔なる者をして、其の気色を厳しくし、其の形勢を装ひ、以て小捲、現娑婆の音曲を詠ぜしめん。長哥、短哥の今様を哥はんか。［中11ウ］

然らずんば、千騎万騎の武者を率して、甲冑を被り、弓箭を帯び、干戈を横たへ、太刀を持し、旗を靡かし楯を築いて、随兵を渡すべきか。此の二三个条に於て、定めて異見区ならんか。何様愚身所持の分の物具、悉く持参すべく候。［中12オ］

兜　甲（同）　鉀　〓　袖　正首　涎懸
鎖袴　額当　肪当　肩当　臑当　腹当　腹巻
袖緒　腰巻　腰挟　水呑緒　忍緒　縿付緒
総角　上帯　手蓋　肘金　膝鎧　腋楯　佩楯
髟楯　押付　胸板　揺板　臆病板　看上板
冠板　韝板　草摺　綿紙　相曳　屈系　絃切　絃走
鍬形　剣首　龍首　鷹角　星白　四方白　簜重

雨夜甲　巓辺　縫延　敷目　捃縄目　紫裳
濃逆葛　緗匂　小桜　縹　卯花　白糸　日綴　日係同

［中12ウ］

紺威　黒糸　黄糸　緗糸　赤皮　洗皮　燻皮
筒丸　筒尻　核首　裹筒　鎖筒　桶皮威　脚絆　肩衣
肩抜　股抜　犢鼻裩　貫　履　行縢　綾藺笠
鞍　轡　鐙　韉　鞚　纕　韁　鞅　鞦　鞍　鞾　韉　靶　韃
縢　鞬　天鼠　白木弓　塗籠　糸嚢　重籐
節巻　栴檀巻　雀小弓　楊弓　内弓　半弓
靫　箙同　胡簶　尻籠　簶　逆頬　鋒矢　鉦矢　遠矢

［中13オ］

剣尻　綿縿　蠅尾　桁羽　歯切　鴈俣　鼲口
蟇目　尻筒　角木割　弝　笴　渋箆　節景　鏝
鏑　平鏑　平題同　射垜　翃弓　韘　木鋒　揉　角
弭　張　弛　彎　筞　筈　弭皮　握皮　彯絃　禦絃
迦　太刀　打刀　薙刀　薙鎌　楯　鉾　手鉾　鎗
鐓　鐔　鞞　韡同　欛　鞘　鞆　鮫欛　尻鞘　瑠　韄　甲金
鵄目　股寄　柴曳　鞭結　逆鰐口　燕口　櫨滑

［中13ウ］

韋　革　鞹同　藋　鞆韘　熊手　金棓　金鞭　尺木
笠　油単　雨皮　鎌紕　泥障　切付　鍔　棒　母衣

此の外、金剛の旛旗、般若の鋒、殺人刀、活人剣等之在り。機に当たつて一句子有り。覿面提持、活商量の時を待たん。言多き則んば品寡し。枉げて管城公を止む。

恐々不具

孟秋十八日　香山 某　［中14オ］

謹上　隼人祐殿　御返答

態と一行を捧げ候。新米出来する間、祝ひとして一鉢進覧せしめ候。仍て今年の耕農等、水旱に依て不熟たりと雖も、予が業とする所の、数町の田地、并びに園畠等、地の乾熟に随つて、其をして肥さしむ。或いは堰、堤を固くし、或いは畔、畷を修し、田夫農人を育ひ、鋤、鍬、犂等の具を整へて、以て耕耰せしむ。始め東作より西収に至るまで、［中14ウ］常に五穀成熟、稼穡豊兆の祝ひを致す。然る間、更に旱魃、洪水、蝗虫の不熟無し。

其の五穀は

苗　稲　籾　穂　糯　粳　穜　早米　稌　穥　秕　糲　䆁

粺米　粇米　芥　粡　糠　稾　禾　稗　稷　粟　穬

麰　黍　稍　麻　菽　豆　蕎　喬　麦　粱　大豆　小豆

角豆　苑豆　芋　穀

此の如きの類、春一粒の種子を下して、秋万倍の地利を納む。是、異畝同穎の嘉禾、一茎九穂の生稲に非［中15オ］ざるか。然りと雖も、全く吾が徳の天心に格るに非ず。是須く皇化の仁沢を施すに依るべし。誠に悦ぶべき者なり。是を以ての故に、租穀、租米、調庸、代稲、段米、使料、供給、土毛、酒直、種子、地子、糧料、交易、佃、出挙、班給等の間に於て、敢て束把、合勺、一粒、半銭の未進を致さず。［中15ウ］然れば、弥よ天仁沢を降し、永く徳風に漾はんか。足下又農業を事とす。作る所の田麦等、登り熟するか。

収納の多少、又如何。余は揮染を期す。不宣。

南呂十二日

掃部助殿　御宿所

御正作の新米、送り給はり候。祝着此の御事に候。仍て秋成の事他年に倍蓰するの由承り及び候。御［中16オ］浦山敷く存ぜしめ候。昔雁門の太守の如くんば、家田三たび嘉禾を生ずべきか。愈れば刈る所の連茎、更に以て尽くる所無きか。予も亦耕耘すること無きにあらず。領する所の名田并びに畠等、纔かに卓錐の地と謂とも、用ゆる所之無し。然る間、他人の迫田乾地等を買得して［中16ウ］以て耕懇せしむ。鋤鍬、播殖の営み、他人に同じと雖も、刈納、春法の利は、我に減却す。殊に今年の春の始めの旱魃に、種を下すこと遅し。五月の連雨に、厥の草繁茂す。剰へ秋初の洪水、山を浸し、岳に塡つ。田頭却て大河と成ること数日なり。故に秋納する所、十に八九は手を空しうす。嗟乎、天の与へざること、此の如きのみ。今の如くんば世計何を以てか時日を送らんや。将に濁醪を造らしめて［中17オ］以て其の余贏を求めんとす。請ふ君、我に麴米の資を与へよ。其の熟するに及んで、屢ば来りて甕中の碧を酌め。

屠蘇　麴生　蘭生　重碧　玉蛆
浮蛆　歓伯　竹葉春　葡萄酒
甕　榼　樽　罇　酒榼
垂腹　金色　塞鼻　鸚鵡盃
鸕鷀杓　琥珀鍾　酒魁　金曲巵
蓬莱盞　巵　兕 同　盃 同

［中17ウ］

榼同　匝　十分盃　法者　胡盞
銀盞　饒州　垂橐　簣　笊籬
酒升　酒鑵　竹筒　係筒　醅糟

昔晋の陶淵明、葛巾を以て酒を漉す。是千古の風流なり。今に至るまで淵明が漉酒巾と云々。予も亦貧窮之に同じと雖も、還て人の嘲弄を得るは何ぞや。［中18オ］恐くは風流の陶潜に同じからざるを以てならん。笑ふべし哂ふべし。恐惶謹言。

中商十五日　蓂　田口

謹上　大田大膳亮殿　御返報

謹んで愚懐を述ぶ。状を民部卿の几下に啓上す。抑も、今年の秋、天永日を繫ぎ、閏八月に加はる。彼の栄楽の人、弥よ千秋の祝を加ふ。厥の鬱懐の者、倍す万般の思を添ふ。［中18ウ］足下起居、安否如何。夫友を取り交はりを結ぶは、一世の盟約に非ず。是則ち、多生の夙契なり。古錦木を立て三年を送り、榻の端書に百夜を結ぶ。其の夙因到らざる者は、身を終るまで志を達せざらんこと、斯に知ぬべし。将亦、比翼連理を長生殿の秋に語り、鳳に乗り簫を吹くことを鳳凰台の上の月に成すに至ては、其の機縁、協合、此の如きか。今予が如き吾と君と、交はりを取ること年久し。［中19オ］誠を致すこと又浅からず。然るに、頃は良音問絶え、況や未だ訪らはざるをや。殆ど積鬱極まり無し。是夫夙縁淳熟すと為んや。抑も又未だ到らずと為んか。嗚呼、天の恩沢に非ずして、空しく身を知る面を沾すのみ。然りと雖も、若し前諾を棄捐せざれば、閑居の式を精察したまへ。朝に恨み暮に思ひて、春を送り秋に垂んとす。縦ひ風塵床上に満ち、門径黄葉を積むと雖も、将誰か之を掃はんや。蕭々たる庭の荻、［中19ウ］

離々たる籬の草、只群虫のみ有て恣に幽声を発す。終夜之を聞くに及んで、愁嘆に勝ざる者なり。

其の虫の名は

蚖　蛇　蝮　蝎　蜈　蚣　蚰蜒　螬　蜋　蜣　蟒　蛟　蝪

蠣　蛭　蛆　蟬　蚈　螗　蜩　蛚　蛬　蛩　螿　蠅　蚊　虻

螻　蟻　玄駒　蜂　蜘　蛛　蟇　蜍蟆　蛙　蝦　蝸　蝗

蚕触　虱　蚯蚓　螟　促織　蝙蝠　蛾　蜻蜓　螢

丹鳥　宵燭　螳螂　蚕　鈴虫　松虫　銜虫　玉虫

［中20オ］

其の声、或いは喞々として恨むるに似、或いは喧々として驚くが如し。必ずしも彼只人を動かさんや。恨み有る者は、激して之に驚くなり。予も亦聞いて深更に到つて感激に堪えず、空しく恋慕の袂を霑ほす。此の如く伴ふ所の丹誠、直に此の旨を以て、机前に呈上すべしと雖も、逆耳の言、恐らくは清聴に違せん。故に貴方に依て心底を陳ぶ。伏して希はくは、上聞に達せしめ、併ら憑み奉る外更に他無く候。

［中20ウ］

巨細回章に預らば、千万仰ぐ所に候。恐々謹言。

閏八月初吉日　某

拝覆　不動院　民部卿御房

頃は久しく消息を通ぜず、胸霧披かざる処に、玉章乍ちに当来、寔に欣悦の至りなり。再三意曲を窺ふに及び、足下の丹心を推察し畢んぬ。

［中21オ］

尤も細々鴈書を送り、切々羽檄を飛ばして、以て深志を通ずべしと雖も、或いは高客の来扣に礙へられ、或いは遊人の出入を乖き回し。全く心中の疎略に非ずして、友社の不会たり。誠に恐懼の至りなり。御存知の如く、吾が君は山中の材学なり。然れば、万事の稽古に於て、更に以て寸暇無し。其の勤、継ぐに略燭を以てす。殆ど昼夜の怠り無し。夫唐朝の書に於て、〔中21ウ〕伏犠始めて書を造り、縄を結ぶの政に代ふ。爾しより以降の本書、毛詩、尚書、易、礼記、左伝、周礼等の十三経、其の外、史記、文選、前後漢書等、其の外、唐宋の名賢、大冊、小札、部を尽くして之を学び、或いは風、賦、比、興、雅、頌の六義を捜り、或いは之、乎、者、耶の置字を勘ふ。然うして以て、詩を作り、文を制する時、李杜が清新、韓柳が騒思、春花、夏蔭の簾の前、〔中22オ〕秋葉、冬雪の窓の中に、之を思ひ、之を翫び、詩を吟じ、更に休期無し。豈啻詩、賦、序、表等のみならんや。宣命、宣旨、位記、奏状、移文、願文、諷誦、呪願、符、牒、告書、教書、日記、申文、消息、往来、解文、請文の上手なり。其の和歌は、本昔、平城の天子、詔を侍臣に下し、万葉集を撰ぜしむるより以来、新万葉、古今、後撰、〔中22ウ〕拾遺抄、金葉、詞花、千載集、其の外、諸家の集等、之を読んで、暗き所無し。其の詠哥は、凡そ、素盞烏尊、聖徳太子の御代、倭哥の文字を定めてより以降、此の道を好む者、古今に幾千万ぞや。然りと雖も、或いは画ける女の人の情を動かすに譬へ、或いは萎める花の薫香有るに比す。厥の外、体俗に近く、詞甚だ鄙し。一として訕を得ずと云ふこと無し。就中、〔中23オ〕柿本大夫、山辺赤人と云ふもの有り。並びに和歌の仙なり。公独り、此の風を慕つて、其の体に本づく。然れば、三十余りの字六義を備へ、五七の句八病を避る。花実兼ね備へ、首尾相ひ調ひ、其の詞滑らかにして、五尺の鬘を水に沃るが如し。其の情縟かにして、一流の縷に珠を貫くに似たり。寔に二公の前跡を踏む者なり。

其の能書は〔中23ウ〕

蒼頡鳥跡を視、文字を作して以来、古文、正文、真、行、草、真字、仮字、蘆手等、或いは、張芝が草聖、義之が行賢、或いは、道風の貫花の文、和尚の五筆の跡、其の外、佐理が一墨等に至るまで、之を学びずと云ふこと無し。八体、八法の書を極め、垂露、懸針の点を正しうす。其の姿は、舞鳳、翔鸞の如し。其の跡は、春蚓、秋蛇に似たり。［中24オ］

今時玉堂に於て声名有る者、孰人か肩を比べんや。其の雅楽は宮、商、角、徴、羽の五音、金、石、糸、竹、匏、土、革、木の八の品、其の外、六律、六呂、十二律等、一として推極せずと云ふこと無し。百二十調に於て、申すに及ばず、離鸞、別鶴の操、子期が音を知り、陶潜が趣を識るの列は、悉く之を得。其の弓は、楚の養由基が百歩に楊葉を穿ち、唐の薛仁貴が［中24ウ］三箭に天山の流を定む。其の外、家々の相伝、之を識らずと云ふこと無し。殊に以て、三々九の手夾、八的等の上手なり。其の蹴鞠は、黄帝の造る所、劉向之を録す。爾しより以来、吾が日域、難波、飛鳥井等、之を継いで家々の流を為す。公又之を学んで、曲節縦横なり。花間に向つて拋つ時、上下自ら身に随ひ、柳条に随つて旋る処、高低屢ば足に当つて、両々三々、唯空に転じて［中25オ］地に随ふ所を見ざる者なり。其の兵法は、忝くも摩利支天の伝授を継いで、親り張良一巻の旨訣を明らめ、今代当流他流の手に至るまで、鸞飛、鸞回、留虎、乱入、其の外の秘訣・秘伝等、探捜せざると云ふこと無し。然して此の道、箕裘の家にあらざるを以て、未だ必ずしも之を業とせず。夫復、内典に至つては、禅和、天台、真言なり。［中25ウ］

其の禅和は、拈花微笑より以来、門竿倒却の後、列祖の命脈に於て、換骨の霊方有り。是れ則ち、行入に随はず、理入に因る。悟宗の根本なり。爾来、少室漫りに神光に付し、遞ひに相伝し来りて、却て二三有り。偈を壁間に書する有り。像を鏡中に観ずる有り。剣刃の上に向ふ者は、个の殺活を弁じ、虎口裏に横たはる者は、手脚を放得し、仏を呵り祖を罵り、棒は雨の如く点り、〔中26オ〕喝は雷に似て奔る。間髪を容れざる者なり。然りと雖も、聖を去ること年久し。已達者は少く、未達者は多し。今に伶利美少年を得るが如し。昔時の龐居士、霊照女等を超越す。其の天台は、因明・内明に通達して、内典・外典を兼学せり。倶舎・唯識は舌端に懸け、止観・玄義は胸中に収む。然れば、宏才・博覧にして、論義・決択の吻は満座の惑ひを破し、当弁利口にして、説経・教化の声は衆会の眠りを驚かす。是れ阿難〔中26ウ〕・羅睺羅に非ざれば、争でか其の智の浅深を論ぜんや。其の真言は、久修・練行年深く、持戒・精進日積もれり。両界鏡を懸け、別尊玉を琢く。五部の真言は雲晴れ、三密の観行は月朗らかなり。梵語・悉曇は舌和らかに、立印・加持は指嫋やかなり。〔中27オ〕五悔と九方便は滞り無く、修法の芥子焼は験有り。三業相応の師と謂ふとも、何でか是に似かんや。加以、道心堅固にして、日夜仏乗に帰依し、精勤勇猛にして、旦暮道場に参詣す。春の花を見れば、則ち世間の無常を観じ、秋の月を望めば、曾ち諸法の寂滅を悟る。実に是、貪欲瞋恚・遠離解脱の士なり。然うして、朝には霜雪袖に結び、意態は勁節を存せしめ、夕には風月情に関つて〔中27ウ〕佳句韻題に負かず。皎にして玉樹の風前に臨むが如し、とは、是誰人の言ぞや。足下幸ひに才芸有り。又友を取るに足る。細々参扣を以て論談せざらんや。然れば、吾が君の勤々を助けて、又足下の憫々を慰めん者か。筆を閣いて足下に謝す。敢て懞然たること莫からんや。恐惶々々。

廼時

拝覆　大膳房　大蔵卿　御寮

面会の後、良久しく音問絶ゆるの条、頗る本懐に違ふ。誠に咿鬱の至りなり。細々参入を以て清談を遂ぐ〔中28オ〕

べく候と雖も、足下公私の務め繁多なり。朝暮更に寸隙無し。定めて応対の妨げ有らんか。殊に亦、差る篇目無きに依て、屢ば重請に及ばず。是復た、機嫌測り難き故なり。去り乍ら、一日閑を偸んで高駕を陋居に屈すべくんば、柴門の光彩たらんか。［中28ウ］

既に是清商応じて秋至り、暁霜物を粛しうし、風露色を消す。然れば、楓樹林中、霜葉二月の花よりも紅なり。期に賞遊せず、争でか永日を送らんや。

其の木の名は

円生樹	閻浮樹	楽音樹	白岑
七重宝樹	具多羅樹	摩尼波羅樹	
拘鞞陀羅樹		七覚花	妙覚樹

［中29オ］

拘某陀樹	優鉢羅樹	芬陀利	陳挺利
石楠花	毘蘭樹	菩提樹	道明樹
石檀	仙動	合歓	黄芩
木犀	海棠	碧桃	緋桃
辛椿	木槵	臭朴	釣樟
辛夷	柃梓	膠木	大刺
躑躅	戦木	黄蘗	玄木橡

［中29ウ］

椶梠	赤木	蘇枋	楊　柳（同）
楡	桜	松	鶏冠
杉	檜	理	弱檜

卯木　柘榴　枇杷　楊梅
胡桃　栗　柚柑　金柑
林檎　大柑子　蜜柑　枳　檞同
雲樹橘　梨　奈　〔中30オ〕
杏　李　榎　楸　柊　檉　黒木
桜　朴　槐　栢　椋　樗　恆山
樫　櫟　楪　樒　榁同　榛　茱萸
槙　槻　梓　梶　樺　桑　枸杞
漆　櫨　柿　椎　棗　榛　檳榔
樆　梔　梧　桐　椿　柴　檀
南天竺

此等の樹木杪を並べ、柯を交へ、五色嫣然として、恰も錦を織るに似たり。此の如き折節、空しく徒然として光陰を送らんや。忽として一夕来訪有らば、多生の嘉会なり。然れば、詩、聯句は、漢家唐朝の古風〔中30ウ〕を回らして、以て曹劉、李杜が壇を推す。哥、連哥は、難波津の余波を沐して、迥かに富緒河の流れを汲まん。此の外、長哥、短謌、旋頭、混本の類、時に随つて張行すべき者なり。〔中31オ〕花筆麗藻に非ずんば、雅意の趣を尽くし難し。併ら雄弁の時を期す。恐惶謹言。

無射二日　　源　某

謹上　判官代殿

一両日の間、寸暇を以て参謁せしむべく候処、遮つて御芳札に預るの条、茫然の至りなり。仰せの如く、西嵐の霜葉秋を翻す。処として風光ならざる無し。必ず離愁の催しに非ず。又恋慕の深きに匪ず。物を感じ袖を湿すことは何ぞや。是則ち、老懐切なる故［中31ウ］なり。何ぞ啻万木の凋衰するのみならんや。千草も亦然り。

其の草の名は

菩　蒢　蒤　蘿　蔾　蕵　白英
蒪　蒴　荭　蔨　蒠　䋫　酸漿
茜　麻　苧　莨　苊　苦　狼牙［中32オ］
蘢　蘄　莚　芹　薤　苓　刈萓
藕　菱　萍　苔　蘚　蒲　酸苗
蔦　藤　蘿　蔦　竹　筍　菖蒲
蓴菜　芣　蔞　艾　葎　石菖
葛　菅　荻　蔍　葦　篠　栝蔞
萱　藍　葱　藜　藻　篠　芝葉
薜　浅茅　蓬莢　芭蕉　蘋蔓［中32ウ］

此の如き無情は、已に栄枯の相有り。況や是有情をや。寔に感嘆に堪えざる者なり。伏して顧るに、吾貴命の重きに依て、司直の位に在て、判を出す事更に寸暇無きは、希はざる所なり。官を辞して、公の閑意に従つて、悠然として我が旦夕を送らんには如かじ。身を見るに、只夢幻泡影の如く、又電光石火に似たり。豈徒光陰を抛つて露命の消ゆるを待たん。共に預つて、風月を翫んで、酒盃の数を尽くさん。［中33オ］

来事参会に応ずべきの由を示さる。尤も好時節なり。如何様不日に風与藜杖を廻らすべし。然れば、一詠一吟の興行を促すべし。単尺懐紙等預め用意有らんか。心事論談の次を期す。誠恐誠惶。

菊月二日　　豊野某

謹上　安岡新左衛門殿　御返事

頃は、冬の寒偏へに重し。尊侯動止如何。仍て去ぬる比、詩哥論談の後、再会に能はざるの条、今に鬱襟披〔中33ウ〕き難く候の処に、思ひ懸けず、他山より客童光臨の間、日夜旦暮の御遊覧に依て、覚えず、他時の述懐を消し、思出今に残る者なり。此の間、日々の囲碁、将棊、鞠風情の御会候間、中々申し入れず候。〔中34オ〕

今晩より、連哥の御張行候。急々に御人数に参らるべきの由、皆々仰せられ候なり。然れば、御所持の硯一面、筆一二対、随身有るべし。此の方の瓦石等、余りに面目無く候。若し恩借に預らずんば、一山の恥辱に及ぶべく候。墨の類少々所持仕る間、事を欠かず候。

墨の名は〔中34ウ〕

油煙　麝煤　松煤　松煙　爐煙
紫泥　玄雲　烏金　松滋侯　鳳団
鳳月　月団　宝墨　陳玄　客卿
龍剤　墨玉　珠麝　玄霜　璵璠

此の外、琴様の古墨一笏之在り。代々相伝する所なり。墨を持つ法、春懐、夏懸、秋紙、冬綿と謂ふと雖も、予が用ゆる所は、四時只収むるに豹嚢を以てす。〔中35オ〕

是れ人を磨するの類なり。鳳池に磨すれば則ち雲頭の重なるが若く、玉版に之を揮へば漆暈の光を成す。是れ其の墨の用なり。今度の御会、一衆の奔走たる間、加様の類に於てすべく候なり。委折面会を期するのみ。

応鐘五日　　某

拝呈　華蔵院大蔵卿　御房

珍墨の旨、委曲拝見せしめ畢ぬ。仰せの如く、［中35ウ］花の下の御会已後、已に楓葉の落ち尽くすに至るまで、鬱念積もること山の如し。唯今雁章飛来の間、乍ち胸間の榛霧を披き候。誠に目を悦ばしむるの至りなり。仍て、美童の光降に就き、奔走共察し奉り候。数日の遊事、御浦山敷く覚え候。将又、連哥の御人数に結ばるるの由、示し給はり候。身に於て過分の至りなり。去り乍ら、此の道は提撕に堪へざる間、［中36オ］其の憚り少からず候。賦物已下の才覚に於ては、宗匠を仕るべく及び申さず。一巡の面、迦、遣句、退句の嗜み、或いは秀逸、幽玄等の十体、或いは連声、相通、五音、其の外、奇言、妙句、当座の一興、更に以て其の作意を得べからず候。動れば片題、落句、崎切等の句を釈し、其の病を去り難き条、耳に留まる。一句は申すべからず候。旁斟酌の儀有りと雖も、［中36ウ］儵し擬議に逮ばば、御意に背くか。何様時刻を移さず、推参せしむべく候。硯筆の事仰せを蒙り候。所持の分一にあらず候。御好みに依て持参すべきなり。

其の硯の名は

筆海　筆陣　龍淵　龍壁　鳳味　鴝眼

馬肝　結隣　馬蹄　陶泓　紫石　［中37オ］

即墨侯

斯の外、端渓の金線文、青州の紅糸石、一代名を得る硯なり。就中、銅雀台の碧瓦、予が秘する所の者なり。

其の筆の名は

栗尾　鼠尾　兎穎　兎毫　毛錐
毛穎　翰林　鼠鬚　管城公　禿筆
尖頭奴　中書君　象管　如椽　揮月
凌雲毛公　紫毫　銀管　兎尖
猩毛

〔中37ウ〕

此の外、江淹の授けらるる五色の筆、李白が夢る所の生花の筆、千古獲難き所なり。又、蒙恬が造る所の毛筆、武帝の名る所の筆頭、是れ亦今に留め難し。近比洛陽に於て名を得る所の筆等二三対、持参せしめ候。委曲を尽くし難し。〔中38オ〕心事貴面に有り。頓首謹言。

陽月五日　某

拝報　法華院　中納言殿

加様の申状、憚り少からずと雖も、愚意を貽さず啓せしめ候。御子息、成人の方々御座し候。急ぎ吉日良辰を撰び、御殿造等有るべし。今に延引、然るべからず候。先づ御屋敷を構へらるべく候。〔中38ウ〕

地の相形夥しと言ふと雖も、四角自ら意の如し。是れ則ち、大富貴の処なり。南面に法の如く、樹木生長し、北方幸にして、大河之在り。天然恰好の地形なり。好日多しと謂ふとも、白虎頭日を択んで、以て立柱の祝ひ有れば、目出度く存じ候。家具等に於ては、連々用意有るべく候。

其の家具は　附けたり器財

［中39オ］

椀　皿　厨子　楪子　折敷　追膳　菓子盆　切立
提　青磁砂礶　茶碗　鉢　擂鉢　擂盆同　煎盤
麺盤　係盤　麺棒　歩械　唐匱　櫃　破籠
釜　鍋　盥　楾　高坏　曳入合子　鉄輪　臼　杵
碓　礰　箕　飯銅　湯桶　飯秉　長持　瓶　甑
壷　油筒　秉燭　紙燭　蠟燭　脊缸　独覚
張燈　燈籠　燈台　長檠　短檠　炷　燈心

［中39ウ］

香匙　火箸　脇息　笈　脚榻　暖簾　屏風
幌　翠簾　簀同　箔　幄　幔幕　端差　牀　枕
机子　簑笠　傘　舟　筏　舳　艫　舫　艇同　梶　櫓　櫂
槁　棹同　纜　砌　鼎　網　鉤　差縄　剣　弓　箭　矢
旗　鏡　鑷　剪　櫛　函　篋同　定木　計算　欋　朸
杴　杁　鍬　耙　鋤　犂　柯　薦　俵　筬　桁　砧　管
籰　梭　甎　纑　招　経串　籭　横　糊　粿　鎞　舡

［中40オ］

槽　戽　円座　地爐　炭斗　機　升　針　鑵子　銅
瓶　手取　茶水桶　茶杓　茶筅　茶巾　茶磨
柄杓　甑　擂茶　焙爐　炮籠　兎足　真壷

肩衝　鶴頸　東峡　西峡　姥懐　百切又一切
隠架　盆　轄　輗(同)　湯盞　建盞　湯瓶　天目
胡盞　油滴

荒々入るべき具足之を記す。大廈、小家、甍を並べ、一属、従類同心するは、子孫繁昌の洪基なり。今貴殿の如く、悉く之在り。世に誉れ有る人と謂ひつべし。是れ孰か羨まざらんや。此の旨を以て、御披露に預るべく候。恐々敬白。

〔中40ウ〕

暢月十五日　文屋某

啓上　権介殿

思ひ寄らず候処に、念比に示し給はり候条、厥の恐れ少からず候。真実御等閑無く、心中筆端に露顕す。千万謝する所を知らず候。仍て彼等が事に就て、旦夕之を存ずと雖も、世過の計会に依て、今に罷り過ぎ候。定めて外見に出るや。面目無く覚え候。仰せの如く、皆人孤独なる者は、富貴を極むと謂ふとも、栄花斯に寡し。

〔中41オ〕

其の人倫は

祖父　祖母　耆　姥　姉　妹　兄　弟
伯　叔　従兄　従弟　姪　姑　嫜　舅
娵　壻　裔　嬰　嫺　乳　嫠
嫞(同)　儒　禿　首　頭　髪　鬢

〔中41ウ〕

髻　髭　脳　頤　咽　額　肪
眉　眼　睫　瞳　眸　瞼　睛

皆(まみあひ)　耳(みみ)　鼻(はな)　口(くち)　鼳(はなばしら)　舌(した)　唇(くちびる)　［中42オ］
腮(あぎと)　歯(は)　牙(きば)　胸(むね)　腹(はら)　腸(はらわた)　脊(せなか)
腋(わき)　肩(かた)　腕(うで)　手(て)　肱(ひぢ)　足(あし)　指(ゆび)
爪(つめ)　拳(こぶし)　蹯(たなごころ)　臍(ほぞ)　腰(こし)　股(もも)　膝(ひざ)
脛(はぎ)　腓(こむら)　腨(すね)　皺(しわ)　皹(あかがり)　骨(ほね)　髄(ずい)
瘃(ひび)　皮(かは)　筋(すぢ)　肉(しし)　膚(はだへ)　姿(すがた)　形(かたち)
朏(つび)　宮(ひなさき)　勢(へのこ)　閫(ふぐり)　婬(いん)　洩(ゆばり)　屎(しと)
屎(くそ)　糞(こえ)　眵(まくそ)　涙(なみだ)　鼽(はなぢ)　涕(すすばな)　咳(かすはき)
唾(つはき)　涎(えだれ)　垢(あか)　汗(あせ)　貌(みめ)　顔(かほ)　頰(つら)　［中42ウ］
面(おもて)　踵(くびす)　距(あごえ)　尻(しり)　俣(また)　汗(あせ)　魂(たましひ)
気(いき)　息(同)　蹲(こむら)　血(ち)　疣(いぼ)　瘤(しひね)　痤(にきび)
贅(ふすべ)　心(こころ)　情(同)　胞(えな)　胎(ふくろ)　顖(ぼんのくぼ)　聹(みみくそ)
癱(てなへ)　躄(あしなへ)　睚(にらむ)

此の如き人倫多き則んば、家挙つて楽を成し、幸ひに我が家に之在り。然れども、領する所取所無し。田園余計少きは何ぞや。先世に福ひを修せず、今生亦此の如し。吾が君既に富貴を現に極め、［中43オ］栄曜を世に恣にす。希くは一粒一銭を以て他に施し、少利を捨て、利益を小分せよ。然れば則ち、今生、後世、福報充満し、望む所意の如し。嗟呼、未練の状笑ふべし笑ふべし。逸して狂言を発す。請ふ、為に願を扶けよ。誠恐。

黄鐘十五日　　弓削某

謹上　野村主殿

新撰類聚往来巻中終

〔中43ウ〕

新撰類聚往来巻下

来る一日、当院に小仏事を経営するに就いて、極寒の時分、御労煩たりと雖も、一つは其の結縁のため、又愚僧懇情の励ましと謂ひ、旁以て尊杖を廻らされば、感幸の深きこと望外なる者なり。晩に及んで修儭并びに大施餓鬼、早旦の対座、一面の頓写、雨前の陞座、拈香之在り。［下1オ］相構へて兼日より早々光臨有るべく候。然れば、非時并びに晩羹等、用意すべく候。又近所の山寺の衆徒、各坊の聖道、各之を重請す。法華講読、唄、散花、并びに諷誦願文等、形の如く法事を行はるべく候。此の如く、諸寺諸房、自宗他宗、点合せらるるの間、位次の尊卑、座牌の高下、更に以て定め難し。平に御指南を仰ぐべし。［下1ウ］

依て坐敷の飾具共申し入れ度く候。御意に懸けられば、希ふ所に候なり。

其の飾り具は　并びに仏具

法被　倚子　褂子　曲彔　靠倚
曲倚　縄床　胡床　拝席　打敷
水曳　木甲　表褙　表紙　軸附
風帯　高坐　鈴　磬　独鈷　三鈷
五鈷　蘇器　油器　飯盛　花盛
塗香器　篋　灑水器　如意　香爐筥
嗽口器　案器　羯磨橛　鑴爐　華瓶
金剛盤　燭台　花皿　香合　焼香
抹香　檀木　乳木　法螺　白払
［下2オ］

花鬘　花筐　香台　竹篦　瓔珞
幢幡　繒蓋　火舎　尻案　前几
散杖　塗盥　火鉢　鐃鈸　錫杖
大鐘　喚鐘　火鈴　風鈴　雲版
打版 同　木魚　鉦鼓　沙張　方士木
鐘木　戒策　警策　礼盤　懸盤
高器　磬台　本尊　脇画　座頭
屏風　供具　供備菜

［下2ウ］

此の借状の面借し預らば、恐悦たるべく候。

［下3オ］

御返事に依て、夫丸を遣すべし。諸事紛冗、万方混乱の間、自然失却破了すること有らん者か。何に常住受用の分を借し預かるべく候。努々、院不出の類、存じ寄らず候。毎事重ねて啓せしむべく候。恐惶謹言。

大呂五日　某

拝上　観首寺　函丈

［下3ウ］

珍翰の旨、委曲拝覧せしめ候。随って、来る八日、貴院の請に趣くべきの由承り候。如何様兼日より参入に応じ、涯分の奉公を致すべし。出仕に於ては、粗斟酌の儀有り。内衆分に相加へられ、配膳、手長、座敷奉行等を禁ずべく候。其の謂れは、御存知の如く、去ぬる比、京上りの次でに、急々の道具共誂へ候処に、今に当来せず候。

［下4オ］

中衣、打眠、袈裟、着替風情は之在りと雖も、余りに比興の至りに候か。

其の道具の名は

羅衣　紗衣　隔衣　袈裟　法服
法衣　坐具　附衣　履刷　襪子
草鞋　鞋底　行纏　腰袍　平嚢
七条　九条　掛落　応量器　鉢裹　［下4ウ］
調巾　菜巾　水巾　浄巾　被巾
手巾　鉢盂　頭巾　肱巾　帽子
肱子　箸匙　刷　鉢盂単　助老
禅版　蒲団　拄杖　払子　冊子
布子　湯帷　脚布　襠　鼻巾
肚脱　涼傘　鈯斧　数珠　数繍
大帷　大口　精好　鈍色　鈍甲　椎鈍　横皮　［下5オ］
下襲　櫨甲　裘袋　鼻高　扇子
香合　印籠　瓢箪　下鞘

此の外、天衣、仏衣、僧伽梨衣、金縷布衲、藕糸等の類之在り。容易に之を用ゆべからざる者なり。今度の衆会は、人天の龍象、江湖の鯨鯢なり。説法不二の大乗、微妙の金言なり。後三教と謂ふと雖も、誂汰、醍醐味、捃拾、何者か漏洩せんや。［下5ウ］

霊山一会、儼然未散と謂ひつべし。然れば、此の衆会の中に於て、余り威儀無きの式、慚汗の至りなり。平に以て斟酌せしむべく候。諸事御意を得べく候。将又、御用の什物、借状の如く、即ち進ぜしめ候。此の外、客殿の本尊に於て、牧渓和尚の手跡等御所持候と雖も、幸ひに呉道子の墨絵の観音之在り。殊に筆勢横放

なる者なり。　［下6オ］

愚礼とせらるべし。間爐間辺は、重ねて御意を受け進ずべく候。詞場筆勢を恣にし難し。頓首恐惶敬白。

　　　窮月六日　　　　某

　　拝答　地蔵院　衣鉢閣下

諸国一見のため、朋友に誘はるる間、明日不図思ひ立ち候。最も参を以て御請暇申すべく候と雖も、　［下6ウ］

行色の用意に就いて、隙を得ざる間、拝辞に能はざるの条、本懐を背き候。遠旅の事、帰来期し難く候。若し再会縁有らば、重ねて拝顔を遂ぐべく候。路次中恙無き様に御誓願に預らば、又留守の事、相違はず御意に懸けられば、千万仰ぐ所に候。彼此憑み奉るの外他無し。詩に曰く、五更帰夢三百里、一日思君十二時。　［下7オ］

又云く、

山川多く歴覧、日月屢推し遷る。此の如き別後の心事共、預め想像り候。自他の離亭柳色、意を引かれ候。遠路行脚たる間、一物も随身の分無く候。只天を以て青箬笠と為し、地を以て芒草鞋と為す也。然れば則ち憑む攸は、天象地類、我に具足するのみ。是則ち乾坤を父母と為るの謂か。

　　天象并びに地類は　［下7ウ］

天　漢　乾　坤　斗　牛　陰　陽

虹　蝀　霓　雷　宇　宙　蒼穹

虚　電　雹　霆　霖　霙　雲　霞

霧　雨　雪　露　霜　朧　風　嵐

晴　天　返　日　月　星　宿

夜(よる)　昼(ひる)　晦(つごもり)　眩朔(ついたち)　暁(あかつき)　盈(みち)　昃(かけ)
弦(げん)　満(みち)　欠(かけ)　山(やま)　谿(たに)　峰(みね)　嶂(かげ)　［下8オ］
峭(そは)　坂(さか)　巓(いただき)　麓(ふもと)　岡(をか)　川(かは)　原(はら)
野(の)　路(みち)　蹝(はくみち)　土地(とち)　埊(おきつち)　扯(たね)　堤(つつみ)
畷(なはて)　疇(あぜ)　町(まち)　段(たん)　歩(ぶ)　田(た)　畠(はた)
園(その)　橋(はし)　畝(うね)　彴(ひとつばし)　礒(いそ)　渚(なぎさ)　汀(みぎは)
濱(はま)　泊(とまり)　浦(うら)　波(なみ)　漪(さざなみ)　洳(そぞろなみ)　溜(しづく)
渧(しただり)　水(みづ)　氷(こほり)　凍(同)　澌(さえたり)　沼(ぬま)　池(いけ)
河(かは)　泉(いづみ)　渠(みぞ)　塹(ほり)　島(しま)　淶(ふち)　淵(ふち)　［下8ウ］
瀬(せ)　流(ながれ)　岩(いは)　巖(いはほ)　崎(さき)　嶼(しま)　瀧(たき)
渡(わたし)　関(せき)　市(いち)　津(つ)　湊(みなと)　郡(こほり)　郷(さと)
里(さと)　村(むら)　堺(さかひ)　阡(ちまた)　隣(となり)　辻(つじ)　森(もり)
林(はやし)　庭(には)　井(ゐ)　洞(ほら)　墳(つか)　墓(はか)　砌(には)
瀆(みぞ)　牆(かき)　垣(かき)　谷(たに)　道(みち)　滴(しづく)　峡(はざま)
迫(はざま)　都(みやこ)　城(しろ)　京(みやこ)　岳(をか)　陵(をか)　壌(つちくれ)
澗(たに)　岫(くき)　［下9オ］

唯今(ただいま)一見(いっけん)する所(ところ)の名所旧跡(めいしょきうせき)は、此(こ)の中(うち)を離(はな)れず。霊仏霊社(れいぶつれいしゃ)は、期(き)の外(ほか)を出(い)でず。既(すで)に一歩(いっぽ)を進(すす)むれば、身(み)と天地(てんち)と、一心(いっしん)と万物(ばんぶつ)と、二(に)無(な)し。此(かく)の如(ごと)く之(これ)を観(み)れば、則(すなは)ち風雨冥晦(ふううめいくわい)愁(うれ)ふべきこと無(な)く、山川嶮難(さんせんけんなん)畏(おそ)るること無(な)きか。叨(みだ)りに此(こ)の語(ご)を以(もっ)て別後(べつご)の一笑(いっせう)に充(あ)つ。請(こ)ふ君(きみ)我(わ)が為(ため)に送行(そうかう)の語(ご)を示(しめ)せ。恐々謹言(きようきようきんげん)。

烏兎　　　　某

西禅寺　免僧禅師

［下9ウ］

諸国一覧の為、御出行有るべきの由承り候。御浦山敷く覚え候。尤も結伴優遊すべしと雖も、壮歳の時、此の望み有るに依て、已に其の志を遂げ畢んぬ。今已に衰老す。重ねて機を発し、公の馬蹄を逐ふに堪へ難し。無念の至りなり。想ふに六十余州を歴覧するのみに非ず。処々の勝地霊跡等を扣くべきか。［下10オ］旧遊尚眼に有り。殆んど羨殺する所なり。已に是遠きの行に趣く。又歳月を閲べし。然れば、徐々にして経過し、努早卒すること莫かれ。山店に歇まば久しく留まらず、野館に過らば休息すること莫かれ。一村の朝立、遠宿の夕着、尤も然るべからず候。廻路有らば船に乗ること莫く、危橋を過ぐるときは馬より下るべし。嶮路に臨まんと欲せば、好友に随逐せん。是乃ち此の行の送行なり。慎しんで忘却すること莫かれ。定国の次第、無案内たるべきか。［下10ウ］

存知の分大概之を記して、進覧せしめ候。

扶桑国六十八州の大略并びに授領は

国名は

五畿内五箇国

山城　雍州　八管　田数は一万七千七百五町

乙訓　葛野　愛宕　紀伊　宇治

久世　綴喜　相楽

行程は南北一日。勝跡多し。余方有りて、種ゑて百倍を生ず。殊に味甘し。大々上国なり。［下11オ］

大和
和州　十五郡
広瀬　葛上　添上　添下　平群
吉野　宇陀　城上　城下　高市
十市　山辺
田数は一万七千九十八町。南北は二日余里。山里饒かにして、種ゑて十倍を生ず。国の差図を出す。故に旧跡繁しと名く。大々上国なり。

河内
河州　十五郡
丹北　丹南
茨田　交野　若江　渋河　志紀
安宿　大県　高安　河内　讃良
錦織　石川　古市
田数は一万二千五百十三町。四方は二日余里。井堤沼池多く、種ゑて五倍を生ず。市廛許多なり。大中国なり。

［下11ウ］

和泉
泉州　三郡
大鳥　和泉　日根
田数は一万五百六十九町。南北は一日余里。海を負ひ山を抱き、故に五穀冷渋の気を帯びて味を欠く。国広く醬醢魚鼈多し。大下国なり。

摂津
摂州　十三郡
住吉　百済　東成
西成　島下　島上　豊島　河辺
武庫　兎原　八部　有馬　能勢
田数は三万三千三百十四町なり。四方は二日半。皇城を帯びて西海を抱く。南暖かに北寒

［下12オ］

し。故に五穀熟し、魚塩繁し。大上国なり。

東海道十五箇国

伊賀　伊州　四郡　阿弁　山田　伊賀
名張
田数は四千五十五町。四方は一日。山川多し。暖気を生ずるに依て、草木竹簜多し。

［下12ウ］

伊勢　勢州　十三郡　鈴鹿　桑名　員弁
朝明　三重　河曲　庵芸　安濃
壱志　飯高　飯野　多気　度会
田数は一万八千百廿町。南北は三日余り。山海平均にして余州に勝れり。仍て国の親と為す。石厚くして貢多し。一を蒔いて百倍を得。大々上国なり。

志摩　摩州　二郡　答志　英虞
田数は百廿四町。四方は半日。一郡は摩州、合せて一国と為す。海中多し。下国なり。

尾張　尾州　八郡　海部　中島　葉栗
丹羽　春日部　愛智　智多　山田

［下13オ］

田数は一万一千九百町。南北は三日。地厚くして土肥え、種ゑて千倍を生ず。里多く日本国に勝れり。大上国なり。

参河　参州　八郡　碧海　賀茂　額田
幡豆　宝飯　八名　渥美　設楽
田数は七千五十四町。東西は一日半。山海多し。土浅きこと一尺、故に五穀熟さずして口乏

し。下々小国なり、

遠江　遠州　十三郡　豊田　磐田　浜名
長上　長下　敷智　引佐　麤玉
山名　周智　佐野　城飼　蓁原
田数は一万九千六十町。東西は二日半。山河郷里相交はる。地七尺、種ゐて千倍を生ず。［下13ウ］又万倍なり。大上国なり。

駿河　駿州　七郡　志太　益頭　有度
安倍　廬原　富士　駿河
田数は九千七百六十町。東西は二日半。山原里野皆均等なり。海を抱き山を帯び、土肥え多産なり。

伊豆　豆州　三郡　田方　那賀　賀茂
田数は五千八百四十町。東西は一日。畠多く田少し。山高く海広し。塩魚多し。

甲斐　甲州　四郡　山梨　八代　巨麻　［下14オ］
都留
田数は一万一千四十三町。南北は二日なり。田浅く畠深し。四方寒くして漏気無し。草木滋く、牛馬多し。

相模　相州　八郡　足上　足下　余綾
大住　愛甲　高座　鎌倉　三浦
田数は一万一千四百八十六町。四方は三日。地厚きこと一丈、生産肥ゆ。山浅く林木無く、海藻と魚鼈と多し。大上国なり。

武蔵　武州　廿一郡　久良岐　都筑　多磨
橘樹　豊島　足立　新座　入間
高麗　比企　横見　埼玉　大里
男衾　幡羅　榛沢　那珂　児玉
賀美　秩父　荏原

〔下14ウ〕

田数は三万六千百九十町。四方は五日半。野広く山無し。仍て良材を闕く。田畠豊かに草類多し。大々上国なり。

安房　房州　四郡　平群　安房　朝夷
長狭

田数は四千三百卅三町。南北は一日半。山河原野田里平均にして、魚貝多し。此を以て田の糞に之を用ゆ。大中国なり。

上総　総州　十一郡　市原　海上　畔蒜
望陀　周淮　天羽　夷灊　埴生

〔下15オ〕

長柄　山辺　武射

田数は二万一千八百七十町。南北は三日。海岸弘くして碧藻多し。絹布鐙鞦等在り。

下総　総州　十一郡　葛飾　千葉　印幡
匝瑳　海上　香取　埴生　相馬
猿島　結城　豊田

田数は二万六千百卅町。南北は三日。山海倶に多く、禽獣交も充ち、食味無し。［下15ウ］

常陸

常州　十一郡　新治　真壁　筑波

河内　茨城　行方　鹿島　信太

那珂　久慈　多珂

田数は四万二千卅八町。四方は四日なり。田宅市廛日を逐て盛なり。牛馬充壮し、蚕多く綿饒かなり。大々中国なり。

東山道八箇国

近江

江州　十二郡　志賀　栗本　甲賀

蒲生　神崎　犬上　坂田　浅井

伊香　野洲　善積　高島

田数は三万一千百卅町。四方は三日半。山河田畠保疆閏沢なり。種ゑて千倍を得。京に隣りして春気早し。日本四番の国、上々国なり。［下16オ］

美濃

濃州　十八郡　多芸　石津　不破

安八　池田　大野　本巣　席田

方県　厚見　各務　山県　武芸

郡上　賀茂　可児　土岐　恵奈

田数は四万四千八百卅三町。南北は三日。山原田畠多し。紙帛豊かなり。五穀万倍を生ず。大上国なり。

飛驒

飛州　三郡　大野　益田　荒城　［下16ウ］

田数は千六百五十町。大々小国なり。

信濃　信州　十郡　伊那　諏方　筑摩
安曇　更級　水内　高井　埴科
小県　佐久
田数は三万一千四百卅町。南北は五日。陰気深くして草木長ぜず。海阻たりて塩味希なり。地の深さ一丈、桑麻厚くして帛綿多し。大々下国なり。

上野　上州　十四郡　碓氷　片岡　甘楽
多胡　緑野　那波　群馬　吾妻
利根　勢多　佐位　新田　山田
邑楽
田数は二万七千四百六十町。南北は五日。陰気深くして草木長ぜず。海阻たりて塩味希なり。地の深さ一丈、桑麻綿多し。大々下国なり。

［下17オ］

下野　同州　九郡　足利　梁田　安蘇
都賀　河内　塩屋　寒川　芳賀
那須
田数は二万七千四百六十町。東西は三日。山少く野深し。土厚く草木多し。種ゑて百倍を生ず。

陸奥　奥州　五十四郡　白河　磐瀬　高野
石川　会津　耶摩　安積　安達

［下17ウ］

伊達　信夫　大沼　稲我　名取
稗継　磐前　刈田　柴田　標葉
行方　宇多　伊具　亘理　宮城
黒川　賀美　色麻　玉造　志太
遠田　桃生　牡鹿　登米　栗原
磐井　江刺　胆沢　斯波　本吉
気仙　長岡　新田　小田　金原
措羽　閉伊　津軽　杜鹿　菊多

田数は五十万三千百六十町。東西は六十日。昔出羽と一国たり。市城宮室は勝て計ふべからず。仙窟異鳥怪獣充ち、帛饒かなり。　［下18オ］

出羽　羽州　十一郡　最上　村山　置賜
雄勝　平鹿　山本　飽海　河辺
田川　出羽　秋田

田数は五万二百九十町。煖気早くして、耘耕厚し。大々上国なり。　［下18ウ］

北陸道七箇国

若狭　若州　三郡　遠敷　大飯　三方

田数は三千七十町。南北は一日半。海近く渋気有り。魚鼈利多し。

越前　越州　六郡　敦賀　丹生　今立
足羽　大野　坂井

田数は四万七千五十町。南北は三日半。山南に当たり北に海を帯ぶ。五穀熟さず、桑麻多し。大々下国なり。

加賀　加州　四郡　江沼　能美　加賀　〔下19オ〕
石川
田数は一万二千七百六十町。東西は二日半。地冷たく、酢醞酒漿水久しく澄めり。五穀桑綿絹多し。中上国なり。

能登　能州　四郡　羽咋　能登　鳳至
珠洲
田数は八千弐百五十町。東西は二日半。土冷たくして五穀遅し。利鉄多くして、大器を鎔かす。桑多く衣厚し。

越中　越州　四郡　砺波　射水　婦負
新川
田数は二万千三百七十町。東西は二日半。土冷たくして五穀遅し。利鉄多くして、大器を鎔かす。桑多く衣厚し。

越後　越州　七郡　頸城　古志　三島
魚沼　蒲原　磐船　沼垂　伊保野　〔下19ウ〕
田数は四万四千九百九十町。四方は六日の路。山南に当たり、北に海を帯ぶ。五穀熟さず。桑麻多し。

佐渡　佐州　三郡　羽茂　雑太　賀茂

田数は三千八百七十町。四方は三日半。草木勝地牛馬数を知らず。中国なり。

山陰道八箇国

丹波　丹州　六郡　桑田　船井　多紀
氷上　天田　何鹿
田数は一万八千五十町。南北は一日半。魚鼈桑麻饒かなり。精好を以て国の産と為す。中上国なり。
［下20オ］

丹後　丹州　五郡　加佐　与謝　丹波
竹野　熊野
田数は四千七百五十町。四方は一日半。穀米柴薪多し。

但馬　但州　八郡　朝来　養父　出石
気多　城崎　美含　二方　七美
田数は八千八百四十町。南北は二日。田畝厚く広く、粟稗繁し。柴木饒かなり。中上国なり。

因幡　因州　七郡　巨濃　法美　八上
智頭　邑美　高草　気多
［下20ウ］
田数は八千百卅町。南北は二日半。北に河近く、山深く材木多し。海草絹布多し。中上国なり。

出雲　雲州　九郡　意宇　能義　島根
秋鹿　楯縫　出雲　神門　飯石

仁多　大原
田数は九千百六十町。東西は二日半。樹木瓜蓏相交はり、野草土産多し。利鉄豊かにして、尤も絹布多し。大上国なり。

石見
石州　六郡
邑知　美濃　鹿足　安濃　邇摩　那賀
田数は四千八百八十町。南北は二日。藻蔤多し。鮑を以て税充ち、他国に倍す。

〔下21オ〕

隠岐
岐州　四郡　知夫　海部　周吉
穏地
田数は六百八十町。四方は二日。五穀乏しく藻多し。鮑を以て名を施す。小下国なり。

山陽道八箇国

播磨
播州　十二郡　明石　賀古　印南
飾磨　揖保　赤穂　佐用　完粟
神崎　多可　賀茂　美嚢
田数は二万四千廿町。四方は三日半。土暖かくして雹霰を見ず。絹布紙帛多し。衣食足り

〔下21ウ〕

ぬ。大上国なり。

美作
作州　七郡　大庭　真島　英田
勝田　苫西　久米　苫東
田数は万一千廿町。東西は三日半。境を回らし、寒を囲み、風無し。草木衣食繁し。

備前
備州　八郡　和気　磐梨　邑久

赤坂　上道　御野　津高　児島

田数は一万三千百八十町。四方は三日半。南海を帯びて暖気早く、五穀秋に先だち、貢を致すこと早し。利刀鋭戟帛綿多し。　［下22オ］

備中　同州　九郡　都宇　窪屋　賀夜

下道　浅口　小田　後月　哲多

英賀

田数は一万八千廿町。東西は三日半。利刀耘犂多し。五穀藻布充ち、日に美食に飽く。

大上国なり。

備後　同州　十四郡　安那　深津　神石

奴可　沼隈　品治　葦田　甲奴

三上　恵蘇　三調　世羅　三谿

三原

田数は九千六百五十八町。東西は二日余り。田畔長く、阡陌繁し。五穀早く熟し、酒醢久しく保つ。中上国なり。　［下22ウ］

安芸　芸州　八郡　沼田　賀茂　安芸

山県　高田　高宮　佐伯　沙田

田数は七千八百卅町。南北は二日半。山邃く材木多し。海辺塩苔饒かなり。五穀秀でず。

大下国なり。

周防　防州　六郡　大島　玖河　熊毛

都濃　佐波　吉敷
田数は七千八百四十町。東西は三日。藻蔤鱗甲の類多し。土産他国に十倍す。鯖を以て名を施す。中上国なり。

長門
長州　五郡　厚狭　豊浦　美禰　〔下23オ〕
大津　阿武
田数は四千九百町。東西は二日半。海を南にし山を北にす。魚鼈充ち、稷穀他国に倍す。中上国なり。

南海道六箇国

紀伊
紀州　七郡　伊都　那賀　名草
海部　在田　日高　牟婁
田数は七千二百廿町。南北は四日。三方海にして平地を欠く。故に五穀熟さず。

淡路
淡州　二郡　津名　三原
田数は二千四百廿町。四方は一日。国の母なり。然れども小国なり。二柱の国と号す。衣食乏しからず。良材多し。〔下23ウ〕

阿波
波州　九郡　板野　阿波　美馬
三好　麻殖　名東　名西　勝浦
那賀
田数は五千四百四十町。四方は二日。土厚く稷稲豊稔にして、山海深く、魚鱗禽獣の類多し。中上国なり。

讃岐

讃州　十三郡　大内　寒川　三木

香川　阿野　鵜足　那珂　多度

三野　豊田　山田　刈田　風羊

田数は一万七千九百三十町。四方は三日の路。山川田畠均等にして、五穀豊かなり。魚貝の類多し。名人多く是より出づ。大中国なり。［下24オ］

伊予

予州　十四郡　宇麻　新居　周敷

桑村　越智　野満　風早　和気

温泉　久米　浮穴　伊予　喜多

宇和

田数は一万五千百卅町。四方は二日。原野田畝多く、桑麻塩藻豊かなり。大中国なり。

土佐

土州　七郡　安芸　香美　長岡

高岡　幡多　土佐　吾川

田数は八千三百卅町。東西は二日半。五穀能く熟し、良材多し。［下24ウ］

西海道九箇国

筑前

筑州　十五郡　怡土　志摩　早良

那珂　遠賀　糟屋　宗像　鞍手

嘉摩　穂浪　夜須　下座　上座

御笠　席田

田数は一万九千七百六十町。南北は四日。米粟珍宝器備はる。中上国なり。

筑後

筑州　十郡　御原　生葉　竹野

山本　御井　三潴　上妻　下妻

山門　三毛

田数は二万三千八百廿町。南北は五日。穀魚鼈勝て計ふべからず。珍宝器械多し。

［下25オ］

豊前

豊州　八郡　田河　企救　京都

仲津　築城　上毛　下毛　宇佐

田数は一万一千二百廿町。南北は四日。唐に隣りして、薬種重器充つ。帛絹を以て貢と致す。

豊後

豊州　八郡　日田　球珠　直入

大野　海部　大分　速見　国崎

田数は一万千二百七十町。四方は三日。桑麻多く、衣服充つ。五穀唐物多し。中上国なり。

［下25ウ］

肥前

肥州　十一郡　基肄　養父　三根

神崎　佐嘉　小城　松浦　杵島

藤津　彼杵　高来

田数は一万三千四百六十町。南北は五日。土厚く、種ゑて百倍す。桑柘豊かに、衣厚し。

魚鳥備へ食ふ。

肥後

肥州　十四郡　玉名　山鹿　菊池

阿蘇　合志　山本　飽田　託麻

益城　宇土　八代　天草　葦北　［下26オ］
球麻
田数は二万三千四百六十町。四方は五日。材木柴薪饒かなり。五穀魚鼈紙綿多し。大中国
なり。

日向　日州　五郡　臼杵　児湯　那珂
宮崎　諸県
田数は八千二百九十八町なり。四方は三日。桑麻五穀平均に乏し。飢寒是に依る。中々国
なり。

大隅　大州　八郡　菱刈　桑原　贈於
大隅　合羅　姶羅　肝属　馭謨
田数は四千七百七十町。東西は二日。小国たりと雖も、食類豊かに、魚鼈の類多く、紙綿
殊に饒かなり。中上国なり。

薩摩　薩州　十三郡　出水　高城　薩摩　［下26ウ］
甑島　日置　伊佐　阿多　河辺
揖宿　給黎　谿山　鹿児島　頴娃
智覧
田数は五千五百廿町。四方は二日。小国たりと雖も、唐に隣りす。故に器用の具を備ふ。
然りと雖も桑麻衣服乏し。中上国なり。

壱岐　壱州　二郡　壱岐　石田

田数は六百廿町。四方は一日の路。此の一州と対州と二島たり。西戎来り襲ふ。故に宇佐宮を勧請し、貢物を備ふれば皆異珍なり。

対馬　対州　二郡　上県　下県

田数は一千町。四方は一日。日本の地を離る。故に島と号す。異珍の類有り。神を勧請し、動れば唐に随ふ。故に探題職を置かる。　［下27オ］

凡そ六十余州の名を記し畢んぬ。高麗、大唐、新羅等の大国を以て之に比すれば、日本は是小国たりと雖も、霊仏霊社多く跡を垂れ、祖意教意、又地に遍し。是即ち法成就東土の証か。足下明日より、此の地に歴偏せば、見るに聞くに、猶以て勝絶なる者なり。長紙短筆、具に以て伸べ難し。頓首不備。

即刻　某

拝覆　安国寺　還呈　［下27ウ］

不日の間に御上洛有るべきの由伝へ承り候。一定に候か。然れば始めて御在洛の間、所々の御進物、方々の礼儀等、旁御大事共察し存じ候。御餞として青銅一緡、尾張の八丈三疋、甲斐国の皮五枚、進覧せしめ候。軽薄たりと雖も、聊か微志を表するのみ。　［下28オ］

随て、城の中の事無案内の時は、更に方角無し。動れば出入の門戸を忘却す。其の謂れは、一条より九条に至るまで、東の朱雀より西の町に至るまで、小路縦横なり。其の間に於て、禁裏、大御所の玉楼、朱閣、大名、小名の金門、銀戸、神社、仏寺等、尽く朱欄を捧げ、或いは突兀として雲に聳え、或いは豁爾として地に遍し、往還の車馬、風塵眼に礙り、進退の官侶、蘭麝鼻を撲つ。　［下28ウ］

若し田舎人有て此の中に交はれば、則ち茫然として其の気色を失ふ。然れば、町人、京童、之を視て笑ひを成さん。東男の初京上は此の謂か。此の分御意得有るべく候や。先づ町小路の名共、能々鍛練有るべく候なり。其の為に只今記し進じ候なり。

其の洛の条理縦横小路の名は　［下29オ］

一条　正親町　土御門　鷹司　近衛　勘解由小路　中御門　春日　大炊御門　冷泉　二条　押小路　三条坊門　姉小路　三条　六角　四条坊門　錦小路　四条　綾小路　五条坊門　高辻　五条　樋口　六条坊門　楊梅　六条　佐目牛　七条坊門　北小路　七条　塩小路　八条坊門　梅小路　八条　針小路　信濃　唐橋　九条　［下29ウ］

西朱雀　坊城　壬生　櫛笥　大宮　猪熊　堀川　油小路　西洞院　町　室町　烏丸　東洞院　高倉　万里小路　京極　東朱雀　［下30オ］

将又参を以て申し入るべく候と雖も、次で乍ら啓せしめ候。去り難き小生の所望に依て、此の間種々の類名を纂集す。又其の始末に附て、消息詞を載す。然りと雖も、冥聞、浅識にして、要を撮る所少なし。纔かに一を拾ひ十を捨つるのみ。　［下30オ］

定めて文字の紕繆、文章の顚倒有るべし。請ふ君、一覧して、以て彼が為に斤斲を加へよ。努め宏才の人に観せしむること莫かれ。但し是れ小生の責めを塞ぐのみ。委曲併ら御意を得べく候。恐惶。

居諸　某

拝呈　一乗院　座側

是より申さしむべく候処に、遮って御音問に預り候の条、〔下30ウ〕承悦の至りに候。仰せの如く、不図急用有るに依て、上洛仕るべき心事に候。未だ日限を定めず候。初京上の事、万事無案内の処に、念比に示し賜り候。謝する所を知らず候。仍て重宝済々拝領す。身に於て過分の至りに候。殊に京の図、誌し賜り候。而して、大切此の事に候。如何様好く好く心得べく候。都鄙の立棲、各別たるべく候や。

為中の体面目無く候。詩に曰く、「山河繡戸を扶け、日月彫梁に近し」、又曰く、「千官日を捧げて春殿に臨〔下31オ〕み、万騎雲に屯まり暁沙を動かす」。此の如きの詩句を看て、猶意を動かす。矧や其の境に到る者をや。将又、新撰往来集、迺ち一覧せしむること、小生の稽古として尤も然るべく候。消息、庭訓、遊学、新札風情に於て、其の外の往来等、文章玉を聯ね、詞語花を散らす。

此の上申すに及ばず候。万事に就て交名を集むること肝要たらんか。已に吾が朝の国名を誌し畢ぬ。同じく〔下31ウ〕須弥の四州の名を載せば可ならんか。定めて其の名御存知有るべく候と雖も、大概之を記し進じ候。

　　其の四州の名は

南閻浮州は、須弥の南畔の吠瑠璃樹、閻浮州の中に映じ、皆青色なり。此の州乃ち大樹を名とし、閻浮提と号す。其の樹の縦横七千由旬なり。下に閻浮檀金有り。聚まる高さ二十由旬、金樹下より出生す〔下32オ〕るを以て、閻浮樹と号す。人の長四臂、命百歳なり。然りと雖も、境を定めず。故に七十を以て定命とす。人面団かなり。西は牛貨州、牛を売り宝とす。故に国の大なること南方の人に一倍せり。長八臂、命二百五十歳、仏法有れども之を用いず。貪欲瞋恚を最とす。其の外災難無くして〔下32ウ〕

形半月の如し。東は勝身州、余国より人々身体美なり。国の大なること西方に一倍す。人の長十六臂、命五百歳。仏法の名を聞かず。況や見んや。災難無くして、面形平らなり。北は鬱旦州、鬱旦樹の木多くして、人を囲んで家とす。男女交会の時其の下に隠れ、田に白米を生じ、鍋釜自ら之に在り。我人の分を知らず。用に随ひ米を入る。

［下33オ］

琰光珠三つを以て釜の下に置けば、火炎出て飯と為す。其の後玉は去る。人の長卅二臂、命千歳。交会有れば、七日の間に子を生ず。其の子を道辻に置けば、行旅の人、指の崎より乳を出し、以て之を吸はしむ。又一七日を経て、其の子随長す。其の後父母を知らず。仏法更に名を聞かず。面形四角なり。須弥山は、地の横八万由旬なり。地の上十六万由旬なり。

［下33ウ］

縦横十六万由旬なり。円生樹之在り。木の高さ卅六万里。四方亦此の如し。日月其の中を遶る。四王其の中に住す。多聞、持国、増長、広目天なり。帝釈其の巓に住す。又上に三天有り。帝釈の眷属并びに天女等の住処なり。善法堂は未申の方に在り。金翅鳥は其の頂に住す。翼は三万六百里なり。須弥に就て巨細に之を伸ぶ。涯涘有るべからず。

［下34オ］

百億須弥、百億四大海と謂ふと雖も、先づ一須弥に於いて三十三天之在り。九山八海其の中に充塞す。此の外大国小国、勝て計ふべからず。今記するが如くんば、纔かに其の要を抜きて之を題するのみ。公の撰ぶ所の類字も、亦復此の如きか。悉く其の類名を取りて之を誌す。定めて筆力に及び難きか。或る人は千草万木と曰ふ。或いは天台の説の如き、魚類は六千四百、鳥類は四千五百、

［下34ウ］

獣類は二千四百なり。加以、余類の者亦是の如し。只其の間に於いて、所用有る者を拾ひて之を載するのみ。其の類を分くるを以ての故に、此の冊を名けて類聚と云ふ、可ならんか。点札の事示さる。予が眼見及び難き所なり。他の一覧の人に付与して、斤斧を揮せしめよ。巨細拝顔の時に在り。不具謹言。

乃時　　某

［下35オ］

拝上　本覚院　吟案下

新撰類聚往来巻下終

正覚国師第四世仏陀院

丹峰和尚撰焉

慶安元年五月吉旦

京寺町蛸薬師前敦賀屋久兵衛開板

〔下35ウ〕

現代語訳

新撰類聚往来巻上

【一月の往状】（上1丁表2行～上7丁表6行）

天子の暦は年の初めを告げ、正月を迎える慶びは、昨今では古くさいことかもしれませんが、いずれにせよ、めでたい限りであります。ことに、貴方様に対し、ここに年賀の辞を述べ奉ることは、この上ない幸い、喜びは限り有りません。そもそも、正月の吉例として、酒杯を勧めて「柏葉の銘」を読み、長寿を願って「椒花の頌」を献じます。虎型の酒壺には、仙人の酒が香り、鶏の絵を門に貼って、住居から邪気を退けます。これは、都の家々がこぞって、慶賀の心を表しているのです。春は足音を立てて到来し、百の花が咲き誇り、千の草が緑に茂ります。あたりを見回すと、御所の梅は白く咲き、去年の雪はすでに消え、御苑の柳は金色に芽吹き、東風に揺れ動きます。天の巡りが暖気を敷き述べ、造化の力がひそかに働いているのです。喜ばしいことに、多くの幸いが時を得て、嬉しいことに、天下万民が年始を祝います。朝のうちに、朝賀の儀が荘厳に執り行われる際は、太刀を帯びた衛士たちが、庭に並び列なります。夕方になると、退出した官員たちが、禁中の池に船を浮かべ、衣は波のしぶきに濡れるのです。まことに素晴らしいこの時代、清らかな政治が行われていると、朝廷には、ずるがしこい臣下がおらず、民間には隠れた賢者がいないのです。誰もが聖天子の恩に浴し、まじめに務め励む官員は、夥い数に上ります。ところで、来月の二十日ごろ、花見の行幸が行われるという噂です。そうだとすると、天子を補佐する高官、昇殿を許された官人をはじめ、その他貴賤上下の人々が、手折った花を頭に飾り、行列を作ってお出ましになることでしょう。

〔以下、位階及び官名を列挙〕

これらは官職の大体のところを記したものです。私どもは微官に過ぎませんので、徒歩にて、道ばたでこっそりと見物したく存じます。よろしければ、御一緒においで下さい。十徳や小袴等の軽装を、あらかじめ御用意下さい。以上意を尽くしませんが、申し上げます。恐々謹言。

大簇廿五日　　　　紀某

謹上　勘解由次官殿

【一月の返状】（上7丁裏1行～上13丁裏7行）

年の初めの祝賀のお便り、古めかしいことではありますが、ともかくもおめでたいことです。暦は新年に変わり、季節は春となりました。新年の気がたちこめ、日々春めいております。林の鶯は言葉を学び、園の花はあらそって咲きほこり、まことに遊覧に疲れ果てるような時節です。ここに、花苑への御幸が決まったというお知らせをいただき、まずはめでたいことです。仰せのように、天下は安定し、君主は明敏なる時勢となりました。新たな人材が日々選抜され、衣冠を整えて参内するものは列をなしております。殿上の公卿ばかりでなく、民間の庶人、山林の隠者も同様です。なかでも、才能の勝れた人物や、一芸に秀でた人物は、残らず登用されております。なかでも勇猛なる者は、兵法や兵術に優れ、目にもとまらず刀を振り回します。閑雅なる者は、犬追物や笠懸、蹴鞠や小弓に耽ります。風流な者は、詩歌管絃、琴碁書画を趣味とします。このようなわけで、もろもろの氏族を名乗る者は、数限りも有りません。

〔以下、氏姓及び名乗を列挙〕

およそ我が国で使用される姓氏は、これで尽きています。全部で百あまりです。後世の氏族になると、所領の土地の名前を取って、それぞれ氏姓としております。ただし、君主に仕えない者は、民として「百姓」と呼ばれます。その数に際限が無いので「百」というのです。このように、同じ土地、同じ官職でも、それぞれ長官となり、役人となるので、すべては数えきれません。さて、今回の行幸の行列は、今までになく華美なものになると言われております。このような機会に、見物に出かけようと思われるなら、私も是非御一緒したく存じます。しかしながら、何事に於いても、あまり変わった格好は、見苦しく思われます。腰刀、添え刀等、お貸しいただければ、ありがたく存じます。申し上げたいことは尽きませんが、手紙に書ききれるものではありません。お目にかかる時を心待ちにしております。誠恐敬白。

魁月念五日　　平某

進上　花山帯刀殿　御返事

【二月の往状】（上14丁表1行〜上17丁表1行）

都から故郷に戻ってからは、当方からお便りを差し上げようと思っていましたが、私事に紛れ、今に至ってしまいました。全く迂闊なことで、面目ない次第です。そればかりか、先日は使者の方が、貴方様のお手紙を持っていらっしゃいましたが、ちょうど余所に行っておりまして、その場でご返事を差し上げられなかったことも、やはり怠慢の極みと反省しております。ところで、都から腕の立つ絵師を一、二人雇い、引き連れて参りました。手始めに、家にある屛風、襖障子、掛絵、扇面の類を集め、さまざまな色づけや、色彩画を、筆をふるって書いてもらいました。明日からは、八間（十六畳）や九間（十八畳）の部屋の、床の間の縁に向かい合う位置の襖障子に、瀟湘八景や、太湖や、三浦の光景を、薄墨を以て描き出すよう依頼しました。いつか御来駕を賜り、御高覧賜りたく存じます。ところで、貴方様の方でも、何か絵師に依頼する御予定がございましたら、それに必要な画材を、御指示に従ってお贈りします。たとえば、絵の具については、明から渡来した上質のものを所持しております。

〔以下、絵の具の名を列挙する〕

もしお出でになる際に、画家に下さる褒美の品をご準備なされるなら、画賛や墨蹟の類は、たとえそれが名物であっても、無用と存じます。なぜなら、この絵師殿の筆の腕前は、古今に並ぶ者無く、他の書家・画家などは、奴婢従僕のように見下しております。縦横無尽に振う神筆の勢いは、実物に頼ったり、偽の手本を見たり、炭の下書きに頼る必要がありません。絵画世界の神仙と呼ぶにふさわしい方です。ただ、貨幣や、後に述べる宝物、その他銘茶の類いを、とりあえずご準備下さい。それ以外に特段の出費はご無用とお考え下さい。

〔以下、銭の名と茶の名を列挙する〕

この類の貴重品を、お集めになるとよいでしょう。李白なみの筆力は持ち合わせませんので、思いの丈を述べ尽くすこともできません。恐惶謹言。

夷則廿日　　　　藤原の某

謹上　弾正忠殿

【二月の返状】（上17丁表2行~上19丁裏4行）

都より御帰郷のよし、伝えうけたまわり、喜ばしく存じました。その御挨拶として、一昨日お手紙を差し上げたところですが、お留守だったので、重ねてご連絡もさし上げませんでした。只今、お手紙を頂戴し、封を開けば、直接お話ししているように思えます。かねてからの願いがやっと叶いました。御在洛中は、無用な書翰を差し上げるのも失礼かと存じ、ご無沙汰致しましたが、今思えば申し訳ありません。しかしながら、心の中では決してお忘れしていた訳ではありません。深く後悔するところです。また、ご立派な絵師の方がお出でになったこともうかがいました。御座敷の美しさはいかばかりと、思い巡らしております。きっと一層輝きを増していることでしょう。いずれにせよ、早速参上して、その素晴らしい絵を拝見するつもりです。ところで拙宅のことですが、少し壊れており、修理をしておりません。お力添えいただけるのであれば、内々に破れ障子を補修したく存じます。今のところふさわしい用紙を所持しておりませんので、張り替えができずにおります。

〔以下、紙の名を列挙する〕

これらの紙を、一二帖頂戴できれば、このうえない喜びです。また、当方が絵師の方への引出物として用意しているものはたくさんあります。所蔵している宝物は数多いのですが、とりあえず書き記します。

〔以下、宝物の名を列挙する〕

そのほか、画賛の類は、葉公の龍の絵、韓幹の駿馬の絵、蘇東坡の竹の絵、楊補之の梅の絵、李夫人、王羲之、張芝、字は伯英の墨蹟等を所持しておりますが、（絵師は画賛を喜ばないと）貴方がご丁寧におっしゃる以上は、わざわざ（引き出物として）お持ちする必要は無いでしょう。短い手紙では、多くの思いを述べ尽くせません。あえて筆を置かせていただきます。不具謹言。

仲春念日　　　橘某

謹上　中務丞殿　回札

【三月の往状】（上19丁裏5行〜上24丁表3行）

あえてお手紙にて申し上げます。この度は御館を新築されるとのお話、まずはおめでたいことと存じあげます。つきましては、地面をならして溝を掘り、土塀を築いて上塗りする際、人手がきっと必要になることでしょう。その手配について、御心置きなくお申し付けください。私は不手際で不器用ではありますが、力の及ぶ限りは、一部の作業を監督させていただきます。御存知とは思いますが、建築作業において、監督が少しでも気を抜いて、細かな目配りを怠れば、職人たちは皆怠けるようになります。折に触れて叱責を加え、時には具体的に指図すべきでしょう。材木などの建材は言うまでもありませんが、それ以外の大工道具についても、すべて準備しておかねばなりません。

〔以下、建材・家屋の部位の名を列挙する〕

また一方、お聞きするところでは、四大寺や五山の高僧を招請し、師とあがめ、檀家となって、現世と来世にわたって、善が増え悪が減ることを祈られるとのこと。そういうことであれば、それにふさわしい建築として、仏寺僧房を建立すべきでしょう。大体はこの設計図に示してあります。輪郭の曲線や直線の様態、適正な寸法の建材の適用については、大工も棟梁も心得ていますので、細かなことは任せておけばよいでしょう。

〔以下、仏教建築の名と大工道具・鍛冶道具の名を列挙する〕

このような道具類を、手元に準備されておけば、原木の建材が、多少荒削りだったとしても、計画的に細かく加工し、適切に対応できるでしょう。その昔、郢人が、人の鼻に塗った泥を削らんとして、勢いよく斧を振るったところ、鼻は傷つかなかったといいます。このような技術は、常人には及び難いところです。ただ、小工や脇の手（棟梁の補佐役）に任せれば、酒代や手間賃次第では、大いに力になってくれるでしょう。以上の旨を、御主君に言上していただきたく、よろしくお願い致します。恐々敬白。

沽洗五日　　　　小野某

謹上　左近将監殿

【三月の返状】（上24丁表4行〜上27丁裏4行）

こちらからお便り差し上げようと思っていましたところ、そちらからお手紙を頂戴しました。お心にかけていただき、ありがたく存じます。現在手がけております建築については、ぜひとも直接参上して、御助言を承るべきだと、私も考えておりましたが、あれやこれやの作業が、毎日のように続いておりまして、（おうかがいするための）少しの時間も有りませんでした。今このようにご丁寧にお教えいただき、恐縮するばかりです。現在は、柱を立て、棟木を渡し、屋根の土台を作る作業までは、なんとか済ませたところです。今後は様々な内装に手をつけようと思いますが、唐戸、透戸、連子窓、差棚等については、一々彫刻を施さねばならず、それが大変やっかいです。すべての草花と動物の類を、そこに彫刻したいと、内心考えております。

〔以下、草花・花木の名と動物の名を列挙する〕

いくつかの動物のうちから、（彫刻した場合）その姿がとりわけ生き生きとしそうなものを選び、彫刻にしたいと存じます。技倆の素晴らしさを考えると、貴方様以外に、それができる人はいません。もしご担当いただければ、生涯の間、御恩を忘れません。（まだ申し上げたいことはありますが）よほどの筆力が無ければ、様々な我が思いを書き尽くすことはできないでしょう。不備恐々。

季春五日　　大江

木工頭殿　貴報

【四月の往状】（上27丁裏5行～上31丁表6行）

先日、直にお話をして以来、特段の用事も無かったため、お招きすることなく、お招きいただくこともありませんでした。いずれにせよあまりほめられた話ではありません。今後はお互いに、空飛ぶ鳥に手紙を託そうというのが、私の望みであります。そう思いながらも御無沙汰致し、申し訳なく思います。そこで、急なお手紙を差し上げますこと、誠にぶしつけではありますが、高貴のお方に関わる問題なので、無遠慮なお願いを致した次第です。先頃、都から、御身分の高い方が下向されました。（いずれ当方にもお招きすることになるでしょうが）お断りできない客人ですので、準備作業に駆け回る、その苦労面倒たるや、ご想像を超えたものです。点心の類いを、ひそかに用意する所存です。ただ、羹や吸物など、材料が不足しております。胡椒、集香湯、杏仁、椎茸、その他の珍味につき、頂戴できれば幸いです。

〔以下、羹と点心の名を列挙する〕

この程度の物なら、それなりに用意できます。ただ、金剛圏、栗棘蓬、鉄酸豏、鉄饅頭といった珍品は、所持しておりません。お力添えいただければ、この上ない幸いです。また、茶請けや果実の類は、山海の珍味を集める所存です。なんとか入手できたのが、以下のものです。

〔以下、果実と茶請けの名を列挙する〕

これらの食品なら、少しは所持しています。その他の珍しい食べ物について、お心に留められ、頂戴できれば幸いです。その宴を催す折には、かならずやご案内を差し上げたく存じます。お出でいただいて、当方の饗応の型をご覧下さい。私の拙い文章では、意を尽くすことはできません。頓首不宣。

中呂七日　　　　某

拝稟　正法院　侍衣禅師

【四月の返状】（上31丁表7行～上34丁表5行）

お手紙頂戴し、ありがたく拝見しました。おっしゃるとおり、近頃は、お便りも絶え、当惑しておりました。只今お手紙を受け取り、涙を拭いつつ読んでおります。まことに感激の至りです。重要なお坊様が来訪されると承りました。とりわけお慶びのことと存じ上げます。ご準備のための家具類についていえば、皆朱の椀、青漆の椀、折敷などは、たくさんお持ちでしょうから、特に申し上げません。しかしながら水晶の盤、瑠璃や玻璃や金や瑇瑁の盆、金の盞（茶椀）、銀の盞、胡盞、建盞、鼈盞等について、御必要があればお送りします。それ以外にもお手伝いできることがあれば、お申し付けください。とはいえ、甘露の乳水や醍醐の美味については、私の手に余るところです。まずは当寺に納められている食品の一部を、少しばかりお分け致します。

〔以下、食品と海藻・野菜の名を列挙する〕

このように食品をそろえること自体は、たいした手間ではありませんので、私がお役に立てることはあまりないかも知れません。しかしながら、古人も「小摘情の親しきを識る（つまんだ菜にも心がこもっている）」と言っており、「志を茅の葉に包む」という諺もあります。とりあえず、私の気持ちをあらわしたまでのことです。それ以外に、坐敷飾りの品々、たとえば法被、打敷、三具足、あるいは画賛の類、盆、香合等についても、すべて整える必要がありますが、ご遠慮なく当方にお申し付け下さい。客人到着の以前に、必ず参上し、お掃除をするつもりです。申し上げたいことは多く、言葉で尽くすことはかないません。直接お話できるときを待っております。恐懼謹言。

正陽七日

拝覆　禅林院　免僧禅師

【五月の往状】（上34丁表6行～上39丁表2行）

ここ数日の間、あまりお目にかかれませんでした。猛暑の折から、日々いかがお過ごしでしょうか。暑さのため、管絃講の練習を、ひさしく休んでおります。楽曲も調子をはずれ、拍子を失って、まことに絃の無い琴、穴の無い笛のような有様です。そんなわけで、音楽の友人たちとも疎遠になっております。嘆かわしい次第です。鬱憤の余り、音楽の道を復興したく思っているのですが、結局の所、近頃は持病が再発し、体調が思わしくありません。もし病状が好転しましたら、涼しい日を選んで、管絃講の御案内を差し上げたいと存じます。御興味を持っていただければ幸いです。

〔以下、楽器・十二律の名と楽曲の名を列挙する〕

これらの楽曲については、全て正しく演奏できなければなりません。練習を始めたいと思いますが、御協力いただければ幸いです。もう一つ、ずうずうしいお願いですが、薬が少しばかり必要です。お心に懸けられ、お恵みいただければ、この上なくありがたいことです。あなた様を、耆婆・薬師とも思い、神農・扁鵲とも思って、心よりおすがりする次第です。書面にては思いを尽くすことはできませんが。恐々不具。

蕤賓十日　　　官道某

謹上　中村丹波守殿

【五月の返状】（上39丁表3行～上42丁裏1行）

一日でも会わなければ、胡と越ほども離れたようだといいます。ましてやお目にかかれずに、一月も過ごしていたわけですから、鬱屈した心は山のようにふくれていました。今、お手紙を読ませていただいていると、あたかもお目にかかって談笑している思いがします。まことに素晴らしいお便りです。ところで、管絃講を再興するご計画は、大変に結構なことです。いっそのこと、すぐにでもお始めいただければ、ありがたく存じます。ところで、高麗、唐、新羅、日本の舞楽は言うまでもなく、人の世では演ずる者もまれな天上の楽曲、その他、落月、松風、花落、落梅、竹林といった流行の曲舞に到るまで、我が大医（典薬頭）は、並ぶ者の無い名人です。「仁に当っては譲らず（正しいことをする場合は、誰にも遠慮しない）」という言葉の通り、専門の楽人にもひけを取るものではありません。ことに神楽の舞いは荘厳なもので、軽く翻る袖は、仙人が飛ぶ姿に似て、穏やかな歌声は、迦陵頻伽の音を思わせます。調子を外した琴の音ですら、土地の神を招き寄せ、拍子の合わない鼓の響きですら、狐たちが聞き惚れるでしょう。その場に臨んで楽を聞かずとも、想像しただけで心の愁いが晴れるというものです。また、ご病気になられたとのよし承り、驚くばかりです。折良く、高名な医師が、関東よりお出でになっています。調合の法に詳しく、治療の術に明らかで、まさに医療の仏、灸治の神といえましょう。五臓六腑の脈を診て、四百四病の原因を探り、薬方によって病気を癒し、医術によって治療を施します。加えて薬の擣篩（搗いて篩うこと）、和合（配合）、擣抹（搗いて粉にすること）、吹咀（かみ砕くこと）などの技術に関しても、よくご存知です。なんとしても近いうちに、その医師を伴って、お伺いしたく存じます。とはいえ、まずは試みに、薬を一包みお送り致します。

〔以下、薬種の名を列挙する〕

薬の処方自体は平凡であっても、分量調整には技術が必要です。だからこそ、毒薬でも時には薬となるのです。まして、今差し上げるこの一包みの薬は、良薬の中でも最上のものを選りすぐり、調合したものですから、その効果は絶大と保証できます。これを煎じるやり方は、決まり通りにしてください。薬と相性の良い食物や、逆に悪い食物については、大略を別紙に記しました。信頼して服用いただければ、ご病気はたちどころに快癒されることでしょう。これこそ不老長生まちがい無しの霊薬であります。慌ただしく認めた書面につき、我が意を尽くすことはできません。お目にかかったおりに、すべて申し上げたいと存じます。恐々謹言。

梅天十一日　　清科某

啓上　雅楽助殿　御返章

新撰類聚往来巻上終

新撰類聚往来巻中

【六月の往状】（中1丁表2行～中4丁表3行）

一昨日、京から飛脚が届けた書状によれば、我々の御館様が、国元にて休暇を過ごされる旨、お上に申し出られ、来る六月十四、五日頃、祇園の祭礼が終わった後に、御下向されるとのことです。貴方様をはじめとする、荘園に居る御同輩は、中間や従者を伴って、急ぎ御迎えのために上洛すべきでしょう。時間の余裕がありませんので、御館様とは、道中で合流することになるでしょう。若党や中間の身ごしらえ、馬の鞍ならびにそれぞれの旅装束、その他、捧げ持つ武具等については、貴方様において万事遺漏無きこととは存じますが、路傍の見物人のことも考えて、威厳のある身なりを整えれば、御館様にもお褒めいただけるでしょう。本来は直接伺ってご相談すべき事ですが、饗応について、さまざまな準備を命じられており、全く時間がありません。そこでお手紙を差し上げた次第です。略儀の段失礼します。また、御館様御到着のお祝いの儀式において、一献ごとの酒肴につき、お教え賜りたく存じます。お心にかけていただければ、ありがたく存じます。余事については、別にお手紙差し上げます。

〔以下、料理と魚の名を列挙する〕

これらについては、とりあえず用意致します。その他の珍しい乾物や、鳥の類がございましたら、お送りいただきたく存じます。今回は急なお申し付けでもあり、あちこち奔走して準備に余念がありません。私の苦労の程、御高察いただけるものと存じます。何事もおすがりするしかございません。御返事を心待ちにしております。不備謹言。

林鐘十二日　　清原某

謹上　治部大輔殿

【六月の返状】（中4丁表4行～中6丁裏7行）

御館様の御下向がお決まりとのこと承りました。まずはめでたく存じます。直接伺ってご相談すべきところですが、今度の出立までもう日がありませんので、時を移さずに出発しようと思います。折悪しく、私の乗馬たちが怪我をしており、困っております。替わりの小馬を二三匹お借りしたく存じます。ご配慮いただければ、誠にありがたく存じます。仰せの通り、この度の武者行列は、街道を行く人々の目を驚かせるほど立派でなければなりません。これこそ当家の名誉のために、我々が骨をおるべき大事だと思います。槍、長刀、熊手、薙鎌、太刀、刀等、できる限り集めたいと存じます。また、饗応の責任役に任じられたとのこと、御苦労の程拝察致します。通常の調理については、申しあげる必要も無いでしょう。唐土においては、鶏の蒸し物、羊の煮物、紫の駱駝の羹、鱸魚の膾（刺身）等があります。膾については、「あるいは刀をふるって白雲を飛ばし、あるいは箸を動かして銀の糸を散らす」とも詠まれています。そこで、鳥が御入用とのことですから、珍しい鳥類を、少しばかりお送りします。

〔以下、鳥の名を列挙する〕

ここに挙げた鳥の中には、名前は知っているが実物を見ていないものもあるし、実物を見たところで名前が分からないものもあります。ですから、料理人が包丁をふるう場面として、最高にやりがいがある機会です。今準備しているものこそ、前代未聞、古今無双の宴席と言えましょう。とはいえ文字の力には限度がありますので、これまでに致します。恐惶謹言。

簾月十二日　　　　　　　　　安部某

謹上　左馬頭殿

【七月の往状】（中7丁表1行～中11丁表1行）

恐れながらお手紙を差し上げます。当方の若者や子供たちの遊びに付き合わされ、盂蘭盆の頃より、大念仏を興行しましたが、始めのうちは、笹の葉を飾りとして掲げ、紙を切って幣帛として捧げ、手拍子を打ち、竹笛を吹き、面白がっているだけでした。これを手始めとして、次第に本格的な風流の催しをめざしましたが、大鼓、鉦鼓、笛、羯鼓を鳴らす音は、朗々として耳に残り、チンチントントンと響きます。あるいは竹を曲げて山に見立て、あるいは傘を捧げて桙と見なし、あるいはあばら骨を露わして腹鼓をし、あるいは首を伸ばして蟷螂の舞をしながら練り歩きます。中には、骨無し骨有り、独り相撲、独り双六の芸をする者もあり、このように、各人が技を尽くし、その時だけの楽しみとしておりました。そこに昨日、（我々の風流とは別に）かの御方の発案で、大がかりな風流が企てられることとなりました。大小の神社の祭儀を完全に模倣して、にせの神輿で行列するというものです。本物の行事の壮観と遜色なく、見る人々は驚きあきれたことでした。準備された神具は、多数に上ります。

〔以下、神具の名を列挙する〕

かくして（偽物の）別当、社人、爾宜、神主が、幣帛を広場に捧げ、礼物を神前に供えます。䠱䠒鼓や調拍子を打ち鳴らし、舞の列は袖を連ね、真の神楽と見まごうばかりでした。一時かぎりの狂言に過ぎませんが、観る者はみな、神々も喜ばれたと思ったものです。まことに素晴らしい見物でした。さらにまた、様々作り物を仕立て、陸地に走る船、平地にそびえる大山、大道に飛ぶ車、小路に走る馬の形を表しました。定鉾や傘鉾は、雲霞のように立ち並び、燈籠や行燈は、互いを照らして輝きます。見る者も聞く者も、目と耳を疑うばかりです。これらの飾物の数々は、幾千万に上るか知れません。

〔以下、俗服の名を列挙する〕

これ以外にも（行列の人がまとう衣服は）、王恭の鶴氅衣、子夏の懸鶉衣、紫綺の皮衣、翠雲の皮衣、麻の衣、葛の衣、布の僧衣等に至るまで、数限りなく、色や模様もさまざまで、輝く綾模様は天に映え、金銀の色が眼をくらませます。道俗男女、貴賤上下おしなべて、家中の者が総出で見物に来ます。そこで、この風流の行列を仰ぎ見ては、心から笑いに興じておりました。一世一代の見物と言えましょう。このような趣向に対抗するのであれば、よほど労力をかけなければ、勝ち目はありません。当方の若者たちも仮装をしようと考えておりますが、一両日中に新たな趣向を整え、一仕事を企てたく存じます。急ぎお出ましいただくよう、皆様にもよろしくお伝え下さい。不具敬白。

夷則　　　　中原某

謹上　荒河新蔵人殿

【七月の返状】（中11丁表2行〜中14丁裏1行）

おっしゃるとおり、昨日の風流の行列は、近頃では特に念の入ったものでした。人々もさぞ驚いたことでしょう。たとえ八幡宮の神事、祇園社の祭礼であっても、これ以上ではありません。ですから、若い人たちが（これに負けない風流を催そうと）計画されるのももっともなことです。私からも案を示せとの仰せを承りましたので、僭越ながら思うところを申し上げ、また御意見をいただきたいと思います。まずは、緞子、金襴、絹、小袖の類は、いくら多く集めたとしても、衣装を揃えるだけの趣向はつまらないことです。他に例の無いような風流を計画されれば、面白いこととなりましょう。やはり、猿楽、田楽、呪師、侏儒舞、傀儡子、唐術、品玉、輪鼓、八玉等の類を集め、腕前をふるってもらいましょう。また、美男、美童、麗人、麗君の、きままで豊かな顔つきの者を集め、化粧を美しくし、衣装を整えさせ、小捲や現娑婆といった音曲を歌わせましょう。長歌、短歌の今様も唄ってもらいましょう。それでも足りなければ、千万の騎馬武者を率いた行列を行いましょう。いずれも甲冑をつけ、弓矢を持ち、鉾を横たえ、太刀を佩き、旗をなびかせ、楯を並べ、将軍警固の隊列そっくりに行進させましょう。これら二三の提案につき、さまざまな御意見も有ることでしょう。ともあれ私が所持するだけの武具は、すべて持参致しましょう。

〔以下、武具の名を列挙する〕

このほか、金剛の幡幢、般若の鋒、殺人刀や活人剣等も有ります。ちょうどこの機会にふさわしい文句が有ります。「覿面提持、活商量の時を待たん（面と向かってお教えするため、生きた会話ができる時を待ちましょう）」です。言葉数が多すぎるのは品が無いと言いますので、以上で筆を置かせていただきます。恐々不具。

孟秋十八日　　香山某

謹上　隼人祐殿　御返答

【八月の往状】（中14丁裏2行～中16丁表6行）

一筆お手紙を差し上げます。今年の新米ができましたので、お祝いに一鉢お送り致します。さて今年の農作業は、水害と日照りのために、一般に不作ではありましたが、私が営んでおります、数町の水田と畑については、土地が痩せているか肥えているかを見て、適度に肥料を施しました。あるときは田畑の堤を築き、あるときは畝を整え、農夫を育成し、鋤鍬等の農具を揃えて耕作させました。そのおかげで、春の種蒔きから秋の収穫に至るまで、常に五穀成熟、豊年満作という、めでたい結果になりました。そんなわけで、旱魃、洪水、蝗虫による不作は全くありませんでした。

〔以下、穀物の名を列挙する〕

このような穀物は、春に一粒の種を蒔けば、秋には万倍の実りが得られます。これこそ、別の畝の稲が合わさって一つの穂になるとか、一本の茎が九つの穂を生ずるとか言われる、かの瑞祥の稲穂を思わせます。そうは言っても、これは私の徳に天が報いたということでは全くなく、天子様の仁政が広く及んだ結果と言うべきでしょう。誠に喜ばしいことです。そのようなわけで、租穀、租米、調庸、代稲、段米、使料、供給、土毛、酒直、種子、地子、糧料、交易、佃、出挙、班給等といった、さまざまな租税において、一束一把、一合一勺、一粒、半銭すら、未納の分はありません。されば、天はいよいよ恩沢を降し、私どもはその恵みに、永く浴することでしょう。貴方様も農業を営まれているとのこと、お植えになった麦等は、無事に実ったでしょうか。収穫の量はいかがでしょうか。他事については、またあらためてお手紙差し上げます。不宣。

南呂十二日

掃部助殿　御宿所

【八月の返状】（中16丁裏1行〜中18丁裏4行）

御直営の田地よりの新米、たしかにお送りいただきました。誠におめでたく存じます。あわせて、秋の収穫が他年に数倍たること承り、うらやましき限りです。その昔の雁門の太守の如く、家田に三たび瑞祥の稲穂を生じたということでしょうか。だとすると、その稲穂を刈っても、後から何度も生えたということなのでしょう。私も田を耕作していないわけではありませんが、所領の直営の田畠は、錐を立てる程の土地すら使用できません。そこで、他人の痩せた荒れ地等を買い取って、開墾耕作させています。耕したり、種をまいて育てたりという仕事は、他人に負けないようにやっていますが、稲刈りして脱穀した際の利益は、少なくなってしまいます。特に今年は、春の初めに旱魃があったため、種蒔きが遅くなりました。加えて五月の長雨で、雑草が生い茂り、さらには、初秋の洪水は、山も沈める勢いで、水田は、数日にわたって川のようになってしまいました。結果として、秋の収穫時には、十に八九は、殻に実が入っていません。ああ、天から利を与えられないこと、これほどであるとは。今の状態では、生計を立てて日を送ることもままなりません。そこで、濁酒を醸造して、利益を得ようと思います。麴と米を買う資金をお貸しいただくよう、お願いします。酒が熟成する頃になったら、しばしばお出でいただき、共に甕の新酒を楽しみましょう。

〔以下、酒と酒器の名を列挙する〕

その昔、晋の陶淵明は、葛布の頭巾で酒を漉し、千古に風流の名を残しました。今に至るも「淵明が漉酒巾」と言い習わされております。私も貧窮なことは陶淵明に変わらないのですが、かえって他人に嘲笑されるのはなぜでしょうか。おそらくは、風流という点で、陶淵明とは異なるからなのでしょう。笑うべきことであります。恐惶謹言。

中商十五日　蓂　　　田口

謹上　大田大膳亮殿　御返報

【閏八月の往状】（中18丁裏5行〜中21丁表4行）

謹んで思いを述べんがため、この書状を民部卿閣下に差し上げる次第です。そもそも、今年の秋は、天が日数を延ばし、八月に閏月が加わりました。栄華を極められた彼の御方は、千代の喜びが約束されております。それにつけても、（彼の御方に会えずに）心が悲しみに満ちた私は、心が千々に乱れるばかりです。貴方様におかれては、近頃如何お過ごしでしょうか。そもそも、友と定めて交わりを結ぶのは、その人生での契りというだけでなく、前世からの約束なのです。その昔、錦木を立てて三年の歳月を過ごし、寝台の端に書き付けて百夜通いをめざしたと言います。前世からの因縁で定められているのでない限り、死ぬまでその思いは遂げられないものだ、ということが、これらの話からも分かります。一方で、玄宗と楊貴妃が、比翼連理の誓いを秋の長生殿で語らい、蕭史と弄玉が、鳳に乗り、簫を鳳凰台に上る月に向かって吹いたという話もあります。これらは、前世の因縁が響き合い、二人を結びつけた例です。ところで私の場合は、貴方様と長年にわたり、交際いただいており、深くお慕い申し上げております。しかるに、近頃はお手紙の遣り取りも無くなり、まして御訪問することも途絶えておりました。悲しみに沈んでおります。これは一体、前世からの御縁の機が熟しているのでしょうか、それともまだその時期ではないのでしょうか。ああ、天の恵みに浴すること叶わず、我が身の程を知って、空しく涙を流すのみです。そうはいっても、もし貴方様が、以前の御約束をお忘れでなければ、私のわび住まいの有様を思いやってください。朝には恨み、夕べには思い、春を過ごして秋になろうとしています。床の上は塵にまみれ、庭の小径は黄葉に覆われても、掃除することもありません。寂しげに咲く庭の荻、垣根に絡みつく千草、あたりには、虫の群れが、かすかな鳴き声を上げるばかりです。終夜それを耳にして、我が愁いは募る一方です。

〔以下、虫の名を列挙する〕

虫の声は、あるときは恨むが如くさざめき、あるときは驚くが如く響きます。必ずしも虫の音が一方的に人の心を動かすのではなく、内に恨みを抱いている者が、虫の音を聞いて心を騒がせるのです。私も、夜更けまで虫の音を聞いていると、悲しみがこみ上げてきて、恋慕の涙が、むなしく袖を濡らします。私の真心はここに表れていましょう。直接にこの思いを、かの御方に申し上げるべきでしょうが、あるいは耳障りなものとして、不愉快に思われてしまうかも知れません。それ故、貴方様を介して、心中を申し上げるしかありません。かの御方にお伝えいただきたく、伏してお願いする次第です。他にお縋りする所はございません。詳しい御返事をいただければ、幸いに存じます。恐々謹言。

閏八月初吉日　　　某

拝覆　不動院　民部卿御房

【閏八月の返状】（中21丁表5行〜中28丁表7行）

最近は長いことお便りも差し上げず、気にかかっておりましたところ、お手紙を頂戴し、まことに喜ばしく存じます。再三熟読させていただき、貴方様の真心はよく分かりました。当方としても、まめにお手紙を差し上げ、こちらの真情をお伝えしようとは思っていたのですが、あるときは賓客の訪問に妨げられ、あるときは風流人との交際を断れませんでした。心の中では、決して粗略にするつもりはなかったのですが、友人づきあいが絶えたことは、まことに恐縮の至りです。御存知の如く、我が君たるかの御方は、当寺きっての才人であられます。それ故、さまざまな分野に研鑽怠りなく、少しの暇も有りません。その勤勉さは、ほぼ毎日、暗くなれば灯りをつけて仕事を続けられ、昼も夜も怠ることが無い程です。

そもそも唐土の書物と言えば、伏犠氏が初めて文字を作り、結び目による記録を止めて以来、代々著された経典は、毛詩、尚書、易、礼記、左伝、周礼等の十三経が有り、さらには史記、文選、前漢書、後漢書等も有ります。かの御方は、これらに加えて、唐宋の名士が著した、さまざまな書物も含め、全ての種類を学ばれました。あるいは風、賦、比、興、雅、頌という詩の六義を追求し、あるいは之、乎、者、耶のような虚辞を研究されました。そのようなことを基礎として、詩を詠み、文を作る時は、李白や杜甫の新鮮さや、韓愈や柳宗元の詩情を学ばれて、春は桜花、夏は緑陰を、簾を通して眺めつつ、秋は落ち葉、冬は降る雪を窓の内から眺めつつ、想いを醸成し、詩を詠じること、休む間もありません。お書きになるのは、（中国風の）詩、賦、序、表等ばかりでなく、（日本風の）宣命、宣旨、位記、奏状、移文、願文、諷誦、呪願、符、牒、告書、教書、日記、申文、消息、往来、解文、請文の名手でもいらっしゃいます。

その和歌の教養について言えば、その昔、平城天皇が、詔勅を侍臣に下して、万葉集を編纂させてより以来の、新万葉集、古今集、後撰集、拾遺抄、金葉集、詞花集、千載集等の勅撰集、あるいは様々な私家集を熟読され、全てに通暁されていらっしゃいます。およそ歌詠みの道とは、素戔嗚尊や聖徳太子の御代に、短歌の三十一文字を定められてより以来、和歌を嗜む者は、古今を通じて幾千万人とも知れません。しかしながら、あるもの（花山僧正）の歌は、絵に描いた女性が、人の情を動かすような表面的な美に過ぎず、あるもの（在原業平）の歌は、萎んだ花が、空しく香りを立てているように、過剰な情熱に満ちています。その他にも、商人のように俗な詠みぶり（文屋康秀）、農夫の如く田舎びた言葉遣い（大友黒主）と評される者もあり、皆何らかの欠点が指摘されています。そんな中で、柿本人麻呂、山辺赤人の両大家は、いずれも和歌の仙人と讃えられています。今の世では、かの御方お一人だけが、両人の作風を慕い、その詠みぶりを基礎としていらっしゃいます。そんなわけで、（かの御方の詠む和歌は）三十一文字に六義を兼ね備え、五七の句には八病（八種の欠点）が有りません。花も実も兼備し、頭と尾が呼応し、その表現は滑らかで、五尺の鬘が水中に流れるようです。また、その情感が鮮やかで、一本の糸に多くの珠を貫き止めたようです。まことに柿本・山辺両公を継承するものと言えましょう。

その書法の腕前は、蒼頡が鳥の足跡を見て、文字を発明して以来の、古文、篆隷、楷書、行書、草書、真名、仮名、蘆手等のあらゆる書体に通じ、あるいは張芝の優れた草書、王羲之の立派な行書、あるいは小野道風の書いた法華経の文字、弘法大師が五本の筆で書いた文字、その他、藤原佐理のとぎれない筆勢に至るまで、全てを学び尽くしていらっしゃいます。また、書体八種、永字八法を極め、垂露の点、懸針の画を正しく書かれます。文字の姿は、舞い上がる鳳凰を思わせ、筆の線は、春の蚯蚓、秋の蛇に似ています。今の世では、朝廷の名高い文章博士の中にも、肩を並べる者はありません。

その雅楽の腕前は、宮、商、角、徴、羽の五音、金、石、糸、竹、匏、土、革、木の八類の楽器、その他、六律、六呂、十二律等について、一つとして極め知らないものはありません。百二十の調子は、申すに及ばず、離鸞操、別鶴操という琴の名曲、鍾子期が認めた伯牙の琴、陶潜が趣を見出した無弦の琴についても、全てその極意を得られています。

その弓の腕前は、楚の養由基が百歩離れた柳の葉を射ぬき、唐の薛仁貴が三本の矢で天山の戦を勝利に導いた故事を思わせます。その他、各流派の秘伝も、全てご存知ですし、ことに、三々九の手夾、八的等の競技にも秀でていらっしゃいます。

そもそも蹴鞠というものは、黄帝が創案したこと、劉向が記録しております。それ以来というもの、我が日本でも、難波流と飛鳥井流の両家が技を伝えております。かの御方もまた、蹴鞠を学ばれ、自由自在に操られます。花咲く桜の枝に向かって毬を蹴上げる時は、体に沿って上下し、しだれる柳の枝の下で毬を巡らす時は、足に着いて高下します。二度蹴り、三度蹴り、空を舞ったままで、地に落ちるところを目にしません。

その兵法の知識は、かたじけなくも摩利支天尊より伝授を承け、張良が黄石公より得た一篇の書にも明らかで、今の世のあらゆる流派に通じ、鸞飛、鸞回、留虎、乱入等の秘訣、その他の秘伝も全て、深く究めておられます。しかしながら、兵法の家にお生まれではないので、この方面の知識は、専門の業となさっていません。

さらにまた、仏典に関する学識は、広く禅宗、天台宗、真言宗にわたります。まず禅宗について言えば、その教えを、「拈花微笑」で釈迦が摩訶迦葉に伝え、「門竿倒却」で摩訶迦葉が阿難に伝えてより以来、歴代の祖師が命脈を伝えた、仙骨を得るための秘術であります。これはつまり、実践修行を積むのではなく、直ちに悟りを目指すのです。これが悟りの教えたる禅宗の根本です。それより後は、達磨がみだりに慧可に付託し、代々伝え来て、何人かの祖師が現れました。あるものは偈を壁に書きつけ、あるものは鏡中の像の本質を見抜きました。あるいは剣の刃のもとで殺活を論じ、あるいは虎の口の中に横たわって手足を投げ出し、仏を叱り師を罵ることもあり、棒が雨の如く振り下ろされることもあり、喝が雷鳴のように轟くこともありました。しかし、その教えは、髪一筋ほどの変化もなく、正しく伝えられてきたのです。そうは言っても、仏祖を去ること年月久しきため、悟る者は少なく、悟らざる者が多いのです。今の世に（悟る者が少ないのは）、聡明な美少年がめったにいないのと同様です。かの御方こそは、昔の（在家ながら悟っていた）龐居士、霊照女に比べても、遙かに悟っていらっしゃいます。

その天台の学識は、因明・内明の学に通暁され、内典・外典の書をともに学ばれています。倶舎論・唯識論の議論は口から流れ出し、摩訶止観・華厳玄義の内容をよく理解していらっしゃいます。それ故、広い学識を駆使して、議論を定める弁舌は、満座の疑問を解消し、当意即妙な受け答えで、教化説教するその声は、会衆の眠気を醒まします。阿難や羅睺羅でもない限り、この御方の学識の深さを、理解できないでしょう。

その真言密教の学識は、長年にわたって修行を重ねられ、斎戒の日々を長く続けられて得たものです。その心中をうかがえば、両界曼荼羅が明るく照らし出され、別尊曼荼羅が美しく光っています。金剛界五部の真言は、晴れた空のように澄み渡り、三密瑜伽の修行は満月のように輝きます。梵語を語る舌はなめらか、印を結ぶ指はしなやかです。五悔と九方便の偈頌を滞りなく唱え、辛子を投げ入れる護摩の修法は霊験あらたかです。身口意が一致した大験者ですら、この御方には及びません。

それに加えて、かの御方の、求法の心は固く、日夜仏教に帰依され、信心の想いは強く、朝夕寺院に参詣されています。春の桜花が咲くのを見るにつけ、現世の無常なることを観じられ、秋の名月が輝くのを眺めるにつけ、事象の本質が空なることを悟られます。まことに、貪欲や瞋恚を、遠く離れて解脱された御方なのです。このような方ですから、霜雪を犯して、早朝から読経されるその御様子は、松の雄姿を思わせますし、風月に感じて、夕べに詩歌を嗜まれるその時は、題に応じた名句をすらすらと詠まれます。「皎にして玉樹の風前に臨むが如し（輝く玉の樹が、風を受けて立っているようだ）」とは、どの詩人の言葉だったでしょうか（まさにかの御方のお姿です）。幸い貴方様は、才能に溢れていらっしゃるので。かの御方の友人となる資格がありますす。しばしば参上されて、お二人で懇談されると宜しいでしょう。そうすれば、我が主君の励ましにもなり、貴方様の悲しみを慰めることにもなりましょう。ここに筆を置き、お別れの言葉とします。書き終えて、やや茫然とせざるを得ません。恐惶々々。

廼時

拝覆　大膳房　大蔵卿　御寮

【九月の往状】（中28丁裏1行～中31丁裏4行）

先にお目にかかって後は、長い間御無沙汰の段、実に不本意なことで、気が塞いでおりました。一度お伺いしてお話をしようと、何度も思っていたのですが、貴方様は公私共に御多忙で、朝晩ともに少しのお暇も無い御様子でした。それに、お客様との面談を邪魔することになったでしょう。まして、さしたる理由も無く、しばしばお呼び立てすることもできませんでした。貴方様の御都合も分からなかったからです。とは言うものの、お暇な日にでも、当家に御来駕賜れば、拙宅の栄誉と存じます。秋の涼風が到来し、明け方には霜が降りた紅葉が美しく色づき、夕べには草木の露が風に暗く舞い散る、風情豊かな頃となりました。そこで、楓の林では「霜葉は二月の花よりも紅なり」という風情です。この時に遊覧に出かけなければ、長い日を無駄に過ごすことになります。

〔以下、木の名を列挙する〕

今や、これらの樹木は、枝を伸ばし、枝を交え、五色が鮮やかで、錦を織り上げたようです。このような季節に、何もせずに、むなしく日々を送って良いものでしょうか。一夜突然にお出ましいただければ、この上なく素晴らしい雅会となるでしょう。その折には（ともに詩歌に興じたいものですが）、詩と聯句については、漢唐の古風を奮い立たせ、曹植・劉楨・李白・杜甫の詩風を慕うものです。歌と連歌については、古くは（仁徳天皇を諷して王仁が詠んだという）「難波津」の歌の波に乗り、遠く（聖徳太子を讃えて飢人が詠んだという）「富緒河」の歌の流れを汲むものです。その他、長歌、短歌、旋頭歌、混本歌の類も含めて、時に応じて詩歌の会を開きましょう。巧みな文才は持ち合わせておりませんので、思いの程を述べ尽くせません。すべては、直に申し上げる折を待ちます。恐惶謹言。

無射二日　　源某

謹上　判官代殿

【九月の返状】（中31丁裏5行～中33丁裏7行）

一両日の内に、暇を見てお伺いしようと思っていましたところ、そちらよりお手紙を頂き、いささか慌てております。おっしゃる通り、霜枯れの紅葉が、西風に揺れ動き、いずこも美しい光景です。この度は、離別を悲しむ催しでもなければ、深い恋心を抱いているわけでもありません。にも拘わらず、見る物に感じて袖を濡らすのは、如何なるわけでしょうか。それはつまり、老いを悲しむことが切実だからです。（この老いを感じさせる）秋の季節には、あらゆる木々が凋落するだけでなく、あまたの草も枯れ果てるのです。

〔以下、草の名を列挙する〕

このような無情の草木は、栄えては枯れることが決まりです。当然のこととして、有情たる人間も、同様の運命を免れません。まことに嘆いても余り有ります。伏して思いますに、私は、君命を重んじているからこそ、大判事の官位に就き、一日中、判決を下すことに忙殺されておりますが、これは望む生き方ではありません。いっそ官を辞して、貴方様と同じく、閑雅を楽しむ心に従い、悠然と毎日を過ごすことが、最善だと思われます。我が身を省みるに、ただ幻や泡のように、また電や火花のように、一瞬で消える定めです。どうして時間を無駄に過ごし、生命が露と消えることを待っていられましょうか。貴方様と御一緒に、風月を鑑賞し、思うさま酒を飲みながら、暮らしたいものです。風流の会に参上すべきこと承りました。今は本当に佳い時節です。必ずや近いうちに、お立ち寄り致しましょう。その折には、一首一句の詩歌の会を開きましょう。短冊や懐紙等を、あらかじめ御用意下さい。思うところは、直に論談する折に申し上げます。誠恐誠惶。

菊月二日　　豊野某

謹上　安岡新左衛門殿　御返事

【十月の往状】（中34丁表1行～中35丁裏6行）

近頃は冬の寒さが一層身に沁みますが、貴殿におかれましてはいかがお過ごしでしょうか。だいぶ以前に、詩歌論談の会でお目にかかりましたが、その後は再び尊顔を拝せず、残念に思っておりました。ところが思いも掛けず、他寺より若き賓客がお出でになったため、昼も夜も御遊覧に付き添うこととなり、いつの間にか、お目にかかれない不満を忘れていましたが、よい思い出のみは残っています。ここのところ、毎日のように、囲碁、将棋、蹴鞠等の会合が続きましたので、なかなかお手紙も差し上げられずにおりました。さて、今晩より、連歌の会が催されます。貴殿におかれても、急ぎ御参加いただくよう、皆も申しております。ついては、御所蔵の硯一面、筆一二対を、御持参ください。当方の瓦石の硯を、会で用いたならば、あまりにも貧相です。もしお借りできない時は、当寺全体の恥辱となります。ただ、墨の類は、少しばかり所持しておりますので、必要ありません。

〔以下、墨の名を列挙する〕

これ以外にも、琴の形をした古墨が一本あって、代々伝えられたものです。ところで墨を保存する方法は、春は懐に入れ、夏は吊り下げ、秋は紙に包み、冬は綿にくるむと言われておりますが、私が使っている墨は、四季を通じて、常に豹皮の袋に入れております。これこそ、（墨を大切にするあまり）墨が人をすり減らすというものです。鳳池の硯にて墨を磨れば、重なる雲のように広がり、玉版の紙に筆を揮えば、文字は漆のように黒く輝きます。これこそが墨のはたらきというものです。今度の連歌の会は、当寺を挙げて準備したものですから、これらの立派な墨を用いねばなりません。委細はお目にかかる折に。

応鐘五日　　　　某

拝呈　華蔵院大蔵卿　御房

【十月の返状】（中35丁裏7行～中38丁裏3行）

ありがたいお手紙、じっくり拝読致しました。おっしゃる通り、桜の元での会合以来、すでに紅葉が散り尽くす頃になっても、お目にかかる機会も無く、憂鬱に耐えません。只今お手紙を頂戴し、心の霧がたちまち晴れたようです。まことに眼福の限りです。時に、美男僧がお出でのため、饗応にいとま無き御様子、お察し申し上げます。とはいえ、連日の御遊楽は、うらやましくも存じます。さて、連歌の会に、一員として参加するようお申し付けのこと、身に余る栄誉であります。しかしながら、連歌の道については、勉強も致しておりませんので、恐れ多く感じております。賦物（発句より題を定めること）をはじめとして連歌全体を運営する才能が必要なので、宗匠の役は御遠慮致します。連歌の一巡における面、迦、遣句、退句の心がけ、あるいは、秀逸、幽玄等の十体についての批評の知識、あるいは、連声、相通、五音についての音律の心得、さらには奇言、妙句のような、その場における機知は、全くその心得がありません。また往々にして、ある句を、片題、落句、崎切等と名づけて、良くない表現だと解釈しますが、そのような欠点は避けがたいと、よく耳にします。とはいえ、参加させていただく以上は、一句は当然のこととして詠ませていただきます。いろいろと御遠慮すべき材料がありますが、もし御辞退申し上げれば、御失望させることとなります。何としても、すぐにでも参上するつもりです。硯と筆についても、御要望承りました。当方で数多く所持しておりますので、御好みにかなうものをお持ち致します。

〔以下、硯の名を列挙する〕

その他、端渓の金線文の硯や、青州の紅糸石の硯は、世に知られた名品です。中でも銅雀台の碧い瓦を用いた硯は、我が秘蔵の品であります。

〔以下、筆の名を列挙する〕

これ以外にも、江淹が夢の中で授けられたという五色の筆や、李白が夢に見たという花が咲いた筆は、長い歴史の中でも特に珍しいものです。また、蒙恬が創案したという毛筆や、太武帝が名づけたという筆頭は、今はこの世に有りません。今回は、近頃都で名の知られた筆を二三対、持参致します。思いを述べ尽くすことはできませんので、全てはお目にかかった折に。頓首謹言。

陽月五日　　某

拝報　法華院　中納言殿

【十一月の往状】（中38丁裏4行～中41丁表6行）

このようなお手紙を差し上げるのは、大変失礼かとも存じますが、思うところを述べさせていただきます。御子息様の内には、成人された方もいらっしゃいます。それでしたら、急いで日取りの良い時を選び、新居を構えられるべきでしょう。それが今まで延び延びになっているのは、宜しくありません。まずは御屋敷をお建てください。土地の形状はさまざまですが、（幸いこの土地の中では）好きな所に、屋敷の四隅を設定できます。これこそは、繁栄が約束された土地です。南面には、決まり通りに樹木が茂り、北方には、幸いにして大河が流れていて、自然につくられた理想の地形です。吉日にもいろいろありますが、白虎頭の日を選んで、立柱（大黒柱を立てること）の祝事を執り行えば、めでたいことと存じます。家具等についても、少しずつ御用意されると良いでしょう。

〔以下、家具・器物の名を列挙する〕

以上は、必要な家財道具を、ざっと述べたものです。大小の家屋が並び建ち、そこに一族郎党が仲良く暮らすことこそ、子孫繁昌の土台となります。今、貴方様におかれては、それを全てお持ちです。世に褒め称えられる人物と申せましょう。羨まない者はありません。以上述べました趣を、御主君筋にも申し上げて下さい。

恐々敬白。

暢月十五日　　　　　　　　　　文屋某

啓上　権介殿

【十一月の返状】（中41丁表7行～中43丁裏6行）

大切なことに気付かないでいたところ、丁寧に御教示いただき、恐縮至極です。本当に御心配いただいている御様子が、文面に溢れており、感謝に堪えません。家の増築に関しては、私もいつも心に掛けておりましたが、生活の算段に紛れ、今に至ってしまいました。私の心配が、きっと外にも表れていたのでしょう。面目無いことです。おっしゃるとおり、家族の居ない人間は、たとえ富貴を極めたとしても、華やかな人生とはなりません。

〔以下、人倫・人体の名を列挙する〕

このような家族が多くいれば、一家こぞって楽しく暮らせます。幸いにも私には大勢の家族がおります。しかしながら、領地があまり良いところでないため、田畑の収穫からのもうけもわずかです。これは、前世において徳を積まず、今生にこのような報いを受けているのでしょう。貴方様は今や富貴を極め、世に栄華を誇っていらっしゃいます。願わくは、米の一粒、銭の一枚でも、他人に施し、小さな損得を考えずに、少しでも利益を人に分け与えてください。そうされれば、現世でも後世でも、報いの福徳に満ち、何でも思い通りになるでしょう。ああ、未練がましい申しよう、お笑い下さい。冗談に過ぎたかも知れませんが、万事よろしくお願いします。誠恐。

黄鐘十五日　　　　　　　　　　弓削某

謹上　野村主殿

新撰類聚往来巻中終

新撰類聚往来巻下

【十二月の往状】（下1丁表2行～下3丁裏7行）

来月一日に、当寺に於いては、小規模な法会を計画しております。ついては、極寒の折から、大変なこととは存じますが、一方では仏縁を結ぶため、一方では愚僧の懇願をかなえていただくため、御来臨たまわれば、望外の喜び、感激に耐えません。その折は、夜になれば修懺（懺悔の儀）ならびに大施餓鬼を行い、早朝には、互いに向かい合って座り、大勢でいっせいに写経をします。雨前（雨安居の以前）の陞座（高僧の説教）、拈香（焼香）も予定されています。必ず前もって、早い時期にお出ましいただきたいと存じます。そうしていただければ、午後の食事、晩の食事等を準備して、お待ちします。あわせて、近隣の山寺の衆僧や、僧坊に住む聖道（禅宗以外の僧侶）に対しても、それぞれ御招待しております。法華経の講読、唄（偈頌の読唱）、散花、はたまた願文の諷誦等、一通りの法会を行います。このように、数多くの寺院から、自宗他宗とり混ぜて、名簿通りにお集まりいただくので、位の上下を定めての座席の順位について、決定するのが難しい状況です。この点御教示いただきたく、お願い致します。また、坐敷の飾り具等をお借りしたく存じます。お力添えいただければありがたく存じます。

〔以下、飾り具と仏具の名を列挙する〕

この借用状の文面通り、お借りすることができれば、恐悦至極に存じます。御快諾いただけたなら、運搬のための人足を貴寺に遣わします。なお、法会では、万事が錯綜し、混乱を極めておりますので、お借りした物品を、紛失したり、破損したりすることがあるかも知れません。ですから、普段お使いの品をお貸しいただきたいだけで、門外不出の貴重品をお借りしようなどとは、全く考えておりません。くれぐれもよろしくお願いいたします。恐惶謹言。

大呂五日　　　　　某

拝上　観首寺　函丈

【十二月の返状】（下4丁表1行～下6丁裏5行）

ありがたいお便り、謹んで拝見しました。それでは、来たる八日に、貴寺のお招きに応じて、参上すること承知致しました。何としても早い時期からおうかがいして、相応の働きをさせていただきます。ただ、お手伝いする内容については、御配慮いただきたいことがあります。つまり、内ばたらきの一員に加えていただきたく、配膳係、膳の運搬係、座敷の管理係等は御辞退したく存じます。その理由を申し上げますと、御存知のごとく、私は以前、京に上った折に、急ぎ必要な物を注文したのですが、まだ手元に届いておりません。それ故、中価衣、打眠衣、袈裟、着替等は、あるにはあるのですが、あまりにも粗末なものばかりです。

〔以下、仏衣と仏具の名を列挙する〕

これ以外にも、天衣（天人の衣）、仏衣（仏が着た衣）、僧伽梨衣、金縷布衲（金糸で縫い取りした袈裟）、藕糸（蓮の糸で織った袈裟）等の類がありますが、めったに着ることのできるものではありません。さて、今回の法会に参集される高僧は、この世のなかで、龍や象や鯨になぞらえられる方々で、話されるのは、大乗という絶対の教え、黄金のように素晴らしいお言葉です。ひろく後三教（大乗終教・頓教・円教）の教理についても、誂汰する（選び取って教える）大般若経も、醍醐味の如き妙法蓮華経も、捃拾する（拾い集めて教える）涅槃経も、その教えを余すことなく、網羅しています。霊鷲山における釈迦如来の説法の場が、そのまま再現されたようだと言えましょう。だとすると、このような法会の場において、あまり威儀の無い衣裳を着るのでは、私としては汗顔の至りです。そういうわけで、上に申しましたような御配慮（内働きにしてほしいということ）を、平にお願い致します。万事御諒解の程、よろしくお願い申し上げます。また、お使いになる什器は、借用依頼状の通りにお貸しします。それ以外に、客殿に本尊として掛ける仏絵として、そちらには牧渓和尚の自筆の絵をお持ちと存じますが、幸い当方には、呉道子の墨絵の観音があります。とりわけ雄渾な筆勢の作品です。これをお貸ししたいと存じます。ひまな身でありますので、その他にもお入り用の物があればお届けする所存です。私の筆力では、十分に思いを述べ尽くすことができません。頓首恐惶敬白。

窮月六日　　某

拝答　地蔵院　衣鉢閣下

【第一の追加往状】（下6丁裏6行〜下10丁表1行）

諸国を見て歩こうと、友人から誘われましたので、明日にでも旅立とうと思っております。本来は直接参上して、旅行のお許しをいただかなければなりませんが、出発の用意のため、時間を取られておりまして、御挨拶にもうかがえず、まことに残念なことです。遠く旅するのですから、無事帰れるか分かりません。もし再会する御縁があれば、再び尊顔を仰ぎたく存じます。道中つつがなきよう、お祈りいただければ、また、私に代わって後を守る者に対し、私同様にお目をかけていただければ、この上ない幸せです。あれもこれも、全ておすがりするほかありません。詩の文句に「五更の帰夢は三百里、一日君を思う十二時（夜明けに遠い故郷に帰る夢を見て、君を一日中懐かしく思う）」とあり、また、「山川多く歴覧し、日月屢推し遷る（多くの山川を経めぐるうちに、日月はどんどん過ぎて行った）」とあります。このような、お別れした後の想いすら、あらかじめ想像いたします。旅人を見送る別れの宴で、柳の緑が心にしみるという言葉がありますが、心ゆかしいことです。遠方をめざす行脚だからこそ、何も身にもたないことにします。ただ青天を編笠と思い、大地を草鞋と考えます。だとすると、頼みとする天地自然は、我が身に全て備わっているのです。これこそ乾坤（天地）を父母とする、という言葉の意味なのです。

〔以下、天象と地形の名を列挙する〕

これから見物しようとする名所旧跡も、すべてこの中に含まれますし、神社仏閣も、その範囲から外には出ません。旅の空に踏み出せば、我が身は天地と一体となり、我が心は万物と等しくなります。このように考えれば、風雨や暗闇も憂うべきことではなく、山川の険阻も恐るるに足りません。別れた後にでも、この言葉を思い出して、お笑い下さい。是非私には、餞別のお言葉を賜りたいと存じます。恐々謹言。

某月某日　　　　某

西禅寺　免僧禅師

【第一の追加返状】（下10丁表2行～下28丁表1行）

諸国一覧のために、旅立たれるとのこと、うらやましく存じます。私も旅のお供をしたく思いますが、若い頃から諸国遊覧を志していたため、すでにその願いを果たしております。今は年老いて衰えてしまったため、あらためて思い立ち、貴方様に従って旅をすることができないのは、残念至極であります。思うに、六十余州の歴覧にはとどまらず、各地の名所や神社仏閣も訪問されることでしょう。昔の旅の光景は、まだ私の眼に焼き付いております。うらやましいことこの上ありません。さて、遠方に赴かれる以上、多くの年月がかかることでしょう。そうであれば、ゆっくりと旅をされるべきであり、決して急がれてはなりません。山の茶店には長く留まらないようにし、野原の家屋でもゆっくり休んでいてはいけません。村を早朝に立って、遠くの宿場に夜遅く着くというようなやり方は、とりわけ良くないことです。迂回路があれば船に乗らないようにし、危なそうな橋を渡るときは馬から降りるようにします。険阻な道を通るときは、良い友人と同行すべきでしょう。以上の忠告を以て、送別の辞といたします。ゆめゆめお忘れなきよう。日本の諸国の構成について、御存じないかもしれませんので、私の知る範囲で概略を記し、御覧にいれることとします。

〔以下、日本六十八州の国名・郡名と耕作面積等を列挙する〕

これで六十余州の名を全て記しました。高麗、唐、新羅等の大国に比べて、日本は小国ではありますが、神仏の霊跡たる社寺が多く、祖師の教え、経典の教えが、至る所に伝えられています。これこそ、仏法が東土に成就した証です。貴方様は、明日から、これらの地を遍歴されるわけですから、見る物も聞く物も、素晴らしいことの連続でしょう。手紙は長くなりましたが、筆力が足りず、全てを述べ尽くすことはできません。頓首不備。

即刻　　某

拝覆　安国寺　還呈

【第二の追加往状】（下28丁表2行〜下30丁裏6行）

近いうちに御上洛されるとのこと、承りました。それは確かなことでしょうか。だとすると、初めて都に滞在されるわけですから、各方面への贈り物や、さまざまな機会の謝礼等が、あれやこれやと必要になると思われます。そこで御餞別として、青銅一さし、尾張産の八丈絹を三疋、甲斐産の獣皮を五枚、贈呈したく存じます。つまらない物ですが、当方の気持ちとしてお納め下さい。ところで、都の様子をよく知らない場合は、方向も分からなくなります。ときには、出入口がどこであったかすら忘れてしまいます。その理由を述べましょう。北の一条大路から、南の九条大路に至るまで、また、東の東朱雀大路より西の町小路に至るまで、小路が縦横に通り、交錯しております。その間に、禁裏、大御所（親王の隠居所）の玉楼や朱閣、大名、小名のすまいの金門や銀戸、神社や仏閣が立ち並び、いずれも朱塗りの欄干をそびやかし、あるものは雲に触れんばかりにそびえ立ち、あるものは目の届く限りに広がっております。行き交う馬や車のせいで、巻き上がった塵が眼に入り、朝廷に出入りする官員の衣からは、香りが立ちこめて鼻に届きます。もし田舎者がこの中に紛れ込めば、茫然として、あきれ顔をするでしょう。そうなると、町人や京童は、見てあざ笑うことでしょう。「東男の初京上り」とはこのことです。このようにお心得くださいますよう。とりあえずは、町小路の名称について、よくよく勉強しておかれるべきでしょう。そのために、ここに書き記しておきます。

〔以下、洛中の南北の小路の名を列挙する〕

ところで、これは本来参上してお願いすべきことですが、この機会に申し上げます。以前より辞書編纂の宿願やみがたく、近頃はさまざまな種類の名彙を纂集しております。また、その前後に、消息（書簡）の文章を配置しました。しかしながら、寡聞浅学のため、重要な内容を落としていることでしょう。一を拾うのみで、十を捨てるような結果ではないかと恐れています。また、文字の誤り、文章の混乱もあるに違いありません。貴方様に、御一読いただき、添削校訂を賜りたく存じます。博学の士には絶対に見せないようにお願いします。この著述については、私の力の及ぶことは致しましたが、やはり貴方様にも細部まで御納得いただけるものにしたいのです。恐惶。

某月某日　　　　　　某

拝呈　一乗院　座側

【第二の追加返状】（下30丁裏7行〜下35丁裏1行）

当方よりお便りすべきところ、そちらからお手紙を頂戴し、恐悦至極です。おっしゃる通りで、突然急用が生じ、上洛するつもりでおりますが、まだ日程は決まっておりません。上洛は初めてのことで、何事も分からないところに、御丁寧なお教えをいただき、感謝にたえません。さらに高価な品々をあまた頂戴し、我が身には過分のことと恐れ入ります。わけても京の地理を描いていただきましたが、これこそ貴重なお教えです。必ずや、心に深く留めておきたいと思います。やはり都の様子と田舎の様子は、全く異なっているようで、田舎の景色はみすぼらしいものです。都の様子を詠んだ詩に、「山河は繡戸を扶け、日月は彫梁に近し（建物の美しい扉は山と川に囲まれ、彫刻のある梁木は日月に近く、高くそびえる）」とあり、また別の詩に、「千官日を捧げて春殿に臨み、万騎雲に屯まり暁沙を動かす（百官は天子に閲するために春の宮殿に集まり、騎馬の大群は雲のように集まって朝の川辺を進む）」とあります。このような詩の文句を見ただけでも、心が高ぶるのですから、実際にこの目で見る時には、感激もひとしおでしょう。ところでまた、貴方様から『新撰往来集』の草稿をお送りいただき、拝見しておりますが、大変勉強になります。従来の『消息往来』『庭訓往来』『遊学往来（新撰遊覚往来）』『新札往来』等においては、他の往来もそうですが、書簡の文体は玉を連ねたよう、言葉は花を散らしたようで、素晴らしいものです。ですから、書簡文をみがくことについては、ことさら言う必要がありません。大事なのは、あらゆる事柄について、語彙を集めたことです。『新撰往来集』には、すでに諸国の名が完全に収録されています。この上は、世界の四大州の記事を載せるべきだと考えます。四州については、貴方様もご存知のことと思いますが、私から、そのあらましを申し上げましょう。

その四大州の名とは

第一は、南方の閻浮州です。須弥山の南麓にそびえる吠瑠璃樹（瑠璃色の閻浮樹）は、閻浮州の全体に影を落とし、全てを青色に染め上げます。そこでこの州は、この巨樹から名を取って、閻浮提と称します。その巨樹は縦横それぞれ七千由旬（一由旬は約七キロ）です。その下に閻浮檀金があり、高さ二十由旬の塊となっています。この黄金が樹の下から生ずるので、閻浮樹と呼ぶのです。この州の人間の身長は四臂（一臂は肩から肱までの長さ）、寿命は百歳です。しかしながら、人の環境はさまざまですので、平均寿命は七十歳です。円い形の顔をしています。第二は、西方の牛貨州です。牛を売り買いし、財産としています。そこで牛貨州の面積は、南方の閻浮提の倍はあります。この州の人間の身長は八臂、寿命は二百五十歳です。仏法は伝わっていますが、信ずる者は無く、貪欲や憤怒を大切なことと考えています。その他、災害は少なく、半月の形の顔をしています。第三は、東方の勝身州です。他の州に比べて、人々は美しい身体をしています。勝身州の面積は、西方の牛貨州の倍はあります。この州の人間の身長は十六臂、寿命は五百歳です。仏法の名を聞いたこともなく、ましてや見たこともありません。災害は無く、顔の形は平坦です。第四には、北方の鬱旦州です。鬱旦樹という木が多く生じ、家のように人を囲んでいます。男女はその樹の下に隠れて交合します。田には白米が生えており、そこにはじめから鍋釜が置いてあります。自分や他人の所有物という意識がないので、好きなだけの米を、その釜に入れます。三つの焔光珠を釜の下に置くと、そこから火炎が生じ、飯を炊き上げます。その後、珠は消え去ります。この州の人間の身長は三十二臂、寿命は千歳です。交合すると、七日の間に子を産みます。その子を道端に置いておくと、通りかかった旅人が、指の先から乳を出し、赤子に吸わせます。さらに七日経つと、その子は成長し、その後も自分の父母を知りません。仏法は全く知られておりません。顔の形は四角です。四大州の中心に位置する須弥山は、その広さは八万由旬、その高さは地上十六万由旬です。縦も横も十六万由旬です。円生樹がそびえ、その高さは三十六万里です。樹の四方も同じくらい広がっています。日月がその中を巡っており、四天王が中に住んでいます。つまり、多聞天、持国天、増長天、広目天です。帝釈天が須弥山の頂上に居ます。さらなる上空に三天があり、帝釈天の眷属や天女等が住んでいます。善法堂は山の西南の方に建ち、金翅鳥は山の頂に棲んでいて、その翼は長さ三万六百里です。須弥山のことを詳細に述べていくと、きりがありません。三千世界には百億の須弥山、百億の四大海が存在するといわれていますが、それはさておき、一つの須弥山において、三十三天が備わっています。九重の山と八重の海が、その中に広がっています。この外の大国や小国は、数え尽くすこともできません。ここに記した内容は、わずかに要点を挙げたに過ぎません。貴方様が編集された類字（意味分類による語彙集。『新撰往来集』の中の語彙部分を指す）についても、同じことが言えます。特定の類の語彙をまとめて記しているのですが、やはり人間の記述能力には限界があると言わざるを得ません。というのも、ある人が「千草万木」というように、植物は無数にありますし、あるいは天台の説で、魚類は六千四百種、鳥類は四千五百種、獣類は二千四百種というように、これまた無数だからです。さらに言えば、他の分類に属する名彙も同様です。我々はただその中から、使用するべき語彙を選択して収録するしかありません。分類ごとにまとめているので、この書物『新撰往来集』に「類聚」という言葉を加えて、『新撰類聚往来集』と呼ぶのがよろしいでしょう。ただ、本書を校閲せよとの御依頼については、私の能力の及ぶところではありません。他の、進んで読んでもらえる方に依頼して、校訂してもらって下さい。細かなことは、ご面談のおりに。不具謹言。

乃時　　　　某

拝上　本覚院　吟案下

新撰類聚往来巻下終

正覚国師第四世仏陀院

丹峰和尚撰焉

校注

凡　例

一、新撰類聚往来の本文を精確に理解するために、字句の校訂と、難解な語句の解釈、主要な出典の指摘を目的として、校注を作成した。

一、東京大学文学部国語研究室蔵天正四年写本、及び静嘉堂文庫蔵写本が現存する部分（内閣文庫蔵慶安元年版本では、巻首より中巻一八丁裏の三行目までに当たる）については、本文の校訂に必要な全ての異同を記した。

一、見出しの内容と排列は、慶安版本によった。ただし、漢字表記は、原則として常用漢字体を用い、それ以外は康煕字典体を用いた。

〔上1オ〕

〔貴面〕大徳寺文書、文亀三年（一五〇三）六月二十三日、織田信長上使書状（大日本古文書、大徳寺文書之十三、三三三〇号）に「旁期貴面候」、浅野家文書、天正十八年（一五九〇）七月七日、井伊直政書状（大日本古文書、浅野家文書、四六号）に「万々以貴面可申述候」、また同状に「万端以貴面可得貴意候」、浅野家文書、天正十八年（一五九〇）七月二十三日、榊原康政書状（大日本古文書、浅野家文書、二九号）に「委曲以貴面可申上候」とある。「貴面」は書翰用語で、室町後期以降の用例がある。「貴面を期（ご）す」「貴面を以て」「貴面を蒙る」「貴面に能（あた）はず」「貴面の刻（とき）」のように使用される諸例から帰納されるように、「貴面」は、直接お目にかかる、対面する、という意味であり、動詞性の強い語である。ここの「貴面に向つて」の例は、庭訓往来、正月往状冒頭の「春始御悦、向貴方、先祝申候畢」（春の始めの御悦び、貴方に向つて、先づ祝ひ申し候ひ畢んぬ）の影響を受け、その表現を改変したものであろう。因みに、庭訓往来の影響下にある新撰之消息・異制庭訓往来も正月往状に「向貴方」の本文を含む。新撰類聚往来のここでの「向貴面」の用法は、室町後期から江戸前期の通常の用法からは外れていると言わざるを得ない。しかし、類例として、邦訳日葡辞書に「Qimen.キメン（貴面）Tattoqi vomote.（貴き面）御顔、または、御前の意で、尊敬して言う語。Qimenuo motte mŏxita gotoqu.（貴面を以て申した如く）あなたの面前で申しましたように」とある。文例は当時の意味用法に即したものであるが、意味記述はその用法から外れている。日葡辞書の事例からも類推されるように、漢字文字列をそのまま訓読することにより、誤解される可能性は、当時からあったと考えられる。

〔進觴挙栢葉之銘〕慶安版本は「進（メテ）二觴（シヤウ）挙（コ）栢葉（ハクヨウノ）之銘（メイヲ）一」、東大本・静嘉堂本は「進（スヽメテ）レ觴（シヤウヲ）挙（ケ）二柏葉之（ノ）銘（ヲ）一」（「觴」に左訓「サカヅキ」）と施訓する。東大本・静嘉堂本の訓点が正しいと考えられる。北周の庾信「正旦蒙趙王賚酒詩」に「正旦辟悪酒、新年長命杯。柏葉随銘至、椒花逐頌来」とある。「柏葉銘」については、具体的には不明。

〔祝寿献椒花之頌〕慶安版本は「祝二寿献椒花之頌一」、東大本・静嘉堂本は「祝レ寿献二椒花之頌一」（「椒」に左訓「シク」）と施訓する。東大本・静嘉堂本の訓点が正しいと考えられる。「椒花頌」は、晋の劉臻の妻陳氏が作った「正旦献椒花頌」を指す。芸文類聚巻四及び巻八十九、晋書・列女伝などに見える。前項に引く庾信の詩参照。この前後の表現は、上引の庾信「正旦蒙趙王賚酒詩」のほか、唐の王勃「守歳序」の「柏葉為銘、未泛新年之酒。椒花入頌、先開献歳之詞」にも似る。

〔獣樽凝仙醞之香〕「獣樽」は、晋書・礼志下に「正旦元会、設白獣樽於殿庭。樽蓋上施白獣、若有能献直言者、則発此樽飲酒」とあるのに基づく。ただし、これは本来、太平御覧に引く晋起居注が「白虎樽」に作るのが正しく、「白獣」とするのは、唐の太祖の諱「虎」を避けたものである。

〔鶏帖退屋舎之妖〕「鶏帖」は、新年に当たり、鶏の絵を門に貼るもの。「帖」は「貼」に通じ、張り紙の意。東晋の王嘉の拾遺記に、堯の時に献上された瑞鳥の「重明之鳥」について述べ、「使妖悪不能為害」、また「今人毎歳元日、或刻木鋳金、或図画為鶏于墉上、此之遺像也」という。宋の古今合璧字類備要前集巻十五、節序門には「画鶏帖戸」の項を立て、「正月一日、画鶏、帖戸上、懸葦索于其上、挿符于旁、百鬼畏之」と述べる。「獣樽」「画鶏」ともに新年の習慣ではあるが、前者は宮中の故事、後者は民間の習慣であるため、両者を対にする古い例は無い。明の王世貞の「丁亥元日即事」に「老慵不作画鶏帖、病廃何知白虎樽」とある。

〔千門九陌〕都の多くの家の門と、大通り。劉禹錫の「秋螢引」に「夜空寥寂金気浄、千門九陌飛悠揚」とある。

〔上1ウ〕

〔有脚陽春〕開元天宝遺事の「有脚陽春」の項に「宋璟愛民恤物、朝野帰美、時人咸謂璟為有脚陽春、言所至之處、如陽春煦物也」とある。

〔百花自之〕慶安版本は「百花自ルレ之ニ」、東大本・静嘉堂本は「百花自ヲ之ラユキレ春ニ」と施訓する。東大本・静嘉堂本の訓点が正しいと考えられる。

〔春千草各向陽〕慶安版本は「春ノ千草各向フレ陽ニ」、東大本・静嘉堂本は「千草各向レ陽ニ」と施訓する。東大本・静嘉堂本の訓点が正しいと考えられる。

〔官梅飄粉、而臘雪已銷〕「官梅」は、役所の梅を表す詩語。梁の何遜が楊州の官府の梅を詠ったことから。ここでは御所の梅の意であろう。「臘雪」は、立春以前に降った雪。「官梅」と「臘雪」を合わせ詠む例は少ないが、宋の王十朋の「子応和詩再用前韻」に「江東臘雪為誰多、清逼官梅興動何」とある。

〔御柳揺金、而東風乍扇〕「御柳」は、御苑の柳。唐の韓翃の「寒食」に「春城無処不飛花、寒食東風御柳斜」とある。「揺金」は、金色に芽吹いた柳の枝を風が揺らすこと。唐の牟融の「春遊」に「楼前弱柳揺金縷、林外遥山隔翠嵐」とある。

〔上2オ〕

〔請政〕東大本・静嘉堂本に「清政セイ」とあり、これが正しい。

〔朝無佞臣〕慶安版本は「朝」の右に音読符を施す。東大本・静嘉堂本に「朝ミヤコニ無ク二佞ネイ臣一」とあるが、この部分の「朝」は朝廷の意であり、「みやこ」ではないので、東大本・静嘉堂本の訓は採らない。

〔野莫遺賢〕慶安版本は「野ヤニ莫ナシレ遺イ賢ケン」、東大本・静嘉堂本は「野ヒナニ莫シ二遺イ賢一」と施訓する。この部分の「野」は民間の意であり、「ひな」（田舎）ではないので、東大本・静嘉堂本の訓は採らない。なお、ここでは

「莫」を「無」の意味で用いているが、「莫」が「遺賢」のような名詞に係ることはありえない。「野無遺賢」が正しく、書経・大禹謨に「野無遺賢、万邦咸寧」とある。日本的な改変である。

［上２ウ］

〔開府議〕職原抄に「従一位〈唐名開府儀同三司〉」とある。「従一位」の唐名としては「開府儀同三司」が正しい。

〔金紫光禄〕東大本・静嘉堂本に「正三位〈金紫光禄大夫〉」、職原抄に「正三位〈唐名金紫光禄大夫〉」とある。「金紫光禄」は「大夫」の脱落。

〔銀紫光禄大夫〕職原抄に「従三位〈唐名銀青光禄大夫〉」とある。「紫」は「青」の誤り。

［上３オ］

〔朝議大夫〕職原抄に「正六位上〈唐名朝議郎〉」とある。「大夫」は「郎」の誤り。

〔朝議郎〕職原抄に「正六位下〈唐名承議郎〉」とある。「朝」は「承」の誤り。

〔左府丞相〕「左府」と「左丞相」の二語。拾芥抄に「左大臣〈左丞相…左府〉」とある。

〔右府丞相〕「右府」と「右丞相」の二語。拾芥抄に「右大臣〈右丞相…右府〉」とある。

〔内府内丞相〕「内府」と「内丞相」の二語。拾芥抄に「内大臣〈内府…内丞相〉」とある。

〔給事〕職原抄に「少納言…〈唐名給事中〉」とある。

〔左大相〕職原抄に「大将〈唐名…幕府、又云幕下〉」とある。「相」は「将」の誤り。

〔右大相〕職原抄に「大将〈唐名…幕府、又云幕下〉」とある。「相」は「将」の誤り。

［上３ウ］

〔大辯〕職原抄に「大辨〈唐名…大丞〉」とある。「辯」は「辨」の誤り。

〔形部〕東大本・静嘉堂本に「刑部〈刑部〉」、職原抄に「刑部省〈当唐刑部〉」とある。但し、中世文献において「形部」の表記例は多い。「形」と「刑」は通用。

［上４オ］

〔宮囲〕職原抄に「大舎人寮…頭…〈唐名宮闈令〉」とある。中世文献において「宮囲」の表記例は多い。「囲」と「闈」は通用。

［上４ウ］

〔小府〕職原抄に「内蔵寮…頭…〈唐名…少府監〉」とある。「小」と「少」は通用。

〔執柄〕拾芥抄に「摂政関白〈…執柄…博陸〉」とある。

〔博陸〕拾芥抄に「摂政関白〈…執柄…博陸〉」とある。

〔詹事〕拾芥抄に「春宮〈…詹事〉」とある。

〔法王〕拾芥抄に「太上天皇〈…法皇陛下　上皇〉」とある。「王」と「皇」は通用。

〔斉院〕拾芥抄に「斎院司」とある。「斉」と「斎」は通用。

［上５オ］

〔玄番〕拾芥抄に「玄蕃頭〈…主客郎中〉」とある。中世文献において「玄番」の表記例は多い。

〔道官〕職原抄に「大炊寮…頭…〈導官令〉」とある。「道」と「導」は通用。

［上５ウ］

〔尚衣〕職原抄に「内膳正〈…尚食奉御〉」とある。「衣」は「食」の誤り。

〔浪醢〕職原抄に「造酒司…正〈…唐名良醞令〉」とある。「浪醢」は「良醞」の誤り。

〔市令〕拾芥抄に「東西市正〈両市令〉」とある。唐名は「市令」であるが、職名の「市令」は「市」の誤り。

〔水主〕拾芥抄に「主水正〈膳部郎中〉」とある。「水主」は「主水」の転倒。

〔采令〕職原抄に「采女司…正…〈唐名采女令〉」とある。「采令」は「采女令」の誤り。

〔上6オ〕

〔防鴨　阿便〕「防鴨河使」の誤り。

〔大膩〕拾芥抄に「大宰帥…大弐〈都督大卿〉」とある。「膩」は「弐」の誤り。

〔霜台別当〕「霜台」と「別当」の二語。職原抄に「弾正台〈唐名…霜台〉」とある。

〔上6ウ〕

〔随人〕「随身」の誤り。

〔房士〕「房仕」の誤り。

〔上7オ〕

〔委曲〕東大本・静嘉堂本は「意曲」とあり、これが正しいと考えられる。新撰類聚往来の上巻では、他にも使用例が見られ、慶安版本16丁裏に「如此等之重宝共、可有御奔走歟、不生花之筆、難竭意曲之春」とある。この語は、古文書・古記録には殆ど見えず、芸能論で数例見出される。金春安照（一五四九〜一六二一）写拾玉得花に「問、遊楽成於当芸、年来のたしなみの条々、意曲を尽くし、成功を積みて、我意分の芸能をいたす事、ゆるがせならずと云へ共、即座によりて、出来時も有、又出来ぬ時も有也。故如何ぞや」、国会図書館本三道に「かやうなる物まねは、殊に殊に、橋懸りの遠見の風体、声聞意曲を奮いて、出来る装いなるべし。此分を心得て、言葉を尋ね、品を求めて、作書すべし」とある。「声聞」（能楽において、技巧的な音曲の調べで人の耳を引きつける音声的効果）と対になっていることからも分かるように、「意曲」は、同じく芸能論において、演者の心の働きにより形成される演出上の独特の趣向を表す。「意曲」は、中国では梁書、朱異伝に「異居権要三十余年、善窺人主意曲、能阿諛以承上旨、故特被寵任」等の例から帰納されるように、心のひだ、心の隅々まで、の意である。したがって、同じ「意曲」という文字列でも、中国と日本で意味用法が異なることは注意すべきであろう。新撰類聚往来のここの例は、芸能論における意味用法と基本的には類義であると判断される。花見の行幸に当たり、自分達が身を窶して徒歩で見物する趣向について、手紙では詳細に亙って書くことができないことを「意曲具難尽紙面」と表現したと考えられる。一方「委曲」は、東大寺図書館架蔵文書、永仁二年（一二九四）四月二十一日、東大寺年預五師実専書状（大日本古文書、東大寺文書之二十一、一六二〇号）に「群議雖巨細、委曲難尽紙上」とあるのを初めとして、詳細を書翰に書き尽くせないことを表現する場面で高頻度で使用された。このような書記事情を受けて、慶安版本の本文の元となった写本そのもの、或いは、更にその書写の元となった写本において、「意曲」が「委曲」に書き換えられたのであろう。一方、16丁裏の「意曲」は改変されず、原形がそのまま残された。

［上7ウ］

〔淑気〕東大本・静嘉堂本に「叔（シク）気」とあるが、「淑気」が正しい。

〔誠倦遊有余辰也〕「倦遊」の漢籍での用法は、旅に飽きたという意味であり、文脈によって、官を求めるのに疲れた、官に在ることに疲れた、あるいは旅ばかりの人生に疲れたのどれかである。いずれにせよ、望郷の念に満ちた悲しげな表現である。しかしニュアンスはことなり、花の盛りで、遊覧する場所に事欠かない意として使われているようである。

〔定科之進士〕東大本・静嘉堂本に「登科之（クワノ）進士」とあり、「登科」が正しいと考えられる。

〔亟〕慶安版本は「シハシハ」、東大本・静嘉堂本は右訓「スミヤカニ」、左訓「シバシバ」と施訓する。ここは文意から「しばしば」の訓を採る。

[上8オ]

〔江湖之散人、山野之隠士〕唐の陸亀蒙に「江湖散人歌、并序」がある。この「江湖散人」は江湖に棲む隠士としての陸亀蒙の自称で、いわば固有名詞である。ここでは、「山野の隠士」と対で、いずれも官についていない民間人をいう。「散人」は、荘子・人間世の語で、「無用の用」の哲学に基づく。ここでは単に「民間の役職の無い人」の意味に使っているのであろう。邦訳日葡辞書「Gǒco」の項に「**Gǒcono sanjin.**（江湖の散人）軽んずべきつまらぬ人、または、物の数にも入れられない人」とあり、「Sanjin」の項に「**Gǒcono sanjin.**（江湖の散人）一定の居処も住まいも持たないで、所々方々を歩き回る民衆、あるいは人」とある。ここで「価値の無い」もしくは「流浪」の意味が強調されているのは、後に付された意味合いであろう。なお、玉塵抄には、「筆床茶竈ヲ舟ニノセテ、吾トフネヲコイデ湖上ヲナガメテ遊ダゾ。江湖散人ト称ジタゾ」として、正しく陸亀蒙のことを指している。

〔無不登用〕慶安版本は「無レ不(ト、コト)二登用(トウヨウセラレ)一」、東大本・静嘉堂本は「無(シ)レ不(ストヱコト)二登用(セラレ)一」と施訓する。東大本・静嘉堂本の訓点が正しいと考えられる。

〔奔流渡刃〕古宿尊語録の襄州洞山第二代守初禅師語録に「問、奔流渡刃、疾焔過風時如何。師云、平常心是」とある。「奔流渡刃」は禅語として用いられ、「電光石火」と対になることもあり、素早い動きを形容する。ここは、武芸者が白刃を勢いよく振り回す意で用いたのであろう。

〔鞦鞠〕慶安版本と同じく東大本・静嘉堂本にも「鞦鞠(マリ)」とあり、共に「蹴鞠」の扁揃である。

[上8ウ]

〔平郡〕「郡」と「群」は通用。「ヘグリ」と訓むべきところ。

〔上９オ〕

〔三鋭〕「三統」の誤り。

〔吐師〕「土師」の誤り。

〔斉部〕「斉」と「斎」は通用。

〔小槻〕慶安版本の傍訓「ヲキ」は「ヲツキ」の誤り。

〔上９ウ〕

〔高麗〕地名としては「コマ」と読むが、姓氏としては「コウマ」の実例がある。

〔上10オ〕

〔毗〕「毗」は、輔佐する意。詩経・小雅・節南山「天子是毗」の鄭箋に「毗、輔也」とある。

〔上10ウ〕

〔愷〕「愷悌」「愷楽」等の語を構成し、安楽の意として用いられる。

〔毗〕輔佐の意味から敷衍して安んじる意としたもの。

〔庾〕東大本・静嘉堂本は「瘐」に作る。たしかに「ヤス」に通じるが、名乗り字として適切でない。「庾」は、穀物を露天に積んだものをいう。釈名に「庾、裕也。言盈裕也。露積之言也、盈裕不可称受、所以露積之也」とあるように、「穀物が溢れて豊か」という意味あいがあるので「ヤス」に対応する。

〔預〕「預」は、「豫」に通じて、安楽の意味になる。

〔逸〕「逸」は、「逸楽」の語があるように、安楽の意。

〔尹〕「尹」には「治める」、また「長官」の意があるので、「マサ」と読む。

〔郷〕「郷」は「饗」に通ずるため、「飽き足りる」意として「アキ」と読むものか。漢書・文帝紀に「夫以朕之不徳、而専郷独美其福」とある。

〔著〕「著」は、筮竹のように、占いに使う草なので、「明らかにする」意から「アキ」と読むものか。

〔堆〕諸本「堆」に作るが、字義から考えて、敷衍する意を持つ「推」の字形類似による誤記であろう。

〔傳〕諸本「傳」に作るが、字義から考えて、輔佐する意を持つ「傅」の字形類似による誤記であろう。

〔薫〕「薫」には「タダ」に対応する意味は無く、正す意を持つ「董」の誤りであろう。上文にも「董」があるので、別資料で字形類似による誤記の「薫」を補ったものと思われる。

〔上12ウ〕

〔巨〕慶安版本は「巨」に作るが、東大本・静嘉堂本に従って「臣」に改める。「臣」には「オミ・ミ」の名乗りがある。字形類似による誤りであろう。

〔方〕以下、「方、固、堅、良、形、像」の六字は、本来「カタ」と読むべきで、別項目が竄入したものである。東大本・静嘉堂本には、「方(カタ)、固、堅、良、形、像〈カタ六〉」とある。

〔絑〕慶安版本は「絑」に作るが、東大本・静嘉堂本に従って「綵」に改める。「綵」は、五色の布帛の意で、朱色を意味する「絑」よりは、「ヨシ」の名乗りにふさわしい。字形類似による誤りであろう。

〔上13オ〕

〔康〕広い意。「康衢」に大道の意があるため、「ミチ」と読むのであろう。

〔迳〕「逕」の異体字であり、小路の意。

〔総余百条〕慶安版本は「総余(テリ)レ百条(ニ)」、東大本・静嘉堂本は「総(ス)余(テレリ)二百条(ニ)一」と施訓する。東大本・静嘉堂本の訓点が正しいと考えられる。

〔上13ウ〕

〔思食立者〕慶安版本は「思」と「食」、「立」と「者」の間にそれぞれ訓合符を施す。東大本・静嘉堂本は「思食立者」と施訓し、「思（オボ）シ食（メ）シ立（タ）タン者（モノ）」と読む。ここは、花見の行幸の見物にあなた様がおいでになるなら私も同行する、という意味なので、「思し食し立たば」と読む。

〔儀〕東大本・静嘉堂本は「式」に作る。「儀」は、「事」と同じく中立的な形式名詞である。「式」は、特に中世の古文書・古記録において、望ましくない様態・状況を指し示す形式名詞として使用される。「散々之式」「無正体式」「衰微之式」「惘然之式」「窮困之式」「言語道断之式」「以外なる式」「失面目式」「茆屋之式」「平臥之式」「御悩之式」「悩乱之式」「歓楽極候之式」（以上四、病気）等の例が見られる。実冬公記、嘉慶元年（一三八七）二月十日条に「異体の式」、建内記、嘉吉三年（一四四三）三月十八日条に「異体之式」の使用例がある。慶安版本またはその元となった写本において「式」が「儀」に改変された理由としては、「式」と「義」の草書体が近似していること、「義」と「儀」が通用関係にあること、共に汎用性のある形式名詞であること、等が考えられる。

〔魁月〕東大本・静嘉堂本にも「魁月」とある。「魁月」は一月の異名として使用されているが、管見の範囲で未だ他の文献に使用例を見出していない。

〔花山帯刀殿〕東大本・静嘉堂本に「花山刀帯殿」とある。平安後期以降の古文書・古記録においては、「たちはき」「たてはき」を「刀帯」と表記した事例が少なからず散見する。また、「刀帯」の表記形は古辞書にも見え、文明十八年本下学集に「刀帯」とある。類例として、その他の下学集諸本に「大刀帯」「太刀帯」とある。慶安版本またはその元となった写本で、この語の正書法である「帯刀」に書き換えられたと考えられる。

〔御返事〕東大本・静嘉堂本に「御返報」とある。

［上14オ］

〔存候処〕東大本・静嘉堂本に「存ノ之処ニ」とある。

〔則刻〕東大本・静嘉堂本に「即刻（ソツコク）」とあり、この表記が正しいと考えられる。

〔襖障子〕東大本・静嘉堂本に「隩障子（アフ）」とあり、扁揃の表記となっている。8オ4の「鞦韆」は、諸本共に扁揃であるが、ここの場合は、慶安版本またはその元となった写本において、正書法である「襖障子」に書き換えられたと考えられる。

［上14ウ］

〔談墨〕東大本・静嘉堂本に「淡墨（タンホク）」とあり、これが正しい。

〔可有御覧〕東大本・静嘉堂本に「可ク㆑有㆓御覧㆒候ロ」とあり、文末に補助動詞の「候」がある。これが正しいと考えられる。

〔貴殿様〕慶安版本は「貴殿様ニ」、東大本・静嘉堂本は「貴殿様マ」と施訓する。「マ」の古体の片仮名と「ニ」は酷似しているため、いずれかの段階で誤写された可能性がある。

［上15オ］

〔光明／黄ー〕東大本・静嘉堂本には「光明丹」「黄丹」とある。慶安版本の形は、共通の「丹」が脱落したものであろう。「黄丹」は「鉛丹」の異名。

〔煙脂〕「臙脂」を中国では「煙脂」とも表記する。

〔丹後〕「丹後丹」の脱字。

〔莨泥〕慶安版本は「カヤニ」、東大本・静嘉堂本は「カリヤス」と施訓する。東大本・静嘉堂本の傍訓が正しいと考えられる。

〔淘砂〕「陶砂」の誤り。

〔貝粉〕東大本・静嘉堂本は「貝ーー《カイコフン》（牛粉）」とあり、これが正しい。

〔真粉〕東大本・静嘉堂本は「真ーー《マコフン》（牛粉）」とあり、これが正しい。

〔上15ウ〕

〔自然〕東大本・静嘉堂本に「若自然《シシセン》」とあり、この本文が正しいと考えられる。

〔猶〕慶安版本は「猶《ヲ》」、東大本・静嘉堂本は「猶《ナヲシ》」（左訓「トシ」）と施訓する。「なほし」は「なほ」の強調形である。

〔白〕東大本・静嘉堂本に「向《カ》」とあり、この本文が正しいと考えられる。

〔不用写真贗本朽木書等〕東大本・静嘉堂本に「不レ用二写真贗《シャシンカン》本朽木《クチキ》書等《ヲ》一」とあり、この訓点が正しいと考えられる。

〔料足〕東大本・静嘉堂本に「唯《タヽ》料足」とあり、この本文が正しいと考えられる。

〔好茗風情〕慶安版本は「好茗《カウメイノ》風情《フゼイ》」、東大本・静嘉堂本は「好茗《メイ》風情」と施訓する。「風情」は名詞に直接付く接尾辞であるから、慶安版本の「ノ」は不要である。

〔上16オ〕

〔青鵝〕銭を意味する「鵝眼」「鵝目」からの派生語であろう。あるいは、「青蚨」の日本的異表記たる「青鳧」からの連想とも考えられる。詳しくは、高橋久子「易林本節用集と新撰類聚往来」（東京学芸大学紀要　第二部門　人文科学　49）参照。

〔白水　真人〕東大本・静嘉堂本は「白水真人」で一語であり、これが正しい。王莽の時代に、金銭を「貨泉」と称したところから、「白水」は「泉」の分字、「眞人」は「貨」の分字である。

〔金弊〕「弊」と「幣」は通用。

〔化蝶〕通常は荘子が夢で胡蝶に化した故事をいうが、ここでは銭の異名。銭を蝶になぞらえる例としては、宋の胡仔の「詠黄白菊花」に「何処金銭与玉銭、化為蝴蝶夜翩翩」とある。

〔孔方兄〕慶安版本は「コウハウケイ」、東大本・静嘉堂本は「コウハウヒン」と施訓する。室町期における当該語の「兄」は通常唐音で読まれる。

〔方圭〕茶の異名。宋代の団茶を、四角い玉になぞらえたもの。詳しくは、上掲の「易林本節用集と新撰類聚往来」参照。

〔辟夢〕茶の異名。盧仝の「走筆謝孟諫議寄新茶」の「軍将扣門驚周公」に由来すると思われる。詳しくは、上掲の「易林本節用集と新撰類聚往来」参照。

〔上16ウ〕

〔日注〕慶安版本の傍訓「シツシユ」と同じく、東大本も「ジツシユ」と施訓する。「シユ」は「注」の漢音である。「日鋳」とも書き、宋代以来、会稽山に産する名茶の名。

〔雪坑〕北苑の東隣にある茶産地。次項の「曾坑」と同じ場所を指すようである。蘇軾の「次韻曾仲錫元日見寄」に「吾国旧供雲沢米、君家新致雪坑茶」とあり、自注に「近得曾坑茶」とある。

〔曾玩〕東大本・静嘉堂本は「曾坑（ソウカウ）」とする。慶安版本の「玩」は「坑」の誤り。北苑別録等に見える北苑の茶園の名で、宋詩に散見する。

〔生花之筆〕花が生えた筆の意で、素晴らしい文才を意味する。五代の王仁裕の開元天宝遺事に、「李太白少時、夢所用之筆頭上生花、後天才贍逸、名聞天下」とある。

〔意曲之春〕上7オ3「委曲」の校注参照。

〔夷則〕東大本・静嘉堂本に「夾鐘」とある。ここは陰暦二月往状なので「夾鐘」が正しい。「夷則」は陰暦七月の異名。

〔上17オ〕

〔目度存候〕東大本・静嘉堂本に「目出度相存候」とある。慶安版本の「目度」は「目出度」の「出」の脱。同じく「存候」は、ここは同慶の至りの意なので、ともに、互いにの意味の接頭辞「相」を伴う東大本・静嘉堂本の本文が良い。

〔為御礼〕慶安版本は「為レ御礼」、東大本・静嘉堂本は「為二御礼一」と施訓する。東大本・静嘉堂本の訓点が正しいと考えられる。

〔到来〕東大本・静嘉堂本に「当来」とある。慶安版本の上31ウ2では「当来」とあり、書翰がまさに届くことを、新撰類聚往来では「当に来る」の意で「当来」と表現していたと考えられる。

〔披緘恰如面談相似〕慶安版本は「披緘恰如二面談一」、東大本・静嘉堂本は「披レ緘恰如二面談一」と施訓する。東大本・静嘉堂本の訓点が正しいと考えられる。盧仝「走筆謝孟諫議寄新茶」の「口云諫議送書信、白絹斜封三道印。開緘宛見諫議面、手閲月団三百片」と、発想と用字が似る。

〔御在洛中〕東大本・静嘉堂本は「洛」と「中」の間に音合符がある。その読みにしたがう。

〔其書〕東大本・静嘉堂本は「空書」とあり、この本文が正しいと考えられる。文脈から推して、「空書」はここでは、内容の無い、形だけの書翰を言うものであろう。互いに遠隔の地に住んでいて、実際は会うこともできないのに相手に送る空しい書翰を、このように表現したものか。なお、中国では世説新語、黜免の、殷浩の故事を意識して、空中に文字を書くことを言う。

〔無面目候〕東大本・静嘉堂本に「無二面目一存候」とあり、思う意の謙譲語「存」があるのが良い。

〔千悔々々〕東大本・静嘉堂本は「千悔(クワイ)々々」の前に「乍(ラ)レ去(リ)非(ス)ニ胸次之(ノ)等閑(ニ)一候(ロ)」の一文がある。往来物では、書翰の無沙汰をしたお詫びと言い訳を述べる際に、このような文言を入れるのが通例である。

〔上17ウ〕

〔不閣〕東大本・静嘉堂本に「不図(ト)」とあり、急に思い立つ様をこの副詞で表すと考えられ、東大本・静嘉堂本の本文にしたがう。

〔可遂壮観〕東大本・静嘉堂本に「可レ遂(トグ)ニ壮観(サウヲ)一候(ロ)」とあり、文末に補助動詞「候」がある。これが正しいと考えられる。

〔被懸御意間〕東大本・静嘉堂本に「被(ラレハ)レ懸ニ御意一者」（五字目、元「間」と書き丸で見せ消ちして「者」に訂す）とあり、この本文が正しいと考えられる。

〔上18オ〕

〔好時侯〕東大本・静嘉堂本は「好時侯(コウシコウ)」とする。慶安版本の「時」は「時」の誤り。

〔鳥孫〕「鳥孫」は「烏糸」の誤り。国名の「烏孫」に引かれたものか。詳しくは、上掲の「易林本節用集と新撰類聚往来」参照。

〔預芳志者〕東大本・静嘉堂本に「領(ハ)ニ御芳志(ニ)一者」とある。「領」は「預」の誤りであろう。「芳志」は相手に属する語であるから、接頭辞「御」がある方が良い。

〔引物〕東大本・静嘉堂本に「引物(イモツ)」とある。慶安版本は「ヒキモノ」、東大本・静嘉堂本は「インモツ」と訓んでいる。この語は慶安版本上15ウ1に既出。「引出物」と類義の「引物（ひきもの）」を字音で読んだ和製漢語であろう。色葉字・節用集・日葡辞書等管見の範囲の古辞書では、全て「インブツ」の読みが示されている。「インモツ」の例は「音物」の表記をとることが多い。ここでは室町後期の一般形「インブツ」の読みを採る。

〔上18ウ〕

〔鈖〕東大本・静嘉堂本は「鈆」とする。「鈆」は「鉛」の俗体。「鈖」は「鉛」の誤り。

〔王玉〕「赤玉」の直下双行の「牛／黄」は、「王玉」の前にあるべきもの。東大本・静嘉堂本は「赤玉（アカタマ）　牛王（ゴワウノ）玉　鹿王玉（ロクヲウノ）」とある。慶安版本の「黄」は「鹿」の誤り。

〔上19オ〕

〔玳瑇〕「瑇」は「瑁」の誤り。

〔紅花　緑葉〕東大本・静嘉堂本は「紅花緑葉（コウクワリヨクヨウ）」で一語であり、これが正しい。

〔輪室〕東大本・静嘉堂本は「輪宝（リンホウ）」であり、これが正しい。

〔葉公画龍、韓幹駿骨、東坡竹、甫子梅、李夫人、王右軍、張芝伯英墨蹟等〕「甫子」、東大本・静嘉堂本に「補之（ホシ）」（東大本は某字二字を磨り消した上に重ね書き）とある。「楊補之」のこと。「李夫人」は、「衛夫人」の誤り。「衛夫人」は、晋の人で、「王右軍」（王羲之）の師ともいわれる。「王右軍」、慶安版本は「王右軍（ワウウクン）」、東大本・静嘉堂本に「王右（ユウ）軍」とある。「ワウイウグン」が正しい。「張芝」、慶安版本は「張芝（チヤウシハ）」、東大本・静嘉堂本に「張芝（シ）」とある。「チヤウシ」が正しい。「張芝」は、後漢の書家で、「伯英」はその字。この一節について言えば、「韓幹」は唐、「東坡」つまり蘇軾は北宋、楊補之は南宋の画家で、それぞれ、駿馬、竹、梅の絵で有名である。しかし、葉公のみは画家ではなく、春秋時代の楚の葉県の長官。普段より龍を好み、家中を龍の模様で飾っていたが、本物の龍が見に来たところ、恐れて逃げ出したという話で有名。新書・雑事に見える。このように「葉公」を画家の列に加える発想は、桂川地蔵記にも見え、「子昭が山水、葉公が龍、信忠が十王」とある。

〔被示上者〕慶安版本は「被レ示二上一者」、東大本・静嘉堂本は「被(ル、)レ示(サ)上(ヘハ)者」と施訓する。東大本・静嘉堂本の訓点が正しいと考えられる。

〔上19ウ〕

〔管城公〕筆の異名。韓愈が筆を主人公として書いた戯文の「毛穎伝」に基づくものであり、主人公毛穎の封号たる「管城子」が一般的である。ただし、「管城公」の形もあり、黄庭堅の詩「戯詠猩猩毛筆二首　其一」「謝胡蔵之送栗鼠尾画維摩二首　其二」等に見える。また、「管城侯」と言うこともある。上掲の「易林本節用集と新撰類聚往来」参照。

〔仲春念日〕東大本・静嘉堂本に「仲春廿日」とある。「念日」は「廿日」即ち「二十日」に等しい。

〔御館営之由〕慶安版本は「御館(クワン)営(エイノ)之由」、東大本・静嘉堂本は「御館(ミタチ)造営(エイノ)之由(シ)」とある。東大本・静嘉堂本の本文と読みが正しいと考えられる。慶安版本は「造」が脱落している。

〔目出候〕東大本・静嘉堂本に「目(メ)出(デ)度(ク)候(ロ)」とあり、この本文が正しいと考えられる。

〔不残心底〕東大本・静嘉堂本に「弗(ス)レ残(サ)二心底(ヲ)一」とある。「不」「弗」共に打消の助辞である。

〔上20オ〕

〔雖為生得無調法、才覚〕慶安版本は「雖レ為(ト)二生得(シヤウトク)無調法(フテウハウ)一才覚(サイカク)」、東大本・静嘉堂本は「雖(トモ)レ為(タリト)二生得無調法無才覚一」とある。東大本・静嘉堂本の本文と訓点が正しいと考えられる。

〔不微細〕慶安版本は「不(レハ)レ微(ヒ)細(サイナラ)」、東大本は「不(レハ)二微(ミ)細(サイナラ)一」、静嘉堂本は「不(レハ)二微細(サイナラ)一」と施訓する。色葉字諸本・節用集諸本等の古辞書は「微細」に「ミサイ」と施訓する。ここでは、室町後期一般的であった「ミサイ」の読みを採る。

〔上20ウ〕

〔梪〕「梲」の誤り。

〔椓〕「椽」の誤り。

〔栟〕「枅」の誤り。

〔⿰月志木〕「⿰月志」は「肱」の誤り。

〔小簷〕慶安版本は「コツキ」、東大本・静嘉堂本は「コノキ」と施訓する。慶安版本の「ツ」は「ノ」の誤り。

〔角木〕慶安版本は「スミノ――」、東大本・静嘉堂本は「スミキ」と施訓する。慶安版本の「ノ」は衍字。

［上21オ］

〔軑〕慶安版本は「軑（ツメ）」、東大本・静嘉堂本は「軑釘（ツメクギ）」とする。慶安版本の形は、「釘」が脱落、若しくは次行に分離したものであろう。「軑釘」は、文献に用例を見ないが、表記より推して、材木の穴に詰める目釘をいうか。詳しくは、上掲の「易林本節用集と新撰類聚往来」参照。

〔蝎羽〕爾雅、釈虫に「王蚨、蝪」とあり、郭璞注に「即螲蟷」とある。「螲蟷」は地蜘蛛を意味するが、「螻螲」はケラ（螻蛄）のことである。この連鎖関係から、「蝪」を「ケラ」と読んだものであろう。一方、「蝎」は「蠍」の異体で、サソリを表し、接点は一切認められない。

〔相板〕木目（もくめ）が真っ直ぐに通っている板を言う。「相」は「木目」の合字であろう。

〔簣子〕「簣」は「簀」の誤り。

［上21ウ］

〔隔戸〕慶安版本は「隔戸（カラ）」、東大本・静嘉堂本は「隔（カフ）ー（シ）（戸）」とある。共に「戸」は「子」の誤り。慶安版本の「ラ」は「ウ」の誤り。

〔隩障子〕東大本・静嘉堂本は「襖(フスマ)障子」。慶安版本の形は扁揃。

〔上22オ〕

〔屋棧敷〕東大本・静嘉堂本は「部屋　棧敷(サジキ)」。「部」が次行「閨」の下に分離竄入したか。

〔閨部〕東大本・静嘉堂本は「閨(ネヤ)」。慶安版本の「部」は前行から竄入したものか。

〔橿〕「櫓」の誤り。

〔可被祈〕東大本・静嘉堂本に「可(レ)被(レ)所」とある。東大本・静嘉堂本の「所」は「祈」の誤りであろう。

〔現当之二世〕慶安版本は「現当之二世(ケンタウノ)」、東大本・静嘉堂本は「現当二世(ノ)」とある。東大本・静嘉堂本の本文と訓点が正しいと考えられる。

〔上22ウ〕

〔如斯〕東大本・静嘉堂本に「如(レ)此(ノ)」とある。「斯」「此」共に近称の指示代名詞の表記に用いる。

〔様体〕東大本・静嘉堂本に「様体(カヽリテイ)」とある。慶安版本は音合符を付すので、「ヤウタイ」と読むのであろう。
節用集諸本は「様体」に「ヤウダイ」と施訓する。ここは室町後期の一般的な読み方にしたがう。

〔侍仏堂〕東大本・静嘉堂本は「持仏(ヂブツトウ)ー（堂）」。慶安版本の形は扁揃。

〔庫司〕慶安版本は「コシ」、東大本・静嘉堂本は「クス」と施訓する。中世の禅宗用語としては通常「クス」と読む。

〔上23オ〕

〔鉉〕「鋲」の誤り。

〔曲金〕一般に「曲尺」と表記される「まがりかね」のことであろう。詳しくは、上掲の「易林本節用集と新撰類聚往来」参照。

〔計曳〕慶安版本は「ケヒテ」、東大本・静嘉堂本は「ケヒキ」と施訓する。慶安版本の「テ」は「キ」の誤り。

〔上23ウ〕

〔料揀〕東大本・静嘉堂本も「料揀（レウケン）」とある。この語の室町期における一般的表記は、「料簡」「了簡」である。「揀」は「簡」と通用する。

〔昔郢人斲鼻端之泥〕荘子・徐無鬼篇に「郢人堊漫其鼻端若蝿翼、使匠石斲之、匠石運斤成風、聴而斲之、尽堊而鼻不傷、郢人立不失容」とあり、これが出典である。荘子の「堊」が「泥」に改変されている。

〔成風〕慶安版本は「成（ナシテ）レ風（ヲトヲ）」と施訓する。東大本・静嘉堂本は「成（ナス）レ風（ヲトヲ）」とあり、ここで文が終止する。原典との対比により、東大本・静嘉堂本の訓点にしたがう。

〔不傷鼻〕慶安版本は「不レ傷（イタマ）レ鼻（ヲ）」、東大本・静嘉堂本は「不レ傷レ鼻（ヲ）」と施訓する。原典の荘子本文は「鼻不傷」とあり、この語順であれば「鼻傷（イタマ）ズ」となるが、新撰類聚往来の本文は「不傷鼻」であるから、慶安版本の「鼻ヲ傷（イタマ）ズ」の訓点は、「傷」を自動詞としており、不適切である。ここは他動詞として読んでおく。

〔属小工脇手附酒直作料等〕慶安版本は「属（ツイテ）二小工脇手附酒直作料等（ニ）一」とあるのに対し、東大本・静嘉堂本は「属（ショクセハ）二小工脇（ワキノ）手（ニ）一、附（ツケテ）二酒直（チキ）作料等（ニ）一」と施訓する。東大本・静嘉堂本の訓点が正しいと考えられる。また、東大本・静嘉堂本の「酒直」は、音合符と下字の「チキ」の施訓により「シュヂキ」と読まれているが、ここでは、運歩色葉集・易林本節用集等により「サカテ」と読んでおく。

〔上24オ〕

〔小野某〕東大本・静嘉堂本には差出人の名は無い。

〔預宝墨条〕東大本・静嘉堂本に「領(二)宝(ホウ)墨(一)条」とある。東大本・静嘉堂本の「領」は「預」の誤り。

〔真実〕東大本は「真実々々(シンジツ)」、静嘉堂本は「真実々々(シンシツ)」とある。この「真実」は副詞的用法であり、それを重ねることにより、更に強調している。

〔造做〕慶安版本は「造做(リナシ)」、東大本・静嘉堂本は「造做(サク)」と施訓する。「做」は「作」の俗体である。ここは「折々造做、依々普請」で対句になっているので、共に字音で「ザウサク」「フシン」と読むのが適切であろう。

〔上24ウ〕

〔且〕慶安版本は「且(カツカツ)」、東大本・静嘉堂本は「且(ツ)」と施訓する。東大本・静嘉堂本の施訓では「かつ」か「かつがつ」か明確ではない。ここは、やっと、どうにかこうにか、の意であるから、「かつがつ」と読むのが良い。

〔成謐畢〕東大本・静嘉堂本に「成畢(セイヒツス)」とある。慶安版本の「成謐」は、「静謐」とのコンタミネーションによって、不要な「謐」の字が竄入したものと思われる。

〔及内造作〕東大本・静嘉堂本に「及(二)内造作(ニ)(一)条」とある。

〔差棚等〕慶安版本は「差棚等(チカヒタナ)」、東大本・静嘉堂本は「差棚等(サシタナ)(ノ)」と施訓する。慶安版本の「チカヒタナ」の施訓が正しいと考えられる。この語は「違棚」の表記が普通であるが、「違」と「差」は「たがふ」の訓を共有するので、異表記として使用されたものであろう。

〔大儀〕東大本・静嘉堂本に「大義」とある。「大儀」が正書法である。「儀」と「義」は通用する。

〔曼殊沙花〕「殊」と「珠」は通用。

〔上25オ〕

〔鬘花〕東大本・静嘉堂本は「華鬘花(ケマンケ)」。「華」が脱落、若しくは同行「勝花」の下に分離したものであろう。

〔勝花華〕東大本・静嘉堂本は「宝勝花(ホウシヤウクワ)」。「宝」が脱落し、同行上の「華鬘花」の第一字が竄入したものであろう。

〔凌宵花〕東大本・静嘉堂本は「凌霄花(レウセウケ)」とあり、この形が正書法である。「宵」と「霄」は通用。

〔瓔洛花〕「瓔洛」は「瓔珞」の誤り。

〔上25ウ〕

〔金帯〕「金」は「錦」の誤り。

〔藋麦〕「藋」は「瞿」の誤り。

〔萱草〕慶安版本は「セン――」、東大本・静嘉堂本は「クワンソウ」と施訓する。慶安版本の「セン」は「クワン」の誤り。

〔往来草〕東大本・静嘉堂本は「往生(ヲウシヤウクサ)ー（草）」。「来」は「生」の誤り。

〔茉利花〕東大本は「茉莉(マリケ)ー（花）」、静嘉堂本は「茉莉(マツリケ)ー（花）」。「利」は「莉」の誤り。

〔玉蘂含笑花〕東大本・静嘉堂本は「玉蘂(スイ)ー（花(ケ)）含笑(カンセウケ)ー」とあり、二語。

〔葥〕和名集類に「葥〈ヤマブキ〉」とある。

〔〓〕「〓」は「ツタ」か。倭玉篇類に「蔦〈ツタ〉」「樢〈ツタ〉」がある。標出字はこの二者のコンタミネーションか。

〔上26オ〕

〔梅草〕東大本・静嘉堂本は「梅花(ハイクワ)」。「草」は「花」の誤り。

〔柳〕東大本・静嘉堂本は「柳(リウクワ)ー（花）」。慶安版本の形は「ー」の脱落であろう。

〔榴〕東大本・静嘉堂本は「榴ー（リウクワ）（花）」。慶安版本の形は「ー」の脱落であろう。

〔上26ウ〕

〔魅〕東大本・静嘉堂本の「魑（ヤマノカミ）　魅（サトノカミ）　魍（キノコタマ）　魎（イシノコタマ）」に対して、慶安版本は「魅（木タマ）　魍（イシノタマ）」とある。「魑」と「魎」が脱落したため、標出字と傍訓にずれが生じたものであろう。玄応音義注引通俗文に「木石怪、謂之魍魎」とある。慶安版本の標出字「魅」は「魍」の誤り。

〔魍〕前項校注参照。慶安版本の標出字「魍」は「魎」の誤り。傍訓「イシノタマ」は「イシノスダマ」の誤り。

〔驊　騮〕「驊騮」で一語。中国古代の駿馬の名。

〔駃　騠〕「駃騠」で一語。今一般には、牡の馬と牝の驢馬を掛け合わせたものをいうが、前後に駿馬の名を挙げることから推して、駿馬の名であろう。李斯の「上書秦始皇」に「趙衛之女、不充後庭。駿良駃騠、不実外廏」とあるのがその例である。

〔駒　駼〕「駒駼」で一語。山海経に見える、馬のような神獣。また、広く駿馬をいう。

〔䮑〕慶安版本は「トケ」、東大本・静嘉堂本は「カケ」と施訓する。「ト」は「カ」の誤り。

〔驪〕「青驪」の誤りであろう。詳しくは、上掲の「易林本節用集と新撰類聚往来」参照。

〔䮄〕東大本・静嘉堂本は「駽（アヲ）」。「䮄」は「駽」の誤り。上掲の「易林本節用集と新撰類聚往来」の「驪」参照。

〔⿰馬眞〕「⿰馬眞」は集韻に「馬顙戴星謂之⿰馬眞」とあり、星額の馬を言う。東大本・静嘉堂本は「ノセホミ」と施訓する。「ノセホシ」の誤りであろう。

〔駙〕慶安版本の傍訓「サメ」は「ソヘムマ」の誤り。

〔駑〕慶安版本の傍訓「ヲタムマ」は「ヲソムマ」の誤り。

〔騵〕慶安版本の傍訓「ヒハリ」に対し、東大本・静嘉堂本は「ヒハリケ」と施訓する。「ヒハリ」は「ケ」の脱落であろう。

〔驄〕慶安版本の傍訓「カスケ」は「アシゲ」の誤り。

〔上27オ〕

〔背筋　通〕「背筋通」で一語か。

〔青　黒〕「青黒」で一語。

〔黄　鴾毛〕「黄鴾毛」で一語。

〔猜　狸〕「猩々」の誤りであろう。

〔野犴〕大蛇に似た妖怪の名。この表記は珍しい。詳しくは、上掲の「易林本節用集と新撰類聚往来」参照。

〔特〕「コウシ」の訓に対応するのは「犢」であろう。

〔彊弓〕東大本・静嘉堂本は「彊（カウ）ー（牛）」。慶安版本の「弓」は「牛」の誤り。

〔犛牛〕ヤクのこと。法華経に見える語なので、呉音で「めうご」と読む。詳しくは、上掲の「易林本節用集と新撰類聚往来」参照。

〔択〕東大本に「択（エランテ）」とある。静嘉堂本は無訓。慶安版本の傍訓は字音読みの「タクシテ」を想定している。

〔如生者〕東大本に「如（ナル）レ生（イケルカ）者（ノヲ）二」、静嘉堂本に「如（ナル）レ生者（ノヲ）二」とある。ここでは訓読を採る。

〔勝絶也〕慶安版本は「勝絶也（セウセツナリ）」、東大本・静嘉堂本は「勝（シヤウ）絶（セツスルコト）也（ヤ）」と施訓する。ここは文が終わらずに下に続いて行くところであるから、東大本・静嘉堂本の句読にしたがう。

〔上27ウ〕

〔如椽之筆〕慶安版本は「不ㇾ如二椽之筆(ニ)一」、東大本・静嘉堂本は「不(シハ)二如(ジョ)椽(テン)之(ノ)筆(ニ)一」と施訓する。「如椽」は故事のある一語なので、慶安版本の訓点は誤りである。「如椽」は、垂木のように太いこと。晋書・王珣伝に「珣夢人以大筆如椽与之。既覚、語人云、此当有大手筆事。俄而帝崩、哀冊謚議、皆珣所草」とある。この故事によれば、もとは重大事を書く筆の意であろうが、宋詩以降の用例では、単に筆力がつよいことを「如椽」というようになった。

〔不備恐〕東大本・静嘉堂本に「不備恐々」とある。慶安版本の本文は躍り字が脱落している。

〔無仰蒙〕慶安版本は「無ㇾ仰蒙(コトモ)」、東大本・静嘉堂本は「無(シ)ㇾ蒙(ムルコトモ)ㇾ仰(セ)」とある。

〔託素書於飛鴻〕「託」について、慶安版本は「託(ヨセン)」、東大本・静嘉堂本は「託(タクシ)」と施訓する。「素書を飛鴻に託し、玉章を回鸞に附す」で対句になっているので、東大本・静嘉堂本の傍訓が良い。「素書」は、白絹に書いた手紙。漢の楽府「飲馬長城窟行」に「客従遠方来、遺我双鯉魚。呼児烹鯉魚、中有尺素書」とあるのによる。「鴻」は、漢詩においては「雁」の言い換え語でもあり、ここは、蘇武が雁の脚に絹の手紙「帛書」を結びつけたという、漢書・蘇武伝の故事を意識したものであろう。とはいえ、「雁」や「鴻」と「素書」を結びつけること自体、中国の用例では一般的でなく、唐の楊憑の「送別」に「相聞不必因来雁、雲裏飛輧落素書」とあるのが古く、北宋の蘇軾の「清遠舟中寄耘老」に「北雁南来遺素書、苦言大浸没我廬」、南宋の王炎の「遠別離」に「青眉玉頬為誰好、天闊飛鴻無素書」とあるのが少ない例である。「雁」ではなく「鴻」を関連させた例としては、北宋の石孝友の詞「杏花天」に「帛書早系征鴻足、腸断弦孤怎続」とある。

〔附玉章於回鸞〕文脈より考えれば、上句と同意であり、「玉章」は書翰の美称で、それを鳳凰の類の鸞に届けさせるというのであろう。鸞は、長い尾を回し巡らした形でイメージされやすい。したがって、「回鸞」は、舞う鸞であり、舞踊の姿の形容語になるが（里帰りの意もあるが、もとより無関係である）、文章と結びつけられることは少ない。たしかに鸞（鳳凰）には、魏晋の頃の無名氏の「王受命」に「翼翼翺翔彼鸞皇兮、銜書来游以命昌兮」とあるように、天書を銜えて下るというイメージもあるが、これが影響したとも思えないし、天書を運ぶのが「鸞」と限定されていることもない。漢籍では、「回鸞」が書を運ぶという用例は見出せないので、むしろ、北周の庾信の「傷王司徒褒詩」に、王褒の筆と琴の腕前をたたえた詩句の、「回鸞抱書字、別鶴繞琴弦」が影響したとも考えられる。もとより庾信のいう「回鸞」は、草書の素晴らしさをたたえた語であり、鸞が書物を運ぶわけではないが、この類の表現を誤解した可能性はある。

〔予〕慶安版本は「予（ワカ）」、東大本・静嘉堂本は「予（ナンチカ）」と施訓する。「予」は一人称代名詞であるので、「わが」の読みを採る。

〔上28オ〕

〔無音〕東大本・静嘉堂本に「無沙汰」とある。「無音」と類義で、共に久しく便りをしないことを言う。

〔用作嗜奔走捩聊〕慶安版本は「用作嗜（タシナミ）奔走捩（アツカヒ）聊」、東大本・静嘉堂本は「用作之（サノ）嗜（タシナミ）奔走之（ノ）懊捩也耶」とある。「用作の嗜、奔走の捩」で対になっているので、「懊捩」という、他に用例の全く見られない熟語ではなく、単字「捩」が適切であろう。慶安版本の本文と訓点が正しいと考えられる。

〔胡椒〕「胡椒、集香湯」は、「胡椒湯、集香湯」の略であろう。前者は胡椒をベースとした薬湯、後者は沈香と丁子をベースにした薬湯であり、ともに普済方等に見える。禅院で供されたのであろう。

〔集香湯〕慶安版本は「集香湯（シツカウタウ）」、東大本・静嘉堂本は「集香湯（シツキヤウタウ）」と施訓する。この語は禅語なので、呉音または唐音で読むべきであり、「香」の字音は呉音「カウ」を採る。前項参照。

〔上28ウ〕

〔氈羊羹〕東大本・静嘉堂本は「巻氈（ケンセン）羊羹（ヤウカン）」。慶安版本の形は「巻」が脱落したものであろう。「巻氈」は、羹の一種と考えられるが、詳しくは、上掲の「易林本節用集と新撰類聚往来」参照。

〔砂碓羊羹〕「砂碓」は「砂糖」の扁揃。

〔水晶　苞子〕東大本・静嘉堂本は「水晶苞子（シヤウホウス）」で一語であり、これが正しい。共に「苞」は「包」の誤り。

〔胡餅〕慶安版本は「コモチ」、東大本・静嘉堂本は「コヒヤウ」と施訓する。正しくは「コビヤウ」であろう。詳しくは、上掲の「易林本節用集と新撰類聚往来」参照。

〔上29オ〕

〔次食〕「飡」の誤り。

〔嚮〕「餉」の誤り。

〔饅頭　餛飩〈饅頭〉　饂飩〕東大本・静嘉堂本は「饅頭（マンヂウ）　餛飩（ウンドン）」に作る。慶安版本の「餛飩」の下の「饅頭」は衍字であろう。

〔基子麺〕「碁子麺」が正書法であるが、中世文献、特に古文書・古記録において、「棊」と「基」の通用例は多い。

〔麭麩〕「麭」と「䴷」は通用。

〔糄饘〕「糄（ヒメ）」「饘（ユツケ）」は二語。

〔烝飯〕東大本・静嘉堂本は「烝（シン）ー（飯）」。「烝」と「蒸」は通用。

〔曲勾〕「マガリ」は、唐菓子の一種で、小麦粉を練って細くしてねじり、油で揚げたもの。「糫餅」「勾餅」

など、多様な表記がなされるが、「曲勾」は少ない。詳しくは、上掲の「易林本節用集と新撰類聚往来」参照。

〔上29ウ〕

〔金岡圏、栗棘蓬〕東大本・静嘉堂本に「金剛圏(ケン)」とある。慶安版本の「岡」は「剛」の略体か。圓悟仏果禅師語録に「昔在五祖白雲、拾得数箇金剛圏、一鑑栗棘蓬」とある。「金剛圏」は輪状の武器で、食べ物ではないが、「栗棘蓬」は栗のイガであるので、ともに挙げたものであろう。いずれにせよ、ここに続く「鉄酸⿰足兼」「鉄饅頭」ともに、実際に食べられるものではない。禅語で用いる言葉を列挙しただけのものである。

〔鉄酸⿰足兼〕「⿰足兼」は、餡の意。虚堂和尚語録に「金剛圏、栗棘蓬、鉄酸⿰足兼、正好施呈」として、「金剛圏」「栗棘蓬」に加えている。現実の食べ物ではない。

〔鉄饅頭〕鉄の饅頭。景徳伝灯録・蘄州烏牙山彦宝禅師に「金輪天子下閻浮、鉄饅頭上金花異」という語を載せる。日本では、聖一国師語録や、夢中問答で使われ、いずれも禅の公案の「噛み砕きにくさ」を喩えた言葉である。

〔尋出分有之〕東大本に「且(カツカツ)尋出(ネス)分在レ之」、静嘉堂本に「且(カツカツ)尋出(ス)分在レ之」とある。やっとのことで、どうにかこうにか、という意味の副詞「且（かつがつ）」が有る方が良いので、ここは東大本・静嘉堂本の本文を採る。

〔上30オ〕

〔通山〕「山」は「屮」の誤り。「屮」は「艸」の略体。

〔荷蓓〕「荷(ハス)」と「蓓(ハイ)」の二語。

〔諸瓜〕東大本・静嘉堂本は「清ー（セイクワ）（瓜）」。慶安版本の「諸」は「清」の誤り。

〔細地〕観智院本類聚名義抄に「熟瓜〈ホソヂ〉」とある。この語は「ホソヂ」と「ホゾチ」の両形併存。「細地」は「ホソヂ」の語形を前提とした表記であろう。

〔芧茸〕クリタケは、クヌギ等に生える食用のキノコ。詳しくは、上掲の「易林本節用集と新撰類聚往来」参照。

〔鵽茸〕慶安版本の傍訓「カトリー」は「タトリー」の誤り。

〔卜治〕食用キノコのシメジ。多様な表記がなされるが、古辞書に「卜治」は少ない。詳しくは、上掲の「易林本節用集と新撰類聚往来」参照。

〔上30ウ〕

〔曳干〕寛永五年版庭訓往来に「曳干（ヒキボシ）」、饅頭屋本節用集に「曳旱（ヒキボシ）」とある。第三拍濁音。

〔暑預〕「暑」と「署」は通用。「薯蕷」を日本では「暑預」と表記することが多い。

〔風子指〕慶安版本は「スカコサシ」、東大本・静嘉堂本は「ヌカコサシ」と施訓する。「ヌカゴサシ」が正しい。

〔上31オ〕

〔禿筆難掃辞場〕「辞場」は、唐代以降の語で、文学活動の世界。ここは、李白の「上安州李長史書」に「掃塵辞場、振発文雅」とあるのを模したもの。ただし、李白の「掃塵辞場」は、文壇を席巻する、つまり、他の作品を吹き飛ばすような素晴らしい文学を作るという意味であるのに対し、ここでは、「私の貧相な筆力では、十分に意を尽くせない」という程度の内容になっている。

〔某〕東大本・静嘉堂本には差出人に当たる「某」無し。

〔如尊意〕東大本・静嘉堂本に「如（ク）二御意（ノ）一」とある。「尊意」と「御意」は、相手や他者の考えを敬って言う尊敬語であり、類義語である。

〔上31ウ〕

〔書絶〕慶安版本は「書絶（セツシ）」、東大本・静嘉堂本は「書絶（タヘ）」（左訓「―ゼツ」）と施訓する。「書絶」は、国立国会図書館蔵色葉字尽に「カキタヱ」、元亀二年本運歩色葉集に「カキタヘ」と施訓されている。ここでは訓読を採る。

〔当来〕慶安版本上17オ4の「到来」は東大本・静嘉堂本では「当来」に作る。ここは諸本共に「当来」に作る。

〔拭目視之〕慶安版本は「拭（ノコフテ）」とウ音便、東大本・静嘉堂本は「拭（ノゴッテ）」と促音便である。景徳伝灯録・長沙興国寺振朗禅師に「住後有僧来参。師乃召曰、上坐。僧応諾。師曰、孤負去也。曰師何不鑑。師乃拭目而視之。僧無語」とある。

〔玳瑇〕東大本・静嘉堂本に「瑇（タイ）〈玳同〉瑁（マイ）」とある。この注にあるように「瑇」は「玳」に同じ。慶安版本の表記「玳瑇」の字音は「タイタイ」となる。しかし、この同じ誤りは古辞書にも見え、饅頭屋本節用集に「玳瑁（タイマイ）　玳瑇（同）」とある。ここは東大本・静嘉堂本の表記を採る。

〔金盞、銀、胡〕東大本・静嘉堂本に「金盞（キンサン）、銀盞、胡（ウ）盞」とある。慶安版本の形は、「銀」「胡」のそれぞれ下の躍り字を落としたものであろう。

〔上32オ〕

〔見来〕慶安版本は「見来（ル）」、東大本・静嘉堂本は「見来（ヘ）」とある。諸本共に「みえきたる」の読みを施す。

この語は、文字列としては上代よりあるが、古文書特に書翰及び古記録においては、応永年間以降、金品の現物が実際に到来する、という意味の新用法が現れる。「見下」（「ゲンカ」と読み、金品を実際に支給する意）の「見」と同じ造語成分と考えられる。古記録では建内記・上井覚兼日記・看聞御記・実隆公記・大舘常興日記等に多くの例が見える。謙堂文庫蔵柏原屋佐兵衛版新撰遊覚往来、七月返状に「抑（そもそも）、所（ところの）レ承（うけたまはる）名香（めいかう）、折節（おりふし）随（したかひ）二見来（けんらいに）一候」とあり、また邦訳日葡辞書に「Guenrai.ゲンライ（見来）Miye qitaru.（見え来たる）よそから到来したそのままで、人に送られる物。書状、および、話し言葉に用いられる。例、Guenraini macaxe xinji soro.（見来に任せ進じ候）到来したそのままで、これをあなたにさし上げます、あるいは、お送りします。（以下略）」とあるように「ゲンライ」と字音読みするのが通例である。

〔饅豆〕「饅」は「鏝」の誤り。

〔芹〕東大本・静嘉堂本は「芹炙（セリヤキ）」。ここは調菜方であるので、「芹炙」が正しい。慶安版本は「炙」を脱落したものであろう。詳しくは、上掲の「易林本節用集と新撰類聚往来」参照。

〔鳥熬〕慶安版本は「鳥熬（カモイリ）」、東大本・静嘉堂本は「鳧熬（カモイリ）」とある。「鳥」は「鳧」の誤り。

〔上32ウ〕

〔木目漬〕鞍馬の名産とされた、アケビの芽の塩漬け。表記は「木芽漬」が多く、「木目漬」とする例は少ない。詳しくは、上掲の「易林本節用集と新撰類聚往来」参照。

〔酢茎〕慶安版本の「スキヤウ」は「スグキ」の誤り。

〔酢薑〕慶安版本の「スキヤウ」は「スハジカミ」の誤り。邦訳日葡辞書に「Sufajikami.スハジカミ（酢薑）酢あるいは漬汁につけた生薑」とある。詳しくは、上掲の「易林本節用集と新撰類聚往来」参照。

〔繊羅蔔〕「羅」は「蘿」の誤り。

〔散羅蔔〕「羅」は「蘿」の誤り。大根をさいの目に切った汁物と推測される。詳しくは、上掲の「易林本節用集と新撰類聚往来」参照。

〔青茄〕「茄」は「茹」が正しいが、通用例は多い。詳しくは、上掲の「易林本節用集と新撰類聚往来」参照。

〔撞藻汁〕淡水藻の江浦草（ツクモ）の汁と推測されるが未詳。上掲の「易林本節用集と新撰類聚往来」参照。

〔暑預汁〕「暑」と「署」は通用。上30ウの「署預」の項の校注参照。

〔上33オ〕

〔湘賀紐〕慶安版本は「シヤカノヒホ」、東大本・静嘉堂本は「シヤウカノヒボ」と施訓する。東大本・静嘉堂本の傍訓が正しい。「キヤウノヒモ」とも呼ばれる、ムカデノリ科の海藻。詳しくは、上掲の「易林本節用集と新撰類聚往来」参照。

〔洲苔〕カワノリのこと。「水苔」の表記が多く、「洲苔」は珍しい。詳しくは、上掲の「易林本節用集と新撰類聚往来」参照。

〔撞苔〕東大本・静嘉堂本も「撞（ツクモノリ）ー（苔）」とあるが、前出の「撞藻汁（ツクモシル）」に照らせば、いずれも「撞藻苔」の誤りであろう。

〔莧苔〕東大本・静嘉堂本は「芡（トサカノリ）ー（苔）」。慶安版本の「莧」は「芡」の誤り。

〔荷蒻〕「荷」と「蒟」は通用。

〔上33ウ〕

〔茨〕「芡」の誤り。

〔小摘識情親〕杜甫の「賓至」に「自鋤稀菜甲、小摘為情親」とあるのを用いた表現。「情親」は、親しい知人。

〔裏志茅葉〕毛詩・召南・野有死麕「野有死麕、白茅包之」の鄭箋に「貞女之情、欲令人以白茅裹束野中田者

所分麕肉為礼而来」とあり、「白茅」の葉で肉を包んで礼物とすることを言う。これを意識したものか。

［上34オ］

〔何様〕この文字列は「いかさま」「なにさま」二通りに読み得る。東大本・静嘉堂本に「何(ニ)様(マ)」の傍訓が施されているので、ここは「ナニサマ」の読みを採る。意味はほぼ同じであるが、本書では「いかさま」は「如何様」、「なにさま」は「何様」と表記し分けられている。

〔正陽七日〕東大本・静嘉堂本は「正陽七日」の下方に差出人を「某」として示す。

〔禅林院　免僧禅師〕東大本・静嘉堂本は「禅林院　免僧禅師」の下方に「貴報」とある。

〔起居動止如何様御暮候哉、依而〕慶安版本は「起(キ)居(キヨ)動(トウ)止(シ)如何様(ニ)御暮候哉、依(テ)而」、東大本・静嘉堂本は「起(キ)居(コ)動止如何(ン)、仍(テ)而」とある。東大本・静嘉堂本は「居」を呉音で「コ」と読んでいる。慶安版本には「様御暮候哉」という五文字が加わっている。また、「仍」と「依」の異同がある。

［上34ウ］

〔無絃琴無孔笛〕ここでは、ともに、音楽を奏でない無駄な楽器の意であるが、両者は本来、出所も意味合いも異なる。「無絃琴」は、梁の蕭統の「陶靖節伝」に「淵明不解音律、而蓄無弦琴一張、毎酒適、輒撫弄以寄其意」とあるのにより、はじめから演奏を目的としない、風流人の琴をいう。一方、「無孔笛」は、碧巌録第五十一則、第八十二則に「無孔笛子」とあり、常識的な演奏を拒否する孔の無い笛であり、禅の理が言葉で表現できないたとえ。

〔再発、意不予也〕東大本・静嘉堂本に「再発(サイホツノ)意(ロ)不預(コ)也」とある。「予（豫）」と「預」は通用する。

［上35オ］

〔銅／鈸子〕「銅鈸子」で一語。

〔鷓胡笛〕東大本・静嘉堂本は「鷓鴣―（笛）」（シヤコテキ）とある。慶安版本の「胡」は「鴣」の誤り。

〔上35ウ〕

〔絆切〕能装束の袴の一種。通常は「半切」と表記し、「絆切」は少ない。詳しくは、上掲の「易林本節用集と新撰類聚往来」参照。

〔上36オ〕

〔鸞奚〕「奚」は「鏡」の誤り。

〔延桙〕「延」は「振」の誤り。

〔賀殿鳥〕「賀殿」と「鳥」の二語。

〔陵王一徳／塩〕「陵王」と「一徳塩」の二語。

〔上36ウ〕

〔一徳／塩三台　塩皇麞〕「一徳塩」「三台塩」「皇麞」の三語。また、「皇麞」の慶安版本の傍訓は「クワウシヤウ」とあるが、「ワウジヤウ」が普通。

〔回骨〕「廻忽」「廻骨」「廻鶻」等の異表記がある。「回」と「廻」は通用。

〔倍臚〕「倍」と「陪」は通用。

〔喜徳楽〕「喜」は「貴」の誤り。

〔上37オ〕

〔春楊柳〕慶安版本の傍訓は「―ノヤウリウ」であるが、「シユンヤウリウ」と読むべきところ。

〔輪鼓　禅悦〕慶安版本に「輪鼓（リンコ）　禅悦（センエツ）」とあるのに対し、東大本・静嘉堂本は「輪鼓（リンコ）禅脱（タツ）」とする。正しくは「輪鼓褌脱（リンゴクダツ）」で一語である。

〔庶人　三〕慶安版本の「庶人　三」（ショシン）に対し、東大本・静嘉堂本は「庶人三」（ソニンサン）とする。正しくは「庶人三台」（ショニンサンダイ）。

〔賀／王恩〕「賀王恩」で一語。

〔秦王　破陣〕東大本・静嘉堂本は「秦王破陣」で一語。「秦王破陣楽」が普通である。

〔赤白　桃花〕東大本・静嘉堂本は「赤白桃花」で一語。共に「赤白桃李花」の「李」の脱落である。

〔干闐王〕慶安版本は「干闐王」（カンシン）、東大本・静嘉堂本は「于闐王」（ウ○ン）で、傍訓二字目は「テ」と「シ」が重ね書きされている。正しくは「于闐王」（ウテンワウ）。

〔蘇莫者〕慶安版本は「蘇莫者」（ソハクシャ）、東大本・静嘉堂本は「蘇莫者」（マク）（「マ」に濁点）と施訓する。正しくは「ソマクシヤ」。

〔采桑老〕「采」は「採」の略体。

〔皇仁庭〕慶安版本は「皇仁庭」（クワウニンテイ）と施訓するが、「ワウニンテイ」が正しい。また、「皇」は「王」とも。

〔上37ウ〕

〔崑崙〕東大本・静嘉堂本は「崑崙八仙」（コンロン）とあり、こちらが正しい。

〔鳥急〕東大本・静嘉堂本は「鳥急」（トリキフ）。慶安版本の傍訓は「テウキウ」とあるが、「トリノキフ」と読むべきところ。

〔越殿楽〕「殿」は「天」とも表記される。

〔木綿帛〕慶安版本の傍訓「ユウシキ」は「ユウシテ」の誤り。

〔上38オ〕

〔安尊〕慶安版本の「安尊」（アソ）は「安名尊」（アナタフト）の誤り。

〔飛鳥〕「飛鳥井」の誤り。

〔上38ウ〕

〔所仰〕東大本・静嘉堂本に「所ㇾ仰ロニ候クロ」とある。補助動詞「候」があるほうが良い。

〔小薬〕慶安版本は訓合符、東大本・静嘉堂本は音合符が施されている。字音読み「セウヤク」を採る。

〔一裏〕慶安版本は訓合符、東大本・静嘉堂本は音合符が施されている。上40ウ1の「一裏」は、諸本共に「ヒトツツミ」と訓じられているので、ここも訓読する。

〔御恩〕東大本・静嘉堂本に「恩恵」とある。

〔耆婆、医王、神農、鶣鵲者〕東大本・静嘉堂本に「扁鵲ト」（東大本の「扁」は某字を磨り消して上に重ね書きされている）とある。「扁鵲」が正しく、慶安版本の表記は扁揄である。「耆婆」「医王」「神農」「扁鵲」の四者を列挙するのは、新猿楽記・九御方夫に「不異於耆婆医王、相同於神農鶣鵲」とあるのによる。

〔上39オ〕

〔宮道某〕東大本・静嘉堂本に「官道某」とある。

〔一日欠面会、猶隔胡越〕全体の表現は、詩経・王風・采葛や、詩経・鄭風・子衿に「一日不見、如三月兮」とあるのによる。「胡越」を以て遠く離れたたとえとするのは、淮南子・俶真以来の常套であるが、「猶隔胡越」と同じ表現としては、元末明初の劉基の「秋夜感懐柬石末公申之」に「豈意風浪舟、心猶隔胡越」とある。

〔只〕東大本・静嘉堂本に「空ク」とあり、これが正しいと考えられる。「空」から「只」への変化は、草書体の類似による誤写によるものであろう。

〔高麗、大唐、新羅、大和之舞楽者不及申〕新猿楽記・九郎小童に「高麗大唐新羅大和之舞楽、尽習畢」とあるのによる。「高麗」、慶安版本は「カウライ」、東大本・静嘉堂本は「コマ」と施訓する。「大唐」、慶安版本は「―タウ」、東大本・静嘉堂本は「モロコシ」と施訓する。

〔上39ウ〕

〔大鑿〕東大本・静嘉堂本に「大毉（エ）」とある。「毉」は「醫（＝医）」の異体。慶安版本の「鑿」は「醫」の誤り。

〔飄颻也〕東大本・静嘉堂本に「飄颻（ヨウトシテ）」とある。ここで文が切れるのではなく、下に続いて行くので、東大本・静嘉堂本の本文と訓点を採る。

〔舞袖飄颻也…野干必傾耳〕新猿楽記・四御許（巫女）による。

〔可謂当仁不譲〕論語・衛霊公に「子曰、当仁不譲於師」とある。

〔如仙人遊〕慶安版本は「如（シ）二仙人遊（ノアソヒノ）一」、東大本・静嘉堂本は「如（シ）二仙人（ノ）遊（カ）一」と施訓する。「仙人の遊びの如し」より「仙人の遊ぶが如し」の方が良い。

〔地祇垂頭向〕東大本・静嘉堂本に「地祇垂（レ）二影向（ヤウヲ）一」とある。ここは、素晴らしい琴の音を聞いて地の神が来臨する意であるから、東大本・静嘉堂本の「影向」の本文が正しいと考えられる。

〔上40オ〕

〔傾耳〕慶安版本は「傾（カタフケ）レ耳（ヲ）」、東大本・静嘉堂本は「傾（ソハタツ）レ耳（ヲ）」（「傾」に左訓「カタムク」）と施訓する。素晴らしい鼓の音に野干が聴き惚れる意であるから、「ソバダツ」を採る。但し「カタブク」も類義であり、いずれでも良い。

〔暢幽悁〕かすかな憂いをはらうこと。韓愈の「送霊師」に、「還如旧相識、傾壺暢幽悁」とある。

〔合薬之法分利…不冥者也〕新猿楽記・九御方夫（医師）によるが、細部は異なる。

〔分利〕東大本・静嘉堂本に「分別（シ）」とある。「分利」は近代の医学用語であり、ここでは当たらない。

〔術方〕慶安版本は「シユツハウ」と施訓するが、薬の調合に関する「方」の中世における字音仮名遣は「ホウ」である。

〔神〕慶安版本は「シン」と施訓するが、上の「仏（ホトケ）」と対なので、ここは「カミ」と訓で読む。

〔五蔵六府〕東大本・静嘉堂本に「六府五蔵」とある。「五臓六腑」の順で言うことが多いのは事実であるが、唐代の例として、備急千金要方には「若至六腑五臓、半死矣」、王績の「負笭者伝」には「是六腑五臓不能無受也」とある。したがって、「六府五蔵」とするのは間違いとは言えない。おそらくこのテキストの原形は「六府五蔵」であり、「五臓（蔵）六腑（府）」の方が一般的であったために、後に書き換えられたものであろう。新猿楽記は「六府五蔵」に作っており、ここはそれに基づくことがわかる。

〔詮脈〕東大本・静嘉堂本に「診脈（シンミヤクヲ）」とあり、この本文が正しいと考えられる。「詮脈」なる語は無い。

〔根元〕東大本・静嘉堂本に「根源（ヲ）」とある。「根元」と「根源」は同語の異表記である。

〔順方治之〕東大本・静嘉堂本に「順（シタカツテ）レ方（ニ）治（チシ）レ之（ヲ）、任（セテ）レ術（ニ）療（ス）レ斯（ヲ）」とある。慶安版本の本文は対句の後半が脱落したものであろう。

〔上40ウ〕

〔莪述〕ショウガ科の薬草。「莪朮」「莪蒁」とも表記される。

〔良香〕未詳であるが、日本では「高良薑」と同一視されたものと思われる。詳しくは、上掲の「易林本節用集と新撰類聚往来」参照。

〔上41オ〕

〔続髄子〕トウダイグサ科のホルトソウの種子。「髄」は「随」の誤り。

〔騏驎血〕キリンケツヤシの汁を固めた生薬。漢籍では「騏驎竭」と書くが、日本では正倉院文書以来「騏驎血」の表記も広く行われている。「騏驎竭」を「血竭」と呼ぶことによるか。

[上42オ]

〔立〕慶安版本は「立（タチトコロニ）」、東大本・静嘉堂本は「立（チ）処（ロニシテ）」とある。慶安版本の本文は「処」一字を脱落させたものであろう。

〔有平愈〕慶安版本は「有（ラン）レ平愈（ユウ）」、東大本・静嘉堂本は「有（ラン）二平愈（スルコト）一」とある。東大本・静嘉堂本の訓点を採る。

〔長生不死之薬、遐齢延年之方〕新猿楽記・第三妾に見えるが、文脈は甚だ異なる。

〔卒時之間〕「率爾之間」「卒時之間」は、鎌倉時代から古文書に使用される表現。「卒時」は「卒爾」の日本的な異表記とみられる。春華秋月抄草十五裏文書、寛元四年（一二四六）頃（月未詳）八日、某書状（鎌倉遺文六七四〇号文書）に「但卒時之間、難見立や候はんすらん」とある。

〔云云〕東大本・静嘉堂本に「恐々謹言」とある。書翰の末尾の常套句であり、必要である。

〔梅天十一日〕東大本・静嘉堂本に「梅雨十一日」とある。陰暦六月の異名としては、「梅雨」「梅天」共に一般的ではない。

〔請科某〕慶安版本は「請科某」、東大本・静嘉堂本は「清科某」とある。人名であるため、「清科」が正しく、「請」は「清」の誤り。

[中1オ]

〔御傍輩、中間、被官人〕東大本・静嘉堂本は「御傍輩中、同被（ク）官人様」とある。しかし、すぐ後の本文に「若党、中原之出立」（諸本同）とあり、「中原」は「中間」に当たる語であるところから、ここは慶安版本の本文が正しいと考えられる。東大本・静嘉堂本の本文は「間」を「同」に誤写したものであろう。

〔中原〕東大本・静嘉堂本も「中原」とある。「中間」に相当する語であろう。

〔中1ウ〕

〔思々出旅之衣装〕東大本・静嘉堂本は「思々出旅、々衣裳」とある。「之」と踊り字は誤写し易い。ここは「之」が正しいと考えられる。「衣裳」と「衣装」は同語の異表記であり、前者が古形、後者が新形である。

〔雖不有御沙汰候〕東大本・静嘉堂本は「雖下不レ可レ有二御無沙汰一候上」とある。この場合の句意は、御遺漏無きこととは存じますが、となる。慶安版本の本文の句意は、上からの御指図はありませんが、となる。相手の教示を乞う場面であるから、東大本・静嘉堂本の本文が正しいと考えられる。

〔為傍見呈矜荏〕「傍見の為」は、文意より推して、「路傍で見物する人々に感心されるために」の意であろう。「矜荏」という漢語は見当たらないが、次のように推測される。論語・陽貨に孔子が「小人」を批判的に述べた言葉として「色厲而内荏」とあり、さらに孔安国注に「荏柔也。為外自矜厲而内柔佞」とある。この注を踏まえれば、「矜荏」は「厲荏」の言い換えと考えられる。その意味は、「外貌は威厳があるが、内心は軟弱である」ということになるが、ここでは偏義的に使われ、主に「矜」に意味があると考えられる。つまり、「矜荏を呈す」は、「見物人に感心されるように、威厳のある身なりを整える」と解される。

〔弥可為御褒美乎〕東大本は「弥可レ為二御褒美一候乎」、静嘉堂本は「弥可レ為二御褒美一候乎」とあり、「候」が加わっている。

〔更不得寸隙〕東大本・静嘉堂本は「更不レ得二寸隙一候」とあり、「候」が加わっている。

〔故〕東大本・静嘉堂本は「故」を欠く。

〔管城公〕筆の異名。上19ウ「管城公」の校注参照。

〔慢〕「慢」に、慶安版本は「ミタリ」、東大本・静嘉堂本は「ヲコタリ」と施訓する。本来であれば面談してお願いすべきところを、多忙のため書翰で依頼することを「慢」と表しているため、東大本・静嘉堂本の訓が正しいと判断される。

〔余〕慶安版本は「―リ」と施訓するが、東大本・静嘉堂本は「―ハ」と施訓する。御屋形様の帰国の御祝いの儀式・宴会の酒・肴についても御教示願いたく、それ以外の事柄についても万事貴方様からの芳翰を待つ、という内容であるから、「よは」の読みをとる。

〔中2オ〕

〔鯛著露〕東大本・静嘉堂本は「鯛著露（タイトロヽ）」とする。慶安版本の「著」は「薯」の誤り。

〔海鼠　湛味〕東大本・静嘉堂本は「海鼠湛味（コタヽミ）」で一語とし、これが正しい。海鼠を具とした山葵味の冷や汁。詳しくは、上掲の「易林本節用集と新撰類聚往来」参照。

〔屑熬〕料理名で、精進魚類物語に見える「崩燋」と同じ物と考えられるが、具体的には未詳。詳しくは、上掲の「易林本節用集と新撰類聚往来」参照。

〔撮物〕慶安版本の傍訓は「ツカミ―」とあるが、「ツマミモノ」の誤りであろう。

〔盛〕「盛物」（モリモノ）の「物」一字が脱したものであろう。

〔子挍〕東大本・静嘉堂本も「子挍（コアエ）」とする。運歩色葉集に「和（アユル）　交（同）　虀（同）」とあるように、食物を混ぜ合わせる意の「あふ」の表記漢字としては「交」が予想される。漢字「挍」にその意は無い。ここの「挍」は、「交」に手偏を加えたものであろう。

〔掻挍〕「挍」については前項校注参照。

［中2ウ］

〔鵤挍　丸挍〕「挍」については前々項校注参照。

〔鯎魚射〕東大本・静嘉堂本は「鯎(ウルカ)　魚躬(ウヲノミ)」とある。ここは二語であり、「鯎(ウルカ)　魚躬(ウヲノミ)」が正しいと考えられる。詳しくは、上掲の「易林本節用集と新撰類聚往来」参照。

〔糞熬〕慶安版本の傍訓は「ニチー」とあるが、東大本・静嘉堂本は「ニケー」と施訓する。「ニゲイリ」が正しいと考えられる。

〔鳥生〕東大本・静嘉堂本は「生鳥(ナマ)」とある。慶安版本の形は転倒であろう。

〔別足〕饗宴における鳥の脚の特別な盛り付け方。詳しくは上掲の「易林本節用集と新撰類聚往来」参照。

〔木撮〕「木取(ことり)」に同じ。猿の腕の肉で、美味とされる。詳しくは、上掲の「易林本節用集と新撰類聚往来」参照。

［中3オ］

〔鯁〕慶安版本の傍訓は「カイウケ」とあるが、東大本・静嘉堂本は「カイラキ」と施訓する。「カイラギ」が正しいと考えられる。

〔鮦〕諸本共に傍訓は「ハス」とある。説文解字に「鮦、鮦魚、一曰、鱶也」とあり、「鱶」は「鱧」に同じい。したがって「ハス」は「ハム」の誤り。

〔海馬〕「海馬」で「アシカ」と読むことは珍しい。詳しくは、上掲の「易林本節用集と新撰類聚往来」参照。

〔䱙〕標出字は「鰯」の誤り。

〔螺栄〕東大本・静嘉堂本も「螺栄(サヽイ)」とあるが、共に転倒。一般に「栄螺」または「栄螺子」と表記される。

〔蜷〕東大本・静嘉堂本は「蜷(カウナ)」とある。慶安版本の「蜷」は「蜷」の誤り。名義抄「蜷〈カウナ〉」、三巻本色葉字類抄「蟹蜷〈同（カウナ）〉」。

〔鰩〕東大本・静嘉堂本も「鰩（ハム）」とあるが、共に傍訓は「トビウヲ」の誤り。

［中3ウ］

〔鼈〕慶安版本の傍訓は「ウカメ」とあるが、東大本・静嘉堂本は「ウミカメ」と施訓する。「ウミガメ」が正しい。

〔鰀〕東大本・静嘉堂本は「鰀鯽（アイキヤウ）」に作り、これが正しい。慶安版本は、「鯽」を脱落したものであろう。詳しくは、上掲の「易林本節用集と新撰類聚往来」参照。

〔魳〕東大本・静嘉堂本も「魳（カマス）」とあるが、共に「魳」の誤り。

〔可然候〕東大本・静嘉堂本は「可ㇾ然」とあり、「候」を欠く。

〔大儀〕東大本・静嘉堂本は「大義」とある。「儀」と「義」は通用。

［中4オ］

〔不備謹言〕東大本・静嘉堂本は「不備謹白」とある。

〔示給候〕東大本・静嘉堂本は「示給（シハル）」とあり、補助動詞「候」を欠く。

〔目出〕東大本・静嘉堂本は「目出度（ク）」とあり、形容詞の語尾が表記されている。

〔則〕東大本・静嘉堂本は「即（チ）」とする。

〔乗馬〕慶安版本は「乗馬（セウメ）」、東大本・静嘉堂本は「乗馬（リ）」と施訓する。音読と訓読の違いはあるが、意味は変わらない。

〔欠事候〕東大本・静嘉堂本は「欠ㇾ事（クヲ）」とあり、「候」を欠く。

〔召賛〕東大本・静嘉堂本は「召替（メシカエ）」とする。日本において「賛」と「替」は通用。

〔借預度候〕東大本・静嘉堂本は「借領度候（シクロ）」とあり、「借」と「領」の間に音合符を施す。東大本・静嘉堂本の「領」は「預」の誤り。

〔中4ウ〕

〔出行〕慶安版本は「出行（キャウ）」、東大本・静嘉堂本は「出行（カウ）」と施訓する。東大本・静嘉堂本の読みをとる。

〔大儀〕東大本・静嘉堂本は「大義」とある。「儀」と「義」は通用。

〔折角〕上の「大儀」と類義の意味用法であり、骨折り、労苦、一大事の意。

〔太刀〕東大本・静嘉堂本は「大刀（タチ）」とある。「太」と「大」は通用。

〔承候〕東大本・静嘉堂本は「承（ル）」とあり、「候」を欠く。

〔御大儀共〕東大本・静嘉堂本は「御大義共」とある。「儀」と「義」は通用。

〔如大国〕慶安版本は「如（ク）レ大国（コクノ）」、東大本・静嘉堂本は「如（ンハ）二大国（ノ）一」と施訓する。東大本・静嘉堂本の読みをとる。

〔中5オ〕

〔紫馳羹〕慶安版本は「紫馳羹（シチノアツモノ）」、東大本・静嘉堂本は「紫馳羹（シタノアツモノ）」とある。「馳」は「駝」の誤り。「紫駝（シダ）」は、赤栗毛の駱駝。「紫駝峰」（紫の駱駝の瘤）の煮物は、唐宋より美味として詩に唱われるが、「紫駝羹」の語は、明の黄淮の「戊申対雪述懐八十韻」に「雕盤金鯽鱠、犀箸紫駝羹」とある。東大本・静嘉堂本は標出漢字は誤るものの、傍訓は正しい。慶安版本の傍訓「シチ」は、誤った標出漢字「紫馳」に合わせて傍訓を改悪したものであろう。

〔驢魚膾〕東大本・静嘉堂本は「驢（ロ）」に「鱸敷」と左注を施す。

〔揮〕慶安版本は「揮（フツテ）」と施訓して「フツテ」と訓じ、東大本は「揮（フテ）」と施訓して「フルツテ」と訓ずる。

静嘉堂本は「揮(テ)」であり、いずれとも判断できない。ここの「或揮刀飛白雪」という表現は、杜甫の「観打魚歌」の「饔子左右揮双刀、膾飛金盤白雪高」に基づくものと思われる。

〔飛白雪〕東大本・静嘉堂本は「飛(シ)二白雲(ヲ)一」とあるが、「白雪」が正しい。前項参照。

〔放筋〕慶安版本は「放(ホシイマヽニシテ)レ筋(スヂヲ)」、東大本・静嘉堂本は「放(テ)レ箸(ハシヲ)」とある。但し、東大本・静嘉堂本の「箸」は俗体の「筯」が使用されており、「筋」と類似する。杜甫「閿郷姜七少府設膾戯贈長歌」に「落碪何曾白紙湿、放箸未覚金盤空」とあるのに基づくので、「放筯（箸）」が正しい。

〔散銀糸〕慶安版本は「散(サンス)レ銀糸(キンシヲ)」、東大本・静嘉堂本は「散(ン)二銀糸(ヲ)一乎(カ)」とある。「銀糸」は細く切った白身の魚の膾を形容する語。杜甫の「陪鄭広文遊何将軍山林十首　其二」に「鮮鯽銀糸膾、香芹碧澗羹」とある。

〔鸑　鷟〕慶安版本は「鸑(カク)　鷟(ソ)」で二語、東大本は「鸑鷟(ガクサク)」で一語とする。静嘉堂本は「鸑(ガク)　鷟(サク)」に作り、一字分の空きがある。東大本が正しい。鳳凰の一種を意味する畳韻詞。

〔迦陵頻伽〕東大本・静嘉堂本は「迦陵頻伽鳥(カレウビンガテウ)」とある。慶安版本の形は「鳥」の一字を欠く。

〔工命〕東大本・静嘉堂本は「工命(クメイ)｜（鳥(テウ)）」とある。諸本の「工」は「共」の誤り。慶安版本の形は「鳥」の一字を欠く。正しくは「グミヤウテウ」。

〔青鵝〕本来は鳥の名ではなく、次項の「青鳧」と同じく銭の異名であったと思われる。ただし、それは「青鳧」と異なり、日本独自の異名である。詳しくは、上掲の「易林本節用集と新撰類聚往来」参照。

〔中5ウ〕

〔鵲〕「カササギ」と「カラス」の両訓があるが、「ヤマガラス」の訓は珍しい。詳しくは、上掲の「易林本節用集と新撰類聚往来」参照。

〔鶉〕本来は鳩の鳴き声を意味し、「ヤマバト」と訓ずるのは珍しい。詳しくは、上掲の「易林本節用集と新撰類聚往来」参照。

〔鴐〕慶安版本は「鴐（ヲヽシ）」、東大本・静嘉堂本は「鴐（ヲシ）」と施訓する。

〔焦尾〕一般には琴の名品の名であるが、ここでは鳥名として挙げている。未詳であるが、明の蘇葵の「春日江行漫興」に「沙鳥毰焦尾、霜蘆飄朽花」とあるのは、水辺の鳥について「焦尾」が柔らかいと言っている。この「焦尾」は、落ち着きなく動かす尾と推察されるが、この異名と関連するかは未詳。

〔鷺〕東大本・静嘉堂本は「鶩（アチ）　鷺（サキ）」の二語を収め、慶安版本は前者を欠く。易林本節用集は「鵶鷺（アヂサギ）」で一語とする。

〔鶁〕慶安版本は「鶁（ウツラ）」、東大本・静嘉堂本は「鶉（ウツラ）　鶁（ツグミ）」とする。慶安版本の形は、二項目の標出字と傍訓がずれて結合し、結果的に一項目減じたものであろう。

〔木冗〕東大本・静嘉堂本も「木冗（ミヽヅク）」とする。共に「冗」は「兔」の誤り。

〔鶇〕慶安版本は「鶇（ウ）」、東大本・静嘉堂本は「鵜（ウ）」とある。慶安版本の「鶇」は「鵜」の誤り。

〔䳑〕東大本・静嘉堂本も「䳑（ミサゴ）」とする。諸本共に「䳑」は「鴡」の誤り。

〔鵄〕東大本・静嘉堂本も「鵄（シトヽ）」とする。諸本共に「鵄」は「鵐」の誤り。

［中6オ］

〔鴿〕東大本・静嘉堂本も「鴿（ヒメ）」とする。諸本共に「鴿」は「鳰」の誤り。

〔鷦〕東大本・静嘉堂本は「鷦鷯（ミソヌスミ）」とある。妙本寺本いろは字「鷦鷯（ミソサンザイ）」（下字左旁上部にウ冠を付す）の左訓に「ミソヌスミ」が見える。慶安版本の標出字「鷦」は、熟語「鷦鷯」の「鷯」の脱落か。

〔鴇〕慶安版本は「鴇（トキ）」、東大本・静嘉堂本は「鴇（タウ）」と施訓する。新撰字鏡に「鴇〈一作鴾〉　鵇〈二字豆支、一云太宇〉」とあり、「タウ」は「ツキ」「トキ」の異名である。

〔儁〕東大本・静嘉堂本は「儁マクソツカミ」とある。慶安版本の「儁」、東大本・静嘉堂本の「儁」は、共に「鵟」の誤り。詳しくは、上掲の「易林本節用集と新撰類聚往来」参照。

〔鵭〕諸本共に「鵭テラツヽキ」と施訓する。未詳。

〔鷲〕東大本・静嘉堂本は「鷲ヤマカラ」とある。慶安版本の「鷲」、東大本・静嘉堂本の「鷲」は、共に「鸒」の誤り。傍訓「ヤマカラ」は、共に「ヤマカラス」の誤り。

〔雕〕「雕」は「鵰」と異体関係にある。

〔鵤〕東大本・静嘉堂本も「鵤イスカ」とする。諸本共に「鵤」に作るが、「鶍」の誤り。

〔鴭〕東大本・静嘉堂本も「鴭ヨタカ」とする。諸本共に「鴭」は「鴭」の誤り。「怪鳥」の合字である。詳しくは上掲の「易林本節用集と新撰類聚往来」参照。

〔大鷹〕東大本・静嘉堂本は右訓無し、左訓「メタカ」。

〔允鷹〕東大本・静嘉堂本も標出字は「允鷹」で、右訓「セウ」、左訓「ヲタカ」。諸本共に「允」は「兄」の誤り。

〔兄鷂〕東大本・静嘉堂本は右訓「コノリ」、左訓「ヲタカ」。

〔中6ウ〕

〔不見形〕東大本・静嘉堂本は「未タレ見レ形ヲ」とし、「未」に再読の「―ル」を左訓として付す。景徳伝灯録・襄州奉国清海禅師に「師曰、点瓦成金客、聞名不見形」とある。後続の「未タレ識シラレ名ナヲ」と対になっているのは、「不」と「未」で、文字をあえて変えて、構成したものであろう。

〔茲〕東大本・静嘉堂本は「爰コヽニ」とする。

〔不遑毛挙〕「不遑枚挙」の古形。詳しくは高橋忠彦・高橋久子「「不遑毛挙」と「不遑枚挙」―日本的漢語用法の消長―」（東京学芸大学紀要　人文社会科学系Ⅰ　66）参照。

〔左馬頭殿〕東大本・静嘉堂本は「左馬頭殿」の下に「御返報」の三文字有り。

〔中7オ〕

〔若衆〕慶安版本は「若衆（ワカキシュ）」、東大本・静嘉堂本は「若衆（カ）」と施訓する。「ワカキシュ」「ワカイシュ」「ワカシュ」いずれも年若い男子の意で用いられるが、ここは「ワカシュ」をとる。

〔竹筒〕慶安版本は「竹筒（タカツホ）」、東大本・静嘉堂本は「竹筒（ノ）」とする。新撰字鏡に「⿱竹公〈之容之用二反、平、竹筒、竹乃与、又竹乃豆（々）〉」、温故知新書・易林本節用集に「筒（タケノツヽ）」とある。「タケノツツ」の読みをとる。

〔盈耳〕美しい音楽が耳の中に響くこと。論語・泰伯の「師摯之始、関雎之乱、洋洋乎盈耳哉」による。

〔滴丁東〕「丁東」は、一般に水滴の音を形容する双声語であるが、「滴丁東」の形でも一種の擬音語として用いられた。南宋の天童如浄禅師（道元の師）の「風鈴」に「通身是口挂虚空、不管東西南北風。一等与渠談般若、滴丁東了滴丁東」とあるのは、風鈴の音の形容で、南宋の釈紹曇の「送明兄之天童」「古蛮糸裏抉焦桐、色帯凌霄劫火紅。送与天童弾一操、風前月下滴丁東」とあるのは琴の音色の形容である。

〔或露飽腹鼓之胸骨、聳蟷螂舞頸筋〕ともに猿楽の舞の様子。新猿楽記・序に「飽腹鼓之胸骨、蟷蜋舞之頸筋」とある。「聳」、慶安版本は「ソヒヘカス」、東大本・静嘉堂本は「ソビヤカシ」と施訓する。室町期通行の「ソビヤカス」をとる。「蟷螂舞」、慶安版本は「蟷螂舞（イホシリマヒ）」、東大本・静嘉堂本は「蟷」と「螂」の間に音合符を施し、「タウラウマイ（ヒ）」と読ませる。

〔中7ウ〕

〔或無骨有骨〕猿楽の芸の名。新猿楽記・序に「独相撲、独双六、無骨有骨」とある。

〔独相撲、独双六〕猿楽の芸の名。前項参照。「独相撲」、慶安版本は「独（ヒトリ）相撲（スマウ）」、東大本・静嘉堂本は「独相撲（リスマイ）」と施訓する。格闘技を表す語としては上代から「スマヒ」が用いられ、中世に至って同じ意味で「スマヒ」「スマフ」の両形併存となった。したがって、慶安版本の傍訓は新語形である。

〔発以〕慶安版本は「発（ハツスル）二以（テ）」、東大本・静嘉堂本は「以（テ）発（スル）」とある。

〔被〕慶安版本は「被（カウフリ）」、東大本・静嘉堂本は「被（ラレ）レ企（テ）」とある。慶安版本は「企」一字を脱している。

〔大義〕東大本・静嘉堂本も「大義」とある。正書法で「大儀」に当たる語であろう。「義」と「儀」は通用。

〔擬…会式〕慶安版本は「擬（キシ）…会（エ）式（シキヲ）」、東大本・静嘉堂本は「擬（ギシテ）…会（エ）式（シキニ）」とある。「…に擬す」が正しい。

〔出意表〕慶安版本は「出（シ）レ意（イ）表（ヒヨウヲ）」、東大本・静嘉堂本は「出（テ）二意表（ニ）一」とある。「意表に出づ」が正しい。

[中8オ]

〔御廊〕東大本・静嘉堂本は「御（ミ）ー（廊）」と施訓する。「ミラウ」の読みをとる。

〔冷殿〕慶安版本は右訓「レイテン」、左訓「スヽミー」、東大本・静嘉堂本は「冷殿（スヽミトノ）」と右訓のみ施す。

〔千本〕慶安版本は「千本（チモト）」、東大本・静嘉堂本は「千木（チキ）」とある。神社の社殿の部分であるから、「千木」の表記で「チギ」と読むのが正しい。

〔片殺〕慶安版本は無訓、東大本・静嘉堂本は「片殺（カタソキ）」とある。神社の社殿の造りの一種で、「片殺」または「片削」の表記で「カタソギ」と読む。

〔犠〕慶安版本は「犠（マエ）」、東大本・静嘉堂本は「犠（ニエ）」と施訓する。東大本・静嘉堂本の傍訓が正しい。

〔桓〕慶安版本は無訓、東大本・静嘉堂本は「桓（トリイ）」と施訓する。「桓」は華表の意であり、和語の「とりゐ」に当たる。漢書・酷吏伝の中の尹賞伝に「瘞寺門桓東」とあり、顔師古は「即華表也」と注する。

〔荒和祓〕慶安版本は「荒和祓(ナシノハラヒ)」、東大本・静嘉堂本は「荒和祓(ナゴシノハライ)」と施訓する。東大本・静嘉堂本の傍訓が正しい。

〔千葉破　袖庭火〕慶安版本は「千葉破(チハヤフル)　袖庭火(ソテニハヒ)」、東大本・静嘉堂本は「千葉破袖(チワヤフルソテ)　庭火」と分割、施訓する。標出語の纏まりとしては「千葉破袖」と「庭火」を分ける東大本・静嘉堂本が正しい。しかし諸本共に「神」を「袖」に誤る。字形類似による誤写。枕詞「ちはやぶる」は「神」にかかる。

〔中8ウ〕

〔庭上〕「テイシヤウ」の第三拍清音。

〔致礼奠於神前〕慶安版本は「致(ス)㆓礼奠(レイテンヲ)㆒於(テ)㆑神前(ニ)」、東大本・静嘉堂本は「致(ス)㆓礼奠(テンヲ)於神前(ニ)㆒」と施訓する。東大本・静嘉堂本の訓点が正しい。

〔片時〕「ヘンシ」の第三拍清音。

〔造物〕慶安版本は「造物(サウフツ)」と施訓する。東大本・静嘉堂本は「造物(リノ)」の傍訓及び訓合符を施す。字音で読む場合は漢語としての意味を表す。

〔定桙〕慶安版本は「定桙(ホコ)」、東大本・静嘉堂本は「定杵(ウホコ)」とある。「桙」と「杵」は日本では通用する。「ヂヤウホコ」か。

〔中9オ〕

〔表衣〕慶安版本は「表衣(ウハキヌ)」、東大本・静嘉堂本は「表衣(ウエノキヌ)」と施訓する。「ウハギヌ」と「ウヘノキヌ」はほぼ同義であり、前者は室町時代に使用され、後者は平安時代以来使用された。

〔富尾〕慶安版本は「富尾(トミノヲ)」、東大本・静嘉堂本は「富尾(ノ)」と施訓する。バ行音とマ行音の交替が起きた語で、「トビノヲ」とも言う。

〔袿〕慶安版本は「袿（ラケキ）」、東大本・静嘉堂本は「袿（ウチキ）」と施訓する。東大本・静嘉堂本の傍訓が正しい。また、諸本共に原本は「褂」に作るが「袿」の俗体である。

〔菲絹〕慶安版本は「菲絹（ウスナメ）」、東大本・静嘉堂本は「菲絹（ウスキヌ）」と施訓する。東大本・静嘉堂本の傍訓が正しい。

〔日裳〕未詳であるが、「緋裳」の異表記とも推測される。上掲の「易林本節用集と新撰類聚往来」参照。

〔佩〕慶安版本は「佩（ハイ）」、東大本・静嘉堂本は「裙佩」とある。東大本・静嘉堂本が正しい。

〔襲〕慶安版本は「襲（ハタノハカマ）」、東大本・静嘉堂本は「襲（シタノハカマ）」と施訓する。「ハダバカマ」と「シタノハカマ」（シタバカマとも）はほぼ同義であり、前者は室町時代に使用され、後者は平安時代以来使用された。ここでは、古形を存するものとして、東大本・静嘉堂本に従う。

〔中9ウ〕

〔牒⿰衤皆〕慶安版本は「牒⿰衤皆（チヨツカイ）」、東大本・静嘉堂本は「牒⿰衤皆（チヨフホイ）」とある。「⿰衤皆」は「⿰衤青」の誤り。下2オ4「⿰衤皆子（ハイス）」、下2オ6「表⿰衤皆」も、「⿰衤青」を「⿰衤皆」に誤る。読みは「テフホイ」か。未詳。

〔浮線　綾練貫〕慶安版本は「浮線　綾練貫（アヤネリヌキ）」、東大本・静嘉堂本は「練貫（ネリヌキ）　浮線綾（レウ）」とある。東大本・静嘉堂本の語形が正しい。

〔縑　蝉羽〕諸本共に「縑（カトリ）　蝉羽（ウスモノ）」とある。易林本は「縑蝉羽（カトリノウスモノ）」とするが、本来は二項目。

〔中10オ〕

〔作法紗〕慶安版本は「作法紗（サバウ）」、東大本・静嘉堂本は「作法紗（サハシヤ）」と施訓する。東大本・静嘉堂本の傍訓が正しい。寛永五年版庭訓往来、十月返状に「三法紗（サバシヤ）」とある。

〔唐紗〕慶安版本は「唐紗（タウ）」。日本国語大辞典は「唐紗」を「カラシヤ」の読みで立項し、「トウシャ」は挙げていない。蔭涼軒日録の例を引くものの、読みは決定できないので、「トウシャ」の可能性がある。詳しくは、上掲の「易林本節用集と新撰類聚往来」参照。

〔袈巾〕慶安版本は「袈巾(カモ)」、東大本・静嘉堂本は「袈(カワコロモ)巾(キン)」とある。二項目とする東大本・静嘉堂本の形が正しい。東大本・静嘉堂本の後出項目に「紫綺袈(シキノカモ)」が見え、「袈」の傍訓は迎え仮名と捨て仮名を施し、中央を略す。このような傍訓を誤読したものであろう。

〔綿衣〕慶安版本は「綿衣(キンエ)」、東大本・静嘉堂本は「錦衣(キモ)」とある。正しくは「キンエ」であろう。慶安版本の「綿」は「錦」の誤り。

〔薄紅／繍〕慶安版本は「薄紅(ウスクレナキ)／繍(ヌイモノ)」（／は改行）、東大本・静嘉堂本は「薄紅繍(ウスクレナイノヌイモノ)」とある。「ウスグレナイ」は日葡辞書では「Vsugurenai」と読み、第三拍濁音。詳しくは、上掲の「易林本節用集と新撰類聚往来」参照。

〔王恭鶴氅衣〕「鶴氅」は、鶴の羽根の衣。太平御覧巻十二に引く晋書に「王恭衣鶴氅、雪中行、時人謂之神仙中人」とある。蒙求にも「王恭鶴氅」とある。

〔子夏垂鶉衣〕「垂鶉」は、「懸鶉」の日本的表記。古衣で破れ目が多いため、それを結んだ様子が、鶉に見えることから。荀子・大略に「子夏家貧、衣若懸鶉」とある。

〔布衲〕慶安版本は「布衲(フナフ)」、東大本・静嘉堂本は「布納(フナフ)」とある。東大本・静嘉堂本の「納」は「衲」の誤り。漢音で「フダフ」とも読む。

〔綺羅耀天〕慶安版本は「綺羅耀(キラカ、ヤカシ)レ天(ヲ)」、東大本・静嘉堂本は「綺羅耀(カキ)レ天」と施訓する。東大本・静嘉堂本の傍訓が正しい。寛永五年版庭訓往来、八月返状に「綺羅耀(キラカ、ヤキ)レ天(ニ)」とある。

［中10ウ］

〔観之仰之〕論語・子罕の「仰之弥高、鑽之弥堅。瞻之在前、忽焉在後」より「瞻之仰之」という言い方が成立するが、これはその「瞻之仰之」を同訓の「観」に改めた、日本的な表現であろう。

〔晏然解頤〕謝霊運の「答謝諮問議詩」に「荷栄西荒、晏然解帯」とあるのを言い換えたもの。「解頤」は、大笑いすること。漢書・匡衡伝に見える。

〔出気装〕慶安版本は「出(ス)レ気(ケ)装(シヤウヲ)」、東大本・静嘉堂本は「出二気装(サウ)一間(タ)」とある。諸本間で「ケシヤウ」と「ケサウ」の異同がある。また、慶安版本は「間」の一字を欠く。

〔易風情〕慶安版本は「易(ヤスキ)風(フ)情(セイ)」、東大本・静嘉堂本は「易(カヘ)二風情(ヲ)一」とある。東大本・静嘉堂本の訓点が正しい。

〔中11オ〕

〔人々於意外覚候〕慶安版本は「於レ意(イ)外(クワイニ)」、東大本・静嘉堂本は「出(テ、)二意外(ニ)一」とある。もとより、「事出意外」というような表現は存在するが、ここで「出」とすると、主語が曖昧なうえ、動詞が重複する。「於意外覚候」のほうが、日本漢文的な感じはあるものの、「人々は意外に覚えた」つまり、「人々は風流の素晴らしさに意表をつかれて感動した」という意味にとりうるので、慶安版本の本文が正しい。草書体を媒介とした誤りであろう。

〔伊議〕慶安版本は「伊(イ)議(キ)」、東大本・静嘉堂本は「評議」とある。東大本・静嘉堂本の形が正しい。

〔物揃〕慶安版本は「物揃(モノソロヘ)」、東大本・静嘉堂本は「物揃(ノソロイ)等(ハ)」とある。慶安版本は「等」を欠く。

〔中11ウ〕

〔企〕「クハタテ」の第三拍清音。

〔可〕慶安版本は「可(ト)」（ベシト）、東大本・静嘉堂本は「可(ク)」（ベク）と施訓する。

〔田楽…八玉〕新猿楽記・序に見えるが、語順に異同がある。

〔兄師〕慶安版本は「兄師《ケイシ》」、東大本・静嘉堂本は「呪《シユ》師」とある。猿楽・田楽の関連語であるから、東大本・静嘉堂本の表記と傍訓が正しい。

〔侏儒舞〕慶安版本は「侏儒舞《チユシユマヒ》」、東大本・静嘉堂本は「侏儒舞《マイ》」と施訓する。「ヒキウドマヒ」の読みをとる。観智院本類聚名義抄に「侏儒〈音朱濡、ヒキウト、ヒキナリ、下サカシ、ハカセ、オ（ホ）キナリ、ヒキウト〉」とある。

〔輪鼓〕慶安版本は「輪鼓《リンコ》」、東大本・静嘉堂本は「輪鼓《ク》」とある。「リンゴ」の読みをとる。前田本色葉字類抄に「輪鼓〈リンコ〉」（「鼓」に上声声点二点を施す）とある。「リウゴ」とも読む。

〔品彙〕慶安版本は「品彙《ヒンイ》」、東大本・静嘉堂本は「品彙《ホンイ》」と施訓する。広本節用集に「品彙《ヒンイ》」とある。慶安版本の読みをとる。

〔今〕東大本・静嘉堂本は「令《シテ》」（左に「メン」「下」の訓点を施す）とある。それと関連して、東大本・静嘉堂本は「詠《セ》」に「中」、「音曲《ヲ》」に「上」の訓点を施す。

〔豊顔者〕慶安版本は「豊顔者《フカンノモノ》」、東大本・静嘉堂本は「豊顔《フカンナル》者《ノヲ》」とある。「豊顔」は「ブガン」。これは、新猿楽記・第三妾の「容顔美麗、放逸豊顔也」による。

〔厳〕慶安版本は「厳《イツクシミ》」、東大本・静嘉堂本は「厳《イシ》」（イツクシクシ）と施訓する。東大本・静嘉堂本の訓をとる。

〔詠〕東大本・静嘉堂本は「以《テ》詠《セ》」とある。慶安版本は「以」の一字を欠く。

〔小捲〕慶安版本は「小捲《コマイ》」、東大本・静嘉堂本は「小捲《コマクリ》」と施訓する。東大本・静嘉堂本の訓をとる。

〔現娑婆〕慶安版本は「現娑婆《ケニヤシヤハ》」、東大本・静嘉堂本は「現娑婆《ケニヤサハ》」と施訓する。東大本・静嘉堂本の訓をとる。

［中12オ］

〔卒千騎万騎之武者〕慶安版本は「卒千騎万騎之武者（ニキキノムシャ）」として「卒」の右傍に音読符を付し、東大本・静嘉堂本は「卒（シテ）㆓千騎万騎之武者（ノヲ）㆒」と施訓する。「卒」をサ変動詞として読む形が正しい。「卒」と「率」は通用。字形類似による。

〔被甲冑…麾旗築楯〕新猿楽記・中君夫に見えるが、字句に異同がある。「干戈」は「牟戈」の誤。

〔帯弓箭〕慶安版本は「帯（タイシ）㆑弓箭（ユミヤヲ）」、東大本・静嘉堂本は「帯（ヒ）㆓弓箭（ヲ）㆒」として「弓箭」に音合符を施す。「被（カウフリ）㆑甲冑（カツチウ）」と対句になることから、東大本・静嘉堂本の「キユウセンヲオビ」の読みをとる。

〔築楯〕慶安版本は「築（キツキ）㆑楯（タテヲ）」、東大本・静嘉堂本は「築（ツイテ）㆑楯（タテヲ）」とある。東大本・静嘉堂本の読みが正しい。

〔可渡随兵乎〕東大本・静嘉堂本は「以可（テキ）㆑渡（ス）㆓随兵（ヲ）㆒乎（カ）」とある。慶安版本は「以」を欠く。「ズイビヤウ」の第三拍濁音。

〔甲〕慶安版本は「甲（ヨロヒ）」、東大本・静嘉堂本は「甲（同（カブト））」と施訓する。慶安版本の訓は、漢字「甲」の本来の意味である。「甲冑」という熟語が頻用されるため、日本においては「甲」と「冑」の訓が混同された。東大本・静嘉堂本の訓は、慣用久しい日本語用法である。ここは同語の異表記を排したものと見て、東大本・静嘉堂本の「カブト」の訓をとる。

〔涎懸〕慶安版本は「涎懸（エタレカケ）」、東大本・静嘉堂本は「涎懸（ヨダレカケ）」と施訓する。慶安版本中42ウ7に「涎（エタレ）」とある。「エダレ」は方言か。

［中12ウ］

〔腰挾〕未詳。古辞書での用例については、上掲の「易林本節用集と新撰類聚往来」参照。

〔縿付緒〕慶安版本は「縿付緒（クリノツケヲ）」、東大本・静嘉堂本は「縿付（クリツメノ）ー（緒）（ヲ）」と施訓する。甲冑の一部の名称としては「クリジメノノヲ」がある。「クリツケノヲ」「クリノツケヲ」ともに、「クリシメノヲ」の誤読に由来する誤りと思われる。なお、「縿」は「繰」の異体である。詳しくは、上掲の「易林本節用集と新撰類聚往来」参照。

〔手蓋〕慶安版本は「手蓋（テヲヽヒ）」、東大本・静嘉堂本は「手蓋（テカイ）」と施訓する。籠手を「テオホヒ」また「テガイ」とも言う。

〔腋楯〕慶安版本は「腋楯（ワキタテ）」、東大本・静嘉堂本は「腋楯（ワイタテ）」と施訓する。非音便形と音便形の両形が併存する。

〔揺板〕草摺の別名かと推測される。詳しくは、上掲の「易林本節用集と新撰類聚往来」参照。

〔弦切〕鎧の板の一種であるが、特定しがたい。詳しくは、上掲の「易林本節用集と新撰類聚往来」参照。

〔剣首〕兜の部分の名で、剣の形の飾り金具と推測される。詳しくは、上掲の「易林本節用集と新撰類聚往来」参照。

〔龍鷹角〕慶安版本は「龍鷹角（リウヨウノツノ）」、東大本・静嘉堂本は「龍首　鷹角（タカツノ）」とある。東大本・静嘉堂本が正しい。

〔雨夜甲〕慶安版本は「雨夜甲（アマヨノヨロヒ）」、東大本・静嘉堂本は「雨夜甲（ノカブト）」とある。中12オ「甲」の項参照。

〔巔辺〕慶安版本は「巔辺（テンテン）」、東大本・静嘉堂本は「巔辺（テツヘン）」と施訓する。東大本・静嘉堂本が正しい。

〔縹〕慶安版本は「縹（ハナ）」、東大本・静嘉堂本は「縹（ハナタ）」と施訓する。東大本・静嘉堂本が正しい。

〔日緘　日係〕「ヒオドシ」は、緋色の革でおどした鎧で、「緋威」「火威」等の表記が普通であるが、「日緘」や「日係」は珍しい。詳しくは、上掲の「易林本節用集と新撰類聚往来」参照。

〔中13オ〕

〔鎖筒〕「鎖筒丸」の略。鎖つなぎの胴よろいの一種。詳しくは、上掲の「易林本節用集と新撰類聚往来」参照。

〔脚伴〕慶安版本は「脚伴(キヤハン)」、東大本・静嘉堂本は「脚絆(キヤハン)」とある。慶安版本の「伴」は「絆」の誤り。

〔韀〕慶安版本は「韀(同(アフミ))」、東大本・静嘉堂本は「韀(シリカヘ)」と施訓する。東大本・静嘉堂本が正しい。但し、中世における中央語形は「シリガイ」。

〔⿰亻夆〕慶安版本は「⿰亻夆(ハキカハ)」、東大本・静嘉堂本は「⿰亻夆(ハナカイ)」と施訓する。「ハナガハ」が正しい。

〔旃檀巻〕慶安版本は「旃檀巻(センタンマキ)」、東大本・静嘉堂本は「栴檀巻」とある。東大本・静嘉堂本の表記が正しい。

〔胡簶〕慶安版本は「胡簶(エヒラ)」、東大本・静嘉堂本は「胡簶(同(ヤナグイ))」と施訓する。「胡籙」「胡簶」は、平安時代以来、「ヤナグヒ」の和訓と対応する。慶長二年刊行の易林本節用集のみ「胡籙(エビラ)」とする。

〔中13ウ〕

〔綿傪〕慶安版本は「綿傪(ワタクリ)」、東大本・静嘉堂本は「綿縿(ワタクリ)」とある。慶安版本の「傪」は「縿」の誤り。

〔桁羽〕慶安版本は「桁羽(タテハ)」、東大本・静嘉堂本は「桁羽(ケタハ)」と施訓する。東大本・静嘉堂本が正しい。

〔⿰鼠要口〕慶安版本は「⿰鼠要口(シネ)」、東大本・静嘉堂本は「⿰鼠要口(シネクチ)」とある。「⿰鼠要」は「鼴」の異体「鼹」の誤り。

〔角木　割弣〕慶安版本は「角木(ツノキ)　割弣(ワリニキリ)」、東大本・静嘉堂本は「角木剖(ツノキワリ)　弣(ユミノニギリ)」とある。「ツノキワリ」は、義経記に用例がある。角で作った木割である。東大本・静嘉堂本が正しい。

〔渋箆〕慶安版本は「渋箆(ナハシノ)」、東大本・静嘉堂本は「渋箆(サハシノ)」とある。「サバシノ」が正しく、白い箆矢に黒漆を薄く塗ったもの。詳しくは、上掲の「易林本節用集と新撰類聚往来」参照。

〔鏝／鏑〕東大本・静嘉堂本は「鏝鏑(ヌタカブラ)」とあり、これで一語である。

〔平鏑　平題〕諸本共に「平鏑(イタツケ)　平題(同)」とある。中世一般の語形は「イタヅキ」であるが、「イタツケ」は書言字考節用集に見える。

〔⿰革系〕諸本共に標出字は「⿰革系」とする。正しくは「⿰革業」である。「⿰革系」は「⿰革業」の異体「鞣」を誤ったものであろう。類例として、音訓篇立「鞢〈ユカケ〉」、広大本和名集「弽〈ユガケ〉」、頓要集「弽〈ユカケ〉」、黒本本節用集「弽〈ユガケ〉」がある。説文解字の「韘」の項に「或从弓」とある。

〔弛〕慶安版本は「弛（ユルス）」、東大本・静嘉堂本は「弛」で右訓「ハヅス」、左訓「ユルス」。弓に関連する語彙の一部であるから、上項の「張（ハル）」の対揚語「ハヅス」が正しい。

〔筈〕「モトハズ」は弓の下端を意味する語であり、矢の下端を意味する「筈」の訓としては不適切である。「筈」は、「ヤハズ」の訓が一般的である。詳しくは、上掲の「易林本節用集と新撰類聚往来」参照。

〔握皮〕慶安版本は「握皮（ニキリ）」、東大本・静嘉堂本は「握（マキカワ）ー（皮）」と施訓する。慶安版本が正しい。

〔禦絃〕慶安版本は「禦絃（フセキツル）」、東大本・静嘉堂本は「禦（セキ）ー（絃）（ツル）」と施訓する。「セキヅル」が正しい。

〔鐔〕慶安版本は「鐔（ツケカネ）」、東大本・静嘉堂本は「鐔」で右訓「クチカネ」、左訓「ツバ」とする。「ツバ」の訓が普通である。

〔鞆〕慶安版本は無訓、東大本・静嘉堂本は「鞆（サヤ）」とある。「鞆」の定訓は平安時代以来「トモ」である。

〔鮫〕慶安版本は「鮫（サメ）」、東大本・静嘉堂本は「鮫皾（サメツカ）」とある。慶安版本は「皾」を脱落する。

〔⿰革侯〕諸本共に「⿰革侯（メヌキ）」とする。標出字は正しくは「韄」である。

［中14オ］

〔葦〕慶安版本は「葦（ヲシカハ）」、東大本は、元「葦（ヲシカワ）」と書き、磨り消して「韋」と訂する。静嘉堂本は「韋（ヲシカワ）」とある。

〔鞹〕諸本共に「鞹（サヒカワ）」とある。倭玉篇諸本は「鞹〈ツクリカハ〉」とする。

〔鞆　鞢〕慶安版本は「鞆（モロ）　鞢（ユカケ）」、東大本・静嘉堂本は「鞆鞢（モロユガケ）」とある。慶安版本には訓合符が無い。ここは「モロユガケ」で一語であり、「一具ユガケ」とも言う。

〔金剛旛幢〕慶安版本は「旛幢(ハタホコ)」、東大本はもと某字一字を書き、磨り消した上から「幢(ハタホコ)」を重ね書きする。静嘉堂本は「幢(ハタホコ)」とある。「幢」は「幢」の異体。「旛幢」は、旗を付けた矛で、仏具の名。「金剛旛」もしくは「金剛幢」は、仏理を形容する語として、密教で印や菩薩の名につけられる。「金剛旛幢」もその類であろう。色葉字類抄・類聚名義抄・倭玉篇諸本「幢」で「ハタホコ」とする。

〔般若鋒〕禅語。外道を破る武器の意。圓悟仏果禅師語録に「大丈夫秉慧剣、般若鋒兮金剛焔」とある。

〔殺人刀、活人剣〕禅語。圓悟仏果禅師語録に「殺人刀活人剣、上古之風規、亦是今時之樞要」などとある。

〔覿面提持〕禅語。相手に面と向かって教えさとすこと。一山国師（一山一寧）語録に「種種垂慈、無非覿面提持、要人直下便領」とある。

〔活商量〕禅語。活きた応酬によって悟りに導くこと。雪叟詩集、「賛冬臨済」に「厳寒徹骨活商量、一喝雪飛四百州」とある。

〔言多則品寡〕言葉が多いほど、品位に欠ける意。童子教に「語多者品少、老狗如吠友」とある。

〔管城公〕筆の異名。上19ウ「管城公」の項の校注参照。

〔香山某〕東大本・静嘉堂本には差出人無し。

［中14ウ］

〔新米〕慶安版本は「新米(シンヘイ)」と施訓し、東大本・静嘉堂本は、音合符のみ施されており、無訓である。日葡辞書に「Xinbei.l,xinmai.」、易林本節用集に「新米(シンベイ)」とあり、漢音読みも用いられた。

〔出来〕慶安版本は「出来(ル)」、東大本・静嘉堂本は「出来(スル)」の施訓及び音合符を施す。後者をとる。

〔為祝〕慶安版本は「為(メニ)レ祝(イハヒノ)」、東大本・静嘉堂本は「為レ祝」で右訓「―ノ―メニ」、左訓「―トシテ」と施訓する。東大本・静嘉堂本の左訓をとる。

〔令進候〕慶安版本は「令レ進候」、東大本・静嘉堂本は「令二進覧一候」とある。「進覧」は、邦訳日葡辞書に「Xinran.シンラン（進覧）何か物を捧げること、あるいは、差し上げること。受け取る人を尊敬して言う。文書語。」とあり、贈呈する意を表す文書用語である。東大本・静嘉堂本の形をとる。

〔仍而今年之耕農等…蝗虫之不熟〕新猿楽記・三君夫の記事に似た用語・表現が多く見られる。

〔除為不熟不為矛業〕慶安版本は「除為レ不熟不レ為レ矛業」、東大本・静嘉堂本は「雖レ為二不熟一、所レ為二予業一」とある。文脈から「雖」が正しいと思われる。「除」と「雖」は、草書が酷似しているため、誤ったもの。「矛」は「予」の誤り。「予」は「余」に通じる。

〔并〕東大本・静嘉堂本は「再」を見せ消ちし、右に「并」と訂する。

〔肥〕慶安版本は「肥」、東大本・静嘉堂本は「肥」と施訓する。

〔耕耰〕慶安版本は「耕耰」、東大本・静嘉堂本は「耕耰」と施訓する。「耰」の字音仮名遣いは「イウ」が正しい。

〔西収〕慶安版本は「西収」、東大本・静嘉堂本は「西収」で右訓「―シユウ」、左訓「―シユ」と施訓する。広本節用集に「西収」、邦訳日葡辞書に「Xeixuno go.セイシュノゴ（西収の期）」とある。

〔中15オ〕

〔常五穀成就稼穡豊兆之祝〕慶安版本は「常五穀成二就稼穡豊兆之祝一」、東大本・静嘉堂本は「常致二五穀成就稼穡豊兆之祝一」とある。東大本・静嘉堂本の本文と訓点が正しい。慶安版本は「致」字を脱落し、「穡」の付音を誤る。諸本共に「五穀成就」に作るが、新猿楽記・三君夫には「五穀成熟」とあり、これが正書法である。「就」と「熟」は通用。

〔粳〕慶安版本は「粳」、東大本・静嘉堂本は「粳」と施訓する。この語は古形「ウルシネ」→「ウルシ」

↓「ウルチ」と変化したと考えられる。広島大学本和名集・亀井本和名集に「粳(ウルシ)」とある。

〔秕〕慶安版本は「秕(ハシカ)」、東大本・静嘉堂本は「秕」で右訓「ハシカ」、左訓「アラモト」と施訓する。

〔角豆〕慶安版本は「角豆(サヽケ)」、東大本・静嘉堂本は「角丨(サヽギ)（豆）」と施訓する。

〔中15ウ〕

〔春下一粒之種子、秋納万倍之地利〕新猿楽記・三君夫に「春以一粒雖散種子、秋以万倍納蔵内」とあるのによる。

〔地利〕「ヂリ」は第一拍濁音。

〔異畝同穎、加禾〕慶安版本は「異畝同穎(イハントウエイニ)一、加(ヘ)レ禾(クワヲ)」、東大本・静嘉堂本は「異畝(イホ)同穎(エイニ)、加(ヘ)レ禾(クワヲ)」と施訓する。書経・微子之命に「唐叔得禾、異畝同穎」とあり、異なった畝より生えた稲の茎が合わさって、一つの穂になった瑞祥をいう。「加禾」は「嘉禾」の誤り。

〔一茎九穂〕一本の茎から九つの穂が生じたもので、これも「嘉禾」の一種。東観漢紀に「是歳有嘉禾生、一茎九穂、長大于凡禾」とある。

〔於粗穀、粗米…半銭之未進〕「租穀、租米」、慶安版本は「粗穀、粗米」に誤る。この部分は、新猿楽記・三君夫によるが、やや異同がある。

〔調庸〕慶安版本は「調庸(テウヨウ)」、東大本は「調(テウ)下庸(ヨウス)」、静嘉堂本は「調(テウ)下庸(ヨウ)」と施訓する。新猿楽記の記事、及びここでの文脈から見て前後と同じく、名詞と解すべきであろう。

〔使断、供給、土毛、酒直、種子、地子、糧料、交易、佃、出挙、班給等之間、而敢不致束把、合勺〕東大本・静嘉堂本は「使料(シレウ)／合勺(カフシヤク)」（／は改行位置）とあり、慶安版本の「供給(クキウ)…束把(ソクハ)」の二十八字を欠く。東大本・静嘉堂本の行款では二行分に相当する。

〔使断〕慶安版本は「使断(シタン)」、東大本・静嘉堂本は「使料(シレウ)」とある。慶安版本の「断」は「料」の誤り。「シレウ」は「ツカヒレウ」とも。中世の荘園での経済用語であり、中世文書に散見する。新猿楽記の対応箇所は「使料」。

〔交易〕「交易雑物」の略。

〔出挙〕慶安版本は無訓である。色葉字類抄に「出挙(イラス)〈同（刺史部）、シユツコ、又在借用分〉」、邦訳日葡辞書に「Xucco.シュッコ（出挙）米などによる利息。例、Xuccouo toru.（出挙を取る）利息として米などを取る。Xuccouo iruru.（出挙を入る）利息をやる」とあり、「シュッコ」が普通。「スイコ」とも。

〔中16オ〕

〔然者〕慶安版本は「然者(ラハ)」、東大本・静嘉堂本は「然者(レハ)」と施訓する。ここは確定条件なので、東大本・静嘉堂本の訓をとる。

〔所仰田麦等〕慶安版本は「所レ仰田麦(テンハク)等」、東大本・静嘉堂本は「所(ノ)レ作田麦(バク)等」とある。慶安版本の「仰」は「作」の誤り。

〔南呂十二日〕東大本・静嘉堂本は「南呂十三日」とある。また、東大本・静嘉堂本は日付の下に差出人名として「三善」の二字がある。

〔中16ウ〕

〔新米〕中14ウ2の「シンヘイ」の読みにそろえる。

〔此御事候〕東大本・静嘉堂本は「此(ノ)事(ニ)候(ロ)」とある。慶安版本には接頭辞「御」が加わっている。

〔倍蓰他年〕慶安版本は「倍(ハイ)二蓰(シスルノ)他(タ)年(ヲ)一」、東大本・静嘉堂本は「倍(バイ)二蓰(シスル)他年(ニ)一」と施訓する。「…ニ倍蓰スル」の読みをとる。

〔昔如雁門太守、家田三可生嘉禾乎〕魏書・許謙伝に「太宗追録謙功、以洛陽（許謙の子の許洛陽）為雁門太守。洛陽家田三生嘉禾」とあり、北史・許謙伝にも見える。

〔兪者〕慶安版本は「兪者（シカラハ）」、東大本・静嘉堂本は「兪者」で右訓「シカレバ」、左訓「―ラハ」とする。ここは確定条件なので、東大本・静嘉堂本の右訓をとる。

〔尽〕慶安版本は「尽（ツクス）」、東大本・静嘉堂本は「尽（ツクル）」と施訓する。東大本・静嘉堂本の傍訓が正しい。

〔名田〕慶安版本は「名田（メイテン）」と施訓するが、「ミヤウデン」の誤り。易林本節用集に「名田（ミヤウデン）」とある。

〔卓錐地〕慶安版本は「卓（サスノ）レ錐（キリヲ）地（チ）」、東大本・静嘉堂本は「卓錐之（ノ）地」で、「卓錐」に音合符を施し、左に「キリヲタツル」の傍訓あり。音読形をとる。訓読形としても、「キリヲタツ」が正しい。「立錐地」に同じで、わずかばかりの土地のこと。中国でも宋代以降、「卓錐地」という表現が用いられる。

〔買徳〕東大本・静嘉堂本も「買徳」とする。「徳」と「得」は通用。

〔侘人〕慶安版本は「侘（ワビ）人」、東大本・静嘉堂本は「他人」とある。慶安版本の「侘」は、「他」の異体「佗」を誤写したものであろう。

［中17オ］

〔鋤鍬〕慶安版本は「鋤鍬（スキクワ）」、東大本・静嘉堂本は「鋤鍬」に音合符を施す。続く「播殖（ハショク）」と対になっているところから、音読形をとる。

〔播殖〕慶安版本は「播殖（ハンシヨク）」、東大本・静嘉堂本は「播殖（シヨク）」と施訓する。慶安版本の「ハン」は「ハ」の誤り。

〔塡岳〕慶安版本は「塡（ウツミ）レ岳（ヲカヲ）」、東大本・静嘉堂本は「塡（ミツ）レ岳（ニ）」と施訓する。東大本・静嘉堂本の読みをとる。

〔十九八〕慶安版本は「十九（ニ）八（ハ）」、東大本・静嘉堂本は「十八（ニ）九（ハ）」とある。慶安版本の「九八」は「八九」の転倒か。

〔空〕慶安版本は「空(ムナシクシ)」、東大本・静嘉堂本は「空(ムウス)」と施訓する。ウ音便形で、ここで文が終わる形をとる。

〔天不与、如此而已〕史記・伯夷叔斉列伝に引かれて有名な老子・七十九章の語「天道無親、常与善人」に基づく。この語は、後世「天之不与善人」等さまざまに形を変えて使用された。「与」は本来「くみする、味方をする」という意味だが、文脈によっては、晋書・孝友伝・顔含伝に「修己而天不与者命也」のように、「あたえる」意味にも用いられた。

〔世計〕慶安版本は「世(ヨ)計(ハカリ)」、東大本・静嘉堂本は「世(セイ)計(ケイ)」と施訓する。「生計」に当たる語か。

〔将〕慶安版本は「将」で、右訓「―ニ」、左訓「ス」と施訓し、東大本・静嘉堂本は「将(ハタ)」とある。

〔令〕慶安版本は「令(メント)」、東大本・静嘉堂本は「令(メテ)」と施訓する。

〔中17ウ〕

〔于我〕慶安版本は「于我(カ)」、東大本・静嘉堂本は「于(ニ)レ我(レ)」と施訓する。東大本・静嘉堂本の読みをとる。

〔及其熟〕慶安版本は「及(ハヽ)二其熟(ノシユクニ)一」、東大本・静嘉堂本は「及(テ)二其(ノ)熟(スルニ)一」と施訓する。東大本・静嘉堂本の読みをとる。

〔酌甕中碧〕慶安版本は「酌(クマン)二甕(ヨウ)中(ノ)碧(ヘキヲ)一」、東大本・静嘉堂本は「酌(クメ)二甕中(ノ)碧(リヲ)一」と施訓する。東大本・静嘉堂本の読みをとる。慶安版本の「甕」の付音「ヨウ」は「ヲウ」の誤り。

〔竹葉　春葡萄酒〕慶安版本は「竹葉(チクヨウ)　春葡萄(フタウノ)酒」、東大本・静嘉堂本は「竹葉春(ノル)　葡萄(ブダウノ)酒」とある。東大本・静嘉堂本の本文が正しい。但し、酒名なので「チクエフシユン」と読む。

〔鐏〕慶安版本は「鐏」、東大本・静嘉堂本は「罇」とある。「ヘイシ」つまり「瓶子」の訓から推して、「鐏」

は「罇」を、字形類似により誤記したものと考えられる。

〔鸕子　杓〕慶安版本は「鸕子（ロシ）　杓」、東大本・静嘉堂本は「鸕子板（ロシノシヤク）」とある。項目認定は東大本・静嘉堂本が正しい。諸本共に「鷀」を「子」に誤る。東大本・静嘉堂本は「杓」を「板」に誤る。文脈から見て、「鸕鷀の杓」という名の酒器であろうが、未詳。

〔酒魁〕酒を注ぐ柄杓の名。詳しくは、上掲の「易林本節用集と新撰類聚往来」参照。

〔中18オ〕

〔匜〕諸本共に、上を受けて「同（サカツキ）」の訓を付しているが、本来「ハンザフ」と読むべき字であり、ここの訓は誤り。詳しくは、上掲の「易林本節用集と新撰類聚往来」参照。

〔繞州〕東大本・静嘉堂本も「繞（ニヨウ）州―（盞）」とある。諸本共に「繞」は「饒」の誤り。「饒州」は、江西省の、茶器が生産された地域の名。

〔笊籬〕慶安版本は「笊籬（クハリ）」、東大本・静嘉堂本は「笊籬（サウリ）」とある。「サウリ」が正しい。慶安版本の付音「クハ」は「瓜」と誤認したものか。

〔醯糟〕酒粕の意か。「醯」は、「醡」の譌字で、酒粕を搾る意。

〔以葛巾漉酒〕宋書・隠逸伝・陶潜伝に「郡将候潜、値其酒熟、取頭上葛巾漉酒、畢、還復著之」とある。南史・隠逸伝・陶潜伝にも見える。

〔千古風流〕古より長く言い伝えられる風流事。李白の「与賈至舎人於龍興寺剪落梧桐枝望灉湖」に「水閑明鏡転、雲繞画屏移。千古風流事、名賢共此時」とある。

〔同之〕慶安版本は「同（スト）ㇾ之（ヲ）」、東大本・静嘉堂本は「同（ト）ㇾ之（ニ）」と施訓する。東大本・静嘉堂本の読みをとる。

〔嘲哢〕東大本・静嘉堂本も「嘲哢（タウロウスルコトヲ）」とある。共に「嘲弄」の扁揃である。「嘲」の字音は「テウ」。

〔中18ウ〕

〔陶潜〕東大本・静嘉堂本は「陶潜（センニ）矣」とあり、文末に「矣」を置く。

〔蓂〕「蓂莢」の略か。堯の朝廷の階段に生じた霊草で、毎月朔日から十五日に至るまで、一つの莢を生じ、その後は莢が一つずつ落ちたといわれる。その連想で十五日のことを「蓂」といったと推測されるが、他にこのような用例は見出せない。

〔御返報〕東大本・静嘉堂本は「御返報」の次行に「類聚上巻終／正覚国師第四世仏地院丹峰和尚撰」とある。東大本は上下二巻に分かち、上巻のみ現存する。静嘉堂本は、上巻は東大本系統の本文を有し、下巻は慶安元年版の本文を書写した、取り合わせ本である。更に、上巻の本文には、慶安元年版との異同を朱で注している。

〔凡下〕「凡下」は、地下人、雑人を言うが、ここでは文意が通じない。字形類似による「几下」の誤りであろう。

〔彼栄楽人〕「彼栄楽人」と「厥鬱懐者」が対になっている。

〔弥加千秋之祝〕「弥加千秋之祝」と「倍添万般之思」が対になっている。

〔中19オ〕

〔古立錦木送三年〕謡曲「錦木」、曾我物語巻十一に関連記事が見える。昔、奥州で、男が恋する女の家の門前に立てた五色の木。謡曲「錦木」は、三年間錦木を立て続けた男の話を主題とする。「送三年」、慶安版本は「送（ヲクルニ）」と施訓するが、錦木と通小町は別の逸話であるから、ここは「オクリ」と読むべきところである。

〔榻端書結百夜〕「榻」は寝台。ある男が女の元に九十九夜まで通って、榻の端に言葉を書きつけていたが、百夜目に行かれなかったという話。謡曲「通小町」のモチーフとなった。

〔比翼連理〕長恨歌の「七月七日長生殿、夜半無人私語時。在天願作比翼鳥、在地願爲連理枝」を指し、玄宗皇帝と楊貴妃の深い愛情をいう。謡曲「楊貴妃」、曾我物語巻十一に関連記事が見える。

〔乗鳳吹簫〕仙人の蕭史とその妻弄玉の故事をいう。列仙伝に「蕭史者、秦穆公時人也、善吹簫、能致孔雀白鶴於庭。穆公有女、字弄玉、好之。公遂以女妻焉、日教弄玉作鳳鳴、居数十年、吹似鳳声、鳳凰来止其屋。公為作鳳台。夫婦止其上、不下数年、一旦皆随鳳凰飛去」とある。蒙求にも「簫史鳳台」とある。夫婦が天に上る場面は、「月」と結びつけられたようで、陳の江総の「簫史曲」に「弄玉秦家女、簫史仙処童。来時兔月満、去後鳳楼空」、唐の許渾の「緱山廟」に「王子吹簫月満台、玉簫清転鶴裴回。曲終飛去不知処、山下碧桃春自開」とある。日本では、和漢朗詠集・雲に張読の愁賦として「鳳去秦台、月老吹簫之地」を載せ、曾我物語巻十一に、「穆公の弄玉をおもんぜしも、いたづらに鳳凰台の月によす」とある。

〔鳳凰台上之夕〕「夕」は「月」の誤り。上項参照。

〔脇合〕「脇」は「協」の誤りであろう。

〔中19ウ〕

〔絶音問〕慶安版本は「絶(タエ)レ音問(ヲンモンニ)」と施訓する。しかしここは「音問絶え」と読むべきところ。慶安版本の「ニ」は衍字。

〔空沾知身面而已〕慶安版本は「空(シク)沾知レ身面(ニノ)而已(ミ)」と施訓する。ここは「空(むな)しく身(み)を知(し)る面(おもて)を沾(うるほ)すのみ」と読むべきところ。慶安版本の「面」の訓点「ニ」は「ヲ」の誤り。

〔靖察〕「靖」は「精」の誤りであろう。

〔風塵満床上〕梁の沈約の「擬青青河畔草」に「漠漠床上塵、心中憶故人」とある。なお、「風塵満」という表現は唐詩に見られるが、「床」とつなげた例は無い。

〔門径積黄葉〕南宋の王沂孫の詞「酔蓬萊（帰故山）」に「掃西風門径、黄葉凋零、白雲蕭散」とある。

［中20オ］

〔蛇〕慶安版本の傍訓「ヲロケ」は「ヲロチ」の誤り。

〔蝎〕第三拍濁音。

〔蚰蜒〕慶安版本は「ナメクシリ」と施訓する。四つ仮名の混同例であり、「ナメクヂリ」が正しい。

〔蝙蝠〕慶安版本の標出字の二字目は「蝠」の誤り。但し、「畐」と「畗」は通用する。

〔蛾〕慶安版本は「アカトンハウ」と施訓する。しかし、「蛾」は一般に「ヒヒル」を定訓とする。

［中20ウ］

〔蛉虫〕「蛉虫」は「鈴虫」の扁揃。

〔蠁〕「蠁」は「銜虫」の合字の誤り。

〔唧々似恨〕慶安版本は「シツシツ」と施訓するが、「ショクショク」が普通。虫の音等を表す擬音語であり、宋の李綱の「秋虫」に「不知抱何恨、唧唧無停音」とある。

〔喧々如驚〕虫が驚いたように鳴き騒ぐ意。「喧々」は、人の声が騒がしい様子で、馬の声等についても言うが、虫の声は一般には「喧々」といわない。

〔驚之也〕慶安版本は「驚スレ之ヲ也」と施訓するが、文意は、恨む人が虫の声に感ずるということなので、「コレニオドロク」と読むべきであろう。

〔丹誠〕第三拍濁音。

〔呈上〕第三拍清音。

〔逆耳之言〕史記・留侯世家の「忠言逆耳、利於行」による。

〔違〕「ヰス」（違）は「…ニヰス」のように助詞「に」を伴う。また、ここで文が終わるので、慶安版本の傍訓「イセンコトヲ」の「コトヲ」は衍字。

〔清聴〕慶安版本の傍訓「セイテイヲ」は「セイチヤウニ」の誤り。

〔上聞〕第一拍清音。

〔中21オ〕

〔胸霧〕慶安版本の傍訓は「ケウフ」とある。「キヨウブ」の「ブ」は漢音。呉音で「キヨウム」とも。庭訓往来に「意霧」が出る。「意霧」も「イブ」「イム」両形。「胸霧」という漢語は中国に無いが、似た発想として、宋の李彭の「用擬古韻答瑛上人」に「吾衰霾霧満胸中、玩味甘腴真雋永」とある。

〔意曲〕「委曲」に当たる語であろう。上7オ3「委曲」の校注参照。

〔中21ウ〕

〔細々〕「再々」の意で用いられている。

〔切々〕上句の「細々」と対になっていることからも、度々の意であろう。

〔来扣〕慶安版本は無訓であるが、「ライコウ」と読むのであろう。意味は、来て門をたたくこと。

〔乖遊人之出入〕動詞「乖ク」は、「…ヲ乖ク」と、ヲ格をとる。

〔友社〕「友社」は、詩社のような、文人の集まり。宋の李流謙の「一春無日不飲遂作肺嗽效楽天体」に「友社惜我去、共和驪駒唱」とある。

〔不会〕ここでは、単に会わない意。

〔材学〕「才学」に同じ。「材」と「才」は通用。

〔其勤継略以燭〕読みにくい文であるが、「継以燭」は「継ぐに燭を以てす」、つまり、昼の仕事が終わっても、灯りをつけて仕事を続ける意になるので、「其の勤、継ぐに略燭を以てす」と読むのであろう。その勤勉さは、ほぼ毎日、夜になっても灯りをつけて仕事を続けるほどである、ということ。宋の王之道の「和富公権送行詩韻」に「全家被燕衎、日尽継以燭」とある。

〔唐朝〕中国の意。

〔伏犠始造書代結縄之政〕孔安国の尚書序「古者伏犧氏之王天下也。始画八卦、造書契、以代結縄之政、由是文籍生焉」とあり、梁の蕭統の「文選序」に「逮乎伏羲氏之王天下也、始画八卦、造書契、以代結縄之政、由是文籍生焉」とある。ただし、前者は六朝期の偽作とされる。

［中22オ］

〔以際〕「コノカタ」の訓より推して、「際」は「降」の、字形類似による誤り。

〔本書〕第三拍濁音。重視すべき書物の意。

〔前後漢〕前漢書、後漢書をあわせた呼称であり、しかりとすれば「前後漢書」の「書」が脱落している。

〔大冊、小札〕大型の書物と小型の書物をいうのであろう。「冊」は長い竹簡の意で書籍、「札」は木札の意で短い文章を表すが、どの程度それを意識したかは不明。

〔六義〕「風」と「雅、頌」（詩経の詩の内容分類）「賦、比、興」（詩経の詩の表現法）のこと。毛詩序に見える。

〔李杜〕李白と杜甫。

〔韓柳〕韓愈と柳宗元。

〔騒思〕楚辞に「離騒」があることから、愁いを含んだ詩情の意。

〔中22ウ〕

〔休期〕九条家歴世記録、文亀二年（一五〇二）一月九日条に「不可有休期候」とあり、また室町期の古文書類に「更不可有休期」の例多数。邦訳日葡辞書に「Qiŭgo. キュウゴ（休期）Yamu toqi.（休む期）際限、または、終末。Qiŭgo arumai.（休期あるまい）終わり、果てが無かろう」とある。慶安版本の「キウゴスル無（シ）」の「スル」は衍字。「休期無し」と読むべきところ。

〔詩、賦、序、表〕以下、新猿楽記、五君夫による。

〔宣命、宣旨…上手也〕新猿楽記・五君夫（儒者）によるが、異同がある。

〔宣命〕キリシタン版落葉集に「宣命(せんめい)」、妙本寺蔵永禄二年いろは字・増刊本節用集に「宣命(センメイ)」、邦訳日葡辞書に「Xen mei. センメイ（宣命）Teivŏno vôxe.（帝王の仰せ）国王の命令、あるいは、宣告」とある。

〔符、牒〕慶安版本は「符」と「牒」の間に音合符を施すが、これらはそれぞれ別種の文書様式である。

〔告書〕「告文」（カウブン、カウモンとも）に当たる内容・様式の文書であろう。壬生家文書、正元二年（一二六〇）四月十三日、太政官符（鎌倉遺文八四九八号）に「告書」が見える。

〔教書〕「御教書」（ミゲウシヨ）とも。

〔触文〕新猿楽記の該当本文は「解文(ケモン)」（弘安本）とある。「触文」は「解文」の誤りであろう。前田本色葉字類抄に「解文〈ケモン〉」とある。「ゲモン」また「ゲブミ」とも。

〔本昔、平城天子〕古今集真名序に「昔平城天子、詔侍臣令撰万葉集」とある。

〔従令撰万葉集…一流縷、似貫珠〕新猿楽記・十一君（管弦和歌）の「凡素盞烏尊…如一旒縷貫珠」に似る表現が多いが、排列や表現に異同が甚だしい。むしろ古今集真名序による部分が目立つ。

〔撰〕第三拍濁音。

〔中23オ〕

〔素盞烏尊〕新猿楽記に「素盞烏尊（ソサノヲノミコト）」（弘安本・康永本同）、土井本太平記巻二十五に「そさのをのみこと」、広本節用集に「素盞烏尊（ソサノヲノミコト）」（「草薙剣（クサナギノケン）」の項目注）とあり、中世語形は「ソサノヲノミコト」。

〔譬画女動人情〕古今集真名序に「華山僧正…如図画好女、徒動人情」、新猿楽記に「花山僧正之長此道、猶有画女之動人情之難」とある。

〔比萎花有薫香〕古今集真名序に「在原中将…如萎花雖少彩色、而有薫香」とある。ちなみに、新猿楽記では「在原中将之得其名、自招賈人着鮮衣之誚」とあるが、その「自招賈人着鮮衣之誚」は、古今集真名序では、文琳（文屋康秀）に対する評である。

〔体近俗〕古今集真名序に「文琳…其体近俗」とある。新猿楽記には該当する本文が無い。「俗」の付音「ショク」は漢音。

〔詞甚鄙〕古今集真名序に「大友黒主…体甚鄙」とある。新猿楽記・序に「県井戸先生、雖得其体骨、詞甚鄙而、時々致言失」（康永本による）とある。

〔柿本大夫〕慶安版本は「柿（カキノ）本大夫（ノヲヽケノキミ）」と施訓する。「大夫」は「マウチギミ」と読むべきところ。

〔中23ウ〕

〔山辺赤人〕弘安本新猿楽記に「山辺（ノヘノ）赤人」、康永本新猿楽記に「山辺（ノノ）赤人」とある。万葉集は「山部赤人」とする。

〔並〕古今集真名序は「柿本大夫…山辺赤人者、並和歌仙也」とある。慶安版本の返点は誤りであり、「並」は「ならびに」と副詞として読むべきところ。

〔三十余字〕弘安本新猿楽記は「卅一字」、康永本新猿楽記は「卅一个字」とある。

〔避〕慶安版本は「避(サク)」と施訓するが、新猿楽記古写本は「避(サル)」（弘安本・康永本）と読む。

〔其詞滑五尺鬘、如沃水〕慶安版本は「其詞(コトハ)滑(ナメラカニシテ)五尺鬘(ノカミヲ)如(シ)沃(イル、カ)水(ニ)」と施訓するが、康永本新猿楽記は「其詞滑(ナメラカニシテ)如(シ)五尺鬘(ノカツラヲ)沃(イル、カ)水(ニ)」と施訓する。康永本新猿楽記の訓点が正しい。

〔其情縟一流縷、似貫珠〕慶安版本は「其情(ノジヤウ)縟(マタカニシテ)一流縷(リウノイトヲ)似(ニタリ)貫(ツラヌクニ)珠(タマヲ)」と施訓するが、康永本新猿楽記は「其情縟(ロマタラカニシテ)如一旒縷(ルノイトスチニ)貫(ケルカ)珠(ヲ)」と施訓する。康永本の「旒」を弘安本は「流」に作る。また、慶安版本の「縟」の傍訓「マタカニシテ」は「マダラカニシテ」の誤り。前田本色葉字類抄に「縟〈マタラカ也、マタラカニ〉」、観智院本類聚名義抄に「縟〈音辱、マダラカニシテ、マタラナリ〉」とある。この他、音訓篇立「縟」の項目下に「マタラカナリ」、弘治二年本倭玉篇「縟」の項目下に「マタラカ也」の和訓が見える。

［中24オ］

〔蒼頡〕下学集諸本・節用集諸本に「蒼頡(サウケツ)」とある。慶安版本の傍訓「サウカツ」は「サウケツ」の誤り。淮南子・本経の「蒼頡作書而天雨粟」に対する高誘注に「蒼頡、始視鳥跡之文而造書者也」とある。

〔古文、正文…無不学之〕新猿楽記・太郎主（能書）によるが、異同が大きい。

〔古文〕広本節用集に「古文(コモン)〈蒼頡視鳥跡(ヲ)、以作文字(ヲ)、世謂之古文(ト)也〉」、運歩色葉集に「古文(モン)」とある。

〔信〕「信」は「真」の誤り。

〔張芝〕後漢の人、字は伯英。後漢書巻九十五に伝がある。上19オ「張芝」の項の校注参照。

〔草聖〕草書の第一人者、名人。

〔義之〕東晋の人、字は逸少。王右軍と称す。晋書巻八十に伝がある。

〔俗資〕「俗資」という語は存在せず、王義之の説明として理解しがたい。ここは、「張芝」の「草聖」と「義之」の「俗資」を対にしていることから、「俗資」は、「行賢」つまり「行書の賢者」の草書類似による誤記と考えられる。「草書」と「行書」、「聖人」と「賢者」を対にすることは理解できるが、「行賢」という語は他に見られず、完全な造語であろう。なお、新猿楽記では、張芝を挙げず、「羲之垂露之点」と「道風貫花之文」を対にするのみである。「張芝草聖、王羲行賢」は、本書の完全な創作部分である。

〔道風〕小野道風。篁の孫。

〔貫花文〕法華経の文をいう。朝野群載に載せる前中書王（兼明親王）「天皇法花経講問者表白」に「方今開蓮之文、出聖跡臨池之妙、貫花之偈、生神筆入木之功」とあり、同じく「誓願書二通　其一」に「以書著垂露之点、以開出貫花之文」とある。ここで道風の書を賛美するような意味で「貫花文」というのは、本来の用法ではない。

〔和尚〕弘法大師。

〔五筆之跡〕古今著聞集・本朝神仙伝・扶桑略記・吾妻鏡・神皇正統記等に、「五筆和尚」の記事が見える。両手・両足・口に筆を持って字を書いたという。

〔佐理〕藤原佐理。

〔一墨〕筆勢がとぎれない様子をいう。

〔学〕漢文訓読では上二段活用形が用いられる。

〔垂露、懸針之点〕縦の筆画を留めるとき、点のようにするのが「垂露」、細く伸ばすのが「懸針」と呼ばれる。

〔舞鳳、翔鸞〕書の勢いが強いたとえ。宋の周紫芝の竹坡老人詩話に、呂洞賓の題字について、「字画飛動、如翔鸞舞鳳、非世間筆也」とある。

〔春蚓、秋蛇〕書の勢いが弱々しいたとえ。晋書・王羲之伝賛に「子雲近出、擅名江表、然僅得成書、無丈夫之気、行行若縈春蚓、字字如綰秋蛇」とあるのによる。「子雲」は、梁の蕭子雲。

〔中24ウ〕

〔八品〕いわゆる八音（ハチイン）。広本節用集に「八音（ハツイン）〈金石糸竹匏土革木〉」。

〔六律〕節用集諸本に「六律（リクリツ）」。

〔十二律〕下学集諸本・節用集諸本に「十二律（シフジリツ）」。「シフ」「ジ」は漢音。

〔推極〕論点や原理を推し極めること。沈約の「仏記序」に「推極神道、原本心霊」とある。ここでは、通暁する程度の意味に使っている。

〔離鸞、別鶴之操〕いずれも琴の楽曲の名。北堂書鈔・楽部・琴に、「離鸞操　琴操有離鸞引」とあり、また、「別鶴操　琴操云、高陵子牧取妻無子、父兄将改取、子牧聞之、援琴撫鼓之、恩愛未離為此曲」とある。琴操は、後漢の蔡邕の著。

〔子期知音〕「伯牙絶絃」の故事。琴の名手伯牙の演奏を、友人の鍾子期だけが真に理解したという話で、呂氏春秋・本味に見える。

〔陶潜識趣之外〕晋書・隠逸伝・陶潜伝に「性不解音、而畜素琴一張、絃徽不具、毎朋酒之会、則撫而和之曰、但識琴中趣、何労絃上声」とある。「外」は意味が通ぜず、草書類似による「列」の誤記と思われる。「列」は、類いの意。

〔楚養由基百歩穿楊葉〕養由基は、戦国時代の楚の武将。戦国策・西周策に「楚有養由基者、善射、去柳葉百歩而射之、百発百中」とある。

〔唐藥仁貴三箭定天山〕「藥」は「薛」の誤り。旧唐書・薛仁貴伝に、彼が突厥を討った時、仁貴が三矢を放って三人を射殺し、勝利を収めたため、軍中の兵士たちは、「将軍三箭定天山、戦士長歌入漢関」と歌って誉め称えたという。

［中25オ］

〔三々九手夾、八的等上手也〕新猿楽記・中君夫（武者）に「八的、手挟、三々九等之上手也」とある。

〔三々九〕新猿楽記・中君夫、及び、庭訓往来・正月往状に見える。

〔黄帝〕史記・蘇秦列伝「六博蹋鞠」の集解に引く劉向の別録に「蹴鞠者、伝言是黄帝所作、或曰起戦国之時」とある。

〔劉向〕前項参照。

〔難波、飛鳥等〕蹴鞠の流派としては鎌倉初期に、「難波流」と「飛鳥井流」が成立した。慶安版本は「井」を脱する。

〔曲節〕ここでは技芸の意。

〔三下〕「三下」では意味が通じず、「上下」の誤りと推測される。下文の「高低」と対になる。

［中25ウ］

〔摩利支天〕日本の兵法の流派の多くは、武家の守護神として摩利支天を尊崇した。例えば、念流の祖の慈恩は、摩利支天の霊験で悟ったという説がある。

〔張良一巻〕漢の張良が、黄石公から「一編書」、すなわち太公望の兵法書を授かったことが、史記・留侯世家に見える。

〔旨快〕慶安版本の「旨快」は「旨訣」の誤り。「旨訣」は奥義の意。

〔箕弓〕慶安版本の「箕弓」は「箕裘」の誤り。「箕裘」は、礼記・学記の「良冶之子必学為裘、良弓之子必学為箕」に由来する語で、子が家業の技術を、段階を踏んで学ぶことをいう。ここから、「箕裘之家」は、特定の仕事（ここでは兵法）を代々業とする家を指す。「以不有箕弓之家」は、正しくは「以非箕裘之家」とあるべきところ。

〔禅和〕「禅和子」の略で、禅僧を呼ぶ語。

［中26オ］

〔拈花微笑以来、門竹倒却後〕碧巌録・三教老人（如如居士顔丙）序に「拈花微笑以来、門竿倒却之後」とある。「拈花微笑」は、偽経の大梵天王問仏決疑経が初出とされ、釈尊が摩訶迦葉に教えを伝えたことをいう。「門竹倒却」は、「門竿倒却」に同じく、「倒却著門前刹竿（説法の合図の旗竿をしまえ）」として無門関に見え、摩訶迦葉が阿難に伝えたことを示すもので、いずれも禅の起源を説く。

〔於列祖命脈、有換骨霊方〕碧巌録・普照序に「至聖命脈、列祖大機、換骨霊方、頤神妙術」とある。

〔少室漫付神光〕碧巌録・第四十七則に「少林謾道付神光」とある。「神光」は二祖慧可。「達磨が少林寺で慧可に伝授したと、適当なことをいう」意。ここで「少室（少室山）」は「少林（少林寺）」と同義になるので問題ないが、「道」が無いと本来の意味にならない。

〔却有二三〕中国で禅の教えを伝えたものが、何人か現れたという意。碧巌録・第四十七則に「為什麼此土却有二三、逓相恁麼伝来」とある。

〔有書偈壁間〕神秀の故事。仏祖統記・六祖慧能に「秀即書壁間云、身是菩提樹、心如明鏡台、時時常払拭、莫待惹塵埃」とある。

〔有観像鏡中〕碧巌録・第四十則に「山川不在鏡中観」とある。「鏡中」は第三拍清音。

〔向剣刃上者、弁个殺話〕碧巌録・第六十一則に「剣刃上論殺活、棒頭上別機宜」とある。慶安版本の「話」

は「活」の誤り。

〔横虎口裏者、放得手脚〕碧巖録・第十五則に「向虎口裏横身、放得手脚、千里万里、随你銜去」とある。

〔呵仏罵祖〕碧巖録・方回序に「其徒有翻案法、呵仏罵祖、無所不為」とある。

〔捧如雨点〕碧巖録・第二則に「直饒棒如雨点、喝似雷奔、也未当得向上宗乗中事」とある。慶安版本の「捧」は「棒」の誤り。慶安版本の傍訓は「捧(サヽクルコト)如(シ)レ雨点(アメノテンスルカ)」と施訓するが、正しくは「棒(ぼう)は雨(あめ)の如(ごと)く点(ふ)り」と読むべきところ。

〔喝似雷奔〕上項参照。慶安版本は「喝(カツスルコト)似(テ)レ雷奔(ライノワシルニ)」と施訓するが、正しくは「喝(かつ)は雷(らい)に似(に)て奔(わし)る」と読むべきところ。

〔中26ウ〕

〔不納間髪〕正しくは「間不容髪」で、枚乗の「上書諫呉王」に見える。禅語にも用いられるが、その意味合いは多様である。ここでは、「仏光国師（無学祖元）語録」に「仏祖授受、間不容髪」というように、禅の教えが代々変化しないで受け継がれたという意味であろう。

〔已達者少〕慶安版本は「已達者少(ステニタツシヤハスクナク)」と施訓するが、正しくは「已(い)達者(たつしや)は少(すくな)く」と読むべきところ。

〔超越昔時龐居士、霊照女等〕龐居士は、唐の人で、名は蘊、字は道玄。衡州衡陽県の人。霊照女は、その娘。景徳伝燈録に、その伝と、禅僧たちとの問答を載せる。「龐」は呉音「ボウ」。

〔其天台者…衆会之眠〕新猿楽記・五郎（天台宗の学生）によるが、異同がある。

〔因明〕慶安版本は「因明(インメイ)」と施訓するが、「インミヤウ」と読むべきところ。

〔通達〕第三拍濁音。

〔内典、外典兼学〕新猿楽記・五郎。弘安本・康永本は「内教外伝兼学」、古鈔本は「内教外曲（典）兼学」。

〔中27オ〕

〔吻〕慶安版本は「吻（クチヒル）」と施訓するが、「吻」の定訓は「クチサキラ」である。

〔其真言者…修法芥子焼有験〕「久修練行年深」以下、新猿楽記・次郎（真言師）に酷似する。

〔年深〕慶安版本は「年深（シン）」と施訓するが、誤り。「年深く」と読むべきところ。

〔日積〕慶安版本は「日積（ヲツメリ）」と施訓するが、誤り。「日積もれり」と読むべきところ。

〔両家〕慶安版本の「両家」は「両界」の誤り。

〔悉曇〕「悉曇」の慶安版本の傍訓「シツウン」は「シツタン」の誤り。「曇」を「雲」と誤認したか。

〔嫋〕慶安版本は「嫋（ヲタヤカ也）」と施訓するが、「タヲヤカ也」の誤り。

〔五悔〕新猿楽記の弘安本は「五悔九方便」、古鈔本・康永本は「唱礼九方便」とある。

〔九方便〕慶安版本は「九方便（ハウチ）」と施訓するが、「クハウベン」の誤り。

〔中27ウ〕

〔三業相応之師〕「三業」すなわち「身業」「口業」「意業」が一致した立派な僧。

〔道心堅固…遠離解脱之士也〕新猿楽記・十五女（孀）によるが、異同がある。

〔曽〕慶安版本は「曽（カツテ）」と施訓するが、「スナハチ」の誤り。

〔遠離〕慶安版本は「遠離（エンリ）」と施訓するが、「ヲンリ」と呉音で読むべきところ。

〔朝〕慶安版本は「朝（アシタノ）」と施訓するが、後の「夕（ユフヘニハ）」と対句になっており、「アシタニハ」と読むべきところ。

〔意態存勁節〕「意態」は、白居易等、唐詩に見られる語で、「心持ち」の意。「勁節」は、厳しい環境にも耐える節操で、雪の中の松のようなイメージ。梁の范雲の「詠寒松詩」に「凌風知勁節、負雪見貞心」とあるのによる。ただし、「節」の連想で、竹に用いる場合もある。

〔中28オ〕

〔不負韻題〕新猿楽記・五君夫（儒者）に「詩賦不負於韻題」とある。

〔皎如玉樹臨風前〕杜甫の「飲中八仙歌」に、「宗之（崔宗之）瀟灑美少年、挙觴白眼望青天、皎如玉樹臨風前」とあるのによる。

〔吾君〕中21ウ4に「吾君」とあり、この人物を指す。

〔敢莫懞然〕真面目で誠意のある様子。「敢へて懞然たること莫からんや」と読み、反語表現で、「真面目にお答えしないわけには参りませんでした」の意。

〔中28ウ〕

〔本懐〕第三拍濁音。

〔咿鬱〕「伊鬱」とも表記される。書翰文において用いられる。『いろは分類体辞書の総合的研究』940〜961頁参照。

〔応対〕慶安版本は「応対（ヨウタイ）」と施訓するが、「オウタイ」と読むべきところ。「ヲ」を「ヨ」に誤認したものであろう。

〔篇目〕「篇目」の誤り。箇条書きにされた事項を意味する語で、ここでは相談すべき事柄程度の意味で使われている。「篇目」については、『いろは分類体辞書の総合的研究』978〜984頁参照。

〔中29オ〕

〔請商〕慶安版本は「清」を「請」に誤る。「清商」は、清らかな商（五音の一）で、ここでは秋風の意。潘岳の「悼亡詩三首　其二」に「清商応秋至、溽暑随節闌」とある。従って、本来は「清商秋に応じて至る」

と読むべき句である。

〔暁霜〕慶安版本は「暁霜(アカツキノシモ)」と施訓するが、ここは下の「風露(フウロ)」と対句になっており、「ゲウサウ」と音読すべきところ。

〔楓樹林中、霜葉紅於二月花〕杜牧「山行」の「停車坐愛楓林晩、霜葉紅於二月花」による。

〔拘鞞陀羅樹〕慶安版本の「鞞」の傍訓「レ」は「ヒ」の誤り。

〔七覚花　妙覚樹〕「七覚花」と「妙覚樹」は二語。

〔中29ウ〕

〔石楠利〕「利」は「花」の誤り。上の「芬陀利」に引かれて誤ったもの。

〔毘蘭利〕「利」は「樹」の誤り。上の「芬陀利」に引かれて誤ったもの。「毘蘭樹」は「伊蘭樹」の転訛形で、仏典に見える樹木の名。詳しくは、上掲の「易林本節用集と新撰類聚往来」参照。

〔菩提利〕「利」は「樹」の誤り。上の「芬陀利」に引かれて誤ったもの。

〔石檀〕慶安版本は「石檀(トネリ)」と施訓するが、「トネリコ」の「コ」脱。

〔海堂〕慶安版本の標出字「海堂」は「海棠」の誤り。

〔辛椿〕慶安版本は「辛椿(マタヒ)」と施訓するが、「マタヽヒ」の踊り字脱。「マタタビ」の表記としては珍しい。詳しくは、上掲の「易林本節用集と新撰類聚往来」参照。

〔柃栫〕慶安版本は「柃栫(リヤウホウ)」と施訓する。「リヤウボウ」は、リョウブ科の落葉小高木「リヤウブ」の異形であろう。日本植物方言集成によれば、茨城・埼玉・新潟・鳥取（因幡）・島根（石見）・愛媛・宮崎で「りよーぼー」という。書言字考節用集に「柃棓(レウブ)〈一名山茶料(ハ)…〉　令法(同)〈夫木〉」とある。

〔玄木橡〕慶安版本は「玄木橡(クロモンシヨ)」と施訓する。「クロモンジヨ」は、クスノキ科の落葉低木「クロモジ」の異形であろう。日本植物方言集成によれば、高知・愛媛で「くろもんしょ」、山梨（富士吉田）で「くろもんじょ」、新潟（南魚沼）で「くろもんじょー」という。

〔中30オ〕

〔弱檜〕慶安版本は「弱檜(サワラヒ)」と施訓するが、「サワラ」の誤り。「弱檜」は「サワラ」の表記としては珍しい。詳しくは、上掲の「易林本節用集と新撰類聚往来」参照。

〔大柑〕慶安版本の標出字「大柑」は「大柑子」の「子」脱。

〔枳〕慶安版本は「枳(アラタチ)」と施訓するが、「カラタチ」の誤り。

〔中30ウ〕

〔垣山〕慶安版本の標出字「垣山」は「恒山」の誤り。

〔櫟〕慶安版本の標出字「櫟」は「楪」の誤り。

〔櫨〕「櫨」は「榼」と通用。

〔棬〕慶安版本の標出字「棬」は「榛」の誤り。

〔榟〕慶安版本の標出字「榟」は「梓」の誤り。

〔樺〕慶安版本の標出字「樺」は「樺」の誤り。

〔樆〕慶安版本に「樆(モチ)」とある。「樆」は、本来別字である「黐」の左旁「黍」を「木」に改変したものであると考えられる。「樆」の中国文献での使用例は比較的少ないが、爾雅に「梨、山樆」として見え、後世の字書では「山梨」の訓が定着する。これに類似する文字についていえば、「黐」は鳥もちの意である。また一方で、「䅻」は一方では、「䅻䅻」の形で「黍の穂が垂れ下がる様子」であり、「離離」に通じる。長沙方言で、稲束二把の意とされる。「粚」は、炒った米が崩れることである。「樆」「黐」「䅻」「粚」の四者は、中国では、原則として別字であり、異体、通用の関係にはない。平安時代の日本の古辞書では、「樆」は「ヤマナシ」、「黐」は「モチ」若しくは「トリモチ」と、截然と区別された和訓が施されている。しかし、名義抄・字類抄に見られるように、「黐」の左旁を「米」若しくは「禾」に改変した異体字も使用された。それらの異体を媒介として、左旁を更に「木」に改変した「樆」を、「モチ（ノキ）」と訓ずる用法が、室町時代に生まれたと考えられる。しかし結果的には、本来「ヤマナシ」を表す「樆」と同形衝突を起こした。室町時代の辞書では、「モチ（ノキ）」若しくは「トリトリモチ」の和訓を伴う標出字として、天理図書館本和名集に「粚」、篇目次第・尭空本節用集に「䅻」、有坂本和名集・広島大学本和名集・饅頭屋本節用集・前田本節用集・易林本節用集・慶長五年本節用集に「樆」が見える。

〔中31オ〕

〔多生嘉会〕輪廻転生を続ける長い期間に、やっと巡り会った素晴らしい出会い。庭訓往来・二月返状に「御同心之至、多生嘉会也」とある。

〔曹劉、李杜〕漢魏を代表する曹植と劉楨（建安七子の筆頭）、及び唐を代表する李白と杜甫。ただし、「曹劉」で曹操と劉楨を指す場合もある。

〔推〕慶安版本は「推（ヲシテ）」と施訓するが、文はここで終止すると考えられるので、「ヲ（オ）ス」と読むべきところ。

〔沐難波津之余波…混本之類〕新猿楽記・十一君（管絃・和歌）の記事に似る。「沐難波津之余波、迴汲富緒河之流」の両句については、古今集真名序に「至如難波津之什献天皇、富緒川之篇報太子、或事関神異、或興入幽玄」とある。康永本新猿楽記・十一君に「扇難波津之古風、汲富緒河之末流」（弘安本は「河」を「川」に作り、古鈔本は「難波津」のあとの「之」を欠く）とある。

［中31ウ］

〔忘然〕驚いて判断力を失った状態を、本来「惘然」と表すが、中世には「茫然」「忙然」等の異表記も行われた。「茫」と「忙」は通用するが、これらと「忘」との通用は無い。しかし、キリシタン版落葉集にも「忘然（ばうぜん）」とあり、孤例とは言えない。

［中32オ］

〔菩〕慶安版本は「菩《カフチ》」と施訓する。「カウジ」は、ヤブコウジ科の常緑の草状小低木「ヤブカウジ」の異形であろう。日本植物方言集成によれば、「ヤブコウジ」を新潟（南蒲原）で「こーじ」という。

〔薩〕慶安版本は「薩《シヤチ》」と施訓する。「シヤジ」は、タデ科の多年草「イタドリ」の異形であろう。日本植物方言集成によれば、「イタドリ」を岡山（邑久・浅口）で「しやじ」という。本草和名に「虎杖根、一名蒢〈出爾雅〉、一名武杖…和名以多止利」とある。「薩」は「蒢」の誤りであろう。

〔⿱艹瀲〕慶安版本は「⿱艹瀲《サネカツラ》」と施訓する。「⿱艹瀲」は「ヲモダカ」の訓が通常であり、「サネカヅラ」は珍しい。詳しくは、上掲の「易林本節用集と新撰類聚往来」参照。

〔白英〕慶安版本は「白英《ハイホロシ》」と施訓する。元和三年版和名類聚抄に「白英…和名保魯之」とあり、漢語「白英」は和語「ホロシ」と対応する。

〔⿱艹桿〕広島大学本和名集に「蔊根《エヒネ》」、頓要集・桂本佚名古辞書・初心要抄・宣賢卿字書に「⿱艹桿根《エヒネ》」とある。「蔊」は広韻に「菜味辛也」と付注され、「⿱艹桿」は観智院本類聚名義抄に「音旱、辛菜」と説明される。

〔蔨〕慶安版本は「蔨《ヘタソカツラ》」と施訓するが、「ヘクソカヅラ」の誤り。

〔酸梨〕標出字は「酸梨」とするが、「酸檏」の誤り。

〔⿱艹电〕慶安版本は「⿱艹电《トコ》」と施訓する。「トコ」は、ドクダミ科の多年草「ドクダミ」の異形であろう。日本植物方言集成によれば、「ドクダミ」を鹿児島（揖宿・薩摩）で「とこくさ」、鹿児島（川辺）で「とこぐさ」、鹿児島（薩摩）で「とごくさ」、鹿児島（甑島）で「とごぐさ」という。

〔中32ウ〕

〔韮〕慶安版本は「韮」とするが、標出字は「蘢」の誤り。黒川本色葉字類抄に「百合〈ユリ〉　磨蘢〈同〉」、観智院本類聚名義抄に「磨蘢〈ユリ〉」とある。

〔苓〕慶安版本は「苓(イナ)」と施訓する。未詳。

〔葱〕慶安版本は「葱(ヒトモヂ)」と施訓するが、四つ仮名の混同例である。

〔薜〕慶安版本は「薜(マサキ)」と施訓するが、漢語「薜茘」は、和語「マサキノカヅラ」と対応する。詳しくは、上掲の「易林本節用集と新撰類聚往来」参照。

〔中33オ〕

〔出判事〕慶安版本は「出(ツ)レ判事(ハンシヲ)」と施訓するが、ここは司直（裁判官）として判決を出す意であるから、「判（ハン）ヲ出（イダ）ス事（コト）」と読むべきところ。

〔間意〕「間」と「閑」は通用。「閑意」は、唐詩に用いられる語。白居易の詩などに見えるほか、白居易には「閑意」と題する詩もある。閑適を楽しむ心。

〔夢幻泡影〕夢や泡のようにはかないもの。金剛般若波羅蜜経に「一切有為法、如夢幻泡影」とある。賈島の「寄令狐綯相公」に「夢幻将泡影、浮生事只如」とある。

〔電光石火〕稲妻や火花のようにはかないもの。圓悟仏果禅師語録に「其生也、電光石火、挙必全真。其滅也、玉転珠回、通身無影」とある。

〔共預〕慶安版本は「共(トモニ)預(アツカル)」と施訓するが、上の「豈徒(アニタヽ)」と対句になっているので、副詞的に「共（トモ）

ニ預（アヅ）カツテ」と読むべきところ。

〔尽酒盃数〕慶安版本は「尽（ツクス）二酒盃数（シユハイノカスヲ）一」と施訓するが、上の「待（マタン）二露命之消（ロメイノキユルヲ）一」と対句になっているので、「酒盃（シユハイ）ノ数（カズ）を尽（ツク）サン」と読むべきところ。

〔中33ウ〕

〔来事〕未来の出来事。「らいじ」であり、「きごと」ではない。説文解字に「鸞　鶾鸞、山鵲、知来事鳥也」白居易の有感三首　其三に「往事勿追思、追思多悲愴。来事勿相迎、相迎已惆悵」とある。

〔与風〕慶安版本は無訓である。天正十八年本節用集に「不図（フト）〈又作与風〉」とある。「ふと」の表記としては「不図」「与風」「風度」がある。

〔藜杖〕藜はアカザ、茎は二メートルになり、杖とすることができる。王維の「菩提寺禁口号又示裴迪」に「悠然策藜杖、帰向桃花源」とある。

〔中34オ〕

〔不懸思〕慶安版本は「不（ル）レ懸（ケ）レ思（ヒ）」と施訓するが、「思（オモ）ヒ懸（カ）ケズ」と読むべきところ。

〔他山〕第二拍清音。他の寺院。

〔消他時述懐〕「消」は、文脈から見て「忘れる」の意であろう。「述懐」は、第一拍清音。

〔思出〕慶安版本は無訓であるが、「オモヒデ」と読むべきところ。

〔中34ウ〕

〔筆一二対〕増刊下学集に「一（イツ）対（ツイ）〈画、筆等用之〉」、易林本節用集に「一（イツ）対（ツイ）〈筆〉」とある。筆を数える助数詞として「対」を用いた。

〔随身〕邦訳日葡辞書に「**Zuixin.** ズイシン（随身）自ら物を持って行き来すること、または、人を連れて行き来すること」とある。第三拍清音。

〔瓦石〕価値の無い物、質の悪い物、の意。

［中35オ］

〔麝煤〕麝香の香りがする墨。唐詩から見える。

〔松煤〕次項「松煙」と同じく、松煙墨のこと。詳しくは、上掲の「易林本節用集と新撰類聚往来」参照。

〔炉煙〕炉から立ち上る煙で、部屋の香炉の煙をいうことが多い。「墨」の意は無いが、賈島の「贈王将軍」に「宿衛炉煙近、除書墨未乾」とあるように、詩の中で「墨」で字を書いている場面に「炉煙」が登場することが多いため、「墨」の異名だと誤解したものであろう。

〔紫泥〕紫色の印泥の意で、「墨」の意味は無いが、宋の王珪の「較芸将軍畢呈諸公」に「雨潤紫泥昏詔墨、風吹紅蘂上朝衣」とあるように、詩の中で「墨」で書かれた文書と、それに押された「紫泥」があわせて述べられることが多いため、「墨」の異名だと誤解したものであろう。

〔玄雲〕墨が水中で広がる様子を黒雲になぞらえたもの。厳密には墨の異名とはいえない。陸游の「酔後作小草因成長句」に「酒翻銀浪紅螺醆、墨涌玄雲紫玉池」とある。詳しくは、上掲の「易林本節用集と新撰類聚往来」参照。

〔烏金〕本草綱目・土・墨の釈名で「烏金」を墨の異名として挙げる。

〔松滋侯〕墨を擬人化した名称。文崇の「松滋侯玄光伝」に見える。詳しくは、上掲の「易林本節用集と新撰類聚往来」参照。

〔鳳団〕宋代に北苑で生産された団茶の名。墨の異名ではない。

〔鳳月〕未詳。前後の「鳳団」と「月団」より合成されたものか。

〔月団〕墨の名。清異録に「徐鉉兄弟工翰染、崇飾書具、嘗出一月団墨、曰此価値三万」とある。

〔客郷〕慶安版本は「客郷(カクキヤウ)」とするが、標出字は「客卿」の誤り、傍訓は「カクケイ」の誤りである。揚雄、長楊賦序に「藉二翰林一以為二主人一、子墨為二客卿一、以諷」とある。

〔龍剤〕慶安版本は「龍剤(シウサイ)」と施訓するが、「レウサイ」(りようざい)の誤り。

〔珠麝〕墨の名。元の張玉孃に「詠案頭四俊　珠麝墨」の詩がある。

〔玄霜〕元来は仙薬の名で、月の玉兎が杵で搗いているともいわれる。元の潘純の「桐華煙為呉国良賦」に「曾見玉兔杵玄霜、三生悟得焼墨方」とあるのは、製墨の名人の呉国良が、「玄霜」の技術を以て墨の作り方を悟ったと述べるものである。このような表現から、「玄霜」が、優れた墨の異名とされることがある。また、上掲の「易林本節用集と新撰類聚往来」参照。

〔璵璠〕春秋左氏伝・定公五年の杜預の注に「璵璠、美玉、君所佩」とあるように、佩玉とする美玉をいう。有徳の君子をいう場合もあるが、一般に墨の意味は無い。ただし、宋代以降、優れた詩文や墨跡を「璵璠」と形容することが増える。たとえば、明の楊士奇は「題唐臨絹本蘭亭後有子昂画」において、王羲之の書を「祓禊蘭亭三月初、流伝翰墨世璠璵」と詠んでいる。このようなことから、「璵璠」を「墨」の異名と誤解したのであろう。

〔古墨一笏〕「笏」は、笏板。玉や象牙や竹で作った長い板で、朝廷で手に持って、メモの用途に供した。宋代以降、墨のことも、その細長い形状より「一笏」と数えるようになった。元の陸友の墨史に用例が見られる。

〔春懐、夏懸、秋紙、冬綿〕墨を保存する際、春には懐に入れ、夏にはつるしておき、秋には紙に包み、冬には綿に包むということであろう。この伝承が何によるかは未詳。漢籍には見えない。

〔豹嚢〕慶安版本は「豹嚢（ヘウナワ）」と施訓するが、「ヘウナウ」の誤り。白孔六帖、「墨」の条に「養墨以豹皮嚢」とある。

〔中35ウ〕

〔磨人類〕慶安版本は「人類」に音合符を施すが、誤り。「人（ヒト）ヲ磨（マ）スルノ類（タグヒ）」と読むべきところ。蘇軾の「次韻答舒教授観余所蔵墨」に「此墨足支三十年、但恐風霜侵発歯。非人磨墨墨磨人、瓶応未罄罍先恥」とあるのに基づく表現。「非人磨墨墨磨人」は、人が墨を磨るというより、（文字を書くのに夢中なあまり）墨が人の一生をすり減らしていく、という意。

〔鳳池磨〕慶安版本は「鳳池磨（ホウチマハ）」と施訓するが、誤り。「鳳池（ホウチ）ニ磨（マ）スレバ」と読むべきところ。「鳳池」は、硯の名。南宋の高似孫の「硯箋」に「晋唐用鳳池硯」とある。

〔若雲頭重〕慶安版本は「若（シ）二雲頭重（ツ）玉（ノ）一版（ハン）揮（キ）之（ノ）成二漆（シツ）暈（ウン）光（ノ）一（リヲ）」と訓点を施すが、誤り。「雲頭（ウントウ）ノ重（カサ）ナルガ若（ゴト）ク、玉版（ギヨクハン）ニ之（コレ）ヲ揮（フル）ヘバ、漆暈（シツウン）ノ光（ヒカリ）ヲ成（ナ）ス」と読むべきところ。「雲頭重」とは、墨が広がる様子を雲が重なると表現したもの。雲を墨にたとえた例としては、宋の范成大の「次韻甄雲卿晩登浮丘亭」に「潑墨雲頭連樹暗、垂絲雨脚過渓生」とある。

〔玉版揮之、成漆暈光〕「玉版」は、紙の名。「漆暈光」は、文脈から見れば、筆跡の墨色が漆のようにつややかである、ということであろう。宋詩以降、墨の複雑な色合いを「墨暈」と呼ぶことは多い。「漆暈光」と似た表現としては、元の張玉孃の「詠案頭四俊　珠麝墨」に「蘭煤薫透漏星房、蒼壁無痕暈漆光」とある。

〔委哲〕「委折」の誤り。「委折」は、もと、川が曲折することであるが、蘇舜欽の「答范資政書」に「因閣下之教、丁寧委折、不得不具道所懐」とあるように、細々として丁寧なことを言う。

〔中36オ〕

〔積〕慶安版本は「積《ツムコト》」と施訓するが、「ツモルコト」と読むべきところ。

〔榛霧〕林中に立ちこめる霧。王安石の「乙巳九月登冶城作」に「紅沈渚上日、蒼起榛中霧」とある。

〔此道不堪而提撕間〕慶安版本は「此道不《シテ》レ堪《タヘ》而提撕間」と施訓するが、「此（コ）ノ道（ミチ）ハ提撕（テイセイ）ニ堪（タ）ヘザル間（アヒダ）」と読むべきところ。「而」は衍字であろう。

〔中36ウ〕

〔可仕宗匠不申及〕慶安版本は「可レ仕二宗匠《ソウシヤウ》一不《ハ》レ申レ及」と施訓するが、ここは文が終止するところである。

〔十体〕宗祇の吾妻問答に「連歌にも十体ばかりは侍る由、迦公申し侍りし」とあるように、歌論の「十体」なる用語を、連歌論でも用いた。慶安版本は「十体《タイ》」と施訓するが、通常漢音で「ジツテイ」と読む。

〔連声〕長短抄・知連抄に連歌論における「連声」の用語の意味用法が説明されている。通常呉音で「レンジヤウ」と読む。

〔片題〕慶安版本は「片題《ヘンタイ》」と施訓するが、通常「カタダイ」と読む。「片句」に同じ。

〔崎切〕連歌諸体秘伝抄に見える「前切」（サキキリ）に当たる語の異表記か。

〔斟酌〕遠慮、辞退の意。

〔中37オ〕

〔擬議〕躊躇して結論を先延ばしすること。

〔龍淵〕一般に龍が潜む深淵をいう。ここでは、硯の名産地である端渓をいうのであろう。陳師道の「謝寇十一恵端硯」に「端渓四山下龍淵、鬱積中州清淑気」とある。

〔龍璧〕漢籍に用例は見出しがたいが、「龍淵の璧」という意味合いで、前項と同義なのであろう。

〔鳳咮〕北苑の鳳凰山の、鳳凰のくちばしに当る場所の石を使って作った硯。蘇軾の「鳳咮硯銘序」に「北苑龍焙、山如翔鳳平飲之状。当其咮、有石蒼黒而玉色。熙寧中太原王頤以為硯、余名之曰鳳咮」とある。

〔鴝眼〕鴝鵒（鸜鵒）、つまりハッカチョウの眼のような紋がある硯。欧陽脩の硯譜は、端渓硯について、「有鸜鵒眼為貴」と述べる。

〔馬肝〕馬の肝になぞらえた、端渓硯の呼び名。詳しくは、上掲の「易林本節用集と新撰類聚往来」参照。

〔結隣〕隣人の関係を結ぶこと。海録砕事に「唐李衛公置数百硯、其妙絶者有結隣之号、言与結縁為隣也」とあり、唐の李靖が、特に気に入った硯を「結隣」と名付けたという。

〔馬蹄〕馬蹄形の硯。宋の劉敞に「馬蹄硯」と題する詩がある。

〔陶泓〕陶器製の池の意で、陶硯をいう。宋詩以降用いられる。王十朋の「李資深贈古瓦硯及詩」に「得此佳陶泓、製由万道人」とある。

〔紫石〕端渓硯をいう。唐詩には、劉禹錫の「唐秀才贈端州紫石硯以詩答之」、李賀の「生青花紫石硯歌」等、「紫石硯」を題にした詩が見られる。

[中37ウ]

〔即墨侯〕硯の異名。唐の文崇が、硯を擬人化した「即墨侯虚中伝」を著したことによる。

〔端渓之金線文〕蘇易簡の硯譜に端渓の硯を論じ、「或脈理黄者、謂之金線文」と述べる。

〔青州之紅糸石〕慶安版本は「紅糸石（ユウシセキ）」と施訓するが、「コウシセキ」の誤り。蘇軾の東坡志林に「紅糸石唐彦猷以青州紅糸石為甲」とあり、青州産の硯（今の山東省淄博市の東北に産する）は名高い。

〔銅雀台之碧瓦〕黒本本節用集に「銅雀台（トウシヤクタイ）〈瓦為硯〉」とある。「銅雀台」は、曹操が建てた宮殿の名。宋代以降、その遺跡から得た瓦を硯に用いることが行われた。硯箋に「徐鉉得銅雀瓦、注水試墨即滲、鉉笑曰豈銅雀之渴乎」という逸話を載せる。これを「碧瓦」と呼ぶ例としては、北宋の劉敞の「銅雀台瓦硯」に「崇構滅余香、碧瓦空在哉」とある。

〔栗尾〕栗鼠の尾の毛で作った筆。五雑俎に引く陸佃の埤雅に「栗鼠蒼黒而小、取其毫于尾、可以制筆、世所謂鼠鬚栗尾者也」とある。

〔鼠尾〕栗鼠の尾の毛で作った筆。太平清話に「宋時有鶏毛筆、檀心筆、小児胎髪筆、猩猩毛筆、鼠尾筆、狼毫筆」とある。前項参照。

〔兔穎〕兔の毛で作った筆。宋詩から用例が見られる。上掲の「易林本節用集と新撰類聚往来」参照。

〔毛款〕「款」は「穎」の誤字。「毛穎」は、筆を擬人化した呼び名。韓愈の「毛穎伝」の主人公。

〔翰林〕文筆をもって仕える官なので、筆の異名とする。

〔鼠鬚〕上項「栗尾」の項の校注参照。

〔管城公〕筆の異名。上19ウ「管城公」の項の校注参照。

〔尖頭奴〕本来は古弼という人物のあだ名であるが、筆の異名とされることもある。宋の楊適の「絶句」に「尖頭奴有五兄弟、十八公生四客卿」とある。また、中38オ「武帝所名筆頭」の校注参照。

〔中書　君象　管如椽〕慶安版本は、筆の異名として「中書」、「君象」、「管如椽」の三語を挙げるが、「中書君」、「象管」、「如椽」の三語とするのが正しい。「中書君」は、韓愈の毛穎伝で、毛穎が秦の始皇帝の中書令となり、老いて毛が抜けた時のこととして、「上嘻笑曰、中書君老而禿、不任吾用」等と述べることにより、筆の異名とする。「象管」は、象牙製の筆軸の意。初学記・巻二十一に引く王羲之の筆経に「昔人或以琉璃象牙為筆管」とあることから、筆の異名とする。「如椽」は、筆が垂木のように太いことで、筆力のすぐれたことをいう。上27ウ「如椽之筆」の校注参照。慶安版本は「管如椽（クワンショエン）」と施訓するが、「椽」の傍訓「ヱン」は「テン」の誤り。

〔揮月〕「揮月毫」の略で、筆をふるう意か。韓愈の「晩秋郾城夜会聯句」の李正封の句に「摛文揮月毫、講剣淬霜鍔」とある。「月毫」はあまり見ない語であるが、姚合の「省直書事」に「蜀牋金屑膩、月兎筆毫精」とあることから推して、「兎毫」と同義で、筆を意味すると考えられる。上掲の「易林本節用集と新撰類聚往来」参照。

［中38オ］

〔凌雲筆公〕慶安版本の標出字「凌雲筆公」は「凌雲、毛公」の誤り。「凌雲」は、雲より高くそびえる意で、優れた文才の形容。宋之問の「和庫部李員外秋夜寓直之作」に「気耿凌雲筆、心揺待漏車」とある。杜甫の「戯為六絶句　其一」にも、「庾信文章老更成、凌雲健筆意縦横」とある。「毛公」は、韓愈が筆を擬人化した「毛穎伝」の主人公「毛穎」のことをいうか。なお、「毛穎伝」に「戦国時有毛公毛遂」とあるが、これは筆とは関係がない。宋の曾丰の「試胡夢伝筆　其一」にも「毛公委質応時須、管子知心受以虚」とあり、筆のことを「毛公」と呼んでいる。

〔銀管〕銀製の柄の筆。詳しくは、上掲の「易林本節用集と新撰類聚往来」参照。

〔兎尖〕筆の異名。「兎」は「兎毫」の意。韓愈の「李員外寄紙筆」に「兎尖針莫並、繭浄雪難如」とある。

上の句は、筆が針よりも細いことをいう。

〔猩毛〕猩々の毛を用いた「猩毛筆」は、宋代に流行し、蘇軾や黄庭堅が詩に詠っている。

〔江淹被授五色筆〕梁の江淹が、晩年に、夢の中で郭璞から、「五色筆」の返却を要求され、返したところ、その後は優れた詩が書けなくなったという。南史・江淹列伝に、「淹少以文章顕、晩節才思微退（中略）

嘗宿於冶亭、夢一丈夫自称郭璞、謂淹曰、吾有筆在卿処多年、可以見還、淹乃探懐中得五色筆一以授之。爾後為詩絶無美句、時人謂之才尽」とある。

〔李白所夢生花之筆〕上16ウ「生花之筆」の校注参照。

〔蒙恬所造毛筆〕蒙恬は、秦の武将。蒙恬が筆を作ったという説は、博物誌、古今注等に見え、蒙求にも「蒙恬製筆」とある。韓愈の「毛穎伝」も、この説を下敷きとしている。

〔武帝所名筆頭〕武帝は、北魏の太武帝。臣下の古弼の頭の形が尖っていたことから、太武帝は、かれのことを「筆頭」「筆公」「尖頭奴」などと呼ぶ一方、敬意を払っていたという。魏書・古弼伝に「弼頭尖、世祖常名之曰筆頭、是以時人呼為筆公」とある。

〔中38ウ〕

〔賞面〕慶安版本の標出字「賞面」は「貴面」の誤り。

〔御座〕節用集諸本に「御座（ヲハシマス）」とある。

〔吉日良辰〕日葡辞書に「Qichinichi.」、易林本節用集に「吉日（キチニチ）」、元亀二年本運歩色葉集に「吉（キツ）日（ニチ）…吉日良辰（リヤウシン）」とある。

〔中39オ〕

〔四角自如意〕敷地の好きな場所に屋敷の四隅を設定することができる、の意。

〔合好〕「恰好」に当たる語であろう。「合」は「恰」の略体か。

〔白虎頭日〕八神日（青龍項、青龍脇、青龍足、朱雀、白虎頭、白虎脇、白虎足、玄武）の一。白虎頭と白虎脇が、特に造営には吉日とされる。

〔中39ウ〕

〔楪〕「楪子」の「子」の脱落。

〔版銅〕標出字は「飯銅」の誤り。

〔長持〕大型の衣類・調度用の箱。詳しくは、上掲の「易林本節用集と新撰類聚往来」参照。

〔油筒〕髪油の容器。詳しくは、上掲の「易林本節用集と新撰類聚往来」参照。

〔表燭〕標出字は「秉燭」の誤り。

〔中40オ〕

〔櫂〕慶安版本は「櫂（カリ）」と施訓するが、「カイ」の誤り。

〔櫂〕伊京集に「細櫂（コマサラヒ）」、明応五年本節用集に「細櫂（コマサライ）」、天正十八年本節用集に「細櫂（コマザライ）」とある。倭玉篇の音訓篇立・拾篇目集・篇目次第に「櫂〈サラヒ〉」とある。

〔杒〕標出字は「朸」の誤り。

〔瓶〕標出字は「甎」の誤り。詩経・小雅・斯干「乃生女子、載寝之地、載衣之裼、載弄之瓦」の毛伝に「瓦、紡塼也」とある。「甎」は、紡織に用いる陶製の器具。和訓の「ツミ」も紡錘に用いる糸巻きで、「甎」に対応する。

〔中40ウ〕

〔擂茶〕慶安版本は「ルイチヤ」と施訓する。「ルイヂヤ」「ルイザ」両形。

〔百切〕「ズンギリ」は、頭部を真っ直ぐに断ち切った形の茶入れ。「頭切」「十切」「寸切」などの表記が当てられる。「一切」は他に確認できないが、「ずんぎり」の異表記であろう。

〔中41オ〕

〔軛〕標出字は「軳」の誤り。

〔同心〕慶安版本は無訓であるが、「同心（ドウシン）スルハ」と読むべきところ。

〔可謂有誉世人〕慶安版本は「可（シ）レ謂（ツ）有（ル）レ誉（ホマレ）レ世（ニ）人（ト）」と施訓するが、「世（ヨ）ニ誉（ホマ）レ有（ア）ル人（ヒト）ト謂（イ）ヒツベシ」と読むべきところ。

〔世過〕慶安版本は「世過（セクワ）」と施訓するが、「ヨスギ」と読むべきところ。

〔皆人〕第三拍清音。

〔心中〕第三拍濁音。

［中41ウ］

［中42オ］

〔婺〕標出字は「嫠」の誤り。

〔眼〕慶安版本は「眼（マフタ）」と施訓するが、「マナコ」の誤り。

〔䁮〕慶安版本は「䁮（マナコ）」とする。「䁮」は「睫」の誤り、「マナコ」は「マツゲ」の誤り。

〔睛〕「クロマナコ」の訓について、詳しくは、上掲の「易林本節用集と新撰類聚往来」参照。

［中42ウ］

〔膰〕標出字は「蹯」の誤り。

〔家〕標出字は「瘃」の誤り。

〔閘〕標出字は「閘」の誤り。

［中43オ］

〔距〕慶安版本は「距（アカヘ）」と施訓するが、「アゴエ」の誤り。

〔肝〕慶安版本は「肝（アセ）」とするが、傍訓に照らして、標出字は「汗」の誤り。

〔楽〕慶安版本は「楽（カク）」と施訓するが、「ラク」の誤り。

〔中43ウ〕

〔捨少利、小分利益〕慶安版本は「捨（ステ）二少利小分（ヲ）一利益（リヤクセヨ）」と施訓するが、誤り。「少利（セウリ）ヲ捨（ス）テ、利益（リヤク）ヲ小分（セウブン）セヨ」と読むべきところ。

〔下1オ〕

〔少仏事〕「少」と「小」は通用。小規模な法会の意。

〔懇情〕「コンジヤウ」とも読むが、慶安版本の傍訓により「コンセイ」と読む。

〔廻尊杖〕「尊杖」は大型辞書類にも立項が無いが、書翰用語として「杖」の尊敬表現として使用されていると考えられる。「廻杖」は、後二条師通記・殿暦等に見える。「廻尊杖」は、来駕の意であろう。

〔雨前〕安居は雨安居とも呼ばれるように、建前ではインドの雨季にあわせて行われた。日本では四、五、六月頃を安居の時期とした。「雨前」は、この「雨安居」の前という意味であろう。例として、唐代の作とされる大乗二十二問本に、「于七葉窟而座安居、雨前三月集成三蔵」とあるが、後文の「於其窟外空閑林中坐雨安居、集成五蔵」と対比させれば、「雨前三月」は、「安居」に入る前の三箇月を言うことになる。もとより穀雨前の新茶を意味する「雨前」ではない。

〔下1ウ〕

〔晩羹〕「晩羹」は、大型辞書類にも立項が無いが、「晩」の「羹（あつもの）」であろう。但しここでは、「羹」は煮込み料理や雑煮等の特定の料理名を指すわけではない。上の「非時」（午後の食事）に対して、夜の食事の意で使用されていると考えられる。「晩羹」は、元亀二年本運歩色葉集・饅頭屋本節用集に「晩羹（マンカン）」

とあるように、「マンカン」と読む。

〔重請〕「重請」は、大型辞書類にも立項が無いが、「重（かさ）」ねて「招請」する意であろう。「招請」は、僧侶を招待することで、「召請」とも表記される。

〔点合〕「点合」は、大型辞書類にも立項が無いが、「点」は調べる、数える、の基本義があるので、「点合」はここでは、招待する僧侶全員の名前をリストアップすることを言うのであろう。

〔下2オ〕

〔䙉子〕「䙉」は「褙」の誤り。

〔曲禄〕「禄」は「彔」の誤り。

〔表䙉〕「䙉」は「褙」の誤り。

〔鈴磬〕「鈴（レイ）」「磬（キン）」は二語。

〔下2ウ〕

〔花盛〕「ハナモリ」と読むか。

〔灑水器〕慶安版本の傍訓「レキスイキ」は「サイスイキ」の誤りか。

〔憻木〕慶安版本の「憻木（タンキ）」は「檀木（ダンモク）」の誤りであろう。

〔尻案〕「カウアン」の読みが推定される。

〔下3オ〕

〔散杖〕「サンヂヤウ」の読みが推定される。

〔饒鈸〕「饒」は「鐃」の誤り。

〔火鈴〕慶安版本の傍訓は「コリヤウ」とするが、室町期においては、「火」「鈴」ともに唐音で「コリン」

と読むのが普通。但し、次項のように「風鈴」は三通り以上の読みがあることから類推すれば、「コリヤウ」も誤りとは言えないか。

〔風鈴〕「フリヤウ」「フウリン」「フウレイ」等の読みがある。

〔驚策〕「驚策」は、正しくは「警策」だが、通用により「驚策」と書く場合もある。

〔座頭〕慶安版本の傍訓「サチヤウ」は、「ザヂユウ」を想定した傍訓であろう。「ヂユウ」は唐音。

〔供備采〕「采」は「菜」の誤り。

〔下3ウ〕

〔夫凡〕「夫凡」は「夫丸」（ぶまる）の誤りであろう。夫丸は、荷物を運ぶ人足。

〔破了〕「破了」は、大型辞書類にも立項が無いが、近世の中国語で、壊して駄目にしたという意味。「破」は、「破衣綴盂（ホイトツウ）」等、禅宗の用いる唐音では「ホ」と読むことがある。上の「失却」と共に、ここでは、借用した物品をなくしたり壊したりすることを言う。

〔常住受用〕「常住」には、「常住の」の形で連体修飾語句として用いられ、立派で格式張った物ではなく、日常的な、普段の、の意を表す用法がある。また、副詞的用法として、日常的に、普通に、の意味がある。ここは、寺の什物で、普段使いの物を「常住受用之分」と言っているのであろう。上述の借用物にたとえ「失却破了」が起こったとしても惜しくない物、ということであろう。

〔下4オ〕

〔涯分〕ここは、心を尽くして、精一杯、の意。

〔斟酌〕往来物では、控える、遠慮する、の意で使用されることが多い。庭訓往来にも、「棟門、唐門は、斟酌の儀有り（棟門・唐門の建造は遠慮すべきです）」（三月往状）、「但し、渡唐の舟、中絶に依つて、薬種高直の間、大薬、秘薬は、斟酌有るべく候ふ（とはいえ、現在唐土との貿易船が途絶しているため、漢方薬の材料の価格が高騰していますので、良薬、秘薬の使用は、控えられてしかるべきでしょう）」（十一月返状）の例があり、二例共に、この意味において使用されている。

〔可禁〕ここは、御辞退申し上げたい、の意味であろう。

〔手長〕膳を座敷の入口まで運ぶ役。

〔京上〕「きやうじやう」「きやうのぼり」二通りの読みがある。慶安版本の訓合符により、後者の読みをとる。

〔当来〕慶安版本上17オ4の「到来」は、東大本では「当来」となっている。慶安版本の上31ウ2の「当来」は、二本共に同表記である。書翰や物品等がまさに届くことを、新撰類聚往来では「当に来る」の意で「当来」と表現していたと考えられる。

［下4ウ］

〔打眠〕「打眠衣（ためんごろも）」の略。

〔比興〕ここでは、見苦しい、の意。

〔履刷〕慶安版本の傍訓「クツロツ」は「クツバケ」の誤り。

〔鉢裹〕律宗行事目心鈔（一三二八年成立）に「三衣、鉢裹袋、鉢巾、浄巾、鉢覆」とある。

［下5オ］

〔柱杖〕「柱」と「拄」は通用。慶安版本の「柱杖」は扁揃。

〔珠数〕慶安版本の「珠数」は「数珠」の転倒。但し、中世文献において「珠数」の表記例は多い。

〔数繡〕禅僧が用いる襟巻きの類。通常は「泗州」と表記する。詳しくは、上掲の「易林本節用集と新撰類聚往来」参照。

〔椎鈍〕慶安版本の傍訓「シニウ」は「シヒニブ」の誤り。

〔下5ウ〕

〔櫨甲〕慶安版本の傍訓「ハシカウ」は「ロカフ」の誤り。

〔瓢箪〕「瓢箪」が正しいが、中世文献において「瓢箪」または「瓢箪」の表記例は多い。

〔金縷布衲〕金糸で縫い取りをした僧侶の袈裟を言うのであろう。

〔藕糸〕「藕糸三衣」または「藕糸袈裟」等の略であろう。高野山文書又続宝簡集、年月日未詳、御影堂朱塗唐櫃霊宝目録（大日本古文書、高野山文書之六、一二二七号）に「御請来藕糸三衣〈梨地蒔絵箱入〉」、同集、享保二十年七月日、御影堂霊宝目録（大日本古文書、高野山文書之六、一二二九号）に「藕糸御衣袈裟〈小笠氏後室寄附〉」とあり、元亀二年本運歩色葉集に「藕糸袈裟（クウシノケサ）」とある。

〔人天之龍象、江湖之鯨鯢〕いずれも、法会に集まる高徳の僧侶の比喩である。「人天之龍象」は、永源寂室和尚（寂室玄光）語録に「眼目人天時、龍象易辦。睥睨湖海処、気宇難量」とあるのによるか。「人天」は天を含めたこの世全体、「龍象」は、龍や象のように偉大な存在。「江湖之鯨鯢」も、同所の下句に基づくとも考えられる。文脈から見れば、「江湖」は、広い世の中、「鯨鯢」は、やはり偉大なもののたとえであろう。ただし本来は、唐の陳陶の詩句（北夢瑣言に引く）に「江湖水清浅、不足掉鯨尾」とあるように、「江湖」は「鯨鯢」が棲むのには狭いという発想の方が普通と思われる。さらにいえば「鯨鯢」は、漢籍の伝統においては、「不義の逆賊」の比喩であることが多い（春秋左氏伝・宣公十二年の杜預注に「鯨鯢、大魚名。以喩不義之人呑食小国」とある）。

〔誂佽、醍醐味、捃拾〕「誂佽」は「誂汰」の誤りである。宥快（一三四五〜一四一六）の大日経疏鈔に「阿含方等般若法華涅槃、擬宜〈華厳〉誘引〈阿含〉弾呵〈方等〉誂汰〈般若深密等〉五時ノ説教各別也」とある。教相判釈で、大般若経を「誂汰」、妙法蓮華経を「醍醐味」、涅槃経を「捃拾」と位置付ける説がある。

〔漏洩〕宋版広韻に「泄〈水名、在九江、又音薛〉洩〈上同〉」（去声祭韻餘制切）、宋版大広益会玉篇に「泄〈弋逝切、水名、在九江、又思列切、漏也〉洩〈同上〉」とあるように、「洩」は「泄」に同じく、「セツ」「エイ」の二音を持つ。ここでは、「何者漏洩」で、この素晴らしい法会は後三教の教え（仏教の中の大事な教え）を全て網羅しています、の意。

〔下６オ〕

〔霊山一会儼然未散〕霊鷲山における釈迦の説法が、そのまま再現されたような偉容であること。大慧普覚禅師（大慧宗杲）語録に、「智者見霊山一会、儼然未散」とある。慶安版本は「儼然」に「ゲンセン」と傍訓を施しているが、仏教語であるので、「ゴンネン」と呉音で読むべきところであろう。

〔此外於客殿…観音在之〕法会の際本尊の脇に掛ける仏画として、そちら様は牧渓の絵等をお持ちとは存じますが、こちらには幸い呉道玄の墨絵がありますので、それをお貸しします、ということであろう。

〔呉道士〕慶安版本の「呉道士」は、「呉道子」の誤り。唐の画家で、後に玄宗から賜った「呉道玄」の名でも知られるが、道士ではない。

〔下６ウ〕

〔可被愚礼〕「愚礼」は、用例を見ない語であるが、「愚」は、自分の行為につける接頭辞として用いるので、「愚礼とせらるべし」と読み、「私が、自分の志を表すものとして、呉道子の観音をお貸しするものとお考え下さい」の意。

〔間炉間辺〕「間」は「閑」の意。閑なる炉辺の意で、自分は暇なので、「重受御意可進候」、即ち、その他にもお入り用の物があればお届けします、と申し出ている。

〔不図〕副詞用法で、にわかに、の意。三巻本色葉字類抄に「不図〈同（闘乱部非常分）、フト〉」、広島大学本和名集、伊呂波字部に「不図（フト）」、元亀二年本運歩色葉集に「不図（ト）　風度（フト）」、天正十八年本節用集に「不図（フト）〈又作与風〉」とある。

〔下7オ〕

〔行色〕慶安版本の傍訓は「キヤウシキ」（ギヤウシキ）と呉音で読むが、ここは「カウショク」と漢音で読むべきところ。旅立ちの意。広本節用集に「行色（カウショク）」とある。

〔不相違〕これ迄と変わることなく、の意。

〔五更帰夢三千里、一日思君十二時〕黄庭堅「思親汝州作」に「五更帰夢三百里、一日思親十二時」とある。

〔山川多歴覧、日月屢推遷〕楊載（一二七一～一三二三。元代中国の詩人・学者。字は仲弘。虞集・掲傒斯・范梈と共に元詩の四大家と呼ばれる）の「送朱復之為邵武教授」に「山川多歴覧、日月屢推遷」とある。

〔下7ウ〕

〔離高榊色〕慶安版本の「離高榊色」は「離亭柳色」の誤りであろう。「離亭」は旅に出る人を見送る宴を張る、町の郊外の亭。「柳色」は柳の青々とした色。唐の韋荘の「送范評事入関」に「傷心柳色離亭見、聒耳蟬声故園聞」とあるのによる。古来、柳の枝を折って送別の思いを託す。

〔随身〕邦訳日葡辞書に「Zuijin.ズイジン（随身）主君の伴をして行く人々」「Zuixin.ズイシン（随身）自ら物を持って行き来すること」とあり、易林本節用集、寸部官位門に「随身（ズイジン）」、同寸部言辞門に「随身（ズイシン）」とある。携帯する、の意の動詞として使用する場合は、第三拍清音。

〔青箬笠〕青い笹竹の皮で編んだ笠。唐の張志和の「漁父詞」、水滸伝・七十七回等に出る。

〔芒草鞋〕「芒草鞋」は、「芒鞋」と「草鞋」を合わせた語であろう。もともと「草鞋」の材料が「芒」（イネ科の多年草、トキワススキ）と認識されていることは、唐の「湖南の童謡」に「百姓奔竄無一事、只是椎芒織草鞋」とあることからわかる。とはいえ、「芒草鞋」という形の用例は希で、わずかに、宋の釈慧空「送隆首座」に「行脚人、何疏豁。芒草鞋、布直裰」とあり、明の袁宏道「贈李雲峯　其二」に「葛衫芒草鞋、高坐亨天楽」とあるのが挙げられる。ところで、「芒鞋」と「草鞋」は、ともに行脚僧の履く草鞋の意で、常套的に使われる。ここでは「青箬笠」と「芒草鞋」を対にしているが、中国ではそのような用法は見られない。前者は「簑（緑蓑衣）」、後者は「杖」や「襪」と対になるのが通例であるし、前者は隠者の姿、後者は僧侶の身なりを表すという差異がある。慶安版本は「鞋」に「ア」と付音するが、「ア」「アイ」は慣用音である。「カイ」の音をとる。

〔乾坤為父母〕周易・説卦伝に「乾、天也、故称乎父。坤、地也、故称乎母」とあり、周易正義が引く王弼の語（略例であろう）に「以乾坤為父母而求其子也」とある。

［下8オ］

〔霖〕慶安版本の傍訓「ナカサアメ」は「ナガアメ」の俚言であろう。

〔返〕慶安版本は無訓であるが、「かへし」と訓み、風が起こることを言うか。

〔呉〕「昃」の誤り。

［下8ウ］

〔垐〕慶安版本の傍訓「ヲツチ」は誤り。説文解字「垐」の項に「以土増大道上」とあり、道路に補修のため土を盛ることである。「ヲツチ」は「オキツチ」の誤りであろう。

〔扯〕慶安版本の傍訓は「タネ」とある。標出字・傍訓ともに未詳。

〔歩〕慶安版本の傍訓「ホ」は「ブ」の誤り。

〔杓〕慶安版本の傍訓「ヒトツハシ」に照らせば、「杓」は「彴」の誤り。

〔淶〕「淶」は「淵」の異体。

〔下９ウ〕

〔此中〕上に挙げた天象地儀の範囲内。

〔期外〕一定の決まった範囲のほか（に）。

〔既進一歩〕「既」は仮定文に使用される。ここは、もしこの狭い範囲の土地から足を踏み出したならば、の意。慶安版本の傍訓は言い切りの形を示すが、ここは仮定法であとに続くので、「進むれば」と読んでおく。

〔無二〕全く異なるところが無い。同一のものである。

〔冥暇〕「冥晦」の誤り。「暇」と「晦」は草書体が酷似しているので、草書体を媒介とした誤りであろう。「風雨冥晦」は、風雨が募り、空が暗くなる様子。史記・亀策列伝に、宋の元王が得た神亀について、「正昼無見、風雨晦冥、雲蓋其上、五彩青黄」とある。したがって四字成語としては、「風雨晦冥」が通常であるが、楚辞・九歌・逢尤に「雲霧会兮日冥晦」とあることなどの影響で、「風雨冥晦」としたものであろう。

〔叨以…一笑〕私が諸国漫遊の旅に出たあと、この私の言葉を読んで、どうぞお笑いください、という意。「別後之一笑」は、別れた後に見て慰め、楽しむものということ。北宋の郭印の詩題に「孫希汲出示所和杜允迪二詩因次韻并寄允迪以当別後一笑（孫希汲、杜允迪と和するところの二詩を出し示し、因りて次韻し、並びに允迪に寄せ、以て別後の一笑に当つ）」とある。

〔烏兎〕「日月」の異名。ここに具体的な「日月」を記すという意味であろう。

［下10オ］

〔結伴〕一緒に行く。連れ立つ。

〔発機〕事を起こす、の意。

〔扣〕「たたく」と訓読して、門を叩く、すなわち、訪れる、たずねる、の意であろう。

［下10ウ］

〔有眼〕眼に焼き付いて残っている。

〔羨殺〕大いにうらやむ。慶安版本は「ヱンサツスル」と傍訓を施しているが、ここは「延」の意味でなく、うらやむ意なので、「セン」をとる。「羨殺」の「殺」は程度の甚だしいことを表す助字。

〔然者…早卒〕ゆっくりと旅を進め、決して急ぐことはしないでください、の意。慶安版本は「莫」に「ナシ」と傍訓を施しているが、経験者としての助言の内容なので、「ナカレ」と読むべきであろう。

〔歇〕慶安版本は「ヤマハ」（やまば）と傍訓を施しているが、ここは休息する意なので、「やむ」ではなく「やすむ」の訓をとる。

〔莫休息〕ここも助言の続きであり、「休息スルコトナカレ」と読むべきところ。

〔一村…然候〕ある村を朝出発して遠くの宿場に夕方到着するというような、強行軍の無理な計画を立てることは良くない、という意味であろう。

〔随逐〕慶安版本の傍訓「スイツイ」（ずいつい）は「スイチク」（ずいちく）の誤り。

［下11オ］

〔乙訓〕元和三年版和名類聚抄「於止久」、易林本節用集「オトクニ」と訓ずる。

〔相楽〕元和三年版和名類聚抄「佐加良加」、易林本節用集「サガナカ」と訓ずる。

〔勝跡多、有楽方、種生百倍〕慶安版本は「勝跡多し。楽方有りて、種ゑて百倍を生ず」と読むようであるが、「楽方」という語は無く、文意が通じない。ここで、「楽」を、草書の類似による「余（餘）」の誤記と考えて、「勝跡多し。余方有りて、種ゑて百倍を生ず」と読む可能性が考えられる。「余方」は、この場合は、「十分な田畑」という意味であろう。

〔下11ウ〕

〔平郡〕元和三年版和名類聚抄「平群〈倍久里〉」、易林本節用集「平郡」で「ヘグリ」「ヘイクン」と訓ずる。

〔添下〕元和三年版和名類聚抄「曾不乃之毛」、易林本節用集「ソフノシモ」と訓ずる。

〔添上〕元和三年版和名類聚抄「曾不乃加美」、易林本節用集「ソフノカミ」と訓ずる。

〔城上〕元和三年版和名類聚抄「之岐乃加美」、易林本節用集「シキノカミ」と訓ずる。

〔城下〕元和三年版和名類聚抄「之岐乃之毛」、易林本節用集「シキノシモ」と訓ずる。

「郡」と「群」は通用。

〔山里繞〕「繞」では意味が通じないが、本書の国名部では「繞」を「豊饒」の意味で使用していると思われる。具体的には、「蚕多綿繞」（16オ）、「帛繞也」（18ウ）、「魚鼈桑麻繞」（20オ）、「柴木繞也」（20ウ）、「塩苔繞也」（23オ）、「紙綿殊繞也」（26ウ）とある。一箇所のみ「材木柴薪饒」とあるが、同じ文脈であり、「繞」を「饒」に通用させている傍証となる。

〔綿織〕元和三年版和名類聚抄「錦部〈爾之古里〉」、易林本節用集「錦郡」で「ニシコホリ」と訓ずる。続日本紀に「錦織郡」が見える。「綿織」は扁揃である。

［下12オ］

〔大懸〕元和三年版和名類聚抄「大縣〈於保加多〉」、易林本節用集「大縣」で「オホガタ」と訓ずる。「懸」は「縣（＝県）」の誤り。

〔茨田〕元和三年版和名類聚抄「茨田〈万牟多〉」、易林本節用集「茨田」で「ウバラダ」と訓ずる。「マムダ」から「マンダ」、その撥音が促音表記をとり、「マツタ」となる。「ニタ」の「ニ」は、「マ」の古体の片仮名の誤写若しくは誤刻であろう。

［下12ウ］

〔島上〕元和三年版和名類聚抄「志末乃加美」、易林本節用集「シマカミ」と訓ずる。

〔豊島〕元和三年版和名類聚抄「手島」、易林本節用集は右訓「テ―」、左訓「トヨ―」。

〔勉原〕元和三年版和名類聚抄・易林本節用集「兔原」。「勉」は「兔」の誤り。

〔阿辨〕元和三年版和名類聚抄・易林本節用集「阿拝〈部イ〉」。但し、「阿閇」「阿辨」「阿倍」「阿盃」の異表記がある。

〔員名〕元和三年版和名類聚抄・易林本節用集「員辨」。

［下13オ］

〔河曲〕元和三年版和名類聚抄「加波和」、易林本節用集「カハクミ」と訓ずる。後世「カハノ」とも訓む。「カハネ」はその母音交替形か。

〔多芸〕元和三年版和名類聚抄「多気〈竹〉」、易林本節用集「多気」で「タケ」と訓ずる。「多芸」は「多気」の誤りであろう。前行同位置に「庵芸」があるため。目移りしたものか。

〔知多〕元和三年版和名類聚抄・易林本節用集「智多」。

［下13ウ］

〔碧海〕元和三年版和名類聚抄「阿乎美」、易林本節用集「アホウミ」と訓ずる。

〔宝髪〕元和三年版和名類聚抄「宝飯〈穂、国府〉」、易林本節用集「宝飯〈府〉」で「ホイ」と訓ずる。「髪」は「飯」の誤り。

〔麤玉〕元和三年版和名類聚抄「阿良多末、今称有玉」、易林本節用集「アリタマ」と訓ずる。

〔秦原〕元和三年版和名類聚抄・易林本節用集「蓁原」。

［下14オ］

〔益頭〕元和三年版和名類聚抄「末志豆」、易林本節用集「マシヅ」と訓ずる。

〔安部〕元和三年版和名類聚抄・易林本節用集「阿倍」。

〔廬原〕元和三年版和名類聚抄「伊保波良」、易林本節用集は右訓「ロハラ」、左訓「イホー」。「クロハラ」は「イホハラ」の誤りで、「ロハラ」と「イホハラ」の混淆か。

〔駿川〕元和三年版和名類聚抄・易林本節用集「駿河」。但し、具体的文献、特に古文書・古記録に「駿川」の表記例は多い。

［下14ウ］

〔足上〕元和三年版和名類聚抄「足上〈足辛乃加美〉」、易林本節用集「足柄上」で「アシガラノカミ」と訓ずる。

〔足下〕元和三年版和名類聚抄「足下〈准上〉」、易林本節用集「足柄下」で「アシガラノシモ」と訓ずる。

〔余綾〕元和三年版和名類聚抄「余綾〈与呂岐〉」、易林本節用集「淘綾」で「ユルギ」と訓ずる。

〔太住〕元和三年版和名類聚抄「大住〈於保須美〉」、易林本節用集「大住」で「オホスミ」と訓ずる。「太」

と「大」は通用。

〔都筑〕元和三年版和名類聚抄「豆々岐」、易林本節用集「ツヅキ」と訓ずる。

〔足立〕元和三年版和名類聚抄「阿太知」、易林本節用集「アダチ」と訓ずる。

〔新羅〕元和三年版和名類聚抄「新座〈爾比久良〉」、易林本節用集「新倉」で「ニイクラ」と訓ずる。「羅」は「座」の誤り。

〔崎玉〕元和三年版和名類聚抄「埼玉」、易林本節用集「崎玉」。

〔太里〕元和三年版和名類聚抄「大里〈於保佐止〉」、易林本節用集「大里」で「オホサト」と訓ずる。「太」と「大」は通用。

［下15オ］

〔那賀〕元和三年版和名類聚抄「那珂」、易林本節用集「那賀」。

〔平郡〕元和三年版和名類聚抄「平群」、易林本節用集「平郡」。

〔安防〕元和三年版和名類聚抄・易林本節用集「安房」。

〔長狭〕元和三年版和名類聚抄「奈加佐」、易林本節用集「ナガサ」と訓ずる。

〔周唯〕元和三年版和名類聚抄「周淮〈季〉」、易林本節用集「周集」で「スス」と訓ずる。近世以降、「周淮」と表記し、「スス」とも訓じた。

〔夷讃〕元和三年版和名類聚抄「夷灊〈伊志美〉」、易林本節用集「夷隅」で右訓「イシミ」、左訓「ヰスミ」。古くは「イシミ」「イジミ」の二形、「伊甚」「伊自牟」「夷灊」の表記がある。後世、「イスミ」に変化し、「夷隅」の表記をとる。

［下15ウ］

〔葛飾〕元和三年版和名類聚抄「加止志加」、易林本節用集「カトシカ」と訓ずる。

〔猿島〕元和三年版和名類聚抄「猨島〈佐之万〉」、易林本節用集「猿島〈猿又作狭〉」で「サシマ」と訓ずる。

〔新治〕元和三年版和名類聚抄「爾比波里」、易林本節用集「ニイハリ」と訓ずる。

〔下16オ〕

〔那賀〕元和三年版和名類聚抄・易林本節用集「那珂」。

〔牛馬充牡〕慶安版本の「充牡」は、意味が通じない。易林本節用集では意を以て「充牧」に改めているが、やはり語弊がある。「牡」を誤字と考え、「充壮」に改めるべきであろう。「充壮」は、体力や気力が充実している意味であり、ここでは「牛馬が立派に繁殖している」ということであろう。本書国名部では、「充」一字で、特定の物産が充実していることを示すが、「充壮」も、その延長上に考えられる。

〔栗本〕元和三年版和名類聚抄「久留毛止」、易林本節用集「クリモト」と訓ずる。

〔善積〕易林本節用集は「ヨシヅミ」と訓ずる。

〔下16ウ〕

〔本蘇〕元和三年版和名類聚抄「本巣〈毛止須〉」、易林本節用集「本巣」で「モトス」と訓ずる。

〔武芸〕元和三年版和名類聚抄「武芸〈牟介〉」、易林本節用集「武義」で「ムギ」と訓ずる。

〔益田〕元和三年版和名類聚抄「万之多」、易林本節用集「マシタ」と訓ずる。

〔下17オ〕

〔諏防〕元和三年版和名類聚抄「諏方」、易林本節用集「諏訪」。「諏方」「諏防」「諏訪」の異表記あり。

〔筑摩〕元和三年版和名類聚抄「豆加万」、易林本節用集「チクマ」と訓ずる。

〔小縣〕元和三年版和名類聚抄「知比較佐加多」、易林本節用集「チイサガタ」と訓ずる。

〔海坦〕慶安版本は「海坦」に作るが、意味が通じない。下文に「塩味希」とあることから考え、「海から離れている」意と考えられる。易林本節用集は、「海阻てて塩味希なり」に作り、これが正しいと思われる。「坦」は、字形類似による「阻」の誤り。

〔巾綿〕慶安版本は「巾綿」に作るが、意味が通じない。易林本節用集で「帛綿」に作るのが、上文の「桑麻」とも対応し、穏当である。備前の項（下22オ）に、「利刀鋭戟帛綿多」とある。「巾」は、「帛」の誤記もしくは略体であろう。

〔碓水〕元和三年版和名類聚抄・易林本節用集「碓氷」。

〔甘楽〕元和三年版和名類聚抄「甘楽〈加牟良〉」、易林本節用集「甘羅〈又楽〉」で「カンラ」と訓ずる。

〔郡馬〕元和三年版和名類聚抄「群馬〈久留末〉」、易林本節用集「郡馬」で右訓「グンマ」、左訓「クルマ」。「郡」と「群」は通用。

〔吾妻〕元和三年版和名類聚抄「阿加豆末」、易林本節用集「アヅマ」と訓ずる。

［下17ウ］

〔佐井〕元和三年版和名類聚抄「佐位」、易林本節用集「佐位」で「サヰ」と訓ずる。

〔邑楽〕元和三年版和名類聚抄「於波良岐」、易林本節用集、右訓「ヲフラ」、左訓「オホアラキ」。

〔簗田〕元和三年版和名類聚抄「梁田〈夜奈多〉」、易林本節用集「梁田」で「ヤナダ」。「カマタ」は「ヤナタ」の誤り。

〔寒川〕元和三年版和名類聚抄「佐無加波」、易林本節用集「サムガハ」と訓ずる。

〔奈須〕元和三年版和名類聚抄・易林本節用集「那須」。

［下18オ］

〔耶摩〕元和三年版和名類聚抄「耶麻」。

〔太治〕元和三年版和名類聚抄「大沼〈於保奴万〉」、易林本節用集「大治」で「タイヂ」と訓ずる。

〔般前〕易林本節用集「磐前」で「イハサキ」と訓ずる。

〔刈田〕元和三年版和名類聚抄「葛太」、易林本節用集「カリタ」と訓ずる。「カツタ」の訓みは正しい。

〔曰理〕元和三年版和名類聚抄「亙理〈和田里〉」、易林本節用集「曰理〈又利〉」で「ワタリ」と訓ずる。「亙理」の表記で「ワタリ」と訓むのが正しい。

〔桃生〕元和三年版和名類聚抄「毛牟乃不」、易林本節用集、右訓「モヽノハラ」、左訓「モハラ」。「モノフ」が正しい。

〔登米〕元和三年版和名類聚抄「止与米」、易林本節用集「トヨネ」と訓ずる。

［下18ウ］

〔新田〕元和三年版和名類聚抄「邇比太」と訓ずる。

〔金原〕易林本節用集「キンバラ」と訓ずる。

〔措羽〕未詳。

〔北鹿〕易林本節用集は「杜鹿」で「ツカ」と訓ずる。

〔仙屈〕慶安版本は「仙屈」に作るが、文意から推して「仙窟」の通用と思われる。「仙窟」は、仙人の棲む窟の意で、宗教的な伝承のある洞窟を広くいう。一例として、青麻神社（仙台市宮城野）には、清悦仙人すなわち常陸坊海尊を祀る岩窟がある。また、岩手一帯には、鍾乳洞が多いという地理的条件も関係するのであろう。

〔置賜〕元和三年版和名類聚抄「於伊太三」、易林本節用集「オイタマ」と訓ずる。「オイタミ」「オイタム」

「オキタマ」とも。

〔飽海〕元和三年版和名類聚抄「阿久三」、易林本節用集「アクミ」と訓ずる。

〔下19オ〕

〔足羽〕元和三年版和名類聚抄「安須波」、易林本節用集「アシハ」と訓ずる。「アスハ」が正しい。

〔江沼〕元和三年版和名類聚抄「江沼」、易林本節用集「江沼」で「ヨネ」と訓ずる。「エヌマ」が正しいか。

「エヌ」「ヨネ」とも。

〔下19ウ〕

〔能豆〕元和三年版和名類聚抄・易林本節用集「能登」。「豆」は「登」の誤り。

〔射水〕元和三年版和名類聚抄「伊三豆」、易林本節用集「イミツ」と訓ずる。「イツミ」は転倒。

〔沼垂〕元和三年版和名類聚抄「奴太利」、易林本節用集「ヌタリ」と訓ずる。

〔伊保野〕易林本節用集「頸城(クビキ)〈又曰伊保野(イホノ)〉」。

〔下20オ〕

〔羽茂〕「ウモ」「ウモチ」、後に「ハモチ」とも。

〔雑太〕元和三年版和名類聚抄「佐波太」、易林本節用集「ザフダ」と訓ずる。

〔船井〕元和三年版和名類聚抄「不奈井」、易林本節用集「フナヰ」と訓ずる。

〔多記〕元和三年版和名類聚抄・易林本節用集「多紀」。

〔下20ウ〕

〔与佐〕元和三年版和名類聚抄・易林本節用集「与謝」。

〔朝米〕元和三年版和名類聚抄・易林本節用集「朝来」。「米」は「来」の誤り。

〔美食〕元和三年版和名類聚抄「美含〈美具美〉」、易林本節用集「美含」で右訓「ミクミ」、左訓「ミヲネ」。「食」は「含」の誤り。

〔下21オ〕

〔意宇〕元和三年版和名類聚抄「於宇」、易林本節用集「イウ」と訓ずる。「オウ」が正しい。

〔秋鹿〕元和三年版和名類聚抄「安伊加」、易林本節用集「アキカ」と訓ずる。「アイカ」が正しい。

〔楯継〕元和三年版和名類聚抄「楯縫〈多天奴比〉」、易林本節用集「楯縫」で「タテヌヒ」。「継」は「縫」の誤り。「タテヌイ」が正しい。

〔飯名〕元和三年版和名類聚抄「飯石〈伊比之〉」、易林本節用集「飯石」で「イヒシ」と訓ずる。「名」は「石」の誤り。「イヽシ」が正しい。

〔樹木瓜菰松交〕慶安版本は「樹木瓜菰松交」に作るが、「松交」は解し得ない。易林本節用集が「相交」に作るのに従う。「相」と「松」の草書が酷似することによる誤りであろう。

〔利鉄農〕慶安版本では「利鉄農」に作るが、意味が通じない。「農」は、字形類似による「豊」の誤記であろう。「利鉄豊」は、能登と越中（下19ウ）に見える「利鉄多」と同義であろう。肥前の「桑柘豊衣厚」（下26オ）を、易林本節用集で「桑柘農衣厚」に誤るのは平行例である。なお、ここの「利鉄農尤絹布多」を、易林本節用集が「鉄農器絹布多」に改めるのは、意を以て改めたものにすぎない。

〔鹿足〕元和三年版和名類聚抄「加乃阿之」、易林本節用集「カノアシ」と訓ずる。「カノアシ」が正しい。

〔下21ウ〕

〔海部〕古くは「アマ」、後世「アマベ」。易林本節用集「アマベ」と訓ずる。

〔周杏〕元和三年版和名類聚抄・易林本節用集「周吉」。「杏」は「吉」の誤り。

〔穏地〕易林本節用集「ヲヂ」と訓ずる。

〔意穂〕元和三年版和名類聚抄・易林本節用集「赤穂」。「意」は「赤」の誤り。

〔穴粟〕元和三年版和名類聚抄「完粟〈志佐波〉」、易林本節用集「完粟」で「シアハ」と訓ずる。「穴」は「完」の誤り。

［下22オ］

〔大庭〕元和三年版和名類聚抄「大庭〈於保無波〉」、易林本節用集「大庭」で「オホバ」と訓ずる。

〔英田〕元和三年版和名類聚抄「英多〈安伊多〉」、易林本節用集「英田」で「アイダ」と訓ずる。

〔勝田〕元和三年版和名類聚抄「勝田〈加豆万多〉」、易林本節用集「勝田」で「カツタ」と訓ずる。「カツタ」は古くは「カツマタ」とも言い、「勝間田」とも表記された。

〔磐梨〕元和三年版和名類聚抄「磐梨〈伊波奈須〉」、易林本節用集「磐梨」で「イハナシ」と訓ずる。古くは「イハナス」と言い、「岩生」とも表記された。中世において「イ」と「ユ」は交替する。

［下22ウ］

〔下道〕元和三年版和名類聚抄「之毛豆美知」、易林本節用集「シモミチ」と訓ずる。古くは「シモツミチ」、近世は「シモミチ」。

〔後月〕元和三年版和名類聚抄「七豆木」、易林本節用集「シヅキ」と訓ずる。

〔五谷藻布充〕慶安版本は「五谷」に作るが、「谷」は「穀」の通用である。中国でも古くから「谷」は「穀」に通じ、新書・慎微に「絶五谷、廃詩書」とある。なお、易林本節用集は「五穀」に作る。

〔安那〕元和三年版和名類聚抄「夜須奈」と訓ずる。

〔神石〕元和三年版和名類聚抄「加女志」と訓ずる。

〔沼隈〕元和三年版和名類聚抄「奴乃久万」と訓ずる。古くは「ヌナクマ」「ヌノクマ」、後世「ヌマクマ」。

〔下23オ〕

〔沼田〕元和三年版和名類聚抄「奴太」、易林本節用集「ヌマタ」と訓ずる。

〔沙田〕元和三年版和名類聚抄「沙田〈万須多、今沙作豊、止与太〉」、易林本節用集「豊田(トヨダ)　沙田(サダ)」。

〔豊浦〕元和三年版和名類聚抄「止与良」、易林本節用集「トヨラ」と訓ずる。古くは「トヨラ」、後世「トヨウラ」。

〔下23ウ〕

〔海部〕元和三年版和名類聚抄「阿末」、易林本節用集「アマベ」と訓ずる。古くは「アマ」、後世「アマベ」。

〔下24オ〕

〔勝浦〕元和三年版和名類聚抄「桂」、易林本節用集「カツラ」と訓ずる。古くは「カツラ」、後世「カツウラ」。

〔讃川〕元和三年版和名類聚抄「寒川〈佐無加波〉」、易林本節用集「寒川」で「サムカハ」と訓ずる。「讃」は「寒」の誤り。「サムカハ」また「サムガハ」とも。

〔阿野〕元和三年版和名類聚抄「綾」、易林本節用集「アノ」と訓ずる。「アヤ」また「アノ」とも。

〔鵜足〕元和三年版和名類聚抄「宇多利」、易林本節用集「ウタリ」と訓ずる。

〔那賀〕元和三年版和名類聚抄「那珂」、易林本節用集「那賀」。「賀」は「珂」の誤り。

〔風羊〕未詳。

〔下24ウ〕

〔新井〕元和三年版和名類聚抄・易林本節用集「新居」。

〔香美〕元和三年版和名類聚抄「加々美」、易林本節用集「カミ」と訓ずる。古くは「カガミ」と言い、「香我美」とも表記した。

〔伊与〕元和三年版和名類聚抄・易林本節用集「伊豫」。古文書・古記録は「伊与」と表記した例が多い。

〔浮穴〕元和三年版和名類聚抄「宇城安奈」、易林本節用集「フケ」と訓ずる。正しくは「ウケナ」。

〔温泉〕元和三年版和名類聚抄「湯」と訓ずる。

〔野満〕元和三年版和名類聚抄「野間〈乃万、今作能満〉」、易林本節用集「野間」。

〔下25オ〕

〔早良〕元和三年版和名類聚抄「佐波良」、易林本節用集「サラ」と訓ずる。

〔那賀〕元和三年版和名類聚抄・易林本節用集「那珂」。

〔遠賀〕易林本節用集「ヲンカ」と訓ずる。

〔嘉摩〕元和三年版和名類聚抄・易林本節用集「嘉麻」。「嘉摩」「鎌」とも表記された。

〔下座〕元和三年版和名類聚抄「下都安佐久良」、易林本節用集「シモツカサクラ」と訓ずる。

〔上座〕易林本節用集「カミツサクラ」と訓ずる。

〔席田〕元和三年版和名類聚抄「牟志呂多」、易林本節用集「ムシロダ」と訓ずる。

〔生桑〕元和三年版和名類聚抄「生葉」、易林本節用集「生桑〈又葉〉」。「生葉」が正書法である。

〔山本〕元和三年版和名類聚抄「山本〈也万毛止〉」、易林本節用集「山下」で「―シタ」と訓ずる。

〔三猥〕元和三年版和名類聚抄「三瀦〈美無万〉」、易林本節用集「三猪」で「ミヰ」と訓ずる。

〔上妻〕元和三年版和名類聚抄「加牟豆万」、易林本節用集「カムツマ」と訓ずる。「カムツマ」「カウヅマ」「カミツマ」とも。

［下25ウ］

〔直入〕元和三年版和名類聚抄「奈保里」、易林本節用集「ナホリ」と訓ずる。

〔海部〕元和三年版和名類聚抄「安万」、易林本節用集「アマベ」と訓ずる。古くは「アマ」、後世「アマベ」。

〔国崎〕元和三年版和名類聚抄「国埼〈君佐木〉」、易林本節用集「国崎」で「クニサキ」と訓ずる。古くは「国前」「国埼」と表記した。後世「国崎」「国東」とも。

［下26オ］

〔基井〕元和三年版和名類聚抄「基肄」、易林本節用集「基諱」で「キキ」と訓ずる。

〔神崎〕元和三年版和名類聚抄「神埼」、易林本節用集「神崎」。

〔佐嘉〕元和三年版和名類聚抄「佐嘉」、易林本節用集「佐賀」で「サガ」と訓ずる。古くは「佐嘉」で「サカ」と第二拍清音、後世「佐賀」で濁音化。

〔彼杵〕元和三年版和名類聚抄「曾乃岐」。明治以降「ソノギ」。

〔高束〕元和三年版和名類聚抄「高来〈多加久〉」、易林本節用集「高来」で「タカク」と訓ずる。「束」は「来」の誤り。

〔山鹿〕元和三年版和名類聚抄「夜万加」、易林本節用集「ヤマカ」と訓ずる。古くは「ヤマカ」、後世「ヤマガ」。

〔菊池〕元和三年版和名類聚抄「久々知」、易林本節用集「キクチ」と訓ずる。

〔合志〕元和三年版和名類聚抄「加波志」、易林本節用集「カフシ」と訓ずる。古くは「カハシ」、後世「カフシ」。

〔飽田〕元和三年版和名類聚抄「安岐多」、易林本節用集「アイダ」と訓ずる。

〔詫麻〕元和三年版和名類聚抄「託麻」、易林本節用集「詫摩」。「託」と「詫」は通用。

〔益城〕元和三年版和名類聚抄「万志岐」、易林本節用集「マシキ」と訓ずる。

〔葦北〕元和三年版和名類聚抄「阿之木多」、易林本節用集「アシギタ」と訓ずる。

〔下26ウ〕

〔那賀〕元和三年版和名類聚抄・易林本節用集「那珂」。

〔宮崎〕元和三年版和名類聚抄「宮埼」、易林本節用集「宮崎」。

〔諸県〕元和三年版和名類聚抄「牟良加多」、易林本節用集「モロカタ」と訓ずる。

〔中之国〕慶安版本は「中之国」に作るが、これは体例に合わない。易林本節用集が「中中国」に作るのに従う。原形が「中々国」で、「々」を「之」に誤ったものと思われる。

〔贈於〕元和三年版和名類聚抄「囎唹」、易林本節用集「贈於」。「囎唹」「贈於」「曽於」とも表記する。

〔合羅〕次項に示す「姶羅」の異表記か。

〔始良〕元和三年版和名類聚抄「姶羅〈阿比良〉」、易林本節用集「始羅（シラ）〈始又作姑〉」と訓ずる。「始良」は「姶羅」の誤り。

〔馭謨〕元和三年版和名類聚抄「馭謨〈五牟〉」、「馹」「馭」は「馭」の異体。

〔下27オ〕

〔日置〕元和三年版和名類聚抄「比於岐」、易林本節用集「ヘキ」と訓ずる。

〔伊佐〕元和三年版和名類聚抄「伊作〈伊佐久〉」、易林本節用集「伊佐」で「イサ」と訓ずる。

〔揖宿〕元和三年版和名類聚抄「以夫須岐」、易林本節用集「指宿」で「ユフスキ」と訓ずる。

〔給梨〕元和三年版和名類聚抄「給黎〈岐比礼〉」。慶安版本の「梨」は「黎」の誤り。

〔穎娃〕元和三年版和名類聚抄「穎娃〈江乃〉」。

〔上県〕元和三年版和名類聚抄「加無津阿加多」、易林本節用集「カミアガタ」と訓ずる。古くは「カムツアガタ」、後世「カミアガタ」。

〔下県〕易林本節用集「シモアガタ」と訓ずる。古くは「シモツアガタ」、後世「シモアガタ」。

〔下27ウ〕

〔比之…小国〕慶安版本の訓点に誤りがある。「比(スレハ)レ之(ニ)、日本是(ハ)雖(レ)レ為ニ小国(ト)一」と読むべきであろう。

〔祖意教意〕禅語録に多用される語で、禅の祖師の教えと、経典に記された教えをいい、「祖意」と「教意」が一致するか否かを真剣に問う場合が多い。ここではそのような深い意味は無く、上文の「霊仏霊社」と対になって、仏教の教えを伝える霊跡が多いと言っているに過ぎない。

〔遍他〕「他」は字形類似の誤りで、「地」が正しいと考えられる。

〔是即法成就東土之僧乎〕慶安版本では「是即法成就東土之僧乎」に作るが、文意が通じない。「僧」は、草書の類似を介した、「證（＝証）」の誤字であろう。仏法が東土で成就するという説は、塵芥にも見え、「左義長(サギチヤウ)〈左(ハ)仏、右(ハ)外道義也、放火焼右、残左仏法、故法成就東土哉〉」とある。

〔歴偏〕あまねく各地をめぐる意の漢語としては「偏歴」「遍歴」がある。その二字を入れ替えることもあったのであろう。また、「偏」と「徧」は通用。中国文献において通用例は多数見られる。日本では、広本節用集に「偏歴(ヘンレキ)」とあり、「偏」に作っている。

〔伸〕陳述する意で使用されている。黒本本節用集に「陳(ノブ)　伸(同)　舒(同)　宣(同)」とある。

〔下28オ〕

〔銭〕慶安版本の誤刻であろう。「ハナムケ」と傍訓が施されているように、「餞」が正しい。

〔進覧〕贈呈する意。

〔軽薄〕些少であること。

〔下28ウ〕

〔或豁邇辺地〕慶安版本は「或豁邇辺地」に作るが、「豁邇」も、「辺地」も意味が通らない。まず「豁邇」なる語は存在せず、「邇」は、「爾」の字形類似による誤り、もしくは略体であろう。「豁爾」は、空間が広がる様子であり、ここでは建物が大きい様子であろう。「辺地」は、「遍地」（地に遍し）の誤りであろう。「辺（邊）」と「遍」の草書が類似することによる誤記であろう。

〔風塵礙眼〕唐の元稹の「贈柔之」に「自恨風塵眼、常看遠地花」とある。

〔官呂〕「呂」は「侶」の略体で、「官侶」つまり、官吏の意であろう。

〔下29オ〕

〔田舎人〕節用集諸本「イナカウド」の訓みを示す。

〔交此中、則〕慶安版本は「交」に「―ル」の傍訓を施すが、「則」に続くので、ここは「交はれば則ち」と訓むべきところであろう。

〔忘然〕「茫然」の誤り。中31ウ「忘然」の校注参照。

〔京童、視之成笑、東男之初京上〕新猿楽記・序に「京童虚佐礼、東男之初京上」とあるのによる。

〔下30オ〕

〔難去〕辞退しにくい意。

〔少生〕「小生」即ち若い人の意。「少」と「小」は通用。

〔類名〕類聚名義、即ち、意味分類体の語彙。

〔其始末〕類聚された名彙の初め（前）と終わり（後）。

〔下30ウ〕

〔斤鑿〕添削する意。

〔莫〕慶安版本は「―シ」と傍訓を施すが、ここは「なかれ」と訓むべきであろう。

〔意曲〕慶安版本は「意曲」とするが、通常であれば「委曲」と表記される語に当たると考えられる。上7オ3「委曲」の項の校注参照。

〔居諸〕日月の異名。詩経・邶風・柏舟に「日居月諸、胡迭而微」とあることから。下9ウの「烏兎」と同じ用法。ここは「(何)月(何)日」の意で用いられているが、他に例を見ない。

〔座側〕一般には座席の傍らの意であるが、ここでは相手に敬意を示すための語。「足下」「左右」の類。

〔音問〕「音問」は節用集諸本に「インモン」の傍訓を施す。

〔下31オ〕

〔心事〕ここは、心づもりの意であろう。

〔済々〕中世は第三拍濁音。ここは、たくさん、の意。

〔立棲〕生活様式の意。

〔為各別〕全く異なっている意。

〔下31ウ〕

〔山河…彫梁〕杜甫の「冬日洛城北謁玄元皇帝廟」の詩に「山河扶繡戸、日月近雕梁」とある。「彫」と「雕」は通用。

〔千官…暁沙〕元の陳益稷の「駕畋柳林随侍」の詩に「千官捧日臨春殿、万騎屯雲動暁沙」とある。

〔為小生稽古〕慶安版は「為」に「―メ」、「古」に「―ノ」の傍訓を施すが、ここは、「尤可然」（最もふさわしい）に続くので、「小生の稽古として」と訓むべきであろう。
〔遊覚〕「学」と「覚」は通用。
〔下32オ〕
〔集〕慶安版本は「集」に「アツメ」の傍訓を施すが、ここは「肝要たらんか」に続くので、「あつむること」と訓むべきであろう。
〔交名〕古文書で「交名」（けうみやう）は人名を書き連ねることを言う。そこから、物の名を列挙する意に用いたものか。慶安版本は「交名」に「カウ―」と傍訓を施すが、呉音で「ケウミヤウ」と読んでおく。
〔下32ウ〕
〔閻浮檀金〕下学集諸本及び節用集諸本は、「閻浮檀金」に「エンブダンゴン」と傍訓を施すのに対し、日葡辞書は「Yembudagon」（エンブダゴン）のローマ字見出しを立てる。
〔貪欲瞋恚為最〕貪欲瞋恚の生き方が一番良いと考えている、の意味であろう。
〔下33オ〕
〔東勝身州〕大般若波羅蜜多経に「東勝身州」とある。後世、西遊記などでは「東勝神州」となっている。
〔不聞…見乎〕仏法の名を聞いたこともないのだから、ましてや、仏を直接見たことはない、の意。
〔鬱旦〕四分律では「鬱単」と表記されているが、大智度論で「鬱怛」（三例）、「鬱旦」（一例）と両様の表記が見られる。
〔下33ウ〕
〔琰光珠〕長阿含経・第十八「第四分世記経鬱単曰品第二」に「其土豊饒、人民熾盛、設須食時、以自然粳米

着於釜中、以焔光珠置於釜下、飯自然熟、珠光自滅」とある。法苑珠林・方土部第六にも、ほぼ同じ文章が見える。「琰」と「焔」は通用。

〔下34オ〕

〔善法堂在未申之方〕阿毘達磨倶舎論に「東北円生樹、西南善法堂」とある。

〔不可有涯涘〕限界を定めることができない、の意であろう。

〔下34ウ〕

〔雖謂百億須弥、百億四大海〕方広大荘厳経に「百億四天下成一三千大千世界、其中百億四大海、百億須彌山」とある。「雖謂」は、三千世界には百億の須弥山と四大海があるというが、それはさておき、という意味。

〔公之所撰類字〕あなた様が集められた意味分類体の語彙、の意であろう。

〔魚類六千四百…二千四百也〕仏説十二遊経に「魚有六千四百種、鳥有四千五百種、獣有二千四百種、樹有万種、草有八千種」とある。また、法苑珠林・会名部に「依樓炭経説、畜生不同、大約有其三種、一魚二鳥三獣、於此三中、一一無量、魚有六千四百種、鳥有四千五百種、獣有二千四百種、於彼経中、但列総数不別列名」とあり、王都部にも類似の文がある。これにより、慶安版本の「鳥類四千貳百」を「鳥類四千五百」に訂する。

〔下35オ〕

〔揮斤斧〕荘子・徐无鬼の寓話に「匠石運斤成風」とあり、斧を揮う神業をいう。後世は「運斤」を「揮斤」と表現し、優れた詩文を彫琢することにも用いる。ここでは上文の「一覧して、以て彼が為に斤鑿を加へよ」と対応した表現なので、添削する意なのであろう。上23ウにも見える。

新撰類聚往来の特質と意義

一、テキストについて

室町時代の古往来を代表する『新撰類聚往来』は、最大級の規模を持つだけでなく、語彙の豊富さ、文章の工夫、内容の充実等の点で、群を抜いている。また、書翰の合間に語彙集団を挟むという、特殊な形態をとることも注目される。しかしながら、難解な点も多いため、また、質の良い写本が少ないため、研究が遅れていた恨みがある。テキストの整理については、古く『日本教育文庫　教科書篇』に翻字が収録されたが、後に『日本教科書大系』第4巻に収められた翻字が、一般に利用されている。また、本書の全体ではないが、語彙部分のみの翻字が、木村晟「慶安元年板『新撰類聚往来』の本文」である。『続群書類従』第十三輯下にも翻字が収められており、本来は中巻を欠いていたが、改訂三版では補われている。これらの翻字は、全て三巻本の慶安版本（「慶安元年五月吉旦／京寺町蛸薬師前敦賀屋久兵衛開板」の刊記を持つ）による。これは影印が『往来物大系』十二巻や、『古辞書研究資料叢刊』にも掲載された。事実上、慶安版本が現存する唯一の完本なので、これを使用せざるを得ないという状況があるが、実は最善本とは言えない。

『新撰類聚往来』の現在最良のテキストと目されるのは、東京大学文学部国語研究室蔵天正四年写本（以下「東大本」と称する）であるが、残念ながら後半（恐らく上下二巻であったものの下巻）を欠く。つまり、三巻本の慶安版本で言えば、中巻の途中以降、つまり閏八月の往状以降を欠いている。本書は本来、十二月それぞれの往復書翰（往状と返状）に、閏八月の往来を加え、さらに巻末に追加の二種の往来を足したものであるから、全体で三十通の書翰から成り立つ。東大本の上巻までには、三十中の十六、つまり、ほぼ半分が含まれている。なお、静嘉堂文庫蔵の『新撰類聚往来』二巻は、上巻が東大本の忠実な写しで、慶安版本との異同を付し、下巻が慶安版本の写しである。

現存する上巻部分を見る限り、慶安版本に比して、東大本が多くの点で優れているが、東大本によって誤りを正し得ない後半についても、慶安版本に誤りが多いことは明らかである。一例を挙げれば、慶安版本の「離高榊色」［下7ウ］は、唐の韋荘の「送范評事入関」の「傷心柳色離亭見、聒耳蟬声故園聞」に基づいた表現であり、「離亭柳色」が正しい。つまり、「亭」を「高」に、「柳」を「榊」に、二重に誤ったもので、東大本がどうなっていたかは不明だが、草書体を媒介にした誤読の結果である。これは書翰の部分であるが、語彙を羅列した部分でも、筆の名として慶安版本に「中書　君象　管如椽」［中37ウ］とあるのは、「中書君　象管如椽」の誤りである。

ただ、東大本が原本に近いとしても、本書はそもそも読みやすいテキストではない。全体に誤表記や特殊な表記が多いこともその一因であるが、作者の誤解によって難読を生じているところも多い。例えば、東大本・慶安版本ともに、「是非異畝同穎、加禾一茎九穂生稲乎」［中15ウ］の「加禾」は、対偶の構造から考えれば、「生稲」と対応するので、「禾を加ふ」と読むのであろう。しかし、そのような表現は本来有り得ないもので、『東観漢記』の「嘉禾生一茎九穂」のような記事を誤読したうえ、「嘉」を「加」に誤った結果なのであろう。日本の中世に「加禾」というような言い回しが可能であったことにはならない。結局、テキストの読みの可能性としては、「是れ異畝同穎の嘉禾、一茎九穂の生稲に非ざるか」と「是れ異畝同穎に禾を加へ、一茎九穂に稲を生ずるに非ざるか」が考えられ、いずれとも判断しがたいが、本書では前者に従っておいた。いずれにせよ語弊のある文である。

以上のような諸問題を解決するため、現存のテキストから、できる限り原本を復元する試みとして、「校注」を作成したので、そちらを参照されたい。

二、全体の構成

『新撰類聚往来』は、十二月往来の枠組みを持ったもので、内容ともに『庭訓往来』の影響が大きい。つまり、同じく『庭訓往来』を基礎とした『新撰遊覚往来』と並んで、室町時代の文化を代表するものと言えよう。しかし、『庭訓往来』と『新撰遊覚往来』が、語彙の羅列を書翰本文の一部に組み込んでいるのと異なり、『新撰類聚往来』は、書翰の文章を中断し、唐突に、語彙集団（ほとんどは「百官位次」「虫名」等の題が付されている）が挿入され、その後に書翰文が再開される。この語彙集団だけを取り出せば、『和名集』類の辞書と言っても差し支えない。つまり、『新撰類聚往来』は、往来物と辞書の複合体と言える。これは他に類例を見ない。

『新撰類聚往来』を、類似性の強い『庭訓往来』『新撰遊覚往来』と比較するため、全体の構成を確認しよう。

〔上巻〕一月～五月
一月の往状
　大簇廿五日　勘解由次官→紀某
【書翰部分】新年の祝賀と百官の朝拝
【語彙部分】位階及び官名
一月の返状

魁月念五日　平某↓花山帯刀
【書翰部分】新年の祝賀と人材の登用
【語彙部分】氏姓及び名乗
二月の往状
夷則廿日　藤原某↓弾正忠
【書翰部分】自宅の絵画の観覧への誘い
【語彙部分】絵の具、銭、茶
二月の返状
仲春念日　橘某↓中務丞
【書翰部分】誘いへの返事から、紙と宝物に言及
【語彙部分】紙、宝物
三月の往状
沽洗五日　小野某↓左近将監
【書翰部分】御館造営の協力申し出
【語彙部分】建材・家屋の部位、仏教建築、大工道具・鍛冶道具
三月の返状
季春五日　大江↓木工頭
【書翰部分】家の彫刻装飾の相談
【語彙部分】草花と花木、及び動物

四月の往状
　中呂七日　某↓正法院侍衣禅師
【書翰部分】都からの賓客（僧）への饗応の相談
【語彙部分】羹と点心、果実と茶請け
四月の返状
　正陽七日　（欠）↓禅林院免僧禅師
【書翰部分】客僧饗応に関する返事
【語彙部分】食品、海藻・野菜
五月の往状
　蕤賓十日　官道某↓中村丹波守
【書翰部分】管絃講復興の意思と誘い、自らの病状
【語彙部分】楽器と十二律、楽曲
五月の返状
　梅天十一日　清科某↓雅楽助
【書翰部分】相手の病気を心配し、医療を提供する
【語彙部分】薬種
〔中巻〕六月〜十一月
六月の往状
　林鐘十二日　清原某↓治部大輔

【書翰部分】御館様下向に際して、出迎えと饗応の相談
【語彙部分】料理、魚
六月の返状
【書翰部分】往状への回答、饗応に用いる鳥の提供
　簾月十二日　安部某↓左馬頭
【語彙部分】鳥
七月の往状
【書翰部分】風流の描写と新たな趣向の相談
　夷則　中原某↓荒河新蔵人
【語彙部分】神具、俗服
七月の返状
【書翰部分】風流の趣向の提案
　孟秋十八日　香山某↓隼人祐
【語彙部分】武具
八月の往状
【書翰部分】自作の田の豊作の報告
　南呂十二日　（欠）↓掃部助
【語彙部分】穀物
八月の返状

中商十五日　蓂（十五日の意）　田口↓大田大膳亮
【書翰部分】自作の田の不作の嘆き、酒造の助力の依頼
【語彙部分】酒
閏八月の往状
閏八月初吉日　某↓不動院民部卿
【書翰部分】相手と某貴人への思慕
【語彙部分】虫
閏八月の返状
〔日時欠〕　（欠）↓大膳房大蔵卿
【書翰部分】回答と、某貴人の様子
【語彙部分】諸分野の学術に関する詳細な記述が有るが、語彙羅列ではない。
九月の往状
無射二日　源某↓判官代
【書翰部分】紅葉を愛でる会への誘い
【語彙部分】木
九月の返状
菊月二日　豊野某↓安岡新左衛門
【書翰部分】隠遁への誘い
【語彙部分】草

十月の往状
　応鐘五日　某↓華蔵院大蔵卿
【書翰部分】連歌の興行への誘い
【語彙部分】墨
十月の返状
　陽月五日　某↓法華院中納言
【書翰部分】往状への回答、硯と筆の持参の確認
【語彙部分】硯、筆
十一月の往状
　暢月十五日　文屋某↓権介
【書翰部分】新居増築の勧め
【語彙部分】家具・器財
十一月の返状
　黄鐘十五日　弓削某↓野村主
【書翰部分】家族の大切さ、喜捨の勧め
【語彙部分】人倫・人体
〔下巻〕十二月
十二月の往状
　大呂五日　某↓観首寺

【書翰部分】法会の道具借り受けの依頼
【語彙部分】飾り具・仏具
十二月の返状
　竆月六日　某↓地蔵院衣鉢
【書翰部分】往状への回答、衣服に竆していることの説明
【語彙部分】仏衣・仏具
第一の追加往状
　烏兎（某月某日の意）　某↓西禅寺免僧禅師
【書翰部分】諸国遊覧に出立する挨拶
【語彙部分】天象・地形
第一の追加返状
　即刻　某↓安国寺
【書翰部分】往状への回答、旅の諸注意
【語彙部分】国名
第二の追加往状
　居諸（某月某日の意）　某↓一乗院
【書翰部分】相手の上洛についての忠告、ならびに新撰往来集の添削の依頼
【語彙部分】洛中の南北の小路
第二の追加返状

乃時　某↓本覚院

【書翰部分】往状への回答ならびに、新撰往来集への言及

【語彙部分】世界の四大州・須弥山に関する記述が有るが、厳密には語彙集ではない。

要するに、十二箇月それぞれの往来（往状と返状）に、閏八月の往来を足し、十二月の往来のあと、つまり下巻後半に、二組の日付を伴わない（「烏兎」や「居諸」は、十二箇月に属さないことを暗示している）往来を補足している。つまり、都合十五組の往来で構成されている。そのうち、俗人の遣り取りと見られるのが、一月、二月、三月、五月、六月、七月、八月、九月、十一月の往来であり、僧侶の遣り取りと見られるのが、四月、閏八月、十月、十二月、第一の追加、第二の追加の往来である。

八月の往来の後に、閏八月の往来を付すのは、『庭訓往来』において、八月の往状・返状のあとに、八月の単状を挿入したことを思わせる。したがって、『新撰類聚往来』の構想は、十二箇月の後の補足も含めて、『庭訓往来』を基礎としながら、全体に書翰数を大幅に増補しているものと認められる。

また、『新撰類聚往来』の書翰部分の特徴は、次のように纏められる。

一、往状と返状の内容はほぼ対応している。にも拘わらず、往状と返状で、差出人・受取人の名が異なっていることが多い。

二、往返両状の日付がほぼ一致していることが多い。

三、月の呼称は全て異名を用い、かつ書状ごとに異なっている。

四、各月の往来の筆者とされている人物は、俗人が僧侶よりやや多い。

『庭訓往来』『新撰遊覚往来』では、一、二のような場合は比較的少なく、三は全く見られない。これは、『新撰類聚往来』の独自性を示すものとして注目に値する。二についていえば、書翰を持参した使者を待たせて返書をすぐに作成し、持たせて帰らせるという場合が多いとも読み取れる。しかし、一は、現実的には理解しがたい点であり、書翰の架空性を、意図的に強めているものと推測される。『新撰類聚往来』は、あくまでも教科書・語彙集・手習いの手本であり、人工的な作品として提示されている。だからこそ、差出人、受取人を別人とし、三のように、月の異名等で、多様性を持たせているのであろう。語彙部分を付したことで、現実の書翰からは、すでに逸脱していることも忘れてはならない。また、四の結果についても、『庭訓往来』が、一つの往来を除いて俗人（武家）を筆者とし、『新撰遊覚往来』が、全て僧侶を筆者としているのに比べ、多様な世界を網羅し、総合する意図が感ぜられる。要するに、単なる「往来物」の枠を逸脱し、「百科辞書」的な書物を目指しているとも言えるのである。

三、語彙集付加の意義

実は、『新撰類聚往来』の作成については、本書それ自体に言及がある。まず、第二の追加往状の末尾に、某（返状の充名から推せば、本覚院の僧）より一乗院の僧に充てて、次のように述べられている。

将又参を以て申し入るべく候と雖も、次で乍ら啓せしめ候。去り難き小生の所望に依て、此の間種々の類名を纂集す。又其の始末に附て、消息詞を載す。然りと雖も、冥聞、浅識にして、要を撮る所少なし。纔かに一を拾ひ十を捨つるのみ。定めて文字の紕繆、文章の顚倒有るべし。請ふ君、一覧して、以て彼が為に斤釜を加へよ。努め宏才の人に観せしむること莫かれ。但し是れ小生の責めを塞ぐのみ。委曲併ら御意を得べく候。［下30オ］〜［下30ウ］

［筆者訳］ところで、これは本来参上してお願いすべきことですが、この機会に申し上げます。以前より辞書編纂の宿願やみがたく、近頃はさまざまな種類の名彙を纂集しております。また、その前後に、消息（書翰）の文章を配置しました。しかしながら、寡聞浅学のため、重要な内容を落としていることでしょう。一を拾うのみで、十を捨てるような結果ではないかと恐れています。また、文字の誤り、文章の混乱もあるに違いありません。貴方様に、御一読いただき、添削校訂を賜りたく存じます。博学の士には絶対に見せないようにお願いします。この著述については、私の力の及ぶことは致しましたが、やはり貴方様にも細部まで御納得いただけるものにしたいのです。

これに対し、本覚院の僧より送られた返状では、二箇所、この問題に言及がある。

将又、新撰往来集、廼ち一覧せしむること、小生の稽古として尤も然るべく候。消息、庭訓、遊学、新札風情に於て、其の外の往来等、文章玉を聯ね、詞語花を散らす。此の上申すに及ばず候。万事に就て交名を集むること肝要たらんか。已に吾が朝の国名を誌し畢ぬ。同じく須弥の四州の名を載せば可ならんか。定めて其の名御存知有るべく候と雖も、大概之を記し進じ候。［下31ウ］〜［下32オ］

［筆者訳］ところでまた、貴方様から『新撰往来集』の草稿をお送りいただき、拝見しておりますが、

大変勉強になります。従来の『消息往来』『庭訓往来』『遊学往来（新撰遊覚往来）』『新札往来』等においては、他の往来もそうですが、書翰の文体は玉を連ねたよう、言葉は花を散らしたようで、素晴らしいものです。ですから、書翰文をみがくことについては、ことさら言う必要がありません。大事なのは、あらゆる事柄について、語彙を集めたことです。『新撰往来集』には、すでに諸国の名が完全に収録されています。この上は、世界の四大州の記事を載せるべきだと考えます。四州については、貴方様もご存知のことと思いますが、私から、そのあらましを申し上げましょう。

此百億須弥、百億四大海と謂ふと雖も、先づ一須弥に於いて三十三天之在り。九山八海其の中に充塞す。此の外大国小国、勝て計ふべからず。今記するが如くんば、纔かに其の要を抜きて之を題するのみ。公の撰ぶ所の類字も、亦復此の如きか。悉く其の類名を取りて之を誌す。定めて筆力に及び難きか。或る人は千草万木と曰ふ。或いは天台の説の如き、魚類は六千四百、鳥類は四千五百、獣類は二千四百なり。加以、余類の者亦是の如し。只其の間に於いて、所用有る者を拾ひて之を載するのみ。其の類を分くるを以ての故に、此の冊を名けて類聚と云ふ、可ならんか。点札の事示さる。予が眼見及び難き所なり。他の一覧の人に付与して、斤斧を揮せしめよ。［下34ウ］～［下35オ］

［筆者訳］それはさておき、一つの須弥山において、三十三天が備わっています。九重の山と八重の海が、その中に広がっています。この外の大国や小国は、数え尽くすこともできません。ここに記した内容は、わずかに要点を挙げたに過ぎません。貴方様が編集された類字（意味分類による語彙集。『新撰往来集』の中の語彙部分を指す）についても、同じことが言えます。特定の類の語彙をまとめて記しているのですが、やはり人間の記述能力には限界があると言わざるを得ません。というのも、ある人が「千

草万木」というように、植物は無数にありますし、あるいは天台の説で、魚類は六千四百種、鳥類は四千五百種、獣類は二千四百種というように、これまた無数だからです。さらに言えば、他の分類に属する名彙も同様です。我々はただその中から、使用すべき語彙を選択して収録するしかありません。分類ごとに纏めているので、この書物『新撰往来集』に「類聚」という言葉を加えて、『新撰類聚往来集』と呼ぶのがよろしいでしょう。ただ、本書を校閲せよとの御依頼については、私の能力の及ぶところではありません。他の、進んで読んでもらえる方に依頼して、校訂してもらって下さい。

以上の記事を文字通りに理解すれば、『新撰類聚往来集』なる書物（もちろんこれは本書『新撰類聚往来』を指すのであるが）の成立は、一、ある僧侶が諸部門にわたる語彙集を作り、その前後に書翰部分を足して往来物の形に仕上げ、『新撰往来集』と呼んだ、二、添削を依頼された僧は、四大州の記事を足したが、それ以上の添削は行わず、名称だけ『新撰類聚往来集』とすることを提案した、ということになる。これは、その書物自体の成立を説明したメタフィクションであるが、実際の成立過程を暗示しているものと見てよかろう。

つまり、本書は、往来物が発展変化したというよりは、『和名集』のような語彙集、要するに辞書を核として成立して往来物に変形したものと言うことができるのである。また、本書が他の往来物と異なるのは、あらゆる百科語彙を意識的に網羅していることに他ならない、という著作の目的意識も明らかである。その姿勢は、語彙集の編纂だけでなく、往来的な書翰部分にも表れており、閏八月の返状の諸学の記述や、第二追加返状の四大州の記事が、饒舌を極め、百科事典的な記述になっているのも、本書の特徴と言えよう。要するに、『新撰類聚往来』は、往来物の歴史から見れば、十二月型の『庭訓往来』が最大規模に発達した形、辞書史から見れば、『和名集』の一種を基礎として往来物の姿を取った、特殊な形態と言うべきであろう。

四、『新猿楽記』の影響

次に、『新撰類聚往来』の書翰部分の文章について検討する。対句の多い擬制の駢文部分を中心として、書翰独自の決まり文句で首尾を整えたものであり、それ自体は、従来の往来物と変わるところが無い。そのような、漢語を多用した文章は、極めて多様な出所の典故を多く含み、筆者の教養を衒っているが、具体的なことについては、「校注」に記したところである。作者については、下巻末に「正覚国師（夢窓疎石）第四世仏陀院／丹峰和尚撰焉」と記すのを信用すれば、明らかに禅宗の僧侶である。禅関係の語彙が多いことについては、「校注」に示した通りである。

しかし一方、独自に文章を構成するのではなく、纏まった量の既成の文献を取り込んでいることも確認される。それは、『新猿楽記』であり、具体的な箇所は以下の通りである。右に『新撰類聚往来』の本文（慶安版本による。また、前半部においては、東大本との異同を下に記した）、左に『新猿楽記』の本文（尊経閣文庫蔵康永本による）を示して対照させた。詳細は「校注」を参照されたい。

1耆婆、医王、神農、鶣鵲者［上38ウ］（「鶣鵲」、東大本は「扁鵲」に作る。「扁」は某字を磨り消して上に重ね書きされている。あるいは「鶣鵲」を書き改めたものであろう）

不異於耆婆、医王、相同於神農、鶣鵲［九御方夫］

2高麗、大唐、新羅、大和之舞楽者不及申［上39オ］（東大本に異同無し）

高麗、大唐、新羅、大和舞楽尽習畢［九郎小童］

3舞袖飄颻也、如仙人遊、歌声和雅似頻鳥鳴、非調子琴音、地祇垂頸向、無拍子鼓声、野干必傾耳［上39ウ］（「頸向」、東大本は「影向」に作る）

舞袖飄颻、如仙人遊、歌声和雅如頻鳥、非調子琴音、地祇垂影向、無拍子鼓声、野干必傾耳［四御許（巫女）］

4合薬之法分利、術方之計明鏡、是療疾之仏也、又灸治之神矣、知五蔵六府之詮脈、探四百四病之根元、順方治之、更於擣簁、和合、擣抹、吹咀之道、不冥者也［上40オ］（「分利」、東大本は「分別」に作る。「五蔵六府之詮脈」、東大本は「六府五蔵之診脈」に作る。「根元」、東大本は「根源」に作る。「順方治之」の下、東大本は「任術療斯」の一句有り）

毒薬之道分別、術方之計無極、看病療疾之仏也、遣針灸治之神也、六府五蔵趁脈、四百四病探源、順方治病、任術療疾、擣簁、合薬、擣抹、吹（傍書「吹(フ)イ」）咀之上手也［九御方夫（医師）］

5長生不死之薬、遐齢延年之方也［上42オ］（東大本に異同無し）

長生不死之薬、遐齢延年之方［第三妾］

6或露飽腹鼓之胸骨、聳蟷螂舞頸筋［中7オ］（東大本は「蟷螂舞」の下に「之」の一字有り）

飽腹鼓之胸骨、蟷螂舞之頸筋［序］

7或無骨有骨［中7ウ］（東大本に異同無し）

無骨有骨［序］

8田楽、兄師、侏儒舞、傀儡子、唐術、品玉、輪鼓、八玉［中11ウ］（東大本は「兄師」を「呪師」に作る）

呪師、儒侏舞、田楽、傀儡子、唐術、品玉、輪鼓、八玉［序］

9被甲冑、帯弓箭、横干戈、持太刀、靡旗築楯［中12オ］（東大本に異同無し）

被甲冑、帯弓箭、受牟戈、用大刀、靡旌築楯［中君夫］

10今年之耕農等、依水旱除為不熟不為矛業、数町之田地、并園畠等、随地之乾熟、令其肥、或固堰堤、或修畔、畷、育田夫農人、整鋤、鍬、犂等之具、而以令耕耰、始自東作、至西収、常五穀成就稼穡豊兆之祝、然間、更無旱魃、洪水、蝗虫之不熟［中14ウ］（東大本「除」を「雖」に作り、「矛」を「予」に作る。また、「常」の下に「致」の一字有り）

兼相水旱之年、調鋤、鍬、暗度腴迫之地、繕馬杷犂、或於堰塞堤坊、構（傍書「溝イ」）渠、畔、畷之忙、育田夫農人（中略）凡始自東作、至于西収、聊無違誤、常懐五穀成熟稼穡豊瞻〈贍〉之悦、未会旱魃、洪水、蝗虫、不熟之損［三君夫］

11春下一粒之種子、秋納万倍之地利［中15ウ］（東大本に異同無し）

春以一粒雖散地面、秋以万倍納蔵内［三君夫］

12於粗穀、粗米、調庸、代稲、段米、使断、供給、土毛、酒直、種子、地子、糧料、交易、佃、出挙、班給等之間、而敢不致束把、合勺、一粒、半銭之未進［中15ウ］（東大本は「使断」を「使料」に作る。また、「供給」から「束把」の二十八字を欠く）

祖穀、祖米、調庸、代稲、段米、使料、供給、土毛、酒直、種蒔、営料、交易、佃、出挙、班給等之間、未致束把、合勺之未進［三君夫］

13豈啻詩、賦、序、表等已乎、宣命、宣旨、位記、奏状、移文、願文、諷誦、呪願、符、牒、告書、教書、日記、申文、消息、往来、触文、請文之上手也［中22ウ］

仍詩、賦、序、表、詔、宣旨、宣命、位記、奏状、陳状、勘状、勘文、移牒、移文、願文、呪願、（欄外朱書「諷誦文イ」）、府牒、苦（傍書「告イ」）書、教書、日記、申文、消息、往来、解文（傍書朱書「請文イ」）等上手也［五君夫］

14其和歌、本昔、平城天子、下詔於侍臣、従令撰万葉集以来、新万葉、古今、後撰、拾遺抄、金葉、詞花、千載集、其外、諸家之集等、読之、無所暗、其詠哥者、凡、素盞烏尊、聖徳太子御代、定倭哥之文字以降、好此道者、於古今幾千万乎、雖然、或譬画女動人情、或比萎花有薫香、厥外、体近俗、詞甚鄙、一而無不得訕、就中、有柿本大夫、山辺赤人云、並和歌仙也、公独、慕此風、而本其体、然者、三十余字備六義、五七之句避八病、花実兼備、首尾相調、其詞滑五尺鬘、如沃水、其情縟一流縷、似貫珠、寔踏二公之前跡者也［中22ウ］

凡、素盞烏尊、聖徳太子之御代、定卅一字以降、古万葉集、新万葉集、古今、後撰、拾遺抄、諸家集等、尽以見畢、不可恥於猿丸大夫、衣通姫等、不在所於躬恒、貫之、小野小町等、花山僧正之長此道、猶有画女之動人情之難、在原中将之得其名、自招賈人着鮮衣之訕、況其外好此道（傍書「者」）、於古今幾千万乎、雖然、纔存古風（傍書「者」）、此一公而已、温其氏、則柿本人丸之末孫、問其家又、山辺赤人之前跡也、卅一个字備六義、五七五七々避八病、花実兼備、首尾相調、其詞滑、如五尺鬘沃水、其情縟、如一旒縷貫珠［十一君］

15古文、正文、信、行、草、真字、仮字、蘆手等、或、張芝草聖、羲之俗資、或、道風之貫花文、和尚之五筆之跡、其外、至佐理一墨等、無不学之［中24オ］

古文、正文、真、行、草、真名、仮字、蘆手等上手也、筆勢如浮雲、字行如流水、羲之垂露之点、道風貫花之文、和尚五筆之跡、佐理一墨之様、皆悉莫不習伝［太郎主］

16三々九手夾、八的等上手也［中25オ］

八的、三々九手挟等之上手也［中君夫］

17其天台者、因明、内明通達、内典、外典兼学、倶舎、唯識、懸舌端、止観、玄義収胸中、然者、宏才、博覧而論義、決択吻破満座之惑、当弁利口而、説経教化声驚衆会之眠［中26ウ］

天台宗学生、大名僧也、因明、内明通達、内教外伝兼学、倶舎、唯識、懸舌端、止観、玄義収胸中（中略）宏才、博覧而論議、決択之吻破満座之惑、当弁利口而、説経教化之声警衆会之睡［五郎］

18其真言者、久修練行年深、持戒、精進日積、両家懸鏡、別尊琢玉、五部真言雲晴、三密観行月朗、梵語、悉曇舌和、立印、加持指嫋、五悔九方便無滞、修法芥子焼有験［中27オ］

次郎者、一生不犯之大験者、三業相応之真言師也、久修練行年深、持戒、精進日積、両界懸鏡、別尊琢玉、五部真言雲晴、三蜜観行月煽、梵語、悉曇舌和、立印、加持指嫋、唱礼九方便無滞、修法芥子焼有験［次郎］

19道心堅固、日夜帰依仏乗、精勤勇猛、旦暮参詣道場、見春花、則観世間之無常、望秋月、曾悟諸法之寂滅、実是、貪欲瞋恚、遠離解脱之士也［中27ウ］

道心堅固、而日夜帰依仏法、精進勇猛、而旦暮参詣道場（中略）見春花、則観世間之無常、望秋月、曾悟諸法之寂滅、念仏読経不懈、貪欲瞋恚遠離、脱櫛鬘、代烏瑟髻［十五女］

20不負韻題［中28オ］

詩賦不背於韻題［五君夫］

21沐難波津之余波、迥汲富緒河之流、此外、長哥、短謌、旋頭、混本之類［中31オ］

扇難波津之古風、汲富緒河之末流、長歌、短歌、旋頭、混本、連歌、隠題、恋、祝等［十一君］

22京童、視之成笑、東男之初京上［下29オ］

京童虚佐礼、東人之初京上［序］

以上を通観すると、『新猿楽記』が、語順など多少の異同を含みつつ、書翰部分に大幅に取り入れられ、自然な文章として再構成されていることが分かる。その際、『新猿楽記』の難解な語句の改変や、単純な誤記は当然見られるし、ある程度表現を整えた形跡もある。例えば、15の「張芝草聖、羲之俗資」は、『新猿楽記』を大幅に改変し、新たに作者の教養から張芝を加え、対偶を創作したものである。ここで「俗資」が「行賢」（行書の賢者）なる造語の誤記であることは校注に論じた通りである。

また、14では、『新猿楽記』だけでは不十分だと考えたと見え、『古今集・真名序』の語句（業平を評した「萎花雖少彩色而有薫香」）をわざわざ織り込んで、駢文を構成している。要するに、『新猿楽記』の単なる切り貼りとはなっていないのである。ただ、このような改変の過程で、19の「貪欲瞋恚、遠離解脱之士也」が、『新猿楽記』の「貪欲瞋恚遠離、脱櫛鬘」の句読を変えて、「脱」を上句に属さしめた上で、字句を整えたような場合もある。これは誤読に由来するとも解し得るのである。

もう一点注目すべきは、東大本が慶安版本と異同のある場合、『新猿楽記』と一致するのは、必ず東大本の本文だということである。3の「影向」、4の「分別」、6の「蟷螂舞之頸筋」、8の「呪師」、12の「使料」がそれに当たる。また、東大本は、4で、『新猿楽記』の「任術療疾」を「任術療斯」に改め、10で、『新猿楽記』の「常懐五穀成熟稼穡豊瞻之悦」を「常致五穀成就稼穡豊兆之祝」に改めているが、それは修辞上の意図的なものであり、やはり東大本の方が、「任術療斯」や「致」を欠く慶安版本より、原形に近いと判断できるのである。

なお、『新猿楽記』以外の文献からは、これほどの纏まった影響は無い。例えば、『庭訓往来』について言えば、その影響は限られている。「綺羅耀天」［中10オ］・「多生嘉会」［中31オ］という表現は一致しているが、そのような例は少ない。むしろ、「向貴面」（正月往状）を「向貴方」（同）に、「意霧」（二月往状）を「胸霧（閏八月返状）」に改めるなど、『新撰類聚往来』が『庭訓往来』の表現と重ならないよう努めた形跡がある。上述したように、『新撰類聚往来』は、その構想を全面的に『庭訓往来』に依っていながら、書翰部分の表現においては、重複を避け、独自性を追求しているように思える。

『新猿楽記』は、元来往来物の源流と目されるほどで、対句の多い漢文的な表現自体、後の往来物が吸収し易かったことと思われる。『新撰類聚往来』の作者は、書翰部分の内容・語彙・表現を豊かにするため、あえて『新猿楽記』を取り入れたのであり、その方向性は、本書全体が持つ、「語彙の増補」という目的意識に叶うものであった。その際、『新猿楽記』を、盲目的にではなく、十分咀嚼した上で取り込んでいるところに、筆者の見識を見ることができる。

五、『易林本節用集』への影響

最後に、『新撰類聚往来』が与えた影響について述べる。すでに「易林本節用集と新撰類聚往来」で論じたように、『新撰類聚往来』は、重要な古辞書である『易林本節用集』の編纂資料となっている。

その結論の要点は、以下の通りである。

一、『新撰類聚往来』と『易林本節用集』の共通語彙は一四三七項目に上る。『易林本節用集』以外の七十種の古辞書、および『新撰類聚往来』以外の三十二種類の古往来全てを調査した結果、一四三七項目のうち、実に一七六項目は、他に記載が無い。したがって、『易林本節用集』の編纂に『新撰類聚往来』が使用された蓋然性は極めて高い。

一、『新撰類聚往来』の語彙群に付せられた標目と、『易林本節用集』の注記が一致するケースが三四例確認される。

一、『易林本節用集』が『新撰類聚往来』の誤りを踏襲しているケースが一九例確認される。

一、『易林本節用集』の特殊な誤形が、『新撰類聚往来』の形を前提としないと説明できないケースがある。

具体的には、以下の通りである。

1　鰓（サイリ）→鰓（サユリ）（『新撰類聚往来』が「サイ」を「サイリ」に誤ったため、さらに「サユリ」に誤ったもの）

2　鶩（アチ）鷺（サキ）→鶩鷺（アヂサギ）（二語を一語と誤解したもの）

3　縑（カトリ）　蟬羽（ウスモノ）→縑蟬羽（カトリノウスモノ）（二語を一語と誤解したもの）

4　浮蛆→浮蛆（フソ）〈酒器〉（『新撰類聚往来』が酒名と酒器を同一の単語集団に纏めたため、酒の異名の浮蛆を酒器と誤解したもの）

以上より、『易林本節用集』は、付録のみならず、本編の収録語の多くも『新撰類聚往来』に負っていることが証明される。詳細は、上掲論文について確認いただきたい。語彙集を意図的に増大した『新撰類聚往来』であるが、その点が社会に評価されたことも確認できるのである。

六、まとめ

往来物の発展を考えると、『庭訓往来』の完成が重要である。十二月往来の形式によって、全体的な完成度を高め、裁判・造営等、武家社会におけるあらゆる場面に対応できる教養を、語彙を中心ではあるが、学習可能にするものであった。その内容は武家社会にとって普遍性を持っていたため、江戸時代に到るまで、名声を博した。

しかし、室町時代になると、武家・僧侶ともに、実務的知識だけでなく、連歌・喫茶等の遊芸の教養が、必須になってきた。『新撰遊覚往来』は、そのような時代の要請に対応し、『庭訓往来』を基礎として、遊芸を加えた内容としたものである。『庭訓往来』の内容との重複は、意図的に避けられているが、これが『続庭訓往来』と呼ばれるのも首肯できるところである。

『新撰類聚往来』と『新撰遊覚往来』の間には、系譜的なつながりがあったという証拠は無いが、第二の追加返状では、『消息往来』『庭訓往来』『新撰遊覚往来』『新札往来』を継承する意図が読み取れる。しかしながら、『庭訓往来』『新撰遊覚往来』に見える、語彙の知識こそが教養であり、実用であるという発想を継承しつつも、一部逆転させ、語彙集を核にしたのが『新撰類聚往来』である。一見、往来の書翰を集めた形にはなっているが、本来なら書翰に収まるはずもない、充実した語彙集を、読者は同時に学ぶことができる。むしろ語彙集が先に立って成立したらしきことは、上に述べた通りである。本書は、『易林本節用集』に資料を提供したほど、辞書としても、社会に信頼され、重視されたものである。室町時代最大級の言語・文化の総合的資料として、重視すべき書物と言えよう。

【参考文献】

同文館編輯局編『日本教育文庫　教科書篇』（同文館　一九一一）
石川謙・石川松太郎編『日本教科書大系』第四巻（講談社　一九七〇）
木村晟「慶安元年板『新撰類聚往来』の本文」（駒澤國文21　一九八四）
塙保己一編・太田藤四郎補編　訂正三版『続群書類従』第十三輯下（続群書類従完成会　一九八六）
石川松太郎監修『往来物大系』第十二巻（大空社　一九九二）
木村晟編『古辞書研究資料叢刊』第八巻（大空社　一九九五）
高橋久子「易林本節用集と新撰類聚往来」（東京学芸大学紀要第二部門人文科学49　一九九八）
木村浩子「新撰類聚往来補訂試考」（日本語と辞書　第八輯　二〇〇三）
木村浩子「新撰類聚往来名彙索引」（日本語と辞書　第八輯　二〇〇三）

付録　東京大学文学部国語研究室蔵天正四年写本影印

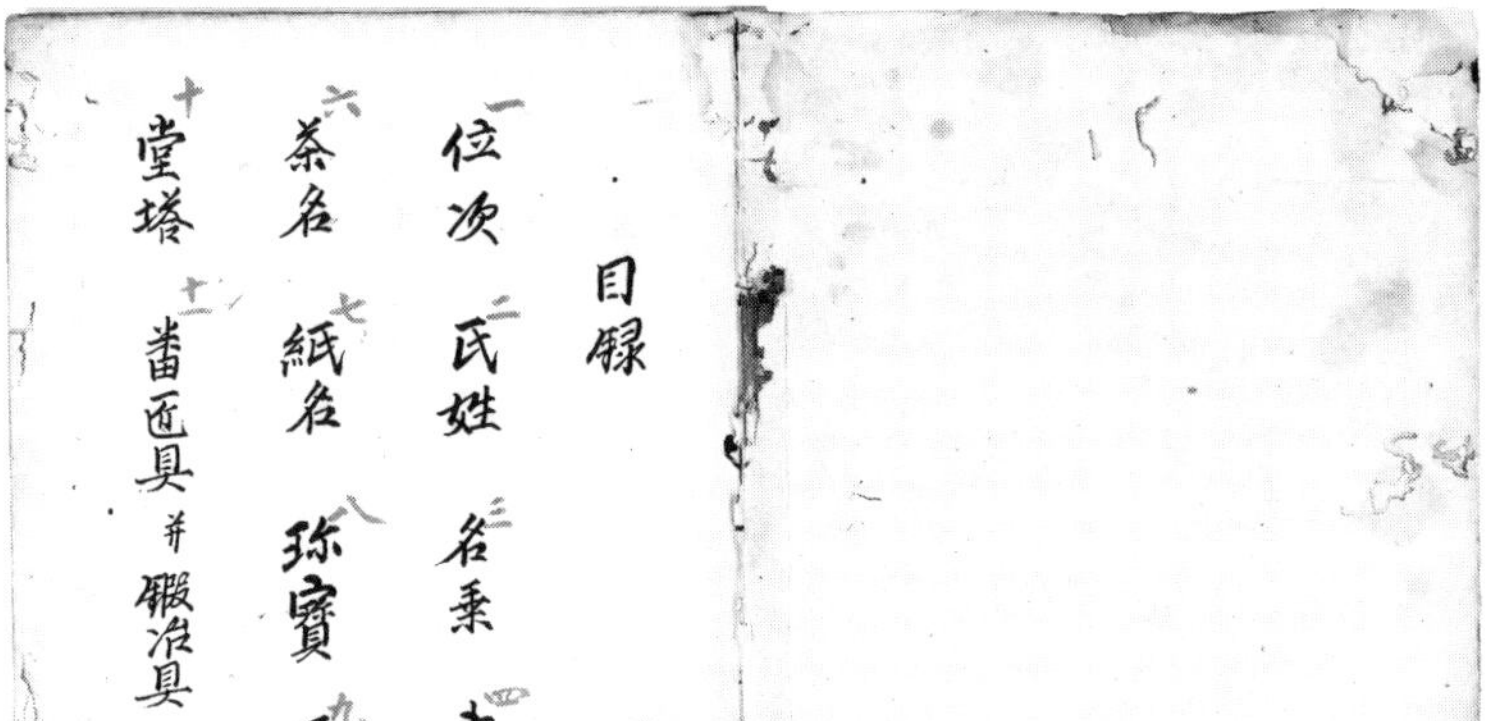

目録

一 位次　二 氏姓　三 名乗　四 畫具　五 料足

六 茶名　七 紙名　八 珎寶　九 屋具 附 屋躰

十 堂塔　十一 番匠具 并 鍛冶具　十二 草花 并 華木

黒川眞頼蔵書
黒川眞道蔵書
黒川眞前蔵書

（1オ）

十三 走獸　十四 羹名附点心　十五 茶子并菓子
十六 調菜附海藻野菜　十七 樂器　十八 十二律　十九 樂名
二十 藥種　廿一 料理　廿二 魚名　廿三 鳥類　廿四 神具
廿五 俗服　廿六 武具　廿七 五穀　廿八 酒名附酒器

（1ウ）

新撰類聚往来上

鳳暦開端龍躔易改三正之嘉慶雖
所令事舊候旁以陈重々々殊向貴
面攸祝千祥万悦之至更不可有際
限也柳進鶴挙柏葉之銘祝壽献椒
花之頌獣樽凝仙醞之香雛帳退屋
舍之妖是皆千门九陌展慶賀之誠
也如有脚陽春百花自之春千草各々

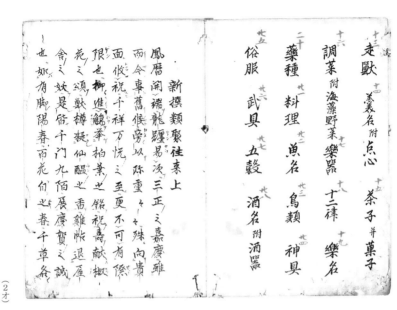

（2オ）

向陽窺覦官梅飄粉而臘雪已銷御
柳揺金而東風乍扇鴻鈞播暖化工
密運喜迎百福之時樂集万昊之娯
朝者朝拜之儀式嚴重帶佩委庭上
草夕者退食之官遊悠然衣裳洽鳳
池波誠時哉清政被行則朝夢佞臣
野莫遺賢各沐聖主之恩官仕勤厚
者厥数尤夥矣于兹来月廿日比可

（2ウ）

有耆花行幸之由風聞然者補袞之
高位登階之官爵以下其外貴賤上
下可被折花出立候也

其位次者

正一位 大尉　従一位 開府議　正二位 特進　従二位 光禄大夫
正三位 金紫光禄大夫　従三位 銀紫光禄大夫　正四位上 正議大夫　正四位下 通議大夫
従四位上 大中大夫　従四位下 中大夫　正五位上 中散大夫　正五位下 朝議大夫
従五位上 朝請大夫　従五位下 朝散大夫　正六位上 朝儀大夫　正六位下 朝議郎

（3オ）

（3ウ）

神祇伯（大常卿） 大政大臣（大相） 左大臣（左府） 右大臣（右府 丞相）
内大臣（内府 内丞相） 大納言（亜相） 中納言（黄門） 少納言（給事）
宰相（参議） 左大将（幕下） 右大将（幕府） 中将（羽林）
少将（郎将） 大辨（大丞） 中辨（蘭臺） 少辨（同上）
大外記（外史） 大内記（柱下） 中記（同上） 治部（礼部）
刑部（刑部） 兵部（兵部） 民部（戸部） 式部（李部） 大蔵（大府）
宮内（司農） 左京（京兆） 右京（同上） 大膳（光禄）
修理（匠作） 監物（城門） 大舎人（宮囲） 図書（秘書）

（4オ）

内蔵（小府） 縫殿（尚衣） 天文（昊臺） 漏尅（挈壺）
翰林（文章） 大学（祭酒） 明経（助教） 明法（律学）
直講（直学） 摂政（執柄） 関白（博陸） 春宮（儲皇）
中宮（長秋） 大夫 大進（大属） 侍従（拾遺）
親王 法王 斎院 按察（護布）
判事（理正） 判官代（司直） 目録 權介（別駕）
玄蕃（主客） 掃部（洒掃） 諸陵（廟陵） 主殿（全部）
大炊（道官） 主税（倉部） 主計（度支） 木工（工部）

（4ウ）

典薬（大醫） 別当（大史） 囚獄（比部）
正親町（宗正） 内膳（尚食） 織部（織染） 造酒（良醞）
市令（市令） 中務（中書） 蔵人（侍中 左右） 衛門（金吾）
判官（廷尉） 隼人（南蕃） 水主（膳部） 釆女（釆令）
勘解由（勾勘） 按察（都護） 防鴨（阿便 左右） 近衛（近衛）
将監（親衛） 兵衛（武衛） 左馬（典厩） 右馬（典厩）
帯刀（佩帯） 雅楽（大楽） 兵庫（武庫） 大宰（都督）
内匠（中匠） 弾正（霜臺 別當） 検非違使（大理）

（5オ）

進士（貢士） 酒殿（造部） 鎮守府将軍 監使
北面 滝口 随人 衛士
房士 夜炊 御臺盤所 御厨子所 雑仕所
如此粗令記之者也、到我等不肖者、
以歩行之儀竊於路傍可令見物候、
有御同心者所仰也、拾得小𥡴風情、
預同御用意歟、意曲具難盡紙面、有
恐々謹言

（5ウ）

正月大簇廿五日

謹上　勘解由次官殿

年甫御祝言雖事舊作尚以幸甚々々
暦改于季律回於春淑氣靄然風光
日新也林鶯之学語園花之紛芳誠
佳遊有餘辰也仍而花苑之御幸一
定之由示給先以目出度候如御時
屬清世政帰明主然登科之進士日

（6オ）

継踵參内之衣冠並連行豈只月卿
雲客已乎江湖之散人山林之隠士
亦然殊臣才能之所勝者一藝之有
名者莫不登用其勇者兵法兵術奇
流渡毋廏閑者犬笠懸箏鞦鞠小弓
其嗜者詩哥管絃琴碁書畫如此諸
道氏族者不可勝計

其氏姓者

（6ウ）

源　平　藤原　橘　紀　小野　宮道
高階　惟宗　祝部　穂積　良峰　星川
平群　田口　田中　和氣　丹波　住吉　賀茂
安部　菅原　在原　中原　永原　在原　清科
宗像　菅野　豊野　豊国　桐本　大中臣
大江　大神　百済　長罡　藤井　栗田
阿保　吉備　三統　三吉　石川　池上 已上朝臣之姓
笠原　清原　御原　春日　吉野　多治

（7オ）

大聖　息長　文屋　香山　山道　三國
三園　三嶋 已上真人之姓　津守　掃守　土師
斎部　卜部　新田部　山田　坂上　入間
小槻　坂田　大伴　尾張　宇治　宇多
真神　清海　弓削　宮原　日置 已上宿祢之姓
秦　高麗　高市　長谷部　佐伯　曽祢
南淵　凡河内　壬生　十市　川合　川上
城上　風早　岐田　荒木田　葛木　久米

(7ウ)

山辺　山背　清川　都　水海　御手代
御浦　御立　志賀　廣原　物部　新羅
伊勢　已上雑之姓
三　次名乗者
重滋繁成茂薫茲蕃殷包斎林芝維
恵稠臣業橋繁茂成 二十二
高孝挙貴隆尭喬卓陟楚標天崇及
尊教位好廷上 二十　傳相扶輔祐

(8オ)

亮右助資佐方副弼維猷貳介翼如
毘左典藝 廿三　實誠信核真守
成積護孚 十　安保康愷寧息
泰懐毗瘦快穏慰賢方父預休德秘
逸泰易楊康 廿五　正昌政理當雅
尹順方允将蔵賢聖蔚齊應暢黨斡
替済脩和祇 廿五　明著郷秋顕着
言照晶朗詮在鍵章成聡察覧 十八

(8ウ)

延信宣舒順書陳循述堆演言伸暢
序肆正之常恒経叙所列照諶義數
誠庸貪業居 廿三　忠斉直理陟公
正政公君廷但唯紀只齊渡妙均矯
格雅品内覧任董孝傳薫 廿
成済茂業登作平生晴霽性諧得欣
也就造 十七　光満充盈三水明照
淵是溢圀弥題實填架恭伊衍 廿

(9オ)

房惣種絃宣 五　人仁云者 四
枝兄族 三　兼包懐該周易摂 七
依頼資縁因寄仍由憑絲株幹元
職擁従随白猶階倚 廿一　本元躰
臺基幹資舊意始源太索雅許故下
右 十八　茂用望以佺蔚持須式 九
是惟伊維時之斯此茲云寔雖 十二
則範章遅憲規法儀典度徳尋刑

（9ウ）

令矩孝式似記永猷軌言雅師陽剰
載周里郷識悟教納智了彝象義枚
藝伯乗幾イリ四十五　常ツネ恒経庸懐昔毎
暦道ツネ九　澄スミ翫住隅清純スミ六
材キ材樹規興城起宜来紀東幾キ十二
平ヒラ衡位枚救均夷ヒラ七　国クニ邦州之
城邑都業クニ八　任タフ堪能勝當タフ五
近チカ親袁隣幾彦迩昵睦這比後及知

（10オ）

尋似チカ十六　連ツラ貫列行綿陳番ツラ七
弘ヒロ廣博熈泰寛延ヒロ七　貞サダ定完愜
伯正サダ六　行ユキ之如由于往致至雪
諧足礼恭教絜以適千征介ユキ廿
時トキ節説秋言辰解候晨尅勅トキ十一
諸モロ衆師脩庶モロ五　員カズ算量数種運カズ六
久ヒサ舊古ヒサ三　名ナ字號ナ十三　利トシ俊
敏聡年載歳順疾駿トシ十　遠トヲ遐通

（10ウ）

遥十玄懸永迥遼途トヲ十一　友トモ奉倫
共類大倶与朝具伴偕流輩僚朋比
等侶トモ十九　武タケ健長タケ三　継ツギ序續胤族
次嗣紹ツギ八　直ナヲ尚猶ナヲ三　見ミ相躬親
鑒皆實子視観察鑑覧身覩體質臣
瞻美ミ廿　方カタ固堅良形像カタ六　和ナカ仲
中遊祥壽遐濫ナカ八　吉ヨシ能美理義淑
令良嘉喜懿袁慶若栄好穀可儀善

（11オ）

資宜佳致珎圭由賢賀特憙祥悦富
福幸介類宜快徳替禄ヨシ四十三　門カド廣積カド三
種タネ胤殖タネ三　末スエ季梢標スエ四
凡称名字者不出此内想餘百余末
代之群族称所領名顕氏姓也但不
事君者泯而号百姓無涯際故也如
此同地同官為宰為僚者不知幾千万
従今度出立不可有花麗者也由聞

（11ウ）

候如何様蒞厥期為見物思食立者
可為曰心候乍去就諸篇蘇異躰之
式見苦敷候御腰物等帯副風情有
恩借者所仰候雖万端影難盡毫
併期對偶之次誠恐敬白

（12オ）

魁月念五日　平某
進上　花山刀帯殿　御返報
下着以後従是可啓案内存之処依
私之怱劇于今延引殊踈畧之至失
面目候剰日前預使者時分折節他
行仕候際即刻不能回章条旁以緩
怠之至也随而自京洛上手画工下
両輩召具候間先擣脊風襖障子掛

（12ウ）

續扇面之類種々彩色々鳥繪盡筆
端畫之従明日取向八間九間床押
板之際瀟湘八景五湖三浦趣等以
淡墨可掃之由申候一日被任高駕
可有御覧候若又貴殿様御用候者
依御左右可進縑於盃具積善之新
漫共所持仕候
其畫具者

（13オ）

朱砂　辰―　光明丹　黄土　黄丹
胡粉　艶紫　實紫　烟脂　白緑　紺青
緑青　白青　緑皂　朱砂具　雌黄
丹後丹　雲母　蒅泥　紫泥　鍮泥
金薄　銀―　淘砂　花膩　花返
露草　臺牛粉具　眞―　紺遠
心材　粉糊
若自然為引物有御用意者臻繪賛

墨蹟之類縦雖謂名物等閑用歟斯公
手跡独歩于古今之際視他筆工畫
師猶向奴婢僕従其神筆縦横而更
不用写真贋本梯村書等可謂丹青
之仙也唯料足以下之弥靡厳外好
茗風情且可被貯候別而其蔵等閑
用歟

五　其料足名者

子母　青蚨　青鵝　鵝眼　鳥目
白水真人　阿堵　真介　料足　青銅
金䥫　孔方兄　化蝶　阿堵物　泉布
通神　五銖　九府

六　其茶名者

龍焙　雀舌　方理　碧粉　蓽夢
瑞露　雲腴　紫琳　顧渚　雪坑
曽坑　酪奴　月團　鳳団　龍香

露芽　園壁　雲脚　日注
如此等重宝共可有御奔走歟不生
前之筆難縦意曲之春恐惶謹言
林鐘廿日　藤原其
謹上　弾正忠殿
御帰田之由伝承候目出度相存候
尊御礼一昨日捧愚札候処御他行
之間重而不申入候只今玉章当来

披緘恰如面談相似誠懇望之至也
御在洛中以空書有憚故無音之条
于今等閑面目存候乍去非胸次之等
閑候千悔々々依而珍敷盃師被参
由承候御座敷之奇麗想像申候定
可増一段之光彩候哉如何様不図
以参仕可遂壮観候将又弊居之事
未加少破之修理候被懸御意向内

々可綴被障子析節可然料紙不所
持間欠事候
其紙名者
陸奥 白麻 黄麻 鴉青 拾式
好時候 楮先生 烏孫 赫蹄 馬糞
金花箋 剡溪藤 玉版 楮皮 魚網
杉原 鳥子 唐紙 長紙
加様之紙等一二帖頗御芳志者千

(15ウ)

万恐悦候将又為引物用意仕候者
非一所賄之珍宝雖多且記之
其珍宝名者
珠玉 金 銀 鉛 鑞 水銀
白鑞 鍮石 錫銅 古銅 磁石
温石 燕丨 紫丨 菊丨 瑠璃
頗梨 車渠 珊瑚 琥珀 真珠
馬脳 珪璧 赤玉 牛玉 鹿玉

(16オ)

馬角 犀角 蟬玉 蚌丨 青貝玉
蝋腹丨 琥珀 亀甲 犀皮 虎皮
豹丨 麝丨 堆漆 堆烏 九連絲
紅花緑葉 剔紅 堆朱 堆紅 金紫
沈金 珪璋 輪宝 鑞炮 紙炮
此外畫賛之類者華公蚕龍韓幹駿
骨東坡竹補之梅李夫人王右軍張
芝伯英墨蹟等雖在之念比被示上

(16ウ)

者不可令斟酌候紙短而辞長柾駐
筐城公不具謹言
仲春廿日　橘某
謹上　中務丞殿　御田札
態捧一行候抑御館造営之由兼承
先以目出度候定就地曳整築地
并塗木可入人足候欲撤残心底可
蒙仰候雖為生得無調法無才覚随

(17オ)

（17ウ）

涯分可勤一方之奉行候如御存知
作事者奉行聊疎略而不微細職者
名匠怠慢可令折々加折檻時々致
下知材木以下之事不及申廠外之
具足等悉可有用意候
其屋具 附 屋躰
栖棟 楄欄 梁 虹梁 扠振 槍 椽 栟 棧 棨
鴨居 長押 高欄 冠木 関木

（18オ）

雲肘木 飛檐 天井縁 組入 扠首 押襲
宇立 短柱 歩板 関板 裏板 小簷 破風
角木 木樂 鼠走 正桁 草桁 臺輪
角蓋 猿首 緯轄 豕扠首 軒釘 日隠 雉股
懸魚 蟇俣 蝎羽 腰壁 葺萱 欄干 甍瓦
相板 檜槫 檜曽 五六 方六 押板 床桁
楹柱 唐居敷 敷居 決入 板敷 足堅
簀子 透子 礩礎 履脱 鑰鍵 狗防

（18ウ）

衝杭 車寄 馬繋 遣戸 妻戸 明障子
織戸 抓戸 開戸 欄ー 蔀 棖 襖障子
々 橋 廊 局 窓 舗 家 亭 寝殿
亘廊 渡殿 廳 並 枓栱 曹司 大炊殿
政所 公文所 学文所 囲炉裡間 侍贄殿
會所 膳所 廂 捷児所 厨子 重棚 差ー
土蔵 双倉 文庫 車宿 御厩 臺所 四阿
二階 局 閨 部屋 棧敷 厠 遣水 立石

（19オ）

築地 塹 堀 塀 坪 的山 馬場 侍所
将又屈請四ヶ之碩学五山之法匠
以為師檀而可被所現当二世善
増悪滅之由兼候然者為其搆可建
立仏宇僧房欤大方差図之分如此
曽利曲直之様躰丈尺寸法之充抗
木大工棟梁心得上者不及巨細候
其堂塔者

(19ウ)

佛殿 法堂 僧堂 講堂 金堂
護摩堂 持佛堂 楼閣 龕観 塔婆
輪蔵 鐘楼 山門 惣門 庫司
茶堂 食堂 浴堂 方丈 客殿
衣鉢閣 書院 眠蔵 礼間 室間
院房 庵寮 精舎 東司 後架

十一 其番匠具 并 鍛冶具

鉋 鑿 斬鑿 挟 鋸 錺 錐 鐫 手斧 鍼

(20オ)

斧 釿 鐇 木鎌 立木 鉸 桃 墨壷 曲尺
釿 目扣 捎斬鑿 計曳 木剖 壷鑿 丈尺
杉挨 墨怒 鋏柄 鑯槌 鉗 鑪 鏝 鑽
鑢 礪 研 釘 鏈 砥 磨 鞴 塑範 鉻
木舞 麩漆 漆膠 鑷 鉸 大鋸 大持 大綱
笠 鶴嘴 筒突 轆轤 脩羅 持籠 簀子
加様之物共被調置候者於少々杣
取荒削等以細工之謀計可致斲揀

(20ウ)

候昔郢人斲鼻端之泥運斤成風而
不傷鼻到如此手段所難覃也只為
小工賜手附酒直作料等者按群之
合力歟以此旨可預御披露候恐々敬白
三月洽洗五日
謹上 左近将監殿
欸令従是申候處遮而領室墨条真
實々々恩顧之至候此間就作事

(21オ)

以参入可仰御見心中候處折々
造儆依々普請共日々連續候間更
以弗得寸暇候只今懇不給間其恐
不少候此際者且柱立棟上葺地等
之營既成畢様々及内造作糸唐戸
透戸連子差棚等彫物鑿物大義此
事候内々存旨者褐草花并走獣之
類鐫之度候

十二　其草花并華木者
曼殊沙華　摩訶々々曼陀羅華　摩訶々
々々勝曼花　佛勝華　宝幢花　寶勝花
華鬘花　鳳仙花　纓絡花　雞頭花　白蓮
花　凌霄花　金仙丨　水仙丨　牡丹花　芍薬丨
薔薇丨　長春丨　芙蓉丨　款冬　仙翁丨　岩
菲丨　桔梗　葵花　百合草　女郎花　味吒
芝蘭　紫苑　龍膽　予甲　金苐　石竹　瞿麦

吉祥草　萱草　一夏丨　麒麟丨
金芝丨　半夏丨　往生丨　菊花　蓼花　茉
莉丨　芦丨　紫薇丨　玉簪花　玉蕊丨　含
笑丨　辛夷丨　杜鵑丨　麗春花　牽牛花
金鳳丨　朱槿丨　菡萏丨　薔薇　梅花
櫻花　海棠丨　槐丨　桂丨　楞丨　柳丨　楸丨
梨丨　杏丨　桃丨　玉椿
十三　其走獣者

獅子　麒麟　象　虎　兕　彪　豹　犀　熊
羆　猊　猪　豕　鹿　麋　麑　狼　狨　狐　兎
狸　狢　猯　狖　麝　羝　魑　魅　魍　魎　鼺　鼹
鼠　鼯　鼬　鼪　猫　貘　水豹　川獺　麞
龍　羊　馬　騮　駃　驊　騠　騊　駼　駽　騮　騜
驪　騄　駻　驥　驒　驌　栗毛　駙　駿　騑　驂　駄
鴛　騗　驄　驫　駒　赤　佐目　背　筋　通　額　白
青黒　黄　鵇毛　蛟犬　白澤　猩猩　天狗

野豻　牛特　古牴　羯犢　野牛　水丨
彊丨　風子　羝丨　犛牛　猿猴
於若干之異類擇厥形勢如生者可
令彫琢候工藝之勝絶也非公孰能
之耶儻有領掌者可着生涯之御芳
恩也不如椽之筆難記萬般之端不
備恐々
季春五日　大江

(23ウ)

木工頭殿・貴報

面談後依無指事不申入、又無蒙仰
驚失本意相存候、於向後自他以詫
素書於飛鴻附玉章於回鳥所予望
也、作存無沙汰之条無勿躰候、依而
雖不思懸申状其憚不少候、御殿者
上不顧無心令啓候、此間従京都高
家様御下向候、難去客人間其用

(24オ)

作之嗜奔走之懊悩也、耶遇御察乎
内々煎点等結構仕度存候、就羹并
吸物風情欠事候、胡桃集香湯杏仁
椎茸其外珍物共被恵所仰候

十四　其羹名并煎点

雲月　雲氈　巻氈　羊羹　麩羊羹
牷羊羹　筍ー　砂糖ー　驢腸ー　牷羹
猪羊羹　松露ー　海老ー　白魚ー　鼈ー

(24ウ)

魚骨ー　寸金ー　寸銀ー　鯛膚　駱駝蹄
水晶苞子　雑羹　糟鶏　水繊　芋茎　吸物
三峯膳　紅糟　胡餅　糍糝　油糍　次食
巻餅　温ー　草ー　大鰯餅　乳ー　索ー
餺飩　剴糝　饅頭　餛飩　碁子麺　冷麺
索麺　打麦麺　麭麩　夕雀　五味粥　䊦
饂　強飯　苞ー　蒸ー　麪飥　曲句　團饒
粉　饋糕　饂鏡

(25オ)

此分准分用意仕也、金對團栗棘蓬御
饊酸䭔饊饅頭風情未所持候、預御
助成者千万多幸之至矣、又茶子菓
子之類集山海之珍産度存候、且尋
出分左之

十五　其茶子并菓子者

蒲萄　通山　枇杷　楊梅　桃　李　柿　杏
瓜　藕　菱　梨　荔枝　龍眼　栗　石榴　棗

銀杏 橘 柑 薢・荷 蓏 蓴 瓠 胡瓜
白丨 清丨 冬丨 熟丨 唐丨 細地 梵天
榎子丨 松茸 平丨 栂丨 附丨 椎丨 茅丨
皮丨 舞丨 豬丨 鵄丨 鍼丨 疣丨 簓丨 搔丨
鶏丨 瘤丨 芝丨 龕作 鼠手 鹿杏 滑蓴 卜
治本悪 布曳 雨誇 猪頭 捻物 儳付 苔蔽
𢢻茸 衡茅 煎餅 栰丨 粒 鶏脚 乱絲 満金
締昆布 茘子 梧桐子 松子 杏仁 棗仁 蒻根

（25ウ）

筍干 曳干 蕩糅 唐餳 串柿 螂蛸 熬麩
海苔 栢子 椎 鳳子搨
是等少々所持仕候此外珎敷物共
被懸御意候者所仰也如何様其時
分可令啓案内被企尊駕爰本之式
可有御覧候禿筆難據辞揚頓首不宜
中呂七日
拝禀 正法院・侍者禅師

（26オ）

来書之旨謹令披閲候如御意頃者
清總業御音問千方不審相存候処
只今宝墨当来拭目覩之誠感幸之
至也就中大切之客僧光臨之由兼
候嘉尚令推察候家具風情之事者
鍮朱青漆之椀折敷共済々御所持
之上不及申候乍去水晶之盤琉璃
頗梨金瑇瑁之盆金盞銀盞胡盞

（26ウ）

建盞等御用候者可進候将又可助
成之由蒙仰於甘露之乳水醍醐之
上味難及料揀候先為菜料見来分
少々令進候

十六
其調菜方 附 海藻野菜
半面焦 枌蔽 饅豆 雪林菜 辣菜
鳥頭布 豆腐 辛辣羹 隼麩 鳧熬 味噌炙
酒熬 鶏炙 芥炙・ 保呂味噌 麵醤

（27オ）

菲漬 菊丨 梅干 筍丨 木目漬 梅丨 香物
糂太 酢茎 酢薑 煮染 繊羅蔔 散丨
青茄 柚味噌 生布 差醢 鞭筍 篦子
青渊 蒋汁 辛丨 芥丨 搗藻丨 漾味丨
大小丨 薯蕷丨 岩茸 海髪 海松 鹿尾
荒布 宏布 和丨 搗丨 川丨 白漉丨 神馬藻
乳搔丨 湘賀紐 青苔 昆布苔 塩丨 洲丨
壘丨 伊豆丨 蚫丨 撞丨 幅丨 丸丨 芙丨 海雲

(27ウ)

心太 海苔 彩丨 菁 薺 蓂 荼 芹 薊
土筆 莧 藜 蕨 蕗 茄 蕪 苣 蘘銭
卷 牛房 大根 蒟蒻 独活 芥 蕷 水葱
蒜 韮 薤 山薑 蘭草 葱 苔澤 五茎
佛座 衡子 珠数代 薐芥 蒋 山葵
薑 辛 薯蕷 蘡 白芥子
雖如此之備 数不物間未可立御用
候歟 乍去古人云 小樀識情親又累

(28オ)

志茅葉之譏在之 苟表此心耳也 将丨
又附座敷之拙具 法被步數三具足
其外盃賛之類 盆翫合等 雖不可欠
御支候 不貽御意可蒙仰 何様従兼
日以参仕 可致洒掃候 雖多意味 叵
覃辯舌 併期高談之時 恐惶謹言
正陽七日　某
琴下覆　禅林院　免僧禅砂　歩報

(28ウ)

數日屡不能面謁 炎天苦熱起㝵動
止如何 仍而管絃講之 暫古良久 夢
絶樂 忘其調曲 又失拍子 誠可謂
絃琴無孔笛 然者知音日疎 闕而朋
友時遠 都不可有 不嘆鬱情之餘 歎
興復此道処 結句頌者持病再發 意
不預也 若就平復 必遊宴一日可
令啓案内候 被列御意 多幸

(29オ)

十七
其樂器名者
琴　琵琶　箏　笙笛　篳篥　和琴　方磬
鐃銅　鈸子　大鼓　鉦鼓　三｜　腰｜
羯鼓　摺｜　振｜　大｜　調拍子　尺八
龍笛　紫笛　鷓鴣｜　半｜　袖下　張樂　髮兵儀
刀王　高脚　扇笠　撃杖　毛頭　鳥甲　龍冕
天冠　月額　星｜　覆髮　造髮　鬼面　女容
伐頬　ム儿鈂　師子首　面鐃　裏無　乳隠　絆切

（29ウ）

指貫　尉首　毛狩羽　俱舎　乱舞　聖道舞
十字　拍子　白拍子　開口　當辯　中門口　式三番
父尉　小冠者　入猿樂　芝田樂　傀儡　曲舞
早歌　里理　有樂　現尓也娑婆　小拷
笙篌　阮箛　角笳
十八
其十二律者
一越調　斷金｜　平｜　勝絶｜　下無｜
双｜　鳧鐘｜　黄鐘｜　鸞鏡｜　盤渉｜

（30オ）

真仙｜　上無｜
十九
其樂名者
延栫　安摩　二舞　一奚鏤　春鶯囀
賀殿鳥　团乱旋　北庭樂　回杯｜　武德｜
菩薩｜　韶應｜　万歳｜　胡飲酒　酒胡子
酒醒子　渋川鳥　名孔竜王　新羅陵王　陵王一德塩
藤生野　婦我　鈴鹿川　奥山　鏡山　御秣
浅緑　席田　竹河　貫河　澤田河　此殿

（30ウ）

倉垣　田中井　長澤　高嶋　高砂子　夏引
婦門　我門　飛鳥　東屋　走井　青柳　伊
勢海　難波海　衣替　雞鳴　鬪雞　毬打
輪鼓　大嗣　椣楪
是等之樂悉可謁厥曲候御誓古方
様有同心者所仰候將又雖為當心
小樂一畏大切候被懸御意者可為
生来之恩恵候併奉仰耆婆鷲王神

（31オ）

農扁鵲者也心底具匹盡紙面恐々
不具
五月
蕤賓十日　官道某
謹上　中村丹波守殿
一日欠面會猶隔胡越何况乎積欝
千里空経三旬乎今及見御芳染即
在孫惟倍遂面咲誠恩问之至矣就
而管絃之厳座可有再会之由示給
条可然候同者被不日思食立目出

（31ウ）

度候高麗大唐新羅大和之舞楽者
不及申唯是青雲天上曲人间也克
三臺塩　皇麞　想夫恋　回骨　倍臚
甘洲　抜南　師子　老君子　長慶子　小娘子
喜徳楽　散手　慶雲楽　崑頭丨　聖明丨
武徳丨　打毬丨　喜春丨　海生丨　長生丨
五常丨　宗明丨　万秋丨　千秋丨　秋風丨
鳥向丨　數手丨　白柱丨　乖林丨　感秋丨

（32オ）

鶏鳴丨　仁和丨　延喜丨　長保丨　地久丨
白濵丨　登天丨　放鷹丨　太平丨　武昌丨
還城丨　飲酒丨　鶏徳丨　勇勝丨　春楊柳
輪臺　輪鼓禅脱　廣人三　賀王恩　秦王破陣
王照君　柳花園　赤白桃花　赤蓮花　抜頭
于闐王　蘓香合　蘓莫者　采桑老　青海波
駒桙　高麗曲　新鳥蘇　古鳥蘇　皇仁庭
崑崙八仙　綾切　新靺鞨　胡蝶　納曽利　林哥

（32ウ）

蘓志摩　鳥急　越殿楽　燎蛬　韓神　官人
木綿帛　薦枕　階香鳥　礒唐崎　漪浪　賎屋
小菅　葦原田　湊田　総角　大宮　早歌　朝倉
其駒　明星　木綿作　昼日　弓立　風俗　廷柄
小柳　今様　轆轢　美濃山　石川　安尊　梅枝
櫻人　葦垣　葛木　山背　真金吹　本滋
少和者其外到落月松風花落々梅
乖林等之別曲大鑿独無双之上手

（33オ）

(33ウ)

也可謂當仁不讓殊神樂之儀嚴重
也舞袖飄颻如仙人遊歌聲和雅似
頻鳥鳴非調子琴音地祇垂影向給
拍子皷者野干以傾耳鳴呼未臨其
席暢素悄者也將又御發病之由蒙
仰驚入候折節自関東醫師之名人
被過候合藥之法分別術方之計略
鏡是療疾之佛也又炙治之神矣歟

(34オ)

六府五藏之診脉採四百四病之根
源須方治之任術療斯更於擣篩和
合擣抹㕮咀之道不寘者也如何様
近日与風相倡可參候先為試一服
令進候
二十　其藥種名者
人參　甘草　肉桂　桂心　肉豆蔲　肉蓯蓉
胡椒　蜀｜　白檀　陳皮　青皮　蓬莪朮

(34ウ)

丁皮　良香　藿香　南木｜　麝香　茴香
呉茱萸　秦艽　京三稜　黄耆　黄連　丁香
麻黄　雌｜　地黄　雄｜　大｜　丁子
牽牛子　兎絲子　香附子　續隨｜　隨風子
穿山甲　亀｜　鼈亀｜　大戟　巴｜　石蓮肉
巴豆　礬苗　臙脂　川芎　芎藭　滷砂
縮砂　蛇骨　蛇皮　于磺　硫｜　騏驎血
檳榔子　辰砂　烏頭　大腹皮　伏龍肝　天門冬

(35オ)

麦｜｜　天南星　白殭蚕　訶梨勒　五味子
車前子　馬鞭草　旋覆花　白朮　紅｜　草｜
龍骨　龍腦　猪｜　虎膽　虎杖　｜肉　｜爪
茯苓　茯神　知母　貝｜　防風　防己　苦辛
干薑　干漆　附子　山藥　當歸　厚朴
紫蘇　薏苡仁　芸薹　桃仁　枳殻　枳實
附生　香白芷　白礬　白菊　弱角　蚊蛉　山葫
牡蠣　芫芷　一八草　五八草　紫苑　甘菘

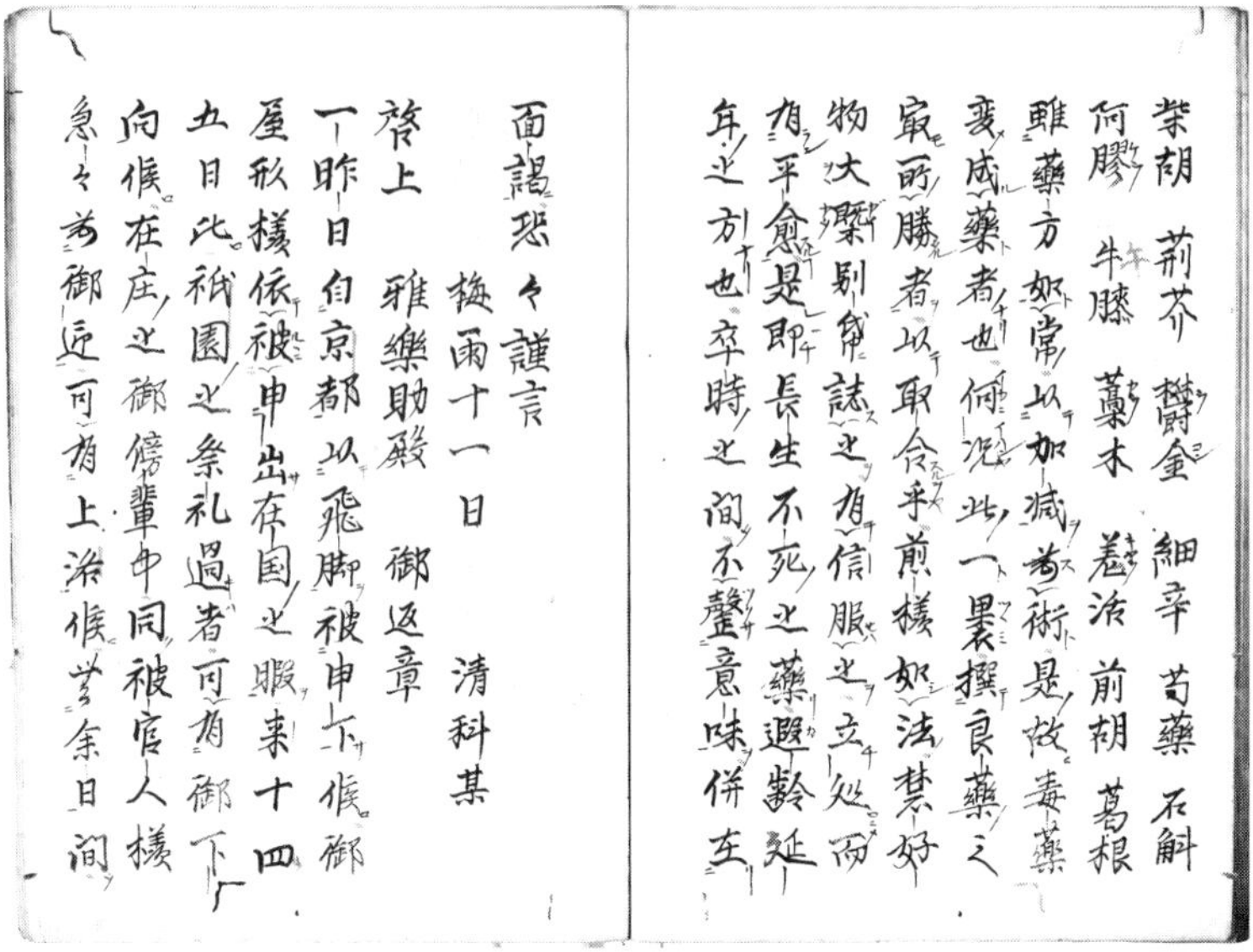
柴胡　荊芥　欝金　細辛　芍薬　石斛
阿膠　牛膝　藁本　羌活　前胡　葛根
雖薬方如常以加減為術是故毒薬之
変成薬者也何况此一裏撰良薬之
冣所勝者以取合乎煎様如法甚好
物大槩則希誌之有信服之立処而
有平愈是即長生不死之薬遐齢延
年之方也卒時之間不盡意味併在

面謁恐々謹言
梅雨十一日　清科某
啓上　雅楽助殿　御返章
一昨日自京都以飛脚被申下候御
屋形様依被申出在国之暇来十四
五日比祇園之祭礼過者可有御下
向候在庄之御傍輩中同被官人様
急々為御迎可有上洛候無余日間

（36オ）　（35ウ）

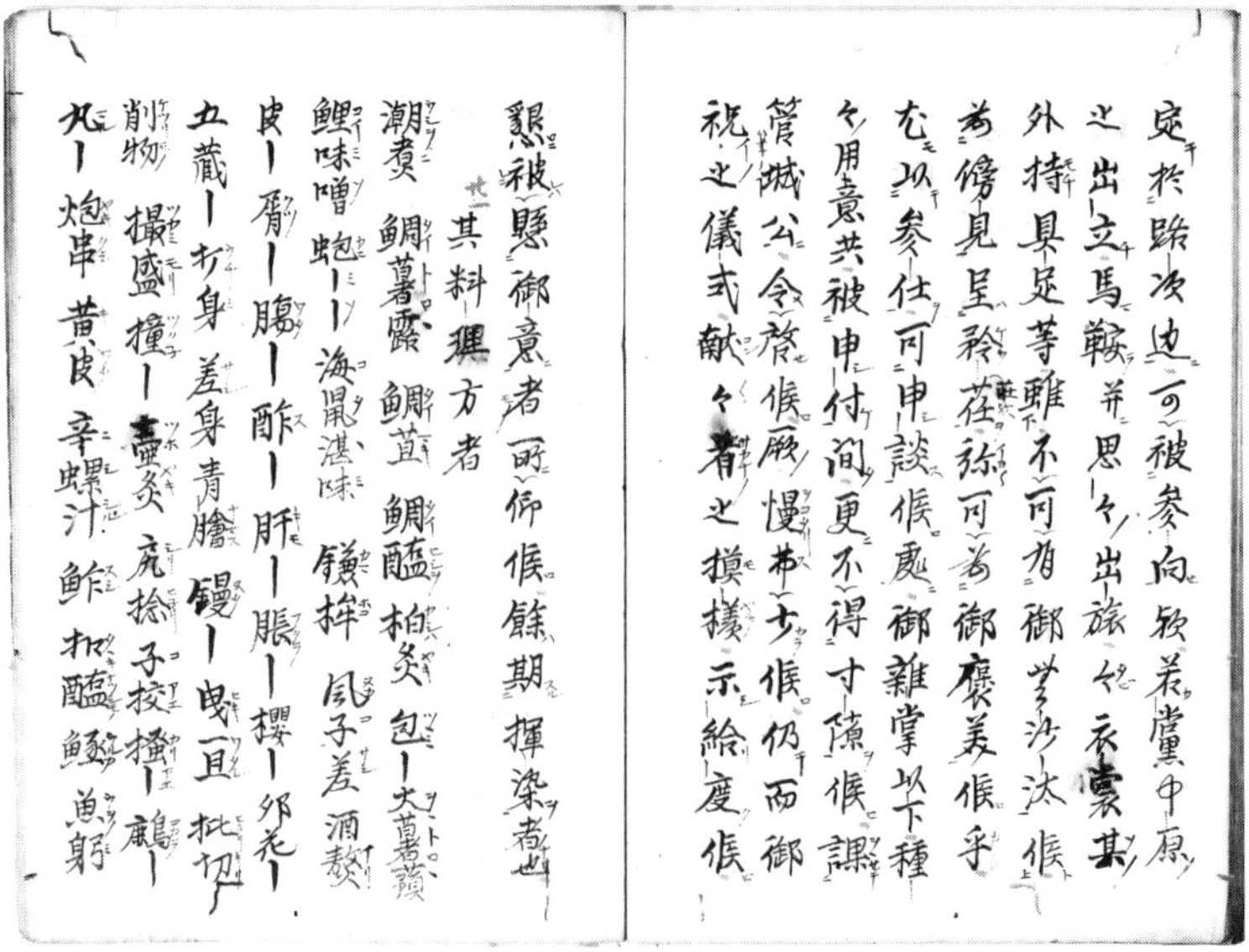
定於路次辺可被参向歟若党中原
之出立馬鞍并思々出旅々衣装其
外持具足等雖不可有御無沙汰候
為傍見呈粧荘餙可為御褒美候乎
尤以参仕可申談候処御雑掌以下種
々用意共被申付間更不得寸隙候謬
管城公令啓候厥慢怖多候仍而御
祝之儀式献々肴之摸様示給度候

懇被懸御意者所仰候餘期揮染者也
其料理方者
潮煮　鯛薯露　鯛蓋　鯛醢　柏炙　包丨　大薯蕷
鯉味噌　鮑丨丨　海鼠湛味　鱶粋　風子差　酒数丨
皮丨　脣丨　膓丨　酢丨　肝丨　脹丨　櫻丨　卵花丨
五蔵丨　打身　差身　青膾　鏝丨　曳丨且　批切丨
削物　撮盛　撞丨　壷炙　庖捨　子按　掻丨　鶴丨
丸丨　炮串　黄皮　辛螺汁　鮓　和醢　鱁鮧　魚躬

（37オ）　（36ウ）

海鼠腸　蓬莱炮　醤熬　鳥渡熬　[illegible]　青鵠ー
汁鳥　生鳥　羽節膾　剥上　鳥醢　腸別足
木撒　澤渡　煎盤炮　[illegible]頭　生兎　蝙差
七炮串　鵆差　煎海鼠　穂屋鮨

其魚類者

鱣　鯁　鯨　鯢　鮫　鰐　鰈　鯛　鮦　鱸　鯒
鯔　鰡　鰤　鮑　鱏　鰹　鯆　鮊　鰚　蜆　蛇
蠑　蠣　魟　鮪　鱮　鯵　鯖　鯤　鰻　蚌　蠵

（37ウ）

蚖　鰩　鮱　鱶　鰆　鮢　石陰　鯸　鰯　鮴　鰄
蛸　鮪　鯇　鱅　鯫　鮊　鮂　鯷　鰌　鮰　鰢
鯏　鰊　鰈　鱁　鮇　鰔　鮒　鰯　鯰　学鰹
鯐　鼈　鼇　鼈　鵈　鮑　亀　貽貝　鳥貝　海馬
細螺　綱螺　鮀　猜　螺栄　帆立貝　松海咋
魁蛤　辛螺　鯉　鮒　鰝　鱒　鮎　鯇　鱝　鯽
鮟鱇　鯰　鱣　鮓　鮀　魴　魴　鯆　鯏　鯑　鯒
鮭　鯮　鯱　菰貝　蜷　鮱　蝶　蠃　蜊　海月

（38オ）

鯏　糠　小平目　鰣　鯷　鰊　鮇
此分且用意仕候、称歎干物鳥類等
有御進上者、可為然、儀頃被仰下、間驅
馳方々奔走所々仕候、一身之大義
可有高察候、萬端奉恃外、其他毎事
奉期田厲者也、不備謹白
　林鐘十二日　　清原某
謹上　治部大輔殿

（38ウ）

御下向一定之由、示給、先以目出度
相存候、即以参入雖可申談候、此行
既業日限間、不移時剋可羅立候、折
節乗馬共出血間、欠事及替之小馬
二三疋借領度候、被懸御意者、千方
所仰候、如仰今度之出行、可為海道
之光彩、旅行之眉目、當家之大義
吾徒之折角覚候、鞦長刀熊手薙鎌

（39オ）

大刀刀等随涯分奔走仕候也次御
郷掌方奉行之事被仰付之由兼御
大義共察存候於尋常之料理塩梅
不及申如大國慕雞煮羊紫駝羹駱
魚膾或揮刀飛白雲或放筋撒銀絲
乎随而鳥之事蒙仰間拵會異鳥共
少々進候
十三 其鳥類者

(39ウ)

鸑鷟 鳳凰 鸞 金翅鳥 迦陵頻伽鳥
共命ー 命々ー 舎利ー 鸚鵡 孔雀
金鵄 婁ー 鷓ー 倒掛 火喰 青鵜
青鳧 白鷴 大鵬 鵬鷲 鴈 鴻 鵠 鵲
百舌鳥 鳩 鴿 鶲 烏 雀 鴨 鴟 鷁
鵠 鴛鴦 翡翠 焦尾 鷲 鷺 鳶
梟 鵼 鶉 鶫 鷚 鷭 鵙 木兎 鵜 鶚
鳰 鵆 鵇 鷲 鶤 鵐 鵈 鶻 鴴 鵄

(40オ)

鴾 鸛 鵞 鵁 鶯 鵑 雉 鶏 鳥 零鳥
鷦鷯 鵄 鵆 鶏 鷂 鷲 鵰 鷹 隼
鸐 鶫 鵐 鶍 鵤 鵞 鶚 鵲 鵃
鶺鴒 鶸 鵣 鵤 鶊 鳩 鵆 鶚 鵖
鴫 鴣 鷓 鶤 子規 啄木 水鶏 大鷹
鳳 鷹 指羽 兒鶏 雀鶏 雀鷂
於此鳥類之内聞名未見形者在之
又看姿未識名者在之然則料理包

(40ウ)

丁之大事可極于爰歟是則前代未
聞古今無双之経営云々鳥跡不遑
毛挙恐惶謹言
簾月十二日　安部某
謹上　左馬頭殿　御返報
乍恐以愚状令申候此方兼衆被引
入童子之遊戯自盂蘭盆経営大念
佛嬉揚蕩兼蓋師剪紙蓋帛等手拍

(41オ)

子吹笙筒以促一具而已是濫觴
竭風流間大鼓鉦鼓笛羯鼓其聲殷
々而盈耳滴丁東丁滴丁東或狂乎
造山捧傘者杵或露飽腹鼓之胸骨
聳蟷螂舞之頸筋或出骨有骨独相
撲独双六如此成種々天骨之容止
以發暫時一具処昨日從彼方被企
大義之風流忝擬大社小社之會式假

(41ウ)

者金輿玉輦之御幸慣例式之見物人
々驚愕出意表候所整神具非一者也

四十　其神具者

御殿　社壇　大床　回廊　渡丨　御丨
舞丨　遊丨　舞臺　拝殿　国司丨　冷殿
休所　供御所　神宮寺　千木　鰹丨　片殺丨
瑞籬　帛　井樾　御規　神拝　神馬　梁
木
搭　甕　幣　襖　卜縄　犧　祓　椬　鰲礼

(42オ)

祠　劔　鏡　御正躰　戸帳　御輿　賎增　榊
荒和祓　鈴　千葉破神　庭火　天逆杵　天浮橋
于茲別當社人禰宜神主捧幣帛於丨
庭上致礼奠於神前一鼓鼕調拍子
等連舞行之袖成神樂之粧雖者一丨
旦之狂言片時之戯場観者各染神丨
感思誠殊勝之見物也夫又於造物
陸地渡船平沙聳山大道飛車小路

(42ウ)

走馬定杵傘杵如雲似霞灯籠行灯
相映明媚也見者聞者驚耳目候其
飾物之色々不識幾千萬

四十五　其俗服者

直垂　襴　冠　水干　浄衣　布丨　表衣
指貫　冨尾　絃袴　襠　袿　菲縅　日裳丨
裙　佩　襯子　襲　守袋　冕　簪　笏　扇　筏
烏帽子　端塗　風折　牒褶　小袖　紬　繖　練貫

(43オ)

浮線綾　袙　羅　沈織　綾紫　蘓芳　緯白　涅腹
梔色　皺羅　叩目　紅梅　懸紐　染附　地不涅
萌青　筋格子又隔子　纐子　縠子　竪子　村紺
纐纈　蝉羽　紬繝　花ー　毛ー　金襴　纐纈　暈繝
漢褐　藍楷　畫畫　紺地　梅花　單衣
細美　黄雑布　手布　眺　夢　紋紗　絞紋紗
作法紗　常陸ー　素ー　金ー　唐ー　紗縉
大舎裘　巾　烏角巾　章甫冠　紗帽ー

（43ウ）

帳被　錦衣　織物　薄紅練　楊裏　筋隔子
濃紅袴　精好裳　朽葉羅　目結　巻染　極浅黄
此外　到王恭鶴氅衣　子夏垂鵜衣
紫綺裘　翠雲裘　麻衣　葛衣　布納等　不及
其数　間交　色替様　綺羅耀天　金眼驚
眼道俗男女貴賤上下万室相挙来
集于斯　観之仰之　晏然解顧　可謂一
代之壮観　如今大義之勝負云々　斯

（44オ）

方之若衆出気装　間一両日中易風
情一働可企候　早々可有来臨之由
皆々被存候　不具　敬白

夷則十又八　　中原某

謹上　荒河新蔵人殿

如御意　昨日見物　近比之奔走也　人々
出意外　覚候　聲謂八幡之神事　祇園
之祭礼　争過之哉　随而若衆様之評

（44ウ）

議　尤可然候　可喜愚意之由　蒙仰　間
乍恐申入　後可乗候　殿子　金襴　綃　小
袖　風情千方　謂在之　左様之物　揃等
可為戯論候　欲被企各別之風流　可
有一真存候　所詮　聚猿楽　田楽　呪師
侏儒舞　傀儡子　唐術　品玉　輪鼓　八玉
等之品彙　可竭其伎藝乎　又於美男
美童幕人幕君之放逸豊顔者　厳其

（45オ）

氣色裝其形勢以詠小袴現姿婆之
音曲歌長歌短歌之令様乎不然卒
千騎万騎之武者襪甲冑帶弓箭横
干戈持太刀靡旗築楯以可渡随兵
乎於此二三ケ条定異見匠乎何様
愚身所持之分物具悉可持参候
其武具者
兜甲　鉀　鎧　袖　正首　涎懸　鐖袴

（45ウ）

額當　肪ー　肩ー　腰ー　腨ー　腹ー
腰巻　袖緒　腰巻　腰挟　水呑緒　忍ー
緩付ー　総角　上帯　手蓋　肘金　膝鎧
脇楯　佩楯　駈ー　押付　胸板　揺ー　膝病ー
看上ー　冠ー　韛ー　草摺　縁　相曳
盔系　絃切　絃走　鍪形　鍬首　龍首
鷹角　星白　四方白　篠蕩　重雨　花甲　巓辺
縫延　敷目　裾縄目　紫裳濃　逆葛

（46オ）

緋匂　小櫻　縹　卯花　白糸　肌縅　日係
紺縅　黒糸　黄ー　緋ー　赤皮　洗ー　熏ー
筒丸　筒充　核首　畳筒　鐖ー　桶皮縅
脚絆　肩衣　肩搦　股ー　犢鼻褌　貫
履　行縢　綾藺笠　鞍　鐙　韉
韃　纏　韁　鞅　鞦　鞚　轡　鞾　靶　鞾　韉
韀　天鼠　白木弓　塗籠　糸妻　重藤
節巻　梅檀巻　雀小弓　楊弓　内弓　半弓

（46ウ）

靫　箙　胡籙　簇　箙　逆頰　箙
鏑矢　鉦矢　遠ー　鋭　兎　鯨緩　蝿尾
箭羽　歯切　鳫俣　醜尾　蟇目　兎筒
角木　剖　附　箭　濫觴　節景　鏝鏑　平鏑
平題　射梁　翔弓　鰾　木鋒　掾　角弭
張　弛　彎　筈　筈　弭　皮　極ー　彭絃
禦ー　弩　迯　小刀　薙刀　薙鎌　楯
鉾　手鉾　鑓　鐵　鐔　鴾　鞸　欄　鞘

（47オ）

(47ウ)

鞆 鮫鞴 尻鞖 擔 鞬 甲金 鶻目 鵁目
腰寄 柴曳 鞭結 逆鰐口 燕口 師子丸
攎滑 韋 韋 鞭 雚 鞆 鞢 熊手
金捻 金鞭 尺木 蓑笠 藁履 油單
雨皮 敷皮 挿紙 鑣紲 鑪骨 荷薦
鞍替 袋 浅黄絲 逆蕩 泥障 切付
劈棒 母衣
其外 金剛幢 般若膵 殺人刀 活人劍

(48オ)

等在之當機有一句子待覿面提持
活商量之時言多則恐寡枉止管城
公恐々不具
孟秋十八日
謹上　隼人祐殿　御返答
熊棒一行候新米出来間為祝一鉢
令進覧候仍而今年之耕農等依水
旱雖為不熟所為予業數町之田地

(48ウ)

并園留等隨地之乾熟令其肥或固
堰堤或徴畔畷育田夫農人整耡鍬
犂等之具而以令耕耨娘自東作至
西収常致五穀成就稼穡豊地之祝
然間更無旱魃洪水蝗虫之不熟
廿七
其五穀者
苗 稲 粈 穂 糯 粳 穜 早米 穃 糢 粇米
穳 秕 糲 糩 粐米 粽 糈 糟 穢 藁

(49オ)

秌 稗 稷 粟 黐 麰 黍 稍 麻
菽 豆 蕎 喬 麦 粱 大豆 小豆
角豆 苑豆 芋米 穀
如此類春下一粒之種子秋納万倍
之地利是非異畝同穎如禾一茎九
穂生稲乎雖然全非吾徳捨天心是
須依皇化施仁澤誠可恍者也臣是
故於粗穀粗米調庸代稲取米使料

合夕一粒半銭之未進然者弥天降
仁澤永潤徳風乎足下又事農業所
作田麦未登熟耶収納之多少又如
何餘期揮染不宜
南呂十三日　三善
掃部助殿　御宿所
御正作之新米送給候祝着此事候
仍而秋成之事倍蓰他年之由兼及

（49ウ）

候御浦山敷令存候昔如鳫門太守
家田三可生嘉禾乎愈者所苅連茎
更以芸所冬乎予亦不芸耕耘所願
名田并畠等總謂卑雜之地所用業
之然間買徳他人之迫田乾地等以
令耕墾鋤鍬播殖之営雖同他人苅
納春法之利減却于我殊今年春旅
之旱魃下種遅々五月之連雨厭草繁

（50オ）

茂剰秋初之洪水浸山填岳田頭却
成大河数日也故所秋納十八九空
手嗟乎天之不与如此而已如今世
計何以送明日乎將令造濁醪臣求
其餘瀝請君与于我麹米之資及其
熟醸来酌甕中翠
其酒名附酒器
醽醁　麹生　蘭生　重翠　玉蛆　浮蛆

（50ウ）

歓伯　竹葉春　葡萄酒　甕榼
桿　罇　酒榼　垂腹　金色　塞鼻
鸚鵡盃　鸕鷀杓　琥珀鍾　酒甁　蓬莱
盞　金曲巵　巵　兕　盃　杯　匜　十分盃
法者　胡盞　銀ー　繞列ー　垂嚢　箸
笊籬　酒朱　酒罏　柞筒　篠筒　醨
櫃ー麹　糟　醑　醁　醅　醙
昔晋陶潜明以葛巾漉酒是千古之

（51オ）

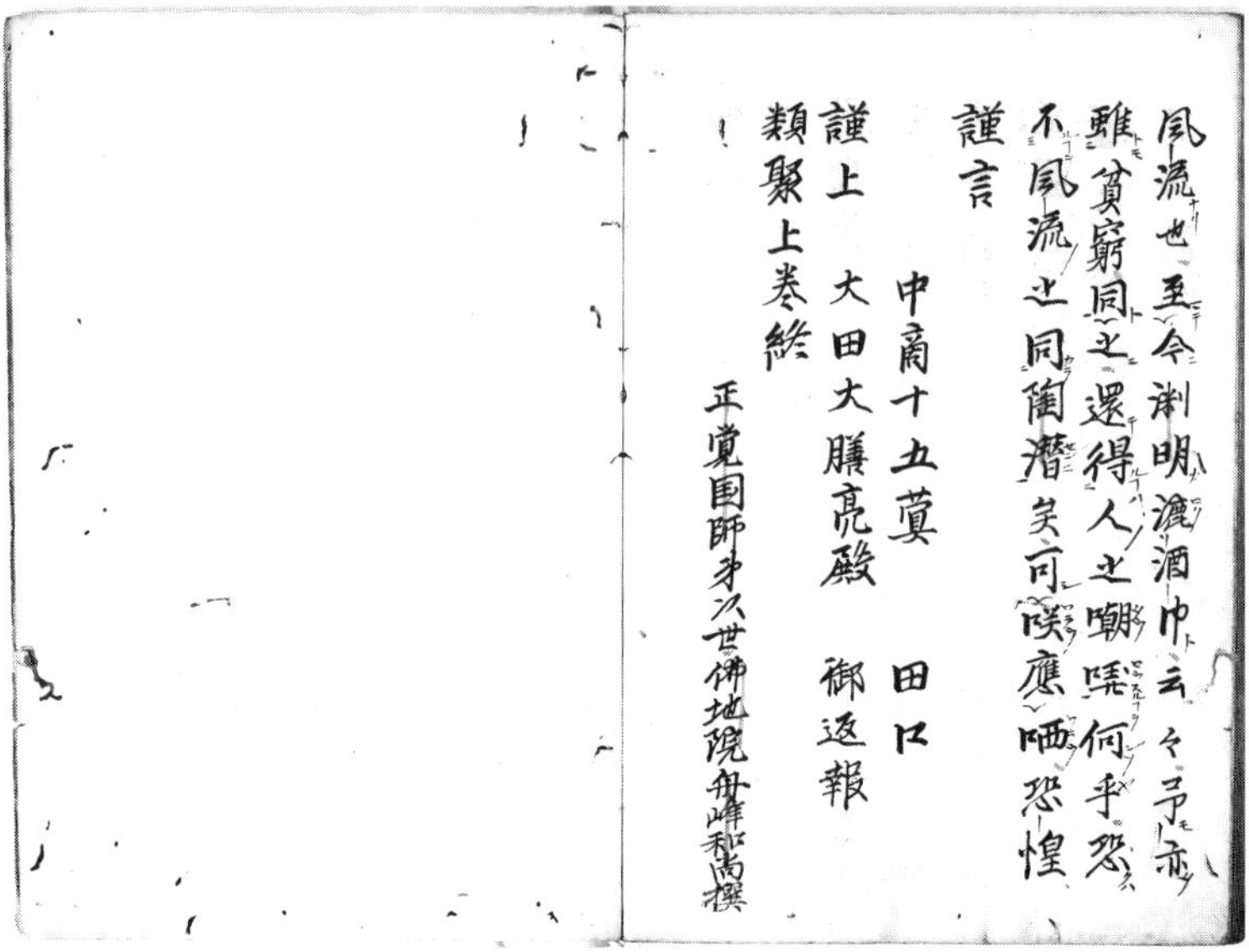

風流也至今渕明漉酒巾云々予亦
雖貧窮同之還得人之嘲哢何乎恐
不風流之同陶潜矣可咲應哂恐惶
謹言
中酉十五蓂　田口
謹上　大田大膳亮殿　御返報
類聚上巻終
正覚国師第八世佛地院舟峰和尚撰

(52オ)　(51ウ)

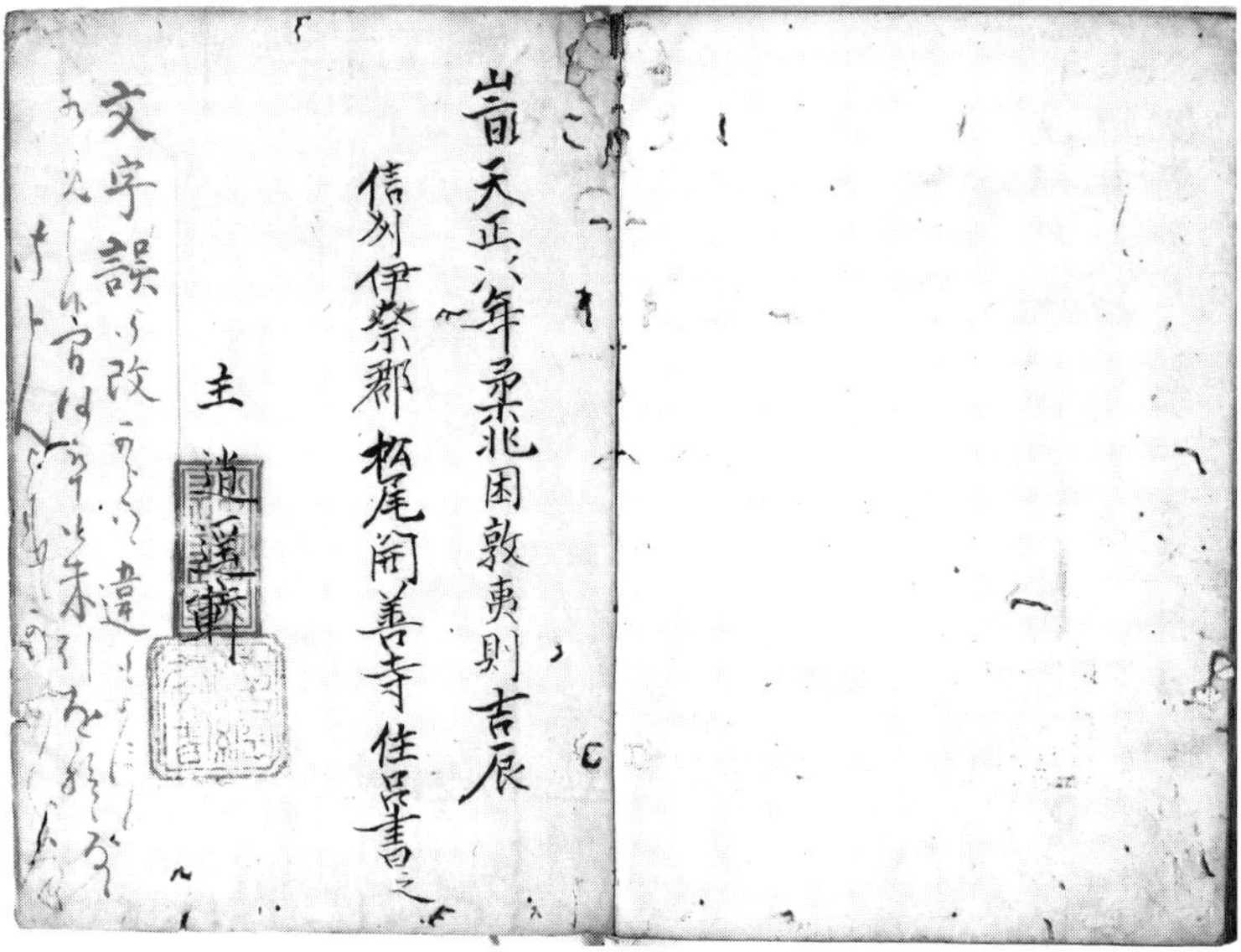

旹天正四年柔兆困敦夷則吉辰
信州伊奈郡松尾開善寺住呂書之
主　逍遙軒
文字誤ヲ改……違

(裏表紙裏)　(52ウ)

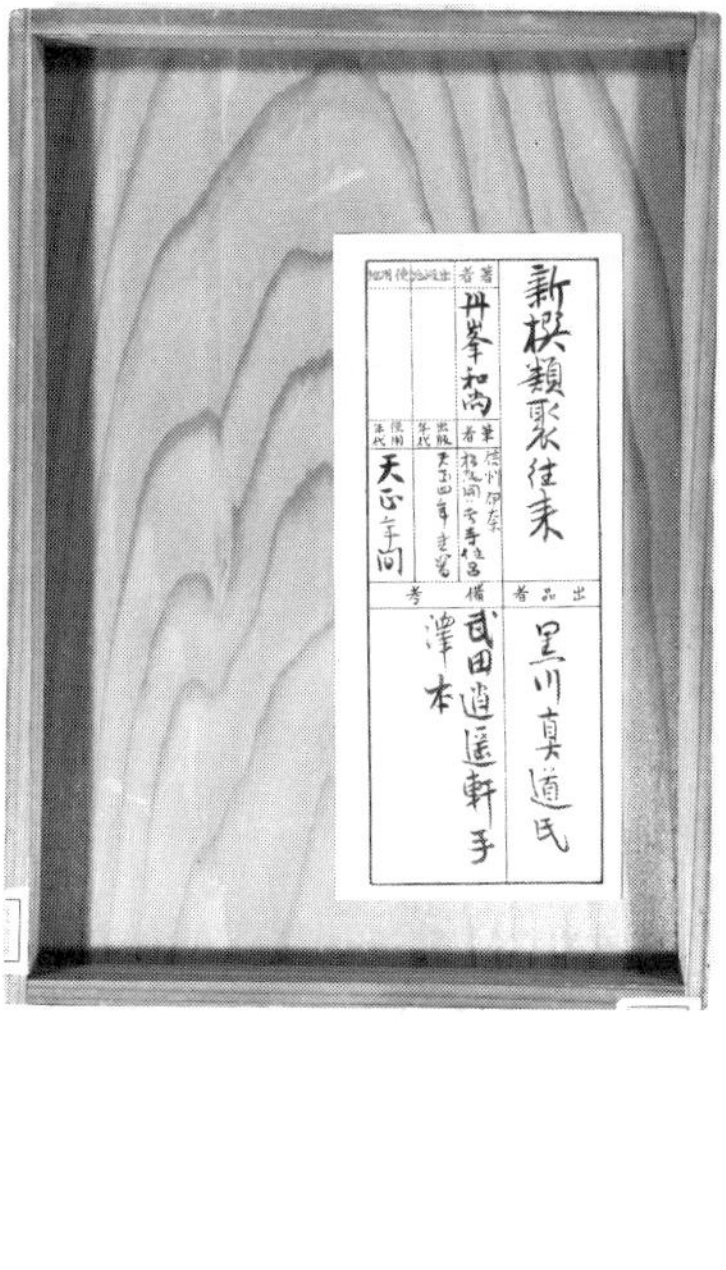
新撰類聚往来
著者
丹峯和尚
筆者
信州伊奈郡松沢川雲寺住侶
出版年代
天正四年書写
使用年代
天正年間
出品者
黒川真道氏
備考
武田逍遙軒手
澤本

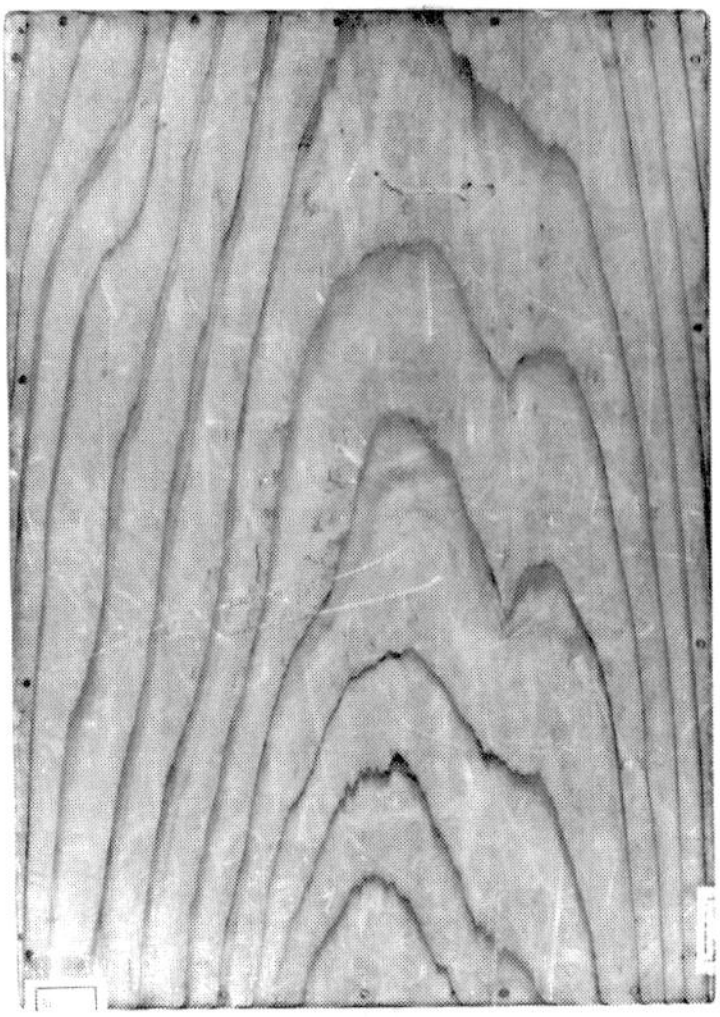

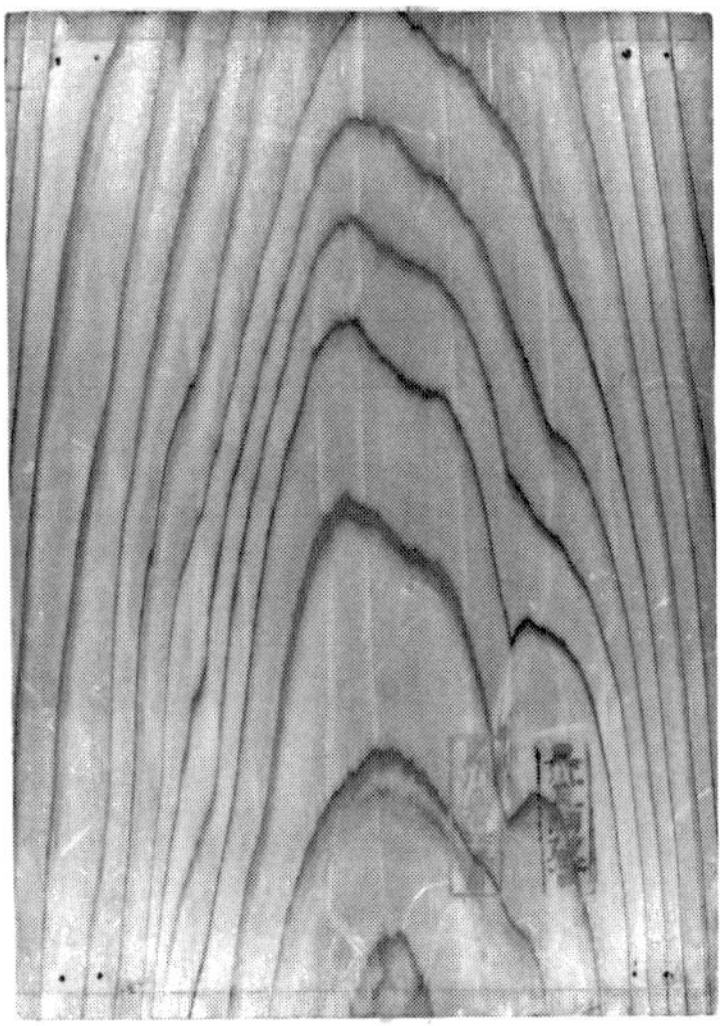

付録　日本教科書大系正誤一覧

凡　例

日本教科書大系の要訂正箇所について、以下の要領で示す。

一、慶安版本の所在を、丁数・表裏・行数で示す。

一、慶安版本の本文を示す。

一、教科書大系の所在を、頁数・行数で示す。

一、教科書大系の翻字の誤形を示す。

一、引用に当たり、異体字は正体または常用漢字体にあらためた。

巻上1ウ4「鴻鈞」…360 6「鴻釣」
巻上3ウ1「大丞」…361 6「大烝」
巻上5オ2「玄番」…362 6「玄蕃」
巻上5オ3「洒掃」…362 7「酒掃」
巻上5ウ3「造酒」…362 10「浩酒」
巻上6ウ7「至」…363 5「到」
巻上7ウ2「年」…363 9「季」
巻上7ウ3「紛芳」…363 10「粉芳」
巻上7ウ7「亟」…363 12「丞」
巻上8ウ6「菅野」…364 9「管野」
巻上10オ6「傅」…366 4「傳」
巻上10ウ1「庾」…366 5「瘦」
巻上11ウ7「這」…367 8「言」
巻上12オ1「稽」…367 9「誓」
巻上12オ1「辰」…367 9「展」
巻上12オ6「朋」…367 14「天明」
巻上12ウ2「㠯」…368 2「呂」
巻上12ウ4「督」…368 3「晢」
巻上12ウ6「極」…368 5「极」

巻上13オ2「径」…368 7「往」
巻上13オ2「遥」…368 7「這」
巻上15オ1「黄ー（丹）」…369 8「黄明〔丹〕」
巻上16オ2「鵜眼」…370 6「鵜眄」
巻上17オ7「珍敷」…371 7「珍布」
巻上18ウ7「蚌玉」…372 12「蛤玉」
巻上19オ4「沈金」…373 2「沉金」
巻上19ウ4「中務丞」…373 8「中務蒸」
巻上21オ6「礎」…374 14「礙」
巻上21オ7「衝杌」…374 15「衝机」
巻上21ウ7「叉倉」…375 7「刄倉」
巻上22オ1「局」…375 8「扃」
巻上22オ4「堀」…375 11「掘」
巻上22ウ2「充抗」…376 2「充杭」
巻上22ウ6「総門」…376 6「楤門」
巻上23オ4「楑」…376 11「揆」
巻上23オ5「挑」…376 14「桃」
巻上23ウ4「料揀」…377 8「料棟」
巻上23ウ5「至」…377 9「到」

巻上25オ6「葵花」… 378 12「蕒花」
巻上28オ7「椎茸」… 381 5「推茸」
巻上29オ4「麹𣯊」… 382 3「麹有」
巻上29オ4「五味粥」… 382 4「五味粥」
巻上29ウ2「未所持」… 382 7「末所持」
巻上30オ4「栂茸」… 383 2「梅茸」
巻上30オ4「茅茸」… 383 3「茅茸」
巻上30ウ3「梧桐子」… 383 11「梧楝子」
巻上32オ2「料揀」… 384 9「料楝」
巻上32ウ5「暑預汁」… 385 7「暑預」
巻上33オ4「薺」… 385 15「薺」
巻上33オ5「薛」… 386 1「薛」
巻上33ウ6「画賛」… 386 12「画讃」
巻上34オ1「洒掃」… 386 14「酒掃」
巻上34オ5「免僧」… 386 16「兌僧」
巻上35オ6「鬢檥」… 388 3「鬟様」
巻上35ウ1「覆鬘」… 388 5「覆鬘」
巻上36オ2「鷺奚」… 389 2「鸞爰」
巻上36オ4「一奚鏤」… 389 4「一爰鏤」

巻上36オ4「春鶯囀」… 389 5「春鶯轉」
巻上36オ5「回杯楽」… 389 5「回抔楽」
巻上36ウ3「小埌子」… 389 11「小垠子」
巻上36ウ3「裹頭楽」… 389 12「裹頭楽」
巻上37ウ4「小菅」… 391 1「小管」
巻上39オ3「積鬱」… 392 7「積爵」
巻上40オ1「嗚呼」… 392 13「嗚呼」
巻上40オ4「灸治」… 393 1「炙治」
巻上40オ6「擣簁」… 393 2「擣蓰」
巻上40オ6「擣抹」… 393 2「擣抹」
巻上40ウ2「薬種」… 393 4「楽種」
巻上40ウ4「肉蓯蓉」… 393 6「肉蓰蓉」
巻上40ウ6「秦艽」… 393 9「秦芁」
巻上41ウ1「白朮」… 394 6「白求」
巻上41ウ1「蒼朮」… 394 6「蒼求」
巻上41ウ1「防已」… 394 6「防巳」
巻中1ウ7「余」… 396 8「願」
巻中2オ3「鎌杵」… 396 12「鎌梓」
巻中2オ4「酒熬」… 396 12「酒熬」

巻中2オ4「皮熬」……396 12「皮熬」
巻中2オ4「屑熬」……396 13「屑熬」
巻中2オ4「腸熬」……396 13「腸熬」
巻中2オ4「脹熬」……396 13「脹熬」
巻中2オ5「桜熬」……397 1「桜熬」
巻中2オ5「卯花熬」……397 1「卯花熬」
巻中2ウ3「醤熬」……397 7「醤熬」
巻中2ウ3「鳥渡熬」……397 8「鳥渡熬」
巻中2ウ3「糞熬」……397 8「糞熬」
巻中2ウ7「穂屋鮨」……397 12「穂屋鮹」
巻中3オ6「鯵」……398 7「鰺」
巻中3オ6「蚷」……398 8「⿰虫里」
巻中3ウ1「龞」……398 12「鼈」
巻中3ウ4「珍敷」……399 11「珍希」
巻中4オ6「時剋」……400 2「時刻」
巻中5オ7「鶘鵠」……400 11「鶘鵠」
巻中5オ7「火嗖」……400 11「火嗖」
巻中5ウ6「鵈」……401 3「鵨」
巻中6オ1「鸂」……401 7「鸂」

巻中6オ2「鴾」……401 8「鴾」
巻中6オ2「雋」……401 8「雋」
巻中6オ5「鶘」……401 13「鶘」
巻中6ウ2「未識名」……402 1「末識名」
巻中6ウ4「無双之」……402 2「無双」
巻中7オ2「盂蘭盆」……402 6「孟蘭盆」
巻中7オ6「枉竹」……402 8「抂竹」
巻中8オ6「荒和祓」……403 6「荒和秡」
巻中8ウ1「于茲」……403 9「干茲」
巻中8ウ1「弊帛」……403 9「幣帛」
巻中8ウ2「一踁韄」……403 9「一経韄」
巻中11オ6「復」……405 12「渡」
巻中11オ7「左様」……405 12「左程」
巻中12オ1「甲胄」……406 5「甲冑」
巻中12オ3「二三个条」……406 5「二三ケ条」
巻中12ウ1「腰挟」……406 11「腰狭」
巻中13オ4「繮」……407 13「韁」
巻中13オ4「鞍」……407 14「鞵」
巻中13ウ1「綿傪」……408 6「綿慘」

巻中13ウ2「笥」……408 8「箭」
巻中13ウ2「渋篦」……408 8「渋篦」
巻中13ウ3「翃弓」……408 10「翊弓」
巻中13ウ3「揉」……408 11「楺」
巻中13ウ6「鞞」……409 1「靬」
巻中13ウ6「璫」……409 3「鐺」
巻中14オ1「藋」……409 7「萑」
巻中14オ4「靦面提持」……409 14「靦面提抔」
巻中14ウ3「仍而」……410 3「以而」
巻中15オ1「然間」……410 6「然而」
巻中15オ5「粺米」……410 11「粓米」
巻中15オ6「蕎」……410 14「喬」
巻中15オ6「喬」……410 14「蕎」
巻中15ウ2「異畝同穎」……411 3「異畂同穎」
巻中17ウ1「于我」……412 10「干我」
巻中17ウ5「榼」……412 15「搕」
巻中18オ3「垂橐」……413 6「垂囊」
巻中18オ4「醢糟」……413 8「醢糟」
巻中20オ5「蛆」……416 5「蛆」

巻中20オ6「蛙」……416 10「蛀」
巻中20ウ1「宵燭」……416 14「霄燭」
巻中23ウ5「縟」……418 10「䋍」
巻中24オ7「翔鸞」……419 1「翔鸞」
巻中24ウ7「蘗仁貴」……419 6「蘗仁貴」
巻中25オ3「韈鞠」……419 7「有鞠」
巻中27オ3「羅睺羅」……420 6「羅喉羅」
巻中27オ7「立印」……420 8「立夘」
巻中29オ7「拘鞞陀羅樹」……421 9「拘有陀羅樹」
巻中29ウ4「緋桃」……422 2「絩桃」
巻中29ウ6「大刺」……422 4「大刺」
巻中30ウ3「檻」……423 1「樒」
巻中32オ6「蓒」……424 6「蓒」
巻中32オ6「薗」……424 7「薗」
巻中32オ7「苦」……424 9「苔」
巻中32ウ5「栝蔞」……425 3「括蔞」
巻中34オ1「尊侯」……426 1「尊侯」
巻中35ウ1「重」……427 3「金」
巻中36オ5「浦山敷」……427 10「浦山布」

巻中36ウ3「嗜」……427 12「耆」
巻中37オ6「鴝眼」……428 4「鴝眗」
巻中37ウ1「即墨侯」……428 5「即墨侯」
巻中39ウ2「擂盆」……429 13「檑盆」
巻中39ウ5「飯秉」……430 5「飯東」
巻中39ウ6「脊缸」……430 7「脊釭」
巻中40オ5「欋」……431 7「擢」
巻中40オ6「朳」……431 8「松」
巻中40オ7「籰」……431 11「篗」
巻中40オ7「鐴」……431 13「鐴」
巻中40ウ3「擂茶」……432 3「檑茶」
巻中40ウ5「軶」……432 7「軛」
巻中42オ2「嬭」……433 10「嬭」
巻中42オ5「眼」……433 15「眗」
巻中42オ6「眥」……434 1「背」
巻中42ウ1「肱」……434 6「肬」
巻中42ウ5「閭」……434 13「闠」
巻中42ウ5「浚」……434 13「溶」
巻中43オ2「蹲」……435 4「蹲」

巻中43オ4「睚」……435 8「睚」
巻中43ウ1「栄曜」……435 10「栄躍」
巻下2オ7「鈴磬」……438 6「鈴磐」
巻下2ウ6「花鬘」……438 13「花鬢」
巻下3オ5「磬台」……439 6「磐台」
巻下3ウ3「常住」……439 9「常往」
巻下3ウ7「拝上」……439 12「拝三」
巻下4オ5「座敷」……440 1「座席」
巻下4ウ6「平槖」……440 7「平槖」
巻下5オ2「鉢盂」……440 10「鉢孟」
巻下5オ2「肱巾」……440 11「肬巾」
巻下5オ3「肱子」……440 11「肬子」
巻下6オ7「墨絵」……441 10「墨画」
巻下8オ3「霥」……442 13「雺」
巻下9オ5「峽」……444 11「陜」
巻下9ウ4「叨」……445 1「叨」
巻下10オ1「免僧」……445 4「兎僧」
巻下10ウ6「随逐」……445 10「随遂」
巻下11オ4「五个国」……446 1「五ケ国」

巻下11オ7	「勝跡」	446 5	「朕跡」
巻下12オ6	「醤醢」	447 8	「醬醢」
巻下12ウ4	「十五个国」	448 2	「十五ケ国」
巻下14ウ4	「魚鼈」	450 14	「魚鼈」
巻下16オ2	「市廛」	452 12	「市廛」
巻下16オ4	「八个国」	452 13	「八ケ国」
巻下17オ4	「小縣」	454 3	「少縣」
巻下18ウ3	「異鳥怪獣」	456 2	「異鳥獣」
巻下19オ1	「七个国」	456 8	「七ケ国」
巻下19ウ1	「酢醢」	457 4	「酢醢」
巻下20オ4	「八个国」	458 4	「八ケ国」
巻下20オ7	「魚鼈」	458 8	「魚鼈」
巻下21ウ4	「八个国」	460 4	「八ケ国」
巻下21ウ7	「美嚢」	460 8	「美嚢」
巻下22ウ7	「酒醢」	461 13	「酒醢」
巻下23ウ2	「六个国」	462 12	「六ケ国」
巻下25オ1	「九个国」	464 13	「九ケ国」
巻下25ウ1	「魚鼈」	465 10	「魚鼈」
巻下27ウ2	「小国」	468 6	「少国」

巻下30オ1	「堀川」	470 7	「掘川」
巻下30オ2	「西洞院町」	470 8	「西洞院町」
巻下33オ1	「半月」	471 15	「牛月」
巻下33オ5	「鬱旦州」	472 4	「爵旦州」
巻下33オ5	「鬱旦樹」	472 4	「爵旦樹」
巻下34オ5	「住処」	472 14	「往処」
巻下34オ6	「住其頂」	472 15	「往其頂」
巻下34オ7	「涯涘」	472 15	「涯溪」
巻下35ウ6	「久兵衛」	474 4	「人兵衛」

おわりに

本書の刊行に当たって、『新撰類聚往来』慶安版本の画像の掲載を御許可いただいた内閣文庫、同書古写本の写真撮影ならびに掲載を御許可いただいた東京大学文学部国語研究室に対し、また、資料閲覧の便宜をお図りいただいた静嘉堂文庫に対し、御礼を申し上げます。

三宅ちぐさ先生からは、諸本に関する情報提供とあわせて、常に温かい励ましのお言葉をいただきました。木村浩子さんが卒業論文で作成された「新撰類聚往来名彙索引」は、本書の「名彙索引」の原形となったものであり、その恩恵を蒙りました。村田隆太郎さん、田中秀征さん、川﨑美結稀さんの三名は、研究協力者として、お力添えをいただきました。

東京学芸大学附属図書館情報リテラシー係の高橋隆一郎さん、吉田真美さんより、資料閲覧に関してお世話になりました。ここに感謝申し上げたいと思います。

最後になりますが、本書の出版を御快諾いただき、完成に至るまで御助力を賜った、新典社代表取締役社長岡元学実さん、同編集部原田雅子さんに、心より感謝致します。

［付記］
本研究は、JSPS 科研費『新撰遊覚往来』ならびに『新撰類聚往来』の日本語学的研究」（基礎研究C、一般、課題番号 15K02559）の助成を受けたものです。

〔編著者略歴〕

高橋　忠彦（たかはし　ただひこ）
1952年、神奈川県生まれ。東京大学文学部中国哲学専修課程卒業。同大学院人文科学研究科修士課程修了。東京学芸大学名誉教授。専攻は中国文化史。
主な編著書〈共著を含む〉に、『文選（賦篇）中・下』（1994・2001年、明治書院）、『東洋の茶』（2000年、淡交社）、『真名本伊勢物語』（2000年、新典社）、『御伽草子精進魚類物語』（2004年、汲古書院）、『日本の古辞書』（2006年、大修館書店）、『桂川地蔵記』（2012年、八木書店）、『茶経・喫茶養生記・茶録・茶具図賛』（2013年、淡交社）、『庭訓往来』（2014年、新典社）、『いろは分類体辞書の総合的研究』（2016年、武蔵野書院）、主な分担執筆に、『陸羽『茶経』の研究』（2012年、宮帯出版社）、『日本茶の湯全史〈第一巻〉中世』（2013年、思文閣出版）、『東アジアのなかの五山文化』（2014年、東京大学出版会）、『栄西『喫茶養生記』の研究』（2014年、宮帯出版社）、『海がはぐくむ日本文化』（2014年、東京大学出版会）、『徽宗『大観茶論』の研究』（2017年、宮帯出版社）がある。

高橋　久子（たかはし　ひさこ）
1956年、東京都生まれ。東京学芸大学教育学部中等教育教員養成課程卒業。同大学院教育学研究科修士課程修了。現在は、東京学芸大学個人研究員。専攻は国語学。
主な編著書〈共著を含む〉に、『十巻本伊呂波字類抄の研究』（1988年、続群書類従完成会）、『有坂本和名集』（1993年、汲古書院）、『真名本伊勢物語』（2000年、新典社）、『御伽草子精進魚類物語』（2004年、汲古書院）、『日本の古辞書』（2006年、大修館書店）、『桂川地蔵記』（2012年、八木書店）、『庭訓往来』（2014年、新典社）、『いろは分類体辞書の総合的研究』（2016年、武蔵野書院）、主な分担執筆に、『日本文化史ハンドブック』（2002年、東京堂出版）、『日本古代史事典』（2005年、朝倉書店）、『漢字キーワード事典』（2009年、朝倉書店）、『海がはぐくむ日本文化』（2014年、東京大学出版会）、『日本語学大辞典』（2018年、東京堂出版）がある。

新典社研究叢書313

新撰類聚往来　影印と研究

平成31年3月1日　初版発行

編著者　高橋忠彦
　　　　高橋久子
発行者　岡元学実
印刷所　惠友印刷(株)
製本所　牧製本印刷(株)
検印省略・不許複製

発行所　株式会社　新典社
東京都千代田区神田神保町一—四四—一一
営業部＝〇三（三二三三）八〇五一番
編集部＝〇三（三二三三）八〇五二番
ＦＡＸ＝〇三（三二三三）八〇五三番
振　替　〇〇一七〇—〇—二六九三二番
郵便番号一〇一—〇〇五一番

©Takahashi Tadahiko・Takahashi Hisako 2019

ISBN 978-4-7879-4313-2 C3395

http://www.shintensha.co.jp/ E-Mail:info@shintensha.co.jp